常山年鉴 2022

CHANGSHAN YEARBOOK

常山县地方志编纂委员会 编

方志出版社
Publishing House of Local Records

图书在版编目（CIP）数据

常山年鉴. 2022 / 常山县地方志编纂委员会编. —北京：方志出版社，2022.12

ISBN 978-7-5144-5614-1

Ⅰ. ①常… Ⅱ. ①常… Ⅲ. ①常山县—2022—年鉴 Ⅳ. ①Z525.54

中国版本图书馆CIP数据核字（2022）第252515号

责任编辑：齐　笑
责任校对：刘玉霞
责任印制：梅中英
出 版 者：方志出版社
地　　址：北京市朝阳区潘家园东里 9 号（国家方志馆4层）
邮　　编：100021
网　　址：http://www.zgfzcb.cn
发　　行：方志出版社图书营销中心（010-67110500）
印　　刷：江山市教育印刷有限公司
开　　本：889毫米 × 1194毫米　　1/16
印　　张：29.5
字　　数：704千字
版　　次：2022年12月第1版
印　　次：2022年12月第1次印刷
定　　价：280.00元

常山县地方志编纂委员会

主　　任	王永明		
副 主 任	何相涯	姜　敏	方育娟
成员单位	县委办	县人大办	县府办
	县政协办	县委组织部	县委宣传部
	县档案馆	县发改局	县统计局
	县经信局	县人社局	县住建局
	县农业农村局	县财政局	县教育局
	县科技局	县文广旅体局	县委政法委

《常山年鉴（2022）》编辑部

主　　编	刘利忠
副 主 编	刘海滨　徐　伟
执行主编	刘海滨
指导编辑	徐金堂
编　　辑	陈慧群　吴佳倩

编辑说明

一、《常山年鉴》是中共常山县委、常山县人民政府主办，常山县地方志编纂委员会编纂出版的年度资料性文献，逐年记载常山县经济建设、政治建设、文化建设、社会建设、生态文明建设基本情况，为社会各界人士和中外投资者了解、研究、建设常山，提供丰富翔实的地情资料。《常山年鉴》于2005年创刊，本卷为《常山年鉴（2022）》。

二、《常山年鉴（2022）》以马克思列宁主义、毛泽东思想、邓小平理论、“三个代表”重要思想、科学发展观、习近平新时代中国特色社会主义思想为指导，坚持辩证唯物主义和历史唯物主义的立场、观点和方法，全面、真实地记载2021年度常山县行政区域自然、政治、经济、文化、社会等方面的情况和社会发展的历史进程。

三、《常山年鉴（2022）》记事时间从2021年1月1日至2021年12月31日，按分类法编排，主体内容分为类目、分目、条目三个层次。共设特载、专记、大事记、县情概览、中国共产党常山县委员会、常山县人民代表大会、常山县人民政府、中国人民政治协商会议常山县委员会、中共常山县纪律检查委员会·常山县监察委员会、民主党派、群众团体、法治、军事、工业、农业农村·林业水利、贸易、邮政·通信、交通、城乡建设与管理、自然资源·环境保护、综合管理与监督、财政·税务、金融、教育、科学技术·气象、文化·旅游·体育·卫生、人力资源和社会保障、社会生活、乡镇（街道）、附录、索引31个类目。

四、《常山年鉴（2022）》以县级机关各部门、各乡镇（街道）及有关驻常山的省部属单位为基本记述主体，以事物性质分类，设类目。类目设计和编排次序根据年鉴基本体例和行业归类特点设置，与具体部门单位行政级别无关。

五、《常山年鉴（2022）》所刊载的内容、照片和图表数据，均由全县各机关部门、企事业单位、乡镇（街道）和驻常山省部属单位提供；所用统计资料由县统计局提供。撰稿人和摄影者分别统一署名于条目和照片之后。

六、常山县统计局提供全县综合性统计数据。因统计来源、口径方式等不同，部分单位所用个别数据与常山县统计局的数据不一致，引用时以常山县统计局的数据为准。统计局未作统计的，以各专业部门和乡镇(街道)提供的数据为准。

七、《常山年鉴（2022）》数字用法、标点符号均执行国家相关标准，并采用中国法定计量单位，面积单位稍有例外：耕地、山林、园地等面积单位一般沿用“亩”字，有时也用“公顷”。

八、《常山年鉴（2022）》“附录”类目中的荣誉录，收录2021年1—12月公布，国家（含部门）、浙江省（含部门）、衢州市（含部门）以及中共常山县委、常山县人民政府命名、表彰、颁发的荣誉称号。

九、《常山年鉴（2022）》卷首设有中文详细目录和英文要目，卷末编有索引，书眉标示类目名称。全书资料信息可由目录、书眉、索引等检索渠道获得。

常山县政区图

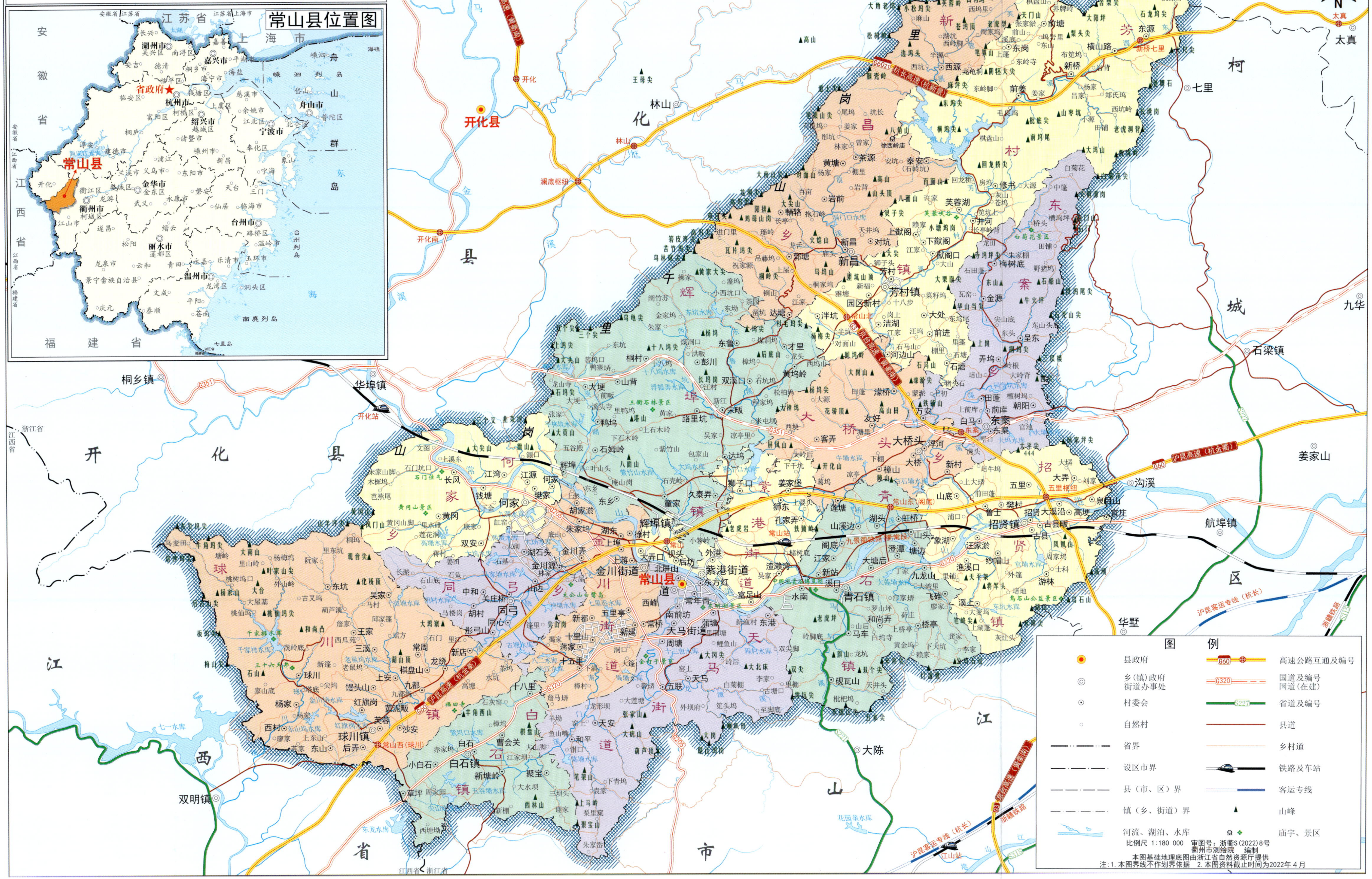
常山县位置图
常山县
开化县
衢江区
常山县
紫港街道
金川街道
天马街道
辉埠镇
球川镇
白石镇
青石镇
招贤镇
芳村镇
何家乡
同弓乡
大桥头乡
新昌乡
东案乡
新桥乡
图例
县政府
乡(镇)政府
街道办事处
村委会
自然村
省界
设区市界
县（市、区）界
镇（乡、街道）界
河流、湖泊、水库
高速公路互通及编号
国道及编号
国道(在建)
省道及编号
县道
乡村道
铁路及车站
客运专线
山峰
庙宇、景区
比例尺 1:180 000 审图号：浙衢S(2022)8号
衢州市测绘院 编制
本图基础地理底图由浙江省自然资源厅提供
注:1. 本图界线不作划界依据 2. 本图资料截止时间为2022年 4 月

常山城区图

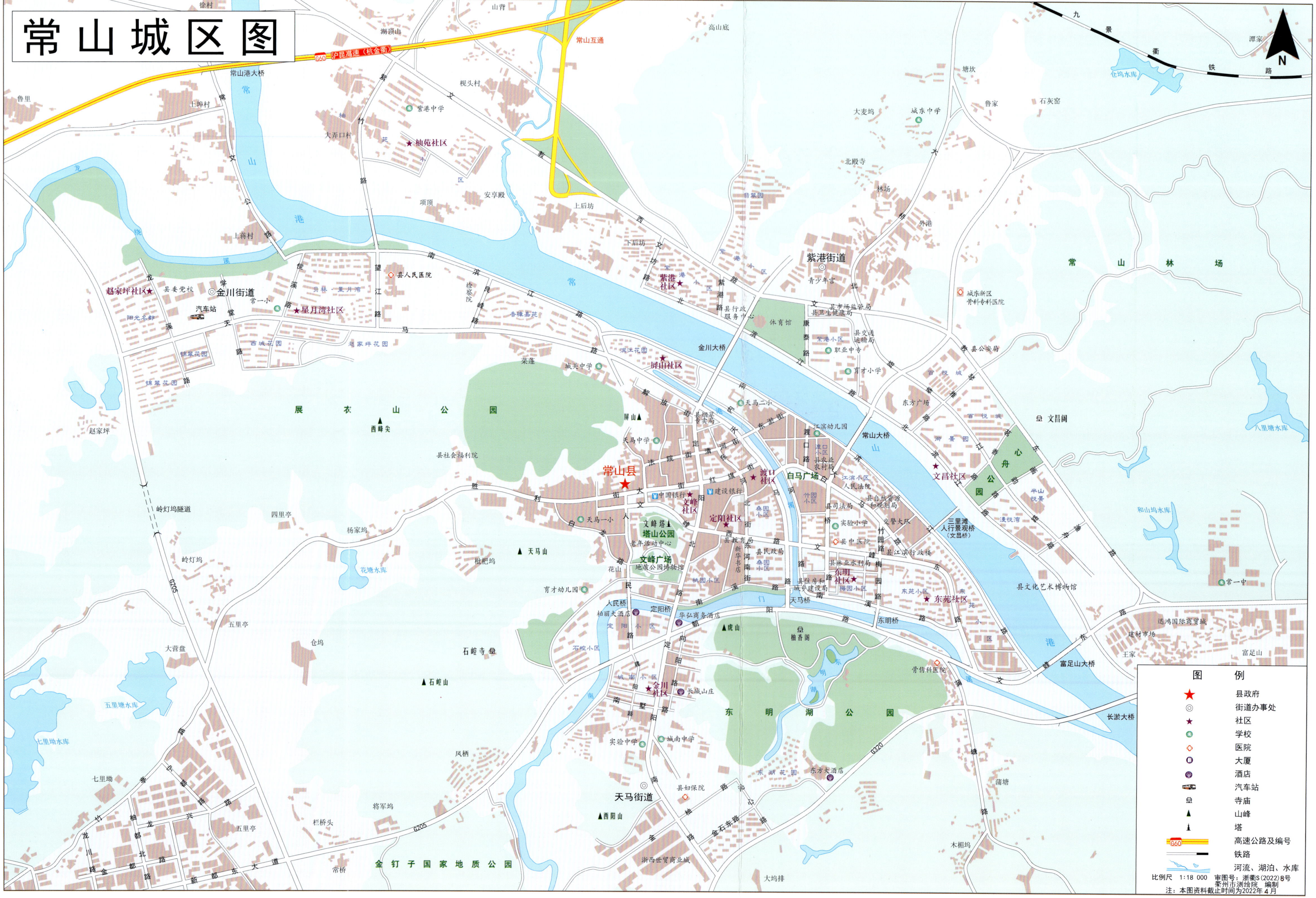

N
G60 沪昆高速（杭金衢）
常山互通
九景衢铁路
常山港大桥
常山港
龙绕溪
紫港中学
柚苑社区
紫港街道
青少年宫
县人民医院
县委党校
金川街道
赵家坪社区
星月湾社区
汽车站
常一小
展衣山公园
西峰尖
县社会福利院
岭灯坞隧道
G205
常山县
文峰塔
塔山公园
老年活动中心
文峰广场
地质公园博物馆
天马山
天马一小
天马中学
天马二小
屏山
屏山社区
城关中学
金川大桥
常山大桥
白马广场
渡口社区
文峰社区
定阳社区
东明社区
东苑社区
文昌社区
中国银行
建设银行
体育馆
县行政服务中心
县市场监管局
县卫生健康局
县交通运输局
职业中专
育才小学
县公安局
东方广场
舟心公园
文昌阁
三里滩人行景观桥（文昌桥）
县文化艺术博物馆
常一中
常山林场
城东中学
城东新区骨科专科医院
县司法局
县人民法院
县自然资源和规划局
实验小学
县中医院
县江滨行政楼
县教育局
县民政局
新华书店
县林业水利局
县住房和城乡建设局
天马桥
东明桥
人民桥
定阳桥
柏丽大酒店
华弘商务酒店
虎山
植香园
骨伤科医院
东明湖公园
金川社区
长城山庄
实验中学
城南中学
县妇保院
天马街道
东方大酒店
西阳山
石崆寺
石崆山
富足山大桥
长淤大桥
迅鸿国际商贸城
建材市场
金钉子国家地质公园
浙西世贸商业城
G320
新都东大道
图例
县政府
街道办事处
社区
学校
医院
大厦
酒店
汽车站
寺庙
山峰
塔
高速公路及编号
铁路
河流、湖泊、水库
比例尺 1:18 000
审图号：浙衢S(2022)8号
衢州市测绘院 编制
注：本图资料截止时间为2022年4月

城市名片

中国常山胡柚之乡
中国食用菌之乡
中国油茶之乡
中国观赏石之乡
中国最美乡村旅游目的地
中国生态魅力县
中国第七个国际慢城
中国天然氧吧
全球绿色城市
国家重点生态功能区
国家级卫生县城
国家级园林县城
全国百佳深呼吸小城
全国无障碍环境示范县
浙江省文明县城
浙江省森林城市
浙江省生态县
浙江省文化先进县
浙江省“武术之乡”
浙江省体育强县
浙江省平安县
浙江鲜辣美食之乡

晨曦中的常山县城 （李志强 摄）

宋诗之河常山江 （李志强 摄）

“金色同弓” （李志强 摄）

常山县城夜景航拍 （李君平 摄）

常山江新站特大桥 （李君平 摄）

常山县2021年第一批重点项目集中开工仪式
浙江·常山
2021年1月24日
常山县2021年第一批集中开工重大项目总体概况
常山县2021年第一批重大项目集中开工活动清单

浙西名柚
柚香谷

① 2021年1月24日，常山县2021年第一批重点项目开工仪式举行（紫洪街道 供图）
② 常山柚香谷双柚汁生产线（李志强 摄）
③ 大和半导体产业园二期项目建设（王一群 摄）
④ 大和热磁常山产业园（王一群 摄）
⑤ 辉埠镇新材料产业园（辉埠镇 供图）
⑥ 轴承企业车间（徐小萍 摄）

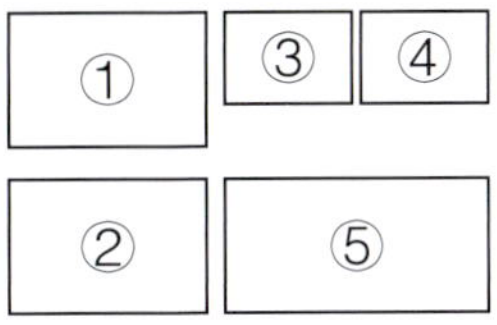

① 芳村镇上猷阁蓝莓基地　（李志强 摄）
② 天马街道天安村柚香谷基地
（恒寿堂柚果股份有限公司 供图）
③ 球川镇馒头山太阳能光伏基地　（李志强 摄）
④ 新昌乡达塘村茭白基地　（徐小萍 摄）
⑤ 常山乡村振兴产业园　（县经信局 供图）

山县渡口未来社区房屋征收
致：住建局东淤片征收工作组
为民办实事
赢得百姓心
征迁户 叶友爱 敬赠
二〇二一年五月
赠：住建局东淤片征收工作组
热情服务情系民
阳光征收暖人心
东淤片征迁户 徐湛军 敬赠
二〇二一年五月

常山县狮子口片区房屋征收
选房

常山县西门片区城市有机更新房屋征收

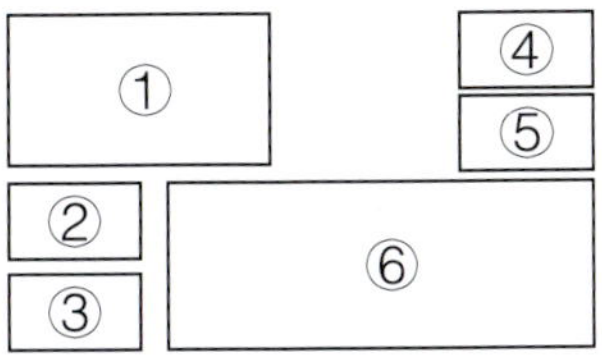

2021年，常山县相继推进狮子口片区、渡口未来社区、西门片区等征迁工作

① 2021年 5月26日，渡口未来社区房屋征收提前签约工作启动　　（县征迁事务中心　供图）

② 2021年7月5日，狮子口片区现房选房工作启动　　（紫港街道　供图）

③ 2021年11月12日，西门片区房屋征收提前签约工作正式启动　　（徐小萍　摄）

④ 狮子口片区征收拆除现场　　（紫港街道　供图）

⑤西门片区征收拆除现场　　（徐小萍　摄）

⑥常山港治理一期项目房屋拆除现场　　（紫港街道　供图）

① 辉埠镇矿山生态整治及修复一期工程外景 （常山农投集团 供图）

② 老旧小区改造后景观 （常山城投集团 供图）

③ 2021年12月28日，赵家坪四期农民集聚项目20幢高层住宅主体结构封顶 （常山城投集团 供图）

常山县心安城市开发有限责任公司
浙江联达工程项目管理有限公司
赵家坪四期全面封顶大吉
浙江常鸿建筑工程有限公司
中国中铁建工集团有限公司
常山城投
常鸿建工
众志成城
共同抗疫

中铁建工集团
杜绝违章
中铁建工集团

①辉何公路辉埠特大桥建设（常山城投集团 供图）

②2021年8月31日，常山县智慧校车启动仪式举行（常山城投集团 供图）

③2021年6月，常山县城市危旧房治理棚改项目安置房建设工程完工（徐高禄 摄）

④2021年11月22日，浙赣示范区未来驿站建设项目封项（常山城投集团 供图）

宋韵芳村　油茶原乡
芳村未来乡村

2021年，常山县重点打造芳村、同心、渣濑湾3个未来乡村试点

① 芳村未来乡村　（李君平 摄）
② 芳村未来乡村　（徐小萍 摄）
③ 同心未来乡村　（徐小萍 摄）
④ 同心未来乡村　（李君平 摄）
⑤ 渣濑湾未来乡村　（李志强 摄）

常山
浙西第一门户
CHANG SHAN
一切为了U
ALL FOR U
常山城市品牌形象公益代言人
奥运冠军：杨倩
TOKYO 2020

① 奥运冠军杨倩代言“一切为了U”城市品牌（宣传部 供图）

② 2021年3月14日，2021年常山东乡油菜花节举行（徐高禄 摄）

③ 2021年6月13日，浙江省第四届体育大会山地自行车比赛在常山县山地自行车公园开赛（罗文富 摄）

④ 2021年8月1日，“体彩杯”2021年浙江省青少年皮划艇赛艇锦标赛在常山港开赛（罗文富 摄）

⑤2021年10月1日，石博园项目重整盘活启动仪式举行（徐高禄 摄）

⑥ 2021年3月21日，常山县新昌乡旅游推介会在达塘村举行（新昌乡 供图）

⑦ 2021年5月4—5日，常山“YOUYOU”音乐节举办（罗文富 摄）

数字常山 2021

土地总面积：1099 平方千米

建成区面积：18.3 平方千米

乡镇（街道）：3个街道6个镇5个乡

行政村：180 个

总人口：339690 人

城镇人口：111852 人

乡村人口：227838 人

年平均气温：19.2 ℃

年总降水量：1865.2 毫米

地区生产总值：187.58 亿元

工业增加值：64.36 亿元

营业收入超亿元工业企业：42 家

新增国家高新技术企业：12 家

新认定省科技型中小企业：37 家

专利授权量：649 件

商标注册量：810 件

社会消费品零售额：82.38 亿元

财政总收入：24.78 亿元

金融业增加值：9.99 亿元

年末人民币存款余额：300.47 亿元

外贸进出口总额：26.1 亿元

旅游总收入：22.4 亿元

公路总里程：1127.8 千米

中小学校：39 所

医疗机构：271 家

总 目

Main Contents

目　录

特　载

专　记

大事记

县情概览

中国共产党常山县委员会

常山县人民代表大会

常山县人民政府

中国人民政治协商会议常山县委员会

中共常山县纪律检查委员会·常山县监察委员会

民主党派

群众团体

法　治

军　事

工　业

农业农村 · 林业水利

贸 易

邮政·通信

交 通

城乡建设与管理

自然资源·环境保护

综合管理与监督

财政·税务

金　融

教 育

科学技术·气象

文化·旅游·体育·卫生

人力资源和社会保障

社会生活

乡镇（街道）

附　录

索　引

特　　载

Special Reports

聚力共同富裕　奋力跨越赶超
为加快建设“浙西第一门户”不懈奋斗

——在中国共产党常山县第十四次代表大会上的报告

县委书记　潘晓辉

（2021 年 12 月 25 日）

中国共产党常山县第十四次代表大会，是在“两个一百年”奋斗目标历史交汇的重要节点，在全国上下深入学习贯彻中共十九届六中全会精神的关键时刻，在全省加快高质量发展建设共同富裕示范区之际，召开的一次承前启后、继往开来的重要会议。大会的主要任务是，回顾总结县第十三次党代会以来的主要成就和基本经验，研究确定今后五年奋斗目标和主要举措，部署 2022 年工作任务，动员全县各级党组织和广大党员干部群众，聚力共同富裕，奋力跨越赶超，为加快建设“浙西第一门户”不懈奋斗。

高水平全面建成小康社会

过去五年，县委团结带领全县上下开拓进取，勇毅前行，推动经济社会稳健发展，高水平全面建成小康社会。预计 2021 年实现地区生产总值 180 亿元，年均增长 6.7%；财政总收入 23.8 亿元，年均增长 13.4%；一般公共预算收入 15 亿元，年均增长 9.8%；城镇居民人均可支配收入 46500 元，年均增长 8.6%；农村居民人均可支配收入 26900 元，年均增长 10%。

这五年，我们举旗铸魂，展现了政治坚定的“常山忠诚”。深入学习贯彻习近平新时代中国特色社会主义思想，切实做到学懂弄通做实。扎实开展“两学一做”学习教育、“不忘初心、牢记使命”主题教育、党史学习教育和庆祝新中国成立 70 周年、建党 100 周年系列活动，全面落实意识形态工作责任制。全县广大党员干部坚定拥护“两个确立”、坚决做到“两个维护”，中央和省委、市委各项决策部署在常山重重落地。

这五年，我们聚能突围，找准了工业提振的“常山坐标”。推出“工业新政 28 条”，推进传统制造业改造提升省级试点工作，共落地亿元以上产业项目 70 个，新增亿元以上企业 20 家，完成固定资产投资 520 亿元，斯凯孚、大和、哲丰等一批优质项目落地投产。工业园区、产业集聚区、辉埠新区、生态园区“四区合一”，创成省级经济开发区，规模以上工业亩均税收从 5.4 万元提高到 14 万元。出台“科技十条”，创建油茶、精密基础件省级产业创新服务综合体，入选全省可持续发展创新示范区。

这五年，我们提优补短，彰显了民生至上的“常山情怀”。脱贫攻坚战全面打赢，消薄工作“双百”任务全面完成，助力四川古蔺脱贫摘帽。高考一段线（特殊类型招生控制线）上线人数、上线率实现“六连增”，省教育基本现代化县顺利创成。农民“培训券”入选《习近平扶贫故事》，写入新华社政务智库报告，获省委书记袁家军批示肯定。“常山阿姨”“厕所革命”“低保惠民联办”入围全国典型。医共体改革、垃圾分类、农饮水达标提标成为全省标杆。常山县被评为全国无障碍环境县。常态化疫情防控扎实有效。创成全省首批禁毒示范县，实现省级平安县“十六连冠”。

这五年，我们更新重塑，绘就了城乡共美的“常山画卷”。生态环境质量全面提升，山水林田湖草生态保护修复入选全国试点，辉埠区域环境系统整治提升工程获国家长江办肯定，获全球绿色城市、中国天然氧吧、中国气候宜居县、省级生态文明建设示范县、省大花园示范县等金名片。“衢州有礼”诗画风光带串珠成链，“一切为了U”城市品牌闪亮登场。衢九铁路、320国道“二改一”、城乡公交一体化让群众出行更便捷，新改建农村公路238千米。入选全国农村创业创新典型县，创成省级新时代美丽乡村示范县、无违建县，获评全省小城镇环境综合整治工作优秀县。

这五年，我们精耕细作，赓续了文旅交融的“常山景象”。常山江“宋诗之河”纳入钱塘江诗路文化带。《胡柚娃》动漫电影获省“五个一工程”奖。推出老英雄胡兆富全国先进典型。现代京剧《战士》参演第九届中国京剧艺术节。新时代文明实践中心（所、站）、农村文化礼堂实现全覆盖。梅树底建成国家AAAA级景区。常山成为全国第七个国际慢城。建成西源革命纪念馆，列入省级国防教育基地、省级党员教育培训基地名单。举办中国山地自行车公开赛、龙舟赛、国际皮划艇精英赛等重大赛事。全面构建“画里乡村、研学走廊、康养胜地”文旅体系。常山县被评为中国鲜辣美食之乡、中国最美乡村旅游目的地。

这五年，我们强基固本，汇聚了实干担当的“常山力量”。高质量完成省委巡视反馈问题整改，十三届县委巡察实现全覆盖，风清气正的政治生态进一步形成。扫黑除恶三年专项斗争圆满收官，政法队伍教育整顿取得阶段性成果。乡镇（街道）领导班子和村社组织换届圆满完成，“乡贤治村”、支部书记学院成为全省样板。媒体融合深度推进，网络舆情平静平稳。“凭实绩论英雄”的用人导向更加鲜明，“两勤”“两专”干部队伍加快集结。机构改革、国家监察体制改革全面完成。正风反腐保持高压态势，不敢腐、不能腐、不想腐机制一体推进。县委坚持统揽全局、协调各方，支持人大、政府、政协、监察机关、审判机关、检察机关依法履行职能，国防动员、双拥工作有了新发展，爱国统一战线工作取得新成绩，群团工作实现新进步。

2021年是“十四五”开局之年，我们坚持强发展、求突破、勇争先，打赢了一场场硬仗苦仗，干成了一件件大事要事。前三季度，全县完成地区生产总值129.5亿元，比上年增长11.6%，居全市第二位；固定资产投资、全体居民和城镇居民人均可支配收入增速均居山区26县第一位。1—11月，社会消费品零售总额、财政总收入、一般公共预算收入、税收收入、人民币贷款余额5项指标增速均居全市第一位。

最令人激动的是，产业发展引擎强劲点燃。高端装备零部件和“两柚一茶”特色农产品深加工两大主导产业加快形成。轴承产业“二次崛起”，入围全省第一批产业大脑建设试点“揭榜挂帅”项目。“双招双引”精准发力，小乔科技“当年洽谈、当年签约、当年开工、当年投产”。“柚香谷”“金色同弓”入围省级农村产业融合发展示范园，常山油茶产业示范园入选第二批国家林业产业示范园区。“双柚”产业链条不断拉长，“一份常礼”区域品牌生态系统初步形成。主导产业方向更加聚焦，动能更加强劲，让我们的工业经济步入高质量发展的快车道。

最令人瞩目的是，城市有机更新大步迈进。瓦窑基、狮子口、东淤、常山港一期工程“四战四捷”，西门、江滨片区征收强势推进，全年累计征收房屋2014户30万平方米。渡口未来社区20天完成572户签约腾空工作。31万平方米安置房建成投用，2111户危旧房户喜圆安居梦。完成老旧小区改造 13 个，打通一批“断头路”，群众有了更多的获得感。在全市率先采用 ABO 模式，启动总投资 50 亿元的狮子口片区开发项目。城投、国投获 AA 评级，城投发债 15 亿元，“三大投”总资产达 259 亿元。县属国有企业发挥龙头带动作用，助推城市高质量发展，让我们的城市能级得到了加速提升。

最令人欣喜的是，“两山银行”改革力促共富。在全省率先成立并实体化运作“两山银行”，实践经验在全省推广，累计转化资源总量超 3.5 亿元，发放生态贷 2.1 亿元，撬动投资资金 19.6 亿元，带动 176 个行政村增收 1700 多万元。“两山银行”生态云脑成功上线，常山被列入“一地创新、全省共享”两山银行应用项目共建单位。成立共富公司、共富基金，创新“三塘”模式，带动山区群众致富增收。“两山银行”改革开拓创新，助力生态价值转化，让我们找到了乡村振兴的“金钥匙”。

最令人鼓舞的是，宋诗之河文化精彩绽放。加快推进“宋诗之河文化带”建设，解码宋诗之河文化基因，编撰《常山古代诗词集》，收录历代诗词 4200 多首，其中宋诗 1000 多首。推动千年古城复兴，启动“定阳里·宋诗城”项目。宋韵芳村、“金色同弓”未来乡村开门迎客，石博园项目重整盘活，远山云间旅游度假区开工建设，常山文化旅游博览中心、全民健身中心等项目加快推进。不老泉、彤弓山居、云湖仙境、沐隅民宿等高等级精品民宿加快发展，村上酒舍被评为全国首批甲级民宿，省级全域旅游示范县通过验收。宋诗之河文化传承迭代，散发无穷魅力，让我们更加坚定了文化自信。

最令人自豪的是，社会治理中心先行示范。县矛调中心迭代升级为社会治理中心，“六大功能”日趋完善，经验做法获省委书记袁家军等省领导批示肯定。“大综合一体化”行政执法改革列入省级试点，“一支队伍管执法”的常山模式成为全省典型。常山县入选国家智能社会治理实验基地（社区治理特色基地），全省唯一。社会治理中心系统集成，协同高效运行，让我们走出了一条基层治理的新路子。

最令人振奋的是，干部干事激情空前高涨。深化“思想大解放、服务大提升、行动大担当”活动，开展中层干部“三提三促”活动。推进年轻干部“墩苗行动”，选派年轻干部到慈溪、拱墅、新会跟班学习，推动党员干部到疫情防控、防汛抗台、项目推进等基层一线压担历练。建立“双月竞赛”机制，党员干部在“八大行动”“十大攻坚”中夺旗争星、先锋示范。全域土地综合整治、服务纾困小微企业、鼓励和支持就业创业三项工作获省政府督查激励。党员干部队伍满怀激情，主动担当作为，让我们对常山的未来发展充满信心。

成绩来之不易，得益于省委、市委的坚强领导，得益于历届县委打下的坚实基础，归功于全县各级党组织、广大共产党员和干部群众的共同奋斗，归功于驻常山部队、各民主党派、工商联、无党派人士和离退休老领导、老同志的大力支持。在此，我谨代表中共常山县第十三届委员会，向所有关心支持常山经济社会发展的同志们、朋友们和社会各界人士，表示衷心的感谢，致以崇高的敬意！

回顾五年历程，我们深切感受到：旗帜决定方向，必须坚持党的领导。疫情防控、防汛救灾、城区征收等一场场硬仗，彰显了党严密组织体系的组织力、行动力和战斗力，在新的历史起点上，我们要进一步加强党的领导，不断从胜利走向新的胜利。初心决定使命，必须坚持人民至上。教育、危旧房、农民饮用水等群众急难愁盼问题得到有力破解，“常山阿姨”“厕所革命”“孝老之城”等金名片持续擦亮，在新的历史起点上，我们要牢记“国之大者”，进一步用心用情用力，让人民群众的生活更加美好。视野决定格局，必须坚持改革创新。“两山银行”、“大综合一体化”、国资国企等一批改革创新成果，发挥了强大的示范带动效应，在新的历史起点上，我们要进一步尊重基层首创、鼓励大胆创新，以更大力度推动各项改革落地见效，全力以赴走前列、当标兵。思路决定出路，必须坚持系统集成。聚力实施“八大行动”，打出科技创新、教育改革、旧城改造、美丽常山等系列“组合拳”，在新的历史起点上，我们要进一步强化系统集成理念，统筹推进各项重点工作，巩固拓展来之不易的良好势头。作风决定成败，必须坚持求真务实。重实干、创实绩、求实效，为改革担当者撑腰鼓劲，广大党员干部积极投身“四个我为”“三服务”工作，在新的历史起点上，我们要进一步锤炼忠诚干净担当的政治品格，实字当头，干字为先，开创新业。

在总结成绩和经验的同时，我们也要清醒认识到：经济体量小、底子薄、财力弱的问题尚未得到根本性扭转，发展不平衡不充分问题仍然突出；产业集聚度较低，“航母型”“链主型”企业缺乏，土地、能耗等要素制约日趋严重；创新创业生态缺乏活力，创新驱动发展作用还不明显，生态文化资源转化为经济增长动能还不充分；公共服务供给还不能充分满足群众需求，社会建设和社会治理能力亟待加强，各类风险防控压力加大；党员干部的担当意识、创新水平、“两专”能力，与新形势新任务新要求还不相适应。面对这些问题，必须高度重视，采取有力措施，切实加以解决。

朝着“浙西第一门户”奋勇前进

今后五年，是实施“十四五”规划的重要时期，更是推动共同富裕的关键时期。我们要把准历史方位，认清机遇挑战，努力开创新局。纵观大局，危与机同生并存。当前，我国经济发展面临需求收缩、供给冲击、预期转弱三重压力。在世纪疫情冲击下，百年变局加速演进，外部环境更趋复杂严峻和不确定。国际国内“双循环”、山区26县跨越式高质量发展、四省边际中心城市建设等战略机遇叠加，为常山县接续发展提供了政策红利、精准指引。我们要化危为机、勇于抢机，在危与机的转换中赢得发展新优势。放眼未来，时与势交织激荡。“双碳”时代、高铁时代、消费升级时代的到来，倒逼常山县加快绿色发展、开放发展、创新发展。产业变革、数字变革、组织变革等趋势，使常山县迎来了转型升级、跨越追赶的绝佳机遇。我们要顺应时势、塑造变革，在时与势的把握中创造发展新动能。环顾周边，竞与合风起云涌。衢黄南饶竞相发展，兄弟县市你追我赶，区域竞争日益激烈。杭衢一体化发展、四省边际合作发展、市县统筹发展大势已至。面对发展格局重塑，我们要借力突围、争先创优，在竞与合的开拓中闯出发展新天地。

基于上述形势分析，今后五年常山县经济社会发展的指导思想是：坚持以习近平新时代中国特色社会主义思想为指导，深入贯彻中共十九大和十九届历次全会精神，坚持稳中求进工作总基调，忠实践行“八八战略”，始终牢记“八个嘱托”，以推动跨越式高质量发展为主题，以供给侧结构性改革为主线，统筹发展和安全，坚持“一切为了U”，突出“产业为王、工业强县”，深化“八大行动”，全面完成“十四五”规划目标任务，奋力争当高质量发展建设共同富裕示范区县域典范，加快建设“浙西第一门户”。

加快建设“浙西第一门户”，我们的总体思考是：

——*这是立足新发展阶段贯彻新发展理念构建新发展格局的战略选择*。新发展阶段是新的起点，新发展理念是重要指引，新发展格局是路径选择。这是常山县厚植发展优势、破解发展难题、加快发展步伐的根本遵循。身处长三角区域一体化的时代大潮，我们必须跳出山区思维、导入沿海意识，通过加快建设“浙西第一门户”，提升发展的层次和能级，进一步凸显在四省边际开放格局中的战略地位，更好融入区域协同开放发展。

——这是高质量发展建设共同富裕示范区的必由之路。共同富裕是一场以缩小地区差距、城乡差距、收入差距为标志的社会变革，山区26县跨越式高质量发展是浙江省解决发展不平衡不充分问题的关键举措。推进共同富裕，我们要牢固树立“没有走在前列也是一种风险”的忧患意识，通过加快建设“浙西第一门户”，不断做大“蛋糕”，切实分好“蛋糕”，全力跟跑，力争领跑，努力成为共同富裕示范区的县域典范。

——这是满足人民群众对美好生活向往的现实需求。踏上实现第二个百年奋斗目标新的赶考之路，必须始终不渝地坚持人民至上，同人民想在一起、干在一起，让人民群众的生活一年更比一年好。我们要牢牢把握人民群众对美好生活的向往，通过加快建设“浙西第一门户”，切实改善和增进民生福祉，绘就一幅物质富裕、精神富足、环境优美、社会和谐的美好生活图景，让发展成果更多更公平地惠及全县人民。

加快建设“浙西第一门户”，我们的目标定位是：

——开启敢于突破、勇创第一的争先跨越之门。我们要敢于追梦、勇于跨越，拿出“争先进、创第一”的勇气和魄力，推动各个领域、各条战线、各项工作整体跃升。到2026年，地区生产总值在2020年的基础上实现翻番，规模以上工业总产值突破450亿元，全社会固定资产投资、城镇居民人均可支配收入、农村居民人均可支配收入分别年均增长13%、9%、10%以上。科技创新水平全面提升，全社会R&D经费支出占GDP比重达到全省平均水平，成为浙西地区创新要素集聚地。

——开启扬优成势、错位发展的特色示范之门。我们要立足资源禀赋，错位发展，差异竞争，努力成为特色彰显、示范引领的“单打冠军”。到2026年，共同富裕示范区建设取得扎实成效，努力打造成为以“两柚一茶”为重点的生态产业富民实践地、以“山水公园城市”为品牌的城乡协调发展标杆地、以“常山阿姨”为代表的四省边际职业教育新高地、以“宋诗之河文化带”为核心的文旅融合样板地、以“一中心四平台一网格”为基础的县域整体智治示范地。

——开启海纳百川、活力迸发的开放包容之门。我们要立足区位优势、提升开放水平，全面提高区域发展融合度、县域经济外向度、营商环境美誉度。到2026年，“聚浙西、通四省、联全国”的外联内畅交通格局基本成型，“融衢、接杭、连沪”更加通畅，“东接西联北融”格局进一步打开。以强大张力吸引外资，开放型商贸经济体系全面构建，成为浙江经济向内陆辐射的“桥头堡”。创新要素加快集聚，营商环境全面优化，人才引力持续释放，引培各类人才突破1万人，努力打造最具吸引力的浙西人才高地。

——开启全域美丽、民生优享的幸福宜居之门。我们要在发展中持续优化生态、提升品质、改善民生，带领人们创造幸福美好生活。到2026年，新时代美丽常山建设取得重大进展，出境水Ⅰ类水质天数保持高位，城区$PM_{2.5}$平均浓度小于26微克/米^3，优良天数比例达到96%以上，创成国家级生态文明建设示范县。依山傍水、显山露水、青山绿水、山水相融、生态宜居的山水公园城市基本建成，常住人口城镇化率达66%以上。优学常山、健康常山、安居常山、颐养常山、众扶常山达到更高水平。

——开启以文化人、和谐善治的文明有礼之门。我们要抓住人的现代化这一核心，推进全域文明建设，打造一座最有礼的城市。到2026年，宋诗之河文化实现创造性转化、创新性发展。文化产业增加值占GDP比重达5%以上。县、乡两级公共文化设施覆盖达标率达到100%。社会主义核心价值观更加深入人心，城市品牌影响力持续提升，向全国文明县城迈进。党建统领的“四治融合”现代基层治理共同体基本建成，平安常山建设迈向更高水平，建成县域社会治理现代化标杆县。

加快建设“浙西第一门户”，我们的主要路径是：

（一）坚定不移推进工业强县。聚力提升产业素质，提高平台能级，强化创新驱动，推进工业提质增效。强化产业项目大招引。完善产业链图谱和招商地图，优化招商工作机制，全力打造产业地标。实施数字经济五年倍增计划，推动轴承、纺织等传统制造业向数字化、绿色化转型。支持哲丰系、大和系、小乔系、众卡系集群发展，打造产业核心增长极。到2026年，两大主导产业总产值达350亿元，规模以上数字经济核心产业增加值占GDP比重达7%以上。强化企业梯队大培育。实施企业培育“五大行动”，加快形成“链主企业+骨干企业+高成长企业+小微企业”梯队，培育一批制造业领域“专精特新”“单打冠军”“小巨人企业”。到2026年，培育上市企业3家，产值超10亿元企业10家以上、超20亿元5家以上、超50亿元2家以上、百亿级企业1家。强化平台能级大提升。锚定“梦想园区、未来工厂”目标，建成3.78平方千米特色生态产业平台，经济开发区创成省级高新技术产业园区，跻身全省前35位。支持金川街道打造产城融合示范区、辉埠镇打造全省两业融合示范区、球川镇打造轴承小微产业园。深化“亩均论英雄”改革，依法依规全面出清低效企业，建立能耗双控评价体系，着力破解要素瓶颈制约。到2026年，盘整工业熟地5000亩以上，全县规模以上工业亩均税收达到27万元以上。强化创新生态大优化。实施“科技十条”，新建院士专家工作站、博士后科研工作站等创新平台50家以上，打造“1234综合性创新平台架构”。依托英才荟、“智汇常山”等载体，引培一流创新创业团队和优秀人才，高新技术企业和省级科技型中小企业实现“双倍增”。深化产学研合作模式，建设科技研发中心、企业研究院等协同创新载体。强化知识产权保护，争创国家知识产权强县工程试点示范县。

工业强，则常山强；工业兴，则常山兴。只要我们心无旁骛地把制造业抓上去、把实体经济发展好，壮大体量、提升质量，就一定能增强常山县的经济实力、综合实力！

（二）坚定不移打造山水公园城市。持续推进“东拓西整、拥江发展”，优化“一江两岸”空间布局，打造颜值、内涵、活力兼具的“山水公园城市”。规划城市之形。加快城乡融合发展，统筹布局基础设施、公共设施，全面构建以中心城区为核心，以球川片、芳村片、招贤片为组团的“一核三组团”城乡空间新格局。科学编制城市设计，统筹推进旧城改造与新区开发，加快产城融合，增强城市承载力和配置力。塑造城市之貌。推进城市有机更新，高品质建成渡口、文昌、狮子口、东明未来社区。全面完成2000年底前建成的老旧小区改造任务。实施城乡风貌整治提升行动，推进“十个一”工程，引进五星级酒店，建设城市客厅、城市阳台，打造一批城市风貌样板区、县域风貌样板区，争创新时代富春山居图风貌样板区。加快城市基础配套提标，推进韧性城市建设。优化城市之治。坚持用绣花功夫管理城市，推进城管委实体化运行，持续开展洁化、序化、绿化、亮化、美化行动，打造一批城市驿站、示范街区。建强“城市智治大脑”，实现城市治理“一网统管”。用好红色物业联盟、志愿组织等载体，构建大邻里美好生活共同体，提升城市社区治理能力和服务水平。

城市，让生活更美好。我们要精心规划、精致建设、精细管理，让山水公园城市展现美丽容颜、闪耀人文光辉，成为一座令人向往之城！

（三）坚定不移推进乡村全面振兴。全面实施乡村振兴战略，绘就农业强、农村美、农民富的美好图景。促进农业高质高效。开展“粮食保卫战”，坚决遏制耕地

"非农化""非粮化",加快农业规模化、集约化经营。深化全域土地综合整治,支持同弓乡争创国家级田园综合体试点。建成万亩胡柚"共富果园",加快香柚扩面增产,组建油茶产业发展集团,力争国家级山茶油质检中心落户常山,建设浙西油库。支持芳村镇打造高山蔬菜之乡。实施"双强行动",启动宜机化示范基地建设,创成全国农业科技现代化先行县。加快建设乡村"数字大脑",打造一批适农化多跨应用场景。促进农村宜居宜业。合理调整行政区划布局,推进省级小城市培育试点、美丽城镇创建,支持球川镇建设浙西第一镇、招贤镇创建美丽城镇省级样板。深化"千万工程",实现省级美丽乡村示范乡镇、新时代美丽乡村达标村全覆盖,创成省级新时代美丽乡村标杆县。加快推进未来乡村建设,建成20个绿色低碳智慧、共建共治共享"社会综合体"。全面实施"两进两回"行动和乡村振兴"五千工程",推动人才、资金、技术等要素向农村集聚。促进农民富裕富足。全面推进"强村惠民"行动,推行飞地抱团、强村公司等增收模式,激活村集体经济发展潜力,到2026年,年经营性收入50万元以上的行政村占比超50%。推进农光一体项目建设,打造"新型帮扶共同体"。深化"扩中""提低"改革,支持大桥头乡打造共同富裕标杆区。大力发展乡村旅游,做优"常山漫居"系列精品民宿。深化"培训券"制度,提升农民就业技能和创业能力,让农民在家门口就业增收。

农村发展空间广阔,未来可期。我们要坚持农业农村优先发展,让农业成为有奔头的产业、让农民成为有吸引力的职业、让农村成为安居乐业的家园!

(四)坚定不移建设新时代美丽常山。深入践行"绿水青山就是金山银山"理念,全面推进美丽常山行动计划,争创国家全域旅游示范区。厚植生态底色。刚性落实"三线一单",统筹山水林田湖草系统治理,打好治气治水治土污染防治攻坚战,创成"无废城市"。推进全域环境综合整治,建成辉埠后社片区田园综合体和矿山遗址公园。全面推行"林长制",深化"绿美常山"行动,创成国家森林城市、省级美丽河湖示范县。严格落实能耗"双控",推动能源体系绿色低碳转型。壮大美丽经济。实施"微改造、精提升"行动,推动农文旅体融合发展,力争旅游总产值、游客总人次、旅游业增加值年均分别增长10%以上。支持何家乡打造"联盟花园"文旅高地、青石镇打造宋韵柚石文旅集聚地。有序推进国际慢城开发,推动国家油茶公园、赏石小镇创建国家AAAA级景区。支持东案乡创建AAAAA级景区乡镇、白石镇打造四省边际旅游集散中心。构建"U"系列城市营销体系,办好常山胡柚采摘节、"YOUYOU"音乐节、山地自行车公开赛等品牌文体活动,打响"中国好味·鲜辣常山"美食文化品牌。深耕"两山"转化。迭代升级"两山银行"生态云脑,做大做强"两山基金",推动"两山银行"乡镇支行全覆盖。建立健全GEP核算体系和全链闭环的应用体系,生态产品总值年均增长率达2%以上。创新"碳账户"应用场景,推动碳排放权、排污权、用水权等自然生态资产交易实现新突破,创成省级低碳县。

人不负青山,青山定不负人。良好的生态、优美的环境是常山县最大的优势。我们要像保护眼睛一样保护这方好山好水,把绿水青山真正变成金山银山!

(五)坚定不移提升人民生活品质。以群众需求为导向,补齐民生服务短板,增强优质公共服务供给能力,把人民对美好生活的向往不断变为现实。推进学有优教。全面落实"三孩"生育政策,加强城乡托幼机构建设,打造育儿友好型社会。开展普惠性幼儿园扩容提质工程,创成全国学前教育普及普惠县。打造城乡义务教育共同体,创成全国义务教育优质均衡发展县。推进普通高中特色发展、合作办学,教育教学质量挺进山区26县前列。推动现代职业教育高质量发展。构建终身教育体系。推进病有良医。深入实施“健康常山”行动，全面推进“医联体+医共体”两体共融改革，完善疾病预防控制体系和重大疫情防控机制，到2026年，县域就诊率达90%以上，基层就诊率达65%以上，创成全国健康促进县。推进老有颐养。全面深化“幸福爷爷·快乐奶奶”行动，做优全省养老护理人才培育试点，优化升级“常山孝眼”平台，健全社区老年学堂。加快赛得健康产业园、元坳中医药康养、远山云间旅游度假区等项目建设，支持新昌乡打造浙西康养后花园。推进住有安居。探索新的发展模式，满足合理住房需求，促进房地产业良性循环和健康发展。增加人才公寓和保障性租赁住房供给，多途径解决新市民、低收入困难群众等重点群体住房问题。推进弱有众扶。扎实开展未成年人保护工作，构建“六位一体”保护体系，创成全国未成年人保护示范县。深化社会救助综合改革，全面推进“1+8+X”社会救助体系建设。构建集就业、社保、救助、福利、慈善于一体的新型大社保体系，逐步缩小不同群体社保待遇差距。

民之所盼、政之所向。我们要多谋民生之利、多解民生之忧，不断提升人民群众的获得感、幸福感、安全感、认同感，让大家的日子过得有盼头、有甜头！

（六）坚定不移做好改革开放两篇大文章。持续深化改革、扩大开放、推进创新，推动改革与开放相互促进、协同发力。走好改革棋。做深“放管服”改革，实现工业项目60天、服务业项目180天全流程审批。推动数字化改革向产业升级、要素服务等方面延伸，打造胡柚低碳“U”码、柚管家等一批具有常山辨识度的应用场景。深化绿色金融“标准+产品+政策+制度”体系建设，构建以绿色信贷、绿色基金、绿色保险为核心的绿色金融服务体系。深化国资国企改革，建立KPI绩效考核机制，到2026年，全县国有资产总额突破400亿元，AA+企业实现零突破。深入探索“三块地”改革和宅基地“三权分置”有效实现形式，建立完善宅基地资格权票、农村集体经营性土地入市、林权交易等制度，在拓展农民权益中增加收入。畅通开放路。推进常山江航电枢纽项目建设，谋划浙赣运河项目，打造黄金水岸风光带和沿江产业经济带。谋划推进205国道外移工程、324省道宋畈至新桥段工程、衢常快速通道、常玉快速通道等项目，建成浙西窗口服务区、公铁路衔接型综合客运枢纽，打造“五横四纵”公路主干网。推进衢九铁路与杭衢高铁连接线互联互通，推动衢黄铁路前期工作，建设南方水泥铁路专用线，规划建设多式联运物流园。开展通用航空机场项目前期工作。加快美丽通道建设，改造提升“四好农村路”800千米以上。打好合作牌。全方位融入长三角区域一体化战略，努力成为长三角地区产业协作配套基地。积极参与“一带一路”和中国（浙江）自由贸易试验区建设，主动融入义甬舟开放大通道西延行动。深化“东接西联北融”区域合作，向东对接浙西省级新区，向西加快建设衢饶合作示范区，向北融入“大下姜”乡村联合共同体。高标准建设“产业飞地”，布局建设“科创飞地”，规范建设“消薄飞地”，积极建设“人才飞地”，加强与省级结对帮扶团组的对接合作，打造山海协作“升级版”。

唯有改革，才有明天；唯有开放，才有出路。我们要敢于走别人没有走过的路，在改革创新、内外开放的大潮中发展壮大、踏浪前行！

（七）坚定不移提高文化软实力。加快推进新时代文化常山建设，打造宋韵文化传承示范县，力争创成省级历史文化名城。坚持培根铸魂。深入推进习近平新时代中国特色社会主义思想的学习宣传实践，持续巩固“不忘初心、牢记使命”主题教育实践成果，实施铸魂溯源走心工程，健全党员干部理论教育制度体系、宣讲体系，推动8090新时代理论宣讲迭代升级。加强“四史”（指中共党史、新中国史、改革开放史和社会主义发展史）教育，传承红色基因，提升爱国主义教育基地建设水平，守好红色根脉。推进文明创建。大力弘扬社会主义核心价值观，实施全域文明创建，积极争创全国文明城市提名县城。拓展新时代文明实践中心，建成“15分钟文明实践服务圈”。推进全民道德建设，提升“最美常山人”品牌影响力。弘扬诚信文化，推进移风易俗，促进乡风文明、社会有礼。加强家庭家教家风建设，强化青少年思想道德教育，健全“黄鹂鸟”品牌志愿服务体系。打造宋诗之河。积极融入全省“宋韵文化传世工程”，深化宋韵文化研究，实施十大文化建设工程、十大历史文化名人研究工程、十大文化名片打造工程，构建“宋诗之河”“一份常礼”系列文创产品研发体系。培育壮大钢琴制造、文化演艺等特色文化产业。加快文化惠民。深入实施百村文化惠民工程，实现“县有‘四馆一院’，乡镇（街道）有综合文化站，社区有文化家园，村有文化礼堂”。开展艺术振兴乡村计划，探索打造乡村艺术走廊，建设书香常山。拓展“家头条”“邻里帮”“文E家”等应用场景，加快建设南孔书屋、城市书房等城市公共文化设施，布局建设乡镇电影院，实现“15分钟品质文化生活圈”全覆盖，推进媒体深度融合。

千载古县源远流长，宋诗之河耀眼璀璨。我们要坚持创造性转化、创新性发展，让新时代文化常山展现出时代价值、魅力光芒！

（八）坚定不移推进县域社会治理现代化。自觉践行总体国家安全观，把“四治融合”、安全发展贯穿经济社会发展全过程，打造一座最平安的城市。建设法治常山。纵深推进法治政府建设，实现行政争议发案量、败诉率达到省定目标以下。深化“大综合一体化”行政执法改革，推进行政执法与刑事司法“两法衔接”，建立“信用+”网络法治化监管机制，建成现代公共法律服务体系。深入实施百村善治工程，推进“宋诗之河”基层法治示范带建设，到2026年，力争“善治社区（村）”占比达50%以上，创成法治浙江示范县。建设智治常山。深化“县乡一体、条抓块统”改革，做好“152”体系和“141”体系衔接贯通，高质量完成市域社会治理现代化试点工作，迭代完善县级社会治理中心、乡镇（街道）智治中心、“浙智兴村”平台，形成县乡村三级“664”工作架构，着力形成高效善治的数字化治理体系。打造“常山U点通”线上平台，构建社会协同治理及智能化便民服务体系，实现群众诉求“U一点就通”。建设平安常山。严格落实重大决策社会风险评估机制，建立健全风险监测防控平台，完善风险闭环管控的大平安体系，坚决守住不发生系统性风险底线。加快推进信访积案有效化解，县级以下信访问题和矛盾纠纷就地化解率达到95%以上，创建全国信访工作示范县。加强重点行业领域乱象整治，健全“大安全、大应急、大减灾”应急管理体系。常态化做好疫情防控、安全生产、系统性金融风险防范、扫黑除恶等“遏重大、守底线”工作，全力防止“一票否决”重特大事项，到2026年实现平安建设“二十二连冠”，夺得全省首批“三星平安金鼎”。

没有平安稳定，一切都将归零。我们要坚持底线思维、增强忧患意识，勇于战胜一切风险挑战，努力推动跨越式高质量发展和高水平安全良性互动！

以优异成绩迎接党的二十大胜利召开

2022年，是中共二十大召开之年，也是省市换届之年，做好新一年的工作，意义十分重大。要牢牢把握稳中求进工作总基调，全力以赴强发展、促改革、保稳定、惠民生，扎实推动各项工作落地见效。明年经济社会发展主要预期目标是“8115”：即地区生产总值增长8%以上，工业增加值超100亿元、引进产业类项目超

100 个，固定资产投资、社会消费品零售总额、低收入农户人均可支配收入分别增长 15%以上。重点在八个方面取得新突破：

（一）在工业高质量发展上取得新突破。落实工业强县“1+10+5”政策，完善两大主导产业链条，推进工业强基工程 2.0 版，加快培育数字经济等战略性新兴产业集群，实现规模以上工业总产值 220 亿元，其中两大主导产业占比达 50%。落实新一轮减税降费政策，深化企业培育挖潜行动，力争产值超亿元企业达 40 家以上。深入实施小微企业信贷“增氧计划”和金融服务“滴灌工程”，强化企业融资保障。鼓励支持有潜质的企业走股改上市之路，鼓励国企参与并购、借壳上市，实现上市公司零突破。深化“腾笼换鸟、提质转型”行动，腾退土地 800 亩以上，力争规模以上工业亩均税收突破 18 万元、亩均增加值增长 18%。支持众卡省级物流园区提质增效试点、艾佳果蔬和天子果业省级冷链物流园区（基地）建设。实施研发机构提质工程，支持科技型企业开展关键核心技术攻关，规模以上工业研发经费占主营业务收入达 3%以上，确保省级油茶产业创新服务综合体通过验收，实现领军型创新创业团队零突破。

（二）在扩大有效投资上取得新突破。坚持招大引强与激活民资、增资扩产与技术改造并重，充分发挥投资“压舱石”“助推器”作用。加强项目数字化全程监管，抓牢“计划、载体、闭环”三大节点，压实“招引落地、谋划转化、开工、入库、出数”五张清单，保障土地、资金、人力等要素供给，推动续建项目提速提效、新建项目落地落实。围绕主导产业和细分领域开展集群招商，招引亿元以上项目 25 个，实现制造业投资增长 20%以上。深化“周统计、旬研判、月签约、季开工、年考核”招商推进机制，强化县领导领衔招商，优化招商全流程服务。聚焦“补短板”“抢政策”，精准谋划争取“专项债”“国资融资”等一批政策项目。聚力“搭平台”“强储备”，深度谋划招引一批社会投资项目。

（三）在城乡一体化发展上取得新突破。加快新时代美丽常山建设，推进“河长制”“林长制”，建成常山港治理二期工程，深化虹桥溪流域综合治理，完成第二轮中央环保督察整改销号任务。高水平打造山水公园城市，按计划推进城市有机更新，建设城东新区、狮子口城市新区等城市样板区，支持天马街道、紫港街道建设城市风貌样板区。加快旧城改造安置房建设，启动北门片区征收工作，实施东明湖公园、塔山公园等改造提升项目，完成老旧小区外立面改造 100 幢，推进文峰西路、定阳北路延伸线建设。启动胡柚万亩“共富果园”建设，力争常山柚橙加入《中国药典》。重组油茶产业发展集团，做大油茶交易中心。实施强村富民行动，实现村集体经营性收入 20 万元以上村全覆盖。以创建省级新时代美丽乡村标杆县为引领，持续推进美丽城镇建设，集中精力打造一批共富样板村。支持球川—白石县域风貌样板区建设，建成同心、渣濑湾未来乡村。全面推行“扩中”“提低”改革，实施农民素质提升工程，推进农民集聚，力争城镇居民人均可支配收入增长 10%以上，农民人均可支配收入增长 12%以上。做好全国第二轮农村土地承包到期延包 30 年试点和农村“三块地”改革工作。

（四）在内外开放融通上取得新突破。加快融入长三角区域一体化，主动融入陆海统筹发展新格局，积极融入“联盟花园”和衢丽大花园建设，在更高层次上全面深化内外开放。启动常山江航电枢纽项目，加速推进浙西窗口服务区、公铁路衔接型综合客运枢纽、辉何公路建设，全面建成 351 国道，改建提升“四好农村路”150 千米。全面参与衢州综合保税区申建工作，积极对接衢州跨境电商综合试验区建设，谋划打造浙西物流集散中心，争创省级现代服务业创新发展区，全年力争外贸进出口增长 20%以上。深化山海协作平台建设，推动“产业飞地”先行示范、“科创、人才飞地”筑巢引凤、“消薄飞地”扩容增资，完成产业项目合作20亿元以上。稳步推进衢饶合作示范区建设。抓好新一轮东西部协作工作。

（五）在宋韵文化传承上取得新突破。实施“观常山”文化工程，举办“宋诗之河研讨会”，策划推出“宋诗之河”系列文化丛书、文创产品。实施文化精品创作计划，开展清简樊莹、贤相赵鼎、胡柚娃动漫等重点题材创作。启动宋诗城、赵鼎考古文化公园建设，加快常山文化旅游博览中心、泓影戏剧与影视文创园等重点文化设施，以及远山云间、中国宋园、黄冈圣境等重大文旅项目建设。集中提升一批精品农村文化礼堂。扎实推进省级示范文明城市创建，深化推广“八个一”有礼系列行动。加强红色资源保护利用，推动西源革命纪念馆创建省级爱国主义教育基地。大力发展夜间经济、网红经济，确保成功入选省级夜间经济试点城市。

（六）在高品质幸福生活提升上取得新突破。优化教育布局，提升教学质量，全力补齐义务教育、学前教育短板，启动常山一中与学军中学紧密型合作办学。加快推进“两校融合”项目建设，与吉云教育深度合作，打造云创（常山）产教融合园，大力发展特色职业教育。突出平战结合、扁平化管理，慎终如始抓好疫情防控。加快人民医院、中医医院、妇保院创建等级医院步伐，加强医疗机构学科建设，完成全国健康促进县创建任务。持续推进“孝老之城”建设，做优养老护理人才培育省级试点工作，全面提升养老服务能力。举办中国龙舟公开赛、中国山地自行车公开赛等品牌赛事，启动创建省体育现代化县。

（七）在整体智治高效协同上取得新突破。锚定平安护航中共二十大、杭州亚运会等大事要事，坚决“遏重大”“控较大”，全力确保政治安全、社会安定、人民安宁。以数字化改革为引领，积极探索“152”体系和“141”体系衔接贯通，迭代升级胡柚低碳“U”码等应用场景。持续深化“两山银行”乡镇支行业务和运营模式，着力提升生态产品价值转化质量和效率，全力推动“两山银行”生态云脑入围全省数字化改革最佳应用。持续深化国资国企改革，农投集团完成AA评级，城投集团完成8亿元企业债发行，国投公司完成公司债发行。推进国家智能社会治理实验基地（社区治理特色基地）建设，提升社区智慧服务水平。开展数字集镇建设。深化“大综合一体化”行政执法改革，优化监管执法和“两法衔接”工作机制。加快推动信访工作系统性重塑，构建“党建+治理+信访”工作体系，持续优化信访生态，确保两年以上信访积案“清零”。

（八）在红色根脉强基工程上取得新突破。深化党史学习教育和“四史”宣传教育，完善8090新时代理论宣讲体系，抓好中共十九届六中全会、中共二十大等重要会议精神学习宣传。大力实施基层党建“七强七争”行动，开展“红色根脉强基指数”考评，推动“三联工程”、乡村振兴讲堂、红色物业联盟、支部书记学院迭代升级，提升基层党组织带富致富能力、基层治理能力。做好换届后半篇文章，推动干部队伍系统性重塑，用好赛马机制，激励担当作为。重点围绕两大主导产业，引进硕博士等高层次人才25人以上、青年大学生4500人以上。常态化运用“三名”全链条工作机制，旗帜鲜明为干事者撑腰鼓劲，让党员干部心无旁骛投身改革发展火热实践。

为加快建设“浙西第一门户”提供坚强政治保障

事业发展，核心在党、关键在人。要深入贯彻新时代党的建设总要求，以党的政治建设为统领，聚焦省委“建设变革型组织、提高塑造变革能力”和市委“两勤”“两专”要求，打造一支“忠诚忠实、敢闯敢干、善作善成、唯实惟先、两勤两专、清醒清正”

的常山铁军，为各项事业发展提供坚强政治保证。

（一）锤炼“讲忠诚、守规矩”的政治品格。坚持把旗帜鲜明讲政治作为根本要求，贯穿各项工作全过程，不断提高政治判断力、政治领悟力、政治执行力。深入学习贯彻习近平新时代中国特色社会主义思想，巩固提升党史学习教育成果，争做“两个确立”忠诚拥护者、“两个维护”示范引领者。以“七张问题清单”应用为总牵引，推动党建工作具象化。加强县委常委会自身建设，严肃党内政治生活，认真执行民主集中制，完善党委议事决策机制，不断提升把方向、管大局、作决策、抓落实的能力和水平。压紧压实意识形态工作责任，推进依法治网体系建设。全面落实党管武装制度，深化国防动员体制改革，巩固军政军民团结大好局面。

（二）筑牢“最坚强、最硬核”的战斗堡垒。强化党的全面领导，一体推进各领域党建工作全域提升、全面建强、整体跃迁。全面推行乡镇（街道）党（工）委“12345”工作模式，推动乡镇干部上挂锻炼，切实提升组织力、战斗力、执行力。大力实施“五百”示范创优行动、村级班子整固提升行动，推动“三联工程”标准化规范化体系化建设，深化“至少办一件”“网格问效”“村情报告会”等制度，打造 AAAAA 级农村“金钉子”党组织 20 个。推行全域党建联盟，扎实推进机关、国企、学校、医院等各领域党建工作。用好乡村振兴讲堂、“早上好”支部书记研学基地等党建阵地，完善导师帮带、阵地共建、产业互促机制。开展“两新”党建“三年创优、整体跃升”行动，打造非公企业“双强”示范点 20 家。有效承接“浙里红色根脉强基系统”在常山落地落实。

（三）打造“两专型、复合型”的干部队伍。坚持好干部标准，突出政治过硬、“两专”兼备、多岗历练，严管厚爱结合、激励约束并重，让想干事的有机会、能干事的有舞台、干成事的有地位。加强干部成长全链条全周期管理，开展“两专”干部储备行动，常态化动态储备培养 50 名正科级干部、100 名副科级干部、200 名普通干部。强化系统观念、战略素养、前瞻思维，开展“两专”干部素养提升行动，每年择优选派 200 名年轻干部深入一线攻坚历练。建优“两专”考评体系，建强“两专”能力综合研判机制，选树“两专”能力过硬正面典型，让党员干部学有榜样、干有目标。推动政企互派干部实践锻炼，培养一批善经营、懂管理的经济型干部，打造一支能熟练运用数字化技术、数字化思维、数字化认知的专业化干部队伍。组建党政新型智库，发挥退职干部作用，成立研究小组、招商小组、驻村小组、攻坚小组，融入中心大局，主动担当作为。

（四）浓厚“争先进、创一流”的干事氛围。树牢“没有走在前列也是一种风险”的忧患意识，放大格局、拉高标杆，争当先锋、勇做标兵。实行赛马机制，用好双月竞赛、干将比拼、电视问政等比拼擂台，形成“千军万马争先进、万众齐心创一流”的浓厚氛围。坚持正向激励和反向倒逼相结合，科学督查考核，精准奖优罚劣，把资源和政策集中到想干事、能干事、干成事的团队，进一步形成比学赶超良好态势。深化落实县委激励和保护干部干事创业“十六条”硬核举措，在思想引领、导向激励、关心关爱、保护担当等方面为干部撑腰鼓劲，绝不让老实人吃亏、绝不让干事者失落。

（五）营造“风更清、气更正”的政治生态。深化全面从严治党，落实落细“五张责任清单”，着力打造群众有感受度的优质政治生态。深入推进清廉常山建设，打造一批清廉示范单元，推动清廉元素向各领域全方位潜移默化。做细做实“365 监督在线”工作机制，深入构建“合”字型基层监督体系，推进“四个监督”统筹衔接，最大限度消除监督真空地带。一体推进不敢腐、不能腐、不想腐，让党员干部心有所畏、行有所止。锲而不舍落实中央八项规定精神，驰而不息查纠“四风”，持续整治不担当、不作为、慢作为、滥作为等问题。深化营商环境“清障”行动，构建亲而有度、清而有为的亲清政商关系。

梦想在心中点燃，道路在脚下铺展。站在常山这块生机蓬勃、活力四射的热土上，我们无比坚定、无比自信、无比有力量。让我们更加紧密地团结在以习近平同志为核心的党中央周围，不忘初心、牢记使命，携手并进、勇争一流，让“浙西第一门户”在三衢大地上巍然崛起、大放光彩，以优异成绩迎接中共二十大胜利召开！

名词解释

“双百”任务：即行政村100%集体经济收入达10万元以上、100%经营性收入达5万元以上。

“两勤”“两专”：“两勤”即脑勤和腿勤；“两专”即专业技术能力和专业科学精神。

“两柚一茶”：“两柚”即胡柚和香柚；“一茶”即油茶。

中层干部“三提三促”活动：即“服务提质促担当、工作提效促执行、协同提速促联动”活动。

“十大攻坚”：即数字化改革行动，未来社区行动，26县考核行动，招商引资行动，大干项目、大抓投资行动，县乡一体、条抓块统行动，驻企服务行动，平安建设行动，有礼指数行动，“三联工程”迭代升级行动。

“双碳”：即二氧化碳排放力争于2030年达到峰值，争取2060年实现碳中和。

“四个我为”：即我为群众办实事、我为企业解难题、我为基层减负担、我为争先献一策。

“扩中”“提低”：即扩大中等收入群体比重，持续提高低收入群体收入。

“四治融合”：即自治、法治、德治、智治。

企业培育“五大行动”：即“小升规”“雏鹰行动”“放水养鱼”“凤凰行动”“雄鹰行动”。

“1234综合性创新平台架构”：即1个省级高新园区、2个高水平省级产业创新服务综合体、3个高能级众创孵化平台、4个政产学研合作台。

“十个一”工程：即一个市民中心（塔山公园）、一条宋诗之河（沿江公路和绿道景观提升工程）、一个商务中心（城东商务区）、一个高铁门户（公铁路衔接型综合客运枢纽）、一个历史街区（北门历史街区）、一条迎宾大道（高速常山出口及文教路沿线）、一个浙西窗口（浙西窗口服务区）、一个特色小镇（赏石小镇）、一个城市公园（东明湖公园）、一座五星级酒店。

“双强行动”：即科技强农、机械强农。

“千万工程”：即千村示范、万村整治工程。

“两进两回”：即科技进乡村、资金进乡村，青年回农村、乡贤回农村。

乡村振兴“五千工程”：即千名干部驻乡村、千名人才帮乡村、千名乡贤回乡村、千个项目富乡村、千亿资金到乡村。

“三塘”模式：即新昌乡黄塘、达塘、郭塘3个村组建党建联盟，通过帮党建、帮兴业、帮项目、帮谋划、帮人才、帮技术“六帮”举措，融合黄塘村油茶产业、达塘村研学基地、郭塘村环保美村等旅游特色，打造产学研一体化旅游景区带，带动“三塘”村集体经济增收。

“三线一单”：“三线”即生态保护红线、环境质量底线、资源利用上线，“一单”即生态环境准入清单。

未成年人“六位一体”保护体系：即家庭保护、学校保护、社会保护、网络保护、政府保护、司法保护。

“1+8+X”社会救助体系：“1”即浙江省大救助信息系统“浙里救”，“8”即低保、特困、救灾、医疗、教育、住房、就业、临时救助，“X”即多元社会力量参与。

“五横四纵”公路主干网：“五横”即杭新景高速、351国道、杭金衢高速、衢常快速路、320国道；“四纵”即黄衢南高速、221省道+324省道、205国道、杭淳开至甬金衢上高速联络线。

“四馆一院”：“四馆”即非遗馆、文化馆、图书馆、档案馆，

"一院"即大剧院。

"664"工作架构：第一个"6"即县社会治理中心具备信访和矛盾纠纷调处化解、社会治理事件处置、社会风险分析研判、重大应急管理、监管执法协调指挥、基层社会治理业务指导六大功能；第二个"6"即乡镇（街道）"基层治理四平台"综治工作、监管执法、应急管理、公共服务、党建统领、经济生态六大模块；第三个"4"即村（社）浙智兴村党建、富民、治理、服务"四大场景"。

工业强县"1+10+5"政策："1"即《关于实施工业强县战略推动工业高质量发展的若干意见》；"10"即制造业招大引强、工业企业培大育强、科技型企业培育、产业延链补链强链、开发区进位高新区创建、深化亩均论英雄改革、工业数字化改革、推进企业上市、外贸创强、工业绿色低碳转型等十个专项行动方案；"5"即土地、能源、金融、科技、人才五个要素保障方案。

基层党建"七强七争"行动：开展"七大强基行动"，即政治铸魂、系统变革重塑、"两专"提升、"全域金钉"、强村富民、党群连心、政治生态优化七大行动；实施"七大领域争创工程"，即农村领域实施"乡村振兴、共富典范"工程、城市社区领域实施"一江两岸、未来之城"工程、两新领域实施"六星争创、整体跃升"工程、国企领域实施"强根铸魂、转型发展"工程、机关领域实施"双建争先、双强共铸"工程、学校领域实施"青春护旗、优学常山"工程、医院领域实施"强肌健体，医心为民"工程。

"三名"工作机制：即鼓励实名、澄清正名、严查诬名。

"七张问题清单"：即基于巡视、审计、督查、生态环保、安全生产和自然灾害、网络舆情、群众信访七个方面，围绕问题发现、生成、整改、评估、预防全周期，运用数字化改革理念、方式、手段赋能全流程精密智控、全要素综合分析、全方位党建统领的多跨场景应用。

"12345"工作模式："1"即实施乡镇党委"一线工作法"；"2"即建立"模块化"和"清单化"运行机制；"3"即用好"三联工程"；"4"即全面推行乡镇干部"四维考评"；"5"即提升乡镇（街道）行政执法能力、为民服务能力、议事协商能力、应急管理能力、平安建设能力5种能力。

"五百"示范创优行动：即培育打造100个示范型农村党组织、100名带领共富好支书，100个示范型党建联盟、100个村级集体经济精品项目、100个优秀联村服务团。

"五张责任清单"：即党委书记第一责任人责任清单、党委主体责任清单、班子成员责任清单、纪委监督责任清单、组织部门职能监督责任清单。

"365监督在线"工作机制：即坚持目标、问题、效果"三个导向"，推行大平台实时化、大数据智慧化、大项目动态化、大联通闭环化、大联动协同化、大融合绩效化监督"六大工作路径"，贯通运用专项监督、立项监督、常项监督、并项监督、外项监督"五项监督法"，着力推进政治监督具体化、项目化、常态化。

"合"字型基层监督体系：即通过完善"抓人促事"机制，构建"一体联动"格局，打造"口形闭环"模式，让群众真真切切地感受到监督就在身边、纪检监察就在身边，以监督效能提升推动清廉村居建设、完善基层治理体系、服务乡村振兴。

"四个监督"：即纪律监督、监察监督、派驻监督、巡察监督。

政府工作报告

——在常山县第十七届人民代表大会第一次会议上

代县长 王永明

（2022 年 1 月 25 日）

一、过去五年发展成就和2021 年主要工作回顾

过去五年，是常山发展史上极不平凡的五年。面对百年未有之大变局，面对经济下行的“高压测试”、疫情险情的“突发加试”、改革发展的“常态应试”，我们坚定落实中央和省、市决策部署，在县委的坚强领导和县人大、县政协的监督支持下，以最高站位、最强战力、最严作风，全力推动产业富强、生态富美、百姓富足，各项事业取得历史性成就，高水平全面建成小康社会如期实现。

——五年来，我们始终坚持追赶跨越，综合实力大幅跃升。累计实现地区生产总值 768.8 亿元，年均增长 6.6%。完成财政总收入 94.7 亿元，年均增长 14.3%，其中一般公共预算收入 59.8 亿元，年均增长 9.8%；固定资产投资年均超百亿元，达到 520 亿元；社会消费品零售总额 359.6 亿元，年均增长 8%；建筑业省内产值由 30.6 亿元增长到 50.7 亿元，增长 65.8%；城镇居民人均可支配收入增加到 46653 元，农村居民人均可支配收入增加到 26901 元，分别增长 51.8%和 61%。

——五年来，我们始终坚持提质增效，产业转型蹄疾步稳。现代农业打响品牌。常山胡柚区域公用品牌价值达 12.2 亿元，香柚种植面积位居全国首位，全国油茶交易中心、价格指导中心等 5 个“国字号”品牌花落常山。“柚香谷”“金色同号”入围省级农村产业融合发展示范园。入选全国农业科技现代化先行县共建名单、省级“互联网+”农产品出村进城工程试点县。工业经济稳中向好。推出工业新政“二十八条”，规模以上工业总产值提高到 182.1 亿元，规模以上工业亩均税收提高 1.6 倍，落地亿元以上产业项目 83 个，新增亿元以上企业 25 家，规模以上工业企业增加至 140 家。实现工业平台“四区合一”，获批省级经济开发区、省级高新园区，入选全省可持续发展创新示范区、传统制造业改造提升省级试点，创建油茶、精密基础件省级产业创新服务综合体。第三产业活力迸发。服务业增加值提高到 93.9 亿元，年均增长 7.9%。外贸进出口总额增长 52.8%。金融机构存贷款余额分别提高 61%和 107%。赏石小镇建设全面推进，赛得二期成功入选全省“六个千亿”生命健康产业平台项目，梅树底创成国家 AAAA 级景区，村上酒舍成为全国首批甲级民宿。常山县被评为中国鲜辣美食之乡、中国最美乡村旅游目的地，成为第七个国际慢城。

——五年来，我们始终坚持全域统筹，城乡风貌加速蝶变。城市更新提级扩容。累计投资 79.5 亿元，完成城区道路“白改黑”、滨江人行景观桥等 58 个重大项目，改造提升 13 个老旧小区，城镇化率提高到 49.1%。狮子口片区征收全面完成，旧城改造“三

年行动”乘势推进，渡口未来社区精彩亮相，“一江两岸”格局聚势成峰。美丽乡村绽放新颜。芳村未来乡村闪亮登场，46.6千米诗画风光带串珠成链，创成省美丽乡村示范乡镇7个、省美丽城镇样板镇3个、特色精品村22个，常山县被评为省级新时代美丽乡村示范县，生活垃圾分类、小城镇环境综合整治、美丽城镇等工作被评为省级优秀，创成省“无违建县”。交通网络更加通达。衢九铁路开通运营，048省道延伸线、320国道“二改一”、351国道等项目相继建成，沿江公路、淳常公路全线贯通。总投资超90亿元的常山江航运开发工程成为全市首个列入国务院规划交通项目，衢黄高铁成功纳规。新改建农村公路238千米。城乡公交迈入“2元一票制”时代，群众出行实现“同城同待遇”。

——五年来，我们始终坚持绿色发展，“两山”转化走出新路。绿水青山越来越美。城区空气优良率提高到98.6%，常山港地表水、饮用水源地和出境水断面水质百分百达标，土壤污染地块安全利用率、一般工业固体废弃物综合利用率均达100%。辉埠区域环境系统整治入选中央环保督察整改正面典型，获国家长江办肯定。全国山水林田湖草生态保护修复工程试点工作全面推进。常山县被评为全球绿色城市、中国生态魅力县、中国气候宜居县、中国天然氧吧，夺得省“五水共治”大禹鼎。金山银山越做越大。全省率先实体运作“两山银行”，累计转化资源总量超3.5亿元，发放生态贷2.1亿元，撬动投资19.6亿元，带动村集体增收1700多万元。新昌“三塘模式”、东案腾云·旅游根据地等一批特色品牌打响，美丽经济累计实现营收16.7亿元，带动村民增收5亿元。全域土地综合整治高效推进，累计整治土地1.87万亩，常山县被评为省级土地节约集约利用模范县，同弓乡被列为部级试点。农业信贷“10+1”试点为全县255家“三农”主体提供担保2.4亿元，业务量居全省第二。常山县被评为全国农村创业创新典型县。

——五年来，我们始终坚持改革创新，发展动能强力释放。“最多跑一次”改革走在前列。2264个事项实现“无差别受理”，成功入选政务服务“好差评”国家两项标准和行政备案国家试点单位，“低保惠民联办”入选全国社会救助领域优秀创新实践案例，政务事项网办率、掌办率分别达98.6%、98.3%。国资改革积厚成势。“三大投”公司挂牌成立，先后获“AA”主体信用评级，综合获批债券41亿元。国有资产总额达297亿元，实现营业收入翻三番。区域协作收获硕果。衢饶合作示范区稳步推进。与慈溪、拱墅等地深入合作，成功招引重大协作项目20个，总投资19.8亿元。投入援建资金1.2亿元，完成消费帮扶2.1亿元，助力古蔺实现脱贫摘帽，扶贫车间做法在全国作经验介绍。

——五年来，我们始终坚持人民至上，民生福祉不断增进。公共服务全面优化。高考一段线人数实现六连增、翻一番，达到325人。投入16.9亿元，完成常一中迁建，新改建幼儿园、中小学项目40个，实现“一乡镇一公办园”。全市率先实现专用智慧校车全覆盖。创成省教育基本现代化县。新妇幼保健院、中医院新住院大楼投入使用。全省率先实施“医共体”改革。入选国家妇幼保健机构机制创新试点县。创成国家卫生县城。常山江“宋诗之河”纳入钱塘江诗路文化带。老英雄胡兆富事迹成为全国先进典型。西源革命纪念馆列入省国防教育基地、省党员教育培训基地。举办中国山地自行车公开赛、龙舟赛、国际皮划艇精英赛等7场高规格赛事。民生保障更加有力。农民“培训券”入选《习近平扶贫故事》，获省委书记袁家军批示肯定。创成全国无障碍环境示范县，成为全国家政服务业提质扩容“领跑者”试点县。“厕所革命”成为全国典范。农村饮用水工程打造全省样板。“常山阿姨”入选省精准扶贫十大案例。城镇新增就业 3.2 万人，发放兜底保障资金 5.4 亿元，城镇住房保障受益覆盖率达 35%以上。社会大局和谐稳定。成功打赢疫情防控阻击战，18 天实现本地 3 例确诊病例全部清零，牢牢守住“浙江西大门”。全市率先建成“县乡村格”四级矛调体系，县矛调中心迭代升级为社会治理中心。创成全省首批“禁毒示范县”，实现省级平安县“十六连冠”，夺得全省首批一星“平安金鼎”。获评省食品安全县、省农产品质量安全放心县。

——五年来，我们始终坚持自我革命，治理能力全面提升。政治忠诚铸牢铸强。扎实开展“两学一做”学习教育、“不忘初心、牢记使命”主题教育和党史学习教育，狠抓政府自身建设，政府系统党员干部政治判断力、政治领悟力、政治执行力进一步强化，履职能力和工作实效得到提升。依法行政走实走深。建成全省首家“两法衔接”办案中心。完成依法行政各项问题整改 90 多条。乡镇（街道）合法性审查实现全覆盖。累计办理人大代表议案建议 653 件，政协委员提案建议 847 件。执行效能提速提质。政府议事规则不断完善，领导挂帅、专班推进、三级联动、督查问效、容错免责等全流程机制高效运行，整合统筹意识、经营运作理念、数字治理能力等全面增强。廉政建设从严从紧。政府系统党风廉政建设纵深推进，坚决破除形式主义、官僚主义，切实防止“四风”问题反弹回潮，坚持以收定支、量入为出，全面厉行节约长效机制，“三公”经费支出逐年下降。

与此同时，社会福利、慈善、红十字、医保、招投标、住房公积金、文物等工作取得新成效；工青妇、儿童、残疾人、档案、气象、电大、决策咨询、社会组织等工作实现新提升；国防动员、人民防空、退役军人事务、民族、宗教、外事、侨务、对台、供销、粮食等工作得到新加强。

2021 年是承压奋进的一年。我们坚定不移落实新发展理念，深入实施强发展、求突破、勇争先“八大行动”，攻克一批历史遗留的堵点难题，干成一批牵引全局的大事要事，打响一批独具特色的创新品牌，形成稳中有进、进中向好、好中提质的可喜态势，实现“十四五”良好开局。

（一）县域竞争力更强。23 项主要经济指标排名全市前三，其中 10 项指标增速排名全市第一。GDP 增速六年来首次登全市榜首；城镇居民人均可支配收入增速位列山区 26 县和全省首位，实现历史性突破；一般公共预算收入增速连续 8 个月居全市首位；社会消费品零售总额增速从年初全市末位跃升至首位。全域土地综合整治与生态修复、服务纾困小微企业和个体工商户、鼓励和支持就业创业政策 3 个事项获省政府督查激励，排名全市第一。

（二）工业支撑力更实。制定实施工业强县“1+10+5”政策体系，高端装备零部件、“两柚一茶”特色农产品深加工两大主导产业产值分别达到 60 亿元、20 亿元。出台轴承产业“二次崛起”发展政策，入围全省第一批产业大脑建设试点“揭榜挂帅”名单。规模以上工业增加值比上年增长 12.1%，制造业投资比上年增长 25.9%，数字经济核心产业制造业增加值比上年增长 10.7%。新增“小升规”企业 21 家、“新上规”企业 9 家、国家高新技术企业 12 家、省科技型中小企业 37 家。开发区“腾笼换鸟、提质转型”攻坚行动强势推进，整治出清企业 92 家，盘活低效用地 1208 亩。

（三）城市承载力更大。城市有机更新强势推进，片区征收“五战五捷”，累计征收房屋 2250 户 36 万平方米。渡口片区 20 天实现 572 户房屋 100%腾空。在全市率先采用 ABO 模式，启动总投资 50 亿元的狮子口片区开发项目建设。危旧房安置区 31 万平方米全面投用，2111 户危房户喜圆安居梦。启动打造“十个一”工程，实施入城口景观提升、城南第二通道等 35 个重点项目。“污水零直排”实现城区全覆盖。奥运冠军杨倩担任城市品牌形象公益代言人，“一切为了U”城市品牌重磅打响。

（四）改革牵引力更足。“两山银行”常山模式向全国发布，生态云脑成功上线，列入“一地创新、全省共享”应用项目共建单位。推出“胡柚低碳U码”等特色应用场景，意外伤害“医”触即办应用场景获全省数字社会最佳案例。国投公司、城投集团分别成功获批18亿元公司债、8亿元企业债，国有公司完成重点项目投资32亿元。入选全省唯一的国家智能社会治理实验（社区治理）特色基地。率先探索实施“大综合一体化”县域集成改革，获评全省有辨识度、有影响力法治建设成果。慈溪—常山山海协作“产业飞地”率先开工，成为全省典型。

（五）民生保障力更优。强化精密智控和实战演练，推进疫苗接种，疫情防控应急处置能力全面增强。创成省级生态文明建设示范县、省级全域旅游示范县，获省清新空气示范区称号，入选全省首批低碳试点县创建名单。高考总录取率达97.5%，一段线上线率达21.2%。城镇登记失业率为1.5%，低保惠民政策覆盖率超99%，低收入农户人均可支配收入增长16.4%，村集体经营性收入20万元以上村实现全覆盖。十方面民生实事圆满完成。

各位代表，看似寻常最奇崛，成如容易却艰辛！五年奋斗所取得的辉煌成绩，为常山高质量发展奠定了扎实基础，这是县委正确领导的结果，是历届政府接续奋斗的结果，是全县上下同心拼搏的结果。历史证明，常山的人民真诚质朴、勤劳勇敢，常山的干部忠诚务实、敢于担当，是能够办成大事、开拓新局的！在此，我代表县人民政府，向全县人民，向给予政府工作有力支持和监督的人大代表、政协委员，向各民主党派、工商联、各人民团体和社会各界人士，向离退休干部，向驻常部队和武警官兵，向所有关心、支持、参与常山建设，为常山发展付出心血和汗水的同志们、朋友们，表示崇高的敬意和衷心的感谢！

各位代表，常山发展正处于高歌猛进阶段，绝不能在成绩单中自我满足，绝不能在排名榜上自甘落后，绝不能在硬骨头前自我躺平。在构建新发展格局中实现高质量发展，我们依然任重道远，仍需爬坡过坎。面对需求收缩、供给冲击、预期转弱的三重压力，我们经济体量不大，抗压韧性不足，对冲不稳定因素的能力较弱；面对共同富裕示范区、四省边际中心城市建设等叠加机遇，我们区位优势发挥不充分，项目承接能力不够强，抢抓战略机遇的制约较多；面对黄衢南饶竞相发展、山区26县你追我赶的激烈竞争，我们产业结构不优、龙头企业不多、科创动能不足，核心竞争力短板明显；面对全县人民日益增长的美好生活需求，我们城乡公共设施还比较薄弱，城市能级、乡村品质不高，集聚和辐射能力不强，学前教育、公共卫生、文化体育等服务供给仍然滞后；面对数字化改革新形势、“两专”工程新要求、跨越发展新任务，干部的学习意识、创新能力、专业素养、攻坚精神有待提高。对此，我们将不遮掩、不回避、不懈怠，持续发力、精准破题，切实加以解决。

二、大干五年，聚力打造“浙西第一门户”

百业正兴、当下有为，百事正举、未来可期！今后五年，是高质量发展建设共同富裕示范区的关键期、跨越式高质量发展的发力期。我们必须顺应发展大势、抢抓战略机遇，全力以赴开新局、立新功。根据县第十四次党代会精神，今后五年常山县经济社会发展的指导思想是：坚持以习近平新时代中国特色社会主义思想为指导，深入贯彻中共十九大和十九届历次全会精神，忠诚拥护“两个确立”，坚决做到“两个维护”，坚持稳中求进工作总基调，完整准确全面贯彻新发展理念，构建新发展格局，忠实践行“八八战略”、始终牢记“八个嘱托”、奋力打造“重要窗口”，以推动跨越式高质量发展为主题，坚持“一切为了U”，突出“产业为王、工业强县”，深化“八大行动”，全面完成“十四五”规划目标任务，奋力争当高质量发展建设共同富裕示范区县域典范，加快建设“浙西第一门户”。

今后五年全县主要发展指标预期是：到2026年，地区生产总值在2020年基础上实现翻番，规模以上工业总产值达450亿元，全社会固定资产投资、城镇居民人均可支配收入、农村居民人均可支配收入分别年均增长13%、9%、10%以上，全社会R&D经费支出占GDP比重达到全省平均水平。

各位代表，未来五年，常山处于追逐梦想，也能成就梦想的阶段；处于不断蓄势，也能造就胜势的阶段。我们要聚焦聚力“共同富裕”主题主线，紧紧围绕“浙西第一门户”共同目标，始终秉持五大工作取向：

——秉持唯旗必夺的争先意识。聚焦开启“争先跨越之门”，坚持对标一流、追求卓越，不惧千帆竞航、无畏虎口夺食、敢于跳跃摘桃，在窗口机遇中抢占先机，在区域比拼里争先进位，全领域提升核心竞争力，夺取一批具有区域影响力的竞赛胜果，实现从竞跑到领跑的华丽蝶变！

——秉持以特制胜的创新精神。聚焦开启“特色示范之门”，坚持扬长补短、错位发展，既知重负重、遇难破难，加快突破能耗制约、人才瓶颈、机制障碍，又立足禀赋、特色发展，不断强化产业富民、城市赋能、改革创新，真正创成一批具有时代标识性、常山辨识度的标杆工程！

——秉持广纳四海的开放思维。聚焦开启“开放包容之门”，强化沿海意识、共赢心态，善于借梯登高、借船出海，跳出常山看常山、打开门户谋发展，在思想解放程度、要素集聚力度、发展格局宽度上实现跨越提升，以高水平开放助力高质量发展！

——秉持民生至上的赤诚初心。聚焦开启“幸福宜居之门”，坚持以人民之心为心，不遗余力厘清千头万绪的事、办好千家万户的事，持续优化生态环境，不断升级公共服务，全面打响民生优享品牌，让发展成果更多更公平惠及全县人民！

——秉持系统集成的整体理念。聚焦开启“文明有礼之门”，坚持整体智治、唯实惟先，以数字化改革为牵引，全力推进政府系统理念更新、机制重塑、方式变革，持续优化营商环境，加快推动全域文明，精心打造一座最有礼的城市！

具体要持续深化“八大行动”，抓紧抓实五方面工作：

（一）今后五年，我们要坚持产业为王，为建设“浙西第一门户”构筑实体支撑。打造标志性产业链。实行主导产业“链长制”，深化强链、补链、延链，推进哲丰系、大和系、小乔系、众卡系集群发展。实施数字经济五年倍增计划，加快传统制造业数字化、绿色化转型。加强技术创新中心体系建设，推动科技创新攻关和科技成果转化。到2026年，两大主导产业总产值达350亿元，数字经济核心产业增加值占GDP比重达7%以上，省级重点企业研究院实现零突破。培育雁阵式企业群。深入实施“凤凰”“雄鹰”“雏鹰”“放水养鱼”和单项冠军培育行动，构建“小微企业+高成长企业+骨干企业+链主企业”梯队，形成“热带雨林”式企业群落。到2026年，培育产值超10亿元企业10家以上、超20亿元企业5家以上、超50亿元企业2家以上，打造百亿级企业1家，上市企业达3家。构筑高能级平台圈。围绕打造“梦想园区、未来工厂”，进一步理顺一区多园的体制机制，积极推进产城融合，持续深化“亩均论英雄”改革。到2026年，盘整工业熟地5000亩以上，实现规模以上工业亩均税收、增加值双倍增，建成特色生态产业平台，跻身全省开发区前35位。

（二）今后五年，我们要突出建管一体，为建设“浙西第一门户”强化城市赋能。建现代之城。坚定实施“东拓西整、拥江发展”战略，提升规划品质，拉开城市框架，扮靓“一江两岸”，构建新老城区隔江辉映、融合联动的发展格局。高质量完成主城区旧城改造三年行动，高水平打造北门历史文化街区和文昌阁、三里滩等4个宋韵文化城市风貌样板区，高标准推进以狮子口片区为重点的城东新区建设，打造宜居宜业宜游的山水公园城市。建品质之城。深入实施“十个一”工程，加快建设星级酒店、迎宾大道等一批品质提升项目。持续推进城区道路畅通工程，打通文峰西路、定阳北路、望江路等一批城市断头路。建设韧性城市，提标城市基础配套，实现城市污水处理率98%以上、城市生活垃圾分类全覆盖。建文明之城。用绣花功夫抓城市治理，深化城市管理体制改革，建强城市大脑，升级征收、执法、停车等多场景一体化智慧应用体系，开展城市环境综合整治，实施新时代文明生活行动。到2026年，全域文明创建实现全覆盖，通过省级示范文明县城验收，争创省级历史文化名城、全国文明城市。

（三）今后五年，我们要大抓乡村振兴，为建设“浙西第一门户”厚植发展底本。力促农业强。打好“粮食保卫战”，坚决遏制耕地“非农化”“非粮化”。坚持扩面积、优品质、延链条、强品牌、增效益，深化“双强行动”“校地共建”，打造体系完备、三产融合的“两柚一茶”标志性产业。到2026年，“两柚一茶”全产业链产值突破百亿元。创成全国农业科技现代化先行县，力争国家级山茶油质检中心落户常山。力促农村美。积极打造“千万工程”升级版，实现新时代美丽乡村达标村、省级美丽乡村示范乡镇全覆盖，创成省级新时代美丽乡村标杆县、省级美丽河湖示范县。加快建设未来乡村，建成20个绿色低碳智慧、共建共治共享的“社会综合体”。大力开展农村生活污水治理“强基增效双提标”行动。完成全域土地综合整治1.7万亩以上，打造香柚湾、胡柚小镇等一批三产融合示范项目。大力发展乡村旅游，争创国家级全域旅游示范县。力促农民富。扎实推进“扩中”“提低”改革，实施乡村振兴“五千工程”，推行“两进两回”“强村公司”“飞地抱团”等增收模式，建设农光一体、冷链物流等一批产业项目。到2026年，实现全县村集体经营性收入50万元以上行政村超50%，低收入农户人均可支配收入增长80%以上。

（四）今后五年，我们要深化改革开放，为建设“浙西第一门户”注入强劲动力。打响独具特色的改革品牌。迭代“两山银行”生态云脑，做强“两山基金”，实现“两山银行”乡镇支行全覆盖。深化常山阿姨、城乡数字大脑、无人化智慧巡检等一批具有常山辨识度的应用场景，形成一批可复制、可推广的全省最佳应用。持续深化国资国企改革，建立KPI绩效考核机制，构建多元融资体系，到2026年，全县国有资产总额突破400亿元，净资产达240亿元。打通多式联运的交通网络。实施“13756”工程，建成浙西窗口服务区、公铁路衔接型综合客运枢纽，加快常山江航运开发工程、205国道外移、324省道宋畈至新桥段项目建设，畅通衢常快速通道，推进浙赣运河、通用航空机场项目前期，力争衢黄高铁项目纳入国家铁路“十四五”规划并具备开工条件，全面构建“公、铁、水、空”四位一体的综合交通体系。打造内外循环的开放格局。积极参与长三角核心圈城市战略合作，力争成为产业协作配套基地。深化“东接西联北融”区域合作，主动融入义甬舟开放大通道西延行动，加快建设衢饶合作示范区，深度对接浙西省级新区。找准抓实推进开放型经济发展的外贸主导产业、重点平台和龙头企业，到2026年，实现贸易进出口额74亿元，培育进出口额1亿美元以上的重点企业4家。高标准建设“三大飞地”，深化社会公共服务领域合作，加强与省级结对帮扶团组的对接合作。到2026年，山海协作产业园完成固定资产投资30亿元以上。

（五）今后五年，我们要致力共建共享，为建设“浙西第一门户”提纯民生成色。守护绿色生态。刚性落实“三线一单”，全面提升山水湿地森林生态系统，全力打好污染防治攻坚战，积极打造低碳试点升级版，建设多层级“零碳”体系。到2026年，创成减污降碳试点和低（零）碳试点乡镇2个、村（社）6个以上。提升幸福生活。推进“医联体+医共体”两体共融改革，加快补齐公共卫生服务短板。落实好“三孩”生育政策，实现县域就诊率90%以上，国家卫生乡镇创建实现全覆盖。深化教育综合改革，构建“1+N”新时代城乡义务教育共同体，打造四省边际职业教育高地，创成全国义务教育优质均衡发展县、全国学前教育普及普惠县。加快文体服务普惠共享，构建“15分钟品质文化生活圈”，实现县、乡两级文化设施全覆盖，创成省体育现代化县。打造温暖家园。提高社会保障标线，建立就业、社保、医保、救助、福利、慈善“六位一体”的新型社保体系，实现养老、工伤、失业保险法定人群基本全覆盖。做优全省养老护理人才培育试点，升级“常山孝眼”平台。创成全国未成年人保护示范县。构筑平安社会。以“七张问题清单”为突破性抓手，强化风险管控，严防问题升级。融合升级“141”体系和“1512”体系，建成国家智能社会治理实验（社区治理）特色基地，创成法治浙江示范县。全力推动县级以下信访问题和矛盾纠纷就地化解率达到95%以上，创建全国信访工作示范县。常态化做好疫情防控、扫黑除恶、安全生产等“遏重大、守底线”工作，夺得全省首批“三星平安金鼎”。

各位代表，实干成就梦想，奋斗铸就辉煌。今后五年，我们将一锤接着一锤敲，一年连着一年干，踔厉奋发、笃行不息，以实干实绩换取全县人民的幸福生活，赢得常山发展的璀璨明天！

三、以高分答卷献礼党的二十大

2022年，是中共二十大召开之年，也是新一届政府的开局之年。开局关乎全局、起势关系后势，我们将牢牢把握“稳中求进”总基调，全力稳进提质、除险保安、塑造变革，努力迈好第一步、展现新气象。

综合分析各方面因素，建议2022年全县经济社会发展的主要预期目标为：重点实现“8115”目标，即地区生产总值增长8%以上，工业增加值超100亿元，引进产业类项目超100个，固定资产投资、社会消费品零售总额、低收入农户人均可支配收入均增长15%以上。同时，城乡居民人均可支配收入分别增长10%和12%；力争全社会R&D经费投入占GDP比重达2.3%；完成省政府下达的能源和环境指标。

要实现上述目标，必须凝心聚力、苦干实干，坚定落实八个“全力以赴”：

（一）全力以赴推进工业强县。抓产业扩量提质。聚焦高端装备零部件产业，开展培大育强行动，加快“二期上马”、激发“三期现象”，推进斯凯孚二期、小乔二期、大和三期等重点项目建设，实现总产值80亿元。聚焦“两柚一茶”产业，打好“五万工程”、龙头培育、科技赋能组合拳，提高全链条发展水平，力争新增“双柚”种植面积5000亩，打造油茶示范基地2000亩，实现总产值30亿元。集中培育一批制造业领域龙头企业、专精特新“小巨人”企业、“单项冠军”，力争规模以上企业达160家、产值超亿元企业50家以上。全力支持国企参与并购、借壳上市，引导有潜质的企业股改挂牌上市，努力实现上市公司零突破。抓平台多维升级。加快辉埠片区北拓步伐，推进特色生态产业平台建设。对接国土空间规划，探索生态园区空间拓展路径。推动万洋众创城开发，完成职业中专迁建，加快科创中心建设，推进经六路、纬三路等公共基础设施建设。深化“亩均论英雄”改革，接续开展“腾笼换鸟、提质转型”攻坚行动，全年腾退低效用地800亩以上，力争规模以上工业亩均税收突破18万元。抓要素集成保障。分档实施资源要素差别化措施，加快落实科技新政“十条”、人才新政“二十八条”，实现有研发的规模以上工业企业数量增长8%以上，高新技术产业增加值占规模以上工业增加值比重超过46%，本土培养紧缺技能人才4000多人，确保省级油茶产业创新服务综合体通过验收。统筹土地供给，全年保障工业用地超2000亩，动态储备园区熟地3000亩以上。深化营商环境“清障”行动和“组团挂联”工作机制，确保企业问题协调解决率达90%以上、为企业减负降本4.5亿元以上。

（二）全力以赴扩大有效投资。聚力谋划争取。积极争取省“五大政策包”和“四张要素清单”支持，用足用好政府专项债，力争远山云间、小乔科技列入省级项目盘子，全年储备亿元以上项目200个，前期转化率力争50%以上。聚力招大引强。围绕两大主导产业和细分领域，精准绘制产业链招商地图，拉长大和、斯凯孚等链主型企业产业链，引进上下游企业10家。实施项目招引全生命周期管理机制，完善招商引资考核奖励办法，全年引进亿元项目25个以上，实际到位市外资金40亿元以上。聚力建设攻坚。强化晾晒比拼，全面保障159个重点项目顺利推进，实现重点项目交办问题破解率达90%以上。坚持月月有签约、季季有开工，力争一季度开工率50%以上，二季度开工率90%以上。聚力投资拉动。实行项目投资专项督查、交办、协商机制，持续加大“两新一重”政府投资力度，全面释放民间投资活力，力争投资总量突破百亿大关，制造业投资增长20%，“四个投资结构”增长10%以上。

（三）全力以赴提升城市能级。坚持规划引领。完成县级国土空间总体规划，编制山水公园城市设计，修编城市绿地、环卫等专项规划，提升城市空间和整体风貌管控水平。推进有机更新。全面完成西门、江滨片区房屋征收，启动北门历史文化街区等重点区块房屋征收，加快渡口、狮子口安置区建设。建成文昌未来社区，启动塔山公园、东明湖公园改造提升项目，加快建设文化旅游博览中心、全民健身中心。强化精细管理。对标省级示范文明县城创建，深化“八个一”有礼系列行动，推进城管委实体化运行，开展“有礼摊贩建设”“机动车违停整治”等专项行动。提升城市智慧化管理水平，迭代智慧交通、智慧工地建设，重点解决停车难、噪声扰民等焦点问题。畅通交通循环。开展杭金衢高速东连接线项目前期，开工建设常山江航运开发工程，加快推进辉何公路建设，全面建成杭金衢高速拓宽项目。启动建设文峰西路延伸线，完成城南第二通道项目，改建提升“四好农村路”150千米。

（四）全力以赴建设美丽乡村。致力美化乡村风貌。集成打造“衢州有礼·宋诗之河”诗画风光带，建设球川—白石县域风貌样板区，力争创成美丽城镇4个，打造标杆村2个、精品村3个。建成运营渣濑湾、同心未来乡村。推进赵家坪四期、招贤镇首期安置房建设，有序推动600户农民集聚。致力优化乡村生态。加强“三调”成果衔接应用，推进矿地综合利用，完成同弓、青石、招贤等全域土地综合整治项目，实现垦造耕地2000亩、旱改水3000亩。开展“两非”整治行动，建立“田长制”保护体系，坚守耕地红线。推行“全域林长制”，开展绿美常山“六大行动”，完成新增造林“落地上图”4000亩。致力深化乡村改革。全力做好全国第二轮农村土地承包到期延长30年试点，扩面开展省级宅基地资格权专项改革，启动实施农村集体经营性建设用地入市改革试点，深化推进农村集体土地征收。加快“生态共富标准地”建设，探索胡柚、油茶等特色生态资源价值转化路径，实现“两柚一茶”产业助农增收10亿元以上。

（五）全力以赴提振第三产业。增强项目驱动。谋划“无车承运人”平台、浙西物流集散中心等重点项目，推进元坳中医药康养产业园、浙赣农副产品商贸物流中心等项目建设，确保服务业增加值增长8%以上。促进消费升级。大力发展夜间经济、直播经济、社群电商等新业态，鼓励发展“智慧商业+实体商业”新场景，实现夜间营业收入2亿元、网络零售额增长30%以上。加快文旅融合。推进赵鼎文化遗址公园、金色同弓田园综合体主题乐园等重点项目建设，完成常山国家油茶公园（黄塘）二期工程，做优“常山漫居”系列民宿，举办“YOUYOU”音乐节、鲜辣美食节，打造稻之谷、柚乐园等研学产业示范点，力争旅游业增加值增长10%以上。繁荣开放经济。建立企业培育白名单，鼓励“走出去”设立生产基地，力争全年外贸进出口实绩企业突破100家，进出口总额达30亿元。全面参与衢州综合保税区申建工作，积极对接衢州跨境电商综试区建设，力争新增跨境业务企业8家以上，实现跨境电商网络零售额增幅40%以上。

（六）全力以赴打造改革标杆。迭代升级数字化改革。以“两山银行”应用项目为牵引，集成构建共同富裕重大应用场景，优化迭代常山“U点通”，力争“共富果园”“胡柚低碳U码”“气象指数保险智能速办”等纳入“一地创新、全省共享”应用项目清单，努力打造一批硬核成果。一体推进国资国企金融改革。着力做大“资产池”、做活“资金池”、做优“项目池”、做强“人才池”，全面完成国有企业改革三年行动，全县国有资产总额达330亿元，营业收入达18亿元。深化绿色金融改革，建立金融顾问制度，发挥“柚富”产业基金作用，力争全年降低企业融资成本0.7亿元以上，新增贷款60亿元，增速继续保持全市领先。持续深化营商环境便利化改革。扎实开展营商环境“清障”行动，深化推进行政备案规范管理国家试点，实现高频行政备案事项“智能秒办”“无感智办”。强化市场主体信用全生命周期管理，推广“信用换信贷”模式，建立个体工商户公共信用评价体系。依法保护民营企业合法权益，积极构建亲清政商关系。全面提升区域协作水平。推进山海协作产业园建设，全年完成产业合作项目到位资金20亿元以上。强化产业、科创、消薄三大飞地建设，力争实现山海协作消费帮扶2000万元以上。深化科技、教育、医疗、文化四大领域合作，达成合作项目5个以上。扎实推进新一轮东西部协作工作。

（七）全力以赴抓实民生事业。打响“优学常山”品牌。推进常山一中与学军中学紧密型合作办学，深化初中段集团化办学，新建城南小学，改扩建天马二小，建成投用文昌小学，聚力创建全国学前教育普及普惠县。深化“健康常山”行动。加强与浙大一院、省妇保院、省中医院合作，着力打造具有竞争力的重点学科，完成县人民医院二期工程及感染病区扩建工程，创成全国健康促进县。推进“孝老之城”建设。完成第三社会福利中心建设，实施260户困难老年人家庭适老化改造，推进养老护理员职业生涯“一件事”改革，力争每万名老年人拥有持证护理员达到23人。落实“文体惠民”计划。加快泓影戏剧文创园等重点文化项目建设，集中提升一批精品农村文化礼堂。启动省体育现代化县创建，办好中国山地自行车公开赛、龙舟公开赛等重大赛事。实施“强村富民”工程。打造新型帮扶共同体，完善重点群体就业支持体系，力争全年开展常山阿姨、常山工匠等职业技能培训2000人次以上。加快香柚基地、屋顶光伏等项目建设，力争劳动报酬占GDP比重超54%，村集体经营性收入100万元以上行政村达12个。

（八）全力以赴守牢安全底线。坚决守牢生态环保底线。铁腕开展蓝天、碧水、净土、清废行动。推进清新园区创建，确保 $PM_{2.5}$ 年均浓度稳定在 28 微克/米^3 以下。全面巩固“污水零直排区”创建成果，确保国家“水十条”考核断面水质 100%达标。加快县域土壤污染修复，完成生态园区地下水污染风险管控项目。全面完成第二轮中央环保督察反馈问题和省委专项交办信访件销号工作，高质量创建“无废城市”、省级生态文明教育基地。坚决守牢社会稳定底线。慎终如始做好疫情防控工作，持续加强“六大机制”应急能力建设，筑牢县域内全民疫苗接种免疫屏障，确保外防输入、内防反弹。锚定平安护航党的二十大、杭州亚运会等大事要事，全力推进信访积案有效化解，加快实现第二批交办重复信访事项、省交办积案“清零”。推进扫黑除恶专项斗争常态化，开展“民转刑”专项治理，全力打击新型电信网络诈骗，确保立案数、损失金额分别下降 30%、20%。坚决守牢安全生产底线。打好安全生产综合治理三年行动收官战，统筹推进综合防灾减灾救灾工作，全力创建省级食品安全示范县，持续开展道路交通、危化品、燃气安全等重点领域隐患排查整治，坚决防范较大及以上生产安全事故，推动事故总量、死亡人数“双下降”，亿元 GDP 生产安全事故死亡率稳步下降。

四、全面提升政府现代化治理水平

干事创业，关键在人，重点在干。新一届政府要全面强化“慢进也是退”“没有走在前列也是一种风险”“没有争先创优就是混日子”的自我警醒，始终保持“没有抢抓机遇就是对历史不负责”“没有拼尽全力就是对常山不负责”“没有立下新功就是对人民不负责”的担当精神，全心全意、尽心尽责，全力打造让人民满意的现代政府！

（一）坚持忠诚忠实，打造整体政府。突出上下贯通。旗帜鲜明讲政治，事不隔夜抓落实，坚定执行“第一议题”制度，以“线上+线下”“会场+现场”“集中+分散”形式，第一时间推动中央和省市决策部署落地生根、开花结果，坚决做到“上级有要求、常山见行动”。突出党政同心。坚决与县委同向聚力、同频共振，紧扣县委战略部署，细化各项目标任务，精准建立战略构架和战术方法相适应、目标体系和责任清单相匹配的政府执行体系，系统形成“县委举旗定向、政府大抓落实”的良好格局。突出协同高效。树立“大政府”理念，推进数字化建设，更大力度打破部门壁垒、信息孤岛，更高标准打造资源共享、协同发力、一体作战的政府系统，全面构建整体智治体系。

（二）坚持依法依规，打造法治政府。接受更广泛的监督。认真执行县人大及其常委会的决议决定，依法接受县人大法律监督和工作监督，自觉接受县政协民主监督，主动接受审计、司法、监察、舆论和社会监督，高质量办理议案建议和提案建议。积极推进政务公开，确保非涉密文件 100%向社会公开。执行更规范的程序。增强“大综合一体化”改革的牵引作用，加快事项划转、编制划转，打造专业执法队伍。强化法治思维，完善重大行政决策法定程序，推进行政复议规范化建设，健全法律顾问制度，实现各级各类规范性文件、合同和决策等合法性审查全覆盖，力争律师万人比提高至 1.5，确保行政诉讼案件发案量和败诉率“双下降”。全面落实意识形态工作责任制，切实抓好思想政治、文化阵地和网络安全建设。

（三）坚持善作善成，打造高效政府。大力深化“两专工程”。构建新型政府智库，组建产业研究小组，着力提升项目统筹谋划、招商引资谈判、金融资本运作、精准识别风险等专业能力。牢固树立经营理念。坚持以当家的思维担当管家的责任，提高资源盘活、城市管理、土地开发等经营能力，善于用投行的思维扶持新产业、新业态发展，用穿透式监管的理念发现风险、消除隐患，用跨周期调节的办法平滑波动、蓄势聚能。持续提升执行效能，坚持将执行力作为政府的生命力，把目标分解到“线”、任务落实到“块”、指标分解到“点”、责任捆绑到“人”，构建清单化、项目化、闭环化的执行体系，形成“说一件、干一件、成一件”的滚雪球效应。全面增强争先本领。深化赛马机制，开展经济指标、项目征迁、积案化解等系列攻坚大比拼，举办招商引资、项目谋划等专业擂台赛，以攻坚看担当、以结果论成败。设置土地整治、产业培育、项目招引等特定赛道，建立“先干先得、多干多得、优干优得”精准激励机制，激发干事创业动力。

（四）坚持干净干事，打造清廉政府。严格落实全面从严治党主体责任，认真执行党风廉政建设责任制，自觉履行“一岗双责”，深入贯彻落实中央八项规定精神，驰而不息纠治“四风”，营造风清气正的政务环境。认真落实专项监督责任，加大公共资源、国有资产的巡察和审计整改力度，推动政府采购和招投标高效化、规范化、透明化。全面落实政府过“紧日子”要求，强化预算刚性约束，进一步压减一般性支出和非急需非刚性支出，严控“三公”经费、会议费和培训费，集中财力办大事、办实事。

各位代表，民生无小事，枝叶总关情！经过前期广泛征求意见和论证，我们列出了12个民生实事候选项目，提请本次大会票决选出十方面民生实事。项目确定后，我们必将心怀“国之大者”，绣好“一针一线”，扎扎实实办好每一件实事，以看得见的变化、摸得着的实惠，全面提升人民群众的获得感、幸福感和安全感。

各位代表，常山跨越式高质量发展其时已至、其势已成、其兴可待。接过历史的接力棒，我们激情满怀；踏上全新的赶考路，我们信心十足。让我们高举习近平新时代中国特色社会主义思想伟大旗帜，在县委的坚强领导下，以红船劈波的闯劲、勇立潮头的干劲、滴水石穿的韧劲，锐意进取、奋力拼搏，全力绘就“浙西第一门户”的华美篇章！

名词解释

“四区合一”：新都片区、金川片区、辉埠片区、生态工业园区“四区合一”。

“三大投”公司：城投集团、农投集团、国投公司。

“五战五捷”：瓦窑基、狮子口、东淤、常山港一期工程、西门江滨。

“热带雨林”式：有充足的阳光、丰沛的雨水，每一种生物都有位置和空间并充满活力，形容企业成长空间和环境优良，并像热带雨林一样，形成从大到小不同层次的企业梯队。

“共富果园”：实行一村六化（公司化运作、集团化销售、标准化栽培、景区化改造、二次化分配、数字化赋能）模式的特色产业种植园。

“13756”工程：“十四五”期间，以打造“浙西第一门户”为一个总目标；全力构建沪浙赣内外开放、黄衢南生态旅游、杭淳常共同富裕三大通道；着力推进浙西窗口服务区、公铁路衔接型综合客运中心、杭金衢高速金华至衢州段改扩建工程（常山段）、351国道龙游横山至开化华埠段公路工程、常玉快速通道一期工程（辉埠至何家公路）、南方水泥铁路专用线、“共同富裕”美丽通道建设完工类重大项目7个；常山江（辉埠—双港口）航运开发、205国道常山长风至五联段改建工程、S324温岭至常山公路常山宋畈至新桥段公路工程、衢常快速路、常山县公铁水联运物流园区开工类重大项目5个；浙赣运河、衢黄铁路、常山通用机场、市域轨道衢常开淳线、320国道常山招贤至草坪段改建工程、杭淳开至甬金衢上高速联络线（常山段）研究类重大项目6个。

“三大飞地”：产业飞地、科创飞地、消薄飞地。

**“1+N”新时代城乡义务教育

共同体：以1所城区学校牵头，加N所农村薄弱学校，组建融合型、共建型城乡教育教共体，依托“强校”带“弱校”，实现优质资源共享、共融。

“141”体系：“1”即县级社会治理中心、“4”即乡镇（街道）基层治理“四个平台”、“1”即村社网格。

“1512”体系：“1”即一体化智能化公共数据平台；“5”即五个综合应用，分别是党政机关整体智治、数字政府、数字经济、数字社会和数字法治等综合应用；“1”即基层治理；“2”即数字化改革的理论体系和制度规范体系。

“五万工程”：聚力实施万亩“共富果园”、万亩香柚产业园、万亩油茶林、万吨深加工、万方冷库的“五个万”工程创建。

“四个投资结构”：高新技术投资、交通投资、民间投资和生态环保、城市更新、水利设施投资。

“两大主导产业”：高端装备零部件、“两柚一茶”特色农产品深加工两大主导产业。

“两新一重”：新型基础设施建设，新型城镇化建设，交通、水利等重大工程建设。

“两非”整治行动：粮食生产功能区非粮化整治，耕地非农化整治。

绿美常山“六大行动”：大山林、大坡地、大乡村、大城镇、大通道、大堤岸六大行动。

“落地上图”：将涉及林业的造林、采伐、征占用、森林火灾等基础工作，应用于森林资源“一张图”，可以直观反映林业工作的“全流程”“全周期”。

“六大机制”：精密智控指挥决策机制、“三责”联动快响激活机制、“三区”最小单元管控机制、“五快”循环落实机制、分阶段清零机制、“三情”联动机制。

“第一议题”制度：将专题学习习近平新时代中国特色社会主义思想、领悟习近平总书记重要讲话精神作为各类各级会议的第一议题，推动学习常态化制度化。

2021 年常山县民生实事项目完成情况一览表

表 1

序号	项目内容	工作目标	完成情况
1	城乡公交提升工程	常山县公铁路衔接型综合客运枢纽工程实现开工建设；完成 800 个城乡公交线路公交站牌建设；完成 3 辆 10.5 米级残疾人无障碍公交车采购以及 59 辆公交车辆更新；完成城中公交首末站和城南公交首末站建设	公铁路衔接型综合客运枢纽于 2021 年 11 月开工建设，施工单位进场施工；完成 886 个城乡公交线路公交站牌建设；完成 3 辆 10.5 米级残疾人无障碍公交车及 59 辆公交车辆的采购更新，并投入运行；城南公交站完成建设；城中公交站功能纳入公铁路衔接型综合客运枢纽
2	“安居提质”工程	对城区 8 个老旧小区进行改造提升；完成未征收房屋建筑主体改造 100 幢	8 个老旧小区改造提升工程完成；按要求完成 100 幢未征收房屋建筑主体改造
3	城市“畅通工程”	打通东河南街和溪滨路延伸；定阳北路延伸线完成项目设计；文峰西路延伸线实现开工建设；完成城南第二通道一期工程建设	东河街改造和溪滨路延伸已完工；定阳北路延伸完成项目设计并移交城投集团实施，进场施工；文峰西路延伸线开工建设；城南第二通道一期工程完工
4	人民医院感染病区扩建工程	新建一幢五层感染病区楼，床位数 100 张，建筑面积 9000 平方米，2021 年完成主体工程建设	按年度计划完成五层感染病区楼主体工程建设
5	“万家灯火”工程	对 10 个乡镇（街道）45 个行政村开展农村“万家灯火”项目建设，实现路灯照明全覆盖	“万家灯火”三期两个标段建设任务全部完成并通过验收
6	“美丽通道”工程	改造提升农村公路约 35 千米，建设内容包括路面大中修、安防、危桥、附属设施、绿化提升等	改造提升农村公路约 35 千米全部完工（苦狮线大中修工程和常新线、新白线、新七线、蒲水线、蒲五线提升工程，十五里至下西塘、砚瓦山至天井头项目）
7	文昌小学建设项目	办学规模 36 个班级，用地约 54 亩，建筑面积 2.3 万平方米（不含地下建设面积），2021 年度完成主体工程	文昌小学共建设 6 栋楼，分别是 3 栋教学楼、1 栋综合楼、1 栋体育馆和 1 栋食堂（报告厅），全部结顶
8	全民健身中心项目	建设常山县全民健身中心及配套项目（含室内标准游泳池、羽毛球馆、气排球馆、乒乓球房等），完成 70%的工程量	完成主体钢筋砼结构施工，进行地下室消防施工、游泳馆设备安装、钢结构屋面构件安装和停车场等配套工程施工，完成项目总工程量的 75%
9	村卫生室标准化建设工程	按照 A 级规范化村卫生室标准新增 15 家公办或集体办村卫生室，规范门诊、治疗、预防保健、康复室布局	按标准建设完成 20 家村卫生室，其中改造类 15 家、新建类 5 家
10	“暖心助老”工程	进行适老化改造 200 户，建成金川、芳村、东案、大桥头 4 家乡镇级居家养老服务中心，配备六大功能	完成 300 户老年人家庭适老化改造；芳村镇、东案乡、大桥头乡和金川街道 4 个乡镇级居家养老服务中心已建成投用

专　记

Special Articles

常山县庆祝中国共产党成立100周年活动纪实

2021年是中国共产党成立100周年，在“两个一百年”奋斗目标历史交汇的关键节点，常山县按照党中央统一部署和省委、市委、县委要求，全面贯彻落实中共十九大和十九届历次全会精神，增强“四个意识”、坚定“四个自信”、做到“两个维护”，紧紧围绕爱党爱国爱社会主义主题，以庆祝中国共产党成立100周年为主线，全面展示常山在“八八战略”指引下发生的深刻变化和喜人局面，突出展示党的十八大以来，常山人民在以习近平同志为核心的党中央坚强领导下，践行“八个嘱托”，实施“八大行动”，全力打造“浙西第一门户”，取得的巨大成就和发生的巨大变革。从党的百年伟大奋斗历程中汲取继续前进的智慧和力量，唱响共产党好、社会主义好、改革开放好、伟大祖国好、各族人民好的时代主旋律，激励和动员全县人民更加紧密地团结在以习近平同志为核心的党中央周围，不忘初心、牢记使命，奋力开启常山跨越式发展新征程，为全面建设社会主义现代化国家、夺取新时代中国特色社会主义伟大胜利、实现中华民族伟大复兴的中国梦做出常山应有的贡献。

一、笃信笃行“学党史”，理想信念更加坚定不移

党史学习教育开展以来，全县各级党组织按照中央“学史明理、学史增信、学史崇德、学史力行”目标要求，围绕省委“九学九新”“争当四个排头兵”和市委“五个走在前”的具体要求，以守好“红色根脉”的政治担当，高起点谋划，高标准落实，严要求推进，接受了一次广泛而深刻的历史自信、理论自觉、政治意识、性质宗旨、革命精神、时代责任教育，达到了学党史、悟思想、办实事、开新局的目的。3月18日，全县党史学习教育动员大会召开，制定下发《关于开展党史学习教育的实施工作方案》和《党史学习教育重点工作分工抓落实清单》。成立工作专班，抽调人员29人，组派巡回指导组10组，建立健全工作运行机制，对全县14个乡镇（街道）、64个部门实行多轮次的巡回指导，推动各单位把上级部署要求贯彻落实到党史学习教育全过程。常山县党史学习教育经验获《人民日报》、央视《新闻直播间》、《浙江新闻联播》等重磅媒体聚焦报道；《打造乡村复兴少年宫“学史阵地”》成为全市县（市、区）唯一入选《百法百例》经典案例读本的案例。

党史学习教育期间，县委理论学习中心组开展专题学习6次、专题研讨88人次，发表理论文章34篇。在带动全县党员干部精学研读“4+2+3”必学书目的基础上，深入挖掘本地红色资源，在全县遴选出18家党史学习教育基地、6条研学精品路线，组织党员干部开展“沿着红色足迹学党史”主题党日活动。依托新时代文明实践中心、农村文化礼堂、乡村振兴讲堂、企业职工之家等平台，开展各类学习教育活动3000多场次，实现全县党员全覆盖。创新实施“百年百班”培训计划，吸引全国各地基层党组织到常山县培训，“早上好”支部书记学院与红船学院、井冈山学院通力合作，打造红色教育常山高地。其中，“早上好”精神已经成为乡村振兴内生动力，新昌乡达塘村党支部书记陈重良获2021年度浙江乡村振兴共富带头人“金牛奖”。截至年底，“百年百班”系列培训办班106期，培训近6400人次。

通过深化理论武装、感悟思想伟力，全县党员干部进一步坚定理想信念，增强忠诚拥护“两个确立”、坚决做到“两个维护”的政治自觉。

二、创意创新“出精品”，主题特色更加出新出彩

坚持时代特性，彰显制度优势，运用群众喜闻乐见的形式，贴近群众、融入群众开展宣传庆祝活动，增强庆祝活动的吸引力、感染力、说服力。7月1日，由县委书记潘晓辉率领的县委常委班子及新党员代表组成的代表团到县档案馆（县委党史研究室）参观“百年峥嵘·筑梦常山——庆祝中国共产党成立100周年”主题展，并集中开展入党宣誓活动。同日，组织全县党员、干部、群众，通过各种形式收听收看庆祝中国共产党成立100周年大会直播。全面部署“六讲六做”大宣讲活动，用好用活8090新时代理论宣讲这一特色载体，深入开展理论宣讲进企业、进农村、进机关、进校园、进社区、进网络活动，构建起“县领导+局长书记+专家学者+媒体记者+‘8090’”的大宣讲格局。全年开展各类宣讲活动7000场次，覆盖群众37万余人，8090宣讲智慧管服指数一直位居全市前列。认真抓实“光荣在党50年”纪念章发放及“七一”走访慰问活动，做好中央和省、市、县“两优一先”表彰评选工作，受中央和省市表彰的个人12名，获评省先进基层党组织2个，获评市先进基层党组织10个，受县“两优一先”表彰的有140名（个）。在全社会广泛开展“四史”宣传教育，浓厚庆祝氛围。开展“请党放心 强国有我”系列主题活动，引导青少年群体厚植爱国爱党爱社会主义情怀。开展向全国优秀共产党员胡兆富学习的活动，创作推出大型现代京剧《战士》、长篇报告文学《人民英雄胡兆富》、广播剧《我不是英雄》、纪录片《初心》等“四部曲”，其中，现代京剧《战士》在浙江省人民大会堂首演，并在全国各地开展巡演120多场，受到《中国文艺报》全版关注，参演第九届中国京剧艺术节，入选浙江省舞台艺术重点扶持项目、浙江省文化艺术发展基金重点扶持项目、浙江省庆祝中国共产党成立100周年重点献礼剧目、浙江省党史学习教育重点推介剧目，受到市委、市政府“十条军规”通报表扬。不断推出庆祝主题系列活动，举办“云合唱”大赛、“千人快闪”、“红色连环画里学党史”、“生我养我的地方”美术精品展等主题活动，使庆祝活动深入城乡基层和网络空间，融入人们工作、学习、生活之中，营造庆祝活动人人想参与、人人可参与、人人争参与的浓厚氛围。

三、用心用情“办实事”，为民服务更加扎实有效

坚持以人民为中心的发展思想，充分发挥基层党组织的战斗堡垒作用和广大党员的先锋模范作用，牢固树立“一切为了U”价值理念，在“四个我为”专题实践中，聚焦群众最急最忧最盼的问题，逐个破解难题，不断增强群众获得感幸福感安全感。全面梳理县、乡、村三级党员干部“四个我为”领衔领办项目清单，向全社会公布两批民生实事项目，完成率达100%。深入开展“党员在身边、温暖千万家”主题系列活动，创新推出“点亮微心愿”“至少办一件”“微事快办”等机制，开展志愿服务2500多次，参与实现“微心愿”2300多个，帮助基层群众和企业主体解决各类实际问题1.2万余个。深入推进信访积案化解工作，开展营商环境“清障”百日攻坚行动、开发区提质转型攻坚行动，走访企业726家次，解决问题413个。开展“我为争先献一策”活动，各级党员干部积极为常山高质量发展出点子、谋思路，收到各类意见建议800多条，群众、企业、基层的一大批操心事、烦心事、忧心事得到有效解决。通过

问题一项项解决，实事一件件办好，全县党员干部进一步牢固宗旨意识，党群关系更加紧密、干群关系更加融洽、党心民心更加凝聚。

（县委宣传部 供稿）

顺民心、破万难、开新局
——县旧城改造房屋征收工作综述

2021年，面对县域内已有20年没有大面积征收的现实困难，常山县紧紧围绕县委“强发展、求突破、勇争先”总目标，对标落实县委“八大行动”，坚持“依法征收、阳光征收、公平征收”的工作理念，不断创新工作方法、理顺工作机制、强化工作举措、主动担当作为，坚持党建统领，将党旗插到项目攻坚一线，统一思想、统一指挥、统一调度，同频共振、同向发力，全速推进狮子口片区和主城区旧城改造和房屋征收工作。

一、工作总体情况

（一）注重前瞻谋划，切实强化征收体系建设。常山县全面梳理分析房屋征收政策，先后制定《常山县国有土地房屋征收与补偿办法》《常山县城区集体土地征收房屋补偿安置办法（试行）》《常山县国有土地上房屋征收特殊群体补助办法》《常山县国有土地上房屋征收补偿和奖励标准》《常山县征收国有土地上“三未房屋”认定办法》等相应的配套文件，确保政策“一竿子到底”，实现征迁工作公平公正。

（二）做优窗口强宣传，抓好宣传促公正。借助新媒体平台滚动播出各类宣传片、政策宣传视频、“一句话承诺”视频、政策解读专题片等视频，通过《今日常山》、“常山发布”等常山主流媒体加大专版报道力度，加强典型案例的宣传，不断浓厚征迁氛围。建立8090新时代理论宣讲团、网格服务团等载体，主动上门为各征收网格单位、被征收户宣讲政策。针对未确权房屋体量较大问题，本着尊重事实、以民为本原则，采用限额认定方式确定安置面积，按不同类型给予相应的补偿（补助）标准，保障被征收人住房权益。

（三）注重统筹实施，积极推进重点项目攻坚。

1.狮子口片区房屋征收工作。一是多措并举、集中发力，成功攻下瓦窑基硬骨头。瓦窑基区块于2018年启动征收，因多种原因一直难以推进。2020年1月以来，通过做细前期入户测绘调查、产权确认和评估复核、社会关系排查、个性化研判分析、完善补丁政策等大量工作，找准解决问题的突破口，在各部门协作、多措并举打出“组合拳”顺利完成签约的基础上，于1月17日全部腾空拆除到位，使历时三年的瓦窑基区块征收工作圆满完成。二是把好环节、统筹推进，依法征收保进度。2021年1月16日全面启动狮子口片区国有土地房屋征收的签约工作。3月3日，全面完成狮子口片区国有土地187户的签约工作。3月31日启动集体土地房屋征收签约工作。4月14日，狮子口片区集体土地房屋征收工作完成100%签约。工作开展以来，常山县征迁事务中心全力做好补偿政策编制、规范征收程序等工作的同时，与各部门协同推进，其中狮子口片区征收工作中，国有土地产权先后经过7轮的认定，集体土地产权先后经过前后13轮的认定(历时40多天)，有力有序有效地推进产权认定工作。至2021年8月底，狮子口片区被征收房屋已基本完成拆除。

2. 渡口未来社区房屋征收工作。根据县委、县政府关于渡口未来社区工作推进的总体部署，2021年4月6日上午召开“常山县‘奋战100天决胜东淤片’暨渡口未来社区房屋征收攻坚”动员会，对东淤片、沙洲片下步征收工作重点、时序安排、攻坚措施进行重新研究，要通过集中攻坚、集团作战，打破常规、打破常理，实现在100天内签约、腾空和拆除全部到位的目标。县征迁事务中心全力做好渡口未来社区房屋征收工作的入户调查、产权审核认定、征收补偿方案的编制等征收程序的把关、指导工作，先后开展数十次征收补偿政策的宣讲、培训，有力保障渡口未来社区房屋征收工作的顺利推进。自5月26日启动签约工作以来，至6月14日，用时11天就完成572户被征收户（其中国有土地379户、集体土地193户）的签约工作，用时20天就实现房屋100%腾空，创造主城区房屋征收的“常山速度”。7月底，渡口未来社区已征收房屋基本完成拆除。

3. 西门、江滨片区房屋征收工作。按照县委、县政府对西门、江滨片区房屋征收总体部署，县旧城改造房屋征收指挥部对入户调查、产权确认、评估复核、正式签约、面上腾空、房屋拆除等各个重点环节工作进行细化具体化，对重点时序安排做到依法、严密、有序，在此基础上形成每个环节工作的“四张清单”（即任务清单、责任清单、时限清单和问题清单）。2021年11月12日启动西门、江滨片区国有土地房屋征收签约工作，完成签约927户，签约率为98.71%，并对未签约的6户开展协商工作，启动依法征收程序。集体房屋199户，12月15日启动提前签约工作，已完成签约196户，签约率达98.49%。

4. 浙江天子置业有限公司西门商住用地征收工作。浙江天子置业有限公司坐落于常山县城西天子果业地块，该地块在主城区旧城改造项目红线范围内。企业名下拥有6本国有土地使用权证。面对浙江天子置业有限公司西门商住用地征收问题，县政府成立浙江天子置业有限公司西门商住用地征收工作专班小组。根据工作计划，迅速开展工作，完成所有的前期房屋征收基础调查工作，收集齐所有征收资料，并到不动产登记中心、部分银行查询产权发证、抵押等情况。多次前往企业进行谈判，认真听取企业意愿及诉求。截至2021年10月底，征收补偿金额全部支付到位，6本土地证对应的不动产权抵押登记和国有建设用地使用权已经注销，浙江天子置业有限公司西门商住用地征收工作顺利完成。

5. 钱塘江治理工程常山港一期工程项目集体土地房屋征收工作。常山港一期治理工程于2015年开始实施，由于房屋征收推进困难导致枧头村部分区块防洪堤建设难以实施，每年汛期严重危及群众生命财产安全。2020年10月《城区集体土地征收房屋补偿安置办法（试行）》实施后，狮子口片区房屋征收工作顺利完成，县征迁事务中心与紫港街道积极谋划，参照狮子口片区征收补偿政策编制征收方案，针对片区情况编制方案，合理安排征收时序。2021年9月14日，历时10天完成全部48户签约工作。

二、特色亮点工作

（一）以四级架构夯实组织基础。打造“党委+党总支+党支部+党小组”四级党建架构体系，建立指挥部大党委、狮子口片区和主城区两个党总支，吸纳全县300多名党员干部加入网格队伍。按照“指挥部统筹协调+网格分片包干+街道主责主战”的作战原则，由指挥部统一部署，各网格全面落实包干责任，全力做好评估调查、评估复核、政策宣传、问题化解和舆情动态掌握等工作，形成“平时为掌、战时为拳，分工不分家”的党建引领工作格局，促成被征收户早签约、早腾空、早拆除。

（二）充分发挥党员干部模范先锋作用。面对征收工作“脸难看、话难听、门难进”的问题，网格征收工作组充分发挥钉钉子精神，发挥自身优势不断提升服务效能，用真心赢得“征心”。各属地街道分别通过组建“老娘舅”调解队、“啄木鸟”工作室的形式助推房屋征收工作，进一步助力网格纠纷协调工作，力争做到问题一线解决、及时解决、面对面解决。参与征收工作的全体党员干部用担当作为说话、以实干实效作答，锤炼过硬党员干部队伍，让党旗在征收一线高高飘扬。

（三）四维考评实现专班运行“一条心”。旧城改造房屋征收指挥部综合协调专班组全力协调好各个工作小组和网格的高效运转。明确将专班干部工作实效纳入四维考评，倒排时间节点，利用任务清单、责任清单、时限清单和问题清单将各项工作快速落实、高效落实、全面落实。通过图表化推进、精细化管理、规范化运作，实施挂图作战，时刻对照、时刻提醒，科学排兵布阵，确保征收工作落到实处、取得实效。

（县征迁事务中心 供稿）

“两山银行”盘活闲置资源 助力绿水青山变成“金山银山”

立足新发展阶段，常山县着眼现代化和共同富裕新场景，突出创新导向、生态导向、富民导向，用好生态保护与绿色发展“辩证法”，进一步拓宽“绿水青山就是金山银山”转化通道，积极探索生态产品价值实现机制改革，由县农投集团搭建的“两山银行”平台，一端连着农民百姓，一端连着资本市场，让沉睡的“资源”变“资产”“资金”“资本”，带来源源不断的生态“红利”。2021 年，常山县地区生产总值比上年增长 9.8%，村集体经营性收入比上年增长 36.19%，低收入农户收入比上年增长 16.4%，城乡居民收入比为 1.73。

一、改革背景：生态产品价值实现“四难”问题有待破解

多年来，生态资源低效闲置、粗放经营、增收乏力以及生态产品“难度量、难抵押、难交易、难变现”等问题一直困扰着常山的发展。生态资源经营主体有偿获取的生产要素、经营权等权项因无法确权登记，不能向银行抵押贷款，农业小微经营主体融资难的堵点尚未真正打通。如何有效践行“绿水青山就是金山银山”理念，挖掘生态资源中所蕴含的经济效益、社会效益和生态效益，打通生态资源与资金的对接通道，是生态类地区必须破解的问题。

二、典型做法：深入探索生态产品价值实现机制

2020 年 9 月，常山县实体化运营“两山银行”，借鉴商业银行分散化输入和集中式输出的模式，打造一个资源整合、转换提升、市场化交易和可持续运营的平台。按照“6611”架构体系，以“存入绿水青山取出金山银山”为核心逻辑，围绕农业产业投资银行、生态资源储蓄银行、低效资产招商银行、文化资源开发银行、有偿权项变现银行、生态安全保障银行“六大行”功能定位，推出

“生态贷”“胡柚贷”“奇石贷”等17类产品，有效打通绿水青山向金山银山的价值转化通道，形成独有的“常山模式”。同时，围绕资产怎么来、资产值多少、由谁来背书等工作链十大主要问题，完善村级合作组织、评估机构、担保机构等十大支撑体系，确保工作链条完整，形成闭环。

三、工作成效：激活生态产品价值转化新动能

“两山银行”创新生态产品价值转化路径，取得了显著成效。集中统一收储，“碎片化”资源逐步形成规模。“两山银行”通过制订标准，对资源进行集中统一收储，再进行整合连片、配套升级，使原本“低小散”的生态资源更具规模优势和可开发价值。分类开发运营，“低效化”资源实现价值提升。平台根据生态资源所在区位、开发强度，分类进行策划包装，形成招商文本并精准对接社会资金，大大提升闲置低效资源利用价值。利益共享反哺，“薄弱化”主体实现增收。针对村集体“守着金饭碗讨饭吃”的局面，“两山银行”通过参股分红、导入业态、运作扶贫资金等共享机制反哺村级集体，带动增收消薄。平台赋能产业，加快“高端化”产业培育。“两山银行”充分发挥农业产业投资银行作用，帮助企业解决原料不足、产能不够和市场开发不充分等问题，极大增强企业做大做强信心，推动胡柚、香柚、油茶等产业加快发展。

四、创新引领：开拓“两山银行”试点改革新路径

“两山银行”在改革创新上闯出了新蓝海，颁发全国首张生态资源存单。2020年10月9日，“两山银行”集中统一收储何家乡溪东村AAA景区的沙滩、树屋和烧烤房等资产，并为长风村集体经济组织颁发全国首张生态资源储蓄单。举办全国首届“两山银行”学术研讨会。2021年5月7日，由浙江省社科联，常山县委、县政府联合主办的首届“两山银行”学术研讨会在常山召开。30多名省内外专家学者齐聚一堂、建言献策，为“两山银行”试点改革工作奠定了坚实基础。实施全省首单用能权交易。2021年5月21日，“两山银行”与南方水泥厂、江山虎水泥两家企业签订总价值200万元原煤有偿使用交易协议，用以购买碳汇。办理全国首笔生态资源经营权证质押贷款。“两山银行”通过委托经营的方式，联合县农业农村局为柚香谷公司颁发生态资源经营权证。2021年6月22日，县村镇银行以经营权证质押的形式为其发放200万元贷款。

五、经验启示：“两山银行”成为共同富裕的新举措

常山县坚持创新发展，把壮大生态经济作为推动共同富裕的有效路径，充分彰显习近平总书记重要论述的理论价值和实践伟力。

“两山银行”是生态转化的主通道。在破解生态资源转化中的“碎片化”“低效化”“沉淀化”“薄弱化”“单一化”“高碳化”等难题方面，“两山银行”通过集聚集中零散资源，整合提升非标资源，招商开发低效资源等一系列举措，从实践层面探索出一条将生态优势转化为发展优势的道路。

“两山银行”是集成改革的主抓手。以“两山银行”为载体，推动绿色金融、农村集成、环境权益系列改革，盘活沉睡资源，激活变现沉淀资产。以“两山银行”为牵引，搭建资源集聚、资产交易、信用担保、招商对接、农业投资、生态补偿“六大平台”，提供“一站式”业务供给和产品服务，建成生态资源云脑数字化平台，跨领域、跨部门、跨层级推进，破解了生态资源转化中存在的统一组织、系统支撑缺乏等问题。

“两山银行”是共同富裕的主引擎。通过创新设立利益共享机制，以参股分红、修建基础设施、提供就业岗位等多种形式，将获

得的收益反哺给村集体，形成绿水青山转化为金山银山再反哺绿水青山的闭环机制，让当地村集体和农户实实在在地享受经济发展和环境保护带来的双重红利，有效带动村集体“消薄”和美丽乡村建设，让更多百姓共享生态红利，最终实现共同富裕。

（常山农投集团　供稿）

“大综合一体化”让行政执法“沉得下、接得住、管得好”

2021年，常山县按照“利民为本、法治为基、整体智治、高效协同”的理念，突出县乡协同联动、条块高效融合，在进一步理顺执法体制，强化监管机制，优化资源统筹等方面系统谋划、大胆探索，初步构建了职责清晰、队伍精简、高效协同、机制健全、行为规范、监督有效的行政执法体制机制，成效显著。2月1日，常山县被列入省级行政执法县域集成改革三个试点县之一。3月10日和5月13日，时任副省长刘小涛、时任副省长高兴夫先后到常山调研“大综合一体化”改革工作，并对常山县改革工作表示高度肯定。10月14—15日，常山县成功举办全省“大综合一体化”行政执法改革现场会。12月3日，常山县作为“大综合一体化”行政执法改革项目共同参加单位被省委编办、省司法厅申报为2021年浙江省改革突破奖，并获银奖。

一、整体重塑，构建条块融合的权责体系

坚持整体政府理念，更大范围划转事项、更大力度下沉力量、更大决心重塑机制，推动形成职能更清晰、队伍更精简、协同更高效、机制更健全的县域综合行政执法新格局。

一是事项重配，强职责。将23个领域共1607项综合行政执法事项（行政处罚事项）划转至重组后的县综合行政执法局集中行使，其中农业、文旅、资规、林水、经信、民政等12个部门执法事项整建制划转。全县综合行政执法事项占比高达42.5%，比省定目标翻番。结合镇街权力清单和“属地管理”事项清单，将综合行政执法事项中镇街“易发现、接得住、管得好”的18个领域413项行政执法事项，赋予规模能力匹配的七个中心镇街集中行使，将“跨级执法”转向“属地执法”。10月8日，常山县印发《常山县关于辉埠镇等7个乡镇（街道）行使相关行政处罚事项的公告》，正式开始以乡镇（街道）名义行使相关行政执法职能。

二是平台重整，强标准。建设县社会治理中心，构建共享、共用、共融的“智治常山”系统，打通行政执法资源，进驻司法、综合行政执法及市场监管等其他专业执法力量，开创县域行政执法和基层治理“一站式、一体化、全链条”新模式，实现全县行政执法“只进一扇门”。对照“四有六化”标准，高标准推进7支中心镇街执法队的规划化建设，对办公场所、执法装备、车辆装备进行全面提档升级，配套建立了镇街行政执法办案中心，推动形成横向连接辐射乡镇、下通基层网格、上接县指挥中心的运转体系，大幅提升全县执法队伍的执法效率和执法水平。

三是力量重组，强执法。遵循“减机构、减编制、减人员”的改革方向，将14个部门的行政执法队伍打通重组，整合保留形成“1+5”（综合执法+交通运输、应急管理、生态环境、市场监管、卫生健康）的行政执法格局，专业执法队伍精简57%，执法队伍编制精简60%。推行“1+X”模式，将全县14个乡镇（街道）分为7个片区，即1个重点乡镇辐射1～2个小乡镇，分别成立县综合执法局派驻的执法中队与镇街执法队集中办公、联合执法，并由镇街负责统一管理。截至2021年年底，全县共下沉行政执法力量122人，占全县执法力量的60%。

二、数字赋能，构建统一高效的指挥体系

以数字化手段为引领，坚持大执法融入大治理，加快推进县级行政执法协调指挥平台与县级社会治理中心融合运行，推动实现全县行政执法得到智能化、精准化、协同化、高效化。

一是制度引领，指挥一体统筹。高规格建立县综合行政执法指导办公室，办公室设在县综合行政执法局，负责统筹县域“综合执法+专业执法+联合执法”体系，协调解决行政执法体系运行过程中遇到的难点堵点问题。配套制定落实“6+7”晨会制度、入驻中心领导轮值指挥制度，形成上下联动、横向联合、齐抓共管的指挥协调新格局。截至2021年年底，共召开各类协调会议120多次，开展跨部门、跨层级、跨区域执法联动200多次，处理各类案件300多件，提升基层治理能力和效率。

二是一屏统揽，指令一贯到底。打造集指挥调度、管罚衔接、分析研判、执法监督、执法预警等内容为一体的执法协调模块，将7支中心镇街执法队基层四个平台系统和县级行政执法指挥平台互联互通，推进信息全纳入、全归集、全共享，事件受理、交办、指挥、反馈全闭环处置。实现指令一键下达、问题远程研判、案件线上流转、数据实时反馈、行为一屏监督。

三是一网归集，信息一站研判。依托县智治中心的监管执法模块，接入六大执法系统（互联网+监管、综合行政执法办案系统、浙江省市场监管案件管理信息采集系统、浙江省统一行政处罚办案系统、浙江省交通运输数智执法平台、浙江省卫生监督综合管理系统）实现行政监管、行政执法数据全过程记录、全流程跟踪、全方位分析。同时不断提升各类系统的数据应用功能，将餐饮油烟、渣土运输、犬类管理等重点监管系统的数据进行自动采集、分析比对、预警提醒，实现“一网智治”。

三、全程跟进，构建全覆盖的监管体系

坚持全闭环的管理理念，对事前监管计划制定、事中监管工作落实与事后行政处罚进行全程跟进、无缝衔接，避免监管漏洞和执法真空现象，推动形成责权统一、运转高效的行政监管执法良性运作体系，实现协同“一条链”。

一是“线上+线下”，强履职。依托“互联网+监管”平台，对行业主管部门监管计划的录入、执行及问题处置情况进行全流程数字化监督。制定《常山县行政执法业务联席会议制度》，组织相关监管、执法部门开展问题研讨会，形成针对性的意见建议，并以点对点的形式推送至相关行业主管部门，强化监管履责。截至2021年年底，共有28家部门在“互联网+监管”系统中录入监管计划1700多件，执法部门跟进查处相关问题20个，向行业主管部门发送监管建议书4份。

二是“事中+事后”，强联动。建立《常山县行业主管部门与综合行政执法部门协同配合工作机制》，实行一般事项分工负责、疑难问题相互支持、重大案件密切配合。配套建立《常山县双重监管闭环运行导图》，对行业监管部门、行政执法部门、乡镇执法队

伍的监管范围、监管方式、实施路径以及重点内容进行逐一明确，行业主管部门对固定对象开展监管、执法部门和属地采取巡查监管，形成职责清晰、联动有力、处置高效的管罚运作体系。截至2021年年底，开展联合检查115次，化解、处置疑难问题327个，查处重大案件39起。

三是“监管+执法”，查一次。充分利用执法资源优势，以“双随机一公开”系统为载体，重点聚焦多跨高频监管事项，大力推进“综合查一次”联合执法监管，解决改革前久治不绝的重难点问题。同时，切实减少多头检查、重复执法、随意监管导致的扰企扰民问题。截至2021年年底，共开展联合行动113次，检查企业256家，直接为企业减少受检次数65%以上，基层执法队员检查人次减少42%以上。

四、协同联动，构建全闭环的执法体系

以统筹协调指挥办为总抓手，将县域行政执法力量根据实际需要进行统筹调配，协作联动，从单兵作战变为集成作战，同时不断加大行刑两法衔接力度，着力构建“横到边、纵到底、全域覆盖、协同高效”的执法体系。

一是县乡上下联动，区域全覆盖。针对基层乡镇未赋权领域和重难点案件，建立“清单化”的执法模式，组织专业执法队、中心乡镇执法队、辐射乡镇力量开展三方联合执法行动，形成多层次立体化的行政执法机制，织密“纵到底、横到边、全覆盖”的执法“一张网”，对各类案件实施精准打击、全面销号，确保无盲区、无死角。截至2021年年底，已开展县乡联动执法80多次，处置各类案件117起，极大提升基层治理能力。

二是部门左右打通，领域全覆盖。针对不宜纳入综合行政执法的其他执法事项、疑难复杂案件，开展“1+5”执法联动，即每月两次组织综合执法、生态环境、交通运输、市场监管、应急管理、卫生健康6支专业执法队开展跨领域联合执法行动，形成执法合力，攻坚克难。截至2021年年底，已联合查办67起跨部门、跨层级、跨区域的案件，其中因原先部门执法职责交叉、长期搁置的19件案件，全面销号清零。

三是行刑“两法衔接”，执法全覆盖。针对重大行政执法案件，建立县“两法衔接”运行中心，探索建立政法机关提前介入行政执法机制，加强与行政执法部门的案前融合力度，快速介入涉刑案件的调查初查，强力推进执法高压态势，严厉打击违法犯罪行为，不断提振执法威慑力。2021年，共移送案件8件，行政处罚12人，刑事打击15人次，涉案金额1750万元，涉及环保、国土、烟草、市监、林水等多个领域。

五、立体推进，构建全方位的保障体系

以打造全省一流基层综合行政执法标杆队伍为目标，通过强化教育培训、严格法治审核、精准考核体系为抓手，全力打造“外有形、内有魂、能办案、办好案”的综合行政执法队伍。

一是优化培训，提升队伍素质。线上线下并行，大力推进执法队伍能力提升工程。线下，实施“走出去请进来”战略（“走出去”：即组织全县行政执法骨干，前往浙江警察职业学院等省内高校开展轮班培训，全面拓展知识面；“请进来”：即以《行政执法讲堂》为载体，邀请省市专家、法律学者、行业专家、办案能手来常授课，提升业务能力）。开展军事化大练兵，全面提高县域行政执法人员职业素养。线上，创新开设执法“云讲堂”，将专家讲座视频、专业法律书籍、授课培训计划等列入其中，简化学习方式，浓厚学习氛围。2021年，共开设各类培训班30多次，培训执法队员800多人次，实现全县执法证持证上岗100%、军事化训练100%、公检法司分期分批“导师帮带”岗位练兵100%。

二是从严审核，强化法治保

障。制定《常山县行政执法案件法制审核机制》，即以乡镇执法队/司法所（法制审核员）任 A/B 岗，抓好法制审核的“第一道”关卡，综合行政执法部门法制审核团队、司法部门外聘的专业执法智囊团层层把关、层层指导、层层设防，全面提升基层执法队伍执法质量。同时，针对疑难复杂案件，组织执法、行政复议、法院等单位召开行政执法与行政审判联席会议进行研讨、磋商，把脉会诊，进一步提升全县行政执法专业化水平。2021 年，全县共办理行政执法案件 1694 个，未发生一起行政复议被纠错及行政败诉案件。

三是精准考核，督促履职尽责。坚持一支队伍双向考评，制定《常山县综合行政执法局对进驻中心部门考核细则》《常山县综合行政执法局对乡镇（街道）执法队考核细则》，将下沉执法队伍、入驻中心执法队伍分别纳入乡镇与部门、部门与部门之间的双向考评中，由县综合行政执法局对下沉执法队和入驻中心执法队按月开展执法评议考核和案卷评查，强化结果运用，确保执法队伍“要执法、能执法、会执法”。另一方面，对于中心乡镇执法队，按照驻地乡镇和辐射乡镇“七三开”式进行综合考评，全面保障“1+X 执法一体化”。2021 年，基层执法队办理普通程序案件达到 903 件，占全县综合行政执法案件的 83.67%，县级专业执法队伍案件量同比增加 27.55%，办案效率提升 30%以上。

（县综合行政执法局 供稿）

大 事 记

Chronicle of Events

1月

3 日　常山鲜辣美食全国行（杭州站）暨鲜辣食材产供销合作签约仪式在杭州市萧山区举行。杭州市常山商会正式成立“常山鲜辣美食”产业发展协会，17 家常山县全国异地商会被授牌“‘常山鲜辣美食’推广服务中心”，山点水餐厅、先进鱼馆黄龙店、先进鱼馆城东店、先进鱼馆湖墅店等餐厅入选首批“常山鲜辣美食”（杭州）体验店名单。举行常山鲜辣食材产供销合作签约仪式，发布全国重点城市“常山胡柚”展销点名单，进行胡柚供销合作签约仪式。

4 日　2021 年中国游泳争霸赛第一站石家庄站比赛落幕。常山县游泳小将余依婷获 2 金 2 铜，达两个奥运会 A 标。

7 日　县政府与省三监监地融合战略合作协议签署仪式举行。

11 日　浙江省城乡环境整治工作领导小组印发《浙江省城乡环境整治工作领导小组关于新时代美丽城镇建设 2020 年度工作考核结果的通报》（浙城乡环治〔2021〕1 号）文件，常山县被评为“2020 年度美丽城镇建设优秀县”。

是日　浙江省数字生活新服务工作联席会议办公室印发《关于公布 2020 年度浙江省数字生活新服务标杆创建（培育）名单的通知》（浙数新办〔2021〕1 号）文件，常山县被列入浙江省数字生活新服务标杆县创建名单。

13 日　中国新闻社浙江分社与常山传媒集团签订“中新融媒体联盟”战略合作协议，揭牌成立全市首个“中国新闻社浙江分社融媒体联盟”。

14 日　由中国贸促总会批复同意的常山县出口货物原产地证签证点正式启用。该签证点是全市首家在县（市、区）级设立的完全独立审核颁证的签证点。

是日　农业农村部办公厅发布《关于推介第三批全国农村创业创新典型县的通知》，决定推介 100 个县（市、区）为第三批全国农村创业创新典型县，常山县成为浙江 5 个上榜县（市、区）之一。

23 日　中共常山县委十三届十次全体（扩大）会议举行。会议贯彻落实中共十九届五中全会、中央经济工作会议以及省委、市委全会精神，深入贯彻习近平总书记考察浙江重要讲话精神，回顾总结 2020 年工作，明确“十四五”时期常山县发展的目标任务，部署 2021 年重点工作，审议通过《中共常山县委关于制定常山县国民经济和社会发展第十四个五年规划和二〇三五年远景目标的建议》。

29 日　由中共衢州市委宣传部主办，衢州广电传媒集团、衢州日报报业传媒集团承办的衢州市道德模范暨第九届最美衢州人十大年度人物选树活动结果揭晓。其中，常山县市民王芳获第九届“最美衢州人”十大年度人物奖；王金良、徐钢、刘金和获年度提名人物奖。

2月

1 日　常山县与浙江理工大学共建研究院签约座谈会召开，双方签订共建协议。

2—4 日　县政协九届五次会议在县委党校举行，听取和审议县政协常委会工作报告及其他有关报告，通过有关决议。大会共收到委员提案建议 183 件。

3—4 日　县十六届人大五次会议在县委党校举行，听取和审议县政府工作报告、县人大常委会工作报告及其他报告，通过有关决议。票决出 2021 年度民生实事项目 10 件。大会共收到代表提交的议案、建议、批评和意见 117 件。

7 日　常山县举行 2021 年首批重大项目集中签约仪式，5 个重大项目集中签约，签约项目涵盖现代物流、设备制造、新能源、特种纸、医疗用品、新材料等众多领域，总投资超 60 亿元。

9 日　中共常山县第十三届纪律检查委员会第六次全体（扩大）会议召开。

25日 在北京举行的全国脱贫攻坚总结表彰大会上，常山县民营企业——浙江艾佳果蔬开发有限责任公司被评为“全国脱贫攻坚先进集体”。

3月

7日 常山县游泳小将余依婷在中国游泳争霸赛（肇庆站）的比赛中以4分42秒36的成绩夺得女子400米混合泳亚军。

8日 由县妇女联合会、县文广旅体局联合举办的“巾帼心向党 百年正辉煌”——庆祝“三八”国际妇女节暨8090新时代巾帼理论宣讲大赛在县文化馆举行。

9日 省政协副主席、党组副书记孙景淼一行到常山调研指导美丽乡村建设工作。

10日 浙江省政府办公厅公布2020年度森林浙江建设目标责任制考核优秀单位名单。全省共有8个设区市和42个县（市、区）获此荣誉，常山县榜上有名。

11日 副省长刘小涛率省调研组到常山县调研指导“大综合一体化”行政执法改革工作。

19日 常山柚橙（常山胡柚）药用研究开发合作签约仪式举行，北京大学药学院天然药物学系教授屠鹏飞代表北京大学医学部与常山县人民政府签订常山柚橙（常山胡柚）药用研究开发协议。

23日 省政协主席葛慧君到常山调研指导工作。

是日 由浙江京昆艺术中心和常山县共同打造的大型现代京剧《战士》新闻发布会在杭州浙江胜利剧院举行。

31日 位于常山县体育馆的新冠疫苗方舱接种点正式启用。

4月

3日 浙江省人民医院陶然教授专家工作站在县人民医院正式挂牌成立。

6日 常山县“奋战一百天 决胜东淤片”暨渡口未来社区房屋征收攻坚动员大会召开。

18日 2021中国（常山）胡柚产业交流会在常山举行。

19日 县委书记潘晓辉在《浙江日报》发表署名文章《搭建“两山银行”助力实现共同富裕》。

21日 2021中国·常山“赏花问柚”品鉴活动在同弓乡太公山国家标准果园举行。

23日 常山县“县乡一体、条抓块统”改革工作推进会暨一支队伍管执法授牌仪式举行。会议宣读《关于调整县综合行政执法局派出机构及设置乡镇（街道）综合行政执法队的通知》，并为7个县综合行政执法局派驻执法队和7个中心镇街综合行政执法队进行授牌。

28日 浙江省第四届体育大会柔力球比赛在常山县举行，来自全省10支代表队共200多人参加。

29日 常山县国投公司18亿元非公开发行公司债券获上交所批文，这是常山县属国有企业在资本市场的又一重大亮相。

是日 常山城东新区漫悦湾东侧项目的城市展厅在常山东方广场正式开放。

30日 “以青春之名 传承红色薪火”党史知识定向赛暨第一届“奔跑吧，常山青年”文化节活动在文峰广场开幕。

5月

4—5日 2021常山“YOUYOU”音乐节在金川街道徐村村举行。

7日 由浙江省社科联，中共常山县委、常山县人民政府联合主办的首届“两山银行”学术研讨会在常山县召开。

是日 衢州市8090新时代理论宣讲团党史主题巡回宣讲活动在常山西源革命纪念馆正式启动。

8日 县旧城改造（狮子口片区）开发建设ABO项目协议签约仪式举行。

是日 2021衢州市乡村振兴职业技能大赛（常山场）暨四省边际乡村讲解员大赛在东案乡金源村举行。

8—9日 浙江省第四届体育大会木球比赛在常山县举办，全省11支代表队参加。

11日 衢州市第九次县（市、区）委统战部部长工作交流现场会在常山县召开。

12日 由浙江京昆艺术中心和常山县委、县政府联手打造，历时两年完成的胡兆富题材大型现代京剧《战士》在浙江省人民大会堂首演。

13日 副省长高兴夫率省调研组到常山县调研指导工作。

14日 根据市委统一部署，常山县召开党史学习教育市委宣讲团宣讲报告会。

是日 常山县与浙江隐墅文旅产业发展有限公司签订《常山县芳村镇未来社区合作开发框架协议》。

15日 常山县召开"遏重大"工作推进会暨"防风险、守底线、促平安"部署会。

17日 常山县举行经济技术开发区金川片核心片区一期工程（科创中心）暨小乔（常山）产业园项目开工仪式。

18日 安吉余村—常山同心乡村未来社区结对共建签约仪式在安吉县天荒坪镇余村举行。

是日 由县文广旅体局主办，县非遗中心承办的"品美食·赏非遗·游常山"2021年常山非遗进景区活动，在东方巨石阵景区和青石镇网红街举行。

19日 衢州数字乡村建设工作推进会在常山召开，并举行"常山县乡村振兴数字产业园"启用仪式。

是日 浙江大学医学院附属妇产科医院与常山县妇保院举行紧密型协作签约揭牌仪式。"浙江大学医学院附属妇产科医院紧密型协作医院"正式揭牌成立。

20日 常山县发布2020年第七次全县人口普查主要数据，全县常住人口为259966人。

25日 常山首次以视频连线的形式召开"请你来协商"专题协商会。县委书记潘晓辉与寓外乡贤围绕县域跨越式发展主题进行协商。

是日 常山县纺织服装行业协会换届大会暨三届一次会员大会召开，选举产生第三届协会主席、副主席、秘书长及理事会成员。杨良荣当选为主席。协会与常山农商银行达成战略合作，现场签约授信，授信金额高达3亿元。

28日 衢州市"县乡一体、条抓块统"试点工作第十七次工作例会暨"一支队伍管执法"互看互学互比活动在常山举行，常山在活动中获第一名。

28—29日 2021年浙江省青少年山地自行车冠军赛在常山举办。共决出男子女子甲乙组个人越野赛、计时赛、越野赛团体，混合接力赛共13枚金牌。其中，常山县组队代表衢州市参赛，获得7金5银2铜的成绩。

6月

4—5日 省工商联会同常山县委、县政府共同举行知名浙商助力常山跨越式发展活动。

11日 衢州学院与常山县党支部书记学院举行战略合作暨研究基地揭牌仪式，正式挂牌成立"党支部书记能力提升研究基地"。

13—14日 浙江省第四届体育大会山地自行车比赛在常山举行。

16日 "农民讲党史 农村看发展"浙江省第二届农民故事大赛在丽水市缙云县举行。常山县8090新时代理论宣讲团成员、乡村教师卢兵兵讲述《红土地上的三个领头人》的故事，获得此次大赛二等奖。

22日 潘晓辉、张少华、林红汉、翁旭东等县四套班子领导到西源革命纪念馆，开展"沿着红色足迹学党史"党员教育活动。市党史学习教育第三巡回指导组参加。

是日 "早上好"支部书记研学基地揭牌仪式在新昌乡达塘村支部书记学院举行。

24日 省政协副主席张泽熙一行到常山调研指导工作。

28日 全国"两优一先"表彰大会在北京人民大会堂举行。常山优秀退伍军人胡兆富被授予"全国优秀共产党员"称号。

7月

1日 常山县新党员代表集中入党宣誓活动在县档案馆举行。

是日 浙江省庆祝中国共产党成立100周年大会在嘉兴举行，会上进行“两优一先”表彰。常山县新昌乡党委委员（兼），达塘村党支部书记、村委会主任陈重良获“浙江省优秀共产党员”荣誉称号。

是日 常山县召开“七一”表彰大会，对获市、县优秀共产党员、优秀党务工作者、先进基层党组织等荣誉的先进单位和个人进行颁奖。

3—4日 浙江省第四届体育大会跳绳比赛在常山举行。来自全省各地11支代表队共264人参加比赛。

5日 狮子口片区房屋征收现房选房工作在县旧城改造征收指挥部进行，成功选房40套。

6日 中国游泳协会网站公布中国游泳队参加东京奥运会的运动员名单，共有30名运动员参加东京奥运会游泳项目的34个小项比赛。常山姑娘余依婷名列其中。

11—14日 浙江省第四届体育大会无线电测向赛举行。东道主衢州市代表队获得4块金牌，其中，常山队获2金2银。

14日 省委书记袁家军到常山调研。袁家军一行先后到金色同弓田园综合体、白石镇、浙江先导精密机械有限公司考察。

21日 省政府下发《关于命名第五批省级生态文明建设示范市、县（市、区）的通知》，常山县被命名为省级生态文明建设示范县。

28日 在东京奥运会女子200米个人混合泳决赛上，常山姑娘余依婷以2分09秒57的成绩获得第五名，刷新个人最好成绩。

是日 共青团浙江省委、省退役军人事务厅、省革命老区开发建设促进会联合发布《关于命名第二批浙江省青少年红色基因传承基地的通知》，常山西源革命纪念馆入选。

29日至8月4日 “体彩杯”2021年浙江省青少年皮划艇赛艇锦标赛在常山举行。

8月

2日 《人民日报》头版报眼刊发《浙江：山海协作升级 着力推动山区26县跨越式高质量发展》一文，以常山慈溪山海协作案例——聚宝村为例，点赞聚宝村通过流转荒地、打造荷塘等举措提质提速“飞地”建设，提高村民收入，使村子从集体经济薄弱走向产业发展致富。

3日 常山“两山银行”首家乡镇支行——同弓支行正式挂牌成立。这是衢州首家落地乡镇的“两山银行”。

9日 中国农业发展银行衢州市分行与常山县签订银政协同助力常山高质量发展建设共同富裕示范区专项合作协议，为常山县8个重点项目总授信300亿元。

10日 县委十三届十一次全体（扩大）会议召开。全会以习近平新时代中国特色社会主义思想为指导，深入学习习近平总书记“七一”重要讲话精神，认真贯彻省委书记袁家军、省长郑栅洁在衢州调研指示精神，全面落实省委十四届九次全会、市委七届十次全会精神，听取和讨论县委常委会工作报告，审议原则通过《常山县高质量发展建设共同富裕示范区行动计划（2021—2025年）》，动员全县上下赶考奋进，拼搏实干，加快实施“八大行动”，全力打造“浙西第一门户”，争当高质量发展建设共同富裕示范区县域典范。

是日 由市住房和城乡建设局、市总工会、市建筑行业协会、启天建设集团有限公司共同举办的2021年衢州市“启天杯”镶贴工职业技能竞赛在常山县开赛。

11日 常山县召开西门和江滨片区房屋征收动员大会。

13日 全市美丽城镇建设“互看互学”现场会在常山县召开。

20日 副省长朱从玖到常山县调研“两山银行”建设工作。

是日 常山县小微企业（个

体工商户）“信用换信贷”应用上线启动仪式举行。

21 日 常山县在紫港中学操场组织开展大规模新冠病毒核酸检测实战演练活动。

25 日 浙江省文化和旅游厅公布 2021 年度“浙江省民间文化艺术之乡”名单。招贤镇凭借喝彩歌谣成为 34 个入选乡镇之一。

26 日 副省长王文序到常山县调研民生工作。

27 日 “共同富裕”常山县美丽通道建设工程获得国家开发银行浙江省分行融资 7 亿元。

31 日 常山县智慧校车启用仪式在赵家坪长途客运站举行，65 辆智慧校车崭新亮相，标志着常山县开启标准化校车服务时代。

是日 常山至衢州民航机场专线开通，常山县市民前往衢州民航机场不需要转换各种交通工具，可实现直达、零距离换乘。

9 月

3 日 常山“早上好”共同富裕示范先行活动启动，常山“两山银行”新昌支行、“早上好”共富公司、“早上好”共同富裕慈善基金正式成立。

5 日 常山港治理一期工程建设项目征收房屋签约工作正式启动。

11 日 浙西骨科医院奠基仪式在紫港街道狮子口片区举行。

24 日 浙江开放大学与常山县人民政府战略合作签约暨常山县社区教育工作推进会召开。常山县人民政府与浙江开放大学签订战略合作协议；举行全省未来社区教育场景试点基地揭牌；为全县社区教育专干颁发聘书；启动山区 26 县电大助力终身学习型社会建设“常山倡议”发布仪式。

25 日 市委副书记、市长高屹到常山调研工业强市工作。

28 日 远山云间旅游度假区项目开工仪式举行。

30 日 县经济技术开发区提质转型第一批企业签约仪式举行。此次签约的 8 家企业包括 6 家租赁企业和 2 家宗地企业，共可腾退土地 114 亩。

是日 浙江省气候中心公布首批 40 个“浙江省气候康养乡村”。东案乡梅树底景区入选。

10 月

1 日 “诗意常山·赏石慢行”常山石博园项目重整签约仪式暨招商启动大会在青石镇石博园广场举行。浙江众铄投资有限责任公司与常山县人民政府签署项目投资框架协议。石博园与成都六合策划管理有限公司、浙江汉甫控股集团、浙江邵永丰成正食品有限公司等 9 个品牌商家签订战略合作协议。

2 日 常山县城市品牌形象公益代言聘请仪式举行。东京奥运会女子 10 米气步枪冠军杨倩，正式受聘担任常山城市品牌形象公益代言人。

3 日 世界长寿之都·糖尿病国际康养基地在赛得健康城举行揭牌仪式。

6 日 县人民医院急诊重症监护室（EICU）正式启用。

10—11 日 省老年人迷你气排球交流活动在常山县举行。全省共有 32 支代表队，约 199 名运动员参加。

14 日 招贤镇—建行常山支行整镇合作授信签约仪式举行，招贤镇获得总共 4 亿元的授信额度，用于乡村振兴、产业发展等。

是日 常山县新冠病毒疫苗加强免疫接种工作正式启动。

14—15 日 全省“大综合一体化”行政执法改革工作交流推进会在常山县召开。

14—17 日 浙江省第四届体育大会气排球竞赛在常山举办。本届气排球竞赛分为行业协会组和地市组，来自全省共 19 支队伍近 600 人参加比赛。

15 日 衢州市第六届运动会篮球（初中组）比赛在常山落幕。本次比赛分为男子组、女子组，来自全市各地 12 支队伍、共 160 名运动员参与。男子组柯城兴华、女子组常山一队夺得冠军。

17 日 省委副书记、代省长王浩到常山调研发展和经济运行情况。

21日 中央人民广播电台文艺之声播出由常山籍歌手周珊演唱的歌曲《常山谣》。《常山谣》由浙江省知名音乐人易长安作词、李碧洋作曲，极具常山地域特色。

22日 浙江省第四届体育大会开幕式在衢州市体育中心举行。中国女子游泳运动员、第十四届全运会金牌获得者、常山籍姑娘余依婷点燃浙江省第四届体育大会电子圣火。

28日 常山县发放首张“码牌合一”的电动自行车牌照。

11月

3日 2020年度国家科技奖励大会在北京召开。黄荷凤院士团队成果《发育源性疾病和遗传性出生缺陷的机制研究及临床精准防控》获国家科学技术进步奖二等奖。

5日 中国调味品协会授予常山县2021—2024年“中国鲜辣美食之乡”称号使用权。

10日 第三届“玉琮杯”清廉微电影微视频大赛颁奖晚会在杭州大剧院举行，由常山县选送的微视频《墨不可贪·廉而有节》获微视频类银奖，为此次全市参赛作品中获得的最高奖项。

12日 西门、江滨片区城市更新项目国有土地上房屋征收提前签约工作正式启动。

16日 全省深化“千万工程”建设新时代美丽乡村现场会在杭州召开。常山县被评为2020年度浙江省新时代美丽乡村示范县。

18日 “浙里红·潮，红动常山”启动仪式在新昌乡西源革命纪念馆举行。西源革命纪念馆成为“浙里红”红色教育基地。

19日 国家林草局发布公示，国家常山油茶产业示范园区通过认定，入选成为第二批国家林业产业示范园区。

25日 常山县召开四套班子领导干部会议，宣布省委关于常山县人民政府主要领导调整的决定：省委决定提名王永明为常山县县长候选人，提议张少华不再担任常山县县长职务。

27日 常山县第十六届人大常委会第四十六次会议决定：接受张少华因工作变动提出的辞去常山县人民政府县长职务的请求，决定王永明代理常山县人民政府县长职务。

29日 国家气候中心发函，决定授予常山县“中国气候宜居县”国家气候标志。

12月

3日 常山县举行2021年四季度重大项目集中签约、集中开工、集中投产仪式。共涉及43个项目，涵盖工业产业、社会事业、基础设施等多个领域，总投资超134亿元。

是日 浙江财经大学法学院与常山县人民法院法律教学实训基地揭牌暨合作协议签约仪式在县人民法院举行。

5日 市委副书记、市长高屹到常山分别就安全生产、智慧养老、未来社区建设、旅游产业发展等工作进行调研。

6日 中共常山县委社会建设委员会揭牌仪式举行。

8日 常山港治理一期工程建设项目房屋征收现房选房工作启动。30户被征收户参加现房选房公开摇号，成功选房32套。

是日 浙江省“12·8”《中华人民共和国统计法》颁布纪念日大型宣传活动启动仪式在县文峰广场举行。

9日 全市基层党建工作会议召开，会上对“衢州市十大强基先锋”和“衢州市担当作为好支书”进行表彰。常山县有1人被评为“衢州市十大强基先锋”，6人被评为“衢州市担当作为好支书”。

12日 常山县在金川街道徐村村开展新冠肺炎疫情防控应急演练。

14日 按照县疫情防控指挥部统一部署安排，天马街道、紫港街道、辉埠镇同步开展新冠肺炎疫情防控全流程应急处置演练。

20日 在阿联酋阿布扎比举行的2021世界短池游泳锦标赛

上，常山姑娘余依婷在女子 200 米混合泳决赛中，以 2 分 04 秒 48 的成绩获得银牌，并打破女子混合泳青年世界纪录。

21 日 浙江省文化和旅游厅发布第四批省级全域旅游示范县（市、区）公示名单，常山县通过省级全域旅游示范县验收。

22 日 衢州市委举行“全力打造四省边际共同富裕示范区”常山专场新闻发布会。县委书记潘晓辉以《一切为了 U 走好共富路 全力推进常山跨越式高质量发展》为题作主发布。

23 日 浙江电视台新闻频道主持人胡桦到新昌乡达塘村开展“六讲六做”宣讲。

25—26 日 中国共产党常山县第十四次代表大会在县委党校举行。大会正式代表 217 人。听取和审查潘晓辉代表第十三届县委向大会所作的题为《聚力共同富裕 奋力跨越赶超 为加快建设“浙西第一门户”不懈奋斗》的工作报告；审查陈水清代表县纪委所作的题为《营造群众有感受度的优质政治生态 为加快建设“浙西第一门户”保驾护航》的书面工作报告；选举产生第十四届县委委员 35 人、县委候补委员 7 人；选举产生县纪委委员 19 人；选举产生常山县出席中共衢州市第八次代表大会代表 40 人。

26 日 县委十四届一次全会召开，选举潘晓辉、王永明、何相涯、姜敏、姜雪峰、陈翊、周利建、许露华、邱雪萍（女）、陈水清、杨力军为县委常委；选举潘晓辉为县委书记，王永明、何相涯为县委副书记；通过县纪委十四届一次全会选举结果；审议通过《中共常山县委关于进一步加强自身建设的决定》《中共常山县委工作规则》。

是日 县纪委十四届一次全会召开，选举陈水清为县纪委书记。

30 日 “2021 中国最具幸福感城市”调查推选结果在北京发布，常山县入选“2021 中国最具幸福感城市·宜业宜居之城”。

县情概览

Overview of County Situation

基本县情

【概况】 常山县位于浙江省西部，是全省的西大门。全县土地面积1099平方千米，下辖3个街道、6个镇、5个乡、180个行政村、11个社区，人口339690人（不含服现役人员）。

【钱江之源】 常山县位于钱塘江源头区域，县域生态环境优良，森林覆盖率73.2%，常年空气质量保持在二级以上，$PM_{2.5}$≤31微克/米^3，县城负氧离子浓度最高达1万个/立方厘米以上，出境水水质常年保持Ⅱ类水以上标准，拥有全国第7座国际慢城，是国家重点生态功能区、浙江省重要生态屏障、全国百佳深呼吸小城十佳示范城市，有“千里钱塘江、最美在常山”美誉。

【四省之交】 常山地处浙闽赣皖四省九地市中心地带，是中西部通往长三角地区的“桥头堡”。境内交通体系完善，汇聚十大通道，G60（杭金衢）、G3（黄衢南）和G60N（杭新景）贯穿全境，205国道、320国道、351国道和221省道纵横交错，沿江美丽公路快速便捷，衢九铁路建成通车，常山港航道综合开发拉开大幕，黄金水道通江达海、前景广阔，县城距衢州机场、杭长高铁衢州站均半小时车程。

【宜业之城】 常山县产业转型走出新路，装备制造、纺织、钙产业加快升级，新材料、大健康、数字经济异军突起。可口可乐公司、瑞典SKF集团等全球行业巨头和常山“联姻结亲”。云耕小镇、赛得健康养生小镇培育成型。新都工业园区、集聚区、辉埠新区、生态园区“四区合一”，基础设施完善，要素保障有力，创成省级经济开发区，争创省级高新园区。营商环境持续优化，政策优惠，服务优良，是投资兴业的活力高地。

【宋诗之河】 常山于东汉建安二十三年（218）建县，始称定阳，已有1800多年的历史。境内古道古渡、古街古村不胜枚举，万寿寺、文峰塔、文昌阁挺拔傲立。宋诗文化源远流长，陆游、杨万里、辛弃疾等大批诗人沿常山江赋诗吟咏，留下宋诗3000多首。常山江“宋诗之河”被纳入钱塘江诗路黄金旅游带规划，入选全省首批诗路旅游目的地培育名单。诗画风光带建设多点开花，徐村“紫薇花海”、长风“古渡金沙”、东方巨石阵成为网红打卡地。

【胡柚之乡】 绿水青山孕育“常山三宝”，常山是中国常山胡柚之乡、油茶之乡、食用菌之乡。胡柚种植面积达10万亩，年产14万吨，胡柚青果切片“衢枳壳”荣登药典，并入围新“浙八味”，“常山胡柚利于肺”深入人心，民族动画电影《胡柚娃》亮相各大院线。常山油茶历史悠久，全国油茶交易中心、国家油茶公园落户常山，东海常山木本油料运营中心油茶籽油挂牌交易，常山油茶产区入选中国特色农产品优势区。“常山猴头菇”通过国家农产品地理标志登记。

【赏石之都】 常山地质形成达4.6亿年之久，有中国第一枚“金钉子”剖面——奥陶系达瑞威尔阶全球层型剖面点，极具科考旅游价值，是国家地质公园。拥有三衢石林、梅树底两个国家AAAA级景区，三衢石林被评为“全球低碳生态景区”。矿石资源丰富，石灰石、萤石矿储量和品质均居全省首位，青石、花石品质优良，有华东地区最大的青石花石专业市场，建成中国观赏石博览园，“赏石小镇”为全省首批创建特色小镇，是“中国观赏石之乡”。

（原县外宣办 供稿）

地形地貌

【概况】 常山县境内地势南北高、中间低，由西向东倾斜。千里岗山脉自县境东北向县北延伸，怀玉山余脉绵亘于县西南。境内海拔1000米以上的山峰有40座，最高峰在东案乡白菊花尖海拔1390多米，最低点在招贤镇大溪沿村，海拔72米，最大高差1300多米。

【地貌分布】 全县地貌类型可划分出中山、低山、丘陵、侵蚀岗地、河谷平原5种类型。中山主要分布于县东北部西岭脚—新桥一带，面积88.27平方千米，占全县总面积的8.1%；低山分布于县域西北面的球川—何家—东鲁—新昌以西、芙蓉水库、芳村、金源以北地区和东南部的钳口一带，面积318.13平方千米，占全县总面积的29%；剥蚀丘陵主要分布于中山与侵蚀岗地之间，面积409.4平方千米，占全县总面积的37.2%；侵蚀堆积岗地主要分布于芳村南部和青石一带，面积216.6平方千米，占全县总面积的19.7%；沿常山港两岸的河谷平原面积66.7平方千米，占全县总面积的6%；全县山地丘陵面积约占总面积的3/4，属低山丘陵地貌类型。河流面积约38平方千米。按地形和流向分为钱塘江水系和鄱阳湖水系。钱塘江水系最大支流为常山港，常山港历史上在明清时期称“金川”。鄱阳湖水系发源于玉山县紫坑岭和球川镇的蔑岭。球川溪因1984年千家排水库竣工大部分水量改往钱塘江水系。

（县资规局 供稿）

水 文

【概况】 常山县内主要河流常山港为钱塘江的源头，上接开化县马金溪，下至衢州双港口，其中，在县域内的流程46.6千米，横贯东西，流域面积3176.1平方千米，最大年径流量可达43.74亿米^3，近年来最大洪峰流量5800米^3/秒，易形成洪涝灾害。

【溪流】 常山港在县内的支流有菱湖溪、芳村溪、龙绕溪、南门溪、马车溪、虹桥溪、里山溪、大坑溪、官塘溪9条。县内的另一条主要溪流——球川溪流入江西，最终归入长江流域。县内水力资源十分丰富。

（县水文站 供稿）

2021年常山港月平均水位一览表

表2　（测站基面在85高程以上75.700米）　单位：米

1月	2月	3月	4月	5月	6月	7月	8月	9月	10月	11月	12月	年平均
1.53	1.69	2.44	2.47	2.82	2.84	2.67	2.47	1.84	1.64	1.87	1.65	2.16

说明：最高水位在6月30日，为9.31米；最低水位在12月6日，为1.32米

（陈 鑫）

气 候

【概况】 2021年，常山县遭受连阴雨、局地强对流、暴雨、大风、雷电、高温干旱、低温等极端天气气候事件。气象部门共发布暴雨、雷电、大风、寒潮、道路结冰、低温、大雾、高温等各类预警信号181次，有效地减轻各类气象灾害的影响。

【气温】 2021年，常山县平均气温19.2℃，比常年偏高1.5℃，比上年偏高0.6℃。年极端最高气温38.3℃，出现在7月15日；年极端最低气温零下6.4℃，出现在1月9日。

【降水】 2021年，常山县年总降水量为1865.2毫米，比常年偏多105.1毫米，比上年偏少222.6毫米。

【日照】 2021年，常山县年总日照时数1777.2小时，比常年偏少259.9小时，比上年偏多305.9小时。

2021年常山县气象要素一览表

表3

要素名称(单位)	1月	2月	3月	4月	5月	6月	7月	8月	9月	10月	11月	12月	合计(平均)
平均气温(℃)	6.8	12.3	13.8	18.3	23.1	26.1	29	28.4	28.2	21.3	13.9	9.4	19.2
降水量(毫米)	27.9	64.7	247.6	185.6	410.3	388.0	221.2	118.8	33.6	46.4	97.0	24.1	1865.2
雨 日(天)	8	11	24	20	21	16	13	16	7	10	13	8	167
日 照(小时)	179.2	89.2	83.1	86.0	121.8	113.8	193.0	178.5	250.1	148.5	159.2	174.8	1777.2
其 他	全年平均气压为999.0百帕;全年平均相对湿度为75%;全年平均风速为2.2米/秒												

【重要气候事件及其影响】

1. 连阴雨　3月16—21日和3月27日至4月4日，常山县出现2次连阴雨天气，对农业和民众生产生活造成一定影响。5月，降水过程多，不利于开展油菜收割晾晒工作，部分田块倒伏明显。5月16—29日，常山县出现持续阴雨寡照天气，对设施作物生长不利，温高湿天气有利于病虫害发生发展。

2. 强冷空气（寒潮）　1月和11—12月，冷空气活动频繁，共出现5次寒潮过程。1月1—2日，最低气温-5～-7℃,山区-8～-10℃；1月5—9日，寒潮过程降温幅度大、冰冻持续时间长；7—14日，日最低气温0℃以下；8—10日，最低气温-4～-8℃，山区-8～-11℃，有严重冰冻。11月7—9日、21—23日和29—30日各出现1次寒潮过程，其中11月7—8日全县大部分地区出现5～7级阵风。12月24—26日的寒潮过程，日平均气温过程降温幅度10～11℃,其中25日山区降雪，高山地区有明显积雪。

3. 强对流　3月31日凌晨至4月1日早晨，全县大部分地区出现强雷电、局地8～9级大风和短时暴雨等强对流天气，县气象台共发布各类预警信号10次。5月10日午后至11日出现一次强对流灾害性天气。全县普降暴雨到大暴雨，降雨量86.3毫米，最大过程雨量163.8毫米（辉埠镇高峰村）;大部分站点出现7～10级大风,3个站点出现11级大风，城区27.9米/秒（10级）。全县多地出现路面积水、树木倒塌等情况，部分交通线路一度中断；设施大棚受损明显、部分果树及大田作物倒伏。

4.干旱　2020年10月至2021年2月，全县降雨量227.9毫米，比常年同期偏少50.8%。2021年9月至10月上旬,降水持续偏少，大部分地区出现中度到重度干旱，对农作物生产影响较大。

5. 梅雨　常山县6月10日入梅,7月5日出梅，梅期25天。梅汛期全县平均雨量513.4毫米，位列建站第9位。全县梅汛期降雨量582.7毫米，居全省、全市第二位（开化县616毫米，列第一位）。梅汛期间，主要有2次明显的强降水过程，分别为6月17—20日、6月27日至7月1日，其他时段以分散性、局地性强降水为主。6月29日夜至7月1日，全县出现年内梅汛期最强的一次降水天气过程，全县降雨量314.5毫米，有22个站点雨量超300毫米，最大为东方巨石阵景区414.6毫米。

6. 倒黄梅　8月9—17日，全县多降水天气，累积雨量大，出现倒黄梅天气。持续性强降雨造成部分农田果园被淹；长时间淹水状态严重影响作物正常生长，降低产量品质；夏季高温闷棚因气温较低，杀菌效果下降，秋茬作物病虫草害程度增大，对水稻生产造成不利影响。连作晚稻正值拔节孕穗期，光照不足，严重影响幼穗正常分化，造成无效分蘖，直接影响产量；单季稻正值破口抽穗期，由于降水量较常年异常偏多，无法搁田，在高湿条件下，病虫害发生风险增大。

（黄 亿）

人口

【概况】 2021年年末，全县户籍人口总户数为124695户，比上年增加225户，总人口（不含服现役人员）为339690人，平均每户2.7人。男性175744人，女性163946人，分别占总人口的51.7%和48.3%，性别比为107.2（女=100）。总人口比上年减少1877人。

【人口流动与分布】 2021年，全县办理出生登记2183人，比上年减少348人，出生率为6.4‰，比上年回落1.4个千分点。死亡1909人，比上年减少629人，死亡率为5.6‰，比上年回落1.8个千分点，其中，男性死亡1130人、女性死亡779人。全县人口自然增长274人，比上年增加132人，自然增长率为0.8‰。全县城镇人口111852人，乡村人口227838人，分别占总人口的32.9%和67.1%。全年省内外迁入751人，比上年增加64人；迁往省内外2902人，比上年增加86人。全县总人口按年龄段分布为：18岁以下的为60364人，占总人口的17.8%；18～34岁的为62300人，占总人口的18.3%；35～60岁的为142176人，占总人口的41.9%；60岁以上的为74850人，占总人口的22.0%。百岁以上老人30人，比上年增加2人。（以上均为公安年报口径）

（陈 蓉）

国民经济和社会发展

【概况】 初步核算，2021年，全县实现地区生产总值1875787万元，按可比价格计算，比上年增长9.8%。分产业看，第一产业增加值82993万元，比上年增长2.9%；第二产业增加值854057万元，比上年增长11.9%；第三产业增加值938737万元，比上年增长8.8%。第三产业中，交通运输、仓储和邮政业增加值比上年增长23.1%，批发和零售业增加值比上年增长14.6%，住宿和餐饮业增加值比上年增长15.8%，金融业增加值比上年增长11.4%，房地产业增加值比上年增长3.1%，其他服务业比上年增长4.4%。三次产业增加值结构比为4.4∶45.5∶50.1。人均地区生产总值为71998元（按年平均汇率折算为11160美元），比上年增长9.2%。按照地区生产总值统一核算和数据发布制度规定，地区生产总值核算包括初步核算和最终核实两个步骤。经2021年最终核实，2020年常山县生产总值现价总量为1603907万元，按可比价格计算，比2019年增长3.5%，三次产业增加值结构比为5.2∶42.3∶52.5。

【农业和农村建设】 2021年，全县实现农林牧渔业增加值87614万元，比上年增长3.1%。农林牧渔业总产值132555万元，比上年增长5.3%。农作物播种面积284962亩，其中，粮食作物播种面积146150亩、油料作物播种面积51510亩、蔬菜（含菜用瓜）播种面积65020亩、中草药材播种面积2802亩、瓜果类播种面积9659亩。

全年粮食作物总产量60639吨，比上年增长0.8%；油料产量6633吨，与上年持平；蔬菜产量103510吨，比上年增长0.5%；瓜果类产量22212吨，比上年增长9.8%。柑橘总产量123385吨，比上年下降15.0%，其中，胡柚产量102158吨，比上年下降13.7%；茶叶产量258吨，比上年增长21.1%。

生猪年末存栏为6.2万头，比上年增长22.2%；年内出栏9.1万头，比上年增长111.6%。家禽年末存栏为110.1万只，比上年下降28.4%；年内出栏287.9万只，比上年增长3.3%。全年肉类总产量15031吨，比上年增长53.1%，其中猪肉7588吨，比上年增长93.6%；禽肉7216吨，比上年增长26.9%；鸡鸭鹅蛋产量2320吨，比上年下降26.3%。全年水产品产量6869吨，比上年增长2.2%。全年木材产量9493米^3，比上年增长24.4%。

2021年，常山县被评为全国农村创业创新典型县，入选全国农民合作社质量提升整县推进试点、全国2021年农产品产地冷藏保鲜整县推进试点、第二轮土地承包到期后再延长30年全国试点、第一批全国农作物病虫害绿色防控示范县名单，列入全国农业科技现代化先行县共建名单，被评为2020年度浙江省新时代美丽乡村示范县，金色同弓农村产业融合发展示范园入选第三批省级农村产业融合发展示范园创建名单，创建省级“肥药两制”改革综合试点县，农村宅基地资格权专项改革被纳入全省新时代乡村集成改革试点项目，列入2021年度省级乡村振兴集成创新示范建设县。

全县180个行政村实现经营性收入20万元以上全覆盖，其中20万～50万元120个，50万～100万元46个，100万元以上14个。开发低收入农户公益性岗位1347人次，完成农村产权交易平台交易合同价1.2亿元。土地流转全域开展，全年流转土地面积1万亩。

【工业和建筑业】 截至2021年年底，全县有规模以上工业企业140家，其中营业收入亿元以上的企业42家（20亿元以上1家、10亿元以上1家、5亿元以上3家），大中型企业14家。全年全部工业增加值643629万元，比上年增长12.5%，其中规模以上工业增加值487628万元，比上年增长12.1%。规模以上工业企业全年完成产值1820738万元，比上年增长30.0%，其中重工业1310485万元，比上年增长32.7%；轻工业510253万元，比上年增长23.4%。分经济类型看，国有控股企业比上年增长26.5%，私营企业比上年增长26.7%，外商投资企业比上年增长48.7%，港澳台商投资企业比上年增长49.6%。规模以上工业销售产值1774121万元，比上年增长28.5%，产销率达97.4%。规模以上工业出口交货值120002万元，比上年增长41.1%。

在规模以上工业中，建材行业产值371306万元，比上年增长33.7%；通用设备制造业287783万元，比上年增长36.1%；造纸行业284307万元，比上年增长60.1%；有色金属冶压业171764万元，比上年增长36.5%；电力生产供应业110355万元，比上年增长2.8%；化工行业104328万元，比上年增长23.4%；农副食品加工业65280万元，比上年下降25.2%；通信设备制造业94372万元，比上年增长26.8%；金属制品业101346万元，比上年增长28.6%；纺织业63585万元，比上年下降8.7%；电气机械和器材制造业22628万元，比上年增长21.6%；皮革、毛皮、羽毛及其制品和制鞋业19483万元，比上年增长52.9%。

全年规模以上工业企业实现利税238592万元，比上年增长28.9%，其中利润186809万元，比上年增长35.3%。分行业看，建材行业利润93267万元，比上年增长20.1%；造纸行业36112万元，比上年增长113.0%；通用设备制造业21652万元，比上年增长59.1%；化工行业6995万元，比上年增长20.7%；通信设备制造业8787万元，比上年下降2.3%；电力生产供应业4670万元，比上年下降10.8%。规模以上工业利润中，装备制造业利润总额比上年增长35.5%，战略性新兴产业利润总额比上年增长39.3%。规模以上工业研发费用比上年增长32.3%。

全年建筑业实现增加值210506万元，比上年增长10.1%。全县共有总承包或专业承包资质的建筑业企业65家，其中一级资质企业2家、二级资质企业7家、三级资质企业56家。实现建筑业总产值579183万元，比上年增长22.6%；其中，省内建筑业产值507163万元，比上年增长23.6%。

【固定资产投资和房地产业】2021年，全县固定资产投资比上年增长20.3%，其中第一产业投资比上年下降21.9%，第二产业投资比上年增长26.9%，第三产业投资比上年增长18.5%。从投资结构来看，交通基础设施投资比上年下降14.8%，生态环保、城市更新和水利设施投资比上年下降7.7%，高新技术产业投资比上年增长24.1%，民间投资比上年增长6.6%，制造业投资比上年增长25.9%。全年在库项目476个，其中5000万元以上项目140个；新增入库项目173个，其中5000万元以上项目35个。

全年国有投资比上年增长34.6%，非国有投资比上年增长10.1%。工业投资比上年增长27.1%，其中工业企业技术改造投资比上年增长20.4%。基础设施投资比上年下降3.9%，公共服务投资比上年增长242.8%。建筑安装工程投资比上年增长20.4%。

全年房地产开发投资134368万元，比上年增长9.4%。房屋施工面积1628881平方米，比上年增长9.8%；销售面积314494平方米，比上年下降10.5%；商品房销售额272180万元，比上年增长1.9%。

【国内贸易】2021年，全县实现社会消费品零售总额844763万元，比上年增长18.5%。其中限额以上社会消费品零售总额122562万元，比上年增长75.8%。按销售单位所在地分，城镇120562万元，比上年增长81.5%；乡村2000万元，比上年下降39.2%。按类值分，粮油食品、饮料烟酒类比上年增长10%，日用品类比上年增长1650.7%，书报杂志类比上年增长30.8%，家用电器和音像器材类比上年下降45.1%，中西药品类比上年增长4.7%，石油及制品类比上年增长117.8%。

【对外经济】2021年，全县实现进出口总额261015万元，比上年增长2.1%，其中出口184844万元，比上年下降2.7%；进口76170万元，比上年增长15.8%。全县有出口实绩的企业89家，比上年增加6家。出口额亿元以上企业4家，1000万元以上企业26家。全县出口排前四位的市场依次是：亚洲、北美洲、拉丁美洲、欧洲。对亚洲出口69850万元，比上年下降29.3%；对北美洲出口48864万元，比上年增长27.7%；对拉丁美洲出口30647万元，比上年增长65.9%；对欧洲出口27520万元，比上年增长16.33%。这四大主要市场出口额合计占全县出口总额的95.7%。在主要商品出口中，轴承出口60357万元，比上年增长71.1%；餐厨用具金属加工产品出口14985万元，比上年下降6.3%；化工产品（新材料）出口57390万元，比上年增长76.6%；服装、纺织品出口14948元，比上年增长32.0%；节日装饰用品出口9680万元，比上年下降6.0%。

【交通、邮电和旅游业】2021年，全县完成交通运输、仓储和邮政业增加值84215万元，比上年增长23.1%。各种运输完成公路货物运输量1371.8万吨，比上年增长10.5%；公路客运量1087万人次，比上年增长230.0%。

至年末，境内有铁路1条，衢九铁路常山段全线长35.3千米；铁路常山站全年总客发129397人，到达129100人。境内有3条国家高速公路、2条国道、1条省道、33条县道、32条乡道、388条村道，公路总里程达到1127.8千米，公路网密度为102.8千米/百平方千米。国家高速公路境内总里程89.0千米，其中沪昆高速（G60，地方名称杭金衢高速）41.6千米，京台高速（G3，地方名称黄衢南高速）31.1千米，杭长高速（G60N，地方名称杭新景高速）16.2千米。一般国道总里程63.8千米，其中山深线（G205）23.5千米，沪瑞线（G320）40.3千米。221省道江溪线境内里程22.1千米。国省道干线公路里程174.9千米，占公路总里程的15.5%。县道公路301.5千米，占公路总里程的 26.7%。乡道公路 159.8 千米，占公路总里程的 14.2%。村道公路 491.6 千米，占公路总里程的 43.6%。

年末，固定电话用户数 2 万户，比上年下降 6.9%；移动电话用户数 25.3 万户，增长 5.4%，互联网宽带接入用户数（不含手机）10.0 万户，比上年增长 6.2%。

全年接待游客 180.3 万人次，实现旅游总收入 22.4 亿元。常山县被评为省级全域旅游示范县。创建 AAA 景区城，5 个 AAAA 景区镇、6 个 AAA 景区镇、38 个 AAA 景区村、180 个 A 级景区村，在全市率先实现城镇村景区化全覆盖。举办常山“YOUYOU”音乐节本土特色活动，拉动全县整体消费 500 多万元。据不完全统计，“五一”期间，“YOUYOU”音乐节举办地徐村接待旅游人数 3.3 万人次，带动村民收入增长 22.6 万元。培育“常山漫居”精品民宿，村上酒舍被评为国家首批甲级民宿，彤弓山居入围省级白金宿。“金源模式”入选全省首批“文旅助力共富最佳实践案例”。推进“诗画浙江·百县千碗”工程，打造华府等 10 家常山鲜辣美食体验店。开发研学游产业，推出常山十大中小学生研学游精品线路。

【财政、金融和保险】 2021 年，全县实现财政总收入 247827 万元，比上年增长 24.5%，其中一般公共预算收入 150007 万元，比上年增长 23.1%；上划中央收入 97820 万元，比上年增长 26.8%。全县税收收入 132730 万元，比上年增长 25.2%，占一般公共财政预算收入的 88.5%。全年公共财政预算支出 615529 万元，比上年增长 12.4%。其中民生支出 417741 万元，比上年增长 8.1%，占一般公共预算支出的 67.9%。

全年完成金融业增加值 99946 万元，比上年增长 11.4%。年末，金融机构人民币存款余额 3004714 万元，比上年增长 10.4%。在各项人民币存款中，住户存款余额 1909087 万元，比上年增长 17.5%。年末金融机构人民币贷款余额 3035018 万元，比上年增长 28.6%。全年保费收入 4.5 亿元，比上年增长 4.0%。支付各类赔款 1.7 亿元，比上年增长 20.8%。

【教育和科学技术】 2021 学年，全县有中小学校 39 所，其中高中 5 所（含民办完中 1 所、民办高中 1 所、职高 1 所）、初中 7 所、小学 27 所（含 2 所完小）。有特殊教育学校 1 所，幼儿园 57 所（其中公办幼儿园 19 所），成人文化技术学校 14 所，教师进修学校 1 所，浙江广播电视大学常山学院 1 所。中小学在校生 30862 人（普通高中 4617 人、职业高中 1987 人、初中段 8095 人、小学段 16112 人、特教 51 人），在园幼儿 8071 人，在职在编教职工 2230 人。

2021 学年，小学适龄儿童入学率达 100%，初中入学率达 100%，小学、初中巩固率达 100%，初中毕业生升高中段比例达 98.6%，九年义务教育完成率达 100%。“三残”（智残、体残、肢残）少儿入学率学前阶段达 94.1%，义务教育阶段达 100%，高中阶段达 86.3%。学前三年幼儿入园率达 98.1%，十五年教育普及率达 98.6%，小学英语普及率达 100%。

全县各类学校学生与专任教师比为：普通高中 11.2∶1（4617/414），职业高中 14.0∶1（1987/142），普通初中 12.5∶1（8095/646），小学 14.1∶1（16112/1141），幼儿园 14.0∶1（8071/577），特殊教育 3∶1（51/17）。各类学校专任教师学历达标率为：普通高中 100%、职业高中 97.9%、普通初中 100%、小学 100%、幼儿园 100%；各类学校专任教师高级职称教师占比为：普通高中 34.5%、职高 21.1%、初中 20.0%、小学 8.1%、幼儿园 1.0%。

全年新认定省科技型中小企业 37 家，新增国家高新技术企业 12 家，新增省级高企研发中心 1 家，市工程技术研发中心 5 家。省领军型培育企业实现破零（浙江天子股份有限公司）。全县县级科技成果转化项目立项 63 项，财政 260 万元资金重点支持 19 项；市级竞争性项目、指导性项目分别立项3项、1项；省级新产品立项68项；省“尖兵”“领雁”项目立项1项。全年完成专利授权量649件，其中授权发明46件。全年商标申请955件，商标注册810件。

【文化、卫生和体育】 2021年，县图书馆被评为浙江省首批“满意图书馆”；县文化馆成功创建国家一级馆；西源革命纪念馆成为省级红色旅游教育基地；招贤镇被评为浙江省民间文化艺术之乡；何家乡樊家村被评为2021年度浙江省文化示范村；辉埠镇文化站等3家场馆被列入全省公共文化服务功能拓展先行先试单位。全年培育发展省级文化示范户7户，省级乡村文化能人16人。持续推进“黄鹂鸟”品牌文化惠民活动，完成送戏下乡300多场；送电影下乡2900多场；送书下乡1.5万余册；送展览、讲座、辅导等300多场；县外文化走亲10多场。创作《我不是英雄》《一切为了U》等优秀作品10多部，其中舞蹈《阿婆的糯糕》获首届浙江乡村舞蹈大赛金穗奖一等奖，歌曲《魔数师》获衢州市文艺精品“南孔奖”，《常山江辞》《胡柚娃》获衢州市文艺会演双金奖，《千年宋诗河》《过招贤渡》《我不是英雄》等入选衢州市文艺精品项目。

年末，全县有广播电台1座，广播综合人口覆盖率达100%；电视台1座，电视综合人口覆盖率达100%。有文物保护单位57个；图书馆图书藏书量401千册，比上年增长7.2%。

全县有各级各类医疗机构271家。其中，县级医院3家（常山县人民医院、常山县中医院、常山县妇保院），乡镇（中心）卫生院（医共体分院）15家，民营医院6家（常山贞元医院、民康医院、常山第三医院、常山安康医院、常山眼科医院、常山第二医院），其他医疗机构4家（常山县监管场所卫生所、常山县疾控中心、浙江省第三监狱医院、新都工业园区医务所），村卫生室（社区卫生服务站、卫生院分院）188家，门诊部2家，个体诊所42家，厂矿医务室11家。全县各医疗机构共核定床位1499张，每千户籍人口床位数4.4张。卫健系统共有在编专业技术人员1261人。其中，正高职称67人，占5.3%；副高职称156人，占12.4%；中级职称433人，占34.3%。全县有注册执业（助理）医师数918人，护士数894人，每千户籍人口执业（助理）医师数、护士数分别为3.5人、3.4人。全县公立医疗机构业务总收入为55175万元，门诊服务人次119.8万人次，住院3.3万人次。

全年举办浙江省青少年皮划艇赛艇锦标赛、青少年山地自行车冠军赛、青少年国际跳棋锦标赛、第四届体育大会山地自行车、气排球等8个省级比赛以及市第六届运动会8个比赛等17个市级以上体育赛事。全年组织参加市级以上体育比赛，获省级金牌9枚、银牌5枚、铜牌7枚；市级金牌32枚、银牌15枚、铜牌16枚。

【资源和环境】 2021年，常山港流域地表水质100%符合水功能区要求，饮用水源地水质100%符合要求，出境水全面达到Ⅱ类水标准，其中Ⅰ类水占比44.1%；城区环境空气持续改善，有效监测天数为365天，空气质量优良天数为360天，优良率达98.6%，城区$PM_{2.5}$浓度为26微克/米^3，比上年同期（27微克/米^3）下降3.7%，创2014年监测以来的新低。主要污染物减排指标化学需氧量、氨氮、二氧化硫、氮氧化物预计完成上级下达目标任务。

【城市建设】 2021年，全县建成区面积18.3平方千米，城区（县城）人口约8.3万人。全县污水处理率达98.1%，生活垃圾处理率达100%。全县建成区绿化覆盖率达44.0%，人均公园绿地面积17.9平方米。（以上均为县统计局口径）

（陈　蓉）

精神文明建设

【概况】 2021年，常山县精神文明建设战线围绕中心、服务大局，为全县加快建设“浙西第一门户”提供思想保证、精神力量和道德滋养。获批第八批浙江省示范文明县城创建资格，实施创文“八大专项提升行动”，推行“周二有礼日”“周四联创日”工作机制，推动“有礼指数”落实水平持续提升。完成“一切为了U”城市品牌构建，聘请奥运冠军杨倩担任城市品牌形象公益代言人，打造城市品牌新形象。县级新时代文明实践中心完成建设并投入使用，乡镇（街道）文明实践所、村（社）文明实践站建设实现全覆盖。构建“黄鹂鸟”志愿服务体系，实施新时代文明生活行动。文明培育成效显著，完善“最美常山人”品牌培育机制，各级榜样入选人数总量居全市第一位。实施“红色基因薪火行动”，创成3处市级爱国主义教育基地，创成全市首批乡村“复兴少年宫”。开展“童心向党”教育实践活动，“乡村复兴少年宫”学史阵地做法入选省党史学习教育“百法百例”。探索建立“信用换信贷”新机制获省级、市级点赞肯定。

【省示范文明县城创建】 2021年，常山县实施市容环境综合提升、交通秩序整治提升等“八大专项提升行动”，推行“周二有礼日”“周四联创日”工作机制，健全县领导挂联、部门单位包干、党员干部参与的三级网格体系，建立周查、月督、季测评、年考核的常态化督考机制，组织各类“排名赛”“擂台赛”17次，兑现社区创文奖补资金100万元，推动“有礼指数”落实水平持续提升。开展文明城市创建第三方综合测评，梳理问题8300多个，全面启动问题整改。首批13个老旧小区改造项目基本完成，新增机动车停车位近5000个，非机动车停车线1万余平方米。开展专项整治行动60多次，清理背街小巷卫生死角2.8万余处、门前屋后杂物1.6万余处、“牛皮癣”5万余处，兑换烟头近180万个，处罚违章停车5.5万余起，拖移违停车辆3000多辆。增设文明创建景观小品35个，完成通信机箱有礼涂鸦600多个。2021年12月，常山县正式获批第八批省示范文明县城创建资格。

【新时代文明实践】 2021年7月1日，常山县新时代文明实践中心正式揭牌并投入使用，14个乡镇（街道）文明实践所，190个村（社）文明实践站建设实现全覆盖。大力实施新时代文明生活行动，开展“文明有礼”系列培训500多场次，覆盖人群6万多人次，持续推动文明好习惯养成，餐饮文明指数排名保持全市前列。深化移风易俗，推行婚丧喜庆简约套餐，新建农村家宴中心20家。

【志愿服务】 2021年，常山县构建“黄鹂鸟”志愿服务体系，启动“创新理论进万家”“文明生活进万家”“文化服务进万家”系列活动，组建文明实践志愿服务队伍210支，指导11家志愿服务组织和公益性社会组织谋划实施志愿服务项目21个，开展各类志愿服务活动4300多次。县春泥公益协会志愿者林晓剑入选全省最美志愿服务工作者，金川街道赵家坪社区入选全省最美志愿服务村（社区），9个组织和个人入选衢州市志愿服务“5个10”先进典型，入选数量为全市第一。《常山县多形式开展学雷锋日主题活动》被浙江宣传工作信息采用。

【“最美常山人”品牌打造】 2021年，常山县深入实施新时代公民道德建设工程，完善“最美常山人”品牌培育机制，全年有1人入选“中国好人榜”，6人入选“浙江好人”，2人入选“最美衢州人”，18人入选衢州市“有礼之星”，周桔凤被聘为衢州市“文明使者”，各级荣誉入选人数总量居全市第一位。《常山县唱响“最美赞歌”共筑“好人之城”》被浙江宣传工作信息采用。

【“童心向党”教育实践活动】 2021年，常山县开展“童心向党”教育实践活动，实施“红色基因薪火行动”，加强“四史”(党史、新中国史、改革开放史、社会主义发展史) 学习教育和青少年思想政治工作，球川镇中心小学入选全市首批乡村“复兴少年宫”，乡村“复兴少年宫”学史阵地做法入选省党史学习教育“百法百例”，打造3个“春泥计划”德育阵地和12个实践点。西源革命纪念馆创成全市首个“浙里红”红色研学基地，久泰弄国防教育展馆等3处创成市级爱国主义教育基地。

【诚信体系建设】 2021年，常山县结合“有礼指数”测评体系，探索建立“信用换信贷”新机制，上线常山县小微企业（个体工商户）“信用换信贷”应用，通过信用考评标准发放贷款10.23亿元，惠及286家小微企业和3272户个体工商户。迭代升级“诚信自治”体系，形成德治、法治、自治“三治融合”治理新格局，以诚信治理推动基层社会治理创新发展，获省、市肯定并推广应用。

（邱玮　李勇）

乡镇(街道)和村居概况

2021年，常山县域面积1099平方千米，全县辖3个街道、6个镇、5个乡，其中11个社区、4个居委会、180个行政村、2个渔业大队，总人口339690人（不含服役现役人员）。

2021年常山县乡镇(街道)基本情况简介及行政村、社区名称一览表

表4

乡镇(街道)名称、概况	行政村、社区(居委会)名称
天马街道（区域面积81.60平方千米，辖12个行政村，6个社区）	东方红、南前坊、西峰、北屏山、常年青、蒲塘、东港、周塘、天马、五联、天安、和平，屏山社区、金川社区、东明社区、定阳社区、文峰社区、渡口社区
紫港街道（区域面积40.63平方千米，辖10个行政村，1个渔业大队，2个社区）	富足山、外港、后坊、枧头、大弄口、狮子口、狮东、姜家堡、孔家弄、渣濑湾，渔业大队，紫港社区、柚苑社区
金川街道办事处（区域面积48.67平方千米，辖14个行政村，2个社区）	常桥、新建、五里亭、十里山、新都、蒋家、十五里、胡家淤、朱家坞、湖东、徐村、上埠、上蒋、金川弄，赵家坪社区、二都桥社区
辉埠镇（区域面积130.2平方千米，辖17个行政村，1个居委会）	大埂、山背、鸭坞、石姆岭、辉埠、东乡、童家、久泰弄、宋畈、达坞、路里坑、彭川、双溪口、桐村、黄坞岭、才里、东鲁，辉埠居委会
何家乡（区域面积57.17平方千米，辖8个行政村）	何家、樊家、江源、江湾、钱塘、长风、黄冈、双安
招贤镇（区域面积70.04平方千米，辖18个行政村）	官庄、高埂、大溪沿、游林、古县畈、古县、招贤、汪家淤、渔溪口、纱帽山、溪上、泉目山、大弄、五里、樊村、鲁士、山底、象湖

续表 4

乡镇(街道)名称、概况	行政村、社区(居委会)名称
青石镇（区域面积 77.22 平方千米，辖 18 个行政村，1 个渔业大队）	山溪边、湖头、虹桥、阁底、塘边、山头、江家、新站、马车、水南、飞碓、澄塘、砚瓦山、和尚弄、溪口、大塘后、九龙山、桥亭，溪口渔业大队
东案乡（区域面积 67.61 平方千米，辖 10 个行政村）	梅树底、金源、呈东、弄坞、田蓬、前库、朝阳、东案、白马、万安
大桥头乡（区域面积 51.06 平方千米，辖 8 个行政村）	浮河、客弄、友好、新村、大桥、樟山、莲塘、濛桥
芳村镇（区域面积 165.8 平方千米，辖 20 个行政村，1 个居委会）	泮坑、园区新村、芳村、洁湖、河边山、上猷阁、下猷阁、猷阁口、大处、前进、石塘、芙蓉湖、修书、井河、东源、横山路、新桥、前姜、东岗、前塘，水阁亭居委会
新昌乡（区域面积 93.46 平方千米，辖 10 个行政村）	新昌、对坑、黄塘、岩前、轓輅、郭塘、达塘、茶源、泰安、西源
白石镇（区域面积 44.79 平方千米，辖 7 个行政村，1 个居委会）	十八里、曹会关、白石、小白石、草坪、新塘岭、聚宝，宝石街居委会
球川镇（区域面积 131.12.79 平方千米，辖 20 个行政村、1 个社区，1 个居委会）	后弄、芙蓉、红旗岗、东山、西村、杨家、球川、东坑、王家、三溪、吴家、上安、馒头山、沙安、黄泥畈、九都、棋盘山、常周、龙绕、新店，龙头街居委会，兴贤社区
同弓乡（区域面积 38.10 平方千米，辖 8 个行政村）	彤弓山、同心、关庄桥、山边、金川源、湖石头、中和、胡村

中国共产党常山县委员会

Changshan County Committee
of the Communist Party of China

综 述

【概况】 2021年，中共常山县委团结带领全县广大党员干部群众，紧扣“强发展、求突破、勇争先”工作总基调，打赢一场场硬仗苦仗，干成一件件大事要事。全年地区生产总值超180亿元，工业总产值突破200亿元，23项主要经济指标排名全市前三，其中10项指标排名全市第一。7个核心指标在全省90个区（县）中排名前列，城镇居民可支配收入增速在全省排名第一，一般公共预算收入增速位列全省第八；固定资产投资增速位列全市第二。

【产业发展】 2021年，常山县继续坚持工业强县，确立高端装备零部件和“两柚一茶”特色农产品深加工两大主导产业，完成县级工业平台“四区合一”。轴承产业“二次崛起”，入围全省第一批产业大脑建设试点“揭榜挂帅”项目。“双招双引”精准发力，小乔科技“当年洽谈、当年签约、当年开工、当年投产”。“柚香谷”“金色同弓”入围省级农村产业融合发展示范园，常山油茶产业示范园入选第二批国家林业产业示范园区。“双柚”产业链条不断拉长，“一份常礼”区域品牌生态系统初步形成。主导产业方向更加聚焦，动能更加强劲，工业经济步入高质量发展的快车道。

【城市更新】 2021年，常山县推进旧城改造及狮子口片区房屋征收工作。瓦窑基、狮子口、东淤、常山港一期工程“四战四捷”，拆除狮子口、东淤、江滨、西门等片区房屋36万平方米。渡口未来社区20天完成572户签约腾空工作。31万平方米安置房建成投用，2111户危旧房户喜圆安居梦。完成老旧小区改造13个，打通一批“断头路”。在全市率先采用ABO模式，启动总投资50亿元的狮子口片区开发项目。县城投、县国投、县农投获AA评级，县城投发债15亿元，“三大投”总资产达259亿元。县属国有企业发挥龙头带动作用，助推城市能级加速提升。

【“两山”转化】 2021年，常山县在全省率先成立并实体化运作“两山银行”，实践经验在全省推广，夺得2021年度全省改革突破奖铜奖，累计转化资源总量超3.5亿元，发放生态贷2.1亿元，撬动投资资金19.6亿元，带动176个行政村增收1700多万元。“两山银行”生态云脑成功上线，常山被列入“一地创新、全省共享”两山银行应用项目共建单位。成立共富公司、共富基金，创新“三塘”模式，带动山区群众致富增收。山水林田湖草生态保护修复入选全国试点，创成省级生态文明建设示范县、省大花园示范县、省级新时代美丽乡村示范县等金名片。

【文旅融合】 2021年，常山县宋诗之河文化传承迭代，解码宋诗之河文化基因，编撰《常山古代诗词集》，收录历代诗词4200多首，其中宋诗1000多首。邀请奥运冠军杨倩为常山城市品牌代言，“一切为了U”的城市品牌形象深入人心。举行“赏花问柚”品鉴、“YOUYOU”音乐节等一系列重大活动，宋韵芳村、“金色同弓”等未来乡村迎客八方，石博园项目重整盘活，远山云间旅游度假区开工建设，文化旅游博览中心、全民健身中心等项目加快推进，不老泉、彤弓山居、云湖仙境、沐隅民宿等高等级精品民宿加快发展，村上酒舍被评为全国首批甲级民宿，通过省级全域旅游示范县考评验收。

【基层治理】 2021年，常山县开展常态化疫情防控工作，浙江“西大门”坚固严密。永康、杭州疫情期间，12个防控小组450多名干部放弃休息，9个集中隔离观察点成立临时党支部，完成631名对象隔离任务。县矛调中心迭代升级为社会治理中心，“六大功能”日趋完善，经验做法获省委书记袁家军等省领导批示肯定。“大综合一体化”行政执法改革列入省级试点，“一支队伍管执法”

的常山模式成为全省典型，夺得2021年度全省改革突破奖银奖。常山县入选国家智能社会治理实验基地（社区治理特色基地），全省唯一。

【民生福祉】 2021年，常山县纵深推进教育综合改革，常山一中与学军中学开展合作办学，高考一段线上线人数、上线率实现“六连增”，省教育基本现代化县顺利创成。农民“培训券”连续18年助力10万名农民就业增收，累计组织培训农民14万余人次，推动农民转移就业约9.9万人，经验做法入选《习近平扶贫故事》，写入新华社政务智库报告，获省委书记袁家军批示肯定。“常山阿姨”“厕所革命”“低保惠民联办”入围全国典型。医共体改革、垃圾分类、农饮水达标提标成为全省标杆。常山县被评为全国无障碍环境县。创成全省首批禁毒示范县，实现省级平安县“十六连冠”。

【队伍建设】 2021年，常山县深化“思想大解放、服务大提升、行动大担当”活动，开展中层干部“三提三促”活动。推进年轻干部“墩苗行动”，选派年轻干部到慈溪、拱墅、新会跟班学习，推动党员干部到疫情防控、防汛抗台、项目推进等基层一线压担历练。建立“双月竞赛”机制，党员干部在“八大行动”“十大攻坚”中夺旗争星、先锋示范。全域土地综合整治、服务纾困小微企业、鼓励和支持就业创业三项工作获省政府督查激励。

（周荣伟）

重要会议

【常山县“十四五”规划编制情况汇报会】 2021年1月7日，常山县召开“十四五”规划编制情况汇报会。会上，县发改局汇报“十四五”规划纲要（初稿）。各参会单位就修改、充实、完善“十四五”规划纲要和县委对“十四五”规划的建议（初稿）提出相关意见、建议。县委书记潘晓辉在会上讲话，张少华、林红汉、翁旭东等县四套班子领导参加。

【全县冬春季新冠肺炎疫情防控暨全国健康促进县创建动员工作部署会】 2021年1月21日，全县冬春季新冠肺炎疫情防控暨全国健康促进县创建动员工作部署会召开。县委书记潘晓辉发表讲话，县委副书记、县长张少华主持。

【县委十三届十次全体（扩大）会议】 2021年1月23日，中共常山县委十三届十次全体（扩大）会议举行。县委常委会主持会议。县委书记潘晓辉代表县委常委会作工作报告。张少华、刘石平、林红汉、翁旭东等县四套班子领导参加。会议回顾总结2020年工作，明确“十四五”规划时期常山县发展的目标任务，部署2021年重点工作，审议通过《中共常山县委关于制定常山县国民经济和社会发展第十四个五年规划和二〇三五年远景目标的建议》。

【县十三届纪委第六次全体（扩大）会议】 2021年2月9日，中共常山县第十三届纪律检查委员会第六次全体（扩大）会议召开。会议回顾常山县2020年纪检监察工作，部署2021年任务，审议并通过王荣国代表县纪委常委会所作的《对标“重要窗口” 护航“八大行动” 为开启常山跨越式发展新征程提供坚强保障》的工作报告。县委书记潘晓辉到会讲话，张少华、刘石平、林红汉、翁旭东等县四套班子领导参加，县纪委常委会主持会议，市纪委监委第三监督检查室主任徐明永到会指导。

【全县机关干部大会】 2021年2月18日，常山县召开全县机关干部大会。县委书记潘晓辉讲话，县委副书记、县长张少华主持，刘石平、林红汉、翁旭东等县四套班子领导参加。会议表彰一批先进集体和个人，通报2020年度乡镇（街道）、部门考核结果和全县部门中层干部评议工作情况，先进个人及单位代表分别作交流发言。

【常山县政法队伍教育整顿动员部署会】 2021年3月1日，常山县召开政法队伍教育整顿动员会，贯彻落实习近平总书记关于加强政法队伍建设的系列指示要求和中央、省委、市委政法队伍教育整顿动员部署会精神，部署开展全县政法队伍教育整顿工作。县委副书记、县长张少华代表县委作动员部署，县委副书记、政法委书记、县委政法队伍教育整顿领导小组副组长翁旭东主持会议。

【县委农村工作会议】 2021年3月4日，常山县委农村工作会议暨“两山”转化行动推进会召开。县委书记潘晓辉讲话，县委副书记、县长张少华主持会议，刘石平、林红汉、翁旭东等县四套班子领导参加。会议通报2020年度乡村振兴表彰文件，对2021年“三农”工作进行具体部署。新昌乡等7家单位作典型和表态发言。

【常山县党史学习教育动员会】 2021年3月18日，常山县党史学习教育动员会召开。县委书记潘晓辉讲话，县委副书记、县长张少华主持会议，刘石平、林红汉、翁旭东等县四套班子领导参加。

【县委经济工作暨工业提振行动推进大会】 2021年4月12日，常山县委经济工作暨工业提振行动推进大会召开。县委书记潘晓辉讲话，县委副书记、县长张少华部署下一步经济工作，刘石平、林红汉、翁旭东等县四套班子领导参加。会议还公布表彰2020年度制造业纳税10强、2020年度制造业销售10强、2020年度国家高新技术企业、2020年度规上企业研发投入之星，并举行第二季度重点项目集中签约仪式，16个项目协议总投资超50亿元。

【常山县轴承产业“二次崛起”发展大会】 2021年5月23日，常山县轴承产业“二次崛起”发展大会召开。中国轴承工业协会秘书长牛辉发言，衢州市副市长王良春致辞。县委书记潘晓辉作主旨发言，张少华、刘石平、林红汉、翁旭东等县四套班子领导参加。会上，浙江省常山精密基础件产业创新服务综合体、浙江理工大学常山研究院正式揭牌；常山县人民政府与浙江省轴承工业协会、衢州学院分别签订战略合作协议和轴承行业技术研发合作协议；衢州学院与浙江中精轴承有限公司签订项目合作协议；常山县轴承行业协会与人本集团有限公司签订轴承供应协议；县经济开发区管委会分别与宁波达克、捷姆轴承、辰通轴承签订项目投资协议；球川镇政府分别与赛赛轴承、宏毅轴承、恒嘉轴承签订项目投资协议。

【常山县经济开发区提质转型攻坚行动动员会】 2021年7月26日，常山县召开经济开发区提质转型攻坚行动动员会。县委书记潘晓辉在会上发表讲话，县委副书记、县长张少华主持，林红汉等县四套班子领导参加。

【县委十三届十一次全体（扩大）会议】 2021年8月10日，中共常山县委十三届十一次全体（扩大）会议举行。县委常委会主持会议。县委书记潘晓辉代表县委常委会作工作报告。张少华、林红汉、翁旭东等县四套班子领导参加。全会以习近平新时代中国特色社会主义思想为指导，深入学习习近平总书记“七一”重要讲话精神，认真贯彻省委书记袁家军、省长郑栅洁在衢州调研指示精神，全面落实省委十四届九次全会、市委七届十次全会精神，审议并原则通过《常山县高质量发展建设共同富裕示范区行动计划（2021—2025年）》，动员全县上下赶考奋进，拼搏实干，加快实施“八大行动”，全力打造“浙西第一门户”，争当高质量发展建设共同富裕示范区县域典范。

2021年8月10日，中共常山县委十三届十一次全体（扩大）会议举行
（县委办公室 供图）

【新时代美丽常山建设三年行动暨“三城联创”动员大会】 2021年8月19日，常山县召开新时代美丽常山建设三年行动暨“三城联创”动员大会。县委书记潘晓辉讲话，县委副书记、县长张少华主持，林红汉等县四套班子领导参加。

【常山县“聚焦主导产业 聚力提质转型”推进大会】 2021年9月3日，常山县召开“聚焦主导产业 聚力提质转型”推进大会。县委书记潘晓辉讲话，林红汉等县四套班子领导参加。

【县委文化工作会议】 2021年10月8日，县委文化工作会议召开。县委书记潘晓辉讲话，县委副书记、县长张少华主持，翁旭东等县四套班子相关领导参加。

【中共常山县第十四次党代会】
2021年12月25—26日，中国共产党常山县第十四次代表大会在县委党校报告厅举行。大会正式代表217人。潘晓辉代表中共常山县第十三届委员会向大会作题为《聚力共同富裕 奋力跨越赶超 为加快建设“浙西第一门户”不懈奋斗》的报告。中共常山县第十三届纪律检查委员会向大会作书面工作报告。大会回顾总结常山县第十三次党代会以来的主要成就和基本经验，研究确定今后五年奋斗目标和主要举措，部署2022年工作任务，提出今后一个时期的战略目标是打造“浙西第一门户”。大会通过《关于中国共产党常山县第十三届委员会工作报告的决议》，决定批准潘晓辉代表十三届县委所作的报告，充分肯定十三届县委的工作。通过《关于中国共产党常山县第十三届纪律检查委员会工作报告的决议》，充分肯定十三届县纪委的工作。大会选举产生由35名委员、7名候补委员组成的中共常山县第十四届委员会；选举产生中共常山县第十四届纪律检查委员会委员19名；选举产生常山县出席中共衢州市第八次代表大会代表40名。

【县委十四届一次全体会议】
2021年12月26日，中共常山县第十四届委员会举行第一次全体会议。潘晓辉主持会议。全会选举潘晓辉、王永明、何相涯、姜敏、姜雪峰、陈翊、周利建、许露华、邱雪萍（女）、陈水清、杨力军为新一届县委常委；潘晓辉当选县委书记，王永明、何相涯当选县委副书记。通过中国共产党常山县第十四届纪律检查委员会第一次全体会议选举结果。审议通过《中国共产党常山县委员会关于进一步加强自身建设的决定》和《中国共产党常山县委员会工作规则》。

（周荣伟）

重要活动

【第一批重点项目集中开工】
2021年1月24日，常山县举行2021年第一批重点项目集中开工仪式。县委书记潘晓辉宣布开工，县委副书记、县长张少华通报2020年重点项目推进情况，部署2021年项目工作。

【首批重大项目集中签约仪式】 2021年2月7日，常山县举行2021年首批重大项目集中签约仪式，5个重大项目集中签约，总投资超60亿元。县委书记潘晓辉致辞，县领导张少华等参加。

【2021中国·常山“赏花问柚”品鉴活动】 2021年4月21日，2021中国·常山“赏花问柚”品鉴活动在同弓乡太公山国家标准果园举行。潘晓辉、刘石平、林红汉、翁旭东等县四套班子领导参加活动。一批高校、企业与常山县的相关部门、企业签约，19个项目分6批次进行签约，内容涵盖科研合作、线上销售、线下供应、产品推广等方面。项目签约后，将大大推动常山胡柚入超市进酒店，打通线上线下销售平台，同时将常山胡柚的文化创意品牌做大做强，为常山胡柚产业全方位发展“撑腰”。

【常山县经济技术开发区金川片核心片区一期工程（科创中心）暨小乔（常山）产业园项目开工】 2021年5月17日，常山县举行经济技术开发区金川片核心片区一期工程（科创中心）暨小乔（常山）产业园项目开工仪式。县委书记潘晓辉宣布开工，县委副书记、县长张少华介绍项目情况，县领导刘石平、林红汉等参加。

【知名浙商齐聚常山共助跨越式发展】 2021年6月4—5日，省工商联会同常山县委、县政府共同举行知名浙商助力常山跨越式发展活动。中国民间商会副会长、传化集团董事长徐冠巨，省工商联党组成员、副主席林建良出席活动并在座谈会上发言，省工商联副主席、宁波天生密封件有限公司董事长励行根，省工商联副主席、天通控股股份有限公司董事长潘建清等知名浙商，以及衢州市、宁波慈溪市工商联领导等出席活动。县委书记潘晓辉在座谈会上致辞，县领导张少华等参加座谈会或陪同考察。

【大型现代京剧《战士》在常山展演】 2021年6月17日，由浙江京昆艺术中心和中共常山县委、常山县人民政府联手打造，以老英雄胡兆富为原型的大型现代京剧《战士》在常山县第一中学报告厅正式上演。市委副书记、政法委书记吴舜泽，市人大常委会副主任朱建华，市政协副主席琚建军，市党史学习教育第三巡回指导组组长叶建明，潘晓辉、张少华、林红汉、翁旭东等县四套班子领导，《战士》总导演、浙江京昆艺术中心党委书记、主任翁国生，老英雄胡兆富到场观看。

【“沿着红色足迹学党史”活动】 2021年6月22日，潘晓辉、张少华、林红汉、翁旭东等县四套班子领导到常山西源革命纪念馆，开展“沿着红色足迹学党史”党员教育活动，追寻红色记忆、弘扬“麻山精神”、汲取奋进力量。市党史学习教育第三巡回指导组参加。

【一批重大项目集中签约、开工、投产】 2021年7月30日，常山县一批重大项目集中签约、开工、投产。县领导潘晓辉等参加相关活动。签约12个项目，总投资超100亿元，涵盖新能源、新材料、现代物流、设备制造、医疗用品等众多领域。开工项目4个，涉及大和半导体装备超高真空核心部件及消费电子产品项目、浙江卫邦风机年产2000台节能离心机扩建项目、柯瑞新材料年产100亿根纸吸管项目、振嘉金属年产200万套地铁管片配件生产线建设4个项目，总投资13.3亿元。投产6个项目，包括申瑞流体“年产100万套流体阀门项目”、宝升家纺“年产20万件羽绒制品项目”、永成制冷“年产100万套冰柜制冷器项目”、常能环保“年产200万块水泥砖项目”、富乐德石英科技“年产55万套机加工石英制品及16万套火加工制品项目”，达产后可实现产值7.2亿元。

【常山“早上好”共同富裕示范先行活动启动】 2021年9月3日，常山“早上好”共同富裕示范先行活动在新昌乡启动，常山“两山银行”新昌乡支行、“早上好”共富公司、“早上好”共同富裕慈善基金正式成立。浙能集团党委副书记、董事陆翔，浙能集团机关党委书记刘剑辉，慈溪市副市长李生勇等出席活动。县委书记潘晓辉讲话，县领导林红汉等参加。

【四季度重大项目集中签约、集中开工、集中投产仪式】 2021年12月3日，常山县举行2021年四季度重大项目集中签约、集中开工、集中投产仪式。共涉及43个项目，涵盖工业产业、社会事业、基础设施等多个领域，总投资超134亿元。县委书记潘晓辉宣布开工，县委副书记、代县长王永明致辞，县领导翁旭东、许茂华等参加。

（周荣伟）

组织工作

【概况】 2021年，中共常山县委组织部（以下简称县委组织部）完成县乡换届工作，完善“组团联企”机制，做好驻企服务，加强年轻干部培养、锻炼、任用，强化人才建设。截至年底，全县有县管干部584人，其中部门384人、乡镇（街道）200人；女干部126人、党外干部21人。有基层党（工）委36个、党组30个、党总支31个、党支部707个，党员20818人，其中行政村党员11389人，全年新发展党员382人。

【县乡换届】 2021年12月底，全县11个乡镇完成换届选举工作，并率先在全市召开县党代会，组织提名人选均全票或高票当选。换届后的11个乡镇领导班子，平均年龄38岁，35岁以下年轻干部45人，占34%，比上一届提高11%；全日制大学以上学历66人，占50%，比上一届提高12%，其中研究生学历3人，比上一届增加3人。

【加强驻企服务】 2021年，县委组织部结合常山县服务企业“组团挂联”工作机制，打造“八八服务团”2.0版，深化“常青藤”驻企服务，引导退职干部退有所为。选派“常青藤”专职驻企服务员24人、青春建功队队员24人，分6组联系服务56家企业，通过“帮享政策、帮引人才、帮减负担、帮推转型、帮补链条”等手段优化营商环境，加强党建引领、加强安全生产、加强科技创新、提升发展质量，实现惠企政策精准直达、问题化解高效便捷。全年走访企业1108次，收集汇总企业各类诉求、问题97个，解决办结89个，协调解决率达92%。

【年轻干部培养】 2021年，县委组织部注重年轻干部接续培养，开办新时代年轻干部成长班第三期，从乡镇（街道）、部门选拔50名工作业绩突出、群众口碑较好的年轻干部进行集中培训，聚焦习近平总书记对年轻干部“七种能力”要求，打破大囫囵、阶段化培养模式，开展为期2年的小班化、渐进式培养，建立班委负责制，通过讲师授课、学员讲坛、户外拓展、实地调研等多种方式全方面培养，帮助年轻干部快速成长成才。

【“两专”工程推进】 2021年，县委组织部统筹开展干部队伍“两专”能力提升工程，推进一线锻炼、战略储备、源头拓展等“十大行动”。由县委书记潘晓辉带头领学“讲两专”、开设“八大行动”专题培训班等课程“学两专”、举办“两勤”“两专”电视问政专场“问两专”、八大行动擂台赛“比两专”系列活动，提升干部“两专”能力，破解干部队伍中存在的“庸、懒、散、慢、推、拖”问题，涵养形成“忠诚忠实、敢闯敢干、善作善成、唯实惟先、两勤两专、清醒清正”的内在品格。

【推进干部一线锻炼】 2021年，县委组织部坚持以事择人、实绩选人，聚焦一线生动实践，识别干部在重大斗争、重大攻坚任务前的“两专”表现，以正确用人导向引领干事创业导向。持续性开展年轻干部墩苗行动，下沉11批次271名优秀年轻干部在疫情防控、驻企服务、矛盾化解、基层执法一线压担历练；择优选派22名年轻干部到宁波市慈溪市、杭州市拱墅区、广东省江门市新会区等地发达地区跟班学习；抽调30多名干部到专班，参与“县乡一体、条抓块统”、数字化改革、共同富裕等重点中心工作。其中，26名干部因实绩突出在年内乡镇换届中被提拔或转岗使用。

【干部比拼竞赛】 2021年，县委组织部聚焦数字化改革、“八大行动”、共同富裕等中心工作，实施“干将比拼”擂台赛活动，通过实绩展示、评委打分、领导点评等形式，全县57家部门、80名干部（其中县管干部35人，中层干部45人）登台亮相、现场比拼竞赛。建立“双月竞赛”机制，确定“十大攻坚任务”，每季度由县委组织部、县大督考推进办和相关牵头单位、专班对工作推进情况、干部表现情况进行联审督查。年内评选出“三牛之星”干部8人、“干事创业好团队”16个、“担当作为好干部”19人，在全县大会上予以通报表扬。

【建党100周年系列活动】 2021年，县委组织部认真抓实“光荣在党50年”纪念章发放及“七一”走访慰问活动，将党的温暖关怀落到实处。做好中央和省市县“两优一先”（优秀共产党员、优秀党务工作者和先进基层党组织）表彰评选工作，12名个人受到中央和省市表彰，2个基层党组织被评为省先进基层党组织，10个基层党组织被评为市先进基层党组织，表彰县“两优一先”140人（个）。

2021年7月1日，常山县“七一”表彰大会召开

（县委组织部 供图）

【村社干部管理培训】 2021年，县委组织部实施“阳光治理”工程，强化村社干部全链条管理，聚焦源头把关、政治赋能、规范管理等核心环节，推进村社干部队伍建设。举办“导师帮带”党建联盟“头雁班”3期、“群雁班”3期，联合县农业农村局、县营商办等单位举办专业性培训课程20多期，培训2400多人次，实现村社干部培训全覆盖。出台《常山县农村“金钉子”党组织“争星晋级”考评管理办法（试行）》，分层分类开展“金钉子”党组织考评。围绕发展壮大村级集体经济、导师帮带、“三联工程”等不同主题，开展“金钉子”党组织创建“拉练比拼”擂台赛，各村社干部同台竞技、互学互比，党组织书记现场“揭榜认领”党建攻坚项目，郭塘村共富案例被省委组织部“共富看支部”系列短视频首期推送。

2021年4月8日，常山县金钉子党组织创建“拉练比拼”擂台赛（三联工程篇·第一站）在白石镇草坪村乡村振兴讲堂举行

（县委组织部 供图）

【全域党建联盟打造】 2021年，县委组织部探索党建统领先富带后富的机制和路径，打造23个全域党建联盟，带动村集体经济增收1200多万元，其中新昌乡黄塘、郭塘、达塘“三塘”党建联盟做法，获省委书记袁家军、时任副省长刘小涛批示肯定。成立“共富基金”“共富协会”和强村公司，强化资金、技术和产业支撑，“两山银行”为村集体经济发展助力资金1700多万元。全县180个行政村实现经营性收入20万元以上全覆盖，50万元以上、100万元以上占比均位居全市前列，低收入农户人均可支配收入比上年增长16.4%，居山区26县第四位。

【做好“三联工程”】 2021年，县委组织部做实做细“三联工程”。2月，成立“红细胞”党建联盟助力复工复产等相关做法，入选全省助力复工复产百佳案例。创新探索“五联模式”“微事快办”“村情报告会”等“三联工程”落实机制升级，推动组团联村成员真正下沉、真干真办，解决群众最急最忧最盼的要事难事，增强基层和群众获得感幸福感安全感。其中，“五联模式”和“微事快办”做法被全市推广，“村情报告会”获得市委常委、组织部部长陈玲芳批示肯定。

【人才引进】 2021年，县委组织部聚焦工业强县目标，以人才链补齐工业链、创新链。全年新建“省字号”重点人才平台5家，召开全省博士创新站服务共同富裕示范区建设现场会，引进省C类以上人才8人，建立院士合作项目2项，其中轴承产业“揭榜挂帅”项目成功入围全省第一批产业大脑。成立浙江理工大学常山研究院，帮助解决“卡脖子”技术难题7项，直接产生经济效益1.6亿元。创新企业“首席人才官”制度获衢州市推广，深化“农民培训券”做法获省委书记袁家军、省委副书记黄建发批示。

（张 顺 黄油柑 蓝朱妍 胡 斌）

宣传思想文化工作

【概况】 2021年，中共常山县委宣传部（以下简称县委宣传部）组织全县宣传思想文化战线深入学习贯彻习近平新时代中国特色社会主义思想和中共十九届六中全会精神，贯彻落实县委决策部署，牢牢把握正确方向导向，守正创新、克难攻坚、担当作为，加快推进“宋诗之河文化带”建设，深化文旅拓展行动，为加快实施“八大行动”，全力打造“浙西第一门户”，争当高质量发展建设共同富裕示范区县域典范提供坚强的思想保证和强大的精神动力。全年，全县宣传思想文化战线获国家级荣誉4项，省级荣誉34项，市级荣誉37项，宣传文化单位获市委、市政府“十条军规”正面典型通报1次，获县委、县政府“十条军规”正面典型通报11次，受到县政府集体嘉奖1次。

【习近平新时代中国特色社会主义思想学习宣传】 2021年，县委宣传部深入实施理论铸魂溯源走心工程，完善党委（党组）理论学习中心组学习制度，全面落实“第一议题”、重大决策前专题学习、巡听旁听等制度，组织县委理论学习中心组专题学习14次，开展巡听旁听15次。做好中共十九届六中全会精神学习宣传，推进“六讲六做”大宣讲活动，构建“县领导+局长书记+专家学者+媒体记者+‘8090’”大宣讲格局，广泛开展百名局长书记带头讲、百名专家干部特色讲、百名青年巡回讲“三百”行动，累计开展线上线下宣讲500多场次，实现全覆盖。健全党员领导干部理论宣讲体系，全面推行各级领导干部上讲台、上党课制度，县领导带头宣讲81场。完善8090新时代理论宣讲工作体系，落实落细硬核十条保障机制，建立全市首个理论社科博士创新工作站，全域化、体系化开展“809000”青年理论宣讲，全县吸收宣讲员1600多人，开展线上线下宣讲7000多场，受众50多万人，宣讲指数持续位居全市前列。抓住常山农民“培训券”入选《习近平扶贫故事》，对接新华社政务智库，推出常山农民培训实践经验，获省委书记袁家军、省委副书记黄建发批示肯定。

【党史学习教育】 2021年，县委宣传部举办“沿着红色足迹学党史”等各类学习教育活动3000多场次，实现全县各级党委（党组）理论中心组专题学习全覆盖、中心组成员交流发言全覆盖，县处级以上领导干部党史宣讲全覆盖，覆盖党员3.2万余人。推出“百年百班”党员教育培训，推动西源革命纪念馆列入“浙里红”研学基地。推进“四个我为”（即我为群众办实事、我为企业解难题、我为基层减负担、我为争先献一策）专题实践活动，开展志愿服务2700多次，参与实现“微心愿”3000多个，帮助基层群众和企业主体解决各类实际问题1.3万余个。常山县在省党史学习教育简报录用数、红色故事挖掘采编数均居全市前列，《打造“乡村复兴少年宫”学史阵地》入选全省党史学习教育百法百例，为工业产业“二次振兴”破题献策经验做法获市委常委、组织部部长陈玲芳批示肯定。携手浙江京昆中心、浙江卫视、浙江之声、山东卫视以及著名报告文学作家孙侃，推出大型现代京剧《战士》、纪录片《初心》、广播剧《我不是英雄》、电视专题片《老兵胡兆富》、长篇报告文学《人民英雄胡兆富》，推动老英雄胡兆富获评“全国优秀共产党员”。其中大型现代京剧《战士》在全国巡演120多场，受到《中国文艺报》全版关注，参演第九届中国京剧艺术节，入选浙江省舞台艺术重点扶持项目、浙江省文化艺术发展基金重点扶持项目、浙江省庆祝中国共产党成立100周年重点献礼剧目、浙江省党史学习教育重点推介剧目，受到市委、市政府“十条军规”通报表扬。

【重大主题宣传】 2021年，县委宣传部推出农民培训、旧城改造、“两山银行”、“两柚一茶”、疫情防控、数字化改革等74个重大主题宣传报道。统筹做好县党代会、县“两会”等重大会议活动宣传报道，营造加快建设“浙西第一门户”浓厚氛围。制定完善新闻发布工作机制，举办市委共同富裕常山专场新闻发布会。办好《电视问政》《聚焦时刻》栏目，聚焦外地垃圾偷倒、噪声扰民、停车难等问题刊播节目24期，加强舆论监督力量。做好疫情防控舆论引导工作，坚持社情舆情疫情“三情”联动处置，确保大局稳定。

【对外宣传报道】 2021年，县委宣传部深化新闻例会和对外宣传报备制度，加快打开与中央、省市主流媒体合作通道。《人民日报》、新华社、央视、《光明日报》、《经济日报》、《农民日报》、《浙江日报》、《衢州日报》等上级主流媒体刊播涉常报道3074篇，比上年增长53.7%，实现量质提升，位居全市前列。其中，在《衢州日报》头版头条刊发26篇，比上年增长100%；在《浙江日报》头版刊发稿件13篇，比上年增长62.5%；在《农民日报》头版和二版刊登重点稿4篇，为全市唯一；在《经济日报》刊登大篇幅常山报道2篇，为全市唯一。常山—慈溪“山海协作”报道登上《人民日报》报眼，首次实现常山好故事在《人民日报》头版亮相。

【媒体融合发展】 2021年，县委宣传部推动“爱常山”App迭代升级，构建完善“新闻+政务+服务+商务”格局，融媒体传播能力提升。县级新媒体平台阅读量超10万人次的稿件达29篇（条），其中阅读量超100万人次稿件10篇（条），是上年的2.5倍。发挥浙报县级融媒体中心共享联盟作用，抢抓热点、主动策划，推出阅读量超30万人次重点稿件6篇（条），浙报6月浙江省县级融媒体合作传播力榜和浙江省合作传播力视频榜，常山县位列全省双榜第一。融入浙江广电“一起跨越”行动，圆桌采访、公益广告、直播打卡等项目相继落实，成效初显。

【“一切为了U”城市品牌打造】 2021年，常山县创新文化山海协作，邀请奥运冠军杨倩公益代言“一切为了U”城市品牌，完成“一切为了U”城市品牌构建，推出城市品牌形象宣传片，吸引《人民日报》、新华社、《光明日报》等上级主流媒体聚焦，实现全面打响、全域融入。发挥媒体和文化的力量，推动常山县成功摘获“中国最具幸福感城市·宜业宜居之城”“中国气候宜居县”“中国最具有诗意百佳县市”三张“国字号”金名片。

【“宋诗之河”品牌打造】 2021年，县委宣传部高规格召开县委文化工作会议，制定出台“宋诗之河文化带”建设实施意见，全面构建“1367”工作体系，全力打造宋韵文化传承示范县。开展宋诗文化基因解码，编撰《常山古代诗词集》，收录历代诗词4200多首、宋诗1000多首。启动“定阳里·宋诗城”项目，新修建文昌阁、文峰塔等文化地标，建成以“宋韵芳村·油茶原乡”为主题的芳村未来社区。举办“对话·宋诗之河”等系列宋韵文化主题活动，提升“宋诗之河”品牌影响力。加快宋诗文创产业开发，推出宋韵油茶等特色文创产品。

【文艺精品创作】 2021年，县委宣传部推进重大题材文艺精品创作，落实文艺发展扶持奖励资金35.2万元。美文集《陪花再坐一会儿》被《人民日报》《光明日报》《新华每日电讯》等权威媒体全文刊登，全网阅读量近5000万人次。原创歌舞作品《阿婆的精糕》获首届浙江乡村舞蹈大赛金穗奖一等奖。《素履以往》等3部作品获第五届市文艺精品“南孔奖”。常山摄影作品首次亮相丽水国际摄影节。舞蹈《胡柚娃》等节目亮相第三十六届“三山”艺术节。

【公共文化服务】 2021年，常山县加快推进常山文化旅游博览中心、泓影数字文创园、全民健身中心建设，图书馆、文化馆完成数字化改造。成立衢州首个非遗学院，省级传承人入选数量居全市首位。推进农村文化礼堂2.0版建设，新增五星级文化礼堂4家、四星级文化礼堂12家，芳村镇被评为全省农村文化礼堂示范乡镇。加强农家书屋建设，16家农家书屋被评为市级乡村悦读驿站。开展“黄鹂振翅飞 文化进万家”等文化惠民活动，完成送戏下乡300多场、送电影下乡2900多场、送书15000多册、送展览讲座100多场、送辅导200多场、县外文化走亲10多场。

【文旅农融合】 2021年，常山县石博园项目重整盘活，远山云间旅游度假区开工建设，成功创建省级全域旅游示范县。持续打响

“常山漫居”民宿品牌，村上酒舍被评为国家首批甲级民宿，高等级民宿居全市前列。举办“赏花问柚”“YOUYOU”音乐节等活动，打造乡村版“西湖音乐节”，加快文化赋能乡村振兴。探索“金源现代旅游根据地”模式，受到国家和省市文旅部门肯定推广，入选全省首批“文旅助力共富最佳实践案例”。挖掘鲜辣文化，打响“中国好味·鲜辣常山”美食文化品牌。推进特色农产品旅游商品开发，建成常山三宝展示馆，推出“一份常礼”旅游商品品牌体系。

【数字文化建设】 2021年，宣传文化系统落实宣传文化智融工程，做好舆论引导在线、共同富裕·民情在线、志愿浙江、浙文创、版权桥、智慧旅游等典型应用。布局未来社区文化多跨场景建设，“家头条”“邻里帮”“文E家”等重要场景在试点社区落地。推进“爱常山”“U点通”App融合发展。

（黄红霞　琚思远）

统战工作

【概况】 2021年，中共常山县委统战部（以下简称县委统战部）创新工作思路、夯实工作基础、拓宽工作领域，助力打造共同富裕示范区县域典范，团结凝聚共识、人心、智慧和力量。组织各民主党派、统战团体开展“同心学党史”系列活动。将党史学习教育与学习贯彻习近平总书记“七一”重要讲话精神、中共十九届六中全会精神相结合，与为民办实事相结合，组织统一战线各界成员参与理论学习、实践教育600多人。对到届的民主党派基层组织现任领导班子构成情况和任职安排进行摸底分析，多次听取各党派市委会意见建议，协商换届人事安排，掌握思想倾向，完成民建常山县支部、农工党常山县总支、民进常山县支部换届和届中调整工作。把党外后备干部培养纳入全县干部队伍建设总体规划，抓好思想政治教育、实践能力提升、政治安排举荐等工作。全年新发展民主党派成员5人，2名正科级党外干部得到提拔使用。重点发掘有资源、有特长的统战人士，开展“统战带富”工程。搭建“寓外商会+农特产品展销”平台，利用网络人士直播平台帮助农户拓市场、聚资源、促增收，各寓外商会、商会会员企业帮助销售常山胡柚等农特产品5000多吨，助农增收3000多万元。通过回引乡贤创业、“乡贤+集体+农户”等形式，发展乡村现代农业、高端民宿、美丽经济等产业，全县130多家民宿经营户，由新乡贤回归投资建设的超过40%，精品民宿比例超过70%，带动旅游经营收入近13亿元。实行村企联盟带富、乡贤联手创富、跨界联动助富等模式，谋划5个民族村发展路线，做强“一村一品”，5个民族村平均村集体经济收入增长近35万元，村民人均可支配收入增长2600多元。2021年2月，乡贤回归企业、常山县北京商会副会长企业浙江艾佳果蔬公司被评为“全国脱贫攻坚先进集体”。2021年7月，中共浙江省委副书记、统战部部长黄建发对常山县精准助力少数民族共同富裕的做法作出批示肯定。

【带动网络直播】 2021年，县委统战部开展网络人士基础数据调研，健全新的社会阶层人士档案数据库和代表人士推荐机制，实行动态管理、分类培养。共统计包含新媒体从业人员、微博大V、网络平台“网红”等各类网络人士近百人信息，拥有抖音、快手、淘宝直播、B站等平台粉丝超1000万人。依托网络人士统战工作实践创新基地，出台直播场地免费提供、直播场景免费布置等扶持政策，开展“新农活”公益直播课堂等系列活动，通过直播平台拓展市场，形成产、供、销紧密连接的产业链。截至年底有200多人参加培训，其中60多人经培训后成为“乡土直播员”，带动优质土特产走出常山，实现农户增收300多万元。

【综合评价智慧督办应用场景打造】 2021年，县委统战部以民营经济人士管理服务为小切口，重点打造民营经济代表人士综合评价智慧督办应用场景，开发以指令发布、指令查看、时效统计、人物画像为主要功能的应用架构，通过“浙政钉”平台，实现13个民营经济代表人士综合评价单位信息化、一键化、智能化办理。该应用场景纳入衢州市数字化改革培育应用场景和全市统战系统首批重点培育应用场景，在全省率先实现市县一体、全域覆盖，提升民营经济人士综合评价工作效率。

【开展乡贤商会“双招双引”】 2021年，县委统战部加快寓外商会建设力度，新成立常山县四川商会、慈溪商会2家寓外商会，截至年底构建起覆盖全国12省19地、拥有会员2000多人的寓外商会网络。举行知名浙商助力常山跨越式发展、“新乡贤家乡行”活动，以视频连线的方式创新召开“乡贤同心”议事专题协商会，县委书记潘晓辉与18个寓外商会乡贤代表围绕常山跨越式发展开展专题协商。开展重点乡贤及其亲属“节日统战”慰问活动，实施“一乡一馆”“一村一廊”乡贤阵地建设，打造何家乡“乡贤+乡风文明”、东案乡“乡贤+全域旅游”、大桥头乡“乡贤+文化教育”等品牌。全年新打造乡贤馆3家，走访慰问乡贤及其亲属110多人，通过商会平台，收集到有效招商引资信息24条，70多名乡贤带项目、带资金、带技术回归，众创运输供应链、众誉运力供应链等项目实现入库投资10多亿元。

【“中国好味·鲜辣常山”品牌打造】 2021年，县委统战部牵头推进“中国好味·鲜辣常山”品牌打造工作，深入实施“一十百千万”工程（即创建中国鲜辣之乡、研发十大鲜辣名宴、培育百个鲜辣基地、打造千家鲜辣门店、培训万名鲜辣厨师），按照“政府引导、市场运作、统战参与”的原则，在新乡贤企业试点打造常山统一战线数字鲜辣美食产业富民中心，通过聚焦生产、销售、服务三大端口，构建“一图”（鲜辣美食地图）、“一网”（无人售卖网）、“一库”（消费数据库），用现代信息技术为鲜辣食材种植、管理、销售、服务等提供数字化解决方案。创成“中国鲜辣美食之乡”，通过发动乡贤、商会力量，县内外新开鲜辣门店31家，投放智能无人售卖机70台，新增食材基地12个，培训鲜辣技艺厨师3463人，新增就业800多人，人均增加年收入5万余元，预计整个产业链产值增加1亿余元。

【重点寺院改造提升】 2021年，县委统战部加快万寿寺扩建进度，组建何家乡全域旅游综合体项目工作协调小组，先后召开大小会议20多次专题讨论研究以万寿寺为核心的景区项目建设。截至年底，与项目意向投资方开展多次洽谈，初步投资协议修改完成，计划投资30亿元用于以万寿寺为核心的景区打造。做好万寿寺扩建前期准备工作，投入2000多万元完成万寿寺下院行车道、行车桥梁、游步道等基础设施的修建完善。完成湖澄庙扩建修缮设计方案，加快石崆寺改造提升进度，累计投入250多万元，完成寺庙新斋堂、居士楼、新厨房、天王殿广场的建设，新设立的法物流通处、会议室、会客厅已完成内部装修并投入使用，寺院整体档次提升明显。

（王　颖）

县委办公室工作

【概况】 2021年，中共常山县委办公室（以下简称县委办）紧扣县委县政府中心重点工作，坚持“文稿要更精、谋事要更周、办事要更快、参谋要更前、信息要更全、沟通要更畅、督办要更紧”七条标准，履行“参谋助手、信息反馈、督促检查、综合协调”职责，确保县委各项工作高效运转、决策部署有效落实。

【综合文稿】 2021年，县委办坚持综合文稿强谋划、重思想，着力提高以文辅政的水平，严把文稿起草关、政策关、文字关，力求服务决策“准、精、优”，文字表达“短、实、新”，增强文稿的针对性、专业性和指导性，完善综合文字材料小组人员配备，建立健全层层负责、逐级把关、常态会商、集中校改等机制，实行重要文稿集体起草、统一审核、充分论证，努力参到点子上、谋在关键处。全年完成县第十四次党代会报告、县委全会、全县领导干部大会等重要会议材料、专题文章、上报材料等文稿300多篇。

【信息宣传】 2021年，县委办加强信息报送，全年累计上级采用85条，获各级领导批示35条，省、市正面信息录用条目为全市第一，多项指标任务位列全市第一。其中，《衢州信息》录用36条；《浙江信息》录用49条（省级工作交流录用3篇，采用量全市第一）。此外，县委办在《浙江信息·专报》刊物上首次突破零采用，实现开荒结果，即《常山县将矛调中心迭代升级为社会治理中心积极探索县域整体智治新模式》获省委书记袁家军批示肯定；《常山县“两山银行”：把“摇钱树”种在了村民家门口》获多位省级领导批示肯定。

【督查考核】 2021年，县委办持续开展“八大行动”双月督查，深入实施“八大行动”排名赛，聚焦县委决策落实、重点工作推进、领导指示交办等方面工作，共制发督查专报15期、督查通报19期，交办单16份。按照“突出个性、精准考核”要求，创新设立攻坚突破奖，科学制定2021年度县对乡镇（街道）部门考核办法，细致完成年度考核工作。认真贯彻落实省、市关于推进“七张问题清单”工作相关会议精神和工作要求，督导清单主管部门和整改责任单位落实工作职责，共销号省级问题7个、市级问题37个、县级问题13个。

【调研改革】 2021年，县委办以数字化改革为总牵引，深入实施“改革护航”行动，聚焦聚力牵一发动全身的重大改革项目，全面撬动各方面、各领域改革取得新进展，为高质量发展赋能助力。一批自主开展的改革试点项目走在前列，成功争取行政备案规范管理改革、国家智能社会治理实验基地、全国农业科技现代化先行县等一批重要改革试点，在2021年度全市全面深化改革（数字化改革）考评中获得优秀，排名全市第四。在全省率先成立并实体化运作“两山银行”，累计转化资源总量超3.5亿元，发放生态贷2.1亿元。“两山银行”生态云脑，列入第一批数字政府系统“一地创新、全省共享”项目建设名单，入围全省改革突破奖；“大综合一体化”行政执法改革列入省级试点，在全省工作交流推进会上作经验介绍，获得副省长高兴夫批示肯定。常山县被评为全国无障碍环境县，“信用换信贷”被浙江省政府列入督查激励重大措施，受到省政府通报表扬。

【综合服务】 2021年，县委办接待省委书记袁家军、省长郑栅洁、代省长王浩、省政协主席葛慧君等20多批次省部级领导到常山县调研。紧盯文件收、发、传、送、批、借、存、销全流程，规范有序做好管理工作，全年发放县委文件5000多份，接收中央、省级、市级等机要文件、电子政务内网文件928件，文件传阅达6700多件次。按照下发文件合法合规合理性审查要求，严格执行县委、县政府文件立项审批、前置审核工作，根据三类文件发文数量确保只减不增的指标要求，每月汇总全县党政部门规范性文件发文情况，实行限额管理，有序做好县级公文制发、管理工作。全年制发县级公文470件，下发简报35件、其他往来行文36件、会议纪要53件，全县三类文件发文数量较年指标数下降3.83%。

【机要保密】 2021年，县委办严格遵守各项规章制度，保障密码通信、机要运作畅通有序，全年办理各类电报1200多份，圆满完成省委书记袁家军、省长郑栅洁、代省长王浩到常山视察随行通信服务保障任务。保障高清涉密视频会议80场次，完成党政应急通信系统升级，完成常山县2020—2021年终端替代任务与党政电子内网终端国产化替代工作，并通过省保密局测评。新增5名机要工作人员，加强全县机关单位保密宣传教育和监督检查工作，提升干部队伍保密意识。

【档案外事】 2021年，县委办开展疫情防控、扶贫等重点领域档案的专项执法检查，监督指导县级机关单位档案开展“双随机”执法检查。建立局馆协作机制，共同谋划落实“全域基层治理档案智慧平台建设项目”、“村档乡管”、专班档案管理等档案工作，指导创建省级示范数字档案室2家，档案序列职称审核工作有序推进。开展党内法规工作，全年向上级党委报备规范性文件26份，开展文电法规宣贯2次、检查指导下级党组织发文规范2次，纠错17处。筑牢境外疫情防控输入防线，全面摸排在常外籍人员底数，统一安排集中接种新冠疫苗。高效完成上级外事部门交办的相关事项，开展党内法规工作，全年向上级党委报备规范性文件26份，开展文电法规宣贯2次，检查指导下级党组织发文规范2次，纠错17处。协同公安机关抓获诈骗在加纳务农人员购买回国机票事件的常山籍犯罪嫌疑人。

【对台交流】 2021年，县委办立足县域文化特色，谋划海峡两岸赏石文化交流基地等项目，服务台商台胞，携手常山宇华景观实业有限公司引进台资建立台湾永龄医院，进行规划设计，第一期投入6725.5万元，已到位台资29万元。健全旅台同乡会工作机制，接待2批台湾参访团到金川街道、东案乡等地，促进常山台湾经贸文化交流，为对台交流夯实基层基础。做好对台联络工作，在春节等重大节日开展走访慰问活动，妥善处理台属诉求，做到及时处置、及时反馈，确保件件有着落、事事有回音。

（周荣伟）

编制管理

【概况】 2021年，中共常山县委机构编制委员会办公室（以下简称县委编办）重点聚焦“大综合一体化”“基层治理一件事”等重点领域改革工作，坚持完善机构编制日常管理、事业单位登记与实名制管理等相关工作。优化登记服务，指导各事业单位依托省事业单位登记管理系统，实行网上“全流程”办理。全县实际申报年度报告事业单位111家，合格率为100%。规范登记内容，通过抓好内容、程序、监管等方面，推进事业单位章程依法依规制定、运行和管理。截至年底，完成教育、卫生健康所属的事业单位章程制定（修订）工作。加强多系统动态联查，做好机构编制实名制系统的数据日常更新，通过结合实名制信息系统、事业单位网上登记管理系统、网站政务公开等多个渠道，对全县各机关事业单位的机构运转、职责变化、人员编制配备、事业单位登记等情况进行跟踪监督，加强日常动态监测。推进其他重点领域和关键环节改革。推进开发区管理体制改革，设立中共浙江省常山县经济开发区工作委员会、浙江省常山县经济开发区管理委员会；推进乡村振兴体制机制调整工作，在县农业农村局增挂县乡村振兴局牌子；加强基层应急管理体系建设，在辉埠镇、球川镇单独设置应急管理站，在其他12个乡镇（街道）综合信息指挥室挂牌，负责开展属地应急管理日常工作；重新核定公办幼儿园合同制教职工控制数，对县域内20所公办幼儿园合同制教职工进行重新测算并提交编外联席会议审议，加强幼儿园师资队伍保障；推进群团改革工作，参照市本级重新制定全县11家群团机关“三定”制定工作，进一步调整理顺管理体制和运行机制。

【“大综合一体化”执法架构形成】 2021年，县委编办对县级25个部门的4754项行政执法事项进行梳理归类，将1605项执法事项统一划转至县综合行政执法局集中处理，上报市委、市政府审核确认。从综合行政执法事项中梳理出413项行政执法事项，赋予7个重点乡镇（街道）即天马街道、金川街道、紫港街道、球川镇、芳村镇、青石镇、辉埠镇集中行使执法权，牵头梳理部门间和县乡执法边界，填补执法空白。将12个部门相关职权相整合，形成综合行政执法+市场监管、生态环保、交通运输、应急管理、卫生健康的“1+5”县级执法架构，相应划转编制。将14个乡镇就近就便划分为7个区域，在乡镇（街道）成立7支综合执法中队，作为县综合行政执法局派出机构。在7个乡镇（街道）同步组建综合行政执法队，与县综合行政执法局派驻机构整合运行。

【“基层治理一件事”集成改革】 2021年，县委编办在衢州市规定动作和常山县治理需求上双向发力，指导牵头部门针对领衔领办的固废处置和矿产管理两个“一件事”，拆解出权力事项数107项，匹配人员37人次，实现两个“一件事”全市域上线，常山县17个“一件事”全县域线上流转。组织各牵头部门、乡镇（街道）进行系统测试、实战检验，积累一批办件数据。截至年底，常山县“基层治理一件事”办件总量为2987件，同时收集各类问题统一反馈给技术人员进行优化完善。

【权力清单动态调整】 2021年，县委编办梳理出常山县部门和乡镇（街道）政务服务事项权力清单在用事项4345项，涉及各乡镇（街道）和24个部门，新增认领事项88项。指导督促部门对本系统本部门执行的监管事项实行动态调整和管理，全年认领监管事项共9990项，认领率达96.54%，为全县监管事项全覆盖、监管过程全记录提供数据支撑。

【“属地管理”事项责任清单梳理运行】 2021年，县委编办以421项县乡职责边界清单为基础，梳理形成涉及17个部门70个事项的“属地管理”事项清单。督导各乡镇结合自身实际和发展需求，制定“一乡一清单”。推动“属地管理”清单嵌入“一件事”多跨场景应用，按照“五个一”要求，厘清机制流程，收集20个典型案例，梳理形成《常山县乡镇（街道）“属地管理”高频事项“五个一”汇编》，推动实战运行。

（樊寒宜）

对台工作

【概况】 2021年，中共常山县委台湾工作办公室、常山县人民政府台湾事务办公室（以下简称县台办）贯彻落实中央、省、市台办对台工作部署要求，提升对台工作本领、成效。谋划对台交流项目，结合常山赏石文化优势推进海峡两岸赏石文化交流基地建设，协助常山宇华景观实业有限公司引进台资建立台湾永龄医院，第一期投入6725.5万元，到位台资29万元。做好对台接待，接待台湾参访团2批，分别为：10月12日，衢州市台商台胞台属及对台工作人员到常山县东案乡金源村参加“台商大讲堂”活动；11月10日，台湾金马台澎两岸交流协会一行12人到常山参加“金秋话同源·衢台谋共富”活动。夯实基层力量，常山旅台台北同乡会增选名誉会长1人、副会长2人，加强岛内工作力量，便于对台工作开展。强化服务工作，为2位在常山的台商台胞排忧解难。坚持重要节日集中慰问与平时不定期走访相结合，由县台办副主任和县台联会会长分别带队，重点走访慰问台资企业和在常台胞、重要台属，共走访慰问45人次。强化对台基层交流，确定辉埠镇东乡村与台湾对口村结对交流，2021年因疫情影响，对口地区暂无实质交流，主要通过电话联系。

【参与“台商大讲堂”活动】 2021年10月12日，市台办举办“台商大讲堂”考察活动，邀请全市台胞台商参加。县台办筹备东案乡金源村接待线路，展示常山乡村文化。市台办主任余永军、常山县台办主任黄国华、各县（市、区）台办副主任出席。

（何 凝）

公务员管理

【概况】 截至2021年年底，全县有公务员1917人(包含参公人员)。其中，男性公务员1354人，女性公务员563人；35岁以下公务员808人，35～45岁公务员394人，45～55岁公务员463人，55岁以上公务员252人；高中及以下学历42人，大专学历178人，本科学历1633人，研究生学历84人。

【公务员招录】 2021年，常山县各级机关单位利用空编加大招考计划申报力度，应招尽招，总计招录公务员（包含参公人员）114人，其中选调生10人。公务员招录规模创历史新高，四级联考报名人数突破3000人，录用人员中应届生比例达57%。公务员分级分类招录持续深化，根据岗位性质设置行政执法类、综合管理类、基层类岗位总计65个，着眼重点行业、紧缺专业需求，设置专业型招录岗位40个。

【公务员职级晋升】 2021年，常山县根据干部管理权限总计开展2个批次职级晋升，总计职级晋升212人。其中，晋升四级主任科员53人，晋升三级主任科员58人，晋升二级主任科员34人，晋升一级主任科员50人，晋升四级调研员12人，晋升三级调研员5人。

【选调生管理】 2021年，县委组织部聚焦选调生精准培养，针对性开展选调生培训活动，加强省市下派选调生与常山县选调生的互学互助。组织浙江大学选调生综合素能提升培训班、湖州市南太湖农业农村发展研究中心选调生到村任职专题调研、“寻访红色足迹 传承红色基因”考察主题活动，举办选调生代表座谈会，利用选调生工作站帮助选调生加强工作交流，拍摄常山县选调生宣传片，制作常山县选调生工作手册。根据人才政策制定高“含金量”选调生优惠政策，优惠内容涉及购房补助、安家补助、住房保障、结婚奖励、子女就学等方面，安排专项资金予以保障，最大限度地解决选调生购房、住房等问题。

【公务员初任培训】 2021年，县委组织部采用“课堂教学+体能训练+班组讨论+现场教学+实地调研”的“五位一体”教学模式精心设计公务员初任培训课程，通过办好一次初任班、干好一件初心事、绘好一张初形图，加快初任公务员铸魂塑形，加强公务员的源头管理，推动公务员全周期管理与干部队伍“数据互通、无缝衔接”。

2021年8月23日，常山县第十三期初任公务员培训班开班

（县委组织部 供图）

【公务员平时考核制度推进】2021年，县委组织部深入推进公务员平时考核，成立平时考核工作专班，指定专人负责平时考核，将基础较好的县综合执法局、金川街道作为市级联系点，确定公务员较少的县编办、县妇联作为破难点。通过平时考核加强公务员日常管理，全方位了解公务员工作表现，激励公务员履职尽责担当作为。同时，把平时考核结果作为年度考核的主要依据，年度考核优秀的人员需从平时考核结果优秀人员中产生，推动公务员考核工作抓在日常、做在经常。

（蒋丽婷）

机关党建工作

【概况】2021年，县委机关工委以党的政治建设为统领，聚焦围绕中心、建设队伍、服务群众，以“建设清廉机关、创建模范机关”为总牵引和总抓手，以“三抓三强三提升”为载体，开展“机关党建提质创优”行动，推动县直机关各级党组织和广大党员干部“走在前、作表率”。截至年底，县委机关工委下辖机关党组织171个，其中党委9个、党总支15个、党支部147个，党员2710人。

【党史学习教育】2021年，县委机关工委巩固“不忘初心、牢记使命”主题教育成果，以建党百年为契机，在全县机关党组织中开展“六个一”活动，即一轮“百年传承”主题党日、一个“百年党庆”研究课题、一场“百年梦想”书画摄影展、一场“百年初心”知识竞赛、一台“百年荣光”红歌大赛、一场“百年追寻”微党课大赛，丰富党史学习教育内容，浓厚党史学习教育氛围，提升机关党员的忠诚度。

【党建考评机制建设】2021年，县委机关工委建立三项制度，强化抓机关党建的责任，提升群众对机关党建工作的满意度。建立季度擂台比拼机制，围绕“双建”主题，开展“一季一比拼”活动，全年开展各类比拼活动4次，创建优秀机关党建品牌13个，完成书记领办党建项目58个，新增机关党建示范点10个。实施支部星级评定机制，开展“支部争星”活动，评出一批三星级、四星级、五星级机关支部，发挥示范引领作用，努力推动机关基层党组织全面进步、全面过硬。出台品牌培育创建机制，形成“一部门一品牌、一支部一特色”的品牌工作体系，打造全县机关党建“金钉子”总品牌和以“红系列”“金系列”为代表的64个部门品牌矩阵，不断提升党建品牌服务中心大局中的作用。

【推动党建融入中心】2021年，县委机关工委聚焦企业“招工难”和劳动者“就业难”相互交织的困局，组织开展“我为企业荐一员”活动，全县64个机关党组织1793名党员干部职工累计帮助企

2021年10月15日，常山县机关党组织“党建与业务深度融合”主题擂台赛暨“双建”工作推进会召开　　（县委机关工委 供图）

2021 年 7 月 22 日，衢州市红色物业联盟半年度工作交流会在常山召开

（县委机关工委　供图）

业解决用工难点 80 多个，向 60 多家企业推荐有意向求职者 300 多人。在县委县政府中心工作、重点项目上建立临时党支部，成立旧城改造、351 国道建设等各类临时党支部 53 个，党小组 131 个，推动基层党组织和党员干部在项目一线、攻坚一线中引领创新、助推发展。

【推进党建引领小区治理】 2021 年，县委机关工委建立健全联席会议制度，推进党的组织和工作全覆盖，全面打造“红色物业联盟”升级版。截至 2021 年 12 月底，建立“功能式、兼合式”小区党支部 67 个，116 个机关企事业单位党组织与 69 个小区长期结对，选派 80 名优秀党员干部担任党建指导员，826 名党员担任党员楼长。新成立业委会 31 个，实现小区党支部书记和业委会主任“一肩挑”。社区共建单位通过“邻礼通”落实“组团联社”机制，实现党员线上报到 3730 人，开展派单活动 3843 次，“邻礼通”线上报事报修 982 起，形成线上线下工作闭环，提升城市住宅小区治理水平。

（徐皇峰）

信访工作

【概况】 2021 年，常山县信访局（矛调中心）紧扣实现第二轮省级“无信访积案县”、争创“全国信访工作示范县”目标，强化数字赋能，提升县域治理体系与治理能力，预防和减少信访问题的产生，确保社会和谐稳定。全力化解信访问题，压实属地属事责任，及时有效处置信访问题。抓实初信初访办理，落实初信初访首问首办责任制，加强信访基础业务培训，明确办理流程和要求，提升信访事项规范化办理水平；严格落实每日提醒、每日核查工作以及每周交办、每月检查每季督查机制，关口前移，压实化解责任，提高初信初访一次性化解率。县委书记、县长带头阅批群众来信，跟踪督促化解。抓实信访积案化解，推进“集中治理重复信访、化解信访积案三年行动”和第二轮省级“无信访积案县”创建，开展信访矛盾纠纷“大走访大落实大调处大化解”和信访积案化解百日攻坚两大行动，通过严格落实县领导包案化解、班子成员包干联系、半月督查通报、钉钉群实时晾晒等机制，灵活运用复查复核终结、信访听证终结、涉法涉诉终结等办法，集中攻坚化解各类信访积案。抓实信访责任落实，创新下发《进一步落实乡镇（街道）党政主要领导信访工作“第一责任人”责任的实施方案》，按照上任交办、定期通报、离任评估三个阶段，对乡镇（街道）党（工）委书记、乡镇长（办事处主任）建立“一人一档”，立体评估任职期间信访工作绩效，并作为干部提拔重用的重要依据，压实乡镇（街道）党政主要领导“第一责任人”责任。全域联动，保障重要节点。落细落小落实防风险、守底线、保平安各项措施，抓好信访工作。全年化解信访积案251件，信访矛盾集中村五里村帮扶整治工作成效得到市委书记汤飞帆批示肯定。全省率先将矛调中心迭代升级为社会治理中心，举办“大综合一体化”行政制度改革现场会，相关做法两次被《竞跑者》采用，获省委书记袁家军批示肯定。

2021年10月24日，全县信访干部培训班举行 （姚灵萍 摄）

【常山县社会治理中心成立】2021年，作为县矛调中心迭代升级的常山县社会治理中心在7月28日全面投入使用，总建筑面积7000多平方米，分为A座和B座两栋大楼，有3个部门整体入驻、14个部门常驻、4个部门轮驻、“9+N”个部门随叫随驻，广泛吸收行业性专业性调委会、县级调解专家、民间应急救援队伍、志愿者等社会力量进驻，工作人员达240多人。坚持“线上联通+线下联动”“硬件提升+软件集成”“物理整合+化学融合”“制度变革+技术支撑”，集成信访矛盾调处、治理事件处置、风险分析研判、基层治理指导、监管执法指挥、重大应急管理“六大功能”，将社会协同和法治保障融入社会治理，推动社会治理资源大整合、数据大运用、机制大变革、各方大联动，是常山县社会治理信息数据库、研判指挥总枢纽、多元治理共同体、平安法治综合体，党建统领基层治理体系的“展示窗”。

2021年7月28日，常山县社会治理中心正式运行
（县社会治理中心 供图）

【“信访积案化解百日攻坚”活动】2021年4月，全县开展“信访积案化解百日攻坚”活动，对各类积案，认真贯彻“以人民为中心”理念，依照“有理推定”原则，逐件重新分析研判，诉求合理的全部化解到位；法律法规和政策没有明确规定的，创造条件解决到位；完全没有法律法规政策依据、

漫天要价的，坚决通过复查复核、信访听证等途径予以依法终结。截至7月20日，全县各级交办重复信访事项167件，化解148件，化解率达88.62%。“七一”之后转入常态化化解阶段，努力化解剩余积案、新增积案、新交办积案，并健全完善更高水平的积案化解机制、新增积案预防机制。

【全县信访干部培训班举行】 2021年10月24日，全县信访干部培训班举行。全县各乡镇（街道）分管领导及信访员共计40多名信访干部参加培训。开班仪式上，常山县信访局局长楼华汇报全县近期信访情况，并结合案例讲实操、结合考核讲重点、结合流程讲经验，为常山下一阶段信访工作奠定基础。

（姚灵萍）

老干部工作

【概况】 2021年，县委组织部在离退休干部思想政治建设、服务水平提升、功能作用发挥等方面下功夫，推动常山老干部工作发展。截至年底，常山县有离休干部53人（含代管国税系统2人），平均年龄93周岁。按参加工作时间分，抗战后期参加工作的有5人，解放战争时期参加工作的有48人；按工作机构分，行政（事业）离休干部33人、企业等统筹离休干部20人；按安置地分，异地安置县外的有2人（嘉兴、诸暨），投靠子女2人（合肥、杭州）；按年龄分，86～89岁20人，90岁及以上33人，最高龄97岁。有副（县）处级以上退休干部29人（兼职8人），平均年龄约74岁，其中随子女居住县外5人、身体状况欠佳6人。

【老干部志愿服务】 2021年，县委组织部升级“银耀志愿”服务品牌，做好老干部志愿服务工作。全县有由支部书记任队长的志愿服务队40支，在疫情防控常态化的形势下全年开展活动130多次。退休干部常态化参加社区组织的志愿服务，全年参与志愿服务活动90多次，参加人数1700多人次。加强老干部品牌工作室建设，持续建设红色啄木鸟、“徐金妹工作室”、“陈云河工作室”等老干部品牌工作室，开展“银尚达人”“银尚之家”等评选活动。开展“社会治理·银耀有我”志愿服务行动。开展“银耀战疫”行动，在推动老干部参与疫情防控工作中，“徐金妹工作室”志愿服务队助力疫苗接种，组织开展活动50多次；助力基层治理，“陈云河工作室”深入一线调解矛盾，被《浙江日报》《衢州日报》多次点赞；持续擦亮“银龄志愿助力乡村振兴”品牌，通过开设“空中课堂”，组织开展蔬菜种植、鱼类养殖、小西瓜种植等助农直播10场，吸引2000多名群众观看。

【离退休干部党建】 2021年，县委组织部深化离退休干部党建工作。灵活设置离退休干部党支部，探索成立社区银耀先锋党支部，开展离退休干部党支部规范化建设，全县单独组建离退休干部党支部73个，社区银耀先锋党支部10个。实施离退休干部党支部书记“领头雁”工程，选优配强支部班子，实行在职干部党员担任离退休干部党支部联络员，党支部书记平均年龄68岁。开展党支部书记和党员骨干培育工程，全面提升支部班子履职能力。开展离退休干部党支部网络阵地建设管理，组建离退休干部党员微信群，实现支部建在网上、党员学在线上，推动离退休干部党员教育管理和组织生活全覆盖。开展各类志愿服务活动，银色讲师团成员走进“乡村振兴讲堂”授课30次，参与送文化进社区、进农村、进校园等活动45场。

【老干部服务保障】 2021年，县委组织部落实老干部政策待遇，为打造“孝老之城”树立老干部服务工作标杆。每季度组织副处级以上退休干部集中学习，针对离休干部“后双高期”特点采取送学上门形式，及时宣传学习上级重大决策部署。做好离休干部医疗包干费预发、增发生活补贴发放等工作。做好老干部年度体检“一站式”“保姆式”服务，分批开展健康体检工作。建立包片联系离退休干部制度，结合“主题党日”、送学上门等工作确保定期联络，进一步深化亲情联系。建立离退休干部及亲属微信群，做好老干部来电来访工作，为离退休干部提供个性化服务，协调解决转院就医、医药费报销等问题。

（杨 婧）

新闻传媒

【概况】 2021年，常山传媒集团围绕建党百年、现代化建设、共同富裕、数字化改革、提质转型、旧城改造等主题，通过报纸、广播电视、新媒体等多个平台，推出一系列有质量、有深度、有影响的报道万余条，为常山县经济建设、社会发展营造良好的舆论氛围。推出“奋斗百年路 启航新征程|学党史 守初心”“习近平在浙江”“‘三百’行动”等栏目和系列10多档，刊播党的历史、党员故事、历史瞬间相关报道约600条。展播建党100周年等公益片近300部，使全县广大干部群众深刻感受艰辛历程、巨大变化、辉煌成就，树立正确的党史观。采写旧城改造工作相关报道100多篇，为征收工作推进打下舆论基础。秉承“关注社会，服务民生”宗旨，持续办好《电视问政》《聚焦时刻》《三衢热线》《常话常说》《柚乡新视野》等品牌栏目，围绕热点问题、城市形象、民生服务、三农故事等内容共推出相关节目300多期，以舆论视角推动解决社会关注、百姓关切的突出问题、热点问题近50个，起到建立沟通、促进平衡、舆论监督的作用。与浙江传媒学院达成技术人才专业素质提升的合作，聘请专业老师开展广播电视节目制作、媒资素材管理、无线发射系统等培训。

是年，常山传媒集团获县政府集体嘉奖、省广播新闻协作三等奖；集团党委获“百年传承 砥砺前行”优秀主题党日活动擂台赛优胜奖；常山报道组被评为2020年全市先进报道组；集团妇委会被评为常山县先进基层妇联组织。组织报送的“常山新闻”获得省高清录制技术质量奖三等奖（金鼎奖）；“柚乡新视野”栏目片头获得省高清视频图形制作奖——片头类二等奖（金鼎奖）；常山新闻综合频道节目获得省高清播出技术质量奖三等奖（金鼎奖）；无线发射远程控制中心项目获得省基层优秀科技创新类（县级）二等奖（金潮奖）。

【对外宣传】 2021年，常山传媒集团关注各平台约稿，上报选题，及时采写，全渠道发力，多平台上送，截至年底，在“美丽浙江”、人民日报客户端、中国网等各类媒体刊发或推送涉常报道3000多篇，其中《着力推进农民培训精准化助力乡村振兴战略——浙江常山农民培训实践对巩固脱贫成果的启示》写入新华社政务智库报告，并获省委书记袁家军批示。5月，常山融媒指数为688.43，环比上升31.75%，在衢州市县级融媒体合作传播力榜中排名第一位，在浙江省县级融媒体合作传播力榜中列全省第五位。

【新媒体发展】 2021年，常山传媒集团利用短视频受众多、传播快等特点，激活“浙西传媒”视频号，每周固定频次宣发，其中《奥运冠军杨倩担任常山城市品牌形象公益代言人》单条全网阅读量突破100万人次；《胡柚最好吃的季节》单条转发点赞量在新华网客户端为34.9万人次，全网阅读量超50万人次。利用“慢城常山”App平台，全年开展各类直播21场，其中3场点击量超10万人次。首次采用慢直播，“陪伴小猫头鹰‘云成长’”直播被衢州影像、青春衢州、钱江视频、美丽浙江、中国蓝新闻、周末面孔等平台转发推送，全网阅读点赞量超1000万人次。

（汪东丽）

党校工作

【概况】 2021年，中共常山县委党校、常山县行政学校、常山县社会主义学院（以下简称县委党校）加快推进资源整合，持续优化办学体系，合力擦亮特色品牌，开创新时代党校办学新局面。全年完成培训办班108期，培训学员7360人次，完成县委“百年百班”目标任务。结合党史学习教育，开展“党史我来讲”“8090说党史”等活动，组织教师进村入社开展党史宣讲，开展宣讲128场次。组织教师参加省市课题、论文研讨等活动，获得省市课题立项15项，在省市各类理论研讨会中获奖6人次，公开发表论文6篇。与河南濮阳、四川古蔺、方志敏干部学院等22地（校）组建培训矩阵联盟，形成办学合力。与衢州学院开展战略合作并建立研究基地，围绕课程体系建设、“基层党支部书记能力结构模型”构建等开展合作，深化“党支部书记学院”品牌。打造中国共产党支部发展历程主题展馆、支部发展十阶段展示长廊、红色书吧、精神之路等党史学习教育新地标，浓厚校园红色文化氛围。完成常山县党代会、县委全会、县两会、县集中隔离点等重大会议和事项的后勤服务。围绕“建党100周年”，创新开展支部活动，推动党建工作与业务工作深度融合，发挥党建示范引领作用。

是年，县委党校被评为浙江省党校系统2020年度成绩突出集体、2021年度常山县首批“星级美丽单位”和县“第三批标准化规范化建设机关党支部”，获县委、县政府2021年第一季度、第四季度“十条军规”正面典型通报表扬，获机关党组织书记领办党建项目擂台赛一等奖。

【完成“百年百班”办学任务】 2021年，为庆祝中国共产党成立100周年，推进党史学习教育，县委党校围绕县委提出的“百年百班”目标要求，吸引来自河北邱县、江西玉山县、浙江省委宣传部、浙江省委党校、浙江工业大学、浙江经贸学院、淳安县、云和县、遂昌县、嘉兴秀洲区、衢州市委机关工委、衢州市委宣传部、衢州市统计局、衢州市民政局等县域外地区（单位）6000多人次到常山学习交流，全年完成培训办班108期，培训学员7360人次，完成县委提出的“百年百班”办学任务，常山县创新开展“百年百班”特色做法入选衢州党史学习教育“百法百例”典型案例。

【深化“党支部书记学院”办学品牌】 2021年，县委党校围绕加快建设“浙西第一门户”，集聚省内外资源，建强办学阵地。坚持线上线下双向互动，打通品牌宣传渠道，依托与“浙江在线”融媒体合作，通过优化百度词条、拍摄宣传片等方式在“三微一端”建立宣传矩阵；与主流媒体沟通对接，提升宣传品质，《中国县域经济报》《衢州日报》多次头版头条专题报道常山县委党校（党支部书记学院）办学特色与成效，亮化干部教育培训品牌。

【后勤服务保障】 2021年，县委党校通过建立业务分岗培训、定期谈心谈话、季度座谈交流、外出学习考察等制度，打造一支业务精、服务好、素质高的后勤服务队伍，提升后勤工作水平，完成中共常山县党代会、县委全会、县两会、县集中隔离点等重大会议和事项的后勤服务。11月，常山县委党校在全省党校（行政学院）系统后勤管理培训会上作典型经验交流。

【举办习近平新时代中国特色社会主义思想进修班】 2021年4月26日至5月30日，县委组织部、县委党校联合举办2021年习近平新时代中国特色社会主义思想进修班（第一期），对全县36名县管干部进行培训。2021年11月1—19日举办第二期进修班，对全县42名县管干部进行培训。培训内容包括习近平新时代中国特色社会主义思想和党的十九届五中全会精神、市委“1433”发展

2021 年 6 月 11 日，衢州学院与常山县党支部书记学院举行战略合作暨研究基地揭牌仪式　　（县委党校　供图）

战略体系、县委“八大行动”、理论教育和党性教育、党史学习、数字化改革、履职能力提升等。

【举办中青年干部培训班】 2021 年 4 月 26 日至 5 月 30 日，县委组织部、县委党校联合举办 2021 年中青年干部培训班，对全县 51 名优秀中青年干部进行培训。培训内容包括习近平新时代中国特色社会主义思想和党的十九届五中全会精神、市委“1433”发展战略体系、县委“八大行动”、理论教育和党性教育、党史学习、数字化改革、公共危机管理、改革创新、工业发展、项目招商等。

【举办常山县第十三期初任公务员培训班】 2021 年 8 月 23 日至 9 月 17 日，县委组织部、县委党校联合举办常山县第十三期初任公务员培训班，对全县 112 名新进公务员进行培训。培训内容包括习近平新时代中国特色社会主义思想和党的十九届五中全会精神、市委“1433”发展战略体系、县委“八大行动”、理论教育和党性教育、党史学习、公仆意识、政府管理、依法行政、数字化改革等。

【举办全县统战骨干培训班】 2021 年 11 月 1—5 日，县委统战部、县委党校联合举办全县统战骨干培训班，对全县 26 名统战骨干进行培训。培训内容包括习近平新时代中国特色社会主义思想和中共十九届五中全会精神、市委“1433”发展战略体系、县委“八大行动”、理论教育和党性教育、党史学习、统一战线理论政策等。

【举办常山县 2021 年“导师帮带”党建联盟“头雁班”】 2021 年 4 月 12—29 日，县委组织部、县委党校联合举办常山县 2021 年“导师帮带”党建联盟“头雁班”，分三期对全县 182 名村社支部书记进行培训。培训内容包括习近平新时代中国特色社会主义思想和党的十九届五中全会精神、市委“1433”发展战略体系、县委“八大行动”、理论教育和党性教育、党史学习、党的基本理论、党务知识、村社治理能力、乡村振兴等。

（方欣泳　王晓敏）

档案工作

【概况】 2021 年，常山县档案馆（以下简称县档案馆）加快推进档案工作。联合常山县档案局谋划“全域基层治理档案智慧平台建设项目”、“村档乡管”、专班档案管理等档案工作，对县财政局、县医保局、县退役军人事务局等 8 个县级部门开展档案执法检查，召开村级档案管理工作培训会。做好档案利用公共服务，深化节假日预约查档机制，服务旧城改造、同弓全域土地综合整治项目、党史三卷编写等专项档案查询。受理现场查档 3378 人次，提供档案利用 6079 卷、1335 件；受理网上查档 151 起；受理党史三卷承编单位 11 家 12 人次自助查档，提供档案数据光盘 10 张；办理退伍军人调档 12 起。提升档案资源建设，移交接收 15 家单位档案进馆。优化馆藏系统功能，整改及优化功能 59 项；完成 66 个全宗馆藏数据的整理备份和 83 个全宗案卷目录补录工作；纠正馆藏数字化档案的题名、时间、保管期限等错误 796 条，完成档案开放鉴定结果录入 17.5 万条，并进行党报、杂志、图书资料的收集编目入库及照片、实物档案整理录入工作。

【档案资源建设】 2021 年，县档案馆接收 15 家单位档案进馆，总计 3252 盒，1662 卷，30593 件，印章档案 19 枚，照片档案 970 张，底片档案 720 张，实物档案 26 件，县政府会议记录 12 本；接收 14 个乡镇（街道）换届选举档案 467 盒，467 卷；接收 81 家单位新冠疫情防控文件资料，由第三方公司开展整理归档工作，总计 554 盒。共征集到照片 2190 张，抗美援朝烈士陈山根遗物、家书、照片等 7 件实物档案，常山县第一位革命烈士徐时云生前使用钢笔 1 支，医药公司中草药标本 5 箱，城墙砖 1 块，常山县第二届上山下乡知识青年积极分子代表会议代表胸牌 2 件，图书 7 册。

【档案数字化改革】 2021 年，县档案馆联合县档案局谋划“全域基层治理档案智慧平台建设项目”，截至年底项目一期软硬件工程进入收尾阶段。配合开展县“整体智治”工作，按期完成每周报表报送及信息系统的基本信息上报与目录编制。5 月，将截至 2021 年 4 月 30 日的县档案馆馆藏数据查询系统全文扫描件（PDF 格式）4.8TB 数据移交至宁波慈溪市档案馆进行异地备份。

【“村档乡管”试点启动】 2021 年，根据浙江省档案局、浙江省民政厅、浙江省农业厅《关于印发〈浙江省〈村级档案管理办法〉实施意见〉的通知，县档案馆开展“村档乡管”工作，推进全县乡镇（街道）村级档案管理规范化。2021 年 10 月启动“村档乡管”试点工作，开展全县室藏档案统计工作，召开村、镇两级档案员档案业务培训会，确定金川街道为试点单位。截至年底，完成“村档乡管”操作指南制作，完善金川街道“村档乡管”试点方案。

（陈慧群）

党史工作

【概况】 2021 年，中共常山县委党史研究室（以下简称县委党史研究室）开展庆祝中国共产党成立 100 周年系列活动。完成“百年峥嵘·筑梦常山”——常山县庆祝建党百年主题展。《常山县大事记（1921—2021）》出版发行。举办“百年峥嵘·筑梦常山”专题征文活动，收到有效征文稿件数达 102 篇，评选出一等奖 1 篇、二等奖 3 篇、三等奖 6 篇、优秀奖 20 篇。推出庆祝中国共产党成立 100 周年常山县 20 件重要事件评选活动。完成“百年峥嵘·筑

2021 年 10 月 18 日，常山县村级档案管理工作培训会召开

（县档案馆 供图）

梦常山”画册初稿。多次向上对接、修改完善常山党史三卷大纲，暂定有5编、22章、66节、225目，并面向全县乡镇（街道）、机关事业单位征求意见；共收到承编单位党史三卷专题初稿（电子版）151篇，占比99.34%。完成《党报中的常山》编印，收录《人民日报》《浙江日报》中在1949年至2020年间有关于常山的重要报道共1988篇，157万字。印发《关于做好首批县级党史教育基地命名推荐工作的通知》，正式启动县级党史教育基地命名工作，并对梳理的红色点位实地查看。整理、收集232位常山籍或在常山活动过的重要党史人物生平史料及人物照片，形成《常山县中共党史人物》初稿。

【《常山县大事记（1921—2021）》出版】 2021年，县委党史研究室继续收集有关参考资料，开展《常山县大事记（1921—2021）》编辑工作。2021年6月，完成文字编写工作，报送上级部门审核并完成多轮修改。7月，正式内部出版，完成一次性印刷1000册，赠阅给112家部门单位。该书总计24万字，以大事概要形式记载1921—2021年间中国共产党团结带领常山人民解放思想、开拓创新、锐意改革、奋力拼搏的大事、要事，展现常山人民100年的奋斗足迹，反映常山在革命、建设、改革、发展的各个历史时期所取得的辉煌成就。

【常山县庆祝建党百年主题展】 2021年，县委党史研究室承办常山县庆祝建党百年主题展。3月起，设计展厅平面图并装修布展，并同步进行文字、图片等展览内容的整理工作，联系14家单位征集有关资料，召开展览修改讨论会7次。7月1日，展览正式对外开放，县委书记潘晓辉率领县委常委参观展览。展览以“百年峥嵘·筑梦常山”为主题，以常山党史发展为脉络，主要分“浴血奋斗 喜迎解放”（1921—1949）、“艰苦探索 曲折发展”（1949—1978）、“改革开放 铸就辉煌”（1978—2021）、“砥砺奋进 辉煌成就”四个篇章，全景再现1921年中国共产党成立以来，常山人民为实现人民解放奋起抗争、为实现民族复兴探索建设、为实现国家富强改革创新的历程。截至年底，近2000名党员干部进馆参观展览。

【县级党史教育基地命名】 2021年9月7日，县委党史研究室印发《关于做好首批县级党史教育基地命名推荐工作的通知》，共收到县退役军人事务局、县委党校、县旅投公司、招贤镇、辉埠镇、大桥头乡、新昌乡、东案乡、芳村镇9家单位报送的10处红色点位。初步梳理拟定18个预授牌的县级党史教育基地。经实地查看、2次讨论会研究，整理出10个拟命名的首批党史教育基地以及10个拟立牌的红色点位，完成指示牌草图绘制。制定《常山县党史教育基地命名和管理办法》，推动党史教育基地发展。

（陈慧群）

地方志工作

【概况】 2021年，常山县地方志研究室（以下简称县地方志研究室）完成《常山年鉴（2020）》出版发行工作，开展《常山年鉴（2021）》编纂工作，做好2021年常山县大事记采编，探索拟定地方志资料年报制度实施办法，推进《常山县电力志（1988—2020）》编纂指导工作。

是年，《常山年鉴（2020）》被评为浙江省精品年鉴。

【《常山年鉴（2021）》编纂工作】 2021年2月，县委办公室、县政府办公室联合发布《关于开展〈常山年鉴（2021）〉编纂工作的通知》，《常山年鉴（2021）》编纂工作正式启动。3月，县地方志研究室组织全县111家承编单位撰稿人参加撰稿业务培训。组织人员逐步完成催稿收稿、审稿反馈、总纂排版、送审、内部审改工作。截至年底，《常山年鉴（2021）》通过方志出版社审核，完成2轮内部审改。

（陈慧群）

常山县人民代表大会

Changshan County People's Congress

综述

【概况】 2021年，常山县人民代表大会常务委员会（以下简称县人大常委会）围绕加快建设“浙西第一门户”系列决策部署和目标任务，坚持“一切为了U”，聚焦“产业为王、工业强县”，忠实践行奋力推进“八大任务”、深化“八大行动”的主题主线，履行宪法和法律赋予的职责，为争当高质量发展建设共同富裕示范区县域典范提供经验实践，为推动经济社会稳健发展做出贡献。全年举行常委会会议11次，听取和审议专项工作报告6个，作出决议决定33个，任免国家机关工作人员75人次；召开主任会议18次，听取专项工作报告18个；开展执法检查2次，组织代表视察14次；对县资规局、县卫健局进行工作评议，发挥地方国家权力机关作用，完成县十六届人大五次会议确定的各项目标任务。

【社会经济审议】 2021年，县人大常委会持续关注国有资产管理使用情况，助推工业提振行动持续深入。听取和审议国民经济和社会发展计划执行情况报告。前期提前介入预算编制工作，中期及时批准财政预算调整方案，后期重视审计工作开展，做到前中后监督闭环管理。拓展监督内容，首次听取常山县住房公积金近三年使用情况的报告，加大对民生领域资金使用的监督力度。紧密联系县委中心工作，将工业提振行动作为全年监督重点，听取相关工作报告并组织代表视察常山县工业提振工作情况，有效推动全县工业经济高质量发展。

【农业农村环境审议】 2021年，县人大常委会听取和审议农村饮用水达标提标工程长效管理情况报告，重视粮食安全问题，开展粮食安全执法检查，听取常山县粮食安全工作情况报告，听取常山县食用菌产业发展情况报告，组织代表视察工程性项目矿产资源规范化处置情况，开展对县资规局工作评议，专题询问美丽乡村基础设施绩效情况。听取和审议2020年常山县环境保护目标完成情况和2021年环境目标制定情况的报告，听取常山县老旧小区改造推进情况的报告，组织代表视察交通重点项目政策处理情况。

【民生建设监督调研】 2021年，县人大常委会聚焦为民办实事项目，推动一批群众最关心、最直接、最现实的民生实事项目落地实施，推动民生持续改善。讨论2020年度民生事实项目完成情况评估报告，通过2021年度民生事实项目票决办法，票决通过2021年城乡公交提升工程、“安居提质”工程、城市“畅通工程”、人民医院感染病区扩建工程、“美丽通道”工程、文昌小学建设项目、全民健身中心项目、村卫生室标准化建设工程、“暖心助老”工程10个民生实事项目，听取关于2021年度民生事实项目完成情况的报告，视察城乡公交提升工程。初审关于常山县“十四五”时期城区学校布局优化情况的报告、卫生健康事业综合改革情况报告，听取常山县促进就业创业工作成效报告，组织代表视察交通重点项目政策处理情况、泓影文创园项目和全民健身中心项目建设情况、文昌小学新建项目、学前教育补短板工程实施情况、老旧小区改造推进情况，推动民生实事项目加快建设。

【推进依法治县】 2021年，县人大常委会深化依法治县实践，弘扬宪法精神，培育法治文化。听取和审议常山县第八个五年普法规划、法治政府工作和行政诉讼工作情况报告；听取县检察院推进认罪认罚从宽制度贯彻落实情况报告，组织视察基层法庭诉讼服务中心建设、公安智慧警务项目建设情况和社区矫正工作情况。开展《中华人民共和国退役军人保障法》《中华人民共和国国防法》执法检查和“法律巡视”，保障宪法、法律有效实施。出台《关于认真做好〈浙江省粮食安全保障条例》贯彻执行情况检查的工作方案》，配合省、市人大常委会开展立法调研，提出意见、建议55条。

【代表履职监督】 2021年，县人大常委会深化代表联络站升级版建设，优化矛调中心人大代表联络站运行机制，发挥“码上找代表”推广应用场景作用，不断创新代表履职载体、拓展代表履职渠道，延伸建立起“扫了有人理、理了有人办、办了有人督、督了有人评、评了有数据”的闭环处理，确保件件有回音、事事有着落，着力打造“常委会—人大代表—选民”互联互通的崭新格局。14名代表被评为代表履职先进个人、2件议案被评为优秀议案、11件建议被评为优秀建议，4个代表联络站被评为先进代表联络站。推进代表工作理论创新、平台搭建、制度完善。完善“‘8090’+人大代表”宣讲团制度，持续做好代表培训、服务和保障工作，健全常委会与代表的联络机制，完善代表履职“菜单式”服务，常态化开展代表接待选民和向选民述职活动，促进代表接待选民、群众工作的规范化、长效化。推进代表议案建议办理，督促“一府两院”优化议案建议办理工作机制，提高议案建议办理解决率。加大议案建议督办力度，119件议案建议按期办理并答复代表，所提问题得到解决或计划逐步解决的占建议总数的80.7%。县领导以人大代表身份带头到联络站开展联系群众主题活动。四级人大代表进站接待选民700人次，收集意见建议260多条，并反馈给县政府研究落实。分2批次组织60名机关干部和基层代表到延安红色革命培训基地履职培训。深化代表“菜单式”参与常委会监督议题，全年邀请99名代表列席常委会会议，参加视察、调研、执法检查等活动400人次。

【加强自身建设】 2021年，县人大常委会深入学习贯彻党的十九届六中全会和中央人大工作会议精神，以“四个机关”建设为抓手，开展谋划有政治定力、有严明纪律、有大局观念、有法治思维、有为民情怀、有责任担当、有时代朝气、有学习氛围的“八个有”新时代人大机关干部队伍建设。召开县、乡两级人大专题读书会；学习省市人大相关会议精神，抓好机关各项工作落实。全年发布微信公众号37期，在市级以上媒体发表稿件200多篇。履行党风廉政建设工作责任，落实“三会一课”、谈心谈话、主题党日等制度，推动全面从严治党向纵深发展。重视发挥制度建设的引领和规范作用，完善县人大常委会各项议事规则及机关学习培训、财务、会议等规章制度，推动机关工作更加规范化和制度化。开展“沿着足迹学党史”党员教育活动，组织40多名机关干部和乡镇（街道）人大主席（工委主任）到西源革命纪念馆现场学习。开展庆祝建党100周年活动，组织老干部40多人到球川镇后弄村红色革命纪念馆参观学习。

（黄　波）

重要会议

【县十六届人大五次会议】 2021年2月2—4日，常山县第十六届人民代表大会第五次会议召开。会议听取和审议县政府工作报告、县人大常委会工作报告、县法院工作报告、县检察院工作报告；审查常山县2020年国民经济和社会发展计划执行情况及2021年国民经济和社会发展计划草案的报告，审查、批准常山县2020年国民经济和社会发展计划执行情况的报告、2021年国民经济和社会发展计划；听取和审查常山县2020年财政预算执行情况和2021年财政预算草案的报告，审查、批准常山县2020年财政预算执行情况的报告和2021年财政预算；票决通过2021年度县政府民生实事项目；补选舒燕华为常山县人民法院院长；补选常山县第十六届人大常委会委员12人。

【县十六届人大常委会会议】 2021年，县十六届人大常委会召开会议11次。

1月15日，县十六届人大常委会举行第三十八次会议。会议初审县政府关于常山县2021年政府性投资重点项目安排情况的报告；初审常山县国民经济和社会发展第十四个五年规划纲要编制情况的报告；初审县政府关于常山县2020年预算执行情况和2021年预算草案的报告及审查意见(草案)；初审县政府关于2021年度民生实事候选项目建议情况的报告；初审县十六届人大五次会议有关工作报告（送审稿）；讨论提出2021年度县政府民生实事项目票决办法（草案）；讨论通过县十六届人大五次会议预备会议日程（草案）；讨论提出县十六届人大五次会议日程（草案）、大会议案截止日期（草案）等事项；听取和审议有关人事事项。

1月30日，县十六届人大常委会举行第三十九次会议。会议讨论提出县十六届人大五次会议主席团和秘书长名单、财政预算审查委员会名单、主席团常务主席名单、执行主席分组名单、副秘书长名单、各代表团召集人名单、大会选举办法等相关草案；讨论通过县十六届人大五次会议列席人员名单（草案）；表决通过县十六届人大常委会2021年工作要点；听取和表决通过代表资格审查报告（草案）；听取有关人事议案及说明；听取和表决通过县人大常委会主任会议关于决定代理职务的议案；决定任命李湘虹、姜光明为常山县人民政府副县长，免去姚金环、姜雪峰的常山县人民政府副县长职务；决定接受王小红辞去常山县人民法院院长职务的请求，决定任命舒燕华为常山县人民法院副院长、代院长；还表决通过其他有关人事事项。

2021年2月3日，常山县第十六届人民代表大会第五次会议开幕

（县人大常委会办公室 供图）

4月2日，县十六届人大常委会举行第四十次会议。会议听取和审议县政府关于2020年常山县环境保护目标完成情况和2021年环境目标制定情况的报告；听取和审议县政府关于东案乡金源村、东案村历史文化名村及县北门历史文化街区保护规划的报告；审议通过有关人事事项。

5月28日，县十六届人大常委会举行第四十一次会议。会议听取县政府关于常山县国有资产管理使用情况的综合报告、关于常山县国有企业资产管理情况的报告；听取县公安局关于要求许可对县十六届人大代表詹乐乐采取刑事强制措施的报告，表决通过对詹乐乐依法采取刑事强制措施事项。

6月28日，县十六届人大常委会举行第四十二次会议。会议表决通过有关人事事项，决定接受刘石平提出的辞去常山县第十六届人大常委会主任职务的请求。

7月29日，县十六届人大常委会举行第四十三次会议。会议听取和审议《常山县人民代表大会常务委员会关于新一届乡镇人民代表大会代表名额的决定（草案）》；听取和审议关于常山县2021年1—6月国民经济和社会发展计划执行情况的报告；听取和审议关于常山县行政诉讼工作情况的报告；听取和审议县政府关于2020年财政决算的报告；听取和审议县政府关于2021年1—6月财政预算执行情况的报告；听取和审议县政府关于3个街道2021年1—6月预算执行情况的报告；审议县政府关于县经济技术开发区管委会、县农业农村局、县文广旅体局2021年1—6月预算执行情况的书面报告；听取和审议县政府关于2020年度县级预算执行和其他财政收支的审计工作报告；表决通过有关人事事项，决定任命姜苏州为常山县人民政府副县长。

9月18日，县十六届人大常委会举行第四十四次会议。听取县政府关于县十六届人大五次会议议案建议办理情况的报告；听取县政府关于常山县卫生健康事业综合改革情况的报告；听取县政府关于常山县“八五”普法规划制定情况的报告及县人大常委会关于开展“八五”普法的决议（草案）起草说明；听取有关人事事项及说明；听取县公安局关于要求许可对县人大代表何水平采取行政拘留处罚的报告。

10月25日，县十六届人大常委会举行第四十五次会议。会议讨论和通过关于县、乡两级人民代表大会换届选举有关事项的决定；讨论和通过关于设立常山县选举委员会的决定；讨论和通过关于任命各乡镇选举委员会、街道选举办事处组成人员的决定；讨论和通过关于调整常山县第十六届人大常委会代表资格审查委员会成员的决定；审议通过有关人事事项，决定任命黄晓彬为常山县人民政府副县长。

11月27日，县十六届人大常委会举行第四十六次会议。会议决定接受张少华因工作变动提出的辞去常山县人民政府县长职务的请求；接受何健、姜苏州、傅淑梅因工作变动提出的辞去常山县人民政府副县长职务的请求；决定任命王永明、许露华、邱雪萍、方育娟为常山县人民政府副县长；决定王永明代理常山县人民政府县长职务。决定接受王荣国因工作变动提出的辞去常山县监察委员会主任职务的请求；决定任命陈水清为常山县监察委员会副主任，代理常山县监察委员会主任职务。决定接受姚俊宏辞去常山县人民检察院检察长职务的请求；决定任命朱聪颖为常山县人民检察院副检察长，代理常山县人民检察院检察长职务；表决通过其他有关人事事项。

12月6日，县十六届人大常委会举行第四十七次会议。会议听取和审议县政府关于2021年政府性投资重点项目计划调整方案的报告；听取和审议县政府关于提请审议批准2021年常山县地方政府债务限额方案（草案）的议案；听取和审议县政府关于提请审议2021年常山县财政预算调整方案的议案；听取和审议县政府关于常山县2021年法治政府建设工作情况的报告；听取和审议有关人事事项。

12月21日，县十六届人大常委会举行第四十八次会议。会议审议通过关于召开常山县十七届人大一次会议的决定；审议通过县十六届人大常委会代表资格审查委员会关于常山县第十七届人民代表大会代表资格审查的报告；听取和审议县政府关于《常山县2020年度财政预算执行和其他财政收支的审计工作报告》反映问题整改情况的报告。

（黄　波）

重要活动

【领导调研】 2021年11月17日，市人大常委会主任吴国升一行到常山调研换届选举工作。吴国升先后考察调研青石镇全域土地综合整治项目、工业经济发展情况，以及天马街道选民登记系统实操情况，并召开座谈会。县委书记潘晓辉陪同调研座谈。

【工作评议】 2021 年，县人大常委会依法对县资规局、县卫健局进行工作履职评议，广泛征集被评单位、人大代表、服务对象意见建议，发放调研问卷 587 份，收回 587 份，调查收集、梳理反馈意见 151 条；召开不同层面座谈会 20 多次；提出评议意见 90 多条。

（黄　波）

小资料：人大代表优秀议案

关于助推常山县民营企业克服疫情影响、健康发展的议案

一、案由

2020 年以来，突如其来的新冠肺炎疫情对民营企业相对集中的制造业、交通运输和旅游餐饮等服务业的冲击极大。愈演愈烈的国外疫情更是雪上加霜，常山县民营企业也难以幸免，复工复产难，部分行业经营困难。疫情引发了一系列问题，结构性、素质性矛盾重新显现，外向型和内向型需要重新布局，政府、企业、银行需要共克时艰，就业与劳资纠纷问题需要引起关注。

二、案据

受疫情影响，常山县民营企业普遍受到较大冲击，据统计，2020 年一季度，全县规模以上工业产值比上年下降 11.9%，其中 5 家企业停业、78 家企业产值下降。主要困难表现在 3 个方面：

1. 产业链：影响传导。下游的产品销售、服务等大面积暂停经营，合同履行和延续困难，订单流失较多，同时物流成本也大幅增加。部分制造业订单因交付延迟，生产企业将面临扣款和失信，特别是对外贸易，受国际疫情影响，出口货物累次展期，产品库存严重。

2. 供应链：流通不畅。在分工协作大背景下，许多企业的物料运输、零部件加工、销售等不同环节分布在区域乃至全国。疫情的特殊时期，就导致零配件供应不足，运输时限明显延长，原材料采购成本增加。

3. 资金链：周转困难。在难以正常生产、销售的情况下，企业预期现金收入难以实现，资金回笼不及时，生产经营活动难以正常开展，尤其在风险上升期银行惜贷心理上升，对实体经济尤其是中小微企业而言，一旦碰到企业偿债高峰期，民营企业资金链就极有可能断裂，会导致破产等一系列风险，影响后续经济走势。

据前期走访调查，1/3 的企业表示已无订单，下一步要考虑息业或轮休，该类企业主要是外向型或较高外向度的企业，如纺织、服装和金属加工等。1/2 的企业表示只能维持 1 ~ 3 个月，并且前景不乐观，该类企业主要是内向型或间接外向型企业，如装备制造、冷柜、轴承及电子等行业；有 33.7%的企业表示政策刚性差或政策落不了地，有 58.8%的企业表示产品积压资金困难，有 68.8%的企业表示希望政府加大扶持力度，特别是在降低经营成本方面。

三、建议

1. 做好更坏的心理准备。如果疫情在全球范围内控制不住，有可能陷入一场前所未有的社会经济危机，成为世界经济衰退的加速器。常山县民营企业可能面临严峻的考验，对此，我们要做好更坏的心理准备。

2. 做好政策的落地完善。一方面，要抓紧相关已出台政策的兑现，包括原来产业扶持政策和疫情专项政策，特别是降费和政府贴息贷款方面。另一方面，要重新制定和完善民营扶持政策，特别是面对全球疫情影响而造成的企业生产经营困难方面，加大扶持力度，帮助企业渡难关。

3. 做好与上级政策的对接。随着疫情的深度影响，国家、省级层面预计将出台更具刚性更有力度的扶持政策，对此，我们要做好研究和项目储备工作，如产业政策、出口企业渡难关政策、项目审批和金融政策等。

4. 做好风险化解处置预案。如果疫情得不到控制，常山县部分民营企业将面临各种风险。一

方面，产品积压滞销、合同履行纠纷、资金链断裂、银行利息逾期、不良资产增多等，出现新一轮的僵尸企业；另一方面，由于大面积企业停业而引发劳资纠纷而影响社会稳定。我们要做好各种应对处置预案，建议成立企业帮扶和处置专班，化解各类矛盾，维护社会稳定。

5. 加速新业态新模式转型。在这次疫情中，传统产业普遍受到冲击，尤其以餐饮住宿、批发零售、旅游休闲等为代表的劳动密集型传统服务业在疫情中受影响最大，资金链紧张，生存受到威胁。与此同时，以新经济形态、新经营模式为代表的线上产业则获得难得的发展机遇和拓展空间。特别是数字经济迎来重要发展契机。普通民众对数字经济的接纳度出现飞跃，居家隔离使大批非网络活跃人群如中老年人加入网上买菜、买药、订餐的队伍，逐步适应新的消费方式。一旦消费习惯形成，就会被保留下来并轻易不会改变。因此要加强引导企业吸取经验、谋划布局，把握数字经济发展契机，加速产业互联网发展实践，优化产品供给、拓展线上渠道、创新服务模式，在产业加速分化中提升产品链和价值链。

6. 做好新项目的谋划落地。疫情带来负面影响的同时，我们应该看到或捕捉新的机会、新的产业、新的商机。随着全球产业布局的重新洗牌，一些新的行业和产业链中补链产业将会寻找新的空间。我们要做好谋划和对接工作，一是要留足发展空间，做好平台的提升提质工作。二是要做好信息捕捉和招商引商工作。三是要抓好“百年一遇之大变局”机遇，对接国外转移的专家人才和科技专利，化危为机，开创全县工业经济新局面。

7. 充分发挥行业协会（商会）作用。引导行业协会（商会）协调资源，帮助民营企业宣传展示企业、提升品牌，鼓励大企业与中小企业互利合作，积极表彰和宣传在抗疫之战中表现优异的民营企业家，增强企业家信心。

（宁 歆）

关于加快常山数字经济建设的议案

一、案由

所谓数字经济，是以“互联网+”的理念，以数字信息化为平台，大大缩短生产者与消费者之间距离，降低生产性企业管理成本，推动产品从需求侧向供给侧变革，重塑传统产业结构和形态，催生众多新产业、新业态、新模式，促进实现经济高质量发展的重要途径。以云计算、大数据、物联网、人工智能等为代表的新经济正在茁壮成长，正引领人类社会由工业经济时代进入数字经济时代。中共十九大报告指出，要推动互联网、大数据、人工智能和实体经济深度融合，在中高端消费、创新引领、绿色低碳、共享经济、现代产业链、人力资本服务等领域培育新增长点、形成新动能。2017 年中国数字经济规模已达 4700 亿元，2018 年增至 6000 亿元，2020 年突破 1 万亿元，发展势头强劲。

二、案据

近年来，常山积极响应浙江省委、省政府数字经济“一号工程”的工作要求，坚持以“产业数字化、数字产业化”为主要导向，聚焦数字经济产业平台、数字经济新业态新模式建设，研究制定《常山县工业数字化转型三年行动计划（2020—2022 年）》，持续发力推进数字经济发展。浙江省经济和信息化厅发布了《2019 浙江省数字经济发展综合评价报告》，报告显示，常山县数字经济发展综合评价指数得分为 68.1 分，比 2017 年提高 4.1 分，位次比 2017 年前进 7 位，位列衢州全市 6 个县（市、区）中第 2 位。其中，在产业数字化方面，常山评价得分 97 分，在浙江省 89 个县（市、区）中排名第 27 位，位居全省前列。而数字化经济带来的惊喜是显而易见的，疫情期间人员的有效控制与取得抗击疫情的阶段性胜利更是数字化产业的体现，时任县委书记叶美峰在 2020

年3月利用“互联网电商+直播”的数字化模式销售胡柚，两个小时达60万人观看，共卖出110多吨常山胡柚。疫情期间很多商家利用数字经济助力销售，助力复工复产，可谓帮了大忙，更说明数字经济的重要性。

三、建议

1. 提高数字资源整合利用水平，加快建设常山县级数字政府。常山县数字经济尚处于开局起步阶段，而更多的侧重工业数字经济与政府营商云数字化（“最多跑一次”），而对于民间真正有品牌有作为的本土企业却少有。常山县级政府数字化服务平台——常山慢城通，应加速平台真正搭建，完成“城乡公共信息服务中心”集合点，加强常山县城市公共信息服务平台、一体化政务服务平台于一体的“常山慢城通”App建设，全面实现一号通办。推动“最多跑一次”改革向农村偏远地区延伸，充分发挥乡镇便民服务中心集中办事功能，充分拓展社会第三方办事渠道，实现政务服务事项“就近办”“马上办”“线上办”和“一次办”。推动社会保障卡、居民健康卡、金融IC卡、公交便民卡等深度融合应用；深化法院、检务、司法、信访等信息化建设，大力推进平安城市等基层社会治理大数据数字化建设，让数字化经济更贴近民生。

2. 希望政府能出台相关配套政策，强化有效服务保障，加大对数字创新主体的精准扶持力度。常山县普通市民对数字经济的认识度还不够全面，甚至存在一定的偏见，对数字经济产业没有清晰的概念。应利用相关部门与民间宣传渠道进行多方位宣传，提高数字经济在市民当中的认知度，建议制定出台特色强、力度足、范围广的数字经济配套政策，以助推常山县大数据、“互联网+”等产业企业、领军企业的引进；规范本地数字经济产业，做实做精，让更多民众了解和重视数字化经济，更多人在数字化经济红利期得到利益，比如疫情下的直播数字经济。

（郑安军）

常山县人民政府

Changshan County People's Government

综 述

【概况】 2021 年，常山县人民政府（以下简称县政府）坚定不移落实新发展理念，深入实施强发展、求突破、勇争先“八大行动”，攻克一批历史遗留的堵点难题，干成一批牵引全局的大事要事，打响一批独具特色的创新品牌，形成稳中有进、进中向好、好中提质的态势。全县完成地区生产总值 187.6 亿元，比上年增长 9.8%，分别高于全国、全省、全市 1.7 个、1.3 个和 1.1 个百分点，排名全市首位；财政总收入 24.8 亿元、一般公共预算收入 15.0 亿元、税收收入 13.3 亿元，分别比上年增长 24.5%、23.1%、25.2%，三项收入指标增幅均列全市第一位；全年完成固定资产投资 93.0 亿元，比上年增长 20.3%；规模以上工业增加值比上年增长 12.1%；城镇居民人均可支配收入增速位列 26 县和全省首位；社会消费品零售总额增速从年初全市末位跃升至首位。全域土地综合整治与生态修复、服务纾困小微企业和个体工商户、鼓励和支持就业创业政策 3 个事项获省政府督查激励，排名全市第一。

【主导产业转型发展】 2021 年，常山县聚焦高端装备制造业、“两柚一茶”两大主导产业，出台轴承产业“二次崛起”发展政策，入围全省第一批产业大脑建设试点“揭榜挂帅”名单。出台“科技十条”，打造精密基础件、油茶产业创新服务综合体，常山胡柚省级农业科技园列入省级创建名单，两大主导产业产值分别达到 60 亿元、20 亿元。制订《常山“两柚一茶”产业高质量发展（2021—2025 年）行动方案》，实施“百千万”基地建设，新增“双柚”基地 4000 亩，常山胡柚总产量 13.6 万吨。全面推进化工园区整治提升，开发区提质转型工作。淘汰落后产能，专项治理高耗低效企业；聚焦新都片区的“僵尸企业”、亩均税收万元以下等企业，加快推进开发区提质转型攻坚行动，完成签约企业 62 家，签约率达 98.4%。

【投资消费优化】 2021 年，常山县持续推进重大制造业项目建设，投资需求稳定回升，实现一般企业投资项目开工前审批最多 50 天，政府投资项目最多 60 天，企业投资最多 80 天。紧盯提效争先，项目攻坚促投资，年度重点项目已开工 165 个，145 个项目已入库出数；固定资产投资取得重大突破，全年完成固定资产投资 92.9 亿元（其中县重点项目完成 76.1 亿元），增速 20.3%，排名全市第一，走在山区 26 县前列。依托“浙里来消费”平台，开展促消费活动，提升销售业 3000 多万元。推动传统商贸零售企业数字化改造提升，布局小够社区 25 个、智能售货机 20 台、谷舞无人智能生鲜柜 70 个、“智慧校园新零售”站点 1 个。加快推动电商发展，全县 7 个行政村被评为浙江省电商专业村，招贤镇被评为浙江省电商镇。

【生态环境提升】 2021 年，常山县城区空气优良率达 98.6%，常山港地表水、饮用水源地和出境水断面水质百分百达标，土壤污染地块安全利用率、一般工业固体废弃物综合利用率均达 100%。常山县创成省级生态文明建设示范县，入围全省首批低碳试点县创建单位名单，被评为省第三批清新空气示范区、省级全域旅游示范县、全省美丽城镇优秀县。村上酒舍被评为全国首批甲级民宿。清运焚烧处置生活垃圾 6.69 万吨，提前实现“零填埋”，生活垃圾分类收集覆盖面、资源化利用率、无害化处理率达 100%。

【城乡风貌整治提升】 2021 年，常山县启动城乡风貌整治提升行动，在衢州市率先成立专班并实体化办公，完成《常山县城乡风貌整治提升行动方案》编制，以“锦绣山川、宋韵常山”为愿景，明确“一轴一心，三区两带多点”的总体城乡风貌格局，渡口未来社区一期工程提前完成年度计划任务，二期开工建设。芳村镇、白石镇被评为美丽城镇省级样板镇（全市仅7个），何家乡、辉埠镇、东案乡、新昌乡被评为省级达标镇。成功创建省级新时代美丽乡村示范县，全年建设美丽乡村21个、精品村3个、历史文化古村落重点村3个。实施45个村"万家灯火"和50座农村公厕建设，农村垃圾分类覆盖率达90.5%。聚焦未来新社区共富单元建设，重点打造芳村、同心、渣濑湾3个未来乡村试点。高质量推进46.6千米诗画风光带建设，打造重点项目28个，其中"金色同弓"田园综合体、"柚香谷"产业园被列入省级农村产业融合发展示范园创建名单。

【改革领域创新突破】 2021年，"两山银行"常山模式向全国发布，生态云脑成功上线，列入"一地创新、全省共享"应用项目共建单位。推出"胡柚低碳U码"等特色应用场景，意外伤害"医"触即办应用场景获全省数字社会最佳案例。国投公司、城投集团分别成功获批18亿元公司债、8亿元企业债，国有公司完成重点项目投资32亿元。常山县入选全省唯一的国家智能社会治理实验（社区治理）特色基地。率先探索实施"大综合一体化"县域集成改革，获评全省有辨识度、有影响力法治建设成果。慈溪—常山山海协作"产业飞地"率先开工，成为全省典型。

【民生福祉提升】 2021年，常山县启动学前教育普及普惠县创建工作，加大公办园建设，积极开展薄弱园整治，关停3个小规模无证园。截至年底，等级幼儿园比例达94.5%，优质园覆盖面达73.9%，比上年增长12%，居衢州市第一位。推进教育高质量发展，高考实现"六连增"，特殊类型招生控制线上线325人，上线率达21.20%，"双一流"大学录取143人，录取率达9.33%，均居6个县（市、区）第一；中考实现"五提升"，文化课平均分首次超过市均分。支持就业渠道多样化，发放高校毕业生到中小微企业就业补贴4.5万元；发放小微企业招用高校毕业生社保补贴11.8万元；发放就业困难人员社会保险补贴1081.5万元。城镇登记失业率为1.5%，低保惠民政策覆盖率超99%，低收入农户人均可支配收入增长16.4%，村集体经营性收入20万元以上村实现全覆盖。在衢州市率先建立县乡村三级助联体（共44家，其中县级1家、镇街级4家、村社级39家），构建"政策内救助+政策外帮扶"的联合救助模式，发放低保救助金8303.71万元；特困供养对象673人，发放特困救助金1236.24万元。

【文体事业发展】 2021年，常山县培育"常山漫居"精品民宿，村上酒舍列入国家首批甲级民宿，彤弓山居入围省级白金宿。金源模式入选全省首批"文旅助力共富最佳实践案例"。推进"诗画浙江·百县千碗"工程，打造华府等10家常山鲜辣美食体验店。开发研学游产业，推出常山十大中小学生研学游精品线路。打造"云游常山"智慧文旅系统，实现在线预约、社保卡刷卡入园、智能导游导览等功能。推进"微改造精提升"工作，全县累计完成224个项目梳理和填报工作，完成总投资7.47亿元，完成率达101.22%，发现问题和解决问题数达1461个。重大活动赛事精彩不断。举办省青少年山地自行车冠军赛、青少年国际跳棋锦标赛、第四届体育大会5个项目、市第六届体育运动会、首届"YOUYOU"乡村音乐节、常山县第二届喝彩擂台赛等赛事活动。全年组织参加市级以上体育比赛，获省级金牌9枚、银牌5枚、铜牌7枚；市级金牌32枚、银牌15枚、铜牌16枚。对外推介宣传精准发力。围绕"一切为了U"城市品牌，到重庆、安徽、江西、义乌等重点客源地开展营销推介，全县累计接待游客146.3万人次，实现旅游总收入14.7亿元，旅游经济发展指标位居全市前列。

（黄敏媛）

县政府常务会议

【县政府第111次常务会议】 2021年1月4日召开，县长张少华主持。会议学习《浙江省行政规范性文件管理办法》，听取“惠衢保”工作推进情况汇报，审议《关于建立和完善常山县房地产市场平稳健康发展长效机制工作方案（送审稿）》，讨论《“金川之夜”常山江一江两岸夜游基础设施配套项目设计、采购、施工总承包（EPC）招标方案（送审稿）》。

【县政府第112次常务会议】 2021年1月11日召开，县长张少华主持。会议传达全省危化品生产事故防范视频会议精神及全市化工行业安全整治提升攻坚行动动员大会精神，审议《常山县国民经济和社会发展第十四个五年规划和二〇三五年远景目标纲要（送审稿）》，听取关于2021年重点建设及重大前期项目计划编排工作的汇报，审议《关于对〈常山县农民集聚工程操作办法〉若干问题的补充说明（送审稿）》，讨论《常山县2021年财政预算方案(送审稿)》。

【县政府第113次常务会议】 2021年1月18日召开，县长张少华主持。会议听取当前常山县疫情防控工作情况汇报，研究《2021年春节期间“送温暖”活动实施方案（送审稿）》《关于组织开展外来员工“我在常山过大年”活动的通知（送审稿）》《关于支持工业企业稳岗留工促生产的通知（送审稿）》，听取《常山金色同弓田园综合体项目投资合作协议（讨论稿）》、关于2021年度县政府民生实事初选项目情况的汇报、《2021年政府工作报告（送审稿）》。

【县政府第114次常务会议】 2021年2月5日召开，县长张少华主持。会议学习习近平法治思想参阅材料汇编，传达学习习近平总书记在中央全面依法治国工作会议上的重要讲话精神、省“两会”及省委书记袁家军参加衢州代表团审议时的讲话精神、全国安全生产电视电话会议精神及全省安全生产暨消防工作电视电话会议精神，听取关于落实全市化工安全整治提升攻坚行动情况的汇报，审议《常山生态园区地下渗漏水污染整治方案（送审稿）》、听取关于利安隆公司超标废水渗漏外环境问题处置情况的汇报，审议《常山县光伏小康工程收益分配办法（送审稿）》，听取关于赛得健康小镇相关发展问题的解决建议，审议《常山县狮子口片区集体土地征收房屋补偿安置方案（送审稿）》，听取关于常山县旧城改造（狮子口片区）采用区域整体投资建设运营一体化方案及后续政策支持的情况汇报。

【县政府第115次常务会议】 2021年2月18日召开，县长张少华主持。会议审议《关于给予县委组织部等7家单位记集体三等功和常山县科技局等11家单位嘉奖的决定（送审稿）》，专题学习领导干部报告个人有关事项“两项法规”和“易错易漏点”。

【县政府第116次常务会议】 2021年2月22日召开，县长张少华主持。会议传达学习全省全面推进数字化改革大会精神、省委书记袁家军在未来社区试点建设工作座谈会上的讲话精神和全市未来社区建设工作推进会精神，听取县域数字化改革工作情况汇报、常山县未来社区创建工作情况汇报、“县乡一体、条抓块统”县域整体智治改革工作汇报、《关于进一步深化“智汇常山工程”的若干意见》汇报（审议稿）、关于违规发放奖励性补贴清退工作的情况汇报，研究关于投资建设赛得医院和健康管理中心事宜。

【县政府第117次常务会议】 2021年3月1日召开，县长张少华主持。会议研究《常山县油茶产业高质量发展三年（2021—2023）行动方案（送审稿）》《常山县山地新增造林和油茶保供造林扶持政策（送审稿）》，听取《关于2020年常山县环境保护目标完成情况和2021年环境目标制定情况的报告》，审议《2021年常山县政府投资项目资金安排计划（送审稿）》。

【县政府第118次常务会议】 2021年3月8日召开，县长张少华主持。会议传达学习全国和全省安全生产会议精神并研究常山县贯彻落实意见，听取关于常山县政府常年法律顾问服务竞争性磋商方案的情况汇报、常山县美丽乡村同弓片区全域打造（未来社区）一期工程情况汇报、关于杭州大和热磁电子有限公司年产20万套半导体装备制品和半导体装备精密及消费电子设备制造项目工业项目入园协议书的情况汇报。

【县政府第119次常务会议】 2021年3月15日召开，县长张少华主持。会议传达学习市长汤飞帆调研常山“两山银行”改革试点工作时讲话精神并研究常山县贯彻落实意见，听取关于开展耕地抛荒整治坚决制止耕地“非农化”防止耕地“非粮化”和稳定发展粮食生产专项行动的实施方案的汇报、常山县打造“有礼之城”工作情况汇报和关于进一步完善国资监管制度的汇报，研究《常山县生态园区环境综合整治工作方案》，审议《常山县北门历史文化街区保护规划》《常山县东案乡金源村历史文化名村保护规划》《常山县东案乡东案村历史文化名村保护规划》和《常山县国企市场化改革阶段性评估报告》。

【县政府第 120 次常务会议】 2021年3月31日召开，县长张少华主持。会议传达浙江省第四届体育大会筹备工作委员会第一次会议精神并部署下步工作，审议《关于加快“常山漫居”民宿发展的实施意见（送审稿）》《常山县行政案件败诉责任追究办法（试行）（送审稿）》《常山县生态园区天然气分布式能源项目（集中供热二期）实施方案》《常山县加快推进“大综合一体化”行政执法改革试点方案》，听取《关于常山县防汛、地质灾害工作的情况汇报》，研究《常山县芳村镇农民异地搬迁安置区B区块安置房建设11号、12号楼116套安置房及23套商品房定价》《上海温嘉实业有限公司“小乔”科技健身器材、小家电系列产品项目工业项目入园协议书》。

【县政府第121次常务会议】 2021年4月12日召开，县长张少华主持。会议听取《关于县政府及县政府办公室行政规范性文件清理工作汇报》《关于2020年度常山县政府质量奖评审工作情况汇报》。

【县政府第122次常务会议】 2021年4月26日召开，县长张少华主持。会议传达全市营商环境建设暨国家信用体系建设示范区创建推进会议精神，审议《常山县建设高水平交通强县实施方案》《常山县交通工作“百日攻坚”行动实施方案》《常山县农村公路管理办法》，听取“联盟大道”进展情况及下步工作汇报、关于常山县“两山银行”工作情况汇报、关于常山港治理二期工程管理用房相关情况汇报和《常山县2021年度基本医疗保险业务经办政府购买服务项目（初稿）》，研究《常山县防治慢性病“十四五”规划（送审稿）》。

【县政府第123次常务会议】 2021年5月13日召开，县长张少华主持。会议传达学习全市“遏重大”工作推进会精神，审议《常山县人民政府2021年度重大行政决策事项（送审稿）》《阳光名都北侧地块安置用房回购要约相关事项》，听取《关于2020年度全县国有资产管理情况的综合报告》《关于2020年度全县企业国有资产管理情况的专项报告》《常山县招贤镇泉目山渡口“5·10”凉亭倒塌事件调查情况汇报及下步防范措施》《关于明确农投集团参与主城区旧城改造相关事项的汇报》，研究《关于进一步加快推进企业对接多层次资本市场的实施意见》《渡口未来社区国有和集体土地上房屋征收补偿安置方案》《常山县渡口未来社区一期项目EPC招标事项》。

【县政府第124次常务会议】 2021年5月28日召开，县长张少华主持。会议传达学习全省建设新时代美丽浙江暨中央生态环境保护督察整改工作推进大会精神，听取第二轮中央生态环境督察未完成整改的交办信访件整改情况汇报、全县五水共治情况汇报，研究《关于加快推进轴承产业发展的若干政策（试行）（送审稿）》。

【县政府第125次常务会议】 2021年6月21日召开，县长张少华主持。会议传达学习习近平总书记关于安全生产的重要指示精神及全国安全生产电视电话会议和省市续会精神，审议《常山县辉埠镇等7个乡镇（街道）综合行政执法改革工作实施方案》《常山县发展文化旅游产业的六条补充政策（试行）》《常山县旅游业“微改造、精提升”五年行动实施方案（2021—2025年）（送审稿）》《常山县创建国家全域旅游示范县工作方案（送审稿）》《关于做好常山县被征地农民参加基本养老保险衔接工作的通知（送审稿）》，听取全县建党100周年安保工作情况汇报、常山县化工行业安全整治提升攻坚行动上半年度工作情况汇报、违建别墅和“大棚房”整治相关会议精神及常山县贯彻落实情况汇报和关于常山县生态环境保护“十四五”规划的汇报。

【县政府第126次常务会议】 2021年7月6日召开，县长张少华主持。会议听取常山县调整优化农民集聚工程相关政策的汇报、维和药业（妙香苑）销售总部及仓储项目享受中介招商奖励情况汇报、《关于引进车辆保险网络平台有关事项的建议（送审稿）》、关于重新签订常山杉杉城市商业综合体项目投资合作协议补充协议（讨论稿）情况汇报、常山县新昌乡泰安村历史文化古村落保护与利用项目设计、采购、施工总承包（EPC）招标事项汇报，研究《常山县服务企业“组团挂联”工作机制（征求意见稿）》《常山县2021年营商环境建设实施方案（送审稿）》《常山县营商环境“清障”行动工作方案（送审稿）》，审议《关于青石镇等8个乡镇实行城市化（城市市容和环境卫生）管理区域范围的公告》《国开行“共同富裕”资金融资及常山县美丽通道建设工程实施意见》《常山县2021年招商引资考核办法（送审稿）》《常山县中介招商奖励办法（送审稿）》《常山工业园区循环化改造示范试点园区建设项目及专项资金管理办法（2021年修订）（送审稿）》《常山县辉埠至何家公路项目国有土地上房屋征收补偿方案（送审稿）》《钱塘江治理常山县常山港治理一期工程建设项目集体土地征收房屋补偿安置方案（征求意见稿）》《浙江常山慈孝文化园项目投资合作协议（送审稿）》《石博园项目建设投资框架协议》《常山县职工疗休养管理模式创新方案》。

【县政府第127次常务会议】 2021年7月19日召开，县长张少华主持。会议审议《常山港出境水乡镇（街道）考核奖惩办法（试行）（送审稿）》《关于常山县经济开发区新都片区“腾笼换鸟”促进转型发展专项行动方案（送审稿）》，研究《关于常山县公铁路衔接型综合客运中心项目实施模式的建议》《关于浙西窗口服务区南北场地联络通道工程项目实施模式的建议》，听取《关于县第十六届人大五次会议正式议案和县政协九届五次会议重点提案的答复》。

【县政府第128次常务会议】 2021年8月2日召开，县长张少华主持。会议传达学习副省长徐文光在桐庐召开城乡风貌整治提升暨未来社区建设工作现场会上的讲话精神，审议《关于给予紫港街道等3家单位记集体三等功、徐升等3人记个人三等功和县市场监管局等29家单位记集体嘉奖的决定（送审稿）》《云创数字经济产业园项目投资协议书（送审稿）》。

【县政府第 129 次常务会议】 2021 年 8 月 17 日召开，县长张少华主持。会议传达学习省委书记袁家军、省长郑栅洁到常山县调研的指示精神及听取分工抓落实情况的汇报，传达学习市长高屹在全市房地产平稳健康发展工作会上的讲话精神并听取常山县房地产市场情况，审议《常山县工业强县“1+10+5”方案（送审稿）》《2021 年常山县重点项目“百日会战”暨深化“七比七赛”行动方案（送审稿）》，听取 2021 年常山县重点建设及重大前期项目中期调整情况汇报、常山县天马污水处理厂三期清洁排放技术改造项目污水处理服务费谈判情况汇报、《县十六届政府第六次全体（扩大）会议报告》和关于常山县调整优化农民集聚工程相关政策的汇报。

【县政府第 130 次常务会议】 2021 年 8 月 30 日召开，县长张少华主持。会议传达学习《浙江省贯彻落实习近平总书记重要讲话精神，加快推动长江经济带高质量发展若干措施》文件精神，讨论《中国观赏石博览馆观赏石续租有关事项》，审议《关于明确城区危旧房治理改造安置区地下储藏室面积结算方式和地下车位价格的报告（送审稿）》。

【县政府第 131 次常务会议】 2021 年 9 月 13 日召开，县长张少华主持。会议传达超强台风“灿都”防御工作视频会议精神并听取常山县防台工作情况汇报，听取全县疫情防控工作情况汇报、常山县“两柚一茶”产业高质量发展（2021—2025 年）行动方案的汇报，学习《浙江省数字经济促进条例》，审议《常山县经济开发区提质转型攻坚行动方案》。

【县政府第 132 次常务会议】 2021 年 9 月 29 日召开，县长张少华主持。会议传达高屹市长来常调研讲话精神，研究常山县贯彻落实意见，传达省、市关于做好中秋、国庆假期安全防范工作精神和全国秋冬季森林草原防灭火工作电视电话会议精神，部署 2021 年全县国庆假期安全防范工作，传达全省文物安全专题工作电视电话会议精神，听取常山县文物保护情况汇报，通过《关于辉埠镇等 7 个乡镇（街道）行使相关行政处罚事项的公告》，审议《常山县辉埠镇等 7 个乡镇（街道）综合行政执法改革工作实施方案》《常山港、芙蓉水库饮用水水源地保护区调整方案》《常山县跨越式高质量发展五年行动计划（2021—2025 年）（送审稿）》《常山县高端装备零部件产业高质量发展（2021—2025 年）行动方案》《常山县辉埠镇生态整治及修复工程——后社片区应急工程施工招标方案》，听取关于常山县林业发展“十四五”规划和常山县水安全保障“十四五”规划的汇报。

【县政府第 133 次常务会议】 2021 年 10 月 18 日召开，县长张少华主持。会议审议《常山县促进商贸经济高质量发展若干政策（送审稿）》《常山县促进电子商务产业高质量发展若干政策(送审稿)》《关于深化工业企业资源要素优化配置改革的实施意见（试行）（送审稿）》《常山县营商环境“清障行动全流程工作机制（送审稿）》《常山县渡口未来社区建设运营协议》《常山县渡口未来社区地块安置用房回购要约》《常山县 2021 年财政预算调整方案》，传达学习全市乡村振兴大会暨农业高质量发展推进会精神并听取常山县贯彻落实情况，听取常山县电信网络新型违法犯罪治理工作情况汇报、常山县关于下达“十四五”规划期间年森林采伐限额的通知的汇报、关于常山县贯彻落实第二轮中央生态环境保护督察报告整改方案的汇报，研究《关于全面推行林长制的实施方案》。

【县政府第 134 次常务会议】 2021 年 11 月 1 日召开，县长张少华主持。会议传达省市疫情防控工作有关会议精神，研究《关于进一步加强普惠型儿童福利体系建设的实施意见（送审稿）》《常山县临时救助实施细则（送审稿）》，听取常山县生态工业园区地下水污染管控工程（一期）及长期监测井等相关项目采用EPC邀请招标的情况汇报，审议《常山县加强党建统领创建“美丽小区”三年行动计划（2021—2023年）》《常山县江滨和西门片区城市有机更新项目国有土地上房屋征收补偿方案（送审稿）》。

【县政府第135次常务会议】 2021年12月6日召开，代县长王永明主持。会议传达高屹市长来常调研讲话精神，学习《全国人民代表大会常务委员会关于修改〈中华人民共和国审计法〉的决定》，审议《常山农商银行参加企业职工基本养老保险工作的衔接方案（送审稿）》《常山县江滨和西门片区城市有机更新项目集体土地征收房屋补偿安置方案（送审稿）》《衢州市第六届运动会开闭幕式和职责分工方案（送审稿）》《常山县元坳中医药健康项目投资协议书》《全国农业科技现代化先行县共建合作协议书》《共建浙江大学（常山）现代农业发展研究中心合作协议》，听取关于划定常山县高排放非道路移动机械禁止使用区的汇报、关于2021年常山县食品药品安全工作情况汇报、常山县2021年禁毒工作情况汇报、常山县反恐工作情况汇报、《关于常山县2021年地方政府债务限额及新增债务预算调整方案的报告（送审稿）》，讨论《常山县综合行政执法事项目录清单》。

【县政府第136次常务会议】 2021年12月22日召开，代县长王永明主持。会议传达全国食品安全办主任视频会议和全省疫情防控冷链食品物防工作视频调度会议精神，学习浙江省电力市场化交易有关事项，审议《常山县乡村振兴数字产业园——公共服务配套中心项目设计、采购、施工、投资、运营（EPC+F+O）发包方案》《关于加快推进常山油茶产业创新服务综合体建设实施方案（送审稿）》《关于加快推进常山精密基础件产业创新服务综合体建设的实施方案（送审稿）》《常山县文化旅游体育业发展“十四五”规划（送审稿）》《常山县卫生健康“十四五”规划（送审稿）》《常山县服务业“十四五”发展规划（送审稿）》《常山县科技创新发展“十四五”规划（送审稿）》《常山县工业发展“十四五”规划（送审稿）》《常山县人民政府关于修改部分规范性文件的通知（送审稿）》，听取《常山县第三次全国国土调查情况汇报》《关于给予衢州新枫新材料有限公司税收优惠政策的汇报》《沿江公路项目投资减少、工期延长补偿事宜汇报》。

（黄敏媛）

政府办公室工作

【概况】 2021年，县政府办公室聚力县委、县政府工作大局，牵头制定出台一系列助推常山高质量发展的政策措施，聚力县域中心工作，坚持参政辅政谋大局，强化执行效能。全年完成县政府领导讲话、工作情况汇报等各类文字材料近300篇。针对重点难点问题，积极协调各方，召开专题协调会议110多次，形成会议纪要近100个，破解各类问题、难题140多个。强化会务服务，在会务安排上，区分轻重缓急、加强沟通协调、主动超前服务，确保周密完善、衔接有序。2021年，县政府召开常务会议26次，县长办公会议3次，党组会议23次，规划委员会会议9次，国资国企会议6次。强化公文办理。进一步完善公文处理制度，严格执行保密规定，文件的收、发、传、送、批、借、存、销等环节做到程序化、制度化、科学化，全年收发文数量达3730件。围绕119件人大代表议案和177件政协委员提案，督促主办部门全力以赴抓好落实，议案提案办理满意率达99%。开展党史学习教育，严格按照工作部署，读党史、记笔记、写心得，落实第一议题制度、守好红色根脉，认真完成各项学习任务。全年组织开展谢高华改革担当传承馆专题学习1次，西源革命纪念馆参观学习1次，开展集中学习5次，专题辅导1次，开展研讨交流2次，组织读书班1次，集中分享学习心得2次，组织观看红色影片1次，组织党史知识竞赛活动2次。

【信息工作】 2021年，县政府办公室编发《常山政务增刊》10期、《政务参阅》17期、《要情快报》35期，帮助县政府领导更好地吃透上情、了解外情、把握县情、掌握下情。全年撰写上报省、市政府办信息计330多篇，其中单篇被省市采用35篇（转国办3篇），获省、市领导批示肯定6条；省市约稿采用150多篇。

【督查督办】 2021年，县政府办公室围绕《政府工作报告》分解任务、民生实事、提案议案等全年性工作任务和阶段性重点工作，针对性开展督查督办。全年编发督查通报（专报）19期，下发《政务交办单》22件，"亮灯"提醒9期。坚持倾听民生、领会民意，开展"四个我为"专题实践活动。完成涉及常山县的省市民生实事项目任务39件，完成县民生实事项目10件。

【政务服务】 2021年，县政府办公室推进"互联网+政务服务"，实现县、乡、村三级全覆盖，政务服务2.0平台收件量33.6万件，单事项占比达标率为82.61%。许可事项承诺时限压缩比为98.95%，即办率达94.2%，跑零次率达99.7%，在全市率先完成市定目标值。探索常山胡柚种植主体低碳账户建设，成功上线胡柚低碳U码1.0版本。

（黄敏媛）

政府咨询工作

【概况】 2021年，常山县人民政府咨询委员会（以下简称县咨询委）坚持决策参谋，工作助手的定位，围绕"争当共同富裕县域典范"的奋斗目标，在经济发展、乡村振兴、民生热点、社会治理、文化建设、政府管理等方面，提出一批有前瞻性、指导性、针对性和可操作性的意见和建议，提供一批具有参考价值和创新意义的研究成果，为县委、县政府科学决策发挥参谋助手的作用。全年完成调研课题11个，提出委员建议23篇，编辑咨询信息和咨询简讯22期；获县委书记潘晓辉等领导批示24条次；9个课题进行成果转化。

【调研课题成果转化】 2021年，县咨询委聚焦共同富裕示范区建设，精准选题，务实调研，完成《关于务实精准实施常山县工业数字化转型智能化制造的对策建议》等11篇咨询报告，供县委、县政府领导决策参考。其中，《关于务实精准实施常山县工业数字化转型智能化制造的对策建议》获得时任县委副书记、县长张少华的批示，《关于对芳村镇发展"香椿产业"的调研报告》获得时任县委副书记翁旭东的批示，《科技赋能助推工业经济高质量发展的对策建议》获时任县委常委、常务副县长何健的批示，《关于后扶贫时期推进乡村振兴实现共同富裕的调查和建议》获得时任县委常委、县政府党组成员戴根林的批示，《打响宋诗之河文化品牌彰显常山"诗和远方"特色——常山江文旅拓展带建设的建议》获得县委常委、宣传部长姜敏的批示，《碳达峰碳中和背景下常山县水泥行业低碳转型路径的思考与建议》获得县委常委、副县长邱雪萍的批示，《借鉴临安"村庄运营"模式进一步高质量打造常山县共同富裕"金源样板"的几点思考与建议》获得时任副县长傅淑梅的批示，《关于注册制背景下，推进常山县企业上市的机遇、难点与对策建议》获得副县长蒋招达的批示，这8个课题的意见和建议均被部分吸收和采纳，为县委、县政府决策起到参谋作用。《关于站在共同富裕示范区建设的风口常山如何实现高质量跨越式发展的思考》部分成果被县委县政府政研室吸收和采用。

（杨 登）

机关事务保障

【概况】 2021年，常山县机关事务保障中心（以下简称县机关事务保障中心）推进公房管理、公车保障、公务接待、会务服务、疫情防控等重点工作，开展党史学习教育，抓实巡察整改反馈，有序完成各项工作任务。采用“线上+线下”相结合的方式开展办公用房维修改造审批工作，全年受理办公用房维修改造申请55宗（其中30万元以上项目14宗、30万元以下项目41宗）。做好江滨行政楼（原国际大酒店）办公用房搬迁调剂工作，做好11家单位入驻搬迁工作。抓实数字化改革工作，做好“公务拼车一件事”、公物仓建设和管理。提升政府机关大院食堂用餐满意度，开放2号餐厅，通过新增轻食、简单外卖，开设小超市等方式保障用餐需求。全年保障全县公务出行用车1.7万余次，用车千米数178万余千米，公务用车出行经费500多万元。做好新冠肺炎疫情防控后勤保障工作，组织开展“组团联社”“组团联企”工作，开展各项服务近2000人次。开展“平安护航建党百年”安全隐患大排查，整治安全隐患点4处，落实政府大院消防报警系统及水泵房隐患整改、智能充电桩改造、一键报警系统整改、监控室监控存储扩容等，更新安装消防类报警器470多个，更新消防主机1台。全年劝返群访26批次、个访50批次，共计1000多人次，全年无重大安全事故发生。完成中央政法队伍教育整顿第七督导组督导迎检工作，省委、省政府多位重要领导到常山考察调研的接待工作高效有序无差错，“公务拼车一件事”数字化改革场景应用亮点突出，“公物仓”制度获省领导批示肯定，保障中共常山县第十四次党代会顺利召开。

是年，县机关事务保障中心获县委、县政府关于执行“十条军规”正面典型事项的通报表扬4次。

【开展“公务拼车一件事”改革】 2021年，县机关事务保障中心推进公务拼车改革，“公务拼车”系统于2021年8月上线试运行、9月全县推进，改革后外出到衢州等地趟次公务用车费用比上年降低12.5%，公车周转率明显提升，平台车辆周转率比上年增加46.42%。累计节约公车运行成本20多万元，降低社会化租车费用40多万元。与2019年对比，公车出行均次费用下降32.63%，社会化租车费下降28.29%。“公务拼车一件事”列入浙江省机关事务系统数字化改革挂牌试点、衢州市数字化改革典型应用“一本账”目录、常山县党史学习教育“四为”专题实践活动首批民生实事项目清单。《“公务拼车”拼出“清廉车风”》《“公务拼车”拼出新风气》《公务拼车出行 共享“车轮”效益》等理论成果，先后在

2021年9月2日，常山县公务用车工作推进会召开

（县机关事务保障中心 供图）

省纪委、省机关事务管理局、清廉浙江、《反腐败导刊》、中国蓝新闻、“学习强国”、《杭州日报》等官网媒体上发表。

【落实公物仓建设和管理】 2021年，根据《常山县县级单位公物仓管理暂行规定》，县机关事务保障中心推行公物仓，做好公物仓管理工作。公物仓累计收储外单位及各专班办公物资357件，为10家单位累计调剂办公物资330件。《常山建公物仓盘活闲置资产》登上《衢州日报》头版，获得人民日报网转发。公物仓相关做法在财政部、浙江省财政厅刊登，获得省委常委、省纪委书记许罗德批示肯定。

【重大活动后勤保障】 2021年，县机关事务保障中心针对会务服务、公务接待等各类后勤保障工作制定个性化保障方案，完成中央政法队伍教育整顿第七督导组督导迎检工作，省委、省政府多位重要领导到常山调研等各类活动的接待保障工作，保障县“两会”、县第十四次党代会等各类会务700多场次，接待上级领导、各类客商400多批次6000多人次。

【疫情防控后勤保障】 2021年，县机关事务保障中心作为县新冠肺炎疫情防控工作领导小组成员单位，落细落实疫情防控后勤保障工作职责，开展政府大院和会议楼定期消杀，全年保障疫情防控用车，到嘉兴、杭州等地接送境外人员40多次，完成指挥部、隔离点、工作组用餐保障，做好办公生活物资保障。

（黄洪平）

中国人民政治协商会议
常山县委员会

The Changshan County Committee of CPPCC

综述

【概况】 2021年，政协常山县委员会（以下简称县政协）坚持发扬民主和增进团结相互贯通、建言资政和凝聚共识双向发力，切实发挥专门协商机构作用，履行政治协商、民主监督、参政议政职能，开展全会协商1次、常委会议协商5次、主席会议协商12次、请你来协商6次，向县委、县政府和相关部门报送调研报告和协商意见12篇，紧扣中心大局认真履职尽责，为全县经济社会高质量发展贡献智慧和力量。

【开展专项集体民主监督】 2021年，县政协聚焦旧城改造、共同富裕等工作，建言资政、凝聚共识，在推进常山发展中展现政协作为。围绕“县乡一体、条抓块统”工作、省市县三级正向联动专项集中民主监督等主题，成立专项民主监督小组，开展监督活动，如实反映情况，坦率提出建议。组织委员围绕“衢州有礼”诗画风光带建设、职业教育发展、医疗卫生事业发展等工作开展专题视察，形成一批有价值的建言成果。

【调研协商活动】 2021年，县政协围绕乡贤助力常山发展，组织9个课题组，到全国18家常山异地商会开展调研，实地走访在外乡贤企业107家，召开座谈会25场，参会乡贤300多人次，收集各类信息200多条。组织委员就“衢州有礼”诗画风光带建设、医疗卫生事业发展情况、宗教活动场所使用维护情况、学前教育发展情况、省级示范文明县城创建工作、交通项目建设情况等主题开展协商视察。将“请你来协商”平台建设作为发挥政协专门协商机构作用的重要载体，制定平台建设实施办法，构建“6+X”协商格局，建立健全相关制度机制，开展协商活动。重点把好每年6次专题协商活动的选题策划、调查研究、活动组织、成果转化等工作环节，向全社会公开征集“请你来协商”主题，邀请政协委员、各界人士与党政、部门领导开展互动协商，通过政协协商建议形式向县委、县政府报送意见建议。推进政协协商与数字化改革相协同，通过视频连线形式组织开展远程协商，18家异地商会、200多名乡贤代表在线上与县委主要领导、相关部门负责人就共推常山发展进行交流。

【政协委员会客厅建设】 2021年，县政协继续推进常山志愿者政协委员会客厅建设，围绕基层治理、共同富裕等主题开展活动，成为全省唯一一家以志愿者为主体的省级政协委员会客厅，2021年在全省政协委员会客厅评级中被评为三星级委员会客厅，位居全市前列。加强县级政协委员会客室创建，研究制定相关制度文件，“一室一议”出台实施方案，推进委员会客室创建工作标准化、常态化。

【加强工作交流】 2021年，县政协加强同各民主党派、人民团体和无党派人士的经常性联系。安排民主党派和无党派委员参与政协各项履职活动，鼓励和支持他们踊跃发表见解主张。重视党派团体提案督办、社情民意信息报送工作，为党派团体通过政协平台履行职能创造良好条件。加强与省市政协工作联系，参加省市政协主席读书会，配合市政协在东案乡开展“六送下乡”活动。完成省市政协交办任务，围绕浙赣运河建设、“两山银行”改革等课题开展调研。参加浙皖赣3省12县政协工作交流会，组织市政协常山委员小组开展跨区域视察，先后接待45批次省内外政协客人到常山考察。

【加强自身建设】 2021年，县政协出台《县政协常委会关于加强自身建设的意见》，从思想、组织、制度、作风等方面对常委会建设提出明确要求。重视发挥专委会在政协履职中的基础性作用，根据机构改革要求，调整优化专门委员会设置，配齐配强专门委员会力量，在破解“两个薄弱”问题上取得积极成果。

（樊 蓉）

重要会议

2021 年 2 月 2 日，中国人民政治协商会议第九届常山县委员会第五次会议召开　　（县政协办 供图）

【县政协九届五次会议召开】 2021 年 2 月 2—4 日，政协第九届常山县委员会第五次会议在县城举行。196 位县政协委员参加会议，在常山的省、市政协委员，历届离退休县政协主席、副主席、秘书长列席会议。会议听取和审议县政协主席林红汉作的县政协常委会工作报告、副主席罗诚剑作的县政协提案工作报告；听取县委书记潘晓辉在此次会议上的讲话。与会人员列席常山县第十六届人民代表大会第五次会议，听取并讨论代县长张少华所作的《政府工作报告》，听取并讨论其他报告。会上，10 名委员代表各自党派界别就推进历史文化街区保护开发，打造常山特种纸产业园，助推常山胡柚产业发展提质增效，建设老年公寓等工作进行大会口头发言，14 位委员作书面交流发言。县委副书记、县长张少华听取委员发言并作重要讲话。

【县政协常委会议】 2021 年，县政协召开常委会议 4 次，分别为：

1 月 26 日，县政协九届常委会第二十次会议召开，审议通过有关委员调整事项。

2 月 2 日，县政协九届常委会第二十一次会议召开，听取各组对县政协常委会工作报告、提案工作报告、政府工作报告等讨论情况的汇报；审议提出并通过选举办法（草案）；审议提出并通过总监票人、监票人名单（草案）；审议提出并通过候选人建议名单（草案）；审议提出并通过县政协九届五次会议决议（草案），审议提出并通过县政协九届五次会议提案审查情况的报告（草案）。

6 月 3 日，县政协九届常委会第二十二次会议召开，专题听取常山县旧城改造、“两山银行”工作情况通报。

9 月 9 日，县政协九届常委会第二十三次会议召开，民主评议县政协九届五次会议以来提案办理工作，专题协商“文旅融合助推共同富裕”工作，并审议通过有关人事事项。

【县政协主席会议】 2021 年，县政协召开主席会议 12 次，分别为：

1 月 12 日，县政协九届三十九次主席会议召开，研究确定县政协九届四次会议优秀提案、县政协 2021 年度协商视察监督工作计划；初审政协第九届常山县委员会常务委员会工作报告（讨论稿）、政协第九届常山县委员会常务委员会关于九届四次会议以来提案工作情况的报告（讨论稿）；研究确定 2020 年度先进委员小组和优秀委员。

1 月 27 日，县政协九届四十次主席会议召开，审议提出有关委员调整事项，审议提出有关人事事项。

是日，县政协九届四十一次主席会议召开，研究确定委员分组名单，研究确定正副组长名单。

2月2日，县政协九届四十二次主席会议召开，审议提出县政协九届常委会第二十一次会议有关事项。

2月7日，县政协九届四十三次主席会议召开，传达学习省政协十二届四次会议精神。

3月3日，县政协九届四十四次主席会议召开，研究讨论“书香政协”建设实施方案，审议通过专委会组成人员调整名单及2021年度委员小组活动计划，研究部署2021年度重点课题调研等履职工作。

4月21日，县政协九届四十五次主席会议召开，听取各调研组关于开展“吸引乡贤回归”课题调研情况的汇报，研究确定县政协九届五次会议重点提案。

4月25日，县政协九届四十六次主席会议召开，研究审议乡贤回归课题调研报告。

9月7日，县政协九届四十七次主席会议召开，听取县政协九届五次会议提案办理民主评议工作报告，研究召开县政协九届常委会第二十三次会议有关事项，审议提出有关人事事项。

11月1日，县政协九届四十八次主席会议召开，审议提出政协委员继续提名名单。

12月16日，县政协九届四十九次主席会议召开，研究确定九届五次会议优秀提案10件，部署2022年度协商市场监督议题征集工作。

12月24日，县政协九届五十次主席会议召开，由秘书长汇报全会会前准备情况和会议纪律情况，讨论大会发言相关情况。

（樊　蓉）

协商议政

【政协专题视察】 2021年，县政协组织专题视察6次，分别为：

3月17日，县政协组织部分委员视察“衢州有礼”诗画风光带建设情况。

6月25日，县政协组织部分政协委员视察医疗卫生事业发展情况。

8月2日，由县政协港澳台侨和民宗委牵头，组织部分政协委员，邀请相关职能部门，视察宗教活动场所使用维护情况。

9月16日，由县政协教科卫体委牵头，组织部分政协委员，邀请相关职能部门，视察学前教育发展情况。

10月26日，由县政协港澳台侨和民宗委牵头，组织部分政协委员，邀请相关职能部门，视察省级示范文明县城创建工作。

11月10日，由县政协经济委员会牵头，邀请相关职能部门，组织部分委员视交通项目建设情况。

【政协“请你来协商”活动】 2021年，县政协开展“请你来协商”活动6次，分别为：

5月25日，县政协首次以视频连线的形式召开“请你来协商——乡贤同心议事 共促常山发展”专题协商会，县委书记潘晓辉参加。协商会上，寓外乡贤和政协委员们围绕常山跨越式发展，从农特产品销售、健全乡贤项目落地帮扶机制、做大青石花石交易市场等方面与相关部门开展协商。

7月14日，县政协召开“请你来协商——碳达峰、碳中和”专题协商会，会上，与会人员听取关于“碳达峰”“碳中和”工作的调研报告。县政协委员就常山县当前经济社会背景下如何开展“双碳工作”进行踊跃提问，县发改局、县经信局、县住建局、县农业农村局等10个单位（部门）负责人作出详细解答。

9月15日，县政协组织召开“请你来协商——生态纤维材料产业园规划建设”专题协商会。会上，开发区管委会负责人介绍常山县生态纤维材料产业园的发展思路，县政协调研组作题为《规划建设生态纤维材料产业园的设想与建议》的调研报告。部分政协委员，县发改局、县经信局、

2021 年 5 月 25 日，“请你来协商——乡贤同心议事 共促常山发展”专题协商会召开 （县政协办公室 供图）

县科技局等部门负责人就常山发展该产业的利弊因素、客观条件作交流发言。

10 月 14 日，县政协召开“请你来协商——谋划建设公铁水联运物流产业园”专题协商会。会上，与会人员听取《谋划建设公铁水联运产业园设想方案》介绍以及相关调研报告，县交通局、县发改局、县经信局等与会单位（部门）负责人和参会委员就《谋划建设公铁水联运产业园设想方案》建言献策。

10 月 28 日，县政协召开“请你来协商——美丽河湖建设”专题协商会。会上，8 位政协委员分别围绕如何做好“美丽河湖”沿岸农田保护、建立长效机制以及加强水文化保护等主题进行提问。

11 月 22 日，县政协召开“请你来协商——新型城镇化建设”专题协商会。会上，政协委员围绕新型城镇化建设、国土空间布局、交通规划、城市赋能等方面与县农业农村局、县住建局、县交通局等职能部门展开面对面交流。

【2021 年立案提案办复情况】

2021 年，县政协发挥委员提案在党委、政府推进工作中的积极作用，抓好提案征集、立案、办理、督查等关键环节，提案工作水平不断提高。重视提案落实成效，在提案办理民主评议全覆盖的基础上，召开提案办理协商会，组织开展提案办理“回头看”。2021 年共收到以提案形式提出的意见建议 184 件，经并案后立案 165 件。在县委、县政府的重视支持和相关承办单位的共同努力下，165 件提案全部按期办复完毕，一系列事关发展大局和群众利益的问题得到解决。各党派团体共提交大会发言 24 篇，提出集体提案 16 件，合作共事、团结奋进的氛围日益浓厚。加强民族和宗教工作，组织委员围绕宗教场所管理开展协商，就民族村发展开展专题调研，为促进宗教和睦、民族团结作出努力。

2021 年常山县政协九届五次会议优秀提案一览表

表 5

提案号	提案人	提案主题
013	民进常山支部委员会	关于加快推进“县乡一体 条抓块统”的建议
125	杨涛、徐晓菡、李芳	关于补齐卫生应急短板的建议

续表 5

提案号	提案人	提案主题
164	林永祥	关于推进历史文化街区保护开发，助力旧城改造提升的建议
007	文体组	关于挖掘袁采“训俗”内涵，弘扬传统良好家风的建议
025	肖圣勇	关于进一步规范医保工作的建议
026	官文景	关于《常雁回归 青年集聚 打造四省边际青年返乡创业第一县》的建议
027	王湖南	关于探索建立社区之家的建议
035	徐功富	关于文旅融合发展休闲度假游的建议
046	阮文胜	关于对轻微交通违法实施以批评教育为主的告诫处理的建议
052	徐小忠	关于融合常山胡柚元素，促进经济社会发展的建议

（樊　蓉）

小资料：政协优秀提案

关于推进历史文化街区保护开发　助力旧城改造提升的建议

2020年下半年，根据县委十三届九次会议精神，为加快建成依山傍水、生态宜居的山水公园城市，位列常山县“八大行动”之一的“城市赋能行动”拉开序幕，主城区旧城改造开始启动。北门、里择祠片区也在改造范围之内。旧城改造和新区拓展如何有机衔接，城市发展进程中如何让传统和现代生动融合，让老街延续乡愁、重焕生机，让新区彰显文化、迸发活力，是我们需要探索的重要课题。

一、基本情况

常山地处浙闽赣皖四省边际，是四省往来交通“咽喉”，更是四省商旅交聚之地，建筑形制融浙式、徽式、赣式及闽北客家建筑风格于一体，形成特有的建筑风格。通过历史建筑普查情况看，具有相关价值的有326处，其中城区88处，主要集中在里择祠和北门片区，其他238处分布在各个乡镇。通过留存的街巷肌理、人文存续，延绵传承常山县的传统文化风貌和深厚内涵积淀。这些都是常山建筑和文化资源的宝贵财富。因此，我们认为在旧城改造过程中，要进一步推进历史文化街区保护建设，保护城市的文脉传承，赋能城市新发展。

二、两个街区存在的现实问题

北门、里择祠两个街区在历史上因城而兴，也随着城市外扩而繁华落幕，曾经商贾云集的繁华之地成为建筑年久失修、基础设施配套不全、消防安全隐患大、违章搭建多、环境卫生差的“城市死角”。

（一）基础设施配套差。北门和里择祠历史文化街区核心保护范围合计7.98公顷，仅2个公共厕所且都在北门片区，现存的68处建筑合院，因房屋年代久远且一宅多户，改建卫浴等设施难，“倒马桶”等传统生活方式仍无奈延续，严重影响群众生活幸福感。

（二）历史遗留问题多。一是

消防安全隐患多，两个历史文化街区多数房屋为砖木结构，电力线路老化、超负荷运转，消防安全隐患大。近年多次发生火灾，导致多处古建筑损毁。二是房屋失修隐患多。历史文化街区大多房屋为继承性质，多数继承者未及时修缮，房屋存在诸多安全隐患。

（三）街区活力和文化感知不足。两个街区居民以老年人为主，整体活力较弱；与外围呈割裂状，缺乏有机的衔接和过渡，缺乏业态支撑消费体验；两个区块都存在风貌不协调建筑影响历史街区整体印象的问题。据调查，北门区块风貌不协调建筑占 44%，里择祠区块障碍建筑占 67%，造成历史街区文化存续感知明显不足。

（四）保护的理念相对僵化。文保单位在单体孤立的保存中，两个街区受到拆旧建新发展观念的影响，一些传统建筑大量消失，而对于保护观念固定于清末之前的浙西传统建筑符号，缺乏对常山由于自身处于水陆要冲而形成的地区杂糅特色、不同历史时期层叠沉淀形成的多样内涵的挖掘与根植性发展。对于保护对象的选择，倾向于已经公布的文保单位等建构筑物，对山水景观环境特别是整体关联以及文化内涵的挖掘重视不足。

三、不同改造开发模式的优劣分析

参考国内历史街区改造的典型案例，我们认为改造类型大致可分为三类：一是自下而上的再开发模式，由原住民及店铺经营者一起参与，按照市场导向自发调整使用功能、逐步演替扩展，进而实现再生；二是地产开发模式，居民在开发前全部迁出，不参与后续改造和经营过程，由开发商主导整体规划建设及运营；三是政府主导下的历史街区再造，系自上而下有目的、有计划的旧城改造。三种模式各有优劣：

（一）自下而上模式。优点是整个改造不涉及土地开发和居民拆迁，无须政府大量投入。根据政府相关要求，依靠原住民或店铺经营者的自发改造使得街区更新、居民生活改善。缺点是可能引发过度商业化问题，导致原有社区结构的瓦解及社区文化的衰退；分散的产权不利于街区风貌及业态的统一管控，也会使公共空间被挤占商用，诱发商住矛盾。

（二）地产开发模式。优点是能够根据政府的要求，保留和修缮传统建筑，同时根据经营需要，对内部空间进行全新改造，将居住空间改造为商业空间，实现常山县传统商帮码头过客文化与现代商业文化的嫁接，形成自身独特竞争力。缺点是从文化角度来看，传统建筑除了保留外立面，其内部空间及所附居民全部更新、迁移，使街区所承载及延续本地文化作用削弱，烟火味变淡，商业味变浓，乡愁变味。

（三）政府主导模式。优点是能够严格按规范保护好古建筑，使原街区历史文化氛围不因改造而丢失，同时可通过原住民自愿腾退方式获取点状改造空间并选取适宜业态植入，因此能较好地兼顾商业开发、建筑保护之间的平衡。缺点是为保护街区文化氛围而对入驻商业的筛选控制会减少项目收益，项目的可持续发展性及可复制性不足。

四、下步工作建议

（一）理顺管理体系，完善决策机制。强化政府在街区建设中的调控力，建立政府牵头、人事相符的组织架构，加强部门协调，明确权限、凝聚合力。在相关决策中，要事先充分听取有关单位和原住民的意见，建立规划、建设、文物等部门有效合作机制，尊重文化遗产所在地人民群众的相关权益，正确处理好建设与保护的关系。

（二）科学分析研判，明确开发模式。科学分析各开发模式的利弊，寻找有效的保护开发路径。建议采取政府主导、原住民参与的市场化方式对两个街区进行综合性的保护开发，确保改造后的街区既有乡愁和烟火，又有活力和生机。政府要加强协调，做好服务和监督，最大限度减少建设活动对历史遗存的损害；动员居民配合历史文化街区改造提升，出台政策引导原住民迁出或自我修缮和经营。

（三）重视规划引领，突出建设重点。一是定规划，突出保护重点。推进“多规合一”，依照《浙江省历史文化名城名镇名村保护条例》要求，积极推动常山县经济社会发展规划、城市建设规划等各类规划与历史文化街区规划融合。二是定片区，分步分类实施。从规划层面做好布局设计，要统筹做好文化保护传承、文旅商融合发展，做好探索和创新的文章，可按照现有建筑年代、规划功能等分类，连片设计打造民俗街区、民宿街区、生活片区等。三是定风貌，优化周边环境。根据历史文化街区定位与功能分布，协调周边建筑风貌、产业，不断优化周边环境。

（四）强化文旅融合，优化街区业态。创新招商模式，深度挖掘商埠过客、民俗民风等文化，以“宋诗之河”、漫居宜业为主基调，厚植地方特色，浓厚商业氛围；注重沉浸体验，结合现有步行街，协同东�等片区改造及“宋诗之河”建设，打造历史文化轴，构建“城区、商区、新区”为一体的新夜间经济。开发探寻儿时记忆、品味老街生活、引入百姓书屋、民间技艺展演等体验活动，让历史文化活起来、固下来、传下去，提升吃住行游购娱功能，吸引增加客流量，满足不同人群的多元化需求，力求实现文化传承和创新的新突破。

（林永祥）

中共常山县纪律检查委员会·常山县监察委员会

Changshan County Committee of the Discipline Inspection of the Communist Party of China, Changshan County Committee of the Supervisory

综　述

【概况】 2021年，中共常山县纪律检查委员会(以下简称县纪委)、常山县监察委员会（以下简称县监委)、中共常山县委巡察工作领导小组办公室（以下简称县委巡察办)，及全县各级纪检监察组织主动对标上级纪委、监委和县委的要求，履行职责，强化监督，协助县委扛起管党治党政治责任，全面从严治党不断向纵深推进，反腐败斗争压倒性胜利不断巩固发展，政治生态不断优化。是年，县纪委、县监委报送的案例《县域内公务“零接待”》获第二届“基层清廉建设（浙江）十大创新经验”创新提名奖；报送的微视频“墨不可贪·廉而有节”作品获第三届“玉琮杯”清廉微视频大赛银奖。

【打造政治生态精密监测常山标准】 2021年，县纪委、县监委借助数字化改革推动政治生态监测评估应用迭代升级。通过优化评估指标，归集系统数据，再造系统流程，构建“监测评估、政治画像、反馈预警、修复提升”的工作闭环，为政治生态螺旋上升提供源动力。全年对14个乡镇(街道)、59个部门开展9轮监测评估；政治生态监测评估应用上线后，共帮助12家单位实现“复绿”。相关做法被《浙江日报》、省政府网站、省纪委网站报道。河北省邯郸市永年区、山东省威海市、四川省达州市渠县等多地纪委到常山考察学习。

【创新监督举措】 2021年，县纪委、县监委推动机关事务保障中心开发“公务拼车”应用软件，接入软件后台，实行公务用车全生命周期监督。“公务拼车”应用推行以后，到衢州公务用车趟次比上年下降12.5%，出行费用比上年降低16.49%。深化“廉政灶”制度，优化“一码通”自助支付功能，常山县乡镇（街道）公务接待经费支出连年下降，《县域内公务“零接待”》获第二届“基层清廉建设（浙江）十大创新经验”创新提名奖。紧盯公物使用浪费难题，监督推动有关部门创新“公物仓”制度，实现办公设备线上统一调配管理，节约财政资金300多万元。

【审查调查工作】 2021年，全县各级纪检监察组织共处置问题线索423件，立案241件，结案256件，给予党纪政务处分238人，第一种形态处理315人次，第二种形态处理187人次，第三种形态处理35人次，第四种形态处理27人次，分别占比55.9%、33.2%、6.2%、4.8%。留置15人，涉嫌犯罪移送检察机关10人，法院依法作出判决9人，审查调查工作排名全市第二。

（傅秀秀）

重要会议

【县纪委十三届六次全会】 2021年2月9日，中共常山县第十三届纪律检查委员会第六次全体(扩大）会议召开。县委书记潘晓辉作题为《全面从严治党 优化政治生态》的讲话；县委常委、县纪委书记王荣国作题为《对标“重要窗口”护航“八大行动”为开启常山跨越式发展新征程提供坚强保障》的工作报告。会议回顾总结全县2020年党风廉政建设和反腐败工作，研究部署2021年主要任务。

【县纪委十四届一次全会】 2021年12月26日，中共常山县第十四届纪律检查委员会召开第一次全体会议，陈水清主持会议并讲话。会议以无记名投票的方式，选举产生县纪委常委、书记、副书记。陈水清当选县纪委书记，严良京、熊慧芬当选县纪委副书记，陈水清、严良京、熊慧芬、黄建新、周平、江良荣、方彪当选县纪委常委。

（傅秀秀）

纪检监察工作

【概况】 2021年，县纪委、县监委在上级纪委、监委和县委的坚强领导下，聚焦主责主业，忠诚履职尽责，推进党风廉政建设和

2021年2月9日，中国共产党常山县第十三届纪律检查委员会第六次全体（扩大）会议召开　（徐梦川 摄）

反腐败工作，为常山高质量发展建设共同富裕示范区县域典范提供最优环境、最强动力、最好生态。开展“廉洁清风”常项行动，做好节日违规违纪问题监督检查，针对粮食购销等重点领域开展专项监督和专项治理。加强党风廉政教育，推进“合”字型基层监督体系构建。加强队伍建设，深化全员培训，组织117名纪检监察干部分三期到浙江大学开展纪检监察干部能力提升研修班。对全县乡镇（街道）纪检监察干部和村（社）“合”字型监督监察工作联络站开展业务培训，实现基层培训全覆盖。开展落实中央八项规定精神专项督查，围绕办公用房问题，对8个基层纪检监察组织办公用房进行监督检查。围绕公款吃喝、公车使用等问题，对县域内6家酒店、2个乡镇（街道）开展抽查，强化纪检监察干部“八小时外”监督。开展非县管纪检监察干部个人有关事项报告收集与专项核查工作，持续释放严管信号。

【八大专项执纪监督】 2021年，县纪委围绕县委“八大行动”（即工业提振、城市赋能、“两山”转化、内外开放、双招双引、文旅拓展、治理创新、改革护航行动）目标任务，组建6个专项督查组，开展八大专项执纪监督。全年开展督查197次，检查单位249家、项目445个，发现问题144个，现场交办问题124个，督促整改问题107个，查处问责40人。紧盯重点项目难点、堵点，抽调精干力量，有针对性开展重点项目专项监督检查，实地督导重点项目180多个，对4个滞后重点项目进行专项调查，保障重点项目有序推进。

【“廉节清风”常项行动】 2021年，县纪委紧盯重要节点，围绕违规收受礼品礼金、违规吃喝、违规发放津补贴或福利等重点内容，开展“廉节清风”常项行动，共明察暗访149批次，检查单位507家，发现并督促整改问题90个，督促相关部门修订完善制度4项，上门走访调研单位268家，约谈提醒“一把手”70人，提出建议95条，下发通报14起。对节日期间党员干部接受有偿陪侍问题开展专项监督检查3次，党纪政务处分4人。

【重点领域专项监督】 2021年，县纪委开展粮食购销领域等专项监督47项，开展监督检查1300多次，发现并督促整改各类问题2200多个，运用监督执纪“四种形态”处理300多人次。梳理排查全县3588次公务接待，发现并督促整改问题6个，查处违规吃喝、违规收送礼品礼金问题12起。查处酒驾醉驾问题47起，处理党员干部47人，通报曝光典型案例8起8人。紧盯跑风漏气、拉票贿选不正之风，对全县74家单位开展3轮巡回督查，发现并督促整改问题142个。

2021年7月14日，常山县纪委组织党员干部旁听聂建明案件庭审（徐梦川 摄）

别于4月30日、6月30日在辉埠镇、球川镇召开“合”字型基层监督现场会，压实工作责任，促进交流学习，形成比学赶超的良好氛围。会同县委组织部、县农业农村局等部门研究制定《关于加强“一肩挑”后村（社区）干部管理监督的实施方案》，下发村干部负面履职清单，在全县农村基层党组织推行村情报告会制度，调动群众参与村级事务的积极性，加强对村（社）干部的监督管理，规范小微权力运行。

（傅秀秀）

【重点领域专项治理】 2021年，县纪委对12家基层养老机构开展专项督查，发现执行上级决议不力、财务管理不规范、违规发放津补贴等问题48个，发放监督执纪交办函8份，纪律检查建议书10份，查处问责16人。对45家中小学食堂进行走访检查，实地了解学校伙食供应情况，督促各单位严格保障学生伙食质量，确保学生伙食费专款专用。聚焦拆迁拆违领域，开展监督检查54次，发现问题40个，排查廉政风险点34个，提出整改建议34条，督促整改问题32个，立案13件，党纪政务处分7人。

【党风廉政教育】 2021年，县纪委持续开展“以案为鉴·庭审旁听”活动，组织6批次500多人次参观廉政教育基地，组织250多名党员参加聂建明、姜治水、占双谷等人职务犯罪案件庭审旁听活动。做好党风廉政知识测试，组织新提任县管领导干部任前廉政法规知识测试4批次，测试率为100%。注重采集被留置对象的忏悔书、视频等资料，摄制完成清廉微视频1个，跟踪拍摄留置案件4例，其中“墨不可贪·廉而有节”作品获第三届“玉琮杯”清廉微视频大赛银奖。

【“合”字型基层监督体系构建】 2021年，县纪委、县监委深入贯彻市纪委、市监委要求，制定下发《构建“合”字型基层监督体系 进一步提升基层监督效能分工抓落实方案》，推进“合”字型基层监督体系在常山落地见效。分

巡察工作

【概况】 2021年，县委巡察办按照县委巡察规划和省、市委要求，统筹安排好常规巡察、专项巡察、“回头看”巡察工作。启动县委第十一轮巡察和县委第十二轮巡察“回头看”工作，分别对9家单位党组织开展常规巡察，对10个行政村党组织开展延伸巡察，对2家县直机关下属单位和28个行政村党组织开展巡察“回头看”。发现问题1242个，移送问题线索19条，问责46人，党纪政务处分20人，移送司法机关1人，挽回经济损失163.42万元。

【巡察工作动员会召开】 2021年3月26日，中共常山县委第十一轮巡察工作动员部署会召开。县

委书记潘晓辉出席会议并讲话，县委常委、县纪委书记、县监委主任王荣国主持，县委常委、组织部部长朱永平参加。会议传达十四届省委第十二轮巡视暨巡察指导督导动员部署会及七届市委第十轮巡察动员部署会精神，宣布巡察组组长、副组长授权名单及任务分工。2021年9月24日，中共常山县委第十二轮巡察“回头看”工作动员部署会召开。县委常委、县纪委书记、县监委主任、县委巡察工作领导小组组长王荣国，县委常委、组织部部长、县委巡察工作领导小组副组长陈翊出席会议。会议传达十四届省委第十三轮巡视动员部署会精神，宣布巡察组组长、副组长授权名单及任务分工。

【巡察整改管理办法出台】 2021年，县委巡察办出台《中共常山县委巡察整改日常监督暂行管理办法》，明确各单位履行巡察整改日常监督职责。建立“五双”（即双通报、双反馈、双审核、双报告、双回访）整改模式，巡察反馈意见分别向县委、县政府分管领导和巡察整改日常监督责任单位“双通报”；对村级延伸巡察发现的问题同步向被巡察村党组织和所在乡镇（街道）党（工）委“双反馈”；整改方案及整改进展情况等材料报请县委巡察组、县纪委监委联系纪检监察室“双审核”；巡察整改工作进展情况及主要负责人组织落实情况向县纪委监委、县委组织部“双报告”，同时抄送县委巡察办；从被巡察党组织、群众两个层面开展“双回访”，多维度向被巡察单位强化震慑，传导压力。

【“接题”巡察法推出】 2021年，县委巡察办通过群众“出题”、领导“点题”、调研“选题”，进一步增强巡察工作的针对性和实效性，打造群众有感受度的巡察模式。巡察进驻期间，各巡察组利用主题党日、村情报告会等载体，开展“我为群众办实事·巡察请您来点题”活动。全年通过群众“出题”、巡察“接题”，推动解决村庄自来水供水不足、道路破损修复、涵洞排水不畅等民生实事43件。聚焦“巡什么”关键点，围绕上级及县委的重大决策部署，由领导点题，使巡察工作目标更加清晰、方向更加明确。各巡察组在驻点巡察期间，通过走访联系、个别访谈、座谈交流等方式，多角度了解巡察中需要关注的重点和热点问题，多层次听取社会各界对被巡察单位领导班子及其成员的意见建议，为巡察监督重点提供参考。通过调研“选题”，巡察“接题”，为巡察组找准职能履行方面存在短板提供翔实依据，有效提高巡察监督的针对性和精准度。

（傅秀秀）

民主党派

Democratic Parties

民革常山县基层委

【概况】 2021年6月，经民革衢州市委会批复同意，中国国民党革命委员会常山县总支委员会正式变更为中国国民党革命委员会常山县基层委员会（以下简称民革常山县基层委）。截至2021年年底，民革常山县基层委共有党员28人，分2个支部，其中一支部15人，二支部13人。民革常山县基层委党员中担任县级机关单位中层以上干部的有16人，占总支党员数的57.1%，任副科以上领导干部6人，具有高级职称的10人。是年，党员曾令兵被评为第六批浙江省非物质文化遗产代表性传承人，其个人工作室被评为首批乡村工匠大师工作室；党员王友娟被评为常山县巾帼建功标兵；党员魏琳莹获2021年常山县医师个人技能比武一等奖，被评为2021年常山县十佳医生。

【组织建设】 2021年，民革常山县基层委加强自身建设，促进党员思想素养提升，推进制度规范。定期开展学习活动，利用民革e家、微信群、钉钉群等互联网传播工具及时传达学习统战部、民革省委会、民革市委会等上级部门重要会议精神，组织党员参加中共市县委统战部、民革市委会举办的理论学习培训班，专题开展“学党史、跟党走”学习教育活动。5月8日，组织党员到怀玉山清贫园领悟“爱国、创造、清贫、奉献”的方志敏精神。6月10日，组织党员参观“红色连环画里学党史”主题展览。落实每月老党员慰问制度，每月安排2名党员看望70岁以上老党员，特别是独居的老党员，每逢春节、重阳节等重要节日，专门到老党员家里进行慰问走访。出台《民革常山县总支参政议政工作考核办法》《民革常山县基层委员会档案管理制度》2项制度，通过制度激励党员参政议政，做好档案管理工作。完成1989—2020年度档案整理工作，形成文书档案329件，照片档案51张，各类奖牌、证书、印章等实物档案14件，党员档案35份，档案数字化成果2.37千兆。

【参政议政】 2021年，民革常山县基层委党员中有1名县人大代表、10名县政协委员、1名市人大代表、2名市政协委员。在市、县“两会”期间，履行政治协商、民主监督、参政议政职能。其中，在县政协全会中递交大会发言2篇、提案8篇，涉及工业、农业、民生、教育、医疗等方面。向上报送社情民意，其中《关于加快推进衢州市制造业企业数字化转型的几点建议》被中共衢州市委统战部、民革衢州市委会同时采用，《基层反映抢救灾后古树修复工作亟须关注》被民革浙江省委会采用。

2021年10月12日，民革常山县基层委开展送医下乡义诊活动
（民革常山基层委 供图）

【服务社会】 2021年，民革常山县基层委整合资源，发挥党员优势，投入社会服务工作。2021年9月17日，民革常山县基层委到常山县培智学校开展走访慰问活动，为培智学校的师生们送去月饼、水果等慰问品80多份。10月12日，民革常山县基层委在主委黄爱珍的带领下，在招贤镇汪家淤村开展送医下乡义诊活动，接待居民100多人次，帮助当地老年人了解自身的健康状况，及时纠正不良生活习惯，有效降低患病率，提升群众对慢性病的知晓率，增强群众的健康保健意识。

（兰飞飞）

民盟常山总支

【概况】 2021年，中国民主同盟常山县总支委员会（以下简称民盟常山县总支）深入学习中共十九届六中全会精神，学习领会习近平总书记"七一"重要讲话精神，学习贯彻全国及省、市、县"两会"精神，将中共中央、省委、市委、县委和县级以上各级人民政府以及上级民盟组织形成的重要文件报告作为全体盟员学习教育的主体内容，采取集中学习、指定书目自学、集中或分组研讨等方式，推动学习新思想走深走实、形成常态。截至年底，民盟常山县总支有盟员38人，分2个支部，其中教育支部17人、综合支部21人。根据盟员所在部门单位分，各有教育界17人、医药卫生界7人、文化艺术界1人、政府部门6人，其他界别7人。盟员中，有市人大代表1人、市政协委员2人、县人大代表1人、县政协委员10人；担任县处级实职的1人、科级实职的2人、各业务单位中层以上职务的10人。

【参政议政】 2021年市、县"两会"期间，民盟常山县总支提交团体及个人提案议案20多篇。在县政协九届五次会议上，2位盟员在大会上作口头发言，1位盟员作大会书面发言，4位盟员被县政协评为优秀政协委员。2021年3月，民盟常山县总支代表各民主党派在全县统战工作会议上作典型交流发言。

【"民盟同心·专家工作站"运作】 2021年，"民盟同心·专家工作站"发挥民盟智力优势，邀请民盟省、市委会专家到常山开展服务，以精准服务助力乡村振兴。开展省级专家科技服务4次，项目合作2次，参与盟内外专家服务19人次，主要为常山胡柚、山茶油、轴承、造纸企业开展科技服务，受益企业4家，受益群众1000多人。还到常山中小学、阿姨学院开展应急救护等培训；在"5·20"敬老日、重阳节期间，开展送健康讲座、免费体检、健康咨询等"送医下乡"活动。

（徐裕斐）

2021年9月2日，常山"民盟同心·专家工作站"邀请民盟省委会专家到常山开展服务

（民盟常山县总支 供图）

民建常山支部

【概况】 2021 年，中国民主建国会常山县支部委员会（以下简称民建常山支部）新增会员 2 人，会员总数22 人，其中担任县政协委员的有 7 人（含县政协常委 4 人）。6 月，举行民建常山县支部第二届大会，选举章金平为新一届主委。

【参政议政】 2021 年，民建常山支部把握团结和民主两大主题，强化责任担当，发挥政党职能，向县政协提交集体提案 2 篇、个人提案 7 篇、社情民意 10 篇。支部委员徐彤代表民建常山县支部在政协大会上作《多维发力 全面构建企业科技投入新机制》的发言。会员官文景《关于推进全县大学生回归创业的建议》等提案被县政协评为年度优秀提案。

【服务社会】 2021 年，民建常山支部全员投身抗疫助力“两战”大局，主动投身疫情防控斗争，全力助力复工复产。全程跟进“大学生创业创新”主题。以大学生创业创新园建设作为支部服务常山经济社会发展的重点工作，从举办创业创新大赛和“奇点沙龙”等两方面活动入手，提升支部社会服务平台的实效性。

（郑素芳）

民进常山支部

【概况】 2021 年，民进常山县支部委员会（以下简称民进常山支部）学习贯彻中共十九大及中共十九届历次全会精神和习近平总书记系列重要讲话精神，遵循“继承传统、以党为师、立会为公、参政为民”的理念，加强自身建设，认真履行职能，为常山县经济社会和各项事业发展贡献智慧和力量。2021 年，围绕“开明”服务品牌在公益、健康、疫情防控等方面开展社会服务，聚焦群众所盼、所想、所急问题开展建言献策、参政议政活动。在组织建设上，创新完善会员制度，严把入会质量关，不断优化会员结构。在思想教育上，紧扣“以党为师、向党学习”根本宗旨，定期开展理论和上级会议精神学习，筑牢思想建设根基。4 月 16 日，配合民进衢州市委会在常山县召开参政党理论研究骨干座谈会。6 月 9 日，民进会员余家富被评为衢州市“榜样统战人物”。6 月 28 日，组织民进会员开展“学党史 明会史”学习教育活动，并前往常山县国防教育主题展馆参观学习。10 月 12 日，组织开展“重阳关爱中老年人睡眠”公益活动。12 月 1 日，组织会员集中学习贯彻中共十九届六中全会精神。

截至年底，民进常山县支部委员会共有会员 16 人，主要来自教育、文化、医疗界别，会员平均年龄 42 岁，其中女性会员 5 人，占比 31.25%。担任县政协委员 5 人，市政协委员 1 人，民进常山县支部委员会中担任县级机关单位中层以上干部的有 10 人，占支

2021 年 11 月 25 日，民进常山支部会员詹敏现场录制疫情防控大喇叭
（民进常山支部 供图）

部会员数的 62.5%，任副科以上领导干部 1 人。

【民进常山支部第一届委员会成立】 2021 年 10 月 19 日，民进常山县支部委员会届中调整会议在常山县东方广场酒店召开，鄢倩倩、朱慧、徐复娟、詹敏、汪志鹏组成民进常山支部第一届委员会，鄢倩倩任主任委员，朱慧任副主任委员。

【参政议政】 2021 年，民进常山支部中有县政协委员 5 人。在县“两会”期间，民进常山支部共提交大会口头发言材料 1 篇、提案 9 篇，鄢倩倩代表民进常山支部作题为《以基层赋能为抓手 推进“县乡一体 条抓块统”重重落地》的大会口头发言。会员徐复娟主笔的《关于加强常山县中医人才队伍建设的建议》被县政协评为重点提案、优秀提案。会员余家富撰写的《关于打造常山“慢村生活”民宿品牌的建议》被县政协评为优秀提案。会员詹敏被评为县政协优秀委员。

【服务社会】 2021 年，民进常山支部组织开展各类社会服务 29 次。紧扣民进省委会社会服务主题，组织书法家开展“春联万家”活动，送出春联近千副。组织协调医卫专家工作站常态化运行。组建民进 8090 新时代理论宣讲团，以小切口反映中国共产党的大政策。在疫情防控及换届选举等重点工作期间，利用大广播及乡村振兴讲堂，开展 10 多场宣讲活动，广播滚动播放上万次，“民进之声”传播至全县大街小巷，受益群众超过 30 万人。抗击新冠疫情期间，詹敏发挥民进大喇叭作用，在全县滚动播放疫情防控宣传 2000 多次。推进健康讲堂、公益课堂、书法教堂“三堂”社会服务，会员徐复娟作为衢州市名中医，借助周二下村日等载体，深入乡镇基层一线，开展中老年人健康讲堂活动，传授健康知识。会员詹敏利用业余时间，开展儿童篮球教学公益课堂，促进孩子身心健康成长。会员缪小俊开设书法教堂，汇集书法文化精髓，传承弘扬中华传统文化。

（汪志鹏）

农工党常山总支

【概况】 2021 年，中国农工民主党常山县总支部委员会（以下简称农工党常山总支）共有党员 35 人，下设医卫、综合、资源环境 3 个支部，发展新党员 2 人。以服务常山社会经济发展为己任，发挥党内人大代表、政协委员和各类特约监督员的作用，参与疫情防控、乡村振兴、复工复产等县重点工作。是年，党员何水清作为第一作者撰写的《籼粳杂交稻“头季稻+再生稻”亩产超吨粮栽培技术》论文，获得第二十三届衢州市自然科学优秀论文二等奖；党员杨芝冬、方慧玉被评为常山县“服务发展先进个人”。

【农工党常山总支换届】 2021 年 11 月 8 日，农工党常山县总支第二次党员大会在柏丽大酒店举行。大会审议通过汪卫东代表农工党常山县总支第一届委员会作的工作报告，选举产生新一届农工党常山县总支和下设 3 个支部的主委、副主委、委员。汪卫东当选为总支主委，徐丽琳、杨芝冬、蒋国平当选为总支副主委，分别兼任医卫、综合、资源环境支部主委。

【参政议政】 2021 年县“两会”期间，农工党常山籍市、县人大代表和政协委员共提交提案建议和大会发言 12 篇，其中《关于推进历史文化街区保护开发 助力旧城改造提升的建议》的口头发言，《关于中小学生艾滋病预防教育的建议》《关于“十四五”基础设施规划工作建议》等被评为重点提案、优秀提案，《全面落实三孩政策实施，做好育龄妇女保障措施》等多篇提案和建议，在常山县经济社会发展中发挥积极作用。

2021 年 12 月 3 日，农工党常山县总支在芳村未来乡村举行医疗服务基地授牌仪式　　（农工常山总支 供图）

【服务社会】 2021 年，农工党常山总支组织党员为群众服务 1000 多人次。12 月 3 日，农工党常山总支在芳村镇未来社区举行医疗服务基地授牌仪式，这是农工党常山总支首个授牌的社会服务基地，凸显医卫界别优势。

【专题议政沙龙】 2021 年 6 月，农工党常山总支承办农工党衢州市委会“乡村未来社区实践和建设”专题议政沙龙，到白石镇柚香谷、同弓乡金色同弓田园综合体实地考察，详细了解同心未来乡村的建设和运营情况，围绕未来乡村、数智社区、群众参与等议题开展研讨，积极建言献策。撰写《关于当前新冠疫情防控的几点建议》《关于做好低温雨雪冰冻灾害天气防冻》《乡村和未来社区的建设融合》等调研报告、社情民意和建议 10 多篇，内容涉及工业、农业、医药卫生和社会建设等方面。

【交流培训】 2021 年，农工党常山总支主委汪卫东率常山小组参加由农工党衢州市委会组织的学习考察团，到杭州开展“山海协作”活动，实地参观考察上城区彭埠街道杨柳郡未来社区、杭州农工党“党员之家”。年内，选送 2 名党员参加常山县统战系统培训；选送 2 名党员参加全市民主党派培训，通过学习培训提高党员能力素质。

（徐　璐）

九三学社常山支社

【概况】 2018 年 12 月，九三学社常山县支社委员会（以下简称九三学社常山支社）成立。2021 年，九三学社常山县支社委员会共有社员 13 人，硕士研究生以上学历 3 人，占支社社员总数的 23.1%，所有社员文化程度都达到本科以上。是年，社员郑胜被评为常山县“消薄攻坚”工作先进个人；社员樊燕霞所在的常山利卿果业青创农场被评为浙江省省级示范性青创农场；社员章敏被评为衢州市新“115 人才工程”人员等。

【强化自身建设】 2021 年，九三学社常山支社定期组织开展学习交流活动，并高度重视活动场所建设。4 月 14 日，中共常山县委统战部副部长唐锡军到支社指导组织建设。9 月 8 日，九三学社浙江省专职副主委马永信、市专职副主委郑爱萍、中共常山县委统战部部长姜雪峰为常山“九三之家”授牌。10 月 19 日，九三学社衢州市委员会在常山“九三之家”召开 2021 年度第二批拟入社成员见面会，市专职副主委郑爱萍为社员讲授社史课，介绍九三学社参政履职、社会服务、宣传教育等职能。11 月 27 日，九三学社常山支社邀请九三学社市机关三支社、衢州学院支社联合举

2021 年 11 月 27 日，九三学社“学习中共十九届六中全会精神”主题教育活动举行 （九三学社常山支社 供图）

办“学习中共十九届六中全会精神”主题教育活动。

【参政议政】 2021 年，九三学社常山支社社员中有市人大代表 1 人、市政协委员 1 人，县政协委员 3 人。向常山县政协九届五次会议递交《关于古建筑保护和发展的建议》等 4 篇提案，并就《建立常山胡柚交易中心，助推胡柚产业发展提质增效》作大会口头发言。围绕加快推动常山高质量发展凝心聚力，积极建言献策，提案紧贴县情，涉及工业、农业、文化、城市发展管理等多方面。

【社会服务】 2021 年，九三学社常山支社投身社会服务工作。1 月，鉴于疫情对常山胡柚销售产生的不利影响，组织开展柚农帮困行动，社员樊燕霞通过自家利卿果业销售平台，邀请网红团队开展直播带货活动，销售常山胡柚 3 万余箱，12 万余千克，减少疫情给柚农造成的损失。10 月 17 日，开展送科技送法律送医疗“三服务”活动，邀请市医卫、农业、法律等方面专家到现场开展服务，市医卫专家为球川镇村级工作人员开展《心肺复苏及心血管急救指南》讲座，提供动作示范演练，为 160 多名群众开展免费的保健讲座及诊疗服务。农业专家们在展位现场为村民讲授蔬菜、水果的栽培和管理技术，法律专家、金融专家讲解防金融诈骗及农村经常遇到的一些法律知识。

（郑 胜）

群众团体

Social Organizations

常山县总工会

【概况】 2021年，常山县有各级工会组织776个，其中单独建会746个、联合工会30个。工会会员54497人，其中农民工36283人。有产业工会2个，乡镇（街道）总工会14个，县经济技术开发区总工会1个，区域性、行业性工会5个。

2021年，常山县总工会（以下简称县总工会）以打造忠诚于党的红色工会、唯实惟先的实干工会、共建共享的为民工会、高效协同的数智工会、创新创优的品牌工会为目标，推进工会工作全面提升。创新党史学习方式，先后开展“劳模讲党史”“劳模志愿服务”“工会干部当一周工人”“产业工人改革知识竞赛”“万名职工学党史”线上知识竞赛、“中国梦·劳动美——我心向党”职工摄影大赛和“读红色故事 传红色基因”读书活动。助力消费行动，调整职工疗休养经费标准，职工每次人均疗休养费用由最高2000元提高到最高3000元，直接拉动消费2378万余元。助力防疫复工，开展“留在常山过大年，工会为你报平安”活动，对留常职工开展送春联、送福字、送流量、送公益“四送”活动。落实小微企业工会经费全额返还政策，至年底，累计为180家企业减负71.23万元。推进职工服务，开展“工会就业服务月”活动，推出岗位1500多个，帮助企业缓解招工难问题；开展“夏送清凉”活动，向高温一线企业职工送上清凉物资1000多份；开展“冬送温暖”，为420户困难城镇居民送上关心关爱；组织开展“医企同行”女职工义诊活动12场、健康讲座4场、“情系女职工 法在你身边”法律维权讲座8场、卫生健康知识宣讲286人、组织免费健康体检1117人。依法维权保稳定，“工会法律帮帮团”共受理案件26件，涉及职工145人，涉及金额45万余元；为960名职工提供法律咨询，调解劳资矛盾纠纷3起，发放各类宣传资料1000多册。构建和谐劳动关系，开展职工队伍稳定风险专项排查化解工作和护航建党百年“常山安薪”专项检查行动，排查企业564家、检查重点项目工程22个。夯实基层工会组建，全年组建基层工会44家，吸收会员2433人。探索和推进新就业群体工会组建，在衢州市率先组建快递企业工会联合会，并承办全市现场会。加强工会阵地建设，高标准建成紫港社区职工服务中心、浙赣衢饶示范区职工服务中心，打造“爱心驿站暨工会户外劳动者服务站点”6个。

2021年7月21日，常山县快递企业工会联合会第一次会员代表大会暨快递小哥技能大赛举行（王建华 摄）

是年，县总工会职工书屋被中华全国总工会命名为“2021年全国工会职工书屋示范点”；常山县紫港社区职工服务中心户外劳动者服务站点被中华全国总工会评为“最美户外劳动者站点”，同时获县“十条军规”正面典型通报表扬。

【产业工人队伍建设改革】 2021年，县总工会推进各级产业工人队伍建设改革示范点建设。聚焦强化职工思想政治引领、打造建功立业平台、提升技术技能素质和职工生活品质等方面，成功申报省级综合试点非公企业1家、市级示范点4家、县级试点13家、白石镇列为市级试点乡镇，县经济技术开发区列为试点产业聚集区。

【组建衢州市首家快递企业工会联合会】 2021年7月21日，县总工会在城南东方大酒店召开常山县快递企业工会联合会第一次会员代表大会。衢州市总工会、衢州市邮政管理局、衢州市邮政公司领导、各县（市、区）总工会分管领导及衢州市各快递企业负责人观摩大会。会上，举办常山县首届快递员职业技能比赛，顺丰快递等6家快递公司的15名快递小哥参加比赛。

【打造常工驿站】 2021年，县总工会在紫港社区建成衢州市首家新就业群体综合性服务平台——常工驿站，该服务中心面积为570多平方米，内设活动室、调解室、“妈咪暖心小屋”等，并配备空调、饮水机、药箱等常用物资，让快递小哥和货运司机冷可取暖、热可纳凉、渴可喝水、累可歇脚、伤可用药，真正成为户外劳动者的“加油站”。

【丰富职工业余生活】 2021年，县总工会对县工人文化宫“职工书屋”进行升级改造，该点被中华全国总工会命名为“2021年全国工会职工书屋示范点”。联合有关协会先后举办全县职工乒乓球比赛、气排球比赛，组织举办瑜伽培训班6期，开展一线职工疗休养96人，和团县委、辉埠镇联合举办“浪漫花海 结缘东乡”青年职工联谊活动。

（张君芳）

2021年11月16日，常山县新就业群体综合性服务平台暨“常工驿站”，在常山县紫港社区正式揭牌投入使用　　（王建华 摄）

中国共产主义青年团常山县委员会

【概况】 2021年，全县有共青团支部705个，其中基层团委、团工委57个，团总支10个，团支部630个，团员1.41万人。中国共产主义青年团常山县委员会（以下简称团县委）新吸收212名团员青年入防控储备志愿者数据库，助力疫情防控。组织青年志愿者参与旧城改造签约、腾空搬迁等中心工作，助力基层治理。开展8090新时代理论宣讲，推动青年创业服务乡村振兴，推进人才服务，服务青少年红色基因培养，帮扶困难学生。围绕“快递小哥”“外卖小哥”“网约小哥”“电商（直播）小哥”等新兴领域群体，建设“‘小哥’青春U+”平台，成立相关行业团工委，加强共青团基层组织改革建设。开展“青年大学习”“红领巾爱学习”系列活动，打造“网上共青团”，组织网上答题27期，参与青少年17万人次。推动青少年加强网上主题团队课学习，制作宣传28期“红领巾爱学习”短视频。

【8090新时代理论宣讲】 2021年，团县委体系化推进8090新时

2021年10月29日，"'小哥'青春U+"品牌发布会暨快递物流行业及互联网行业团工委成立仪式在UU新青年服务中心举行（徐易易 摄）

代理论宣讲工作。开展"六讲六做"大宣讲（即讲好党的百年奋斗历程，做红色根脉的坚定守护者；讲好新时代的辉煌成就特别是"两个确立"对新时代党和国家事业发展、对推进中华民族伟大复兴历史进程的决定性意义，做"两个维护"的示范引领者；讲好百年奋斗的宝贵经验，做新时代"重要窗口"的优秀建设者；讲好总书记深厚的为民情怀，做人民至上的不懈奋斗者；讲好总书记在浙江的故事，做"八八战略"的忠实践行者；讲好总书记赋予浙江的重大历史使命，做高质量发展促进共同富裕的先行探路者）活动，发动全县100多名8090宣讲员到村社、学校、企业等开展中共十九届六中全会精神宣讲。开展"学党史、强信念、跟党走"常山县党团知识竞赛，其中3名团员青年代表衢州市参加全省党团知识竞赛决赛，并获得三等奖。推出"党的青年述百年"8090新时代理论宣讲品牌，组织动员各级团干用故事宣讲、情景演绎等多种方式，讲述党的百年历史，分享心得感悟，录制"青述"视频27期。

【志愿服务基层治理】 2021年，团县委成立"渡口未来社区征收工作临时团支部"，建立"1+3"工作机制，按照网格划分成3个团小组，聘请3位基层工作经验丰富的导师，助力45名青年干部快速提升征迁工作能力。建立"周二青JING日、交叉检查、组团包干、大赛比拼"四项机制，推动"青JING行动"开展。招募300多名青年志愿者助力"YOUYOU"音乐节、浙江省第四届体育大会常山赛区、全县新冠疫苗接种等大型活动。举办"再见，旧时光；你好，未来社区"渡口未来社区"老城记忆"摄影大赛活动，组织志愿者把"我与老宅合个影"照片赠送给572户征迁户。开展"绿色焕新·爱心+1"主题活动，募捐各类学习用品、玩具等物资200多件。开展"万名青年进村入社、平安护航建党百年"行动，累计3000多人参与。联合县检察院，探索公益诉讼志愿观察员工作模式，常山县被评为省级优秀试点县。组织凝聚全县300多名青年志愿者助力防灾宣传、隐患排查、人员转移、道路疏通、困难救助等工作，保障人民群众生命财产安全。

【扶持青年创业】 2021年，团县委开展乡村振兴青春建功行动。邀请慈溪市崇寿镇"创二代"到常山开展"共同富裕、常慈先行"活动，推动常山、慈溪两地青年协作。通过开展"走基层、强本领、促发展"省直机关团员青年走进常山活动，牵线10多个省级部门团委书记与常山青年企业家面对面交流沟通。扶持常山创业青年，向上对接争取到省青基会"扬帆工程"项目资金50万元和省青创会农村青年电商扶持资金30万元。创建2家省级青创农场，

2 名创业青年被评为省级创业青年导师。

【“真善美”种子工程建设】 2021 年，团县委挖掘宣讲员骨干队伍，组建“红领巾宣讲团”开展宣讲活动 100 多场。探索分批入队、推优入团有效衔接的全链条培养路径，全年培训少先队员 2000 人次，推优入团 466 人。开展少先队员“从小学先锋、长大做先锋”“致敬百年伟业，争做‘真善美’好少年——党团队三旗传递”等主题教育活动，推出红色研学路线 5 条，开发红色研学课程 5 门，建成红色研学基地 8 个，其中西源革命纪念馆被评为第二批浙江省青少年红色基因传承基地。开展“种枚‘党徽’献给党”“种枚‘团徽’心向党”“童心向党 红色传承”重走长征路“云上”游学等红色研学活动，培养青少年爱党爱国的朴素情感，吸引 2000 多名青少年参与。举办全县思政微队课大赛，面向全县小学生开展思政公开课巡讲 100 多场。

【青年人才服务】 2021 年，团县委与县委人才办联合举办“英才荟、常山情、青春梦”高层次人才常山行活动，来自浙江大学、武汉大学、同济大学等知名高校的 32 名高层次人才齐聚常山、共话未来。开展大学生暑期返乡社会实践活动，征集 30 个单位（专班）85 个实习岗位，招募大学生 120 多人，常山县被团中央认定为“2021 年度全国‘返家乡’社会实践重点开展县”。与浙江大学签订共建“浙大—常山大学生实习实践基地”合作协议。举办首届常山青年文化节，精心策划青年歌手大奖赛等一系列具有“青年味”的活动，吸引 8000 多名青年参与。开展“五福临门·留‘常’过年”“浓情端午·别样乡愁”系列主题活动，缓解外地来常青年思乡之情。开展“521 因为有你·‘才’留常山”“浪漫花海·结缘东乡”等亲青恋系列活动 4 场。面向全县青年人才开设“青春加油站”公益课程。创作并发布由常山青年人才作词、演唱、演绎、拍摄的 MV《追梦的我们》，在“学习强国”等平台累计播放量超 30 万人次。

2021 年 4 月 30 日，常山县首届青年文化节在县文峰广场举办

（徐易易 摄）

【困难学生助学帮扶】 2021 年，团县委开展常山县希望工程大学生圆梦助学结对工作，结对 88 位学生，筹集助学金额 44 万元。开展“情系桑梓·筑梦起航·共‘富’未来”乡贤助学活动，筹集助学爱心善款 11.1 万元，资助学生 31 人。争取省青基会“壮苗基地”“希望小学”“希望书屋”等项目，筹资 70 多万元。希望工程工作受到团省委、省青基会肯定，作为全省唯一一个市县团委代表参与浙江希望工程实施 30 周年座谈会和分享会，并作交流发言。

（吴沁心）

常山县妇女联合会

【概况】 2021年，常山县妇女联合会（以下简称县妇联）以“助力中心大局 推动共同富裕”为目标，进一步提升服务本领、夯实工作成效，为常山高质量发展做出巾帼贡献。结合庆祝建党100周年，开启“巾帼心向党 百年正辉煌”主题教育，组建“向阳花8090新时代巾帼理论宣讲团”，开展线上线下宣讲300多场，参与妇女群众超万人。加强榜样引领，评选深入实施“八大行动”中表现突出的优秀女性、巾帼集体30个（人），在妇女节活动上予以表彰。结合未来社区建设、健康促进县创建等中心工作，相继开展“助力双减·她力量”“传承红色基因 弘扬良好家风”“关爱女性健康 幸福千万家庭”等各类主题活动300多场，受益家庭超1.5万户。推动“美丽庭院”创建，新建庭院3401个，盘活拆后利用土地4万余平方米，发放奖补资金128万元。加强“四新”领域（即新领域、新业态、新阶层、新群体）妇建工作，建成“妇女微家”42个。抓好来料加工，审定发放上年度政策奖励16.1万元，年排查加工点206个。做好“常山阿姨”品牌提升，全县从业人数达到7000人，带动妇女增收13亿元以上。全面走访8000多户次，为群众办实事近500件，工作做法多次被《中国妇女》报道。加强维权普法，开展普法课程30多场，发放宣传资料3万余份，累计摸排婚姻家庭矛盾672件，化解率达97.3%，获评省婚姻家庭纠纷化解品牌工作室2个。弘扬最美家风，挖掘的熊素娟家庭被评为全国最美家庭，推荐16个家庭参加市级最美家庭展播。做好关爱帮扶，新建市、县级示范型“儿童之家”30家，争取各类救助资金50多万元，400多名妇女儿童受助。引导巾帼建功，指导常山县供电公司供电营业厅成功创建全国巾帼文明岗。

是年，常山县妇联被中华全国妇女联合会评为“全国巾帼建功先进集体”。“常山阿姨”工作获得省委书记袁家军、省委副书记黄建发批示肯定，省政协主席葛慧君到常山指导；常山阿姨中心在全省家政服务业产教融合联盟理事扩大会议上作经验交流，成为省家政服务业产教融合联盟理事单位和“医养护管”一体化养老服务人才培养基地常务理事单位。

【“三八”国际妇女节活动】 2021年3月8日，县妇联在县文化馆举行“巾帼心向党 百年正辉煌”庆祝“三八”国际妇女节表彰暨8090新时代巾帼理论宣讲大赛，对部分全国级、县级荣誉获得者进行表彰；来自全县各条战线的14名巾帼宣讲员围绕女性一线建功、典型事迹开展宣讲。

【县妇联第十五届三次执委（扩大）会议召开】 2021年6月10日，常山县妇联召开第十五届三

2021年3月8日，“巾帼心向党 百年正辉煌”庆祝“三八”国际妇女节表彰暨8090新时代巾帼理论宣讲大赛在县文化馆举行

（县妇联 供图）

2021年6月10日，常山县妇联第十五届三次执委（扩大）会议召开

（县妇联 供图）

次执委（扩大）会议，县妇联第十五届全体执委、各乡镇（街道）妇联主席、县属各妇委会主任（妇女小组长）50多人参加。张秀珍当选为专职副主席。县妇联主席、党组书记郑丽作执委会工作报告，各分管领导就“四必访”（生产经营遇到困难的创业女性必访、困难家庭必访、空巢老人及留守妇女儿童家庭必访、涉及婚姻家庭矛盾纠纷的家庭必访）、来料加工安全生产、“四史”（党史、新中国史、改革开放史、社会主义发展史）学习教育、“常山阿姨”、一米菜园、美丽常山、妇儿维权等有关工作进行详细部署。

【全县基层妇女干部培训班开班】2021年，县妇联推动将村（社）妇联主席培训纳入全县高素质农民培训项目中，分批次、分层次两年内对所有村妇联主席进行一次轮训。全年组织2批全县基层妇女干部培训，每批为期一周，参训100多人。培训内容包括《学党史 知党情 感党恩 跟党走》《妇联如何参与基层治理》《未成年人保护》等课程，开展现场教学、8090新时代巾帼理论宣讲等活动。

（龚 琪）

常山县科学技术协会

【概况】2021年，常山县科学技术协会（以下简称县科协）以践行“四个服务”（即为科技工作者服务、为创新驱动发展服务、为提高全民科学素质服务、为党和政府科学决策服务）为主线，围绕中心工作，创新举措，让科技赋能助力高质量发展。将党史学习融入工作中，开展“六讲六做”大型宣讲活动，推动科协群团改革，完善县、乡、村三级科普组织，创新“餐点科普”“广场科普”“礼堂科普”3种科普形式。巩固和发展科普平台，有国家级科普教育基地1家（全市唯一一家）、省级科普教育基地2家，2021年新增市级科普教育基地14家。科普行动助力“双减”，举办“博士讲科普”活动15场，科普大篷车与高校博士一同进校园。组织“银龄跨越数字鸿沟”活动100多场，帮助约1.9万名老年人学会使用智能手机，实现智慧社会老年人不掉队。开展农函大培训班4期，普及学员500多人。实施科创赋能行动，组织“院士常山行”活动，邀请南京大学院士专家一行11人到常山县开展“院士常山行”活动。加强博士创新站建设，承办浙江省博士创新站服务共同富裕示范区建设启动仪式，助力哲丰新材料等4家博士创新站建设。招引院士合作项目，解决产业发展瓶颈，与中国工程院院士李玉合作开展“药食同源猴头菇工厂化菌种选育及应用”攻关，与中国工程院院士徐滨士合作开展“轴承套圈及轴承装备智能再制造的研究”。

【“全国科普日”系列科普活动】2021年9月14日，县科协在球川镇西村开展首场“全国科普日”系列活动，通过宣传教育、展览

2021 年 8 月 6 日，浙江省博士创新站服务共同富裕示范区建设启动会举行
（郑忠于 摄）

展示、义务讲座、公益义诊、发放科普小物品，逐步建立起覆盖乡村社区的科普长效机制，提高全县民众科学素质，开展“全国科普日”系列活动 11 场。

【智汇山区“一县一业一学会”赋能行动】 2021 年，县科协贯彻落实省委高质量发展建设共同富裕示范区目标要求和省科协部署智汇山区“一县一业一学会”赋能行动。12 月 8 日，在浙江省中西部乡村振兴战略林业论坛上，常山县人民政府与浙江省林学会签订协同创新合作框架协议，标志着浙江省林学会为常山以“两柚一茶”为主的林业产业振兴提供创新驱动、人才赋能、智力支持。

【农村科普工作调查】 2021 年，县科协开展县域内 14 个乡镇（街道），190 个村（社区）科普组织调查。试行农村科普改革，制定实施《深化农村科普改革 打通农村科普“最后一公里”实施方案》，探索打通农村科普工作“最后一公里”，提升农村居民科学素质，促进县域全民科学素质提升。

（朱 颉）

常山县工商业联合会

【概况】 2021 年，常山县工商业联合会（以下简称县工商联）辖杭州市、深圳市、义乌市、北京市、上海市、宁波市、温州市、福建省、重庆市、广东省、台州市、湖北省、安徽省、广西壮族自治区、江苏省、嘉兴市南湖区、湖南省、四川省 18 个异地常山商会；对常山县餐饮协会、常山县物流协会、常山县纺织服装行业协会、杭州市常山商会、台州市常山商会流动党支部进行业务指导。

【调研服务企业】 2021 年，县工商联每季度召开一次主席（会长）办公会议，听取企业意见建议；分组定期到联系企业走访调研，梳理企业难题，视情邀请县领导及金融、县科技局、县市场监管局、县经信局等部门参加政企恳谈会，开展政企恳谈会 3 场，为企业解决问题 12 个。引导民营经济人士坚定“永远跟党走”的信念，主动“为招商引智代言”“为营商环境建言”“为会员发展倡言”，开展“学党史、助发展”暨“常商好声音”系列活动 10 多场。

【“鲜辣常山”工作】 2021 年，由县工商联牵头负责，县经信局、县文广旅体局等 10 多个部门共同参与，启动“十百千万”工程（即研发十大“鲜辣美食名宴”、打造百个“鲜辣食材基地”、推出千家“鲜辣美食门店”、培训万名“鲜辣技艺厨师”），打响“中国好味·鲜辣常山”品牌。于 2021 年 11 月 5 日创建“中国鲜辣美食之乡”；研发常山鲜辣宴、宋诗文化宴、菌菇养生宴、胡柚文化宴、万寿素食宴、球川豆腐宴、长风鱼乡宴、芳村狗肉宴、招贤古渡宴、芙蓉迎宾宴十大宴席，梳理、改进、编排鲜辣菜谱 120 道，编撰出版常山餐饮首本书籍《中国好味·鲜辣常山》；出台《常山县鲜辣食材基地认定办法》、制定《蔬菜食材基地建设标准》等，联合县农业农村局、县林业水利局公布第一批14家鲜辣食材农产品基地；完成《支持常山鲜辣美食县外推广》政策。县内外新开门店31家，按照“十统一”鲜辣美食门店标准体系，完成门头鲜辣元素改造县内19家、县外杭州10家；全年开展“鲜辣技艺厨师”班71期，培训3463人。

【招商引资】 2021年，县工商联发挥商会人脉、资金、信息等优势资源，以乡情、亲情、友情为纽带，搭建政府和企业招商、投资的平台，推进常山县招商引资工作。通过异地商会这个平台，收集到24条有效招商引资信息，3个项目进入实质性跟踪，累计实际到位资金2.46亿元。

【开展社会服务】 2021年，县工商联发动行业协会、异地商会会员通过捐款捐物、农产品购买等形式，参与帮困扶贫、东西部扶贫协作和对口支援等公益活动。发挥商会乡贤作用助推胡柚销售。异地商会办公场所或经营场所设立常山胡柚展销点，推广实施公益助销、抱团促销、线上助销等模式，各商会完成推介胡柚100多吨。全年销售农产品114.7万元；

2021年4月24日，常山县四川商会正式成立 （县工商联 供图）

常山县四川商会会长邱红青创办的四川佳乾建设工程有限公司，2021年度新增投资5000万元以上；组织会员企业积极采购东西部帮扶地区农特产品，助力巩固脱贫攻坚成果。发动杭州、台州等异地商会在节日期间开展消费帮扶活动，吸纳脱贫人口就业，鼓励四川商会引导在川企业尤其是与常山关联的企业吸纳当地农村劳动力就业。安徽商会、北京商会、湖南商会、广西商会等商会累计公益慈善捐款捐物89万元。

【新成立1个异地商会】 2021年4月24日，常山县四川商会成立，邱红青担任常山县四川商会会长。至此，常山县异地商会共有18家。

【纺织服装行业协会换届】 2021年5月21日，常山县纺织服装行业协会完成第三届换届，召开三届一次会员大会，县委常委、统战部部长姜雪峰，县政协副主席谢雨生出席并授牌，杨良荣当选为会长；姜云水当选为常务副会长；杨晓华、张毅当选为副会长；叶季云、刘国建、江群、张红良当选为理事；杨晓华兼任秘书长。

（朱　慧）

常山县文学艺术界联合会

【概况】 2021年，常山县文学艺术界联合会（以下简称县文联）团结带领全县文艺工作者，紧扣时代脉搏，推动文艺赋能，全县文艺事业呈现出蓬勃发展的良好局面。对照《常山县文艺发展扶持奖励办法》，2020年度71个文艺扶持奖励项目，落实奖励资金35.2万元；制定完善《常山县文艺家协会考核细则》；调整32位县处级领导与知名文艺家一对一联系制度。2021年，全县新增国家级会员1人，省级会员5人。2021年，县文联推进“双百千村”活动，引导东案乡金源村、紫港街道渣濑湾村等5个村，作为第三批文艺特色村创建村，明确白石镇草坪村、何家乡长风村作为第二批市级特色文艺提升村创建村，组织协会开展文艺指导和扶持。县文联王有军被评为2020年度浙江省文联系统成绩突出个人，县摄影协会被评为2020年度浙江省摄协先进集体。

【文艺成果展出】 2021年，县文联推动各类文艺成果展出。7月13日，为迎接省级民间文艺之乡检查考核，县喝彩协会15名成员在招贤镇古县村“常山喝彩歌谣展示馆”前，展示常山喝彩歌谣《迎宾彩》《闹房彩》等。11月，常山14位工作坊学员和导师的作品“宋诗之河”主题摄影展在丽水摄影节展出，12月在衢州市博物馆展出。12月21日，由常山县委宣传部、县文联主办，县美协承办，县文化馆协办的“生我养我的地方”美术精品展在县文化馆开幕，展出28位在常生活工作过的国家、省级会员的精品佳作。徐春福等4人书法篆刻作品入展“万山红遍·庆祝中国共产党成立100周年——浙江书法篆刻百家系列”大展；张昭手工书《中医印象》、肖斌摄影作品《黄岗晨雾》《胡兆富肖像》入展“钱塘江诗路”景像展；张宇春作品《青石桥亭上大坑瀑布》入选2021浙江省大画幅摄影展；彭金剑国画《抚水听风》、王斌油画《云和三重奏》入选“乡村振兴——童话云和”浙江省美术作品展；琚志华等15人作品入展衢州“向阳花开”农民书法展。书法协会会员4人次入选“艺心向党”浙江省700家书法展；1人次入选第九届陆维钊省书法篆刻展；2人次入选贺知章杯——永恒的乡愁全国书法篆刻展；2人次入选“问道金庭”浙江省行草书百家作品展。

【各协会活动富有特色】 2021年，县文联推动各协会将各类文艺活动和培训融于社会面，营造文艺氛围。县书协、县摄协组织“留常过大年”企业职工慰问活动，送福送春联200多副，拍摄留常纪念照200多张；县作协组织浙江大学10多名大学生游览“宋诗之河”，组织座谈研讨；县戏协组织“周末剧场”演出活动。“常见常山风景摄影工作坊”开班，欧阳世忠担任导师，12名摄影爱好者参加；与省书协签订结对协议，组织何涤非等名家到常山开展书法讲座辅导；县喝彩协会到市数工学校，为20多名学生开展为期一周的实践培训。

【庆祝建党100周年活动】 2021年，县文联围绕庆祝中国共产党成立100周年主线，集聚文艺协会和新文艺组织力量，组织开展《我和我的家乡》美术作品展、“中国梦·劳动美——我心向党”摄影比赛、“传承非遗文化，喝彩百年华诞”常山县第二届喝彩擂台赛等活动10多次，创作以胡兆富为原型的现代京剧《战士》、以西源抗战为内容的现代越剧《西源颂》、交响乐组曲《信仰的力量》等作品6件，其中京剧《战士》在省人民大会堂演出。举办庆祝中国共产党成立100周年文艺晚会。开展“红色连环画里学党史”主题展、“百组蛋雕颂党百年”创作展等活动，同时组织广大文艺爱好者以竹编、木雕、剪纸等形式深化党史学习教育。

（张　昭）

常山县残疾人联合会

【概况】 2021年，常山县残疾人联合会（以下简称县残联）开展党史学习教育、省市民生实事项目、残联数字化改革、党风廉政建设、疫情防控等工作，开创新时代残疾人事业发展新局面。联合17个机关、村（社区）党支部开展党员志愿服务“残疾人之家”活动30多次；组织8090新时代理论宣讲26次；开展“沿着红色足迹学党史”系列活动5次，组织前往西源革命纪念馆等地参观学习；联合举办“喜迎建党100周年关爱残疾人”书画摄影展，观展1300多人。争取省残疾人福利基金会捐赠爱心物资2800多箱，向“残疾人之家”、助残机构及贫困残疾人家庭、助残爱心人士发放。对残疾人全周期服务“一件事”政策进行全面梳理，强化流程再造，规范办事指南、流程图；落实残联数字社会门户设计，推进残联整体智治任务分解。建成全县“残疾人之家”辅助性就业产品配送基地，全县共120多名残疾人受惠，年均增收3000多元。全年创建3家县级残疾人社区康复示范站，天马街道东明社区创建浙江省无障碍社区。第三代（智能化）残疾人证全面普及，逐步实现无纸化办证服务。

是年，常山县被评为全国无障碍环境示范县，为全省四个示范县（市、区）之一，衢州市唯一。

【无障碍项目建设】 2021年，县残联持续巩固拓展“全国无障碍环境县”创建成果，天马街道东明社区成功创建浙江省无障碍社区，累计投入改造资金29.6万元，落实公共机构无障碍改造18家、盲道改造3000多米、坡道（通道）改造18处、公共厕所无障碍改造3间、划定无障碍停车位18处、安置无障碍指示牌69块、改造低位服务台5处等。完成7个公共服务场所无障碍环境改造工程，改造无障碍坡道（通道）5处、无障碍扶手100多米、无障碍厕所10间、信息化无障碍点5处，安装呼叫报警器14套等，共计投入资金17万元。对3家养老服务机构进行无障碍设施改造，配发各类康复健身辅助器具46件，投入改造资金15万元。实施无障碍改造进家庭150户，其中家庭无障碍设施改造114户、辅助器具配发36户，着重对进出门坡道、轮椅通道、整体卫生间等进行改造，配发坐便椅、淋浴椅、无障碍扶手，购置盲人智能电饭煲、智能电磁炉、煤气报警器等669件。完成2021年度省级民生实事项目，即5家“残疾人之家”提升建设工作。引进第三方管理机构参与“残疾人之家”管理，与县人社局联合在全县三星级以上“残疾人之家”开发残疾人管理全日制公益性岗位，招录7名专职管理人员。

【残疾人民生保障】 截至2021年年底，全县5899名重度残疾人享受护理补贴，累计发放资金1423.99万元；4365名困难残疾人享受生活补贴，发放资金1370.67万元，共计补助2794.66万元。出资65万元为常山籍持证残疾人1.3万余人投保残疾人意外保险，最高可一次性赔付4万元，兑现保费38万余元。完成第六批省慈善助残危房改造项目验收工作，47名残疾人符合条件，获建房补助97.24万元。提供职工基本养老保险个人缴费补贴9.53万元。补助盲人按摩机构和城镇个体户养老金6.45万元。完成疫情防控期间盲人按摩机构复

2021年7月13日，常山县残疾人之家辅助性就业产品配送基地成立

（县残联　供图）

工复产资助项目，共补助 3 家盲摩机构 5000 元。为 15 名残疾人申报省、市困难残疾人家庭重大疾病医疗救助项目，申请救助资金 13 万元。

【就业助学服务】 2021 年“就业援助月”活动期间，县残联在每个乡镇、街道残联窗口设立咨询登记点，通过微信群、张贴宣传海报等形式向残疾人传递市县企业招工信息，援助对象 109 户。通过线上组织开展就业招聘，提供残疾人就业岗位 90 个，参与招聘的残疾人 150 多人，82 名残疾人与用人单位达成初步就业意向。落实残疾人单招单考工作，1 名肢体残疾人考取县社会福利院岗位。发放 46 户残疾人初次创业补助 13.8 万元，24 户残疾人贷款贴息补助 21.18 万元。全年征收残保金 869.86 万元。落实残疾人和残疾人家庭子女助学 173 名补助 39.85 万元。落实学龄前儿童、残疾人大学生及残疾人家庭子女、培智学校学生 173 人学费、住宿费补助 39.85 万元。组织残疾人及残疾人工作者参加市、县残联举办的手机维修培训、电商客服培训、网络抖音直播培训、面点制作培训等。3 名专职委员在市残联举办的残疾人就业服务机构工作人员职业指导技能比赛中，分别获得二、三等奖。选送残疾人创业典型参加市首届残健共融公益创业创新大赛，阳光志愿者组织“阳光伙伴——关爱智障家庭”获一等奖，春泥志愿者组织“陪伴一小时”——关爱低智儿童公益项目获二等奖。

【精准康复服务】 2021 年，县残联为 95 名残疾儿童提供基本康复服务，成立常山安康医院家长学校，举办特需儿童家长培训班。落实残疾人基本型辅具服务，共免费配发各类辅具 534 件，其中轮椅及护理类辅具 284 件、助听器 219 台、假肢 22 具、盲人眼镜 9 副，补助 20 名残疾人辅具小额货币补贴 4.44 万元。为 16 名残疾人发放膝髋关节置换手术补贴 14.53 万元；为 19 名残疾人发放白内障手术补贴 1.5 万元。开展精神残疾人免费服药扩面工作，769 名精神残疾人列入医保一站式结算系统。为 19 名符合条件的残疾人发放机动轮椅车燃油补贴。对 473 位建床对象提供“阳光康护·家庭病床”服务，开展服务 8401 人次，其中责任医生服务 3740 人次，协调员服务 4661 人次。完成 5729 名残疾人及 586 名辅具需求对象数据采集和服务工作，康复服务率达 100%，辅具适配率达 100%。

【第三代残疾人证办理】 2021 年，县残联在全市率先推广第三代（智能化）残疾人证换发，残疾人证实现省内通办、跨省通办。做好每周三集中评定和上门办证服务，全年受理申请办证人员 902 人；开展上门办证 10 次，为 32 名残疾人提供上门办证服务。落实无纸化办证前期准备工作，完成县人民医院、县

2021 年 6 月 15 日，常山县第三代（智能化）残疾人证试点芳村镇猷阁口村下猷阁村首发仪式举行
（县残联 供图）

妇保院评定医生云印章申请和授权“残疾人全周期服务系统”应用，采购无纸化办证硬件设备。通过智慧大厅——政务2.0平台走件，提升网办件数量，努力实现网办件比例达到85%以上，实现残疾人证办理“零跑腿”。

【残疾人文体宣传】 在2021年“全国爱耳日”“全国助残日”等节日期间，县残联通过举办培训班、讲座、开展义诊等方式营造氛围，吸引200多名市民参与，开展听力测试100多人，调试助听器6台，发放各类宣传资料3000多份。组织全县14个乡镇（街道）残联、190个村（社区）残办残疾人工作专职委员参加《中华人民共和国残疾人保障法》实施30周年法律知识网络竞赛活动。组织四大残疾人专门协会（肢残人协会、聋人协会、盲人协会及智力、精神残疾及亲友协会）成员参观“残疾人之家”，到县城体验无障碍设施，感受残疾人事业的发展。为280名残疾人配送康复体育健身器材，命名1家残疾人体育健身示范基地。输送1篇作品参加省残疾人事业好新闻评选并获得优秀奖；输送4篇作品参加市残疾人事业好新闻评选并获得二等奖1名、三等奖2名。选送2名残疾人参加省残疾人运动员集训、3名残疾人参加备战2022年第四届杭州亚残运会草地掷球集训。选送2名听力残疾人参加第十届全国残疾人艺术会演。残疾人徐勋被列入“2021度中国残疾人事业新闻人物”候选人。成立2个无障碍观影服务队，放映12场无障碍电影、观影人数达540人。在常山电视台“一周要闻”节目中增加手语翻译52期。

（蔡　卿）

常山县红十字会

【概况】 2021年，常山县红十字会弘扬“人道、博爱、奉献”的红十字精神，围绕解决弱势群体最关心、最直接、最突出的问题，在组织建设、救灾救助、生命关爱、救护培训以及人体器官捐献等方面取得较好的成绩。开展博爱家园建设，将红十字服务延伸到基层，服务基层社会治理，助推乡村振兴。建设天马街道蒲塘村博爱家园，将白石镇草坪村博爱家园打造成浙江省示范博爱家园。完成应急救护技能普及14282人次，救护员取证1442人次。完成35例造干入库任务。在全市率先完成红十字应急救援队党支部组建工作，指导推动救援队党支部开展“学党史、听党话、感党恩”等学习教育活动等，通过党建统领，提升救援队的凝聚力、战斗力。参与联系村天马街道蒲塘村的“五水共治、共建生态家园”行动，补助5万元，助力农村风貌提升。常山县红十字应急救援队参与救援119次，出动志愿者867人次。全县新增器官捐献4例。

2021年，常山县红十字应急救援队被评为浙江省红十字救援工作成绩突出集体。

【AED布设】 2021年，常山县红十字会在县城农贸市场等13个人员密集公共场所布设13台AED（即自动体外除颤器），超额完成市政府下达的布设任务。对全县20个点位AED管护人员进行专题的操作使用技术培训，确保每个点位AED都能规范管理使用。

【“博爱送万家”活动】 2021年，常山县红十字会走访慰问108户群众，为每户困难家庭送上1000元慰问金。组织“康恩贝健康之旅——心脑血管疾病防治博爱行动”活动。争取省红十字会的支持，对500名城乡困难家庭的心脑血管疾病患者进行救助，为每人提供价值约1000元的药品（麝香通心滴丸）。联合东阳市人民医院，邀请心脏病专家到常山进行现场义诊，宣传相关救助政策，对心脏病患者进行经济救助。举办以“红心向党、关爱生命、救在身边”为主题的世界红十字日纪念活动，为球川镇20个村党群服务中心赠送红十字急救包，开展红十字、党史等知识有奖竞答等活动，吸引当地300多名群众参与。

（许和俊）

法　治

Rule of Law

政法委及综治

【概况】 2021年，中共常山县委政法委员会（以下简称县委政法委）统筹推进防疫情、保平安、护发展、守稳定各项工作，实现“平安常山十六连冠”，完成建党100周年维稳安保任务，实现零进京、零登记，县级社会治理中心建设获省委政法委领导批示肯定，入选全省唯一一个国家智能社会治理实验基地（社区治理特色基地），政法队伍教育整顿获中央督导组肯定。

加强基层组织、基础工作、基本能力建设，聚焦乡镇（街道）、村（社），创新建立一幅绿、黄、红“三色”管理图、一个动态“平安指数”、一张负面否决清单为主体的“一图一指数一清单”平安乡镇（街道）、平安村（社区）建设工作体系，夯实平安建设基层基础，全年评定黄色管理村24个、红色管理村3个，通过“一村一策”靶向攻坚，全面“复绿”。完善基层人民法庭布局，夯实基层法治基础。从全县重点行政执法部门及政法各单位选派190名骨干力量担任“法治村长”，结合“法治带头人”“法律明白人”“学法守法示范户”培育工程，开展民主法治建设、完善村规民约等工作，实现基层治理法治化。以乡镇（街道）“基层治理四平台”为主平台，设立法律援助、人民调解和法律咨询等服务窗口，并通过购买第三方服务形式引进2家律师事务所8名律师，提供组团式服务，推进公共法律服务均等化、网格化、智能化、精准化。推进县级社会组织党群服务中心、乡镇（街道）社会工作站、村（社）公共服务中心三级全覆盖，实施社区社会组织培优专项行动，建立全县216个社区社会组织数据库，标准化、规范化建设志愿服务室、品牌工作室、心理咨询室等服务阵地，打造“小哥”青春志愿联盟、“能大姐”志愿服务队、乡贤特色网格等一批志愿服务品牌，发挥新业态新就业群体工会组织、博爱之家、科技工作者之家、院士专家工作站等社会组织力量作用，畅通各类社会主体参与社会治理制度化渠道，提升社会力量在社会治理中的参与度和贡献率。

聚焦电信网络诈骗、“民转刑”案件、消防安全等八大重点行业领域，开展平安建设突出问题专项整治，提升群众获得感、幸福感、安全感。全年交办问题175项，落实省市反馈问题整改24项，整改完成率达100%，实现“民转刑”案件发案数比上年下降50%。全年刑事发案数1054起，破案311起，打击624人，治安行政案件发案数1592起，查处1568起，查处违法人员1106人。全年发生道路交通亡人事故44起、死亡44人。聚焦危险化学品、建设施工、城市运行等7个重点领域，摸清各个重点领域事故发生的特点和规律，评估企业、行业领域和区域安全生产风险状况，落实重大决策社会风险评估机制，“常普常新”风险数据库，绘制区域和领域风险“四色图”，健全完善互比晾晒、任务督办、月考月评、挂牌督办、警示约谈等工作机制，实现“遏重大、控较大、减总量”。全年未发生较大及以上生产安全事故。统筹信访、公安、属地街道等力量，出台《常山县旧城改造维稳工作方案》，落实值班备勤、信息研判、应急处置等工作，处置相关人员聚集事件5起，完成狮子口片区及渡口未来社区片区集中签约现场维稳工作。完成省第四届体育大会、危旧房治理安置交付、被征地农民参保扩面规范确定、常山“YOUYOU”音乐节等重要活动和工作的维稳保障，确保县委各项中心工作的顺利推进。与社会治理中心及公安、网信、信访等部门建立每日信息交流渠道，开展风险研判，形成平安信息报表140多份、维稳形势分析报告10份，交办处置各类预警信息56件。

依法推进企业破产重组，先后成功对5家企业进行破产重整，破产重整率在全省排名前列，1起破产和解案系全省首例。开展法治服务保障民营经济专项行动，依法惩治涉企违法犯罪行为，查实侦办2起涉企职务犯罪，办理破坏市场经济秩序犯罪案件17件24人，逮捕10人，起诉26人。开展服务保障营商环境专项立案监督行动，对涉企违法犯罪活动审慎使用逮捕、查封、扣押、冻结等强制性措施。组建“法律服务企业公益团”，实现市场主体法律服务网格化全覆盖，累计为企业答疑解惑200多人次，开展企业法治体检56家。深化重点行业领域乱象整治，营造风清气正的社会环境。围绕旧城改造、村级组织换届选举等中心工作，通过法律手段控风险、解难题，妥善化解潜在行政争议31起。全年依法打击处置阻碍项目建设等违法犯罪行为5起、行政拘留5人。承办全省“大综合一体化”行政执法改革工作交流推进会，入围全省“县乡一体、条抓块统”改革工作现场推进会深度考察项目。建立行政非诉案件预审查机制，行政非诉败诉案件清零。推进行政争议实质性化解工作，协助化解行政诉讼败诉案件6件。

是年，县委政法委被评为2020年度衢州市平安建设突出贡献集体、2020年度全县平安建设突出贡献集体、2020年度信访工作突出贡献集体。

【平安护航建党100周年】 2021年，县委政法委围绕平安护航建党100周年要求，制定下发《常山县社会稳定风险防范工作方案》，明确工作任务及要求，对20项重点风险隐患进行交办，落实牵头责任单位及配合单位。发挥“路地融合警务实战平台”作用，深化“一体两翼”（即以党委政府为责任主体，以日常防范“防火翼”和应急处置“灭火翼”为两翼的基层社会稳定工作体系）应急处置梯次响应，实行每日“零”报告，建立会商机制，开展会商研判、交流汇总情报信息，形成情况上报、暗访督查、预警交办、核查反馈工作闭环。组织联合督查暗访3次，研判涉稳信息52件次，交办处置各类涉稳预警27件，找回全部6名失联人员。

【政法队伍教育整顿】 2021年，县委政法委融合党史学习教育，统筹推进政治教育、党史教育、警示教育、英模教育“四项教育”，坚持规定动作和自选动作、领导领学和组织促学、正面激励和反面警示“三个相结合”，开展政治轮训、“一把手”讲党课，增强政法干警政治判断力、政治领悟力、政治执行力。全年在市级以上媒体发布新闻宣传稿件104篇，其中中央媒体采用8篇，省级媒体采用26篇，未发生负面舆情事件。立足“查纠整改是教育整顿的中心环节”定位，把握“自查从宽、被查从严”政策，自查问题3554个，1399名干警及其家属共自查从事经营活动和参股问题24个，14名干警主动向组织说明问题，对其中9名干警兑现“自查从宽”政策。累计收到来信来访来电112件、查结率100%，倒查涉黑涉恶线索194条、案件4件，评查重点案件1230件、发现36件案件存在执法司法不规范等问题并全面完成整改，清查涉法涉诉信访案件5件，核查上级交办线索19件，查结率100%。查出“6+N”（即违反防止干预司法“三个规定”；违规经商办企业和配偶、子女及其配偶违规从事经营活动；违规参股借贷；违规违法减刑、假释、暂予监外执行；有案不立、压案不查、有罪不究；法官检察官离任后违规从事律师职业、充当司法掮客等）顽瘴痼疾问题284个，逐一梳理成册及销号。坚持开门搞整顿，注重强化外力推动，让群众参与监督，累计收集意见建议170项，全面完成整改。从制度机制入手，健全完善执法司法监督制约机制、正风肃纪长效机制、干部交流轮岗机制等廉政风险防范制度体系，累计建立完善制度机制151个。

【推进基层治理现代化】 2021年，县委政法委在全省率先探索县级社会治理中心建设，坚持“数据打通+业务协同”“硬件提升+服务集成”“物理整合+化学融合”“制度变革+技术支撑”，推动3个部门整体入驻、14个常驻、4个轮驻、9个随驻，集成六大功能，强化社会协同、法治保障两大硬核支撑，固化23项制度成果，融合“基层治理四平台—常山县智治中心”，将中心打造为基层社会治理共同体、平安法治建设综合体。中心运行以来，99%的事件不出乡镇（街道）就能解决，实现“小事不出村、大事不出镇、难事不出县”。14个乡镇（街道）完成党建统领、经济生态、综治工作、监管执法、应急管理、公共服务6个模块调整，行政执行、为民服务、议事协商、应急管理、平安建设、促进共富等能力得到提升。推广使用基层治理综合信息系统，配备2～6名专职人员，赋予指挥室对各平台模块的指挥权、督导权、考核权，强化统一指挥、业务协同，实现线上平台、线下模块和机构人员的一体化运行。发挥县级社会治理中心牵引作用，梳理权责、贯通、管理三张清单，按照中心乡镇社区一体贯通，其他乡镇社区统一贯通的模式，迭代升级乡镇（街道）、村（社）两级“基层治理四平台”线下模块和线上信息系统，将“141”（即“一中心四平台一网格”）下行跑道链接到村社网格。推广使用17个“一件事”应用，构建相应人事匹配链，推动与“四平台”的业务协同、数据交汇、应用贯通，实现任务下发、任务反馈与事件上报、事件反馈的回路闭环。

【数字法治】 2021年，县委政法委综合行政执法体系初步构建，实现行政执法综合指挥可视化、执法监管数据的归集分析和行政执法案卷在线评查。风险闭环管控大平安体系初步形成，制定1个总方案、5个子方案以及7个行业方案。建立一体协同机制，出台实施方案、制作数字法治建设行动思维导图和作战图，建立例会制、报表制、清单制、调研对接制4项工作机制，融合7家单位资源，组建5个工作小组。推进数字法治门户建设，围绕数字法治三大体系和20个重大应用，结合核心业务指标和基础支撑开展数字法治门户界面设计，在手机端和电脑端同步上线运行，完成数字法治系统核心业务和重大任务的梳理拆解和信息录入。推广使用省市数字法治系统应用11个，“掌上指挥”办理多跨协同事件110件，17个社会治理“一件事”全部上线运行，已办理3625件。谋划新建8个场景应用、迭代升级1个场景应用，进入全省重大应用“一本账”2个、省级试点1个、全市推广2个。

【扫黑除恶专项斗争】 2021年，县委政法委落实常态化开展扫黑除恶斗争要求，抓住四大重点行业领域整治，健全扫黑除恶“六大机制”，推动扫黑除恶常态化取得阶段性成效。排查四大行业领域相关线索60条，梳理职能部门失职渎职问题25起，未发现背后腐败和“保护伞”问题。信息网络行业领域，破获电信网络诈骗案件638起，打掉犯罪团伙14个，挽回损失155万余元。自然资源行业领域，共立案调查矿产违法案件13件、罚没款12万余元、查扣盗采设备7台次。交通运输行业领域，共查处各类交通运输违法行为78起、罚款45.8万余元。工程建设领域，排查问题10个、成案5起，对涉案的10家企业13人罚款33.45万元。建立落实村社干部大监督联席会议、“村情报告会”制度，对190个村（社区）开展村社组织换届“回头看”，评出好、中、差三类党组织清单，调整不胜任村书记2名和一批村两委，推动5个后进村党组织完成整转。组织开展防范和整治“村霸”及其“保护伞”问题专项工作，排查发现涉及“村霸”及充当保护伞问题2起，明确牵头领导及责任部门并完成整改。建成村（社）监察工作联络站190个，累计报送问题信息267条，开展相关检查77次，发现“三资”管理违规违纪问题29个，处理干部6人，收回退赔资金163437元，通过规范合同为村集体增收96444元。

（俞海航）

公安

【概况】 2021年，常山县公安局（以下简称县公安局）紧扣“强发展、求突破、勇争先”总要求和“人民至上、安实至上”奋斗目标，全力以赴保稳定、护安全，抓改革、促发展，做好社会面巡防、纠纷化解、隐患排查等工作，为常山经济社会高质量发展提供稳定支撑和环境保障。全县受理刑事案件1054起，其中命案全破；查处治安行政案件1568起。至年底，县公安局内设机构25个，下辖城关、城郊、外港、招贤、新都、球川、芳村、大桥头、火车站9个公安派出所，其中火车站派出所为新增。实有在编在职民警（职工）312人，其中无执法权干部1人、职工6人、辅警440人。是年，县公安局获省级荣誉9项、市级荣誉31项，2个集体三等功，1人立二等功，9人立三等功，连续八年被评为全省公安机关执法质量优秀单位。

【“融警务”助推社会基层治理】 2021年，县公安局深化常山公安“融警务”品牌建设，以项目化、任务化、体系化为目标推动警务工作融入党政中心工作，统筹各方治理资源，推动全县治理力量持续融合。聚焦旧城改造、片区征迁、“浙西第一门户”打造等重点项目推进，依法查处阻碍项目施工、网上散布谣言、非法闹访等违法人员14人次，教育训诫60多人次，保障县重点项目顺利推进。围绕平安稳定重点领域治理，持续深化交通安全整治、电信网络违法犯罪治理、禁毒综合治理等领域多元共治，全年电信网络违法犯罪发案率比上年下降8.44%，道路交通死亡事故、死亡人数比2019年分别下降30.51%、31.67%，本地涉毒违法犯罪基本销声匿迹。

【县域智慧安防建设】 2021年，县公安局结合公共区域视频一体化改革，纵深推进以“智安小区”“智安单位”“智安村居”为基本单元的县域智慧安防生态体系建设，持续增设前端感知设备，提升平台运算和数据存储归集能力，完善应用开发，优化业务流程，拓展应用场景，提升整体“智治”能力。全年建成“智安小区”55个，“智安单位”380多个，“智安村居”150多个，整体覆盖率达80%以上。搭建人脸识别点位1000多个，车牌识别点位500多个，视频监控探头5000多个及“高空鹰眼”25个，并打通县委政法委、县大数据局、社会资源等3000多路前端感知设备。全县有效治安警情环比下降11.75%，处置异动人员21人，帮助寻回走失人员69人次。

【护企营商服务】 2021年，县公安局聚焦企业关注的难点问题，出台《常山县公安局护航经济发展实施意见》，集中推出20条护企营商举措，改善全县企业营商环境，对企业发展中遇到的法律法规、矛盾纠纷、安全管理等问题开展全面服务帮办。依法严厉打击各类涉企违法犯罪和企业生产经营过程中出现的闹、扰、阻碍施工等行为，保障企业合法权益，护航企业健康发展。全年提供涉企“绿色通道”便民服务500多次，举办法律讲座18场，提出防范意见80多条，帮助企业协调解决各类问题200多件。破获涉企案件10多起，抓获违法犯罪嫌疑人10多人，追回赃款赃物150多万元。

【联勤警务站融入乡镇矛调中心】 2021年，县公安局推动出台平安村创建平安指数和治安委员会管理规范，试点建设乡镇街道矛调中心“融警务”工作室（站），推进问题隐患排查、矛盾纠纷化解、重点人员管控、风险感知预防等举措落实，推进民转刑案件治理。全年受理登记化解各类矛盾纠纷730多起，化解率达98.5%，全年民转刑案件发案率比上年下降近50%。

【公安数字化改革】 2021年，县公安局通过推动多部门多场景系统集成应用落地，打造政府端和社会端“两个端口”、数据共享和数据安全“两个保障”，推进“数智公安”建设。迭代升级“233”智慧警务平台并投入运行。应用政法一体化办案体系，深化数字卷宗单轨制协同办案模式，提升“云上公安 智慧警务”大数据应用水平，依托县级数字法治系统建设，探索构建数字化执法办案闭环体系，支撑和推动司法权运行绩效明显提升。深化“两法衔接”改革，“两法衔接”数字化场景被省公安厅确定为全省公安执法数字化改革的首批典型应用场景。聚焦内部管理，自主探索研发“智警三衢”智慧政工系统，平台应用拓展至智慧档案、智慧党建、智慧考核、智慧法制4个维度24项具体事项，平台入选浙江省公安机关信息化模型三十佳并在全市公安系统内推广应用，工作成效被公安部简报刊发。

【严打整治专项行动】 2021年，县公安局坚持“打防结合、以打开路”，深化“两法衔接”，建立食药环民生案件“快查快处”机制，开展“清风”“清雷2021”系列专项行动，严打黄赌乱象、严查食药环热点、严治跨境赌博，严厉打击整治治安领域违法犯罪。全年查处黄赌行政案件111起，行政处罚451人；侦破涉黄涉赌刑事案件32起，食药环案件3起，跨境赌博案件7起，抓获犯罪嫌疑人212人，查扣冻结资金1000多万元。

2021年6月20日，县公安局组织开展集中清查统一行动

（县公安局 供图）

【打击治理电信网络诈骗】 2021年，县公安局持续打击治理电信网络诈骗犯罪，自创“反诈”系列漫画，制作常山方言版“反诈”系列警示视频，创建常山“反诈”宣传品牌。构建反诈预警通道，依托8090新时代理论宣讲团、春泥公益志愿者协会组织开展反诈宣传，联合县平安办推进“国家反诈”App安装注册，在全县范围内开展打击电信网络诈骗犯罪、“断卡”等行动。全年发布反诈预警200多条，对86人采取强制措施，挽回群众被骗损失138.56万元，查处涉诈银行账户600多个，联合人民银行对103个涉诈银行账户主体实施5年内暂停其银行账户非柜面业务，5年内不得新开立账户惩戒，通过“国家反诈”App拦截2笔被诈骗汇款资金，全县发案数比上年下降8.44%。

【信访积案攻坚】 2021年，县公安局坚持发展新时代“枫桥经验”，深化公安信访“最多跑一地”改革，围绕“案结事了心解”的根本目标，开展信访突出问题攻坚化解专项行动，全年化解部交、省交信访积案22起，实现政府线第一批积案全化解，公安线积案全化解，工作绩效获上级高度肯定并在全省公安信访现场会上作典型发言。依法严肃打击闹访、缠访非法行为。

【优化公安窗口服务】 2021年，县公安局从服务理念、服务措施、服务形式等方面进行创新，联合县教育局、县人社局、县医保局、县卫健局、市公积金中心常山分中心等部门，联合开展业务培训，实施监督问效，推动“身份信息连锁变更‘一件事’”项目快速落地，实现连锁全项目“一表覆盖”，让数据信息线上流转代替群众跑，实现群众只跑一个窗办成多件事。全年累计受益群众78人，联动办理社保卡、医保卡、学籍卡、预防接种卡等320多件。

【违停治理“一件事”改革】 2021年，县公安局聚焦城区机动车停车难、乱停乱放痛点难点，紧抓数字化改革契机，依托“县乡一体、条抓块统”试点改革，打造城区机动车违停治理“一件事”多跨场景应用，城区车辆停放秩序明显改善，违停乱象得到有效遏制。常山县城区违停警情比上年下降53%。

【政法队伍教育整顿活动】 2021年，县公安局开展全国政法队伍教育整顿活动，统筹抓好理论学习、问题查究、实践推进、争创提升等环节，营造风清气正警营政治生态，完成中央第四督导组迎检工作。先后运用“四种形态”处理48人次，其中问责以上处理23人；看守所所长张根良先进事迹获公安部简报报道；主动请缨、一线增援石家庄疫情防控民警吴毅通获河北省省长和石家庄市委书记联名感谢，国务委员、公安部部长赵克志批示肯定。结合政法队伍教育整顿活动，挖掘整治执法领域存在的顽瘴痼疾，先后排查案件（线索）2960多起、涉案警情7760多起，梳理减刑、假释、暂予监外执行案件124起，发现整改问题299处。

【探索推行“联勤联治”社区警务新模式】 2021年，县公安局城关派出所以争创“枫桥式公安派出所”为目标，推出“联勤联治”社区警务融合治理新模式。打破警种条块限制，整合办案警力，推行办案基础联动联勤机制，在“融警务”大框架下，建立“香樟警社”警务品牌，联同属地街道及相关部门，发动和吸收社区老党员、老干部、律师等社会资源力量，组建“小蜜蜂志愿者”“红色啄木鸟工作室”“香樟警社红马甲义巡队”，系统开展联勤联治，日均接警量降至10起，较近三年日均警情降幅达50%，成为全市唯一一个日均警情10起以下的城区派出所。

（王小飞　柴真见）

检　察

【概况】 2021年，常山县人民检察院（以下简称县检察院）以政法队伍教育整顿为契机，结合党史学习教育，持续加大法律监督力度，全年受理刑事、民事、行政、公益诉讼案件783件，比上年上升56.6%。其中受理审查逮捕案件131件，比上年上升52.32%；受理审查起诉案件467件，比上年上升71.69%，不捕52人，不捕率达22.6%，不诉161人，不诉率达33.3%，纠正漏捕漏诉8人，比上年增加一倍，认罪认罚从宽制度适用率、确定刑量刑建议提出率和采纳率、追捕追诉漏犯人数等多项指标列全市第一位。落实检察机关稳企发展十条意见，办理破坏市场经济秩序犯罪案件17件24人；对4名情节轻微的涉企案件嫌疑人依法不捕不诉、建议适用缓刑。融入“八大行动”“两山转化”等县委、县政府中心工作，保障国家级试点项目——同弓乡全域土地综合整治项目建设，依法对徐某、周某审查逮捕、提起公诉，提起民事公益诉讼，监督两被告退出赃款68万元、缴纳生态修复保证金91.9万元。做好建党100周年等重大节点维稳工作，审查逮捕129件178人，受理审查起诉469件615人。巩固和深化扫黑除恶专项斗争成果，批捕黄赌毒各类犯罪嫌疑人30人，起诉64人；严厉惩治信息网络犯罪，批准逮捕9人，起诉16人。办理破坏环境资源保护类刑事案件36件48人，办理辉埠镇塘底村非法采矿案、何家堤二标段非法采矿案等多起假借施工名义的团伙非法采矿案。推动认罪认罚从宽制度实施，适用率达 92.5%；发挥化解社会矛盾、促进社会和谐的作用，制发社会治理类检察建议 4 份。依托“数智案管”系统，采用“系统+人工”方式，对案卡填录、需要公开的案件信息进行监督并反馈，跟踪抓好整改落实。针对队伍教育整顿不捕不诉、改变定性及涉黑恶案件和公安机关移送起诉后撤回案件开展专项评查，及时督促整改司法不规范问题，对相关责任人进行问责。落实中央一号文件“全面实施农药包装物回收行动”，向职能部门及属地乡镇送达检察建议，形成专题报告呈送县委、县政府，县政府主要领导作出批示。推进县域政治生态修复，受理各类监委移送职务犯罪 10 人，起诉 8 人。全年受理各类信访件 145 件，做到件件有落实有回复。办结省检察院集中交办的 5 年内重复信访积案 3 件，办结率达 100%，办理刑事申诉案件 1 件。

是年，县检察院获省市级以上集体、个人荣誉 12 项，获评市级以上优秀、精品、典型案事例 4 件。

【刑事检察】 2021 年，县检察院持续推进“少捕慎诉、保障权益”专项工作，累计不捕 52 人，不捕率达 22.6%；不诉 161 人，不诉率达 33.3%。监督侦查机关立案 8 件 18 人，监督撤案 4 件 8 人，纠正漏捕漏诉 8 人，针对侦查违法行为发出书面纠正违法通知书或侦查活动监督通知书共 4 份。加强刑事执行和监外执行检察监督，发出书面纠正意见 9 份均被采纳，加大办理侵犯律师执业权利案件力度，办理阻权案件 3 件。

【民事检察】 2021 年，县检察院坚持既监督纠正违法，又维护审判权威，办理民事检察监督案件 109 件；持续加强打击虚假诉讼活动，通过衢州市虚假诉讼案件线索移送和院内线索移送机制，成功打击吴某某、涂某某、蔡某某为首的系列虚假诉讼案件，向县法院制发再审检察建议后，再审改判 2 件，裁定再审 3 件。在衢州市率先开展网络司法拍卖民事执行监督专项活动，提出检察建议 58 份均被采纳。助力破解执行难，依法办理拒不执行判决裁定罪 3 件 4 人。

【行政检察】 2021 年，县检察院办理行政检察监督案件 18 件。推动行政争议实质性化解，办理行政争议案件 2 件，针对企业已整改到位，但因停工整改、资金周转不周难以履行行政处罚、被法院立案执行、复工复产困难的问题，通过公开听证的方式，使得符合条件的企业以分期履行的方式缴纳罚款。办理行政行为违法行政监督 1 件，入选浙江省行政违法行为法律监督典型案例。

【公益诉讼检察】 2021 年，县检察院办理公益诉讼案件 58 件，深入生态环境和资源保护、食品药品、国有财产和国有土地使用等领域开展公益检察，办理文物保护、公共安全等领域行政公益诉讼 23 件。督促治理被污染、损毁的耕地、林地 80 多亩，清理污染物 2600 多吨，追偿修复生态费用 350 多万元，增殖放流水产品种苗 1 万余尾。办理烟花爆竹安全生产经营、省级文物和文化遗产保护、涉窨井盖安全隐患排查等新领域案件，发现违规经营烟花爆竹、烟花爆竹质量不合格等多项问题，推动职能部门成立联合执法组，没收违法零售经营的烟花爆竹 300 多件，消除安全隐患 130 多处。

【特殊人群权益保障】 2021 年，县检察院对未成年人犯罪“宽容不纵容”，逮捕 5 人，起诉 9 人；情节轻微并有悔罪表现的不起诉 1 人，竭力挽救“问题少年”。推进“强制报告制度”落实，举办保护未成年人主题的开放日活动，提高广大学生的法治意识和自我保护意识。用好国家司法救助制度，对因犯罪侵害等致生活陷入困境的被害人及其近亲属“应救尽救”，办结国家司法救助案 17 件，发放司法救助资金 19.7 万元。

（杨腾飞）

法 院

【概况】 2021 年，常山县人民法院（以下简称县法院）受理各类案件 9410 件，办结 9547 件（含旧存）。服务县委决策部署，针对工业提振、旧城改造等中心工作，参加相关协调会 46 次，先后化解涉渡口未来社区、狮子口片区、351 国道征迁等衍生纠纷 37 起。服务法治常山建设，牵头建立行政非诉案件预审查工作机制，实现行政非诉败诉案件零发生。召开司法护航营商环境府院联席会议，联合出台配套实施意见。审理涉企商事纠纷案件 1037 件，涉案金额 5.97 亿元，2 起案件入选衢州市法院护航营商环境十大典型案例。打击危害企业发展的犯罪活动，依法判决一起时间跨度长达 8 年的侵害县内农业龙头企业合法权益的刑事案件。发挥破产审判职能作用，探索破产“预重整”等创新举措，办结破产案件 31 件，其中破产重整、和解案件 12 件，拯救率高达 38.71%，位居全省前列。盘活工业土地 422 亩、厂房 15.81 万平方米，化解不良债务 6.85 亿元，为 865 名破产企业职工实现劳动债权 1815.37 万元。发布破产拯救八大典型案例，得到市中级法院主要领导及省破产协会高度肯定。融入社会治理大格局，推动县委出台《完善矛盾纠纷多元化解机制 推动矛盾纠纷源头化解的实施意见》和《全面加强“共享法庭”建设 推进基层治理体系和治理能力现代化的实施方案》，全县 13 个乡镇（街道）的“共享法庭”挂牌成立。首创“庭后五分钟”以案宣讲新模式，被市中级法院主要领导及多位县领导批示肯定，并在全市法院推广。加强全媒体普法，推送微信文章 291 篇，发布短视频 38 期，在传统媒体发表普法文章 130 篇。

2021 年 11 月 24 日，常山县法院发挥破产审判拯救功能，建设法治化营商环境，举行破产审判工作新闻发布会暨“大胡山果蔬”破产重整案职工工资发放仪式

（县法院 供图）

是年，县法院在省高级法院通报的 13 项审执质效考核指标中，6 项位居全省基层法院第一，10 项位居全省基层法院前十，总排名全省基层法院第二、全市基层法院第一。

【严惩各类犯罪】 2021 年，县法院受理刑事案件 300 件，办结 295 件。依法严惩信访中的犯罪行为，在打砸乡政府的信访人徐某某当庭认罪认罚并签署息诉罢访协议基础上，以寻衅滋事罪依法判处其有期徒刑一年六个月。践行“两山”理念，依法判决一起破坏省级生态公益林环境资源类刑事案件，督促被告人主动预缴生态修复费用 90 多万元，该案被《浙江新闻联播》、中国新闻网、中国法院网等媒体连续报道。

【民生权益保障】 2021年，县法院受理民商事案件3195件，审结3011件。妥善处理“百悦城”等2个楼盘逾期交房违约金纠纷1366件，依法保障购房者合法权益。坚持以和为贵，审结婚姻家庭、继承、赡养、抚养等案件442件，化解百岁老人继承权纠纷案，以示范性判例助力常山县“孝老之城”建设。全面提升案件自动履行率，指标高达76.12%，位居全省基层法院首位。

【案件执行】 2021年，县法院受理执行案件3474件，执结案件3619件，执行到位金额5.31亿元。不断强化执行刚性，常态化开展腾房、扣车等专项集中执行行动，批量打击“有钱人”开豪车、住豪宅却不履行生效裁判的“老赖”行为，成立打击拒执犯罪专班，移送的13条拒执犯罪线索均被立案侦查，2人被判处刑罚。出台执行集中约谈制度，用好用足柔性措施，集中约谈9次239人。推进执行规范化建设，创设终本案件“十步检查法”，终本案件合格率达100%，被评为全省法院年度“十佳执行创新项目”。

【推进认罪认罚制度实施】 2021年，县法院坚持以审判为中心的刑事诉讼制度改革，在认罪认罚从宽制度适用过程中，坚持严格、准确、适用的主基调，发挥法院主体作用，通过建立联席会商机制、出台制度规范，推进认罪认罚从宽工作的开展。梳理总结制度适用的有关情况，制成典型案例，得到省高级法院和市中级法院主要领导的高度肯定。

【少年审判】 2021年，县法院成立全省首个集刑事审判和民事审判为一体的少年法庭，与县妇联、团县委联合出台《关于建立涉未成年人纠纷多元化解工作机制的若干意见》，申报的“如颖随形”少年法庭关爱未成年人发展项目入选浙江省妇女儿童发展规划示范项目，系全省法院系统唯一入选的项目。

【数字法院建设】 2021年，县法院坚持群众需求导向和“小切口大应用”原则，聚焦审判执行工作中的痛点、难点、堵点问题，开发“人损一件事”“保险扣划一件事”“万人成讼态势研判”等智能化场景应用，在全市首推“执行款收款码”，从小处着手提升人民群众司法获得感，全域数字法院评价指标位居全市基层法院首位。

（刘明月）

司法行政

【概况】 2021年，常山县司法行政系统以政法队伍教育整顿为契机，保障中心工作，抓好疫情防控，提供行政权力监督，构建县域法治审查体系，优化营商环境。实现法治建设新进展，加强法治建设组织领导，落实法治建设重点任务，提供重大项目法治保障，打造便民公证服务，推行“持证执法”。降低行政复议案件发案量、败诉率，打造法律援助服务链，配备村（居）法律顾问，推进监地衔接机制，提升人民调解工作水平，维护弱势群体权益。强化社区矫正工作衔接，创建基层法治建设示范带，为加快推进高质量发展，建设共同富裕示范区县域典范提供坚强法治保障。

2021年，全县接收社区矫正对象147人，解矫171人。至年底，在矫263人，其中缓刑244人、暂予监外执行3人、管制1人、假释15人。共收到行政复议申请52件，其中案前调解率为26.92%、案中调解率为25%。深化“监地衔接”，成立驻监企业调解工作室。常态化开展视频会见，构建“一中心两站点”远程视频会见点位网，开展视频会见460次，服务家属1041人；接收安置帮教对象288人，其中重点安置帮教对象16人，100%完成重点对象必接必送。下发《关于构建大调解体系促进社会治理能力提升的实施意见》，推进人民调解工作质效双提升，各调解组织共调解矛盾纠纷 5438 件，调解成功 5426 件，成功率达 99.78%，涉及金额 7028.36 万元。推行法律援助申请全域通办、容缺受理等便民服务及律师先行介入机制，打造“调解+仲裁+法援”的服务链，县法律援助中心全年办理援助案件 552 件，追回欠薪金额 240 多万元。围绕常山旧城改造、球川安置房选房等中心工作，提供公证服务，打通数据共享平台，简化公证办事流程，实行“容缺受理”模式，营造便民、为民公证服务氛围，全年县公证处办证 489 件，其中容缺受理 178 件。

【行政权力监督】 2021 年，常山县司法局（以下简称县司法局）跟进城东新区漫悦湾东侧项目、城市综合体项目等，审查行政合同 22 件，提供法律意见 110 条。统筹整合六大科室，集中常驻县级社会治理中心，并首次采用政府购买服务形式，组建政府常年法律服务顾问团，构建县域法治审查“324”体系［即一支法治审查专干队伍（现有审查人员 82 人）、一个法律顾问团（8 名律师）、一个专家库（8 名专家）］；明确一张审核清单、编制一套流程图；建立执法主体自行审查、社会治理中心法治审查区研讨协审、政府法律顾问团协审、行政审判与行政执法联席会议磋商研审的四级法治审查机制），按照“两年定期清理一次”原则要求，结合涉及长江流域保护规范性文件清理专项工作、“防企扰民”规定清理专项行动，对行政规范性文件进行清理工作，初步确定继续有效 170 件，需要修改 17 件，废止 193 件，失效 120 件。

【法治政府制度建设】 2021 年，中共常山县委全面依法治县委员会办公室印发《常山县推进乡镇（街道）合法性审查全覆盖工作的实施意见》，压实乡镇（街道）一级工作责任，结合配强基层队伍、召开法治建设研讨班、交叉检查、印发《常山县合法性审查工具书》等举措，补齐短板，系统推进，促进合法性审查工作制度化、规范化、标准化水平全面提升。全年审查县级、乡镇（街道）各类规范性文件 10 件，提出意见 49 条，出具合法性审查意见书 254 份，比上年上升 86%；提出合法性审查意见 420 多条，比上年上升 80%。球川镇入选全省法治化改革试点乡镇。

【推行“持证执法”】 2021 年，县司法局印发《关于组织开展 2021 年度行政执法人员综合法律知识考试报名工作的通知》，实现符合报考人员考试全覆盖、免考人员领证全覆盖，确保全员“持证上岗、亮证执法”，年内通过考试 185 人，全县持有浙江省行政执法证近 1200 人。

【行政复议案件处理】 2021 年，县委全面依法治县委员会办公室出台《常山县行政案件败诉责任追究办法（试行）》《常山县进一步加强依法行政工作实施意见》《关于强化执法司法协作配合切实有效降低行政非诉执行案件不准予执行率的若干意见》等文件，落实非诉协同、领导包案化解等机制，实质化运行行政争议调解中心，降低行政诉讼案件发案量、败诉率。全年收到行政复议申请 52 件，其中案前调解率为 26.92%、案中调解率为 25%。

【配备村（居）法律顾问】 2021 年，县司法局印发《村（居）法律顾问补助经费使用管理办法》《常山县村（居）法律顾问名单》等文件，规范经费发放、调整人员结构，解决公共法律服务不均等、不平衡、不充分的问题，确保“一乡镇（街道）一法律顾问”。截至年底，配备村（居）法律顾问 15 人。

【基层法治建设示范带创建】 2021 年，县司法局谋划创建的“宋诗之河”基层法治建设示范带，由 1 个中心、5 个乡镇（街道)、6个民主法治村等示范点组成。成立“八五”普法规划起草小组，研究制定《常山县关于在全县公民中开展法治宣传教育的第八个五年规划（2021—2025年)》。9月18日，县人大常委会通过相关决议，加大对民主法治示范村（社区）创建的指导力度，形成以自治“共建共享”、以法治“定分止争”、以德治“春风化雨”、以智治“加强支撑”的基层社会治理新格局。至年底，全县创建国家级民主法治村（社区）1个、省级民主法治村（社区）45个、市级民主法治村（社区）157个，省级民主法治村占比位列全市第一。全年组织开展县委理论学习中心组专题学法3次，任前法律考试4场。

（尹　春）

浙江省第三监狱

【概况】 2021年，浙江省第三监狱（以下简称省三监）统筹抓好建党百年安保和常态化疫情防控工作，开展党史学习教育和队伍教育整顿，推动“安全治理、队伍管理、罪犯改造、经济运行、后勤保障”五个方面提升，实现监狱持续安全稳定发展。至年底，省三监累计实现24年1个月监管安全，各项工作稳中有进、稳中有升。

【管党治警】 2021年，省三监坚持党建引领、政治建警，把党史学习教育和队伍教育整顿作为贯穿全年的重大政治任务抓紧抓实，广泛开展政治轮训、专题党课、主题党日等活动；开展支部书记岗位比武、微党课大赛、中层领导培训等，选优配强领导干部队伍；落实落细暖警惠警举措，建立战时服务保障机制，做好健康关怀、心理咨询、后勤保障等工作；推进纪律作风建设，开展强化执行力提升行政效能专项监察，深入开展“两张清单”和整治违反报告纪律专项行动，扛牢全面从严管党治警政治责任。

【疫情联防联控】 2021年，省三监落实上级和疾控部门的要求，坚持“人、物、环境”同防，把好人员、物资、车辆出入关口，从严从快落实各项疫情防控措施，筑牢疫情防控严密防线；持续提升安全保障水平，加强与驻监武警、属地公安的联合协作，建立信息互通机制，常态化开展应急演练，对重点区域开展联合巡查，与球川镇东山村达成疫情联防联控协议。

【法治监狱建设】 2021年，省三监加强对罪犯减刑假释实体条件和法定程序审核，弥补全链条执法过程中的漏洞，依法高效办理“减假暂”案件。加强监狱执法制约监督机制建设，制定完善《执法责任制工作规定》《执法质量考核评议实施方案》等规范性制度，提升执法司法公信力；以健全执法监督责任体系为核心，以完善执法全要素全流程管理制度为重点，不断规范执法考评、执法监督、定期考核通报、疑难案件会商等机制建设，配齐配强法制员队伍，强化执法监督。

【综合保障】 2021年，省三监推动与常山“大安全”防范体系的建设，建立与属地政府安全共保、信息共享、问题共调、队伍共建的“四共”治理新格局，深化“进班入群”工作，在供水、供电、垃圾清运、土地管护等方面深化监地协作；加快完善基础设施建设，完成2幢备勤房维修、集中封闭备战管理用房改造和监狱级党建阵地“红旗岗”讲习所建设；推进便民利民设施建设，开发“数字门卫”系统、“后勤之星”固定资产管理App等，做好审计监督、后勤保障、招投标、公务用车及固定资产管理等工作。

（蓝　俊）

军 事

Military Affairs

人民武装

【概况】 2021年，常山县人民武装部（以下简称县人武部）坚持以习近平强军思想为指引，认真贯彻落实衢州市军分区党委和县委的决策部署，全面推进全县后备力量建设高质量发展。落实党管武装工作制度，协调召开县委常委议军会。开展党史军史学习教育，参加衢州市“民兵心向党”比赛，排名第二。承办军分区党史知识竞赛活动，取得优异成绩。军地联手打造以胡兆富为原型的大型现代京剧、长篇报告文学、纪录片，新建国防主题公园，推动军人荣誉墙、“十大英模”挂像进村入校，持续擦亮全民国防教育“常山名片”。精心组织首长机关和民兵训练，提高机关指挥业务技能和民兵队伍遂行任务能力。巩固深化民兵调整改革成果，高标准接受全国民兵工作检查考评。首次实施“一年两征”兵员征集，征兵“五率”稳步提高。县人武部全面建设取得新进步、迈上新台阶，在衢州市军分区组织的年度大项工作“6+1”考评中位列前三。是年，常山县被省政府、省军区表彰为“征兵工作成绩突出单位”，县人武部被评为“十三五”民兵工作成绩突出单位。

【民兵工作】 2021年12月初，县人武部作为省代表队，接受全国民兵工作检查考评，全员全装全要素接受检验，总评成绩“优秀”。梳理民兵整组规范化操作指导手册，精心制作“一图一册两清单”（即年度工作流程图、工作指导手册、问题清单和职责清单），为全市民兵工作提供“常山样板”。全力推动乡镇和村（社）后备力量基层规范化建设，金川街道、球川镇武装部建成“窗口单位”。

【征兵工作】 2021年，县人武部开启“一年两征”新模式，开展“百名征兵人新春访千家”活动，持续加大对大学毕业生征集的力度，超额完成省、市征兵指标，其中大学毕业生占55.8%，“五率”排名全市第二，常山县被省政府、省军区联合表扬为“征兵工作成绩突出单位”。

【军事训练】 2021年，县人武部更新完善各类动员行动方案计划，组织重要交通目标和区域保障中心实地勘察，健全民兵情报信息队伍，参加市国防动员演练活动。建立全覆盖式军事职业教育体系，建成军综网学习室，干部文职人员完成年度学习任务。坚持按纲施训，先后组织专武干部集训、民兵应急连训练、民兵连长轮训、跨区联训、学生军训、岗位练兵比武、民兵专业分队基地化轮训等训练活动。7月，在市第四届“民兵岗位练兵比武”活动中，获得8个名次。补充采购一批民兵应急装备器材，完成营区道路“白改黑”，高标准整治作战值班室，改造升级信息系统，为动员保障提供坚实支撑。

【抢险救灾】 2021年，县人武部军地联动、整体推进，参与地方疫情防控、防汛防台、应急救援等急难险重任务。精心组织抗击台风“烟花”跨区驰援值班备勤，第一时间出动民兵奔赴任务区域，转移被困群众103人。

【军民共建】 2021年，县人武部出动干部文职人员和职工，参加创建卫生县城活动；组织国防教育宣讲12场次，接受教育5000多人次；部领导和部机关人员对口帮扶大桥头乡濛桥村和球川镇馒头山村，累计46次到一线结对村，帮扶资金10万元；采购定点扶贫单位5万余元农产品。

（丁旭飞）

武警常山中队

【概况】 2021年，衢州武警支队常山中队（以下简称武警常山中队）实现维稳目标，无安全事故发生，无不法分子越狱逃离、暴狱劫持事件，保证常山县人民群众安居乐业。全年担负执勤任务365天累计8760小时，完成执勤任务。担负押解任务13起，押解犯人127人次，派出官兵39人次。构建军民关系，2次前往敬老院慰问孤寡老人，在力所能及范围内提供帮助。

【备战工作】 2021年，武警常山中队贯彻新时代军事战略方针，强化当兵打仗、带兵打仗、练兵打仗思想，大抓实战化军事训练，保持高度戒备状态。加强实案化训练、使命课题专攻精练、应急应战训练，强化军地联训，加大训练科技含量，加大战备拉动力度，提高体系作战能力，抓好群众性练兵比武。在支队各项比武中获第一名1次、第二名2次。

【文化交流】 2021年，武警常山中队与县文广旅体局合作，共同举办一般交流活动12次，借阅县图书馆图书1506册，联合举办“八一”晚会，多次组织红色电影观赏，促进军民团结。

（方志伟）

人民防空

【概况】 2021年，常山县人民防空办公室（以下简称县人防办）紧紧围绕县委、县政府确定的发展战略和中心工作，立足战时防空、平时服务、应急支援使命任务，全面抓好各项人民防空工作。参与“浙江金盾-21”系列演习，完成防空地下室平时使用和维护管理、人防警报设施建设和使用、人防专业队点验三项检查等工作，组织编制《常山县人民防空发展“十四五”规划》。

2021年12月6日，常山县人民防空主题公园（一期）建成

（林 壮 摄）

【人防工程建设】 2021年，县人防办加快推进人防指挥体系建设。组织全县防空地下室平时使用和维护管理大检查，对全县已竣工人防工程进行检查检测。筹备人防工程产权制度改革，谋划人防工程产权制度改革方案，为人防工程的平时使用和有效维护管理提供保障机制。

【指挥通信建设】 2021年，县人防办对人防警报系统继续进行数字化升级和盲区覆盖，新增5套数字化人防警报器，并配备智能UPS电源系统，提升人防警报系统的覆盖率和远程统控能力。5月12日、9月18日分别组织防空防灾警报试鸣，鸣响率达100%。加强人防专业队建设，督促县人防指挥部相关成员单位开展人防专业队伍整组，编实传统人防专业队，新组建指挥信息保障和指挥工程维护管理人防专业队。9月2日、11月17日，人防通信专业队、交通运输专业队和电力抢险抢修专业队，分别接受省人防指挥部和市人防指挥部的点验。

【人防演习演练】 2021年，县人防办组织开展“5·12”人防疏散掩蔽演练、重要经济目标防护检验性演习。5月12日，按照全省统一部署，在赛得健康小镇人口疏散基地，组织疏散基地保障队伍进行疏散基地平战转换，在预定时间内完成疏散基地指挥所开设、人员安置区布置、医疗保障区准备和相关物资储备等程序。10月27日，以市县联动的形式模拟战时城市主供水源遭破坏，及时启用应急备用水厂，开展动态检测和主供水源抢险抢修，第一时间恢复城市供水，完成演习任务。

【人防宣传教育】2021年，在“3·1”国际民防日和“5·12”防灾减灾日期间，县人防办在县城街心公园、人防重点镇组织开展现场宣传，发放最新的《浙江省实施〈中华人民共和国人民防空法〉办法》《新时代人民防空100问》等防空防灾知识宣传册，展示常山人防近年来的工作成果，联合社区走街入户进行防空防灾知识宣讲，发放宣传材料3000多份。建设人防主题公园，主题公园选址县城展衣山北公园，占地面积约1万平方米，主题公园设计结合展衣山北公园实际条件，融入人防元素，介绍人民防空的由来和历史、人民防空工程建设、指挥通信、防空防灾知识等宣传内容，设置人防知识互动问答、人防相关的模型雕塑等，内容丰富，主题公园一期建设完成。

（陈亚奇）

退役军人事务

【概况】 2021年，常山县退役军人事务局（以下简称县退役军人事务局）坚持以退役军人为中心，坚持党建工作统领，谋划打造“慢城领军人”党建品牌，开展党史学习教育和巡察整改，学习宣传贯彻《中华人民共和国退役军人保障法》，推进军休安置工作。推进退役军人事务，招募组建“慢城兵心”退役军人志愿服务团（营、连），投身新冠疫情防控工作。开展招商引资工作，落地项目2个，投资1.8亿元的金边新材料项目实现当年招商、当年落地、当年投产、当年入库。多次进京对接服务退役军人安保学院项目。选派多名退役士官参与“五水共治”等县工作专班，熟悉地方工作，加快角色转换。配合征地拆迁、项目建设、平安维稳等中心工作。表彰首届常山县模范退役军人、常山县退役军人工作模范单位、常山县退役军人工作模范个人。是年，县退役军人事务局被评为年度“美丽常山·文明细胞”单位。

【退役军人服务保障】 2021年，常山县“枫桥式退役军人服务站”创成率达12%，超过全市、全省10%的比例，排名全市第一。做好部分退役士兵社保接续、义务兵父母免费体检、优抚对象年度确认、关爱退役军人基金募集服务。开展适应性培训、技能培训和学历提升教育，举办“兵支书”“兵两委”专题培训班，组织退役军人专场招聘会4场。创设“军创贷”，平均每年发放贴息贷款2000多万元，147名创业退役军人受益。退役军人参加衢州市退役军人创业大赛，获一、二、三等奖各1名。

【优抚纪念】 2021年，县退役军人事务局足额发放义务兵家庭优待金和“三属”、在乡复员军人、伤残军人、带病回乡退伍军人、“两参”人员、职业制武警、60周岁以上农村籍退役军人等各类抚恤金和生活补助。为现役义务兵父母开展一次免费健康体检和办理大病补充医疗保险、意外伤害险、拥军保。组织重点优抚对象参加疗休养。投入200多万元对全县零散烈士纪念设施进行全覆盖修缮。

【双拥工作】 2021年，县退役军人事务局对获“八一勋章”、战区以上荣誉称号和立一、二、三等功的常山县籍现役军人，分别给予不同金额奖励。开展各种双拥活动，春节、“八一”期间，由县领导带队慰问驻常部队、重点优抚对象、优秀退役军人、困难退役军人。

【推进数字化改革】 2021年，县退役军人事务局建成退役军人“1+X”（“1”为基础信息，“X”为个性信息）分类建档数据库，开发精准服务场景化应用并通过“浙里办U点通”上线。退役军人全生命周期服务保障平台建设开发初步完成。浙江老兵码结合拥军联盟组建。

（廖志良）

工　业

Industries

工业经济

【概况】 2021年，常山县规模以上工业企业140家，实现产值182.1亿元，比上年增长30%，排名衢州市第三位；规模以上工业增加值48.8亿元，比上年增长12.1%，排名全市第四位。规模以下工业增加值比上年增长18.5%，排名全市第一位。规模以上工业亩均税收13.99万元，比上年增长26.4%；规模以上工业亩均增加值78.2万元，比上年增长22.9%。完成制造业投资19.97亿元，比上年增长25.9%；工业投资25.06亿元，比上年增长27.1%；技改投资9.25亿元，比上年增长20.4%。

县经济和信息化局（以下简称县经信局）紧扣“强发展、求突破、勇争先”的工作总要求，坚定不移地实施“产业为王 工业强县”战略，打好工业强县十大专项组合拳。制定出台《关于实施工业强县战略推动工业高质量发展的若干意见》《关于印发常山县工业强县十大专项行动方案的通知》等文件，明确工业强县目标任务，成立由县委、县政府主要领导担任双组长的工业强县领导小组，统筹推进工业强县工作。8月20日，县十六届政府第六次全会召开，专题部署工业强县工作，要求全面实施制造业“招大引强”、工业企业“培大育强”、科技型企业培育、产业延链补链强链、开发区进位、高新区创建、深化“亩均论英雄”改革、工业数字化改革、推进企业上市、外贸创强、工业绿色低碳转型十大专项行动，强化企业用地、用能、金融、科技、人才五大要素保障，推进工业经济跨越式高质量发展。

【主导产业培育】 2021年，县经信局聚焦高端装备零部件、“两柚一茶”特色农产品深加工两大主导产业，召开“聚焦主导产业 聚力提质转型”推进大会，梳理产业发展导图，深入实施制造业产业基础再造和产业链提升工程。截至年底，高端装备零部件产业实现产值60亿元，“两柚一茶”特色农产品产业实现产值20亿元。组织召开轴承产业“二次崛起”发展大会，出台《关于加快推进轴承产业发展的若干政策(试行)》，邀请省内外专家为轴承产业发展出谋划策，以轴承产业突破性发展引领全县工业经济跨越式发展。

【实施企业培育“五大行动】 2021年，县经信局实施企业培育“五大行动”（小升规”“雏鹰行动”“放水养鱼”“凤凰行动”“雄鹰行动”），完善重点企业培育库，全力支持SKF、先导、哲丰新材料等一批企业做大做强，分类推动小微企业上规升级，加快形成“链主企业+骨干企业+高成长企业+小微企业”梯队。截至年底，常山县共有亿元以上工业企业42家，其中20亿元以上1家、10亿元以上2家、5亿元以上6家；新上规企业9家。深化“亩均论英雄”改革，以亩均税收万元以下、综合评价D类企业等为重点，持续推进低效企业改造提升，完成整治提升高耗低效企业33家。

【项目引进投产】 2021年，全县实施省百项万亿重大制造业项目2个，计划投资2.5亿元，全年完成投资4.11亿元，超额完成年初计划数的64.4%。实施省千亿技术改造项目20个，计划投资7亿元，全年完成投资9.80亿元，超额完成年初计划数的40%。

【企业项目开发】 2021年，县经信局加快创新成果转化，云泰纺织、捷姆轴承、赛赛轴承、利安隆创新项目入围浙江省重点技术创新专项，捷姆轴承、中精轴承、正丽机电等企业开发完成省级新产品（新技术）15项。全县规模以上工业企业新产品产值率达36.5%，比上年增长6.3%。

（祝倩云 方 颖）

浙江常山经济开发区

【概况】 2021年，浙江常山经济开发区（以下简称县开发区）正式获得浙江省科学技术厅、浙江省发展和改革委员会批复，常山信息材料高新技术产业园区被列入省级高新技术产业园区创建名单；12月21日，浙江省小微企业园工作联席会议办公室发文认定浙江（常山）万洋众创城为省级小微园。年内，县开发区的常山—慈溪山海协作产业园省级考核认定优秀，位于第一档。常山县经济技术开发区“红锤”党群服务中心通过中共浙江省委党支部认定，设立为浙江省示范党群服务中心。2021年，县开发区116家规模以上企业实现工业总产值157.68亿元，比上年增长31.82%；实现总税收10.79亿元，比上年增长9.65%，其中规模以上企业税收7.07亿元，比上年增长27.39%。

【园区项目建设】 2021年，县开发区园区有167个在库项目，完成固定资产投资约33.62亿元，比上年增长41.38%。其中新入库项目72个，完成投资约9.4亿元；续建项目95个，完成投资约24.22亿元。浙江鹏华纺织有限公司、浙江新纺机械有限公司、浙江宇帆化纤科技有限公司、常山永宸环保科技有限公司、衢州格劳威服装有限公司等19家企业完成项目决策，衢州万博塑料制品有限公司、格劳威健康科技（衢州）有限公司、浙江桔园纺织有限公司、浙江鸿华纺织有限公司、浙江铭基工贸有限公司等36家企业签署入园协议。

【基础设施建设】 2021年，县开发区四大片区基础设施建设投资约2.9亿元。其中，约7800万元用于新都片区恒升路、竹亭路等道路改造，升级园区交通体系；约8000万元用于金川片区纬九路、纬八路等景观提升。启动2亿元专项债投资计划，全年完成投资1亿元。推进重大项目。启动新都片区部分主干道道路改造、辉埠片区聚鑫路建设、金川片区纬七纬八路景观提升、科创中心等重大项目；提升路网体系。对新都片区恒升路、竹亭路，辉埠片区恒泰路、紫亭路，生态园区林家路、凯隆路等主干道进行改造提升；完善园区基础配套。提升园区要素保障能力，统一整治园区内部道路交通安全隐患点，排查与修缮全路段积水点与破损路面，确保排水顺畅、交通便利；提升园区形象。在四个片区设置临时便民摊区，实行集中统一管理，通过提升园区道路两旁及中央隔离带的绿化，树立良好的园区形象。

【招商入园成效】 2021年，县开发区召开决策会19次，合计决策通过55个项目，其中亿元以上项目11个，总投资约31亿元，固定资产投资约26亿元，新供地入园项目19个，主要为浙江富瑞新材料有限公司年产2万套智能家居跑步机项目，杭州大和热磁电

2021年5月17日，常山县经济技术开发区金川片核心片区一期工程（科创中心）暨小乔（常山）产业园项目开工

（县经济技术开发区管委会 供图）

子有限公司半导体装备精密部件及消费电子设备制造项目，小乔（浙江）智能制造有限公司小乔科技健身器材智能小家电系列产品项目，浙江友洋电子科技有限公司年产300万片电子制冷片项目，浙江万星智能设备有限公司年产5000台智能果蔬贩卖机生产线项目等重大制造业项目。

【提质转型攻坚行动】 2021年，县开发区全面打响开发区提质转型攻坚战，涉及宗地企业37家，完成土地收储1207.5亩；完成签约62家，签约率达98.4%。宗地企业收储后重新规划为四类：一是根据产业集聚原则，结合原有产业的发展情况建设专业小微园，涉及土地总面积147.72亩；二是在对于邻近企业集中连片收储，涉及连片地块总面积694.63亩；三是纳入产城融合产业带，将回购的开拓休闲公司沿创新南路部分地块（约32亩）、欧益服饰公司沿新都大道闲置地块（约17亩）、原柚缘食品（6.47亩）、原宝象陶瓷（30.87亩）、原志明物流（10.52亩）等地块土地性质类别调整为商住或者服务业，涉及土地总面积约131.6亩；四是对剩余几类宗地遵循产业对路、提升亩产税收的原则因区制宜，再开发、再利用。

（郑浩哲）

招商引资

【概况】 2021年，常山县招商引资促进中心（以下简称县招商中心）突出“产业为王 工业强县”，推动“双招双引行动”量质齐升，在建设“浙西第一门户”中贡献招商引资、山海协作力量。精准促成奥运冠军杨倩担任城市品牌形象公益代言人。大和热磁二期项目、众润供应链项目等数个高质量项目相继落地常山，黄冈圣境、云创（常山）产教融合园等项目有序推进。聚焦聚力高端装备零部件和“两柚一茶”特色农产品深加工量大主导产业，开展产业链招商，全程招引服务小乔科技项目，实现“当年洽谈、当年签约、当年落地、当年投产”的目标。全年落地项目224个，实际市外到位资金35.63亿元，开展集中签约6批次45个项目，开展2021年全县“双招双引”与产业提升专题培训会。助推慈溪—常山资源合作，与慈溪市共同谋划一批符合产业导向、能带动和促进当地经济发展的产业合作项目，完成山海协作产业转移项目，累计到位资金23.28亿元（含3年续建项目资金），完成全年任务的116.4%。全年完成消费帮扶2387.53万元，为全年任务的125.66%。

是年，常山县招商引资、山海协作工程考核在衢州市六个县（市、区）中均排名第三。

【小乔科技项目推进】 2021年5月，由县招商中心引进的总投资24.65亿元的小乔科技项目完成签约。项目决策前，召开协调会，

2021年9月24日，慈溪—常山山海协作“产业飞地”项目开工仪式举行

（县招商中心 供图）

明确保障单位、落地责任单位，合力攻坚，以项目落地为重中之重。项目决策后，第一时间成立临时专班负责协调，各职能部门主动服务、周密配合，全过程闭环绿灯运行。6 月，项目进场施工，项目从决策到桩基开工仅用 1 个多月，并于 11 月投产，推动高端装备制造业高质量发展。

【央企合作交流活动】 2021 年 10 月 26—27 日，借助央企走进 26 县建设共同富裕示范区系列活动（衢州专场），与中国建材等 10 家央企对接并确定合作关系，签约项目 9 个，协议总投资额 238.37 亿元，包括中国建材集团“一对一”结对项目、中铝智能车厢智造项目、常山港航道开发项目等，拓展合作领域，帮助常山县进一步完善产业链，提升产业能级。

【“飞地产业”项目发展】 2021 年，县招商中心全面深化山海协作，推进结对地区“产业飞地”平台建设。5 月，与慈溪市签订产业飞地合作框架协议，签约速度排全省第二、宁波市第一。9 月，慈常“产业飞地”平台集中开工仪式在慈溪举行，开工项目共 5 个，计划投资金额 6.6 亿元，达产后每年可创造销售收入 13 亿元，成为全省首个开工项目。

（李颖莹）

主要工业产业

【轴承产业】 2021 年，常山县共有轴承成品企业及零配件企业 130 多家，主要生产圆锥滚子轴承、深沟球轴承、圆柱滚子轴承等成品及锻车件配件，代表企业有常山皮尔轴承有限公司、浙江赛赛轴承有限公司、浙江双明轴承股份有限公司、捷姆轴承集团有限公司等。规模以上轴承产业企业 16 家，实现产值 21.3 亿元，比上年增长 41.7%。全年完成 10 多家轴承企业数字化改造工作，1000 多台轴承加工设备完成数字化改造及数据联网。是年，常山县轴承产业大脑入选浙江省第一批行业产业大脑建设试点“揭榜挂帅”榜单。

【纺织产业】 2021 年，全县纺织产业共有规模以上企业 12 家，实现产值 7.3 亿元，比上年增长 1.3%。代表企业有浙江云泰纺织有限公司、浙江省常山纺织有限责任公司、浙江灿宇纺织有限公司等。

【建材产业】 常山县是浙江省三大千万吨水泥熟料生产基地之一，主要产品有水泥及水泥制品、墙体材料等系列。2021 年，全县建材产业有规模以上企业 9 家，实现产值 37.1 亿元，比上年增长 33.7%。代表企业有常山南方水泥有限公司、常山江山虎水泥有限公司等。

【数字经济核心产业制造业】 常山数字经济核心产业制造业主要包括以计算机通信和其他电子设备制造业、专用电子设备制造业为主的行业。2021 年，全县数字经济核心产业制造业有规模以上企业 14 家，实现产值 12.4 亿元，比上年增长 36.3%。代表企业有浙江先导精密机械有限公司、衢州市天英电子有限公司、常山弘远电子有限公司等。

【新材料产业】 常山县重点发展纸质新材料、高端无机粉体材料、电子信息材料、环保新材料等领域。2021 年，全县新材料产业有规模以上企业 23 家，实现产值 47.9 亿元，比上年增长 46.1%。代表企业有浙江哲丰新材料有限公司、利安隆科润（浙江）新材料有限公司等。

【大健康产业】 常山县依托胡柚、食用菌、山茶油“常山三宝”产业化发展大健康产业。2021 年，全县大健康产业规模以上企业 7 家，实现产值 6.8 亿元，比上年增长 19.3%。代表企业有浙江天子股份有限公司、浙江富欣达健有限公司、浙江艾佳食品有限公司等。

2021 年常山县主要工业产业代表企业情况一览表

表 6

主要工业产业	代表企业名称	主要产品	2021 年产值（万元）	比上年增速（%）	2021 年入库税收（万元）	比上年增速(%)
轴承产业	常山皮尔轴承有限公司	圆锥滚子轴承	76212	49.6	5700	242.2
	浙江赛赛轴承有限公司	轴承锻件、车件	21108	29	769	194.8
	浙江双明轴承股份有限公司	轴承锻件、车件	18329	40.2	130	39.8
	捷姆轴承集团有限公司	圆锥滚子轴承	15972	62.7	142	-83.0
纺织产业	浙江云泰纺织有限公司	色纺纱、混纺纱	13889	29.6	314	50.7
	浙江省常山纺织有限责任公司	色纺纱、混纺纱	10898	19.7	206	-66.1
	浙江灿宇纺织有限公司	纤维制窗帘	9854	-28.8	105	14.8
建材产业	常山南方水泥有限公司	熟料、水泥	185770	36.3	21443	-13.7
	常山江山虎水泥有限公司	熟料、水泥	79594	21.1	10894	7.5
数字经济核心产业制造业	浙江先导精密机械有限公司	半导体元件	29973	-26.2	2769	4195.7
	衢州市天英电子有限公司	印制电路板	9686	67.9	176	184.4
	常山弘远电子有限公司	整流二极管	5473	67.3	70	93.7
新材料产业	浙江哲丰新材料有限公司	特种纸	239101	73	2786	2512.9
	利安隆科润（浙江）新材料有限公司	紫外线吸收剂	29770	75.7	259	134.7
大健康产业	浙江天子股份有限公司	胡柚精加工制品	29770	75.7	2	-92.2
	浙江富欣达健康科技有限公司	智能跑步机	2859	-4.3	97	-1.2
	浙江艾佳食品有限公司	果蔬加工	2640	28.5	40	26

（刘文晔　周　庆）

电力工业

【概况】 2021 年，常山电网有 220 千伏变电站 2 座、主变 4 台，容量 63 万千伏安；110 千伏公用变电站 7 座、主变 14 台，容量 68 万千伏安；35 千伏公用变电站 6 座、主变 12 台，容量 11.69 万千伏安。变电站整体分布以 220 千伏定阳、柚香变电站为枢纽，环城区及工业园区分布湖东变、新都变、天马变、常山变、金畈变、辉埠变、球川变 7 座 110 千伏变电站，以西南方向红旗岗变，中东部的宋畈变、大桥变、招贤变，东北方向的芳村变和新桥变 6 座 35 千伏变电站为依附，形成整个狭长形县域范围。其中，35 千伏公用输电线路 13 条，长度 193.99 千米；10 千伏公用配电线路 154 条，长度 1547.05 千米；10 千伏公用配变 1721 台，容量 65.869 万千伏安。

国网浙江省电力有限公司常山县供电公司（以下简称常山供电公司）有全民职工 215 人、省管产业单位直签员工 142 人；全县电力用户数 15.88 万户，全社会用电量 20.50 亿千瓦时，比上年增长 20.29%；供电可靠率达 99.97%，综合供电电压合格率达 99.91%，综合线损率达 3.54%；全县电网最大网供负荷 22.33 万千瓦，比上年增长 3.47%。全年未发生安全考核事故，累计安全生产日 5374 天。完成中共十九届六中全会、中高考等重大活动期间的保电任务30次，完成常山老旧城区改造、未来社区、美丽通道、大和半导体产业园区建设项目和生态园区等杆线迁改工程33项，迁改线路37.20千米。持续推进光伏建设，签订全省山区26县首份分布式光伏规模化开发框架协议，全年建设光伏电站5543个，并网容量16.65万千瓦。完成全县179个行政村便民服务点电力业务进驻，建成芳村红船光明驿站。推进“两保”户用电优惠应享尽享，涉及7806户。推广供应链金融业务，助力中小微企业低息融资670.58万元。有序开展代理购电业务宣传及解读。实施水泥、造纸、高耗能企业等大用户专项负荷控制措施，最大压减负荷3.5万千瓦。推广应用“碳账户”体系，完成县域规模以上企业全量接入市能源大数据中心。

是年，常山供电公司被评为浙江省AAA级“守合同、重信用”企业、2021年度衢州市平安单位、2020年度消防工作先进单位。常山供电公司营业厅被评为“全国巾帼文明岗”。

2021年4月3日，常山供电公司汇报乡村振兴电力幸福指数工作
（翟胜闻 摄）

【电力幸福指数模式推出】 2021年，常山供电公司以行政村为单位，从供电保障、居民常住、产业聚集、民生用电和清洁能源等五个维度，创新构建电力幸福指数（EHI）模式，科学评价电力支撑农村产业发展、推动绿色生态方面的情况。借助电力幸福指数模式，全年帮扶经济困难户32户，定点开展“春秋游”每年为帮扶村增收4万余元，开展溪东村电网升级改造助力其旅游增收年均达50万元，辅助政府提供就业岗位1800多个，促成政府出资782万元建成并投运公交直流充电桩70台，实现城乡间“两元”一票制绿色出行。将电力幸福指数嵌入芳村未来社区智慧管理平台，打造数字化应用新场景，对乡村独居老人实行异常监测预警，完成第一批黄塘村33户监测采集设备安装。实施坚强智能电网建设、阳光办电升级、清洁低碳发展、民生实事落地、安全用电提升5个方面17项行动计划，完成13户全电民宿设计装修和改造。建立芳村长青“红船·光明驿站”，实现电力业务办理、国网新零售、用电体检、能效服务、安全用电一体化接入，推进未来乡村数字化。

2021年常山县全社会用电量、售电量指标完成情况一览表

表7

电量单位：亿千瓦时

全社会用电量	供电公司售电量	线损率	工业用电量	农业用电量	居民生活用电量
20.50	12.46	3.54%	15.62	0.07	2.52

（李明阳）

农业农村 · 林业水利

Agriculture and Rural Area ,
Forestry and Water Conservation

综 述

【概况】 2021年，常山县实现农林牧渔业总产值132555万元，比上年增长5.3%；实现农林牧渔业增加值87614万元，比上年增长3.1%。全年投入资金1.9亿元，建设美丽乡村21个、精品村3个、历史文化古村落重点村3个。进一步稳固村集体造血机制，推动村集体经济发展提质增效。全县180个行政村，已完成经营性收入20万元以上全覆盖，其中20万～50万元120个，50万～100万元46个，100万元以上14个，村集体经济总收入1.6281亿元，比上年增长38.70%；经营性总收入8396.27万元，比上年增长38.66%。常山华凯木业专业合作社被评为国家农民合作社示范社，香椿和葛根2家高效生态栽培基地入选全省首批“一亩山万元钱”科技推广高质量示范基地。水土保持目标责任制和农业水价综合改革工作连续两年获省考核优秀，多项工作入选全省农业水价综合改革“五个一百”优秀典型案例。常山水文“三保”成为援疆推广经验，并入选市水利“十三五”十大经典案例。区域防洪风险研判入选全省首批水利数字化改革试点项目。

【特色农业产业】 2021年，常山县坚持把“两柚一茶”的振兴发展作为农业产业的主战略，将“两柚一茶”产业成功升格为县域两大主导产业之一，制订“两柚一茶”五年发展规划、若干政策意见、“102030”行动计划，推动“两柚一茶”产业产品鲜销、加工、药用、文创全链条发展。实施常山胡柚“百千万”基地建设，新增“双柚”基地4000亩，胡柚总产量13.6万吨。常山胡柚列入2020年省特色农产品优势区，“两柚”综合产值20亿元，其中衢枳壳产值2.2亿元，比上年增长10%。抢抓科技赋能、数字赋能契机，先后争取进入全国农业科技现代化、全国农产品产地冷藏保鲜，省级“互联网+”鲜活农产品出村进城工程、省级数字乡村等国家级、省级试点，成功建成以农业数字产业为核心的乡村振兴产业园，打造形成飞碓村、太公山等数字化“共富果园”基地。品牌效应溢价增效。大力扶持恒寿堂、艾佳等一批优势龙头企业和精深加工基地，“双柚汁”“庆余常山胡柚膏”等一批新产品、“一份常礼”“柚见80+”等系列高端优质品牌深受市场青睐。赏花问柚、“YOUYOU”音乐节、村播带货等主题营销活动接续举办。常山胡柚区域公用品牌价值10.23亿元，比上年增加0.87亿元。常山油茶产业示范园区入选“国家林业产业示范园区”。“常山山茶油”获国家农产品地理标志登记保护。

【美丽乡村建设】 2021年，全年投入资金1.9亿元，建设美丽乡村21个、精品村3个、历史文化古村落重点村3个。在垃圾分类、农村路灯、厕所改造、庭院整治“四大革命”上发力，实施45个村“万家灯火”和50座农村公厕建设，农村垃圾分类覆盖率达90.5%。成功创建省级新时代美丽乡村示范县，高质量推进46.6千米“衢州有礼·宋诗之河”诗画风光带建设，联通城乡美丽图景。推进“绿美常山”行动，完成新增百万亩国土绿化7247亩，建成2个省级“一村万树”示范村，基本完成松材线虫病除治工作。农饮水案例被评为省地方水利改革创新最佳实践案例。聚焦村庄品牌化建设，形成新昌乡“三塘模式”、东案乡腾云·旅游根据地、何家乡“渔家乐一条街”、金川街道徐村花海等一批特色村庄经营模式。以“宋韵芳村·油茶原乡”为主题的芳村未来乡村基本建成运营。2021年国庆期间，芳村未来乡村累计接待游客5万余人，比上年增长233%。

【农民收入提升】 2021年，常山县从“脱贫”走向“共富”新征程。深入实施农村产权制度改革、农民持股计划等增收举措，创新实施“共富果园”、流动供销致富车等增收模式，不断拓宽农民创收渠道，2021年度农村居民人均可支配收入增幅达11.9%，低收入农户人均可支配收入增幅达16.4%。以强村项目为引擎，推广“飞地”“抱团”等“消薄”模式，推动村集体经济发展提质增效，全县180个行政村20万元经营性收入实现全覆盖。

【农村改革成果】 2021年，常山县“两山银行”在全省率先开展生态资源集中连片收储、开发提升和运营管理等业务，开创绿色交易新模式。截至年底，为176个村集体实现收入1700万元，为全县361户农业主体授信2.1亿元，发放生态贷2.1亿元，撬动社会资本近18亿元，转化资源总量超3.5亿元。争取第二轮土地承包到期后再延长30年全国试点、农村宅基地资格权改革省级试点，累计流转农村土地3.3万余亩。扶持农业“双创”行动，创成全国第三批农村创业创新典型县。创新胡柚、油茶低温气象指数保险，提高农户抵御自然灾害风险能力。推进基层政策性农业信贷担保服务“10+1”试点，为全县225家“三农”主体提供担保1.9亿元，业务量居全市第一位。打造农村集体经济数字管理系统，推进农村集体“三资”数字化管理，完成村级资金线上支付7355笔计2.1亿余元，列全市第一位。

【绿色农业集成】 2021年，常山县创建第一批全国农作物病虫害绿色防控示范县，争取全省“肥药两制”改革试点，全年减少不合理化肥使用量160吨，推广商品有机肥1.35万吨，测土配方施肥技术覆盖率达92%，受污染耕地安全利用率达93%、水肥一体化技术推广面积0.75万亩、推广配方肥0.6万吨。完成2018—2019年“大棚房”整治问题回头看工作，排查农业设施422个，占地1928.6亩，发现并整治问题2起；完成县级农产品定量检测377批次，省级例行监测合格率达到98%以上；牵头对县域内农村凉亭、长廊、牌楼等设施进行底数统计和安全隐患排查，在发现安全隐患的凉亭、长廊、牌楼的醒目位置设置安全警示牌或拉设警示带，明确责任单位、整改措施和整改时限。在禁渔河道、渔船停靠区域、群众举报投诉高发区域开展渔业重点执法，全年出动执法人员180多人次，开展各类宣传50多次，立案4起，其中移送公安机关2起；持续强化非洲猪瘟疫情防控，对非法调运生猪行为开展专项整治和严厉打击，查处非法调运猪肉（仔猪）案件3起；强化农资市场管理，对全县农资店开展集中检查，出动执法人员600多人次，检查各类农资生产销售店（企业）400多家次。

【林业建设】 2021年，常山县开展“油茶名县”创建行动、林长制统领行动、森林资源保护专项等重点工作。全市率先出台全面推行林长制的实施方案。持续推进新增百万亩国土绿化“绿美常山”六大行动，全县获评省级森林康养基地1个、省级生态文化基地2个、浙江森林氧吧2处、省级“一村万树”示范村11个、省级森林城镇5个。县委书记潘晓辉在“关注森林——国土绿化书记访谈”节目上作典型访谈。启动实施千万亩森林质量精准提升工程，加快推进森林抚育、美丽生态廊道、健康森林建设。浙江大花园核心区国土绿化试点示范项目是常山县有史以来获中央财政支持最大的单个林业项目。加强公益林、天然林保护，完成国土“三调”涉及公益林、天然商品林和国有林场数据融合，签订首笔1200万元碳汇贷授信协议。加快推进自然保护地优化整合，“金钉子”自然保护区通过省政府审查、三衢国家森林公园总体规划修编成功获批。推进常山县油茶产业发展示范建设项目，出台油茶产业高质量发展三年行动方案，油茶智慧大脑系统开始试运行。东海—常山木本油料运营中心累计开户签约油茶类企业交易商360家，实现交易额32亿元。与新华社、中经社合作编制《常山油茶高质量发展指数报告》，成功通过专家评审论证。“常山山茶油”获国家农产品地理标志登记保护。

【水利建设】 2021年，常山县开展幸福河湖提标行动、农饮水提升行动。完成常山港一期工程八标涉及枧头村征迁，芳村溪、龙绕溪和虹桥溪累计完成河道整治21千米，常山港城区段、龙绕溪同弓段入选“2021年度省级美丽河湖”。常山农饮水项目被评为2020年度浙江省地方水利改革创新最佳实践案例。常山县芳村水厂入选全省农村供水规范化水厂。常山区域防洪风险研判入选全省首批水利数字化改革试点。芙蓉水库水源地在全省县级以上集中式饮用水水源地安全保障达标评估中连续3年获评优等。

（翁 楠 黄敏媛 张冬勇）

农村工作

【概况】 2021年，县农业农村局贯彻落实县委农村工作会议精神，以新时代美丽乡村、历史文化村、农村人居环境“三大革命”为主要抓手，坚持美丽乡村点线面整体推进，坚持硬件改善与软件提升双管齐下，当前举措与长远目标统筹谋划，产业提振与文化重塑、社会再造共同发力，推进新时代美丽乡村建设。

开展村集体经济巩固提升工作，全县180个行政村完成经营性收入20万元以上村数全覆盖，总收入16281.39万元，比上年增长38.70%，比上年常山县农村居民人均可支配收入增速高26.8个百分点。确定白石镇、大桥头乡、芳村镇、何家乡、辉埠镇、金川街道、青石镇、球川镇、新昌乡、招贤镇、紫港街道11个乡镇（街道）的17个村为“一事一议”项目发展村，争取项目资金1218万元，加强道路硬化、文化礼堂、桥梁等村级公益性建设。全县新型农业主体持续发展，截至年底，全县经工商注册登记家庭农场1980家，农民专业合作社808家，其中新注册登记家庭农场313家、农民专业合作社4家。新培育省级示范性家庭农场6家、市级示范性家庭农场14家、县级示范性家庭农场11家。开展农民培训25期，培训学员2053人次，其中高素质人才172人次，农村实用人才1881人次。

2021年，常山县成功创建浙江省新时代美丽乡村示范县；同弓乡成功创建浙江省美丽乡村示范乡镇；狮东村、江源村、同心村、东坑村4个村被评为浙江省美丽乡村特色精品村，“十里长风”风景线获浙江省美丽乡村风景线；自2016年累计建成省级美丽乡村示范乡（镇）7个、特色精品村22个、新时代美丽乡村142个（其中新时代美丽乡村精品村45个）、省级高标准生活垃圾分类示范村12个；完成“万家灯火”三期两标段9个乡镇45个行政村5489盏路灯安装及物联网工程；完成芳村未来乡村建设并运营，芳村未来乡村被列入省级第一批未来乡村试点和浙江省数字社会未来教育重点场先行建设单位；新昌乡西源村通过第七批（2019年度）重点村省级考核验收，完成大埂村历史文化古村落保护重点村项目规划并通过省级规划评审；完成4个垃圾中转站和新昌乡垃圾分类学院站点建设，以“所长制”为统领，新（改）建公厕50座。2021年7月，根据农业农村部科技教育司《关于公布全国农业科技现代化先行县共建名单的通知》，常山县被确定为农业科技现代化先行县。

【农村生活垃圾治理】 2021年，县农业农村局开展农村非正规垃圾堆放点排查整治，并建立长效管理机制。落实相关垃圾分类资金，确保实现农村非正规垃圾堆放点清零，确保农村生活垃圾处置减量化、资源化、无害化。全面推进各乡镇街道开展垃圾减量化、垃圾分类、日常宣传等工作。开展常山县美丽村庄（庭院）季度专项督查，联合县其他部门组织开展道路沿线环境整治和风貌提升工作考评，下达交办各乡镇（街道）整改清单206条，提升村庄环境。下达专项垃圾分类资金1600多万元，落实农村生活垃圾分类、投放工作，分类收运、分类处理等工作经费保障。组织编印《浙江省生活垃圾管理条例宣传手册》3.5万册，下发至各乡镇（街道），全面开展农村垃圾分类宣传培训工作，加强农村居民对生活垃圾正确分类的意识。推进垃圾中转站建设，青石镇、芳村镇、球川镇、辉埠镇4个垃圾中转站和新昌乡郭塘村垃圾分类学院完成站点建设、验收和审计工作。

【农村“万家灯火”工程】 2021年，常山县开展万家灯火三期工程项目，在城郊村通村道路及村道支线安装路灯。9个乡镇45个行政村实施“万家灯火”工程，规划先行，联合设计单位对实施村采取“一对一”逐点走访，优先安排主干道、主要聚集场所、交通事故多发地；科学设计、合理布局，根据村庄实际情况合理选择安装方式，提升村庄风貌。新增智能控制单元，添加路灯亮灯控制及故障报警等功能，实现智能管控；规范程序，设计、招标、代理、监理和安评均严格按程序落实主体。全年安装路灯5489盏，万家灯火项目（2019—2021年）累计完成路灯安装2.5万余盏，全县农村路灯实现全覆盖。

【“厕所革命”】 2021年，全县新建公厕50座，累计A级农村公厕473座，规范化农村公厕行政村覆盖率100%，其中省级星级示范性公厕4座、AAA级公厕18座，2021年常山县推进城乡“厕所革命”入选浙江省改革创新优秀实践案例。

【历史文化古村落保护】 2021年，县农业农村局继续推进以古建筑修缮、古街道修复、基本公共服务设施建设、绿化与景观建设、文化与旅游发展项目为主题的历史文化古村落保护利用工作。截至年底，全县第七批（2019年度）重点村新昌乡西源村以及何家乡钱塘村、招贤镇泉目山村、芳村镇芙蓉湖村、白石镇草坪村、同弓乡同心村、辉埠镇辉埠村、东案乡万安村7个一般村全部完成项目建设，并通过建设单位、监理单位及审计单位的竣工验收和县级部门现场核查；第八批历史文化村重点村泰安村项目总完成进度30%；第九批历史文化村重点村大埂村完成设计编制规划，进行开工前期准备；第十批历史文化村重点村樊家村完成项目申报。

【乡村振兴工作推进】 截至2021年年底，全县低收入农户8875户11429人，其中低保7402户9375人、低边804户1385人、特困669户669人。低收入农户增收能力增强，人均可支配收入为14796元，比上年增长16.40%，增幅排名全市第二位、26县第四位。全县各村低收入农户公益性岗位从业人员1347人次，县财政发放补助金额215.91万元。全年立项钢构厂房、白芨种植基地、番薯特色产业、光伏等项目13个，补助资金1514万元，其中产业类项目7个。

【全省宅基地改革现场会召开】 2021年6月25日，全省农村宅基地管理和改革座谈会在常山县召开，省农业农村厅副厅长孙飞翔、市农业农村局副局长汪有土、县委常委戴根林等出席会议。会议肯定常山县对宅基地改革的积极响应工作，梳理启动改革工作的思路和要点，要求常山县做好新老政策衔接，风险防范，确保政策平稳过渡、改革顺利推行。

【推进农村集成改革】 2021年，常山县农村集成改革有序推进，先后被农业农村部批准开展“全国二轮土地承包到期后再延包30年”“全国鲜活农产品产地冷藏保鲜设施建设试点县”“全国整县制推进农民合作社质量提升试点县”三项国家级改革试点，被省农业农村厅批准开展“农村宅基地资格权专项改革”省级改革试点。

2021 年 6 月 25 日，全省农村宅基地管理和改革座谈会在常山县召开
（县农业农村局 供图）

根据省、市统一要求，常山县推进新时代“两山银行”乡村集成改革试点。年底，常山“两山银行”已收储资源总额 3.9 亿元，撬动社会资金 19.6 亿元，为 176 个行政村实现增收 1701 万元。

【村级财务管理】 2021 年，县农业农村局集中开展农村集体“三资”管理领域腐败突出问题专项治理工作。经过自查自纠发现违规违纪问题 32 个，其中，涉及合同类问题 10 个，包括低价合同 5 个、长期合同 1 个和不规范合同 4 个；涉及资金类问题 22 个，含违规发放补贴福利（含误工补贴）问题 19 个和违反非生产性支出规定的问题 3 个。32 个违规违纪问题均整改到位，收回退赔资金 16.96 万元，通过规范合同为村集体增收资金 96444 元；给予 2 个违规合同、1 个参与村级项目工程责任人党纪处分，给予 2 名村主职干部开除党籍处分、1 名村党支部成员党内警告处分。

【乡村振兴人才培养】 2021 年，县农业农村局开展基层农技人员定向培养（招聘）工作，共培养农学专业定向生 6 人。根据《衢州市农业农村局关于预申报 2021 年市级乡村振兴专家工作站（室）和特色人才工作室的通知》精神，开展 2021 年市级乡村振兴专家工作站（室）和特色人才工作室预申报工作。常山豪锋生物科技有限公司被评为衢州市乡村振兴人才工作站（室）；彭国方工作室、姜翔鹤工作室、王长法工作室、王芳工作室被评为特色人才工作室。根据《衢州市农业农村局开展首批衢州乡村工匠大师和衢州乡村工匠大师工作室认定工作的通知》文件精神，开展首批衢州乡村工匠大师和衢州乡村工匠大师工作室申报工作，陈水英、戴理平、徐美文、黄兴伟、朱孙国被评为衢州市乡村工匠大师；毛春良工作室、曾令兵工作室被评为衢州市乡村工匠大师工作室。

【名特优新农产品展示展销】 2021 年 12 月 24—30 日，浙江农业博览会在“网上农博”平台举办，常山县有 105 家主体 140 多种产品参展。常山县明鹰专业合作社的明鹰牌胡柚、常山县森力家庭农场的森力牌灵芝切片、浙江常山恒寿堂柚果股份有限公司的柚香谷牌双柚汁获 2021 浙江网上农博会金奖；浙江德茗农业开发有限公司的茗珍仙牌胡柚青果茶获 2021 浙江网上农博会新产品金奖。

【农家乐乡村休闲旅游发展】 2021 年，县农业农村局开展农家乐燃气使用情况排查、农家乐行业非法入境人员排查、应对灾害天气防范检查、平安暗访等工作，对农家乐经营主体进行调查整理。全县有农家乐 103 家，农家乐接待游客 161.06 万人次，经营收入

1.267亿元；指导省级休闲乡村项目建设，东案乡梅树底休闲乡村项目和芳村镇新桥村休闲乡村项目建设达到进度，何家乡休闲乡村项目完成招投标并启动；举办农家乐经营主体高素质农民培训班，开展消防演练，提高经营主体素质；选派农家乐主体参加省级比赛，常山“一鸡两吃”获农家菜肴金奖，麦香饼获农家特色小吃优质奖。

（翁 楠）

种 植

【概况】 2021年，常山县粮食播种面积14.62万亩，粮食总产量6.06万吨。水稻播种面积10.01万亩，总产量4.92万吨。全县玉米种植1.1万亩、总产量0.27万吨。大豆1.9万亩，总产量0.28万吨。番薯1.04万亩、总产量0.47万吨。马铃薯0.2万亩、总产量0.05万吨。全县蔬菜播种面积6.39万亩，比上年下降0.85%；总产量10.5万吨，比上年增长1%；总产值为2.14亿元，比上年增长0.78%。全县水果种植面积14.97万亩，其中西甜瓜面积0.77万亩，总产量2.55万吨，总产值0.68亿元；常山胡柚种植面积10.5万亩，香柚种植面积0.85万亩，产量12.28万吨，产值30.24亿元。食用菌0.35亿袋瓶，产量1.4万吨，总产值1.5亿元，其中猴头菇0.26万吨。茶叶种植面积0.71万亩，产量243吨。中药材种植面积6.65万亩，产量6560吨，其中“衢枳壳”种植面积5.1万亩，干货产量6020吨，产值2.68亿元。

全县有国家级农业龙头企业2家（天子、艾佳），省级骨干农业龙头企业4家（包含国家级2家），市级农业龙头企业17家，县级及以上农业龙头企业148家，2021年新认定县级农业龙头企业21家。

【农田建设项目】 2021年，常山县投资451万元完成高标准农田建设0.34万亩。对县内2个粮食生产功能区完成提标改造面积0.15万亩，建成烘干用房824平方米，晒场615平方米，购置烘干机1台，热风炉1台。开展给水灌溉项目1项，共铺设田间PE管1200米，安装阀门7个。全年争取田间项目资金620万元，新增和改善灌溉达标面积0.3万亩，新增和改善排水达标面积0.3万亩，年节约水量23万米^3，新增粮食产量32万千克、油料0.5万千克、其他农产品14.3万千克，新增种植业总产值131万元，项目区农民收入增加总额141万元。

【标准农田提升】 2021年，常山县实施提升标准农田面积累计8701.46亩，其中省级标准农田项目完成秸秆还田7259亩。施用商品有机肥1094.4吨，施用配方肥364.8吨，施用生石灰264吨。完成冬绿肥种植1814.75亩，实施强化耕作2840亩，推广种养结合、水旱轮作等新型农作制度。占补平衡标准农田项目完成提升1406.46亩，施用商品有机肥2975.8吨，施用配方肥、磷酸一铵、氯化钾共计236.17吨，施用生石灰141.42吨，加强技术培训，指导农户应用商品有机肥、配方肥，增施磷肥，补施钾肥，推广应用测土配方施肥技术和农田耕作层改良技术。

【“肥药两制”改革】 2021年，常山县成功创建“肥药两制”改革综合试点县，培育完成“肥药两制”改革试点主体109家、农资经营店15家，并将相关主体纳入“肥药两制”改革数字化管理系统，省级财政安排500万元资金用于“肥药两制”改革综合项目建设，稳步推进肥药定额、绿色防控、统防统治、畜禽排泄物资源化利用和农业废弃物回收处置等工作。

【列入全国农业科技现代化先行县共建名单】 2021年，常山县列入全国首批72个农业科技现代化先行县创建试点。县政府与浙江大学签订《全国农业科技现代化先行县共建合作协议书（常山—浙大）》和《共建浙江大学（常山）现代化农业发展研究中心合作协议》，双方确定共建浙江大学（常山）现代化农业发展研究中心双组长制的工作领导小组和中心班子成员。

【县现代农业园区通过省级验收】2021年，县农业农村局全面完成常山县省级现代农业园区建设工作。经省“两区办”组织专家验收，常山县省级现代农业园区产业基础良好，工作推进有力，综合效益明显，资料较为完整，对照建设方案和验收标准，经专家综合评分，最终以92分通过验收。

【开展乡村振兴集成创新示范项目建设】2021年，常山县列入省级乡村振兴集成创新示范建设县，获得省财政补助资金4000万元。下达总投资为1.18亿元、省补资金4000万元的省级乡村振兴集成创新示范项目建设计划，全面实施基地建设、加工物流、数字智造、农旅融合、科技创新等工程。

【农机化发展】2021年，全县落实农机惠农政策资金160.465万元，其中农机购置补贴资金144.755万元、农业机械报废资金15.71万元。引导农民购置先进适用农业机械300台，其中享受购机补贴机具190台，非补贴机具110台。补贴机具包括轮式拖拉机21台、履带式拖拉机2台、联合收割机5台、开沟机10台、粮食烘干机8台、水稻插秧机9台、热风炉4台、微耕机89台、旋耕机25台、增氧机6台、秸秆粉碎还田机3台、风筛清选机2台、茶叶机械6台。2021年新建粮食烘干中心1个，新增烘干机9台、烘干能力86吨/批；全县有烘干中心49个，烘干机145台、烘干能力1725吨/批，2021年实际烘干粮食3.422万吨。截至年底，有育秧中心19个、育秧能力4.5万亩/年，实际育秧4.373万亩。2021年，全县农机总动力8.3189万千瓦，比2020年减少4.4%，减少原因为上道路拖拉机淘汰报废和耕田拖拉机注销报废。水稻耕种收综合机械化率为83%，其中机耕面积8.48万亩、机耕率达99.95%，机播面积4.373万亩、机播率达43.66%，机收面积9.99万亩、机收率达99.75%。

2021年11月30日，浙江省工作组到常山验收常山县省级现代农业园区建设工作　（县农业特色产业发展中心 供图）

【农机安全管理】2021年，全县未发生上道路拖拉机交通事故、道路外农机安全事故。与14个乡镇签订管理责任书，严格执行“谁经办，谁签字，谁负责”的岗位工作责任制。全年推广《现代农机》杂志22份。推进农机保险工作，落实新购拖拉机、收割机全部参保。全年参保农机户40户、参保64单保险，共114台（其中拖拉机25台、收割机9台、插秧机6台、烘干机74台），总保费10.796万元，发放保险补贴8.6368万元（市级、县级资金），完成市要求的农机保险任务。9月23—

28 日，针对全县农田作业拖拉机、联合收割机、插秧机、烘干机 4 种机械开展农机安全实地检验工作，检验农机 290 台，其中烘干机 145 台、农田拖拉机 75 台、收割机 33 台、插秧机 20 台、手扶拖拉机 17 台。全年办理拖拉机注册登记 24 台，联合收割机注册登记 4 台，合计 28 台；拖拉机驾驶证到期换证 7 本。全县驾驶员 700 多人，在册农田拖拉机大中型 75 台、手扶拖拉机 17 台；收割机 33 台；水稻插秧机 20 台；粮食烘干机 145 台。

【农产品质量安全专项整治】 2021 年，县农业农村局以常山本地主产的时令果蔬产品、畜牧产品、水产品为主要对象，打击违规使用禽蛋禁用药物、违法使用牛羊肉“瘦肉精”、生猪屠宰注药注水、水产养殖禁用药物及非药物违规添加、农药隐形成分添加等违法违纪行为，定期对辖区内上市农产品开展快速检测筛查，及时发现问题，预警预报。县乡联动全面排查农产品质量安全风险隐患，确保不发生重大农产品质量安全事件。全年出动执法人员 600 人次，出动车辆 300 多台。

【农产品质量安全巡查抽检】 2021 年，县农业农村局开展农产品质量安全专项整治、食品安全问题联合行动，监督巡查农产品生产基地 650 家（次），省、市、县三级定量检测抽检农产品 596 批次，总体合格率达 99.85%，未发生重大农产品质量安全突发事件。推行食用农产品合格证制度，与市场监管部门联合建立产地准出市场准入衔接机制。全县 286 家农产品生产经营主体使用农产品合格证，全年开具各类农产品合格证 15 万余张，全县域内农产品合格证管理覆盖率为 100%。

【农产品质量安全监管体系构建】 2021 年，县农业农村局加强追溯平台推广应用。深化构建农产品质量安全追溯平台、农产品公共追溯查询平台，实行动态信息管理，推进农产品生产经营主体信息完善工作。257 家规模以上农产品生产经营主体纳入主体信息库管理。引导建设主体开展农产品质量安全追溯和快速检测工作。建立县、乡（镇）、生产单位三级农产品质量安全监测体系，实施“从基地到市场准入”的全程质量安全控制，健全农产品质量安全生产责任制和责任追究制，要求农业经营主体与所在乡（镇）人民政府签订生产责任书，截至年底，共签订 350 份。

【入选全国农产品产地冷藏保鲜整县推进试点名单】 2021 年，常山县入选农产品产地冷藏保鲜整县推进试点名单，获得中央补助资金 2000 万元。秉持“政府搭台、村级主体、农户参与”的共建共享方针，优选 5 个乡镇（街道）28 个村级股份经济合作社，围绕常山胡柚（香柚）、食用竹、毛豆、蓝莓等鲜活农产品开展仓储保鲜冷链设施建设，共计建设冷库 4.79 万米^3，带动村集体增收，带动县域农产品冷藏保鲜冷链设施建设。

（翁　楠）

养　殖

【概况】 2021 年，全县生猪养殖场 46 户，生猪存栏 6.53 万头，完成率为 105%，生猪出栏 9.24 万头，完成率为 156%；牛存栏 3202 头，出栏 714 头；羊存栏 1.6 万头，出栏 1.1 万头；家禽存栏 157.5 万羽，出栏 444.6 万羽；蜜蜂饲养量 5812 箱；肉类总产量 12005.64 吨；禽蛋产量 2654.5 吨；畜牧业产值达 2.5 亿元。全县水产品总产量 6869 吨，比上年增加 2.2%，其中养殖产量 6092 吨、捕捞产量 777 吨。全县可开展水产养殖水域面积约 981 公顷，水域养殖区规划面积为 234.58 公顷。水产品存塘量约为 159 吨。全年实现渔业经济总产值 2.3861 亿元，比上年增长 2.02%。

【畜禽排泄物综合利用】 2021年，全县规模养殖场在粪污储液池安装线上监控、液位仪、智能电表3套智能设备，通过数据分析和实时影像，达到养殖污染智慧防控作用。成立14个乡镇（街道）联系小组，定期到场到点做好养殖污染巡查，结合第三方监管，指导养殖场畜禽排泄物综合利用。利用低丘缓坡、闲置土地丰富的资源优势，全域推广经济实惠、互利共赢的“猪—沼—作物”生态消纳循环模式。

【美丽生态牧场创建】 2021年，县农业农村局按照《浙江省省级美丽牧场验收评分标准》，围绕“绿化美化、布局合理、技术先进、安全高效、资源利用”五大要素，通过项目化手段“整县制”推进美丽牧场建设，创建省级美丽牧场1家。

【生猪屠宰管理】 2021年，常山县屠宰场污水处理设施投入使用，生猪定点屠宰场污水应急处理能力大幅提升，生猪屠宰效率和猪肉产品供应能力明显提高。常山县肉产品检疫检验率达100%。生猪定点屠宰管理工作，按照“属地管理”原则，建立网格化巡查长效监管机制，保障全县猪肉产品质量安全。

【病死动物无害化处理】 2021年，全县继续执行养殖环节生猪保险联动跨区域运行处理模式，全年处理病死猪33582头。严格执行生猪屠宰检疫无害化处理规定，检疫后不可食用的生猪产品及病死猪经驻场检疫人员拍照记录，依法进行无害化处理。全年无害化处理不可食用生猪产品25985.5吨，病死猪131头。

【动物卫生监督执法】 2021年，常山县15个检疫申报点和1个动物卫生检疫点，共开具畜禽动物检疫合格证9994份。其中，开具生猪动物检疫合格证2010份，检疫生猪95107头；开具牛动物检疫合格证73份，检疫牛300头；开具禽类动物检疫合格证7904份，检疫禽类412.39万羽。常山省际动物检查站查验出入境（县境）运载动物及产品车辆3083辆，其中生猪462辆、牛1064辆、羊3辆、家禽209辆、动物产品1345辆、动物副产品330辆。查验生猪59455头、牛30515头、羊740头、家禽1358494羽、动物产品7935吨、动物副产品300吨。加大生猪养殖、运输、屠宰“三环节”瘦肉精等违禁药品检测力度，抽检盐酸克伦特罗16973份、莱克多巴胺16973份、沙丁胺醇16973份，检测结果均为阴性，合格率达100%。

【重大动物疫病防控】 2021年，全县使用禽流感疫苗244.3万毫升，免疫家禽329.46万羽次，应免密度达到100%；使用牲畜口蹄疫疫苗26.3万毫升，免疫牛、羊5.1万头次，免疫生猪10.3万头次，应免密度均达到100%；使用猪瘟疫苗14.81万头份，免疫生猪7.94万头次，应免密度达到100%；使用猪高致病性蓝耳病疫苗4.78万头份，免疫生猪3.5万头次，应免密度达到100%。

【创建渔业示范场】 2021年，按照“行业管理规范化、养殖技术标准化”的要求，参照省部级水产健康养殖创建标准，组织实施创建2家浙江省水产健康养殖示范场，通过创建，逐步提升全县渔业管理规范化水平和养殖生产核心竞争力。截至年底，全县创建省级以上健康养殖示范场12家，其中省级8家、国家级4家。

【水产品质量安全管理】 2021年，对全县14个乡镇街道开展58个批次水产品质量安全监督抽检送样工作，其中省级例行风险抽检28个批次、县级自行抽检30个批次。组织开展规模养殖户养殖水质检测84个批次，其中常规养殖水82个批次，养殖水无公害检测2个批次。对养殖水不达标的养殖水体，组织乡镇（街道）制订整改方案，落实整改措施，做好辖区内养殖水域的水质监督工作。

【水域生态环境保护】 2021年，组织开展增殖放流工作，实际完成鲢鱼苗414.53万尾、鳙鱼苗474.52万尾、青鱼苗93.02万尾、光唇鱼苗15.6万尾、赤眼鳟苗64.42万尾、河蟹苗6.39万尾，合计1068.48万尾的增殖放流工作，超额完成计划任务数量。

（翁 楠）

农业执法

【概况】 2021年，县农业综合执法队在保障农业投入品和农产品质量安全不松懈的同时，切实履行渔政执法、畜禽屠宰执法、农机执法等工作职能，开展“绿剑”系列集中执法检查，渔政“亮剑”执法行动等集中执法行动，出动执法人员600多人次，检查各类经营户、企业等450多家次，立案9起，结案9起，移送公安机关2起，罚没款总额1.3万余元。通过微信群、现场执法、电视媒体、流动宣传车等形式，开展多层次、全流域的宣传活动，全年发送微信信息1000多条次、张贴禁渔相关横幅30多条，广播宣传里程1200多千米，与渔民签订禁渔期不捕捞承诺书35份，发放《钱塘江禁渔宣传》等禁渔资料1000多份。

【农资市场监管】 2021年，根据省农业农村厅“绿剑”系列集中执法检查行动方案，县农业综合执法队开展春、夏、秋三季集中执法自查与交叉执法检查。其中，春季侧重农药和肥料；夏季侧重农药和农产品；秋季侧重饲料和兽药。全年对70多家农资生产、经营企业（店）开展抽检，分别抽取农药样品25份、肥料样品11份、种子样品12份、饲料样品9份、兽药样品8份，共计65份，所有样品已在规定时间内送交省农业农村厅检测。对2起农药检测不合格产品进行立案查处。此外，为提升执法水平并发现自身问题，还积极参与市组织的“绿剑”暗访检查与“绿剑”交叉检查行动，与开化执法队开展执法互查，相互交流经验。

【渔政执法监管】 2021年，根据禁渔工作的新部署、新任务、新要求，对重点禁渔河道、渔船停靠区域、群众举报投诉等高发区域实施不定期巡查。全年出动执法人员128次，移动宣传车宣传20多次，广播宣传里程1200多千米，张贴禁渔横幅30多条，没收丝网、地笼等非法渔具114副。渔政立案4起，其中移送公安2起。

【畜禽屠宰及农产品执法监管】 2021年，为保障生猪养殖业安全，县农业综合执法队与市监等部门对养殖密集区开展联合执法，出动执法人员42人次。对发现2起涉嫌无证调运生猪的违法行为进行立案查处。为确保监督全县农产品质量安全，在“两节”期间及5月瓜果集中上市期，多次对全县家庭农场、生产基地开展集中巡查，出动执法人员50人次，检查主体44家次，发放《农产品安全告知书》等宣传资料，未发现使用禁限用农药的违法行为。

（洪 剑）

林 业

【概况】 2021年，常山县林业水利局（以下简称县林水局）开展“油茶名县”创建行动、林长制统领行动、森林资源保护专项等重点工作。全面推行林长制，在全市率先出台全面推行林长制的实施方案，构建“党政同责、属地负责、部门协同、源头治理、全域覆盖”的长效机制。持续推进“绿美常山”六大行动，新增百万亩国土绿化7247亩，全县获评省级森林康养基地1个、省级生态文化基地2个、浙江森林氧吧2处、省级“一村万树”示范村11个、省级森林城镇5个。实施千万亩森林质量精准提升工程，国土绿化中央试点示范项目开工建设。加大野生动物资源保护、资源审批执法和林木资源保护力度，累计救护野生动物25只，其中海南虎斑鳽刷新常山县鸟类监测记录。全年审批森林采伐指标1.5万米^3，审批占用林地项目21个涉及面积31.5公顷。深化林权制度改革，制定《公益林补偿收益权质押贷款管理办法》，探索开展“两山银行”试点，完成首笔1200万元碳汇贷授信协议签订。加强公益林、天然林保护，发放公益林补偿资金2133.42万元、天然商品林停伐补助资金30.76万元。实施常山县自然保护地管控专项工作，“金钉子”自然保护区通过省政府审查、三衢国家森林公园总体规划修编成功获批，为大项目落地创造条件。

是年，常山县在2020年度森林浙江建设目标责任制考核中获得优秀。常山县林业水利局被评为森林浙江建设工作突出贡献集体，全省松材线虫病防治工作和全面禁止非法交易、滥食野生动物工作突出贡献集体。

【全面推行林长制】 2021年11月1日，常山县《关于全面推行林长制的实施方案》经县委办公室、县政府办公室印发，围绕“党政同责、属地负责、部门协同、源头治理、全域覆盖”的构建框架分级设立林长制。全县划分为18个片区，由15名副总林长负责，确定86个包村部门（乡镇）为县级林长联系单位。研究制定县级林长联席会议制度、林长工作制度、林长制办公室工作制度、林长制信息通报制度、林长制工作督查制度。在全县2021年度乡镇（街道）部门工作目标考核办法中将林长制建设作为“八大行动”重点工作内容之一，纳入部门基本考核指标体系。

【“绿美常山”六大行动】 2021年，县林水局顺应“非农化”“非粮化”新形势要求，运用数字化手段，进行精准的数据分析，深度发掘山地造林空间，将全县所有的规划造林地、一般灌木林、其他宜林地等符合新增百万亩国土绿化的地块筛选出，实现带图斑落实地块。组织开展义务植树40周年系列活动，植树5.2万株，1.2万人次参加。完成新增百万亩国土绿化7247亩，超额完成全年省定5120亩任务，县委书记潘晓辉在“关注森林——国土绿化书记访谈”节目上作典型访谈，国土绿化中央试点示范项目开工建设。开展森林品牌建设，国家森林城市创建获得国家林业草原局复函同意，创成省级森林城镇5个、“一村万树”省级示范村11个。

【千万亩森林质量提升】 2021年，县林水局完成“诗画浙江”大花园核心区国土绿化试点示范项目设计，内容包括人工造林、森林抚育、退化林修复、油茶营造等，是常山县有史以来获中央财政支持最大的单个林业项目，可提升森林固碳增汇能力，实现可看可学可推广，为国土绿化综合治理打造常山模式、常山样板。完成森林抚育5000亩，木本油料抚育5000亩，森林生态廊道建设1300亩。

【森林综合防控】 2021年，县林水局强化森林防火宣传，加大森林防火管控力度，开展“3·19”森林消防宣传日、衢州市第40届“爱鸟周”主题宣传等爱绿护绿、野生动物保护活动。持续开展松材线虫病除治，除治疫情面积2.26万亩，清理枯死松树3.2万余株。县林水局在全省新增百万亩国土绿化行动和松材线虫病防治工作推进会上作题为《常山县创新“433”工作法全力打好松材线虫病防控“歼灭战”》的典型发言，常山县贯彻执行《浙江省松材线虫病防治条例》情况获市人大调研肯定。抓好森林防火工作，推进森林防火基础设施建设，完成重点隐患点治理20个、蓄水桶安装1204只，全年未发生重大森林火灾。抓好森林资源保护工作，累计救护野生动物25只，其中海南虎斑鳽刷新常山县鸟类监测记录。常山县获评“森林浙江”建设目标责任制考核优秀县。

【生态公益林管护】 2021年，县林水局发放公益林资金2440.2万元，其中公益林补偿资金2133.42万元，护林员管护资金306.78万元。发放天然商品林停伐补助资金30.76万元。完成2019年和2020年林权贴息贷款共90万元审核拨付工作。制定《公益林补偿收益权质押贷款管理办法》，探索开展“两山银行”试点，完成首笔1200万元碳汇贷授信协议签订。完成常山县林场毛良坞林区、东案乡金源村、新昌乡西源村公益林“一区两村”的标准化样板项目建设。完成2021年全省森林资源一张图更新工作，融入天然商品林19419亩。完成国土“三调”涉及公益林、天然商品林和国有林场数据融合初步成果上报，国家级公益林因优化减少1.94万亩、省级公益林减少0.09万亩。完善制定《常山县公益林护林员管理办法》，举办两期护林员培训，完成护林员巡查系统第三期项目建设。配合县旧城改造工作，完成常山县林场外港场部、西峰分场的房屋征收工作。

【自然保护地优化整合】 2021年，县林水局开展建立有常山特色的科学合理自然保护地体系，通过自然保护地的优化和整合，初步完成常山县自然保护地体系的重构。“金钉子”自然保护区范围调整通过省政府审查，三衢国家森林公园总体规划修编成功获批，为大项目落地创造条件。

（张冬勇　黄丽丽　徐剑飞　汪鉴忠　徐子渊　秦海浪　叶恒灿）

“两柚一茶”产业

【概况】 “两柚一茶”产业指常山胡柚、常山香柚、常山油茶产业。2021年，浙江省将支持常山县跨越式高质量发展——培育做强“两柚一茶”产业政策列入“一县一策”。“两柚一茶”产业基本形成全产业链发展格局，总产值超30亿元。

2021年，常山胡柚种植面积10.5万亩，香柚种植面积0.85万亩，总产量12.28万吨。编制《常山“两柚一茶”产业高质量发展（2021—2025年）行动方案》《常山县跨越式高质量发展的若干举措——培育做强“两柚一茶”产业》“一县一策”方案，制定常山胡柚“好吃季”宣传推介促销扶持政策。申报实施常山县乡村振兴胡柚产业融合发展集成创新示范项目，联合浙江大学申报创建全国农业科技现代化先行县。新建胡柚基地500亩、香柚基地2000亩；启动创建青石镇飞碓村、大桥头乡新村村共富果园2个。完成常山胡柚基源鉴定、“衢枳壳”成分分析等研究，推动“衢枳壳”入典；发布《绿色食品 常山胡柚生产技术规程》省级团体标准，《中药材衢枳壳生产技术规程》《常山胡柚绿色生产技术规程》通过市级立项。改造“双柚”粗加工生产线，新建双柚汁自动化灌装生产线、柚子乳酸菌饮料生产线。举办“一份常礼迎新春，百企直播助柚农”暨网上农博常山胡柚专场、“赏花问柚”等系列推介活动，组织策划“柚王争锋赛”活动。推出“柚见80+”“柚香谷”“艾柚香”等产品品牌，成立乡村振兴讲堂“村播学院”，建立网红村播基地，培育本地电商、微商企业，开展网上农博专场等网络销售活动，年线上销售胡柚3万多吨。

全县油茶籽产量7500多吨，茶油1800多吨。实施油茶新造林2300亩，油茶低产林改造5000亩，油茶新品种抚育2000亩，培育油茶良种苗木200万株。推进常山县油茶产业发展示范建设项目，出台油茶产业高质量发展三年行动方案，油茶智慧大脑系统试运行。推进“一区两园四中心”（一区：全国经济林产业区域特色品牌建设试点区；两园：国家级油茶公园、国家常山油茶产业示范园；四中心：全国油茶交易中心、价格指导中心、集散中心、文化中心）建设。常山东茶茶业科技有限公司投资3000万元引进德国山茶油生产线。东海—常山木本油料运营中心累计开户签约油茶类企业交易商360家，实现交易额32亿元。与中国经济信息社合作编制《常山油茶高质量发展指数报告》，通过专家评审论证。“常山山茶油”获国家农产品地理标志登记保护。

【编制“两柚一茶”行动方案】 2021年，县农业农村局牵头编制《常山县“两柚一茶”产业高质量发展（2021—2025年）行动方案》，明确聚焦种植端、研发端、加工端、营销端、旅游端全产业链发展任务，下达“共富果园”共建模式标准、目标任务，梯次培育天子、柚香谷、艾佳等一批深加工企业，聚力培育壮大“两柚一茶”地方特色产业、县域支柱产业。

【“两柚”产品深加工】 2021年，常山县继续培育艾佳、柚香谷等龙头企业，截至年底，建立近30家精深加工企业队伍，开发出NFC胡柚鲜榨汁、胡柚膏、胡柚精油等73种深加工产品。2月，常山县人民政府与华润江中制药集团签署战略合作协议，开发江中牌胡柚膏。推动浙江常山柚香谷投资管理有限公司投入1600万元，对“双柚汁”的生产线进行技术升级改造，引进先进的智能投料、预混、灌装、杀菌等全自动流水线，单班日产量可达3万箱。推动艾佳果蔬有限公司建成3万吨胡柚冷链与胡柚NFC鲜榨汁、果酱等生产线。

【胡柚药用研究】 2021年，县农业农村局聘请育种、种植、加工、药学等各领域权威专家，组建科技研发团队，制订研发清单，突破科技瓶颈。与浙江大学组建并设立“浙江大学（常山）现代农业发展研究中心”平台，并实体化运作。列入20多项目技术攻关内容，省级以上立项课题7项。重点攻克常山胡柚DNA基源认定、降糖降脂、抗炎药物等药用基础性研究。加快科研成果转化。

【油茶智慧化建设】 2021年，县农业农村局在全国重点油茶基地安装智能小型气象监测站25套，对土壤温湿度、光照强度等要素进行全天候监测。建设油茶基地智能水肥一体化设施600亩，采用滴灌方式实现水肥精确投放。“中国油茶智慧云平台”系统加快升级，全年摸排全县3万余亩新品种油茶基地、7家山茶油精加工企业，收录完善底层数据。

（翁　楠　张冬勇）

水　利

【概况】 2021年，县林水局开展幸福河湖提标行动、农饮水提升、水资源保护、节水争先等重点工作。常山农饮水建设被评为2020年度浙江省地方水利改革创新最佳实践案例。常山县芳村水厂入选全省农村供水规范化水厂。常山多项工作入选全省农业水价综合改革“五个一百”优秀典型案例。常山区域防洪风险研判入选全省首批水利数字化改革试点。芙蓉水库水源地在全省县级以上集中式饮用水水源地安全保障达标评估中连续三年获评优等。严格规范行政执法，加强水域巡查，全年巡查242次，办理12345来电举报非法采沙事项61起。配合县“大综合一体化”行政执法改革，推进“非法采沙制沙一件事”运行。

是年，常山县在2019年度中央财政水利发展资金绩效评价中获评优秀，在2020年度全省农业水价综合改革工作绩效评价中获评优秀，在2019年度、2020年度及“十三五”规划期末水土保持目标责任制考核中获评优秀。常山县林业水利局被评为2020年度全市水利综合争先考核和安全生产目标管理责任制考核优秀单位。

【幸福河湖提标行动】 2021年，县林水局推进常山港治理一期工程八标扫尾，完成常山港一期工程八标涉及枧头村征迁，为八标段闭合施工奠定基础。实施芳村溪、龙绕溪和虹桥溪综合治理工程，累计完成河道整治21千米。完成病险山塘整治8座，水库除险加固3座。完成南门溪流域治理项目规划方案送审稿。高质量推进“美丽河湖”建设，常山港城区段、龙绕溪同弓段入选“2021年度省级美丽河湖”。

【农饮水提升行动】 2021年，县林水局持续推进农村饮用水供水保障能力提升工程（专项债项目）建设，截至年底，完成总工程量的72%。指导县水务公司完成“浙里办”“浙水好喝”线上模块入驻工作，全县千人以上水厂、水质数据同步接入城乡供水数字管理系统及“数字社会”“浙政钉”“浙里办”等政府主流服务App。

【节水建设】 2021年，县林水局开展取用水管理专项整治行动，完成26个整改项目的取水许可审批，并完成取水许可电子证转换。印发《常山县节约用水“十四五”规划》，划定常山县日供水规模200吨以下农村饮用水水源保护范围。建成节水型宣传教育基地，完成42个取水口标准化建设。新办理取水许可证28个，注销取水许可证5个，延续取水1个，取水变更2个。全面巩固节水型社会建设，持续推进节水型单位建设，完成县级公共节水型单位5家，水利行业节水型单位1家。全年建成省节水标杆校园1家，省节水标杆企业2家。

（汪　璇　詹仲军　徐　静　李捷杰）

中型水库管理

【概况】 2021年，常山县中型水库管理中心以防汛抗旱为抓手，加强水库运行调度能力和水源保护力度，详细制定并落实年度维修养护工作，实施物业化管理，确保水库安全有序运行。推进水利灌区项目建设，完成千家排水库测压管升级改造项目、水毁边坡工程、金川弄水库绿化工程、中型水库洪水预报调度模项开发项目及方案编制工程，长风灌区节水配套改造一期项目全部完工验收，芙蓉灌区节水配套改造项目主体工程基本完工。是年，芙蓉水库获集中式饮用水水源地安全保障达标优等级省级荣誉；长风灌区入选全省农业水价综合改革“五个一百”优秀典型改革灌区灌片。

【芙蓉水库灌区节水配套改造项目有序推进】 截至2021年年底，芙蓉水库灌区（狮子口灌片）节水配套改造项目已完成狮子口干渠改造5.71千米、虹桥干渠改造1.03千米、支渠改造10.11千米、排渠改造1.32千米。狮子口灌片完全改变原有状况，原渠道全部改造为浆砌石衬砌渠道，灌区灌溉水利用系数由0.51提高至0.55，年增加节水能力312万米^3，进一步改善灌溉面积1.73万亩，恢复灌溉面积0.42万亩，灌溉保证率提高至75%以上。

【市领导到狮子口水库调研防汛工作】 2021年3月11日，衢州市市长汤飞帆一行到常山县狮子口水库调研，实地查看狮子口水库现状，询问水库运行管理、责任制落实、防汛物资储备等基本情况，强调要高度重视水库防汛安全管理，确保群众生命财产安全。

（童　妙　商星星）

贸　易

Trade

商 贸

【概况】 2021年，全县实现社会消费品零售总额844761万元，比上年增长18.5%，在衢州市排名第一位；限额以上社会消费品零售总额12.26亿元，比上年增长75.8%，限上增幅第一。其中，批发业比上年增长35.1%，零售业比上年增长31.9%，住宿业比上年增长16.8%，餐饮业比上年增长29.5%。实现网络零售额为21.97亿元，比上年增长68.9%，增幅居山区26县第一位。全县有出口实绩的企业89家，比上年增加6家；新启动出口业务企业15家。出口额在1000万元以上企业26家，1亿元以上4家。全县进出口总值26.1亿元，比上年增长2.1%。其中，进口7.62亿元，比上年增长15.8%，出口18.48亿元，比上年下降2.7%。

【推动消费升级】 2021年，县经信局在抓实抓细疫情防控工作的前提下，结合商贸社区“驻企服务”工作，点对点开展重点企业走访对接服务，每周梳理企业反馈的问题，听取意见和建议，帮助企业协调经营活动过程中的各种难点问题，依托“浙里来消费”平台，广泛发动限额以上贸易企业开展“四好衢州 放心消费”促消费活动，发动城区大型超市、餐饮企业单位加入促销活动。城区4家线上超市累计举办各类大小活动100多场（次），累计实现销售额提升4000多万元，助推全县商贸经济向好发展。

【电商产业服务】 2021年，县经信局出台《常山县促进电子商务产业高质量发展若干政策》，助推全县电商高质量发展。主动融入中国（衢州）跨境电子商务综试区建设，推动8家企业新增开展跨境电商业务，新增跨境店铺20个，引进和培育优质跨境电商企业5家，培育知名跨境电商企业1家。列入省数字生活新服务标杆县创建名单，获340万元专项激励。推动球川镇、青石镇获评省级数字生活新服务特色镇；大桥头乡客弄村、辉埠镇黄坞岭村、招贤镇古县村等7个村被评为浙江省电子商务专业村；招贤镇被评为浙江省电商镇；青石镇江家村服务点、球川镇东坑村丰收驿站、招贤镇鲁士村丰收驿站等14个服务点列入省级农村电商示范服务站（点）名单；浙江艾佳果蔬开发有限责任公司被评为2021年度浙江省新零售示范企业。

【开拓国际市场】 2021年，县经信局运用省、市部门为企业走向国际市场提供的广阔平台，鼓励企业开拓国际市场，组织40多家外贸企业参加网上交易会、广交会等线上展会，实现贸易出口“云洽谈”。组织企业参加消博会、义博会等国内知名展会。由中国贸促总会批复同意的常山县出口货物原产地证签证点正式启用。推动实现证书申领电子化，全程“不见面办公”，企业“零跑腿”。全年累计出具一般原产地证206份，代办优惠原产地证95份。采用“企业投保 政府买单”的模式，签署政策性小微出口企业政府联保协议，提升企业市场竞争力，有效增强抗风险能力，全年为47家企业投保。

2021年常山县自营出口业务统计一览表

表8

企业名称	贸易额（元）	主要产品	主要国家或地区
常山县海诚化工有限公司	292353717	硝体	印度
浙江爱世特化工产品有限公司	247715	化学品	印度

续表 8

企业名称	贸易额（元）	主要产品	主要国家或地区
浙江巨氟龙新材料科技有限公司	18380138	制冷剂	东南亚、非洲、南美、中东、中亚
常山卓凡家居有限公司	1666203	家纺	东南亚
衢州鹏秀贸易有限公司	18980054	服装布料	阿联酋、希腊、巴基斯坦、也门、埃及、厄瓜多尔、沙特阿拉伯
常山欧呢特贸易有限公司	968531	涤纶缝纫线、纯涤纱	东南亚
浙江泰士特贸易有限公司	22782998	阀门	美洲
浙江正旗贸易有限责任公司	3974351	阀门	罗马尼亚、中东欧
常山星琪商贸有限公司	442532	枕头、珍珠饰品	美国、日本
常山星阳进出口有限公司	3385768	饰品、节日用品	美国、欧洲
浙江英旭贸易有限公司	198302	墙纸	中东、俄罗斯
衢州市申可进出口贸易有限公司	34401	医疗用棉	东南亚、非洲
常山普徕特进出口有限公司	2465003	建材	东南亚、非洲
浙江四通进出口有限公司	445246	墙纸	中东、俄罗斯
衢州吉运进出口有限公司	2860394	综合	亚洲、东盟、非洲、欧洲、拉丁美洲
衢州常山梦辰进出口有限公司	117274592	综合	东南亚
浙江超吉进出口有限公司	267901	家居、清洁用品	东南亚
常山奇鸣商贸有限公司	5970768	综合	亚洲、拉丁美洲
衢州召乙贸易有限公司	20060762	综合	亚洲、欧洲
常山亨仁商贸有限公司	24985471	综合类	美国
常山富竹商贸有限公司	6583863	综合	印度、巴西、意大利、法国、西班牙
浙江韩晶商贸有限公司	668622	无纺布	韩国
常山优泰机电有限公司	327153	柴油发电机组以及配件、工业洗衣机、制冷机组	马尔代夫
常山县洁湖矿产品有限公司	308382	石灰类	东南亚

续表 8

企业名称	贸易额（元）	主要产品	主要国家或地区
衢州高盛医疗用品有限公司	1995459	—	—
伊莫英恩电力科技有限公司	157048	塑料管、钢铁制品	坦桑尼亚
衢州善美塑胶制品有限公司	7283817	亚克力板	阿联酋、智利、肯尼亚、孟加拉
衢州市发现户外用品有限公司	99019	户外用品	欧美
衢州艳诚贸易有限公司	339356	综合	东南亚
浙江四通轴承有限公司	17861372	轴承	阿联酋、土耳其、保加利亚、白俄罗斯、南非
浙江捷姆轴承有限公司	79763759	轴承	印度、巴西、意大利、法国、西班牙
浙江环宇轴承有限公司	14408075	轴承	迪拜、俄罗斯、乌克兰、新加坡、南非、孟加拉
浙江中精轴承有限公司	1017093	轴承	越南、巴西、美国
衢州鑫盛轴承有限公司	300081	轴承	欧美
常山楷瑞轴承有限公司	138346	轴承	欧美
浙江省常山纺织有限责任公司	23931341	棉纱线	孟加拉国、印度尼西亚
浙江隽美纺织服饰有限公司	542073	服装	北欧、中东、加拿大
浙江云泰纺织有限公司	2795358	色纺纱	亚洲
浙江合欢鞋业有限公司	7951632	鞋	欧洲、美国
衢州特美舒鞋业有限公司	39007083	鞋	美国、欧洲
常山顺发箱包有限公司	1466773	箱包外套	欧美
衢州格劳威服装有限公司	46815991	专业服装	东南亚、美洲
浙江卡罗莱纳纺织有限公司	3347229	纱线	亚洲
浙江聚伟纺织科技有限公司	2016282	面料	孟加拉
浙江百晔塑料有限公司	2047001	PVC 软管	美国、中东
衢州瑞宝亚克力有限公司	5927165	亚克力板材	印度、加拿大、新加坡
浙江常山科润新材料有限公司	22426853	化学品	印度
浙江哲丰新材料有限公司	68070409	新材料	巴西
浙江旗隆新材料科技有限公司	1685556	新材料	亚洲、欧美

续表 8

企业名称	贸易额（元）	主要产品	主要国家或地区
科米诺新材料科技（浙江）有限公司	3089547	化学品	东南亚
浙江乐太新材料有限公司	1547830	化学制品	亚洲
裕光新材料科技（浙江）有限公司	884872	新材料	美洲
浙江先导热电科技股份有限公司	786452	热电制冷器	亚洲
浙江先导精密机械有限公司	103815743	石英制品	美国、亚洲
浙江富乐德石英科技有限公司	45361224	石英制品	美国、亚洲
浙江玛莉莎工贸有限公司	26187557	铝锅	沙特、埃及、伊朗、阿联酋
浙江雄狮工贸有限公司	988709	保温杯	巴西、西班牙
浙江创建厨具有限公司	28140786	咖啡壶	欧美
浙江南洋精工酒店用品制造有限公司	14363927	餐厨用具	美国、德国、日本
浙江傲克密管件有限公司	13639187	铜管件	美国、东南亚、欧洲
浙江雪村制冷设备有限公司	8398803	冰柜	东南亚
浙江灵腾铸造科技有限公司	23321546	不锈钢精密铸造	欧美
浙江道合邦工贸有限公司	6527239	铝锅	东南亚、欧美
浙江申瑞流体控制有限责任公司	1534372	阀门	罗马尼亚
常山县豆豆文体用品有限公司	18069891	无纺布制品	美国
浙江开拓休闲家具用品有限公司	45096953	户外用品	欧美
衢州新鑫户外用品有限公司	3685913	家居清洁用品	东南亚
浙江爱丽莎环保科技股份有限公司	2327523	墙纸	非洲、印度
浙江常山施翔工贸有限公司	11612762	节日服装	美国
衢州市岭上行户外用品有限公司	2123166	户外运动休闲产品	欧美、韩国、日本
常山华鸽工艺品有限公司	785706	仿真植物	加拿大、意大利、比利时、亚洲
浙江尤尼迪体育用品有限公司	1387344	网球拍	英国
浙江瑞隆家居科技有限公司	2570964	家居工艺品	日本
浙江梦晨家纺有限公司	3353661	床上用品	美国

续表 8

企业名称	贸易额（元）	主要产品	主要国家或地区
常山县万谷电子科技有限公司	513662	温度计、制冷器	欧美、日本
飞浦防爆电器有限公司	512834	防爆灯具	俄罗斯
衢州正邦电器配件有限公司	3650114	电器插座	美国
浙江普尔泰科电气有限公司	34284477	电器设备	东南亚、非洲
常山弘远电子有限公司	1364522	芯片	亚洲
浙江富欣达健康科技有限公司	2143983	体育用品	欧美
常山斯帝油茶开发有限公司	70176	茶粕	亚洲
浙江天子股份有限公司	128188	蜜橘	东南亚、加拿大
浙江经纬药业有限公司	11684798	药品	美国
仓谷医疗科技（浙江）有限公司	1020674	牙科及医疗耗材、无纺布制品	亚洲
昊润医疗用品（常山）有限公司	12443632	医疗用棉	东南亚、非洲
浙江常山迈峰宠物用品有限公司	17293586	狗咬胶	欧美
常山凌秦乐器有限公司	4178073	钢琴	比利时
常山皮尔轴承有限公司	490090840	轴承	美国
常山百花服饰有限公司	2441035	环保袋	日本

2021 年常山县出口产品分类一览表

表 9

行　业	出口额(万元)	全县出口额占比(%)
轴承	60357	71.1
餐厨用具、金属加工	14985	6.3
化工新材料	57390	76.6
服装纺织	14948	32.0
纺织原料及纺织制品	9680	-6.0

（包壮壮　徐孙　詹霖）

供销合作

【概况】 2021年，全县供销系统实现销售总额1260万元，比上年增长29.5%，实现利润总额105万元，比上年增长31.25%。其中，全资、控股企业营业总收入1235万元，比上年增长28.25%，利润总额68万元，比上年增长19.93%，全资、控股企业净资产收益率达4.02%；基层供销社营业收入25万元，利润总额37万元。常山县供销合作社联合社（以下简称县供销联社）下设芳村、辉埠、白石、青石4个基层供销社；全资公司有常山县联农供销发展有限公司、常山县红宇烟花爆竹有限公司、常山县农联农产品销售有限公司；社会团体有常山县农民合作经济组织联合会；参股公司有常山县球川蓝之玫农业发展有限公司、同弓融花贸易有限公司、常山县柚立农业发展有限公司。

【基层项目建设】 2021年，县供销联社支持芳村镇发展村级集体经济，建设前塘村“常山—淳安现代农业服务中心建设”项目，并拨付项目补助资金10万元。斥资8.93万元，建设供销社1～6楼机关党建文化长廊。十五里村和芙蓉湖村没有主体和个人运营的综合服务中心，被列入年度农村综合服务建设项目，每村补助5万元。

【农合联建设】 2021年，县供销联社为民宿产业农合联（农民合作经济组织联合会）会员单位、农家小吃、小微主体共计25家单位投保意外伤害险；为常山蓝之玫有限公司投保种植险3万元，并从省供销社财政扶持资金安排170万元补助基地建设。6月，与县中小企业融资担保公司合作，由农合联执委会与县中小企业融资担保有限公司签订协议，将市拨县农合联的农民合作基金200万元注入县中小企业融资担保有限公司风险池中，年化收益率为8%，有效期为3年。

【机构改革】 2021年，全县供销系统实行供销社政企职能分开，将常山县供销社企业营业执照单位名称变更为常山县定阳供销合作社联合社，同时变更统一信用代码，集体所有制企业类型不变，注册资金不变，经营范围变更为农副产品(国家政策允许范围内)；资产租赁、销售、修缮及资本出资和投资经营管理。

【社有资产管理】 2021年4月，县供销联社斥资4.22万元对同弓供销社室外场景进行提升；同时，由衢州市高匠建设有限公司对同弓供销社东侧围墙进行建设，支付费用31867元。7月，委托常山恒立会计师事务所对社有集体资产清产核资进行专项审计，审计费6万元。修订《固定资产管理制度》《社有集体资产（房产）出租制度》及《公章管理制度》。10月，与白石镇政府签订白石镇农贸市场改造提升合作协议，市场提升后5年内经营所得归白石镇政府所有，产权不变。以每平方米4元的价格委托邦尼建筑检测公司对社属房产进行安全鉴定，第一批总检测面积5864平方米；第二批检测面积5516平方米，价格2元/平方米。委托衢州市顺程园林绿化工程有限公司对全县供销系统房产进行安全巡查，巡查频率为每周1～2次，每月6988元费用由联农公司列支。委托常山县速丰广告设计工作室编制《白石中心供销社原龙绕供销社房产改建农贸商储综合体规划设计方案》，并由白石中心供销社支付委托设计费5万元。

【企业发展建设】 2021年，省供销社助力推进26个山区县实现共同富裕，由省特产集团“新农里”公司与常山县进行帮扶结对。县供销联社联合7家经营主体成立“柚立”持股平台公司，注册资金147万元，其中联农公司占股53.06万元。后由“柚立”公司和“新农里”公司共同组建常山县农里农业发展有限公司，注册资金300万元，“新农里”持股51%，“柚立”持股49%。经营范围为果蔬、种植批发、零售，互联网销售及技术支持。12月14日，由联农公司独资组建常山县农联农产品销售有限公司，注册资金20万元。2021年10月，根据省供销社统一部署，县供销联社与浙江农合数字科技股份有限公司签订《常山县数字农合联基础平台服务合同》，合作期限3年，服务费12万元。

（黄雪风）

粮食购销

【概况】 2021年，常山县商务粮食和物资储备局（以下简称县商务粮食和物资储备局）聚焦储备管理、行业发展、流通监管、应急保障等重点，提升粮食和应急物资保供能力。落实新增储备目标任务，确保县级新增储备规模落实到位。抓好县级新增储备规模计划的落实，新增县级储备规模800吨，县级储备规模由现行17175吨增加到17975吨，新增品种结构为晚稻谷。继续落实早稻订单全覆盖和优质晚稻订单奖励全覆盖政策，确保储备粮源稳定、质量良好。整合储粮“四合一”技术，提升仓储管理水平，达到绿色储粮目的。以出入库管理系统建设为依托，向上对接“浙江粮仓”与数字化管理的建设与运用。做好粮食安全考核工作。按照市对县《粮食安全责任书》的要求，以责任制考核为抓手，突出粮食生产、粮食生产能力、储备管理、粮食应急和粮食产业经济等工作重点，完成市政府下达的各项目标任务。提升应急物资保障能力，完成县级应急物资和防疫物资年度采购工作，采购应急救灾物资共计4个品种，价值100万元；采购防疫物资共计9个品种185.5万件，价值426.8万元。是年，县商务粮食和物资储备局被评为2020年度市对县粮食安全责任制考核优秀单位。

【粮食应急保障工程】 2021年，县商务粮食和物资储备局利用地方专项债5000万元，县政府经过追加投资财政概算投资资金达到2213万元，合计投资预算达到7213万元。计划建设以粮食加工、配送为主的粮食应急保障中心项目，建设一条日处理200吨稻谷的大米加工生产线和基于稳定全县粮食市场的粮油配送体系，截至年底，粮食应急保障中心项目累计完成投资4157.74万元，项目整体有序推进。

【粮食保供】 2021年，县商务粮食和物资储备局按照粮食安全应急供应预案要求，粮食市场价格和库存监测每日一报，粮源调入每日一报，及时预判粮食市场走向，安排好储备应市的细节。县级储备粮晚稻比例调整到40%以上，成品粮储备保持在300吨，储备周转库存1600吨，全部粮食库存的口粮比例近50%。

（江成　詹汉）

烟草专卖

【概况】 2021年，常山县烟草专卖局（分公司）（以下简称县烟草专卖局）统筹疫情防控和生产经营工作，以构建共生共赢经营生态为方向，实现卷烟销量1.07万箱，比上年增长3.54%；实现销售额5.41亿元，比上年增长6.43%。查获各类涉烟违法案件107起，比上年增长9%；查获涉案卷烟902.97件，比上年增长224%，案值达765.57万元。

【客户服务】 2021年，县烟草专卖局通过经营指导、品牌培育、农网建设、主副融合等手段，提高卷烟零售户经营能力、提升消费者的消费体验、调稳调优市场状态。数字赋能经营转型，深化“香溢零售”平台运营，建成现代终端503户，发放安装双屏机381台，以驻店和钉钉直播形式开展数字化经营指导，促进零售客户数字化经营硬实力和软实力双提升。志愿帮扶困难客户，开展结对帮扶活动，为9名困难零售客户定制“党建服务包”，不定期开展“精实助学”“精实助农”等活动，助力困难学子圆梦，缓解客户农忙压力。

【智慧监管】 2021年，县烟草专卖局强化与县市场监管局、县邮政管理局等部门协作，以衢州市烟草专卖局天眼研判指挥中心为平台，强化智慧监管，净化本地卷烟市场。紧盯卡口稽查和物流寄递环节，筑牢非法运输卷烟拦截防线。开展“守护成长”专项行动，检查校园周边零售户818户，全面宣传《中华人民共和国未成年人保护法》，保护未成年人不受卷烟侵害。利用“3·15”国际消费者权益日、“12·4”宪法宣传日等时机开展普法活动，利用流动普法阵地宣传《中华人民共和国宪法》《中华人民共和国烟草专卖法》《中华人民共和国未成年人保护法》等法律法规，提供投诉处理、真假烟鉴别等惠民服务，提升消费者维权意识和维权能力，营造公平开放、和谐有序的卷烟市场环境。优化政务服务，全年办理各类行政许可申请1075件，网上办证率达到100%。

（赵姝晗）

2021年3月15日，县烟草专卖局开展真假烟鉴别教学和普法活动
（段晓艳 摄）

邮政 · 通信

Postal Service and Communications

邮 政

【概况】 2021年，中国邮政集团公司浙江省常山县分公司(以下简称邮政常山县分公司）开展邮务类、金融类、速递物流三大板块业务，为社会公众提供信函、包裹、快递、金融（含银行、保险、证券、理财等)、集邮、农村电商、报刊发行、代理业务等服务。截至年底，全县有邮政局所15处，邮政储蓄网点9处，空白乡镇邮政局所6处，信筒信箱20个，用户信报箱18844只，从业人员121人。固定资产2374.53万元，邮政生产用房2732平方米，非生产用房12319平方米，邮政生产用计算机167台，邮政邮运汽车7辆，全县投递邮路35条，总长（单程）1670千米，其中普邮邮路20条，邮路总长（单程）1295千米，农村普邮邮路15条，邮路总长（单程）1170千米。从常山出口的信件和物品可以递送世界各地，特快专递通达200多个国家。全年完成邮政业务收入4020万元，比上年增长18.14%。

【胡柚电商销售】 2021年，邮政常山县分公司发挥邮政商流、物流、资金流、信息流“四流合一”业务优势，联合地方各级政府和邮储银行，强力推进项目运营，有效解决长期困扰常山农村合作社和柚农的“融资、销售、物流”三难之忧，以实际行动助力乡村振兴。截至2021年胡柚季末，常山胡柚农产品基地项目共对接118家合作社及家庭农场、1700多户种植户，依托较为成熟的常山胡柚产业链，整合线上线下渠道融入常山胡柚生产各环节，线上借助“邮乐”和“EMS极速鲜”两大平台收单2万余单，销售90吨；线下通过邮政内购平台推动100多家单位采购常山胡柚50吨，全年实现常山胡柚销售2500吨，销售额948.32万元，寄递订单121万单，业务收入365.12万元。

【邮政储蓄】 2021年，邮政常山县分公司常态化持续开展余额竞赛活动，以开展网点重点村客户余额开发和重点突破村相结合为主要抓手，立足片区开发经营，重点村和蓝海村两手抓，促进余额扩规模工作。根据全省金融业务推进要求，常态化开展客户节，有效推动价值余额发展。至年末，储蓄总余额129622万元，新增16341万元，余额比上年增长35.9%。全县代理保险新增系统内保费1.1亿元，比上年增加2100万元。

【寄递包裹】 2021年，邮政常山县分公司寄递事业部以优质服务促发展，以激励政策促经营，以机器设备换人力，以流程优化降成本，以控制欠费优指标，完成寄递业务总收入952万元，比上年增长29.79%。

【三级物流共配体系建设准备】 2021年7月起，邮政常山县分公司本着解决乡镇和农村之间“最初一公里”“最后一公里”的物流服务宗旨，多次对接县邮管局、县交通局、县发改局、县财政局等部门，由县政府办牵头到丽水市遂昌县学习考察，形成考察报告后多次向分管副县长汇报三级物流共配体系建设的背景、意义及措施，得到县委、县政府的肯定和支持。

常山邮政分公司2021年业务收入情况一览表

表10

收入名称	金额(万元)	比上年增长(%)
邮政业务总收入	4020	18.14

续表 10

收入名称		金额（万元）	比上年增长（%）
其中	函件收入	96	-9.27
	快递包裹	952	29.79
	报刊收入	216	6.92
	储蓄收入	1954	8.34
	集邮收入	80	341.21
	分销业务	497	62.63
	信息业务	10	-55.11
	机要通信	1	-27.38
	其他收入	214	2

（姜利利）

电信

【概况】 2021 年，中国电信股份有限公司常山分公司（以下简称电信常山分公司）致力于光网质量、有线与无线网侧双网全面提升工作，不断强化网络承载能力，推进 5G 网络建设、平台支撑和产业生态构建。完成球川镇红旗岗、县体育馆、县新人民医院、芳村镇等 59 个 5G 基站的建设开通工作，实现常山城区、新都工业园区 5G 信号全覆盖，全县主要乡镇 5G 信号覆盖。围绕移动网络关键能力，抓实光网提升。打造新一代千兆光网，推进 10GPON 设备全县覆盖，实现网速开通和服务响应更快。坚持 5GSA（5G 独立组网）方向，平均下载速率达 800Mbps。依托中国电信浙江创新园，聚合浙江通信服务公司、鸿程公司、信产公司、天翼智慧城市公司等浙江电信下属企业超 5000 人的咨询、设计、研发、运营专家队伍，打造国内领先的数字化产业创新平台和运营基地。重点聚焦云网融合、5G/6G、量子科技、大数据、人工智能、网络安全等前沿技术，构建具有自主核心技术、开发运营一体化、科创成果高效转化的数字化产业创新能力，全面推动县级各机关事业单位数字化改革落地，助力常山“浙西第一门户”建设。

【“两山银行”智慧云脑平台开发】 2021 年，由电信常山分公司负责开发的常山县“两山银行”入围全省第一批数字政府“一地创新、全省共享”应用主体，其生态资源云脑包括基础数据库、“两山银行”业务管理平台、生态资源数字驾驶舱三大模块。以数据驱动生态资源全产业链及结构优化、提高盘活效率，提升资源对资本的吸引力，截至年底收储资源总额达 3.5 亿元，撬动社会资金 19.6 亿元，为 176 个行政村实现增收 1701 万元，成为县委、县政府接待省、市领导主要交流项目。

【首座“共享法庭”】 2021 年，电信常山分公司致力服务民生，助力法院智慧升级，以切实有效的解决方案助推法院数字化转型，为司法公正提供有力科技支撑。其中打造的金川街道“共享法庭”，是衢州市第一个使用智慧大屏建设共享法庭的项目，拥有人工服务、连线法院、纠纷调解、法制宣传、网上立案等模块功能，降低人民群众“跑法院”的诉讼成本，让群众在家门口就能实现一键申请、实时分配、即申即办的就地纠纷化解愿景。

（周睿智）

移 动

【概况】 2021年，中国移动通信集团浙江有限公司常山分公司(以下简称移动常山分公司）持续落实“网络强国”战略，推进网络优化工作，4G网络规模建成874个，5G网络2.6G频段基站网建成开通211个，700M频段基站建成开通123个，实现主城区、3个工业园区及乡镇所在地、杭金衢高速沿线、行政村（村委会所在地）全覆盖；移动通新用户规模21.3万户；宽带覆盖11.84万户。配合县政府完成疫情防控、抗洪救灾等通信保障任务11次。截至年底，移动常山分公司主营业务收入1.289亿元；固定资产超过3亿元。

【5G数智建设】 2021年，移动常山分公司开展“银龄跨越数字鸿沟”“反电信网络诈骗”等科普活动，线上及线下宣讲104场，覆盖近2.55万人次；对小区宽带线路进行整改，网络优化1504户；进行网络合作建站，提升36个偏远行政村网络质量，累计投入资金750多万元。开发5G应用，推进智慧农业、拆墙透绿、乡镇千里眼等5G应用项目融入乡村振兴。推进智慧运营项目，开发大数据应用分析、视联网平台等应用，助力智慧城市管理，以大数据分析为基础，为城市规划、旅游开发、人口统计等提供科学决策依据。

（章国芳）

联 通

【概况】 2021年，中国联合网络通信有限公司常山县分公司（以下简称联通常山分公司）把夯实通信基础设施建设作为全年工作的重中之重，落实“网络强国”“数字中国”战略，加快5G网络设施建设，打造宽带千兆精品网、为常山社会发展提供高品质数字服务，2021年衢州市网络新基建工程在全省排名第一。支持常山县委、县政府推进县重点项目建设，先后完成环境综合整治、芳村未来社区、渡口未来社区、辉埠至何家公路、清河街老旧小区改造、生态园区基础设施配套建设工程、青石镇全域土地整治项目建设工程等杆线迁移工程。坚持“扎根常山·服务常山”，参与“我为群众办实事”活动、公益助老等活动；投入资金多方位多层次多种技术手段开展反诈宣传工作。

2021年9月27日，常山移动700M频段5G通信基站开通

（移动常山分公司 供图）

【网络共建共享】 2021年，联通常山分公司推进与电信5G网络共建共享工作，5G网络进一步扩面提质，5G网络覆盖常山县主城区，320国道、205国道、朱富线范围，常山县经济开发区新都片区，除新昌乡、东案乡、招贤镇、辉埠镇以外的其他乡镇（街道），为政府、企事业单位提供高效优质的网络服务。完成全县14个乡镇（街道）与电信4G网络共建共享工作，开通新国标小区8个；打造宽带千兆精品网，落实社区及村镇宽带千兆精品网工程。

【数字社会系统建设】 2021年，联通常山分公司整合自身在网络、数据、系统集成、场景应用等方面的技术优势，参与数字社会建设，承担数字社会门户建设任务，开发建设的常山“数字社会”门户，在衢州市范围内上线最早、内容最全、技术最新。

【防疫信息化手段推广】 2021年，联通常山分公司发挥大数据整合能力和信息化技术手段，先后为县人民医院、县中医院、县妇保院、县人民医院医疗服务共同体、县中医院医共体等14家医院搭建自动化出入口防疫管理平台，将疫情防控过程中身份核验、体温监测、健康码核验、手工登记等繁杂的手续化繁为简。在衢州市大数据局的指导下自主独立研发“共富码”并推广使用，在全县各党政机关、事业单位、公共服务场所、商场超市酒店等实现全覆盖，每天活跃量超2万次。

（陈妙芳）

交　通

Transportation

综 述

【概况】 2021年，常山县交通运输局（以下简称县交通运输局）实施建设项目9个，交通基础投资完成11.2亿元，比上年降低14.8%。前期项目包括常山江航运开发工程、温岭至常山宋畈至新桥段项目、205国道常山长风至五联村改建项目、324省道项目、杭金衢常山东连接线改建项目、浙西窗口服务区项目、快递下村U驿站项目。是年2月，县交通运输局在2020年度工作目标责任制考核中被衢州市交通运输局评定为优秀等次，同月被常山县人民政府记集体三等功一次，8月被常山县人民政府集体嘉奖一次。

【法治交通深化】 2021年，县交通运输局行政执法全面推行证明事项告知承诺制，直接予以办理；推进审批服务改革，将审批事项和公共服务的办理时限再提速40%；探索“行业+信用”县域治理模式，持续完善行业信用管理制度、信用信息互联互通、信用评价公开公示、信用产品应用水平提升等主要内容的社会信用体系建设；落实行政执法三项制度（即行政执法公示制度、行政执法全过程记录制度、重大执法决定法制审核制度）和“双随机一公开”监管事项；基层站所规范化建设初步选定于白石治超点，按照标准要求处于建设当中；“大综合一体化”执法改革，以“县乡一体、条抓块统”治理格局为统领，推进行政执法职责和执法力量下沉至天马、紫港、金川、辉埠、球川、芳村、青石7个乡镇（街道），调配8名执法人员（一中队整体）进驻常山县社会治理中心，构建“一支队伍管执法”新格局。截至年底，行政处罚94件，处罚金522040元，完成行政许可审批事项492件，其中涉路施工20件，网上办结率100%，完成县营商办的考核目标。

【交通行业管理】 2021年，县交通运输局推进安全生产综合治理三年行动专项整治行动，开展危险化学品道路运输安全整治提升行动、道路交通领域遏制重大生产安全事故攻坚行动、平安交通建设年活动和道路交通安全专项整治行动，推进“两客一危”和公路基础设施安全生产“防风险守底线”工作，加大超限超载运输违法打击力度以及风险普查工作，开展“安全生产月”活动和“三防”各项应急保障工作。实现危化品运输车辆智能视频监控报警装置安装率达100%，农村客运班车联网联控接入上线率100%。优化营商环境，协调完成鸿源驾校场地搬迁，推动“无车承运人”项目落地。完成省级、市级挂牌治理事故多发点段3处、隐患点18处整改完善，完成县道安办交办的92处隐患点整改。强化行业安全监管，有效防范化解安全生产风险隐患，制定印发《安全生产工作要点》《平安综治维稳工作要点》《安全检查督查工作计划》等文件，全年召开安全维稳工作相关会议22次，带队或参与各类督查检查30次。在平安护航建党百年工作中，县交通运输局印发《“平安护航建党百年”安全维稳管控措施的紧急通知》，开展一级响应，组织督查检查38组次，出动检查人员150多人次，排查隐患40多处，排查出的隐患均按要求落实闭环整改措施。

【交通试点工作推出】 2021年，浙江省交通运输厅将五项试点工作安排在常山县交通运输局进行。推行省级“县（区）农村公交、客运班线”查询模块试点，全省11个，全市唯一，实现公交信息线上实时查询。打造“客货邮融合”“快递进村”公交专线试点，全省第二，全市第一。获批普通国省道公路全寿命周期养护试点县，全省7个，全市唯一，并争取到省级全寿命周期养护资金补助7000多万元，为常山县公路养护机制长效化推进提供资金保障。获批国开行融资7亿元，用于全县800多千米农村公路升级改造，优化百姓出行环境，该项目实现当年谋划、当年入库、当年落地、当年开工。完成以第三代社会保障卡为载体的居民服务“一卡通”区县公交互通试点工作，推进数字化改革。

【常山县邮政业安全管理中心成立】 根据2021年7月5日常山县委机构编制委员会《关于成立常山县邮政业安全管理中心的通知》（常编〔2021〕32号）文件精神，常山县邮政业安全管理中心为事业单位，分类定为公益一类，经费为财政全额补助，核定事业编制3名，股级职数1名，由常山县邮政管理局管理，主要职责为协助邮政管理部门做好邮政行业安全监管，从事技术性、服务性、辅助性的事务工作，不得承担行政职能，不得从事经营活动。9月在常山县交通运输局增挂成立常山县邮政管理局。

（朱月亮）

公 路

【概况】 2021年，常山县境内有国家高速公路3条、国道2条、省道1条、县道33条、乡道32条、村道388条；公路通车总里程1127.84千米，其中沪昆高速公路（G60）41.63千米、京台高速公路（G3）31.13千米、杭长高速公路（G60N）16.24千米、国道山深线（G205）23.49千米、国道沪瑞线（G320）40.30千米、省道江溪线（S221）22.15千米、县道公路301.52千米、乡道公路159.80千米、村道公路491.58千米。公路网密度为102.81千米/百平方千米。国省道干线公路里程174.93千米，占公路总里程的15.51%；县道占公路总里程的26.73%；乡道占公路总里程的14.17%；村道占公路总里程的43.59%，县、乡、村公路路面铺装率和公路通行政村率均为100%。全县公路桥梁总长32927.89延米/365座，其中互通式立交桥10座1986.94延米；按跨径分，特大桥3座4576.74延米，大桥66座18599.69延米，中桥90座5017.13延米，小桥206座4734.33延米。全县公路隧道37道，总长33282.4延米；其中，长隧道10道22150延米，中隧道10道7133.4延米，短隧道17道3999延米。

【公路养护】 2021年，常山县出台《常山县农村公路养护办法》，县公路港航与运输管理中心制定《常山县桥隧养护管理办法》，更加规范辖区公路及公路桥梁隧道养护管理工作。全年调用运输车辆1050辆次、护栏抢修车45辆次、装载机34台次、气割设备11套次、发电机12台次，在国道、省道、县道安装和更换修复护栏板1030米，新增修复道口示警桩410根，新增修复校正各类标志牌308块，增设爆闪灯21只，国道、省道更新、漆划各类标线3100平方米，农村公路（县道）更新、漆划各类标线4500平方米。清扫车清扫路面6.36万千米，人工清扫路面1833千米，清理白色污染物3168千米，清理边沟200千米，绿化修剪189千米，机械除杂草199千米，修补路面坑洞2589平方米，清除路肩堆积物500米^3，灌缝10.23万千米，补植苗木455棵，桥梁刷新40座，清洗标识牌289块，清理塌方835米^3。3月15日，常山县2020年普通国省道养护大中修工程通过市公航运中心验收合格。按照省交通运输厅《关于做好高速公路连接线管养移交工作的通知》，年底，常山县交通公路部门接管G60（杭金衢）常山东阁底连接线和G6021（杭新景）新桥七里连接线的管养任务。

【道路运输管理】 2021年，全县从事道路旅客运输经营业户数4户，其中班车客运4户（含包车客运2户）。公路旅客营运车辆187辆，合计5570座位，其中大型客车59辆3090座、中型客车121辆2382座、小型客车7辆98座。全年完成旅客运输量663万人次，旅客周转量18979万人/千米。全县道路客运线路60条日发班次1082个，其中跨省线路1条日发班次3个、跨市线路11条日发班次11个、跨县线路2条日发班次158个、县境内线路47条日发班次464个；全县等级客运站1个，其中二级站1个；农村客运班线通行政村率达100%；客运出租汽车经营户1户，经营车辆48辆240座。道路运输从业人员7689人，其中道路旅客运输从业339人、道路货物运输从业6751人、站（场）经营从业70人、机动车维修从业297人、机动车驾驶员培训从业154人、其他从业78人。全年完成货物运输量1371.84万吨，货物周转量262126.71万吨/千米。

【驾培及维修检测】 2021年，全县机动车驾驶培训机构6个，其中三级驾培机构6个；全县教练车153辆，教练员134人，全年培训驾驶员4188人次，教学场地（含租赁场地）8.098万平方米。全县各类机动车维修企业户42个，其中一类机动车维修企业2个、二类机动车维修企业15个、三类机动车维修企业25个，维修各类车辆27350辆次；全县汽车综合性能检测站3个，全年检测车辆2182辆次。

【交通常态化疫情防控】 2021年，常山县物流防控专班设在县交通运输局，县交通运输局制定印发《常山县交通运输行业新冠疫情防控和应急处置工作预案》《交通运输行业疫情防控指南（低风险）》等文件，做好来常返常人员摸排管控，加强交通各行业企业人员外出（出市）审批管理。指导各行业企业切实履行疫情防控主体责任。走访检查货运企业54家次，组织交通“8090宣讲团”先后5次向物流司机宣讲疫情防控知识，提高物流司机防疫意识。9月挂牌成立常山县邮政管理局（人员未配备到位），介入指导快递企业做好生产作业场所、生产设备、运输工具、邮件快件等消毒工作，保障运营环境安全。对全县240辆客运车辆和5个站场的卫星定位、视频监控以及主动防御装置进行全面排查，及时整改。要求企业严格执行进站、乘车测温、亮码、戴口罩工作。按照“一车一码”“一门一码”要求，推广使用共富码437处，严把出入口关。协调铁路常山客运站落实主体责任，做好测温、亮码、查行程卡、戴口罩（售票大厅、进站口、出站口）等措施，设置重点人员专用通道等工作。

【351国道常山段建设工程】 该项目为续建项目。2021年征迁任务全部完成（征地2054亩，房屋拆除193户，杆线迁改率达100%）。2021年投资计划为38939万元，实际完成66920.53万元，为年度计划的171.86%。年内，该项目的桥涵、隧道、路基、路面等主体工程全部完成，剩余有绿化、房建、机电、交安等工程有序推进中。施工中，沥青路面铺设采用全新的智能应用系统，通过物联网手段，实现对沥青路面混合料拌和、运输、摊铺、压实等施工全过程全参数的数据监测，同时通过相关中间件与无线网络进行人与物、物与物的互联和回话，构建路面施工全过程质量控制体系，提高工程质量安全管理。

【杭金衢高速拓宽项目】 该项目为续建项目。累计完成投资37.49亿元，总体形象进度达87.61%，2021年完成投资14.42亿元，占年度计划的139%，其中先行段进度99%，主线段进度80%。常山段主线的路基、路面、桥涵、隧道等主体工程基本完工，常山东互通（阁底互通）、常山互通（枧头互通）、常山服务区拓宽完成改造。分3批次完成10座高速跨线天桥拆除及移位重建等附属工程建设工作。

【辉埠至何家公路项目】 该项目为设计施工总承包（EPC）项目，中标总承包单位为中铁第五勘察设计院集团有限公司、中铁建工集团有限公司组成的联合体，监理单位为浙江通衢工程管理有限公司，2021年计划投资2.0亿元，实际完成2.09亿元。截至2021年年底，西坞桥、湖石头桥、常文线立交桥、辉埠特大桥以及道路路基等施工推进，累计完成投资2.53亿元，桥梁进度达64.94%，路基进度达60.82%，总体形象进度达48.95%。同时，土地征迁62.95公顷全部完成，10栋房屋征迁完成2栋，260根线征迁完成245根。

【95号联盟大道】 95号联盟大道是由衢州、黄山、南平、上饶四市联手推进打造的旅游大通道，处于浙皖闽赣四省交界，全长1995千米。常山段全长45.9千米，其中沿江公路27.5千米、常河线4.2千米、府前路2.5千米、朱富线富足山至湖东段7.3千米、205国道长风大桥至文图段4.4千米。截至年底，设置漆划彩色标线35.9千米、标志牌204块、地面LOGO标识60处，种植月季3440株，铺设草皮1.3万平方米，布置景观石20吨。加强沿线村庄风貌提升及周边环境整治，完成房屋外立面改造352幢，占工程量的73.5%；完成五里村路段一米菜园景观小围栏；完成养护机制，涉及交通、林水、住建等部门以及中电建路桥集团（沿江公路PPP项目社会投资方）等管养主体，列入路长制管理范畴和网格化管理平台；完成泉目山码头、象湖停车区、湖澄祖庙、长风停车区、开化交界等节点设置宋诗内容和宋代诗人雕像。

【常山县公铁路衔接型综合客运中心】 该项目2018年10月11日获得可行性报告，项目主要建设内容为地下停车场约17700平方米，换乘大厅（城市客厅）约13973平方米，客运中心约11165平方米，维修停保中心约684平方米，048省道拼宽工程和部分隧道建设工程，建设工期为24个月，项目总投资约2.88亿元，用地面积约100亩，建筑面积约25822平方米。该客运中心为设计施工总承包（EPC）项目，2021年10月29日开标，中标单位为中建三局集团有限公司（联合体牵头方）、中铁第五勘察设计院集团有限公司（联合体成员方），监理单位为浙江天平投资咨询有限公司（联合体牵头人）、浙江东方工程管理有限公司。11月16日开工，截至年底，完成6根试桩施打，施工图处于审查中，土方开挖、施工围挡、临时便道等施工同步开展。

【泉目山至大弄通村公路工程】 该项目是衢州至常山快速通道的其中一段，是构建常山县内联外畅的重要通道之一。项目起点位于常山与柯城交界的沟溪西北侧，与已建衢常快速路（柯城段）相接，路线下穿赛得天桥接线和公墓天桥接线，上跨泉目山村道，终点位于江家西北侧接常河线，路线长度约2.245千米，其中常山段1.845千米，柯城段400米。采用交通运输部颁发的《公路工程技术标准》（JTGB01-2014）规定的双向两车道四级公路技术标准，设计速度20千米/小时，路基宽度8米，路面宽度6米，桥梁设计汽车荷载等级为公路－Ⅰ级、设计洪水频率1/100，工程总概算6317万元。2021年6月17日完成监理单位招标工作，中标单位为浙江通衢工程管理有限公司，6月29日完成施工单位招标工作，中标单位为浙江春天建设有限公司，于8月10日开工建设，至年底完成计划投资额2000万元。需要征迁的8幢房屋已拆除1幢、土地130亩已征收120亩、线杆12根迁移完成10根。

【“四好农村路”建设】 2021年，县交通运输局按计划完成新改建农村公路36条计63.7千米，路面维修31条计117.7千米，200人以上自然村通等级公路达100%，超额完成省民生实事项目任务，农村百姓出行条件更加优化。在全省山区26县考核“四好农村路”模块中，常山县取得26县第七，全市第一的成绩，满分完成省对县“两进一出”工程（快递进村、进厂和出海）考核任务。

【205国道常山段全寿命周期养护工程】 2021年2月，常山县列入全省首批7个全寿命周期养护

试点县计划。9 月 2 日，浙江省公航运中心下达《试点项目实施方案》的批复，争取到省级全寿命周期养护资金补助 7000 多万元。该项目管理模式为设计施工总承包（EPC），养护工程与日常小修保养打包实施，主要通过绩效考核实现质量管控目标。实施内容为路面养护，桥梁、隧道养护，标志、标线、护栏等交通安全设施的维护保养、更新、增设，路基、边坡、排水设施维护保养、改造完善，灾毁应急抢通和修复工程。实施周期为 5 年（2022—2026 年），项目核定估算 5497 万元，项目资金由省地拼盘，省级资金分年安排。12 月 3 日完成招投标，中标单位为浙江顺畅高等级公路养护有限公司、浙江宏昇达交通建设有限公司、衢州市交通设计有限公司组成的联合体，由浙江顺畅高等级公路养护有限公司作为联合体牵头人，中标价 5117.358 万元，监理单位是浙江省通衢工程管理有限公司。截至年底，该养护项目处于前期筹备阶段。

【常山公路应急保障基地启动建设】 该基地处于常山县辉埠镇彭川村 351 国道地段，是常山历史上第一个公路应急保障基地，全省仅 5 个同等级的基地，总用地面积为 2 万平方米（使用土地被纳入 351 国道龙游横山至开化华埠段工程项目公路养护管理站建设中），2021 年 6 月 16 日，项目初步设计获县发展和改革局批复，主要建设内容包括储备仓库（丙类仓库）及车库（Ⅳ类车库），总建筑面积 3655 平方米。11 月 29 日完成招标工作，中标单位是浙江景坤建设有限公司，监理单位是浙江通衢工程管理有限公司。截至年底，开工前准备工作就绪，完成投资金额 300 万元。

【浙西窗口服务区南北场地联络通道工程】 该项目业主单位是常山县公路港航与运输管理中心，起点位于扩建后的常山服务区北侧场地边缘，与场地形成平面交叉，路线向南跨越常山服务区 A 匝道及杭金衢高速，于大麦於村西北侧跨越龙绕溪，沿畈头村北侧布线，终点位于服务区南侧场地内部道路并与之相交形成 T 形平交口，路线全长 915 米，新增建设用地 39.45 亩，总概算 1.24 亿元，其中建安费 9027 万元，所需资金由县财政安排，建设工期为 12 个月，共设置桥梁 397 米/1 座，涵洞 311 米/4 道，平面交叉 2 处，设计速度 30 千米/小时，双向四车道，路基标准横断面宽度 19.5 米。于 2021 年 9 月 3 日完成 EPC 设计施工总承包招标，中标价为 8107 万元，中标单位为浙江交工金筑交通建设有限公司（联合体牵头人）、甘肃路桥建设集团有限公司（联合体成员）、中交公路规划设计院有限公司(联合体成员)，监理单位是浙江通衢工程管理有限公司，9 月 10 日进场，10 月 18 日开工，截至年底，完成投资 2000 万元，完成 10 亩土地征收，完成 1 根杆线迁移。

【交通碳达峰碳中和工作】 2021 年，常山县更新城市公交电动车 26 辆。截至年底，常山县有城市公交电动车 54 辆，城乡公交电动车 82 辆，城际公交电动车 3 辆，主城区公共交通运输领域车辆(公交车)新能源化比例达 100%；建成城区电子站牌 103 块并正常使用；建成赵家坪客运中心、招贤客运站和红旗岗客运站充电站，芳村和东案充电站在建设中。鼓励绿色出行，建成无桩公共自行车租赁点 34 个，投放自行车 680 辆，完成率达 170%。常山众卡物流公司开发磐石系统，搭建车辆安全监控平台和接入车辆网系统，数字化精准监控公司所有车辆，安装监控平台物流货车 3497 辆，在线运营 2992 辆，上线率达 85% 以上。将 4 × 2 轻型货车替换 6 × 4 重型货车 1728 辆；50 辆车辆使用天然气清洁能源；使用低滚阻轮胎等措施，每年可节油 1217 万升油、减排 3044 万千克二氧化碳。智能公交系统采用分散实施、集中管理的方式实现，在衢州市范围内率先实现数据接入全省“浙里畅行”系统，部分智慧公交功能应用上线。按照衢州市交通运输局统一部署做好数据采集工作，11 月完成 545 辆客货运输车辆 1—10 月的数据监测采集审报。

【实现“一卡通”区县公交互通】2021 年，根据《衢州市社会保障卡居民服务“一卡通”区县公交互通实施方案的通知》精神，县交通运输局推进居民服务数字化改革在交通出行与探索，实现以第三代社保卡为载体的居民服务“一卡通”，方便居民在全市范围内交通出行刷卡、扫码通用，目标是实现第三代社会保障卡（含电子社保卡）刷卡、扫码乘坐公交车，刷卡乘坐全国交通“一卡通”互联城市公交车、地铁等交通工具，有条件的刷卡租借本地公共自行车。常山县列入开展“一卡通”场景应用试点工作，自 8 月中旬开始，常山交通部门加强宣传引导，统筹协调，由常山县城乡公共交通有限公司着手实施试点工作，在保留公交车辆上原有收费模式的基础上，增设县域内 130 辆城乡公交车和 54 辆城市公交车上全都安装第三代社保卡刷卡器，资金由县财政保障，8 月底完成并开始试运行，率先完成市区县公交互通刷卡，至年底，“一卡通”使用率占比约 1.33%。

【智慧校车全覆盖】2021 年，县委、县政府聚焦乡镇小学学生安全问题，投入 1648 万元购置智慧校车 65 辆，校车车身均为黄色，分为 41 座和 19 座两种款型，校车一人一座，除常规的灭火器、逃生锤、医疗箱等安全设施，每辆车上还配备人员上下车信息提醒、车内动态监控、车辆实时定位、学生防遗忘等功能的智能安防系统，智慧校车启用优化接送路线和站点布局，同时，完善校车停靠站点设施，学生可在自家大门口上车，惠及全县 14 个乡镇（街道）20 所乡镇小学 4000 多名学生。8 月 31 日，常山县智慧校车启用仪式在赵家坪长途客运站举行，标志着常山县开启标准化校车接送学生服务时代。

2021 年 8 月 31 日，常山县智慧校车启用仪式举行

（县交通运输局 供图）

【开通常山至衢州机场专线】2021 年，衢州市交通运输局与常山通衢城际公交客运有限公司、华夏航空股份有限公司、衢州民航机场等相关部门协商一致，于 8 月 31 日开通常山至衢州机场专线，解决常山至衢州民航机场的交通接驳。根据衢州民航时刻表，结合常山至衢州北站快客班次，每日安排 2 个班次，首班时间为 7:50，从常山县赵家坪车站发车，8:05 常衢候车室出发，到达衢州汽车北站后延伸至衢州机场；9: 15 从衢州机场出发，经衢州北站到达常山县城。第二班时间为 16:10，从常山县赵家坪车站出发，16: 25 常衢候车室出发，到达衢州北站后延伸至衢州机场，17: 50 从衢州机场出发，经衢州北站到达常山县城，票价为 15 元/人，无

人售票，可投币或扫微信、常山公交卡、银联卡、支付宝电子公交卡、社保一卡通均可支付。

（朱月亮）

水路

【概况】 2021年，全县水路交通围绕水上交通运输行业管理和渡口安全管理等中心工作，突出春运、汛期、农忙庙会、建党大庆等重要节假日重点时段的现场安全监管和巡查，利用“平安交通建设年”“三防”等活动，加强水上交通运输行业的监督、检查和指导工作，县公航运中心港航海事科履行县管通航水域的水上交通运输及安全管理、承担船舶（含渔船）法定检验、航道保护和养护管理等行政辅助工作，根据省交通运输厅《关于进一步加强港航安全生产工作的通知》《关于进一步加强水上安全工作的紧急通知》精神，加大监管力度，做好排查防范。全年实施检查管理8天次、巡查20人次、检查船舶18艘次、现场纠正违章2艘次。至年底，县境内共有渡口3处，渡船3艘，水路运力90客位，渡口运输连续保持38年安全无事故。

【常山江航运开发项目】 该项目又称钱塘江中上游常山江（辉埠至双港口）航电枢纽项目，2021年1月通过工可报告审查，4月列入省重点建设预安排项目，6月根据浙政办发〔2021〕36号文件，“常山江航运开发项目”列入《浙江省综合交通运输发展“十四五”规划》，为加快建设畅达的现代水运网列入建设重点，优化综合立体交通网络，加强内河高等级航道扩能升级与畅通攻坚建设。7月完成项目工可报批稿编制、完成项目规划选址和用地预审专题报告、湿地公园影响评价结论，同月水文站迁站通过专家评审；8月完成项目建议书调整稿，常山江饮用水水源地调整方案报告，完成地质灾害危险性及压覆矿报告，防洪影响评价报告按市、县意见修改完成，出具市级项目规模投资内审意见，同月常衢铁路桥改建方案可行性研究报告获得上海铁路局的批复；9月召开项目建议书调整稿专家评审会，生态环境专题饮用水水源地调整方案市、县专家评审；11月衢州市生态环境局出具项目环境影响评价的初步意见；12月项目建议书调整报批稿完成。

（朱月亮）

铁路

【概况】 2021年，衢九铁路总体运行平稳。杭衢高铁与衢九铁路联络线进展顺利，计划于2023年与杭衢高铁同步建成并运营通车。南方水泥铁路专用线项目接轨方案于2021年12月获国铁集团批复。

【九景衢铁路运营】 2021年，受新冠肺炎疫情影响，铁路常山站全年列车车次变化较大。截至年底，常山站每天经停列车9趟，其中动力集中式列车（绿巨人）6趟、普速列车3趟。全年发送旅客25.85万人次，其中客发12.94万人次、到达12.91万人次。

（徐郑瑶）

城乡建设与管理

Construction and Administration of Urban and Rural Area

城乡规划

【概况】 2021年，常山县城乡规划建设管理工作统筹规划设计，立足生活配套，完善产业发展布局，科学谋划改善区块功能。完成《浙江省衢州数字工业学校、常山技师学院（筹）两校融合项目修建性详细规划和建筑方案设计》《常山县主城区老城单元控制性详细规划修编》《渡口未来社区交通体系专题研究》等编制。完成常山县过渡期城镇开发边界划订方案。完成县级国土空间总体规划阶段性成果方案。基于资源环境承载力评价和国土空间开发适宜性评价成果，完成球川镇、招贤镇和同弓乡等10个乡镇级国土空间总体规划初步方案。完成常山县生态保护红线调整与自然保护地衔接优化方案。完成常山县城区范围划定与2020年度城市体检评估工作。完成建设项目选址方案审查40件，选址面积57.4万平方米；完成建设工程规划方案审查69件、建筑面积125.4万平方米（含地下）。

2021年，县自然资源和规划局（以下简称县资规局）配合重点项目建设，完成浙江省衢州数字工业学校、常山技师学院（筹）两校融合项目修规和建筑方案设计的编制工作。配合重点地块出让及开发，完成主城区老城单元、阳光名都北侧地块、县交通局东侧三角地块、高山底片区、县公安局交警大队业务用房地块等控规修编工作。完成招贤镇象湖村和同弓乡同心村两个省级试点村庄的规划编制方案；配合“有礼村”建设，完成招贤镇五里村村庄规划方案的编制。完成中心城区等控规数据整合、汇交和“一张图”管理工作。城市重点区块研究方面，启动山水公园城市研究及完成渡口未来社区交通体系专题研究。

【《浙江省衢州数字工业学校、常山技师学院（筹）两校融合项目修建性详细规划和建筑方案设计》编制】 2021年，县资规局完成《浙江省衢州数字工业学校、常山技师学院（筹）两校融合项目修建性详细规划和建筑方案设计》编制。项目位于省级经济开发区金川片区，用地总面积173332平方米，方案整体上采用群组布局，为注入持续发展活力，以“南孔书院”为意向将建筑以围合形式进行整体设计，两校融合同时又相对独立。南部为浙江省衢州数字工业学校，北部为技师学院，以步道和绿化有机联系，形成既相对独立又整体相连的和谐整体，为在校师生的学习生活增加新的美好体验。

【常山县主城区老城单元规划】 2021年，县资规局完成《常山县主城区老城单元控制性详细规划修编》编制。规划区位于常山县老城区，天马街道范围内，规划范围东至常山江，南至朝阳路，西至绿城养老院，北至良峰路，规划范围总用地面积约3.99平方千米。围绕古城核心区，以两带三脉、七星五坊布局古城结构，打造“山水公园城市、AAAAA景区城、历史文化名城”。

【《渡口未来社区交通体系专题研究》编制】 2021年，县资规局完成《渡口未来社区交通体系专题研究》编制，区域协调范围56.2公顷，重点研究范围22.6公顷，结合天马二小服务范围，10分钟社区生活圈及未来老城更新需求划定，包括北门历史文化街区、滨江花园等。规划研究通过交通组织优化、路网系统梳理、老旧小区内部停车挖潜、公共停车场谋划、公交线路引入等，以解决未来社区实施单元路面空间不足、通行能力低、停车配置不足等问题。

【控规数据整合、汇交和“一张图”管理】 2021年，县资规局对中心城区、球川镇、芳村镇等已批准且现行有效的所有控规数据进行整合，包括用地性质、控制指标等法定规划的内容及规划名称、批准文号、批准时间等管理审批信息，纳入衢州市国土空间规划实施监督管理信息系统，作为报批市县国土空间规划的前提条件。

【《常山县招贤镇五里村村庄规划》编制】 2021年，县城乡规划中心完成《常山县招贤镇五里村村庄规划》编制。五里村村域总面积6.56平方千米，包括五里、沙坝、大篷、马家弄、溪沿5个自然村。总户数1030户，户籍人口2661人，常住人口1882人。规划以有礼未来乡村建设为切入点，打造“山川形胜·古韵五里”村庄印象名片。重点优化和完善道路交通设施、市政基础设施、公共服务设施等配套，加强传统村落等风貌综合整治，谋划全域多元产业，推进全域土地综合治理，落实土地要素保障。

【《常山县招贤镇象湖村村庄规划》编制】 2021年，县城乡规划中心完成《常山县招贤镇象湖村村庄规划》编制。象湖村村域总面积5.98平方千米，包括象湖、浦口、凉亭3个自然村。总户数1797户，户籍人口4580人，常住人口2580人。象湖村依托优美的自然环境，以发展胡柚、食用菌、水稻等现代农业为基础，结合香柚湾田园综合体项目建设为契机，充分挖掘村庄民俗文化，发展相关休闲农业观光旅游业，打造以特色农业为基础，农文旅融合发展的宜居宜游美丽乡村。

【《常山县同弓乡同心村村庄规划》编制】 2021年，县城乡规划中心完成《常山县同弓乡同心村村庄规划》编制。同心村村域总面积5.15平方千米，包含14个自然村，总户数536户，户籍人口1516人，常住人口900人左右。北侧以龙绕溪为界，西侧紧邻国家传统村落彤弓山村，东南侧紧邻常山经济技术开发区新都片区，区域位置优越。规划以生态优先、产村一体、美丽宜居、文化浸润为导向，以水稻、莲荷等现代农业为基础，以金色同弓田园综合体为依托，以农耕文化为特色，打造“同弓同心同富裕”品牌的浙江省乡村农文旅融合发展高地、新时代美丽乡村标杆、未来乡村样板和共同富裕乡村示范。

（汪晨秀）

规划管理

【概况】 2021年，县城乡规划中心完成常山县职业中专迁建项目一期（4#~11#、14#）、常山县城南小学建设工程、浙江泓影戏曲与影视文创园、常山县慢城文化旅游博览中心项目、常山麦迪森车联网数字经济产业园、常山县城东新区漫悦湾东侧地块（杉杉项目）、衢州市常山县金溪雅苑、云栖澜山等房地产及公建项目的方案审查。完成建设项目选址方案审查40件，选址面积57.4万平方米；完成建设工程规划方案审查70件，建筑面积125.4万平方米（含地下）。

【规划设计条件制定】 2021年，县城乡规划中心完成16宗出让土地的规划设计条件制定：大桥头乡濛桥村A-01-02地块、大桥头乡濛桥村A-01-04地块、赵家坪罗汉山地块、青石镇集镇2020-1地块、阳光名都北侧地块、球川镇后弄村2020-1地块、城东新区交通局东侧地块、外港片区szk-06地块、高山底片区05-03-50地块、何家乡钱塘村雪龙山地块、渡口未来社区新建地块、象湖村2020-1地块、象湖村2020-2地块、县工业园区A-02-01、A-02-02地块、球川镇工业功能区G-9-11地块、芳村工业功能区C-02-02地块，土地面积共计约805亩。

【城市交通规划管理】 2021年，县城乡规划中心配合完成《“十四五”交通治堵规划》，高标准执行项目停车位配建，对商业、办公、居住等不同类型项目均严格执行自2013年12月1日起施行的《浙江省城市建筑工程停车场（库）设置规则和配建标准》的要求，鼓励小区按人车分流设计，车辆停放向地下空间发展，配合县交警部门的交通治堵专项工作。

（汪晨秀）

批后管理

【概况】 2021年，县批后管理中心完成13宗房地产开发项目、4宗公建项目、4宗工业项目、5宗其他项目、4宗国有土地上的私人建房、2宗市政项目、1宗办公项目竣工规划核实工作，完成信访件移送及规划定性29起。

【房地产项目竣工规划核实】 2021年，县批后管理中心完成城东新区总部经济综合体项目A地块、C地块，鸿鼎·南悦名城、鸿鼎·名座等13个房地产项目竣工规划核实，核实建筑面积917711.93平方米。

【危旧房改造项目竣工规划核实】 2021年，县批后管理中心完成4个常山县城市危旧住宅区治理棚改项目竣工规划核实：城南小区、定阳小区、江滨小区、桑园小区。核实建筑面积310509.71平方米，保障危旧房改造项目有序推进。

【工业项目竣工规划核实】 2021年，县批后管理中心完成4个工业项目竣工规划核实："巨龙"年产6000万块烧结页岩多孔砖技改项目，"巨龙"厂房二、浙江博益缝纫科技有限公司厂房项目，常山县九龙新型墙体材料厂厂房一、值班室、配电房。核实建筑面积37275.18平方米。

【处理信访举报】 2021年，县批后管理中心发放责令整改通知书29份，移送县综合行政执法局案件12起，接县综合执法局征询意见函17起，均第一时间派出相关工作人员与县综合执法局共同现场踏勘，出具违法建设处理方案建议。

（汪晨秀）

城乡建设

【概况】 2021年，常山县住房和城乡建设局（以下简称县住建局）持续开展城市赋能行动，以高质量打造"依山傍水、显山露水、山水相融、生态宜居"的山水公园城市为目标，统筹推进老旧小区改造、城区畅通工程、城乡污水基础设施建设、美丽城镇建设、城乡风貌整治提升等项目，加快老城有机更新，统筹城镇建设，推进民生设施建设，提升城镇综合能级和城乡人居环境。全年实施项目48个，其中重点项目11个、重大前期项目8个、非重点项目29个。

【城区畅通工程】 2021年，县住建局着力打通一批"断头路"，进一步优化城市路网结构。东河南街（溪滨路）工程总投资0.3亿元，8月全面完成；总投资1.5亿元的城南第二通道项目，于11月完成一期建设；常山县文峰西路西延及展衣山隧道工程计划总投资5亿元，开展前期工作，定阳北路延伸工程完成初步设计审批，移交常山县城市投资集团有限公司实施。

【老旧小区改造】 根据《常山县城镇老旧小区改造三年方案（2020—2022年）》，县住建局利用专项债申报窗口期，老旧小区三年项目两年即完成建设，2021年全面完成13个老旧小区建设，老旧小区智能化改造涉及的5个社区中的4个社区完成竣工验收。11月，结合未来社区建设，新谋划一批老旧小区改造项目，启动临港片区老旧小区改造工程，涉及房屋34幢，惠及居民900多户，年底完成房屋外立面改造。

【城乡污水基础设施建设】 2021年，县住建局推进生活小区"污水零直排"建设，11个"污水零直排"建设项目投入资金2740万元，铺设、改造、提标小区雨污管道46千米，解决老旧小区普遍存在的管道老化、管径偏小、阳台废水与雨水管合流、废水直排等问题。推进住宅小区周边理发店、饭店、洗车房等"六小行业"整治，实现污水"应截尽截、应处尽处"。完成城区教工幼儿园门口、朝阳路北侧绿道、天马加油站、东明湖西门等积水点改造，清淤排水管网125千米。天马污

2021年11月17日，县人大代表视察常山县临港片区老旧小区改造工程　（邵文敏　摄）

水处理厂三期投入试运行。完成全县605个农村生活污水处理设施标准化终端维护和220座农村生活污水治理设施标准化运行评价，105座农村生活污水处理设施开工。11月11日，全市“污水零直排”建设暨“找寻查挖”问题整改推进会在常山召开。

【城市天然气利用工程】 2021年，常山县天然气有限责任公司竣工验收中压管道18.5千米；新建开工配套小区14个，共计5863户；配套竣工验收9个，共计5070户。完成5个老旧小区天然气管道建设，共计793户。开通37家工业公建配套用户，配套竣工验收37家，开工建设LNG应急保供站1座，主体工程已完成。全年完成天然气销售3251万米³。

【城乡风貌整治提升】 2021年9月，整合美丽城镇、未来社区专班成立县风貌专班集中办公。2021年12月17日，《常山县城乡风貌整治提升行动方案》被评为省级城乡风貌整治提升行动优秀方案。12月24日，省城乡风貌整治提升（未来社区未来乡村建设）工作专班办公室公布首批城乡风貌建设名单，常山文昌阁城市新区风貌区、常山球川—白石“边驿古镇·浙西门户”县域风貌区列入全省首批城乡风貌样板区试点建设名单。

【美丽城镇建设】 2021年8月13日，衢州市美丽城镇建设工作现场会在白石镇召开。12月17日，浙江省城乡环境整治工作领导小组通报全省新时代美丽城镇建设工作年度考核验收结果，常山县芳村镇、白石镇被评为美丽城镇建设省级样板镇。12月31日，衢州市乡村振兴领导小组美丽城镇建设办公室通报全市新时代美丽

2021年11月11日，全市“污水零直排”建设暨“找寻查挖”问题整改推进会在常山召开　（周　俊　摄）

城镇建设工作年度市级美丽城镇考核验收结果，常山县何家乡、新昌乡、辉埠镇、东案乡被评为市级美丽城镇。

【未来社区建设】 2021年5月25日，浙江省发展和改革委员会、浙江省住房和城乡建设厅联合下发《关于公布2021年未来社区创建名单的通知》，常山渡口未来社区列入2021年省级“拆改结合类”未来社区创建名单。12月15日，浙江省住房和城乡建设厅、浙江省城乡风貌整治提升（未来社区未来乡村建设）工作专班联合下发《关于公布浙江省第四批未来社区创建名单的通知》，衢州常山文昌社区列入浙江省第四批未来社区创建名单。

【美丽宜居示范村建设】 2021年，常山县申报新昌乡西源村、何家乡江源村2个村为2022年度省级美丽宜居示范村创建村。完成辉埠镇大埂村、白石镇草坪村省级美丽宜居示范村创建。

（陈亚奇）

城乡管理

【概况】 2021年，县住建局推进城市精细化管理，持续推行市政环卫网格化巡查，加强日常保洁和市政设施养护，巩固“国家卫生县城”创建成果。全年完成171万平方米城区主次干道的清扫保洁，完成36座城区公厕、145万平方米绿化养护市场化运营的监督管理工作。是年，常山县人民路被评为省级街容示范街。

【生活垃圾治理】 2021年，常山县加强垃圾收运和处置工作。常山县城乡所有生活垃圾运至光大环保能源（衢州）有限公司进行焚烧发电处置，实现生活垃圾“零填埋”的目标，生活垃圾无害化处理率达100%，资源化利用率达100%。全年收运和处置城乡生活垃圾6.67万吨，比上年下降1.91%，完成省、市生活垃圾零增长的目标任务。其中，收运处置城区生活垃圾2.91万吨、农村3.76万吨；焚烧处置6.11万吨，餐厨垃圾无害化处置0.56万吨。城区生活垃圾分类覆盖面达100%，新增省级高标准生活垃圾分类示范小区8个，累计16个；新增省级“定时定点”生活垃圾分类示范商业街1条，累计4条。推进小区生活垃圾分类市场化，全年回收可回收物55.2吨、大件垃圾37.2吨、有害垃圾0.14吨，源头累计减量92.54吨。

【公共厕所服务提升】 2021年，县住建局开展公共场所服务提升工作，谋划并实施常山县城区公厕智慧化提升工程，根据公厕服务“便利化、人性化、特色化、智慧化、规范化”的要求，公厕内设置热水器、无线网络等，并结合数字化改革工作，对常山城区二类以上的13座公厕进行智慧化提升，建设内容包括厕位使用监测、空气监测、屏显系统等，通过厕位引导、环境监测管理、智慧厕所管理平台等，提升公厕在人员管理、异味控制、管养质量等方面的智慧水平，实现公厕管理科学化、精细化、人性化。

【建筑垃圾（渣土）运输及处置】 2021年，县住建局持续开展常山县建筑垃圾运输核准工作，全面规范建筑垃圾（渣土）运输行为。全年审批准入衢州和胜环境工程有限公司、常山县常丰保洁有限公司、常山龙鑫保洁有限公司、常山县祥宇环境工程有限公司4家渣土运输公司26辆渣土运输车辆，全年办理城市弃土准运证138份。由县住建局招引的常山县常能环保科技有限公司年处理50万吨建筑垃圾资源化利用项目于2021年4月正式投产，提高常山县建筑垃圾资源化利用率。

【城市精细化管理】 2021年，县住建局开展夜景亮化提升行动、交通出行优化行动、韧性城市建设行动，累计开展城区路灯修复183次，供变电设施修复15次，亮灯率达99%。新增停车位718个，施划非机动车9390平方米，清淤排水管网125千米，确保市容秩序。

【市政设施管护】2021年，县住建局推进安全生产专项整治三年行动、“遏重大”攻坚整治，有针对性地制定防控措施，提升安全生产管理水平。开展市政设施风险排查，重点加强公共绿地建筑物、设施设备、警示标志、边坡、挡墙等日常隐患排查，全年整治问题隐患1586处。完善“一路一档”“一桥一档”技术档案，结合定期检测、特殊检测，及时准确掌握道路桥梁技术状况、使用情况。开展窨井盖安全专项治理行动，通过窨井盖隐患自查共整治缺失、破损、高低不平等问题井盖140处，并主动完成11处“无主井盖”管护整治。

【防汛防台】2021年，县住建局对51条道路、17座桥梁、7个泵站、10个公园、1个生活垃圾填埋场、4个城区生活垃圾中转站、36座城区公厕、54个在建工地、直管公房等开展拉网式排查。对城区易涝点、项目工地、防汛隐患点、排水泵站、道路排水管网、排水点进行每日不少于一次巡查，加强桃园泵站、城南泵站、虎山弄水库等重点区域的排查，及时排除内涝隐患。整治城区易涝点12处，清理折断树木1193棵，清理收水口3522个，处理塌方5处，道路积水50多处。

【燃气安全管理】2021年，县委、县政府主要领导专题调研燃气安全生产工作5次，县分管领导以上带队暗访检查12次，县住建局推进城镇燃气安全生产排查整治工作。部署开展“整治100天、平安迎七一”的燃气专项整治百日攻坚行动。通过发挥乡镇（街道）、开发区管委会的属地网格作用，县经信局、县市场监管局、县交通运输局、县公安局（反恐办）、县文广旅体局、县教育局等多家职能部门参与，并发挥行业协会作用，对全县燃气行业进行全面排摸，对餐饮行业瓶装燃气进行重点整治。对燃气安全进行再部署，重点对管道燃气破损漏气、占压燃气管道以及人群聚集场所安全用气情况进行全面排查。累计摸排检查2家瓶装燃气充装企业、2家天然气企业以及42家供应站点，沿街店面、农家乐、饭店、民宿、景区、餐饮业等1562家次，公办中小学（幼儿园）52所、民办教育机构9处，检查燃气运输车辆142辆次。

【农村住房建设试点】2021年，县住建局根据“浙西民居·慢城花园”农民建房服务体系完善和农村特色风貌提升三年行动计划，提供50套农村住房设计通用图库及免费修改服务。全年完成218户农房免费修改，为提升农村人居环境提供技术保障。

【历史文化名村、名镇、名城保护】2021年，完成浙江省第六批历史文化街区《常山县北门历史街区保护规划》及历史文化名村《常山县东案乡金源村历史文化名村保护规划》《常山县东案乡东案村历史文化名村保护规划》编制，其中《常山县北门历史街区保护规划》《常山县东案乡金源村历史文化名村保护规划》通过省级专家评审，并报省政府审批；完成205处历史建筑测绘建档，为历史建筑修缮改造提供档案资料。

（陈亚奇）

建筑业

【概况】2021年，全县有105家本地建筑业企业。其中，施工企业94家（一级资质2家、二级资质8家、三级资质60家、专业承包资质7家、劳务资质企业17家），混凝土企业5家，监理造价咨询企业6家（甲级1家、乙级5家）。全县发放施工许可证114个，合同总金额为57.5992亿元，比上年增长120%。全县建筑工程竣工备案60个，比上年增长93.5%。完成建筑业总产值57.91亿元，比上年增长22.6%；省内完成产值50.71亿元，比上年增长23.6%。

【工程建设项目审批制度改革】2021年，县住建局深化工程建设项目审批制度改革，全面落实企业投资低风险小型项目审批“最多15个工作日”改革、“放管服”改革、工程建设全过程图纸数字化管理系统改革等措施。贯彻落实数字化改革部署，确保纳入改革范围的工程建设项目100%网上审批，推进企业投资低风险小型项目审批“最多15个工作日”，打造更优营商环境。结合“放管服”改革，将政务服务事项全部接入政务服务平台，实现“掌上办”“网上办”，实现许可事项74项即办率93.24%、跑零次率100%，承诺时间压缩比达99.18%。全年工程建设项目审批事项办理700件，其中施工图设计审查222件。推进工程建设全过程图纸数字化管理系统建设，数字化图纸一网归集、在线管理。图纸合法性、唯一性和真实性得到有效保障；工程设计质量提升，施工图审查一审合格率提升3倍。可为85%以上的工程建设项目节省15天左右的时间，降低建设单位的财务成本以及其他成本。

【建筑业企业发展扶持】 2021年，根据《关于进一步加快建筑业发展的若干意见》等文件，提振常山本地建筑业企业的创业精神，增强企业发展信心，县住建局推动全县40家施工企业申报财政政策奖励，申请奖励1824.58万元，比2020年度的645.06万元增长182.85%。

【建筑节能改造及示范工程建设】 2021年，县住建局完成建筑节能审查项目52件，建筑面积132.63万平方米（节能审批件数据）。实施太阳能等可再生能源建筑应用面积23.02万平方米；完成既有公共建筑节能改造0.755万平方米；实施高星级绿色建筑和建筑节能示范工程3项。城镇新建民用建筑实施二星级（含）以上绿色建筑的比例达33.67%。完成装配式工业建筑面积40.59万平方米，完成指标任务的135%。

【在建工程无欠薪】 2021年，县住建局对县域108个在建项目开展各类督查180次，下发限期整改通知书82份，涉及41家企业均开设农民工工资账户，缴纳民工工资保证金3770万元，实行施工总承包单位直接支付农民工工资。处理解决欠薪信访事项31起，处理拖欠工资（可统计）87.92万元。

【在建工程建筑工人实名制管理】 2021年，县住建局落实建筑工人实名制管理，实时动态掌握农民工流动情况。全县在建项目中已录入“全国建筑工人管理服务信息平台”的施工企业有19家、在建项目工程35个、工人实名制信息录入9396人。落实项目电子考勤，实现房屋建筑和市政基础设施工程建设领域400万元以上项目全覆盖。

（陈亚奇）

房地产业

【概况】 2021年，县住建局持续推进城区房地产开发建设联合监管服务工作机制，对房地产开发建设从企业竞拍取得土地、源头管理、过程监管、验收交付、装修管理等各个环节详细规定，明确节点工作任务，进行全过程事前、事中、事后管理，推进常山县房地产市场健康有序发展。全年完成房地产开发投资额13.44亿元，比上年增长9.4%。全县新建商品房成交面积23.6万平方米，比上年下降50.12%；成交金额22.14亿元，比上年下降23.04%；其中住宅成交面积14.96万平方米，比上年下降14.71%；成交金额19.27亿元，比上年下降4.13%。住宅均价12878.76元/平方米，比上年增长12.36%。

【房地产开发企业监管】 2021年，常山县有房地产开发企业24家：浙江省常山县安厦房屋开发有限公司、衢州市博鳌房地产开发有限公司、常山龙腾石博园管理有限公司、浙江锦禾投资开发有限公司、衢州鸿鼎置业有限公司、常山鸿邸置业有限公司、浙江常山巨泰投资开发有限公司、常山谷茂房地产有限公司、衢州浩都置业有限公司、常山东日市场管理有限公司、常山县宋诗之河城市更新建设发展有限公司、常山世盈房地产开发有限责任公司、衢州市杉德房地产开发有限公司、常山县现代化新农村建设有限公司、浙江承乾置业有限公司、衢州启天房地产开发有限公司、衢州仙鹤房地产有限公司、常山广和置业有限公司、衢州市舒峻置业有限公司、麦迪森（常山）数字科技发展有限公司、衢州府城房地产开发有限公司、浙江同好慈孝文化传播有限公司、浙江承乾置业有限公司、常山彤贡颐养旅游发展有限公司。其中三级企业2家，四级企业7家，暂定级企业16家。全年完成12家房地产开发企业资质核准、变更审批。

【商品房销售监管】 2021年，常山县房地产事务中心（以下简称县房产中心）建立部门联合检查工作机制，持续开展房地产市场整治工作，规范房地产市场销售行为。落实动态巡查监管责任制，强化预售许可公示，加强对样板房规格建设的审查，督促各房地产开发企业在办理预售许可证时执行一次性公开全部准售房源及“一房一价”标价制度。全年办理新建商品房批准预售1566套，批准预（销）售面积26.21万平方米，其中住宅1345套，批准预（销）售面积15.74万平方米。全年通过开展专项检查、常规检查、“双随机”督查及联合检查等方式，强化房地产企业销售行为、商品房预售资金等日常监管。

【房地产经纪行业监管】 2021年，常山县备案房地产经纪机构80家，房地产经纪人30人，房地产经纪人协理107人。日常开展全县房地产经纪行业乱象整治专项行动，联合县综合执法局、县市场监管局对房地产经纪机构实地检查，检查经纪机构105家，发放限期整改通知书1份。其中，7月对全县73家经纪机构开展专项整治中，检查存在问题达43个，检查过程中对已备案的经纪机构发现的台账不齐全、备案不齐全等问题，当场要求整改。10月30日，组织邀请衢州论剑律师事务所给常山县备案中介行业开展法律与业务技能实务培训，加强行业规范、遵守行业秩序，推动常山县二手房交易市场持续稳定和有序。

【房地产项目开工建设及交付】 2021年，常山县有3个房地产项目开工建设，分别是：衢州市杉德房地产开发有限公司开发的江湾城小区，4月27日开工建设；衢州浩都置业有限公司开发的云栖澜山，9月25日开工建设；衢州府城房地产开发有限公司开发的金溪雅苑，9月1日开工建设。房地产项目交付有4个：常山鸿邸置业有限公司开发的鸿鼎南悦名城项目，总投资5.8亿元，2018年7月10日开工建设，2021年2月10日启动交付，建筑面积10万平方米，共计705户；浙江锦禾投资开发有限公司开发的百悦城项目，总投资16.7亿元，2017年7月1日开工建设，2021年4月28日启动交付，建筑面积29万平方米，共计3890户；常山万洋众创城开发有限公司开发的浙江（常山）万洋众创城项目，总投资50亿元，2019年5月21日开工建设，2021年8月26日启动交付，建筑面积8.127831万平方米，共计38户；常山鸿邸置业有限公司开发的鸿鼎名座项目，总投资1.1亿元，2019年5月7日开工建设，2021年11月25日启动交付，建筑面积2.8万平方米，共计152户。

（陈亚奇）

建筑工程管理

【概况】 2021年，县住建局开展建筑工程监督项目114个。其中，房屋建筑工程104个，建筑面积214.86万平方米；市政基础设施工程和装修项目 10 个，工程造价 2.01 亿元。全年开展质量安全大检查 16 次，巡查 468 次，下发整改单 155 份，涉及隐患整改 563 条。落实《衢州市建筑施工企业、项目负责人和监理单位、项目总监违规扣分实施细则》，全年对 5 个项目经理及 4 个项目总监违规扣分 56 分，其中项目经理 35 分、项目总监 21 分。对 32 个工程实行停工整改。浙江哲丰新材料有限公司配套职工宿舍居住（哲丰苑）项目二期工程被授予 2021 年度全市建筑行业“红色工地”建设优秀项目。

【工程安全监督管理】 2021 年，县住建局强化建筑工程安全管理，与 43 家施工企业、15 家监理企业签订安全责任书，并督促企业与项目经理、项目和班组签订安全责任书。强化重大危险源管控，严格按照《防范建设工程较大以上事故的意见》《危险性较大的分部分项工程安全管理规定》和《衢州市危险性较大的分部分项工程安全技术管理规定》，对 56 处重大危险源（其中深基坑 22 个、高大支模架 24 个、其他超过一定规模的重大危险源 10 处）开展治理，监督企业落实专人负责，在工地现场设立重大危险源公示牌，明确重大危险源类型、治理时间、进度等详细信息，遏制重特大事故的发生。印发《关于进一步加强建筑起重机械安全管理的通知》，明确县内建筑工程施工现场纳入特种设备目录的塔式起重机、施工升降机等建筑起重机械，租赁、安装、拆卸、维修及保养等工作，必须由同一家具备建筑起重机械相应资质和技术能力的企业组织实施，全年有 15 家“一体化”企业完成备案。

【建筑工程“安全生产月”活动】 2021 年 6 月，县住建局组织开展以“落实安全责任，推动安全发展”为主题的“安全生产月”活动，提升全县建筑工程安全生产意识。6 月 16 日，在常山县心舟公园东侧 2 号地块文澜苑项目召开 2021 年常山县建设工程“安全生产月”现场观摩会，共 200 人参加。通过现场观摩、观看应急演练视频、智慧工地系统应用展示、警示教育片和交流发言等，有效提升参加人员对建设工地标准化认知。6 月 4 日，组织部分施工企业、监理企业的负责人、安全副总、安全科管理人员到衢州市衢江区尺方间文化创意园一期 A 区项目参加全市安全生产现场观摩会。2021 年度，全县有 5 个项目被评为“衢州市建设安全文明施工标准化工地”。

【工程质量监督管理】 2021 年，县住建局试行建设工程质量安全第三方监理巡查服务，制定新的检查用表，完善“一楼一档”制度、落实住宅质量信息公示制度、完善企业考核制度。开展全县专项质量监督检查 4 次，覆盖在建工程 114 个，发现质量问题 200 多项，下发整改指令书 41 份，质量问题均已整改完毕，全年未发

2021 年 6 月 16 日，县住建局组织召开全国第 20 个“安全生产月”和“安全生产万里行”活动现场观摩会 （周建勇 摄）

生重大质量事故。全面推动工程质量终身责任制的落实，保证工程质量责任“三项制度”（即两书、一牌、一档案）覆盖率达100%，住宅工程分户验收率达100%。推进工程质量管理标准化，推行样板引入制度，开展住宅工程质量常见问题专项治理示范工程创建活动。全年建设工程质量投诉12起，办结率达100%。全年有6个工程项目被评为“常江杯”优质结构工程，2个项目被评为衢州市房屋建筑“优质结构”工程。

【文明施工管理】 2021年，县住建局严格按照细则要求督促责任单位落实到位，提升全县安全文明施工水平。强化扬尘治理，对重点难点路段、区块，划分包干区，明确职责，累计安装PM_{10}扬尘在线监测39台、视频监控系统198台。规范工地围挡围墙，做到美观大方，结合各项工作，围挡设置安全漫画和安全警示语句，疫情防控、扫黑除恶等宣传内容。针对文明施工存在的问题，出动检查人员300多人次，检查项目130多次，对发现存在扬尘防治措施不到位等问题下发限期整改通知书45份。

【“智慧工地”综合管理平台推广应用】 2021年，县住建局持续推广“智慧工地”建设，为建筑工地提供数字化、精细化、智慧化管理保障，通过推行塔吊黑匣子、吊钩可视化等智能设备，提升建筑施工安全管理水平，提高起重机械安全管理能力。截至年底，有82台起重机械安装塔吊黑匣子、吊钩可视化设备，其中27台已接入智慧工地管理平台，举行智慧工地系统应用展示2次。

【建设工程消防设计审查及验收】 2021年，县住建局贯彻落实住房和城乡建设部发布的《建设工程消防设计审查验收管理暂行规定》，加强对全县建设工程消防设计审查验收管理。全年验收及备案项目91个，其中特殊工程27个、直接备案项目64个。县住建局会同“五方主体”（即项目建设方、施工方、设计单位、监理单位、第三方服务机构）对项目进行现场消防专项验收，下发整改通知单27份，要求限期整改完成，并再次进行现场验收，确保消防建设工作落到实处。

【在建工地疫情防控及复工复产】 2021年，县住建局先后印发《关于进一步加强全县建筑工地疫情防控的紧急通知》《关于加强建筑工地疫情防控的通知》等文件，并转发《中高风险地区划分情况》《每日工作提示》及其他疫情防控文件119份。根据上级部门要求对重点地区到常返常人员开展排查，全年排查建筑从业人员3582人，其中重点地区来常返常人员359人，均已按照要求将人员信息推送至属地进行科学管控。

【建设工程造价管理】 2021年，常山县建设工程造价管理所深入常山县建筑市场了解各种材料价格，走访企业了解人工和机械价格，做好常山县人、材、机价格的采集、上报和发布工作，全年整理和上报建筑材料市场价格信息12期。完成全县国有投资项目工程变更审查130个，变更金额近8000万元，内容包含建筑、市政、安装等，规范工程变更行为，合理有效地控制工程造价，积极防范工程建设领域廉政风险。

（陈亚奇）

物业管理

【概况】 2021年，县房产中心聚焦群众多样化居住和服务需求，加强物业管理的战略谋划和前瞻布局，推进物业管理改革。推进业委会成立和备案以及新进物业公司备案工作；开展住宅小区电梯安全、高层住宅消防专项检查；推动物业企业信用评价体系，规范业主自治和物业行业自治。

【小区物业管理】 2021年，全县从事物业管理的企业29家，其中本地企业20家、外地企业9家。

为改变全县老旧小区无物业企业管理现象，新引进的浙江缘份物业公司承担约85.5万平方米的老旧住宅小区卫生保洁工作。29家企业在管项目54个（包含未交付项目），其中住宅物业59个、商业物业2个、后勤物业3个。物业服务总面积约641.53万平方米，其中住宅服务面积429.49万平方米、办公楼服务面积37.42万平方米、商业营业用房服务面积174.62万平方米。物业服务收费平均价格为1.16元/平方米，其中住宅1.04元/平方米、办公楼2.55元/平方米、商业营业用房1.91元/平方米。全县物业管理服务收入2457.64万元，平均收费率为72%，22%左右的物业管理企业经营亏损，从业人员815人。

【物业服务监管】 2021年，县房产中心对全县29家物业服务企业所管理的59个住宅项目、3个后勤项目、2个商业项目进行检查考评，评选出2021年度物业服务检查考评住宅（A类）6个、住宅（B类）6个、商业优秀奖1个、后勤优秀奖1个。其中，住宅（A类）一等奖1个：江苏中南物业服务有限公司常山分公司（漫悦湾小区）；二等奖2个：常山县鸿福物业管理有限公司（翡翠园小区）、合肥壹联广合企业管理有限公司（中商广场小区）；三等奖3个：常山县鸿福物业管理有限公司（鸿鼎首府小区）、衢州亲邻物业有限公司（香格里拉小区）、常山建鑫物业管理有限公司（宋镇名苑）。住宅（B类）一等奖1个：衢州可安物业管理有限公司（阳光名都小区）；二等奖2个：衢州亲邻物业有限公司（白龙山庄小区）、衢州可安物业管理有限公司（锦翠花园小区）；三等奖3个：江山贝林物业管理有限公司常山分公司（星月湾小区）、常山县三衢物业有限公司（财富东方小区）、常山县双欣物业管理有限公司（湖畔嘉苑小区）。商业项目优秀奖1个：常山世贸商业经营管理有限公司（浙西世贸城）。后勤项目优秀奖1个：衢州可安物业管理有限公司（县供电局）。

【物业专项维修资金及物业保修金管理】 2021年，县房产中心累计归集物业专项维修资金10735.63万元，累计核实拨付使用物业专项维修资金626.52万元，其中拨付使用70.85万元；累计缴存物业保修金2359.98万元，办理物业保修金退还25件，退还资金515.79万元，剩余金额2844.20万元。

【住宅小区功能设施建设】 2021年，为进一步完善全县既有住宅使用功能，县住建局、县资规局、县财政局、县市场监管局、天马街道联合组织召开全县既有住宅加装电梯安全验收工作会议，对文峰社区文峰嘉苑既有住宅加装的1部电梯进行现场验收。通过引进第三方社会投资模式进行设施设备建设，截至年底，全县电动自行车充电设施涵盖12个小区，共计车棚76个，安装充电桩设施达到85个。

【第六届物业服务技能大赛】 2021年12月2日，常山县第六届“府城公馆杯”物业技能大比武在文峰广场举行，此次大赛设置物业法律法规理论知识竞赛、物业电工理论知识竞赛、保洁技能比武（电梯轿厢清洁）、微型消防站技能比武、40米两盘水带连接操和灭火器扑救初期火灾赛6个比赛项目，共计12支物业服务企业代表队参赛，评选出团体奖、单项奖、最佳风尚奖等奖项。

【房屋装修备案】 2021年，县房产中心在漫悦湾小区设置物业企业房屋装修备案代办试点，从原来到行政服务中心窗口办理备案改为由业主向所在物业企业提出房屋装修备案，经物业企业现场核实无误后，提交至浙江政务服务网，推送至县房产中心审批人员审批，真正实现“零跑腿”“无纸化”备案，全面规范房屋装修备案程序。2021年4月8日，县房产中心召开常山县《商品房住宅房屋装修》备案培训会，全县

24家物业企业参加。培训会上明确住宅小区房屋装修的禁止行为，住宅小区房屋装修活动必须履行申报程序，切实加强住宅小区房屋装修活动管理。日常联合县资规局、执法大队处理装修投诉问题，指导桑园、江滨等小区物业装修工作。截至年底，前期审批已移交给物业，房产中心保留后台审批权，装修网上审批1018件，已退件163件，下发责任整改通知单21份。

（陈亚奇）

住房保障

【概况】 2021年，根据《浙江省公共租赁住房保障基本公共服务导则（试行）》，县住建局修订完善《常山县城镇公租房申请受理工作方案》，新增公租房退出管理，首次实施公租房轮候制度。全年发放公租房补贴保障家庭408户，发放金额127.36万元，截至年底，常山县城镇住房保障受益覆盖率达34.68%（含老旧小区综合整治）。强化公租房"互联网+"应用。推行公租房申请"一件事"改革，启动公租房浙里办App线上办理新模式，全年度新增公租房申请家庭182户，均在线上完成受理，实现公租房申请线上办理100%。启动保障房小区智慧安防系统建设，拟通过人脸识别系统，强化保障性住房后期管理，截至年底，系统已完成交换机、电源等设备安装及室内外管线敷设。对锦翠花园24套人才公寓启动装修升级。完成经济适用住房上市交易办理107宗，完成8套人才公寓交房工作。

【公租房实物配租】 2021年，县住建局做好公租房分配工作，确定213户家庭符合公租房实物配租保障条件。12月17日，通过公开摇号，确定获得公租房选房资格的家庭20户，轮候家庭15户。确定2021年度公租房实物配租家庭25户。

【直管公房管理】 2021年，县房产中心实现公共租赁房、直管公房模式和数据化管理，改变传统粗放型管理，使公共租赁房、国有公房向规范、严谨、高效模式转移，通过系统数据化快捷模式加强对直管公房住宅管理，对非住宅进行市场化经营管理。全年收缴公租房租金165.81万元，公房租金27.62万元；对公房安全排查15次，直管公房维修252户，完成办理承租户合同到期续签75户，安排新入住家庭28户。排查出存有安全隐患拟进行大修房屋8次、历史古城建筑8处，清理腾退不符合承租条件21户，审核房保障申请户1487户，完成审计整改485户。

【白蚁虫害防治】 2021年，县房产中心主动与建房户联系，了解工程内容及进度，及时编制施工方案，做到白蚁虫害防治与工程同步施工。全县新建房屋白蚁预防受理企业单位74家，共计103幢，建筑总面积1163341.68平方米，对38家企业的新建房屋配置白蚁预防治监测装置3600个，建筑面积726412.3平方米。完成对西源村、球川镇、东明湖历史纪念馆红色基地的白蚁灭治工作，全面部署指导乡镇开展对13个传统村落和历史文化名镇名村白蚁防治工作。

【既有住宅加装电梯】 2021年，常山县第一部加装电梯在文峰嘉苑完成安装试点，县住建局组织天马街道、县资规局、县市场监管局、县财政局、物业和业主代表、代建单位和电梯企业等完成验收。持续推进加装电梯工作，完成东苑小区4个单元加装电梯签字工作。

【房屋安全工作】 2021年7月20日，县住建局组织相关部门部署落实开展城镇既有房屋建筑安全隐患排查治理工作。10月启动第一次全国自然灾害综合风险普查工作，截至年底，完成自然灾害风险普查（城镇房屋部分）外业排查。结合常山县旧城改造计划和城市有机更新项目，明确

2021—2023年可实质性解危房屋报市住建局，并结合常山县实际，启动2021年度C级房屋实质性解危工作，9幢房屋全部拆除完成实质解危。启动房屋动态监测治理综合管理系统迭代升级，基本完成系统框架搭建，完善房屋安全监管一楼一档、网格化管理、日常巡检及统计等功能。

【农村困难家庭危房改造】 2021年，按照农村困难家庭危房改造省级补助资金当年完成、次年补助政策，县住建局完成2020年度696户（含2019年提前批10户）省级补助资金共计1036.5万元拨付，累计完成2020年度934户县级配套资金共计705.84万元拨付。联合县派驻住建局纪检组、县财政局对2020年度农村困难家庭危房改造专项资金使用进行专项督查，确保专项资金管理和规范使用。落实农村危房常态化治理改造机制，对2021年动态新增的45户农村困难家庭危房户实施即时救助，按照“一个月内完成鉴定，六个月内完成改造”的模式完成危房改造。

（陈亚奇）

征迁事务

【概况】 2021年，常山县征迁事务中心注重统筹实施，推进重点项目攻坚，完成狮子口片区房屋征收工作、渡口未来社区房屋征收工作、江滨及西门片区城市有机更新项目征收工作、浙江天子置业有限公司西门商住用地征收工作、钱塘江治理工程常山港一期工程项目集体土地房屋征收工作，配合全县做好辉埠至何家公路项目国有土地上房屋征收工作、城南卫生应急中心项目开展集体土地征收政策制定工作等，为建设“浙西第一门户”、促进人民群众安居乐业起到积极作用。

【狮子口片区房屋征收】 2021年，狮子口片区房屋征收工作全面完成。县征迁事务中心通过做细前期入户测绘调查、产权确认和评估复核、社会关系排查、个性化研判分析、完善补丁政策等大量工作，找准解决问题的突破口，在各部门协作、多措并举打出“组合拳”顺利完成签约的基础上，1月16日，全面启动狮子口片区国有土地房屋征收的签约工作。3月1日，国有土地房屋腾空工作全面启动。3月3日，国有土地187户的签约工作全面完成。3月31日，集体土地征收房屋签约工作启动。4月14日，集体土地房屋征收签约工作100%完成。至8月底，狮子口片区被征收房屋基本拆除完毕。

【渡口未来社区房屋征收】 2021年4月6日，常山县“奋战100天 决胜东淤片”暨渡口未来社区房屋征收攻坚动员会召开，对东淤片、沙洲片下步征收工作重点、时序安排、攻坚措施进行重新研究。自5月26日签约工作启动，用11天时间完成572户被征收户（其中国有土地379户、集体土地193户）的签约工作，用20天时间实现房屋100%腾空。7月底，渡口未来社区被征收房屋已基本拆除完毕。

【江滨及西门片区城市有机更新项目征收】 2021年，按照县委、县政府对西门江滨片区房屋征收工作总体部署，常山县旧城改造房屋征收指挥部对入户调查、产权确认、评估复核、正式签约、面上腾空、房屋拆除等各个重点环节工作进行细化具体化，对重点时序安排做到依法、严密、有序。在两个片区26个网格设置工作进度表和网格作战图，实施挂图作战。2021年11月12日启动西门、江滨片区国有土地房屋征收签约工作，完成签约927户，签约率为98.71%，并对未签约的6户开展协商工作，启动依法征收程序；集体房屋199户，12月15日启动提前签约工作，已经签约完成196户，签约率达98.49%。

【浙江天子置业有限公司西门商住用地征收】 截至2021年10月底，浙江天子置业有限公司西门商住用地征收补偿款全部支付到位；6 本土地证对应的不动产权抵押登记和国有建设用地使用权注销，征收工作顺利完成。

【钱塘江治理工程常山港一期工程项目集体土地房屋征收】 常山港一期治理工程于 2015 年开始实施，由于房屋征收推进困难导致枧头村部分区块防洪堤建设难以实施，每年汛期严重危及群众生命财产安全。2021 年，县征迁事务中心与紫港街道积极谋划，参照狮子口片区征收补偿政策编制征收方案，针对片区情况编制方案，合理安排征收时间。2021 年 9 月 14 日，历时 10 天完成全部征迁户签约工作。

（黄怡婧）

公积金管理

【概况】 2021 年，衢州市住房公积金中心常山分中心（以下简称公积金常山分中心）归集住房公积金 5.76 亿元，比上年增长 6.67%。办理职工个人住房贷款 600 户，发放贷款 1.86 亿元，比上年增长 29.72%，支持购房面积 86400 平方米。年末，职工个人住房贷款余额 9.41 亿元，比上年下降 1.22%；住房公积金增值净收益 1765.9 万元，比上年增长 3.26%。新增 98 家单位 3152 名职工建立住房公积金制度。新增 100 多名个体职业人员缴存。截至年底，缴存单位 696 家，正常缴存职工 19210 人；归集住房公积金 44.06 亿元，归集余额 10.8 亿元。办理期房贷款楼盘 4 个。采用合作银行参与、灵活的扩面方法，督促重点企业与个私建立公积金制度，全年扩面净增人数 1614 人。推进政务服务 2.0 办理，通过“掌上办”和政务 2.0 系统，实现公积金缴存、提取“零跑腿”，全年政务 2.0 办件量 13717 件；开展数字化改革，推出贷款“不见面”场景应用。

【贷款“不见面”场景应用推出】 2021 年 7 月，公积金常山分中心贯彻市公积金中心贷款“不见面”应用场景，实现纯公积金和组合贷款申请、审批、合同签订、放款全流程网上办，形成贷款、提取、缴存全业务线上“零跑腿”业务闭环。群众可跨地域、跨部门“沉浸式”办理公积金业务，转变政务服务原线下办理模式。办事群众可以登录“浙里办”App，办理职工开户、缴存、支取、贷款等 30 项公积金业务，公积金业务办理从“最多跑一次”全面迈入“零跑腿”时代。截至年底，办理线上业务 43 笔 1376.9 万元，组合贷款 1555.4 万元。

【公积金服务向乡镇延伸】 2021 年，公积金常山分中心落实“县乡一体、条抓块统”改革，借助县农商银行在各乡村的 27 个网点及 189 个丰收驿站、邮政银行 2 个网点及 9 个邮政代办点，通过手机“浙里办”App 推广公积金掌上办业务。根据公共治理“县乡一体、条抓块统”工作部署，把 14 个乡镇（街道）便民服务中心作为公积金业务延伸点开展“就近办”服务。

【公积金业务改革创新】 2021 年，公积金常山分中心深化公积金一体化改革工作。联合安徽省黄山市、福建省南平市、江西省上饶市、福建省宁德市，开展“跨省通办”工作机制，推进公积金业务高频事项“跨省通办”。开展长三角住房公积金一体化战略合作机制，实现长三角地区公积金“一网通办”。推行多项业务协同“一件事”办理。会同相关部门，首批完成机关事业单位人员“一件事”、企业职工退休“一件事”、贷款提取“一件事”联办等改革工作。

【公积金增值收益竞争性存放】 2021 年 4 月，公积金常山分中心召开公积金增值收益资金竞争性存放项目招标会议，完成招标工作。工行、农行、中行、建行等 6 家合作银行参加此次竞争性存放竞标。评分标准和公告及方案经县财政局审阅，并发布公告等流程，本着公开、公平、公正、竞争、效益的原则，经过评委综合评定，工行、建行、农行和农商行 4 家合作银行中标。招标额 9044 万元，第一标的 3151 万元，第二标的 2459 万元，第三标的 2107 万元，第四标的 1327 万元。

【机关事业单位职工住房公积金补贴发放】 2021 年，老职工住房补贴发放 4.14 万元，发放 20 人；新职工住房补贴发放 121.05 万元，新增 407 人。

（黄海彤）

2021 年 4 月 23 日，常山县举办“县乡一体 条抓块统”改革工作推进会暨一支队伍管执法授牌仪式　　（县综合执法局　供图）

城市综合管理

【概况】 2021 年，常山县综合行政执法局（以下简称县综合执法局）围绕综合行政执法改革、城市精细化管理及执法队伍建设三大主题，抓好城市治理工作。结合“八个一”有礼指数测评要求，创新工作思路、健全联动机制，在城区推进噪声污染、车辆违停、犬类管理、门前“五包”、市容“十乱”、渣土运输、餐饮油烟等城市赋能攻坚行动，查处违停车辆 7000 多辆，扣押违停电动车 900 多辆，收容犬类 300 多只，清理“牛皮癣”28965 处，整治各类“十乱”不文明行为 8000 多起，促使签订门前“五包”承诺书 2006 家。推进有礼装卸规范点、公共停车位、流动摊疏导点的选点和施划工作。开展餐饮经营审批四部门联合踏勘、零担菜临时疏导点管理、“有礼粘贴板”安设等工作，根治油烟污染、马路市场、“牛皮癣”等问题，新增各类停车位 500 多个，规范整改油烟排放问题 60 多个，安设“有礼粘贴板”2000 多块，信访投诉量比上年下降 33.72%。推进餐饮油烟在线监测系统、犬类智能管理系统、人行道违停抓拍系统和机动车违停拖车等重点项目建设。以县社会治理中心执法协调模块为依托，全面归集、打通各系统的数据资源，实现预测预警、研判分析、指挥交办、信息反馈一屏统管，推动全县城市治理能力和治理体系现代化，实现油烟投诉比上年下降 67%，犬类收容量比上年增长 15.9%，城区车辆违停现象明显改善，渣土运输规范有序。全年办理普通程序案件 1778 件，比上年增长 576%，城市品质得到显著提升。

是年，县综合执法局在衢州市综合行政执法系统考核排名第一；牵头的“大综合一体化”行政执法改革工作成为省级试点；召开全省“大综合一体化”改革现场推进会，被评为 2021 年度有辨识度有影响力法治建设成果，并获 2021 年省“改革突破奖”银奖；被县委、县政府评为“干事创业好团体”，开展的狮子口征迁工作被县委、县政府作为执行“十条军规”较好典型予以通报并获得集体嘉奖；被评为浙江省数字城管工作先进集体、县党建示范点。

【"大综合一体化"行政执法改革】 2021年，县综合执法局坚持权责重赋、队伍重组、机制重构、平台重整，系统推进"大综合一体化"行政执法改革。拓展综合执法事项1605项，集中行使率达42.5%，将413项综合行政执法事项赋权7个中心镇街行使，变"跨级执法"为"属地执法"。全县行政执法队伍从14支精简至6支，并推进全县60%的行政执法力量下沉至镇街，破解基层"看得见、管不着"难题。打造县级行政执法统筹协调指挥平台，建成全省唯一的县域行政执法办案管理服务中心，实现县域"综合执法+专业执法+联合执法"高效运行。曾先后两次在全省"大综合一体化"现场会上做典型发言，获副省长高兴夫批示肯定并要求积极推广。

【城管委实体化运作】 2021年，常山县建立健全《城管委联席会议制度》《城管办实体化运作制度》《城管办工作事项交办制度》等系列工作机制，对城管委的组织架构、议事协调、监督考核、运行保障进行全方位迭代升级，助力城市管理效能提升。出台《常山县城市精细化管理"十大专项"行动方案》等专项整治方案，强势推进车乱停、车乱行、域外固废、灌装燃气、雷霆斩污、户外广告等20多个专项行动，对共享单车违停、老旧小区改造、垃圾分类、智慧停车、渡口未来社区建设等14个多跨领域的重难点问题开展集中研讨、当场交办。全年召开各类专题会议20多次，下发整改交办单35份，事项完成率、按时率均达到100%，"一体化"大城管工作格局基本形成。

2021年8月30日，常山县召开城市管理委员会全体会议

（县综合执法局 供图）

【行政执法队伍建设】 2021年，县综合执法局组织全县行政执法骨干前往省内高校开展专题培训，组织开设《行政执法大讲堂》和军事化大练兵，提升执法人员的业务能力和职业素养。创新开设线上《执法"云讲堂"》，实现专家讲座、经典案例、专业书籍等"扫码即学""随听随学"。全年开设各类培训班30多次，实现全县执法证持证上岗、军事化训练、公检法司"导师帮带"岗位练兵三个100%。

（何玲玲）

城投集团

【概况】 2021年，常山县城市投资集团有限公司（以下简称常山城投集团）负责实施的新建、续建重点项目42个，常山县文化博览中心项目、赵家坪四期农民集聚项目、未来驿站、美丽通道建设工程、辉何公路、两校融合项目、智慧校车、农村饮用水保障能力提升项目、常山县生态园区基础设施配套项目等一批重点项目高效推进，全年完成固定资产投资超25亿元，为常山城市、交通、水利等基础设施建设和民生事业发展贡献国企力量。实现营业收入16亿元，利润总额超亿

2021年5月12—15日，县综合执法局开展执法队伍“强基础、转作风、树形象”为主题的军训“大练兵”活动（县综合执法局 供图）

元。截至年底，资产总额164亿元，净资产69亿元，全年新增各类融资总额46.51亿元。

是年，常山城投集团智慧校车项目走在全省前列，获省、市、县领导批示肯定；常山城投集团档案室被评为浙江省示范数字档案室；高效处置“6·30”城区大面积停水突发事件、高效破解“美丽通道”资金瓶颈等6项亮点工作获“十条军规”正面典型通报。

【8亿元新型城镇化企业债获批】 2021年12月18日，以常山城投集团为发行主体的8亿元县城新型城镇化建设专项企业债券获国家发展和改革委员会注册通过。这是常山城投集团自2020年获批并成功发行15亿元公司债券以后，在资本市场直接融资方面的又一次重大突破，使常山县成为衢州市首个获批发行县城新型城镇化建设专项债券的县（市、区），也是省委、省政府确定推进山区26县跨越式高质量发展决策部署以来，山区26县中仅有的2个获批发行企业债券的县（市、区）之一，且获批发行额度最高。

【智慧校车运营】 2021年8月31日，常山城投集团下属城乡公交公司投资运营的智慧校车正式启用，走在全省前列。针对“智慧校车”项目，常山城投集团投入资金1亿多元，对8家城乡公交经营主体进行国有化改造，构建安全、便捷、高效的公交运营新体系，形成“衔接城市、畅通镇街、覆盖乡村、对接高铁、直达景区”的全域公交网络格局，并按照“定时、定线、定点、定员、定车”原则，合理规划专用智慧校车运行线路，确定接送学生次数，规划运行路线51条，接送服务惠及全县20所学校、4000多名学生。

【常山县赵家坪四期农民集聚工程】 常山县赵家坪四期农民集聚工程是常山城投集团与央企EPC合作的首个项目，总投资8.34亿元，建成20幢高层建筑。2021年12月28日，完成全部高层住宅主体结构封顶。该工程全面完成后，新增安置房面积约20万平方米，可安置农户1088户。

【常山县文化博览中心项目】 常山县文化博览中心项目是常山县最大的公共文化设施项目，总投资约5.7亿元，由常山城投集团发行企业债融资建设，将建设博物馆、档案馆、城市规划展示馆、传媒中心、文化中心（简称三馆两中心），总建筑面积约6.98万平方米。截至2021年年底，约完成总工程量32%。其中，传媒中心4层楼面浇筑完成，规划馆3层楼面完成，档案馆3层楼面完成，博物馆2层楼面完成50%，文化中心地下室桩基完成。

【两校融合项目】 两校融合项目（即常山县职业中专和常山技工学院项目）是职业院校发展和产业

布局深度融合的代表，总投资约9.7亿元，占地260多亩，由常山城投集团下属子公司常鸿建工公司承建，计划于2022年7月完工并投入使用，其中常山技工学院部分由常山城投集团融资5亿元建设。截至2021年年底，完成常山县职业中专一期主体建设工程及常山技工院校教学楼、实训楼、男女生宿舍楼、食堂、后勤楼及行政楼主体建设工程。

【常山县辉何公路项目】 该项目是常山县首个EPC模式的交通项目，由常山城投集团建发公司建设。项目全长12.716千米，按双向四车道一级公路标准建设，总投资约8.47亿元。项目建成后，可将205国道、351国道、320国道、221省道、常辉线等公路串联成网，加强城东新区、新都工业园区、绿色产业集聚区常山片区、辉埠新区、衢九铁路辉埠货运站、常山江辉埠作业区之间连接，打造便捷通道，促进全县区域经济发展。截至2021年年底，完成桥梁总进度62.1%，路基进度59.42%，总体形象进度47.54%，全年完成投资20002万元。

【浙赣省际未来驿站建设项目】 该项目是构建两省开放发展大通道、完善省际衢饶示范区基础设施配套的一项重点工程。计划总投资2亿元，用地面积约52亩，布局能源驿站、物流驿站、旅游驿站、展示中心的由城投集团建发公司建设、常鸿建工公司负责施工。2021年11月22日，浙赣省际未来驿站建设项目顺利结项。

（宁旭刚）

常山农投集团

【概况】 2021年，常山县农村投资集团有限公司（以下简称常山农投集团）下辖15个全资子公司、3个控股子公司、1个参股子公司（其中实体化运营6家，未实体化运营14家）。一级子公司10家（浙江常山旅游发展投资运营有限公司、常山县泰安矿产经营有限责任公司、东海常山木本油料运营中心有限公司、浙江柚见科技有限公司、常山县生态资源管理有限公司、常山县农发建设工程有限公司、慈溪市慈常飞地企业管理有限公司、宁波市慈常科创飞地企业管理有限公司、常山县汇聚油茶产业发展有限公司、常山县宋诗之河城市更新建设发展有限公司）、二级子公司8家、三级子公司1家。运营及谋划10个业务板块，即项目代建、全域土地整治、旅游、矿产资源、农产品开发销售、地产、新能源、康养、教育、乡村振兴。

2021年，常山农投集团开展重点项目40个，项目总投资154.97亿元（其中实施类项目23个，总投资81.57亿元；谋划类项目17个，总投资73.4亿元）。退散进集工作完成27家企业协议签订，补偿款共计1.46亿元。完成合利五金、康辉纺织、永兴纺织等8家企业土地复垦工作，复垦面积322.67亩。光伏小康二期民生扶贫项目总装机21兆瓦全部完成验收且并网发电，每年可产生效益1860万元，补助全县65个省级重点帮扶村。总长2.5千米的“金川之夜”常山江一江两岸夜游基础设施项目2021年4月完成全部内容建设并通过验收。芳村农民集聚工程2021年6月完成竣工验收，招贤农民安置区首启区块2021年11月完成主体结顶，推动城乡一体化进程，改善农民住房条件和住房环境。辉埠镇生态整治及修复一期工程、蓝天三衢生态治理工程二期项目共复垦土地810亩，改建道路10888米。完成旧城改造东淤、沙洲片区旧房拆除工作和未来社区一期邻里中心、展示中心建设和渡口小区、清河街外立面改造施工。牵头开展中国观赏石博览园项目重整工作，引进浙江众铄以资产重整模式全面接盘石博园一期，并同步开发建设第二、第三功能区，有效化解巡视整改、特色小镇命名验收等问题。全产业链打造“两柚一茶”（即胡柚、香柚、油茶）产业，全过程把控和提升常山胡柚品质。“柚见80+”常山胡柚宣传短片在中央电视台财经频道、国际频道、国防军事频道等多个央视频道播出。打造“一份常礼”农产品公共区域品牌，成功申请“柚见 80+”“双层礼盒”“伴手礼盒”“方形礼盒”“条形礼盒”5 款包装盒专利。与杭州胡庆余堂合力研发“庆余常山胡柚膏”。参与市场化拍地，做大做强国有资产，2021 年 5 月以 5.57 亿元成功竞得阳光名都北侧地块，11 月以 5.4 亿元成功竞得渡口未来社区新建地块。介入帮扶赛得健康小镇项目，投资建设小镇医院和健康管理中心，极大缓解投资主体资金压力，扭转舆论，增强企业发展信心。推进常山“两山银行”建设，获第一批省数字政府重点应用项目建设主体资格。举行常山县“两山银行”碳达峰碳中和业务暨“低碳生活·一路同行”主题活动启动仪式，常山“两山银行”分别与常山南方水泥有限公司、常山江山虎水泥有限公司 2 家水泥企业签订原煤有偿使用交易协议，“两山银行”的第一笔碳达峰碳中和业务实现成交。

是年，常山农投集团获得国内权威评级机构 AA 主体信用评级，正式取得资本市场上的“通行证”。泰安公司被评为浙江省“AA 级守合同重信用”企业。梅树底景区、三衢石林景区创建市级无废景区。常山“两山银行”改革工作入选中国创新发展典型案例、浙江省数字乡村“先锋榜”、全省数字化改革门户优秀应用，先后获浙江省改革突破奖、衢州市政府特别奖等奖项。

【首届“两山银行”学术研讨会召开】 2021 年 5 月 7 日，首届“两山银行”学术研讨会在常山县召开，会上介绍和评估全国、全省“两山银行”发展态势，现场考察“两山银行”常山实践情况，宣传推广先进经验，研究“两山银行”未来发展问题和走向，促进乡村振兴和农业农村现代化，推进共同富裕先行示范。30 多名省内外专家学者为常山“两山银行”发展建言献策，县委书记潘晓辉作主题报告。

【乡村振兴特色产业园项目】 2021 年，常山农投集团完成油茶产业综合体项目建设，“常山三宝”文化展示中心、精品农产品展销中心、“乡村云脑”于 2021 年 5 月开馆启用；园区公共服务中心“两山银行”总部、共享食堂、科创孵化中心于 2021 年 7—9 月完成建设并启用；油茶检测检验中心于 2021 年 12 月完成建设并启用；园区生活性服务中心于 2021 年 12 月完成规划方案设计，促进产业园整体设计的闭环。

【全域土地整治项目】 全域土地整治蓝天三衢二期项目于 2021 年 11 月完成竣工验收，各区块按设计要求实施到位。辉埠生态整治及修复工程一期于 2021 年 11 月完成施工，12 月完成全部区块的竣工验收。青石镇、招贤镇全域土地整治项目克服政策处理困难，加班加点、全力争抢进度，至 11 月底，青石镇流转土地 1400 亩交付建设，招贤镇流转土地 1700 亩交付建设。

2021 年 5 月 6—7 日，首届“两山银行”学术研讨会在常山县召开
（李欣宁 摄）

【推进分布式光伏开发利用】 2021年，常山农投集团加快推进分布式光伏开发利用，优化能源消费结构，对全县14个乡镇（街道）进行摸排，摸排地面光伏20处，摸排面积5568.5亩，预计可用面积253亩；摸排屋顶光伏368处，摸排面积463672.33平方米，预计可用面积123382平方米。计划“十四五”规划期间，在全县可利用机关、企事业单位、学校、农房屋顶建成300兆瓦的光伏发电规模，年发电收益可达1.2亿元。

【常山“两山银行”首家乡镇支行挂牌成立】 2021年8月3日，常山“两山银行”首家乡镇支行——同弓支行正式挂牌成立。这是衢州首家落地乡镇的“两山银行”，进一步延伸常山“两山银行”业务触角，更加充分地盘活乡村“绿水青山”资源。

【国资介入支持赛得健康小镇项目建设签约仪式】 2021年4月3日，常山农投集团与赛得健康集团在赛得健康小镇举行国资介入支持赛得健康小镇项目建设签约仪式。农投集团全力协助赛得健康集团加快推进小镇建设和运营，共同将赛得健康小镇打造成为国内健康养老和健康管理领域示范引领性项目。

（黄伟康）

自然资源·环境保护

Natural Resources and Environmental Protection

自然资源

【概况】 2021年，常山县耕地实有面积18.42万亩，新一轮永久基本农田划定面积16.18万亩。全县矿山总数21个，主要矿产资源有水泥用灰岩、萤石、叶蜡石、饰面用板岩、制灰用灰岩、水泥配料用页岩、水泥配料用砂岩、砖瓦用页岩、普通建筑用石料、建筑用辉绿岩、花岗岩。其中，石灰石、石煤、萤石资源量居浙江省前列，叶蜡石为全省四大产区之一。主要矿查明资源量：石灰石62766万吨，石煤47138万吨，萤石矿1028万吨，叶蜡石403万吨。全年完成土地供应94宗，面积5400.28亩。其中，出让土地42宗，面积1476.38亩，出让金收益34.1607亿元，比上年增长79.35%；划拨土地52宗，面积3923.9亩。县资规局科学编制《2020年度耕地保护补偿方案》，发放2020年度耕地保护补偿资金1272.7万元，推进耕地保护和农田修复。推进农村建设用地复垦项目后期管护整改工作，1200多亩城乡建设用地增减挂钩节余指标成功调剂，收益达18.86亿元，比上年收益超出71.4%。将沪昆高速常山服务区综合体项目包装为"常山县乡村振兴特色示范区"。110多亩永久基本农田顺利调整，用地保障取得关键的阶段性成果。先后领衔包干东淤片区征迁、钱塘江治理一期（枧头区）征迁、江滨片区征迁、开发区提质转型、危旧房改造选房5个全县攻坚项目，全部完成目标任务。

是年，县资规局被评为乡村振兴改革创新及亮点工作优秀单位、扫黑除恶专项斗争工作突出贡献集体，全域整治工作获省政府督查激励。举办钱塘江源头区域山水林田湖草生态保护修复工程试点现场会、全省全域整治现场会分会场等活动。

【建设项目用地保障】 2021年，县资规局争取各类新增建设用地计划指标3213.09亩，其中省级预留新增建设用地计划指标2165亩，农民建房专项指标144.84亩，省级下达新增建设用地903.25亩。完成何辉公路、常山港治理二期2个省级以上重点项目用地报批工作，保障渡口未来社区、新昌元坳康养项目、石博园三期、定阳北路延伸工程、生态园区等一批县级重点项目用地。

【不动产登记】 2021年2月，常山县不动产登记中心系统升级改造完成，二手房转移登记与抵押登记实现集成网办，全年办件358件。推进商品房首次登记、公证、司法拍卖、融资担保、企业不动产登记和二手房交易6个"一件事"改革，推广不动产权电子证书（证明），新建商品房首次登记均发放电子证书，抵押登记、预告登记均发放电子证明，全年发放不动产登记电子证明6729份、电子证书6497份；窗口办理不动产登记业务21890件，其中抵押登记3034件，查（解）封登记1075件，预告登记2964件，商品房转移登记3412件，二手房转移登记1751件。

【全民所有自然资源清查】 2021年，根据浙江省自然资源厅《关于开展全民所有自然资源资产清查工作的通知》《浙江省全民所有自然资源资产清查实施方案》的通知，县资规局开展常山县全民所有自然资源清查工作，对全县的土地、矿产、森林、水、湿地等资源进行实物量和价值量的清查，截至年底完成全县价格体系的建设以及实物量的阶段性清查工作。

【自然资源统一确权登记】 2021年，根据常山县自然资源统一确权登记三年行动计划，开展黄泥塘"金钉子"地质遗迹省级自然保护区和紫竹山省级森林自然公园自然资源统一确权登记工作。配合省自然资源厅开展三衢国家森林公园自然资源统一确权工作，完成公告登簿前准备工作。

【全域土地整治和土地开发】 2021年，县资规局完成垦造耕地

2021年8月26日，钱塘江源头区域山水林田湖草生态保护修复工程试点现场会在常山召开　　（县资规局　供图）

项目2009亩；完成旱改水568亩；完成农村土地综合整治及建设用地复垦面积796亩，新增耕地面积692亩。6月，常山县在2020年度全省各县（市、区）全域土地综合整治与生态修复绩效评价中排名第三，获得省政府督查激励奖励，得到建设用地计划指标100亩。11月，辉埠镇全域土地综合整治项目作为生态修复和矿地综合利用典型案例入围全省全域土地综合整治现场会考察点。同弓乡全域土地整治一期基本完工，实现垦造耕地1276亩，旱改水417亩，耕地质量提升1293亩；二期完成土地整治范围内2000亩的土地流转，施工区块1300亩开工建设。青石镇、招贤镇的全域土地整治项目开工建设，计划垦造耕地21342亩，旱改水4164.78亩。2021年，建设用增减挂钩节余指标调剂1201亩，获得调剂资金18.016亿元；获得省级灾毁补助资金2495万元，该项补助排名全省第一。

【"十类地"盘活处置】 2021年，县资规局完成省级下达批而未供消化任务1099.28亩，完成率达169%；完成市级下达批而未供消化任务3909亩，完成率达217.2%；完成市级下达存量土地利用任务1504.36亩，完成率达150%；完成低效用地再开发任务573亩，完成率达163.7%；建设用地复垦977亩，完成率达514.2%。"十类地"综合处置任务完成情况在全市各县（市、区）排名第一。

【地质灾害防治】 2021年，县资规局完成1∶50000全县地质灾害风险普查，完成大桥头乡、天马街道1∶2000地质灾害风险调查评价，更新地质灾害风险防范区132处，威胁446户1571人；全年完成地质灾害综合整治14处，其中工程治理10处、避让搬迁4处；做好汛期地质灾害防治，及时发布地质灾害预警预报30次、短信23521条，发生险情14起，无人员伤亡。

【矿产资源开发利用】 2021年，县资规局完成矿产资源"十四五"规划编制。通过公告方式注销5家采矿权过期的矿山企业，矿山总量从26个缩减为21个，对常山县青石板材有限公司等3个企业到期矿山约定一次性延续。推动紫晶矿业智能化绿色矿山试点建设工作。开展辉埠区域环境系统整治提升工程、芳村镇大山石煤矿复垦工程，提升区域生态环境，增强土地资源保障能力，全县新增矿山恢复治理面积345240平方米，居全市第一位。

【"山水林田湖草"生态修复】 2021年，常山县山水林田湖草生态保护修复试点工程对实施方案进行调整，调整后试点项目重点工程有6个大类19个，总投资34.497亿元，其中中央资金5亿元。工程建设完成并通过验收的重点项目有13个，累计完成投资31.5亿元，拨付资金26.0444亿元，其中中央资金拨付4.5531亿元。8月26日，钱塘江源头区域山水林田湖草生态保护修复工程试点现场会在常山召开。

【"大棚房"整治和扫黑除恶专项行动】 2021年，县资规局排查并上报2个"大棚房"问题，共涉及面积5亩，全部分类处置到位。加大对涉黑涉恶线索排查，全年收到涉黑线索1条并核查完毕；发放扫黑除恶宣传手册2000多份，悬挂横幅300多条，粘贴扫黑除恶公告600多份并制作宣传展板放置重点场所，推进扫黑除恶专项斗争。对自然资源领域涉土涉矿违法行为采取高压态势，全年开展巡查385次，立案调查66件，行政处罚52件，罚没金额185万元，没收和拆除违法用地8万余平方米，查扣盗采设备（挖机、铲车）10台次。

【测绘管理】 2021年，县资规局完成常山县1∶500村庄地形图补测，在农村地籍图基础上进行全要素1∶500地形图修补和测量，地形图新测及一级GNSS RTK控制测量工作。完成天地图常山数据更新融合，包括电子地图数据集1个，POI数据集1个，更新面积150平方千米，涉及14个乡镇街道。完成常山县基础测绘1∶2000-DLG数据更新，在2021年度完成100平方千米的1∶2000比例尺数字线画图全要素更新。完成常山县GNSS-D级网升级改造项目，通过对破坏的点进行填埋并测量，完成D级网升级改造工作。完成常山县部分主域区倾斜摄影实景三维建模项目，建设41.32平方千米的三维实景模型数据与系统平台，包括建成区面积约25.15平方千米，影像分辨率优于0.03米，非建成区面积约16.17平方千米，影像分辨率优于0.08米，搭建系统平台满足距离、高程及面积测量等常规三维测量功能。完成常山县统一网格地图绘制和标准地址库建设项目。

【信访办理】 2021年，县资规局办理各类信访件142件。其中，来信类39件，来访类9件，来电类25件，网上投诉类69件；省级及省级以上信访部门转办件56件，市级信访部门转办件3件，同级别信访部门转办件83件。省自然资源厅交办的徐高胜信访积案成功化解，市级交办的黄芳信访积案件在化解中。主要涉及失土保险、全域土地整治、违法用地（采矿）、农房办证等方面的投诉举报。全部信访事项均根据信访投诉分类处理要求进行依法分类处理，分流信访工作压力，全年信访按期受理率、按期办结率、满意率均达100%。

（汪晨秀）

环境保护

【概况】 2021年，衢州市生态环境局常山分局推进治水、治气、治土污染防治三大攻坚战。加强"污水零直排区"建设，对5个工业园区开展"回头看"，全面完成33个问题整改工作，协助生态工业园区通过"污水零直排区"省级评估；完善饮用水水源地隔离防护网、保护标识牌等设施建设和4个暗访检查问题整改，编制常山港、芙蓉水库饮用水水源地优化调整方案。完成2家企业的工业炉窑废气治理，8家企业VOCs源头替代和深度治理，4家化工企业LDAR检测、修复。完成3条水泥熟料生产线窑尾精准脱硝改造和2家水泥粉磨站无组织排放改造。完成131家规模以上企业工业碳账户数据采集设备的安装工作。完成常化时庆风险管控项目主体工程，并投入试运营。完成173家涉危险废物产废单位申报工作。开展"无废城市"创建工作，制定《常山县"无废城市"建设攻坚方案》，完成5个"无废城市"创建项目申报。规范产废单位管理，10家单位纳入土壤重点监管范围，206家涉危险废物产废和年产生50吨及以上一般工业固废企业实施网上注册，全县70家产废企业安装视频监控与市生态环境局智慧环保联网，122家小微产废企业（指年产生3吨以下危险废物的企业）全部纳入统一收运体系。健全环境应急事件处置方式，开展18家企业应急演练，完成36家企业应急预案备案。

2021年，县域主要地表水体和集中式饮用水水源地水质100%符合要求，出境水Ⅰ类水天数占比达44.1%；城区环境空气质量优良天数360天，优良率达98.6%，城区 $PM_{2.5}$ 年均浓度为26微克/米^3，创2014年监测以来的新低。

2021年4月22日，召开全县"无废城市"创建"五报五查管控"危废治理暨环境问题排查百日攻坚行动部署会（江晨霞 摄）

是年，常山县被评为浙江省第三批清新空气示范区、第五批省级生态文明建设示范县。衢州市生态环境局常山分局被评为全国第二批生态环境损害赔偿磋商典型案例办案单位、浙江省生态环境保护执法大练兵表现突出县级集体。

【环保督察】 2021年，市生态环境局常山分局推进第二轮中央环保督察反馈问题整改工作，共计27件信访件、9个反馈问题需要整改，全年完成27件信访件、5个反馈问题的整改销号工作，其余4项按时间计划推进，其中针对生态园区整治工作实施地下水污染管控工程（一期）项目，开展企业场地溯源详调。做好第二轮省委生态环保督察迎检工作，省委环保督察交办信访件涉及常山6件，专项调阅资料9块22个方面内容，均反馈上报。

【环境执法行动】 2021年，市生态环境局常山分局开展"百日攻坚"、"零点"执法行动、"雷霆斩污"2.0等专项环境执法行动，查处环境违法行为29起，罚款230多万元。发生各类环境信访问题161件，比上年（166件）下降3%，处理率达100%，环境信访实现"七连降"。牵头办理的常山县某公司违规堆放危险废物生态环境损害赔偿案入选生态环境部"第二批生态环境损害赔偿磋商十大典型案例"。

【固废处置】 2021年，市生态环境局常山分局创新推广固废处置"一件事"集成改革，梳理出27套跨部门、跨层级系统，制定《常山县固废（非法倾倒）处置一件事协同机制》，形成生态环境部门牵头、责任部门主查、业务部门协查、乡镇部门同查的扁平化执法模式。全年查处非法倾倒固废案件5件，比上年下降37.5%，非法倾倒固废发生率比上年下降11.1%。

2021 年常山港各断面水质监测结果统计表

表 11

单位：毫克/升

断面名称	溪东断面	枧头断面	富足山断面	招贤断面
高锰酸盐指数浓度范围	1.0~1.4	0.9~2.1	1.0~1.9	1.2~1.9
高锰酸盐指数平均浓度	1.2	1.4	1.5	1.6
氨氮浓度范围	0.051~0.228	0.034~0.297	0.033~0.417	0.048~0.194
氨氮平均浓度	0.128	0.140	0.128	0.122
总磷浓度范围	0.01~0.03	0.01~0.04	0.01~0.05	0.01~0.04
总磷平均浓度	0.02	0.03	0.03	0.03
目标水质	III类	II类	III类	III类
现状水质	I类	II类	II类	II类

2021 年常山县城区环境空气质量统计表

表 12

单位：毫克/米 ^{3}

项　目	测值范围	平均浓度	特定百分位数浓度
二氧化硫（SO_2）	0.003~0.022	0.006	0.014
二氧化氮（NO_2）	0.005~0.061	0.026	0.052
可吸入颗粒物（PM_{10}）	0.007~0.204	0.048	0.096
细颗粒物（$PM_{2.5}$）	0.004~0.091	0.026	0.052
臭氧（O_3）	0.021~0.16	—	0.112
一氧化碳（CO）	0.4~2	—	1

说明：臭氧为最大 8 小时浓度，二氧化硫、二氧化氮为第 98 百分位数；可吸入颗粒物、细颗粒物、一氧化碳为第 95 百分位数；臭氧最大 8 小时浓度为第 90 百分位数

（王雪纯）

综合管理与监督

Integrated Management and Supervision

发展和改革

【概况】 2021年，常山县发展和改革局（以下简称县发改局）加强全县性重大建设规划编制，推进投资项目建设，强化项目保障，推动产业转型升级，保障能源领域安全，聚焦全面深化改革，推动高质量发展。

【重大建设规划】 2021年，县发改局制定印发《常山县国民经济和社会发展第十四个五年规划和二〇三五年远景目标纲要》，分解落实“十四五”规划纲要任务。组织推进20个专项规划编制，发布9个专项规划，形成送审稿11个，加快推进长三角一体化建设，颁布实施《常山县战略融入长三角区域一体化发展行动计划（2020—2025年）》。推动浙赣边际合作（衢饶）示范区建设，浙赣省际未来驿站能源驿站即将投入运行，球川轴承小微产业园新落地5个产业项目，总投资超过2.5亿元。推进共同富裕示范区建设工作，编制印发《常山县高质量发展建设共同富裕示范区行动计划（2021—2025年）》。完成《常山县跨越式高质量发展调研报告》《常山县跨越式高质量发展五年行动计划（2021—2025年）》并上报省发改委。研究确定“两柚一茶”和高端装备零部件两大主导产业，其中“两柚一茶”产业被列为山区26县“一县一策”，由省农业农村厅牵头编制专项支持政策文件。衢黄铁路列入《长江三角洲地区多层次轨道交通规划》远期规划项目。

【投资项目建设】 2021年，县发改局推行投资项目分阶段“一次性”申报、联合审批工作制度、“标准地+承诺制”、容缺后补受理机制、全程代办服务制5项创新制度，县内项目审批实现一般企业投资项目开工前审批“最多50天”、政府投资项目“最多60天”、企业投资“最多80天”。探索开展企业投资低风险小型项目审批“最多15个工作日”改革，形成1个案例。召开项目问题协调联席会议14次，协调问题150多个，累计下发交办单106份，开展督查7次，覆盖全县179个重点项目。年度重点项目开工165个，146个项目入库出数；2个省（市、县）工程项目开工入库，投资完成率均值超过10%；5个省重点项目，完成投资8.8亿元，完成年度投资的125%；97个市重点项目，全部开工建设。全县政府投资、国有投资、民间投资，分别完成投资13.6亿元、17.5亿元、26.4亿元。全县项目谋划储备300多个，完成年初制订的“力争全年新增谋划高质量亿元以上重大项目100个”的目标。

【重点项目保障】 2021年，县发改局争取到公铁路衔接型综合客运中心项目等3个项目地方政府专项债券1.2亿元；城南小区道路及配套工程列入浙江省保障性安居工程2021年第二批投资计划，争取到中央资金2782万元；GEP核算、璞信古道项目建设争取到诗路文化带资金471万元；钱塘江中上游常山江（辉埠—双港口）航电枢纽项目、常山县中医医院医共体设备装备提升工程纳入2022年省公共建设投资项目清单，分别获得1000万元和300万元补助资金。3个项目列入浙江省重点项目盘子，33个项目列入浙江省“六个千亿”产业投资工程2021年实施计划，总投资310.9亿元。渡口未来社区列入2021年浙江省未来社区创建名单，天子股份鲜活农产品全程冷链供应链骨干基地入围首批浙江省冷链物流骨干基地公示名单，常山果蔬冷链物流园入围首批浙江省冷链物流园区。

【产业转型升级】 2021年，县发改局指导部门、乡镇系统推进企业营收、数据统计工作，做到应统尽统。2021年实现服务业增加值93.9亿元，比上年增长8.8%，排名全市第三；规模以上服务业企业营业收入50亿元，比上年增速30.5%；月度新增企业5家，全年带来营收增量约6000万元。规范转供电环节加价行为，督促转供电企业落实电价降价政策，为浙西建材市场、世贸商城驻场商家排忧解难，确保降价成果真正惠及终端用户。全年兑现各类奖励资金6000万元，其中总部经济政策预兑现5500多万元，60家石文化企业获奖147.18万元，27家企业获服务业高质量发展奖励114.8万元。

【能源安全保障】 2021年，县发改局入选省级首批低碳试点县综合类创建名单，创新推进“两山银行”碳汇产品，向南方水泥、江山虎水泥2家企业有偿出让1万吨原煤使用指标。推进全国整县屋顶分布式光伏开发试点工作，加快地面光伏电站项目决策、用地、用林审批速度。截至年底，全县实际完成并网发电装机容量为1.55万千瓦，大桥头乡100兆瓦“农业+新能源”项目有序实施。全年煤炭消费58.12万吨，完成省市下达的“减煤”目标任务。万元GDP能耗降低率达3.8%，全社会能耗143万吨以内。降低企业用能成本。清理规范供水供电供气行业收费，降低企业用电用气成本；下调大工业销售电价，全年为企业节约用电成本2377万元。

【全面深化改革】 2021年，县发改局牵头全县数字社会系统建设，“常山阿姨”“融慈善”等多跨场景应用数据已接入门户并实现动态更新，“慢城通”“医触即办”上架“浙里办”平稳运行；留守儿童呵护、数字化居家养老协同应用和家政数智服务平台多跨场景列入全省数字化改革“三张清单”S0版本；校外培训机构监管入围省第二批揭榜挂帅榜单；老年护理员职业生涯一件事、留守儿童呵护和气象指数保险智能速办入围省级试点，渡口未来社区数字社会教育场景列入省教育厅第一批先行建设单位。深化大花园典型建设示范县创建，围绕生态治理、全域旅游、机制改革等方面，推进招贤小学“保护母亲河环保社团”、县“大综合一体化”改革、县全域土地综合整治与生态修复等大花园示范县建设各项重点工作。编制《常山县生态产品价值实现实施方案（2021—2023年）》，推进覆盖全县所有乡镇（街道）范围的GEP核算和“两山银行”项目级GEP核算试点工作，探索核算成果进规划、进考核、进政策、进项目。首届“两山银行”学术研讨会发布《“两山银行”常山模式》。成立“两山银行”同弓、新昌支行，深入推进“一县一品一标准地”生态产品价值实现机制探索。在全市率先上线常山“两山银行”生态云脑，并列入第一批数字政府系统“一地创新、全省共享”项目建设名单。在全市率先开展生活垃圾处理收费工作，探索计量收费、差别化收费、超量加价收费制度。

【入围首批省级低碳试点县创建名单】 2021年7月21日，省发展改革委公示全省第一批低碳试点县创建名单，共确定产业低碳转型类、低碳能源发展类、碳汇能力提升类、综合类四大类共11个试点单位。常山县作为综合类试点县入围，是衢州市唯一入围的试点县。常山县加快经济社会低碳转型，单位GDP碳排放逐年下降，单位GDP能耗累计下降达17.73%，在开展低碳试点县方面具有基础优势。

【常山县列入全国整县光伏推进试点】 2021年9月，常山县列入全国整县光伏推进试点。开展可建光伏资源调查，组织供电、开发区、农投等相关单位上门走访、现场查勘可建光伏资源。组织相关工程人员对26个项目进行现场查勘（屋顶面积约18.50万平方米，可装机容量约15兆瓦），其中3个项目开展方案确定及可研编制工作。

【入围第一批省数字政府系统“一地创新、全省共享”应用项目建设主体名单】 2021年10月23日，省数字政府建设专班发布第一批数字政府系统“一地创新、全省共享”应用项目建设主体名单，常山县获得“两山银行”应用项目的建设主体资格。第一批14个数字政府系统“一地创新、全省共享”应用项目，共有51家建设主体参与竞争。经过牵头责任主体初审、专家组评审和公示等环节，最终确定24家建设主体承接项目建设。

【安能·常山众卡产业园列入省物流园区提质增效试点】 2021年11月9日，省发改委发布《2021年度物流创新发展试点名单的通知》（浙发改服务〔2021〕395号），常山县安能·常山众卡产业园列入全省物流园区提质增效试点。

（徐郑瑶）

营商环境建设

【概况】 2021年，常山县营商环境建设办公室（以下简称县营商办）围绕省、市改革工作要求，坚持以“放管服”改革为牵引，以数字化改革为契机，持续优化营商环境、提升政务服务能级、深化信用体系建设，扎实推进企业社区化网格化服务、营商环境“清障”行动等重点工作，为助推全县高质量发展提供良好环境。深化项目并联审批机制，实现中介服务前移，部门内、部门间高效协同，服务业项目从取得土地到开工全流程审批服务时间从原来269天缩短到227天（包括公示时间108天）。实行简易注销，公告时间由45天压缩至20天。推行“十税合一”综合改革，推进城镇土地使用税、房产税、车船税等10个税种一次提交，分税办理。开展信用基础数据修正，修正行政许可和行政处罚错误信息、统一社会信用代码一码多赋、重复及错误问题。开展“双随机、一公开”监管，实现事项覆盖率达100%，抽查任务完成率达100%，跨部门监管率达27.42%，信用规则应用率达94.13%。“信用乡村智治综合应用”子场景进入全省数字法治重大应用建设清单。深入推进“信易贷”工作，2021年度本地企业通过信易贷平台实现融资49.61亿元，平均贷款利率达5.55%。

是年，县营商办在全省26县2020年度全面深化改革（“最多跑一次”改革）考核中列第四位。县营商办机关党支部被衢州市委评为先进基层党支部，县营商办被县委、县政府评为服务发展示范集体，被县委办公室、县政府办公室作为“执行‘十条军规’典型事项”通报表扬2次。

【全国行政备案规范管理改革试点工作】 2021年6月28日，常山县入选全国行政备案规范管理改革试点。为顺利推进改革试点工作，县营商办制定《常山县行政备案规范管理改革试点实施方案》，组织县级各有关单位按照标准化、情形化要求，梳理县市场监管局、县交通运输局、县住建局等24个部门333项备案事项清单，编制办事指南，强化部门间沟通，统一办事标准、方式，推进行政备案事项“一网通办”，探索行政备案“无感智办”。

【推进数字政务服务】 2021年，县营商办推进“互联网+政务服务”，政务服务2.0版实现县、乡、村三级全覆盖，政务服务2.0平台收件量364384件，单事项占比达标率达86.26%。许可事项承诺时限压缩比达98.95%，即办率达94.2%，跑零次率达99.7%，在全市率先完成市定目标值。深化“政企通”与“企业码”深度融合，完成企业码常山县本级专区建设。“政企通”累计受惠企业数1341个，累计兑现资金3.12亿元，平均流程数1.32个。深入推进“信易贷”工作，全年“衢融通”平台为常山县606家企业提供信贷49.61亿元，平均贷款利率达5.55%，“信用换信贷”平台为小微企业融资1.46亿元。

【“组团挂联”服务企业】 2021年，县营商办创新构建“产业+行业+属地”的“组团挂联”服务企业新机制，建立“1+35+69+N”（即1个中台、35个社区、69个网格、N个专业小分队）服务企业体系，将全县300家重点企业划分为35个企业社区。制定并完善问题收集、问题管理等工作制度，定期召开联席会议分类研判，每周跟进问题协调解决情况，对问题解决情况实行销号管理，对久拖不决问题开展专项督查。聚焦重点产业、行业，编写调研分析专报，精准分析产业发展现状、发展前景、帮扶方向，协助相关部门研究出台精准扶持政策，助力产业高质量发展。在《今日常山》上推出服务企业专题报道 18 期，相关经验做法被《衢州日报》报道 3 篇，被衢州市服务企业工作简报采用 1 期；企业反映的 307 个问题，问题解决率达 100%，企业回访满意率达 100%；形成产业、行业调研报告 18 篇，在此基础上汇总编写 10 篇《重点产业发展专报》上报县委、县政府为决策提供参考，其中电子信息产业分析报告获县政府主要领导批示。

2021 年 7 月 23 日，常山县营商环境“清障”行动暨企业服务工作推进会召开　（县营商办　供图）

【营商环境“清障”行动】 2021 年，县委、县政府印发《常山县营商环境“清障”行动工作方案》和《关于建立营商环境“清障”行动工作机制的通知》，成立营商环境“清障”行动领导小组和专项督导组，领导小组办公室设在县营商办。县营商办对照优化营商环境 30 条负面清单，牵头推进政策兑现、经济秩序、执法监管、政务服务、企业服务机制、干部作风六个重点方面的清障行动。制定《常山县 2021 年营商环境建设实施方案》《常山县贯彻落实 2021 年全省深化“放管服”改革重点任务分工方案的任务分解表》等文件，建立五大环境专委会，签订营商环境责任书，交办 25 项 128 条工作任务，18 个指标的牵头部门制定《年度攻坚方案》，落实情况实行“一月一报送，一月一汇总”。10 月 27 日，提请县政府印发《常山县营商环境“清障”行动全流程工作机制》，建立问题线索收集、问题处置、全过程监测、总结提升、舆论监督等制度，建立问题清单，实行销号管理。全年销号办结 25 个清障问题，回访满意率为 98%。

【营商环境便利化改革】 2021 年，县营商办深化项目并联审批机制，服务业项目从取得土地到开工全流程审批服务时间从原来 269 天缩短到 227 天（包括公示时间 108 天），实现减材料、减时间、减流程。推行简易注销，公告时间由 45 天压缩至 20 天，注销效率进一步提升。全面推行“十税合一”综合改革，推进城镇土地使用税、房产税、车船税等 10 个税种一次提交，分税办理。

【公共场所“五化”提升】 2021 年，县营商办推进 9 类公共场所“五化”（即便利化、智慧化、人性化、特色化、规范化）服务提升工作，指导各牵头单位制定落实“五化”提升实施方案，落实落细提升举措。全年斥资 6000 多万元改造提升 184 处公共场所。其中，大东门农贸市场通过公共场所“五化”服务提升省级验收；东方商圈引入数字价签，实现对不同折扣的价签精准调控；在全市率先实现“一卡通”文旅场景应用，全县A级景区实现可凭社保卡（电子社保卡）预约、购票、入园。常山县推进城乡“厕所革命”被评为2020年度浙江省改革创新优秀实践案例。

（郑小琴）

公共资源交易监理

【概况】 2021年，常山县公共资源交易监督管理办公室（以下简称县监管办）以数字化改革为牵引，推进全县公共资源交易全流程电子化，持续优化权限招投标领域营商环境，推动行业工作质量提升。推行“容缺后补”“并联审批”招投标行政审批改革，平均节约项目招投标环节时间5天，确保项目尽早开工。推行线上招标文件备案，设定三个层级在线审核，避免招标人及代理机构反复多次上门，提高工作效率，全年完成514个项目备案，其中限额以上项目88个。优化项目前期审批管理，明确项目招投标监管范围，提升监管效率，在项目立项阶段即明确招标范围、招标方式和招标组织形式，将小额工程的立项批复作为项目发包的前置条件，源头上控制拆分、肢解发包的行为，严格控制邀请发包的审批数量。开展标后履约联合专项检查3次，规范履约行为，推动项目建设。全过程考核促进招标代理机构工作质量提升，针对招标代理的全过程，严格管理考核，对排名末位的招标代理机构给予暂停3个月进场代理资格的处罚，全年有3家“皮包公司”代理机构自行退出县交易市场。

2021年12月13日，标后履约专项检查组到外港派出所项目指挥部检查相关台账

（县监管办 供图）

【标后履约检查】 2021年，县监管办开展标后履约联合专项检查3次。由县监管办牵头，联合各行业行政主管部门，对全县行政区域范围内在建的政府投资重大工程建设项目及农村小额工程项目进行随机抽查，检查在建工程建设项目110多个，本着即查即改的原则，联合相关部门约谈施工企业1家、业主单位1家，发出整改通知单30份，要求项目施工单位、业主单位严格按照招标文件、合同规定，进一步规范履约行为，推动项目建设。

【打击招投标领域违法违规行为】 2021年，县监管办向县综合行政执法局移交涉嫌串标、以他人名义投标、弄虚作假骗取中标案件线索16条，其中通过电子招投标系统检测发现疑似串标案件线索8条。县监管办全程参与案件调查，并提供专业的调查意见，办结案件13起，处罚金额共计约80.65万元，涉及涉事企业23家，涉事人员21人，优化招投标领域营商环境。

（李煜婕）

审计工作

【概况】 2021年，常山县审计局（以下简称县审计局）实施县资规局自然资源资产任中审计、县科技局局长任期经济责任审计、县交通运输局原局长任期经济责任审计、团县委原书记任期经济责任审计、县旧城改造征迁预算执行审计、县中医医院异地搬迁改造及新建住院楼建设项目预算执行、紫港街道办事处2020年度财政决算、同弓乡政府2020年度财政决算审计（调查）项目等12个。撰写审计专报、要情8篇，各类信息被上级采纳26篇，查处管理不规范金额2340万元，整改收回资金337.16万元。县审计局撰写的《关于提升常山县工业经济扶持政策使用绩效的思考及建议》和《关于促进残疾人就业政策执行过程中的问题及建议》获县委、县政府主要领导批示肯定。是年，县审计局被评为常山县先进基层党组织；“红伞卫士”党建品牌获衢州市第二轮“有礼先锋”优秀党建服务品牌。

【县经济责任审计工作联席会议召开】 2021年3月11日，县经济责任审计工作联席会议召开。县委审计办主任、县审计局党组书记、局长、县经济责任审计工作联席会议召集人李珍主持会议并讲话，县纪委县监委、县委组织部、县委编办、县发改委、县审计局、县财政局、县人社局、县国资委、县金融中心等单位的联席会议成员及联席会议办公室组成人员参加会议。审议通过《常山县经济责任审计工作联席会议议事规则》《常山县经济责任审计工作联席会议办公室工作规则》。

【县委审计委员会第三次会议召开】 2021年4月20日，县委审计委员会召开第三次会议。县委书记、县委审计委员会主任潘晓辉主持会议并讲话，县领导张少华、王荣国、朱永平、苏新祥等出席。县审计局党组书记、局长李珍作工作报告，潘晓辉对审计政治属性强化、服务中心全局、审计质量提升等方面提出明确要求；审议并原则通过2021年审计工作总体安排和2021年审计项目计划草案。

【参与征迁工作】 2021年，县审计局负责渡口“未来社区”B3网格17户拆迁户，由4名班子成员带队，实现签约腾空“双百”佳绩，获县委嘉奖1次；参与西门片区征迁，负责第九网格37户征迁户的签约腾空工作。

（张 司）

统计工作

【概况】 2021年，常山县10项主要经济指标中，有7项指标排名衢州市前三。其中，排名全市第一的有5项，排名全市第二的有1项，排名全市第三的有1项，多项指标实现突破。GDP增速在全市排名每季进位，从第一季度的全市第四进位到全年的全市首位，是近六年来的最好年度名次。城镇居民人均可支配收入增速位列山区26县和全省首位，实现历史性突破。规模以下工业增加值增速连续3个季度位居全市首位。一般公共预算收入增速连续8个月居全市首位。社会消费品零售总额增速从年初全市末位上升至全市首位。

常山县统计局（以下简称县统计局）坚持和完善GDP支撑指标月度监测分析机制，密切部门监测联动和信息互通，加强数据纵向对比分析，反映经济回升趋势。利用统计的关联性，整合全局力量认真剖析GDP、规模以上工业增加值、规模以上服务业、社会消费品零售总额、投资等主要经济指标，与企业用电量、土地供应量等匹配性指标关联分析，反映经济回升质量。配合参与农业、工业、投资、消费、建筑和房地产等专班工作，成立统计局争先创优专班，为“争先创优”行动提供统计最优服务，为党委政府在疫情防控常态化前提下实现发展目标任务贡献统计智慧，获县委“十条军规”典型事项通报表扬2次。组织实施常规指标统计，完成工业、能源、贸易、服务业、城乡住户等专业2021年统计年报和2022年定报报表的征集、汇总、上报分析任务。开展入户走访工作，掌握记账户的家庭收支基本情况。住户调查方面，在做好数据质量管控的基础上持续做好月季度住户调查、劳动力调查方面，执行“随报随审、现场核实、依据充分”的工作制度，确保劳动力数据质量进一步提升；在农业统计调查、粮食监测等工作上加强与乡镇、主管部门沟通协调，形成联动，着力构建优质统计服务体系。开展抽样调查。开展人口抽样调查、安全感调查，共培训50人次，调查员利用平板或者手机上门调查，提升统计调查的准确性，截至年底仍在进行阶段。

【统计“产品”推出】 2021年，县统计局推出一系列统计“产品”。印发2020年统计公报，更新统计信息，提升统计公信力，用权威性数据展示常山县2020年在经济和社会事业方面取得的成就。编印2021年度统计年鉴，反映常山县2020年国民经济和社会各个方面发展变化情况。每月整理发布《常山县主要统计数字》小册子和《常山县与周边县市区主要经济指标对比情况》卡片，为县委、县政府、县直部门以及社会各界了解常山当年经济走势及发展面貌提供信息资源。撰文《经济实力稳步增长 产业结构不断优化》，呈现全县“十三五”规划期间经济社会发展图景。

【人口普查成果服务】 2021年，县统计局承接2021年度县四套班子重点调研课题，选题为《从“七人普”（第七次全国人口普查）数据看常山城乡发展新变化》。5月20日，正式发布《常山县2020年第七次人口普查主要数据公报》，面向社会公布普查结果。向县委、县政府主要领导报送《关于提升常山县城镇化率的建议》统计专报，获得县领导批示。结合普查工作实践，总结、研究人口普查技术业务经验，撰写《人普宣传路远兮 愈纵沿深而求索》《浅谈人口普查中的“两员”选聘》等文章，其中《人普宣传路远兮 愈纵沿深而求索》一文在省级第七次人口普查优秀技术业务文章评选活动中获二等奖。

【统计宣传活动】 2021年12月8日，常山县统计局与浙江省统计局、衢州市统计局共同举办2021年浙江省“12·8”《中华人民共和国统计法》颁布纪念日大型宣传活动，共有500多人参加现场活动，发放各类统计宣传资料1500多份，使普法宣传与群众拉近距离、更接地气、更贴民心、更具实效。活动事迹先后被《中国信息报》、《钱江晚报》、《杭州日报》、《浙江工人日报》、中国网等多家媒体报道，营造常山县依法统计、依法治统的浓厚氛围。

（陈　蓉）

2021年12月8日，浙江省“12·8”《统计法》颁布纪念日大型宣传活动在常山举办

（县统计局　供图）

市场监督管理

【概况】 2021年，常山县市场监督管理局（以下简称县市场监管局）聚焦助企纾困，创新推动“信用换信贷”数字化2.0落地上线，为小微企业和个体工商户提供纾困贷1.47亿元。聚焦疫情防控，精密智控冷链物防，守牢浙西防疫大门。聚焦服务发展，持续深化“最多跑一次”改革、“三强一

制造”建设（即“质量强县”“品牌强县”“标准强县”和“浙江制造”品牌建设）、“浙里检”实验室开放等，提升企业办事便利度和发展动能。聚焦安全监管，加大食品药品、特种设备、产品质量等领域专项整治力度，全年立案查处违法违规行为123件，案值254.2万元，罚没款177.9万元，移送公安案件3个、大要案18个。聚焦民生关切，办好办实“五化”（即便利化、智慧化、人性化、特色化、规范化）农贸市场、民生药事服务站、“阳光工厂”、“阳光厨房”等民生工程。聚焦放心消费，高效服务维权，服务指导放心消费单位1123家、放心工厂65家、放心消费商圈（街区）1个，全年接收各类咨询举报投诉860件，办结率达99.11%，为消费者挽回经济损失42.06万元。

是年，常山县被评为小微企业三年成长计划工作优秀县，县市场监管局被评为浙江省普法与依法治理工作先进集体，被县委、县政府评为“干事创业好团队”，并获6次“十条军规”正面典型表彰。

2021年6月，常山县大东门“五化”市场建成

（县市场监管局 供图）

【“信用换信贷”数字应用上线】2021年8月20日，常山县举行小微企业（个体工商户）“信用换信贷”数字应用上线启动仪式，省市场监管局二级巡视员张志益、市市场监管局局长姜良米、市人民银行副调研员郑登四、县委书记潘晓辉等领导参加。该应用打通省市17个数据系统，归集全县36个部门、13家银行的107个数据，实现“申请—评审—额度利率生成—自主选择目标银行—银行放贷”掌上办理，构建融有礼经营、守法创业、社会治理于一体的整体智治新路径。

【精密智控冷链物防】2021年，常山县建成衢州市首个县级进口冷链食品集中监管仓。自2021年1月18日起，对沪昆高速常山服务区和320国道白石2个省际卡点实行全天候检查，对入省的冷链运输车辆实行“逢车必检”。依托“浙冷链”“浙食链”系统，实时监控进口冷链食品、进口水果出入库扫码、赋码及库存等动态情况。对冷库、农贸市场等从事进口冷链食品作业人员实行全员化核酸检测。全年检查冷链车3万余辆，规范处置进口冷冻畜禽产品、水产品的冷链车200多辆；检查市场主体924家次，查处销售无“三证一码”（即入境货物检验检疫证明、核酸检测证明、消毒证明以及“浙冷链”码）进口冷链食品案件1起；处置3起涉阳进口冷链食品事件。

【深化“三强一制造”建设】2021年，县市场监管局发挥标准化、知识产权等职能优势，开展集成服务。全年新增“品字标”企业6家，新发布“浙江制造”团体标准3项，在全省市场监管系统“三比一讲”工作中，分别位居全省第一位和第十二位。指导捷姆轴承申报的“圆锥滚子轴承磨装生产数字化”标准化试点项目获市级立项，“红美人柑橘种植”市级标准化项目验收合格。新增发明专利授权39件，国家知识产权贯标企业18家，省、市专利示范企业4家，知识产权质押融资额9000多万元，为企业兑现各类奖补资金1004万元。

【企业“最多跑一次”改革】 2021年，县市场监管局以“小丫”代办领跑窗口为支撑，不断优化注册登记事项网上办、掌上办、寄递办、代办、上门办等服务流程，提升政务服务效能。深化企业开办注销“一件事”改革，整合闭环企业开办、公章刻制、发票申领、银行开户4个环节，简易注销公告期压缩至20个工作日，实现“一次提交、一窗受理、信息共享、并行办理、快速办结”。推进企业电子营业执照、电子印章在政务服务领域跨行业、跨区域、跨层级应用，进一步提高企业办事便利度，常态化实现不见面办事。全年新设立个体户3387家，新办企业809家，为企业减免成本15万余元，群众办事一次办结率达99%以上，群众满意度达99%。

【推进民生工程】 2021年，县市场监管局累计投资1000多万元，高标准完成大东门农贸市场“放心‘五化’市场”创建，实现便利化、智慧化、人性化、特色化、规范化。6月，衢州市农贸市场“五化”改造提升现场会在常山县召开。建成2家民生药事服务站，可提供线上线下合理用药咨询、测量体重血压等10多项公益服务，惠及周边5000多名群众。新建食品生产企业“阳光工厂”20家、学校食堂“阳光厨房”82家、农村家宴“阳光厨房”9家、网络餐饮“阳光厨房”94家，推进7家省级名特优食品作坊和4家小微亮化企业实施“5S”创建。

【推动“浙里检”实验室开放】 2021年，县市场监管局聚焦企业检验需求，依托“浙里检”平台，向全县企业开放标准咨询、检验检测、仪器使用、技术指导、化验员培训等服务，不断拓宽“互联网+检验检测”公共服务实践新路径。全年开放实验室92次，检验检测5755批次，减免企业检验费用50.2万元。

（王海燕）

应急管理

【概况】 2021年，常山县应急管理局（以下简称县应急管理局）以“大安全、大应急、大减灾”为目标导向，建立健全体制机制，安全防控能力和应急能力进一步提升，安全生产和防灾减灾形势持续稳定向好，为推进常山高质量发展、高水平建设、高品质生活提供坚强的应急管理保障。

2021年，全县发生各类生产安全事故9起、死亡8人，其中工矿商贸领域发生2起、死亡2人；道路运输领域发生7起、死亡6人。事故起数和死亡人数与上两年平均数相比分别下降21.74%、30.43%，未发生较大及以上生产安全事故。全年自然灾害影响较重，梅雨期25天，全县降水量582.7毫米，比常年梅雨量偏多41%，常山港连续出现2次超保证水位洪水，南门溪发生超过十年一遇小流域洪水。防汛工作扎实，应对梅雨期8轮强降雨，有力有序应对梅雨期3轮强降雨及台风等自然灾害。全县发生森林火灾2起、森林火情6起，当日扑灭率达100%，未发生重特大森林火灾和人员伤亡。

【安全生产整治行动】 2021年，县应急管理局以深入推进安全生产综合治理三年行动和实施“遏重大”攻坚为安全生产工作主抓手，坚持问题导向，紧盯道路运输、城市运行、建筑等多发、易发生产安全事故的行业领域，着力预防、综合施治，深查隐患、强力整治，把握安全生产工作的主动权。截至年底，安全生产综合治理三年行动整治任务数235个，“遏重大”整治任务数296个，已全面完成。聚焦推进矿山、涉爆粉尘及危化品等高危领域开展“化工行业整治提升攻坚行动”“矿山安全生产大排查”等专项整治活动，发现问题隐患1035项，完成整改1016项；责令2家矿山企业暂时停产整改，立案处罚1家，下达各类文书6份；责令停产整改7家，立案调查4家。

【应急指挥平台建设】 2021年，县应急管理局按照省应急管理厅《应急救援指挥中心规范化建设“八个一”要求》，建成常山县应急指挥平台八类功能空间。推动高效化中心运行管理。社会治理中心进驻多个部门工作人员，编制工作制度规范，确保应急响应有章可循。整合各类行政资源，形成多部门多队伍联动的处置体系。在指挥调度上，借助华为融合通信平台，与公安数字无线通信集群共建共享，并结合应急通信车、无人机、布控球、单兵等通信设备和技术手段，构建可视化指挥调度体系。在现场处置上，应急指挥平台以“集中接警、分类处置”为基本原则，完成一键派单，一般事件先期处置，重大突发事件按预案处置。

【防汛减灾】 2021年，县应急管理局共落实204名乡镇级、1528名村（社）级防汛责任人，公布14个乡镇（街道）、190个行政村（社区）、86座水库、231座山塘防汛责任人名单。通过基层防汛形势图项目实施，完成对全县14个乡镇（街道）、190个村（社区）防汛制度、防汛组织结构图、防汛防台形势图进行全面修编。全县组织防汛演练16场次400人次。梅雨期间，营救解救被洪水围困群众3人，转移群众3967人。推进避灾安置场规范化建设，年初完成13处乡镇级避灾安置中心建设任务。推荐辉埠镇宋畈村创建国家级综合减灾示范社区。投保自然灾害公众保险，保障人民群众的生命财产安全，提倡见义勇为行为，通过政府采购投保自然灾害公众保险，对90位村民实施应急救助。

2021年11月17日，县应急管理局代表参加2021衢州市森林扑火技能竞赛暨实战演练　（县应急管理局　供图）

【森林防灭火】 2021年，县应急管理局开展辖区森林防火工作检查，严格管控进山人员，加强对涉林墓区、墓地文明祭祀等森林防灭火重点工作督导落实。全年派出监察组45组，出动人员148人次，排查火灾隐患196处，查处、制止违规用火50起，教育违规用火人员50人。加强森林消防救援队训练，组织演练、考评、业务知识培训，提升队伍实战技能。

【安全宣传教育培训】 2021年，县应急管理局推广《刑法修正案（十一）》《中华人民共和国行政处罚法》《中华人民共和国安全生产法》（2021年版），以“3·19”森林消防宣传日、“国际减灾日”等主题活动宣贯为主线，多形式开展“安全生产月”宣传活动，广泛开展安全宣讲、知识竞赛、应急演练、排查整治等活动，面向社会公众加强应急管理宣传教育和防灾减灾宣传培训。持续推进企业员工安全大培训工作，百万员工大培训线上完成人数 8711 人，完成率达 102.1%；线下培训 11003 人，完成率达 129.0%。

（刘帅杰）

消防工作

【概况】 2021 年，常山县消防救援大队（以下简称县消防大队）消防检查单位 979 家，开展公众聚集场所投入使用、营业前消防安全检查 22 次，发现隐患问题 416 处，整改隐患问题 395 处，下发责令改正通知书 201 份，下发行政处罚决定书 60 份，罚款 35.1 万元，责令“三停”（即停止施工、停止使用、停产停业）8 家，临时查封 7 家，行政拘留 3 人。全年接警 296 起，其中火警 167 起、抢险救援 83 起、社会救助 44 起、公务执勤 2 起，累计出动车辆 562 辆，出动警力 3282 人次，抢救被困人员 76 人，疏散被困人员 89 人，抢救财产价值 26518.7 万元。完成“1·12”浙江创建厨具厂房火灾扑救、“4·16”浙江开拓休闲家具用品有限公司厂房火灾扑救、“5·10”凉亭倒塌事故救援、“6·30”天马街道和平村保险粉灾情处置、“6·30”抗洪抢险等任务。

是年，县消防大队在支队政工比武中获得团体第三名，在第二届“火焰蓝”全员岗位练兵比武竞赛中获得团体第四名；在 2021 年衢州市首届消防行业职业技能竞赛中，2 人分别获得灭火战斗员项目、消防通信员项目三等奖；1 人被省消防总队记建党百年消防安保个人嘉奖；2 人分别被省消防总队、市消防支队评为优秀共产党员。

【消防安全治理】 2021 年，县消防大队以消防安全专项整治三年行动、“遏重大”攻坚整治等年度重点工作任务为主线，推动老城区、老旧小区消防设施提升改造工程，常山县老城区火灾起数比上年下降 72.7%；联合县经信局、开发区管委会推动工业园区提质转型、“腾笼换鸟”，推动第一批 92 家企业整合入园，规范安全管理；完成市级重大火灾隐患区域（狮子口片区）、市级重大火灾隐患单位（温州迈尔泰木业有限公司）整改工作，并按时完成摘牌；结合中国共产党成立 100 周年消防安保工作，联合县民政局等部门对全县 24 家养老服务机构进行消防安全专项检查；联合县卫健局对县人民医院、县中医院、县妇保院等 18 家医院诊所开展联合检查；联合县文广旅体局、县市场监管局对宾馆、酒店、网吧、KTV 和旅游景点等人员密集场所开展检查；联合县经信局、县应急管理局对全县 18 家重点化工企业和全县范围内企业自备油罐、民营加油点开展专项排查整治；联合县公安局、县教育局、县应急管理局对全县小学、幼儿园及校外培训机构开展消防安全专项排查整治工作，联合媒体对校外培训机构消防隐患及时曝光；推广智慧消防建设，对新增 556 户孤寡老人完成无线烟感设备安装，对接县水务公司，完成全县 1314 个市政消火栓点位和 80 个水压监测数据接入的技术对接和项目预算，扩展平台内容；结合常山县实际及《衢州市消防事业发展“十四五”规划》要求，于 11 月下旬联合县发改局正式印发《常山县消防事业发展“十四五”规划》。

【消防志愿服务】 2021 年，县消防大队推进“我为群众办实事”实践活动，推出便民利民“五项措施”（即简化办理程序、优化宣传培训、强化志愿服务、增强救援能力、织紧防控网络）清单，探索“防消联勤”机制，由消防员和监督执法干部共同组建“火焰蓝”志愿服务队伍，常态化参与城区 6 个重点社区夜间巡防，开展联防联治指导服务 40 多次，巡查沿街商铺、小区 550 多家次。指战员自发组织为结对 11 年老人筹钱治疗眼疾，联合县双拥办上门帮助抗美援朝老兵解决困难，组织参与无偿献血 18 人次。

【“1·12”浙江创建厨具火灾扑救】 2021 年 1 月 12 日 18 时 35 分，常

山县辉埠镇恒泰路199号浙江创建厨具有限公司发生火灾，县消防大队出动6车31人赶往现场处置。同时，柯城、柯山、江山、战保等力量前往增援。经过全体指战员7小时的奋勇扑救，火灾被扑灭，事故未造成人员伤亡，此次灭火救援行动共疏散人员34人，抢救财产价值800多万元。

【“5·10”凉亭倒塌事故救援】 2021年5月10日14时40分左右，受到强对流天气影响，位于招贤镇泉目山村附近一凉亭发生倒塌，共有7名避雨群众被困。接警后，县消防大队迅速赶赴现场展开救援，7人被成功救出，其中4人重伤，由120送往医院救治。

【消防宣传教育】 2021年，县消防大队组织宣传员开展消防车巡查小区和敲门行动，全年巡查小区60个，进家庭面对面宣传500多次，发放各类消防宣传资料1.15万多份，协调设有LED显示屏的社会单位、户外楼宇电视，乡镇（行政村）广播、宣传橱窗通过投放消防警示片、消防提示语等，累计播放视频500多次，消防提示语2000条次。分类对网格员、重点单位管理人开展线上线下培训16期，培训800多人，推动全民消防学习平台注册12597人，完成全县113家重点单位自主管理平台注册，常态化开展“五进”宣传共计56次，消防站、体验场馆开放90多次，通过《常山新闻》《聚焦时刻》等栏目开展固定专栏宣传以及火灾隐患曝光专题报道，发布各类消防隐患曝光5期。大队投入10万余元在白马公园内建设消防主题公园，园内设置消防知识科普长廊、安全常识、消防知识翻盘游戏、消防卡通人偶、消防宣传栏、消防车模型等，自开园以来，受益群众达2万余人次。

2021年11月9日，常山县第四届全县微型消防站比武暨119消防宣传月启动仪式在金川消防救援站举行　　（县消防大队　供图）

【微型消防站比武】 2021年11月9日，常山县第四届全县微型消防站比武暨119消防宣传月启动仪式在金川消防救援站举办，全县商贸、化工、物业、文化娱乐等5个行业系统47家单位141名队员参与微型消防站技能大比武。

（徐　俊）

财政·税务

Finance and Taxation

财 政

【概况】 2021年，常山县实现地区生产总值187.58亿元，比上年增长9.8%。其中，第一产业增加值8.30亿元，比上年增长2.9%；第二产业增加值85.41亿元，比上年增长11.9%；第三产业增加值93.87亿元，比上年增长8.8%；三次产业结构比为4.4∶45.5∶50.1。按常住人口计算，全县人均生产总值71998元，比上年增长9.2%；城镇居民人均可支配收入46653元，比上年增长11.4%；农村居民人均可支配收入26901元，比上年增长11.9%。全县财政总收入24.78亿元，比上年增长24.5%；一般公共预算收入15.00亿元，比上年增长23.1%；一般公共预算支出61.55亿元，比上年增长12.4%。全年财政收支平衡。

【组织财政收入】 2021年，县财政局深化财税协作及部门联动，健全涉税信息共享机制，加强财政收入分析和财源管理，对财政收入中苗头性、趋势性问题做好预判，完善重点税源监控，提高收入预测的准确性，合理安排组织收入的力度和节奏。全县一般公共预算收入占财政总收入的60.5%，占GDP的8.0%；其中税收收入13.27亿元，比上年增长25.2%，占一般公共预算收入的88.5%。规范非税收入管理，贯彻落实上级政策文件要求，将国有土地使用权出让收入和矿产资源专项收入两项非税收入划转税务部门征收。全年非税收入46.25亿元，比上年增长22.6%，其中纳入一般公共预算管理的非税收入1.73亿元，比上年增长8.6%。

【服务经济发展】 2021年，县财政局出台招商、人才、科技以及数字经济等领域专项政策，针对疫情影响、企业股改上市和轴承产业发展，制定财政激励政策，帮助企业渡过难关、扩大生产。专项清理整合全县涉企政策，加大对重点产业的扶持，基本建立以工业、农业和服务业三大产业为主线的高质量发展财政政策体系。落实减税降费、支持企业复工复产、产业扶持等政策，规范涉企收费行为，简化审核流程，持续优化“政企通”平台功能，加速财政政策兑现，全年兑现县级涉企资金3.22亿元。加大向上对接力度，争取债券资金10.20亿元，其中一般债券资金9.00亿元，额度列全市第一位，保障重点领域建设。申报2021年度省级乡村振兴集成创新示范建设县项目，获省级补助4000万元；入围农村综合改革集成建设项目试点县，获省级补助1563万元；获美丽乡村示范县省级补助1000万元。

【支持乡村振兴】 2021年，县财政局探索多元化生态产品价值实现路径，出台财政专项政策，支持“两山银行”建设，推进“两山”转化。加强财政资金统筹，整合乡村振兴专项资金3.05亿元，支持新时代美丽乡村建设、农村人居环境整治提升，推进“两柚一茶”产业高质量发展。优化县域政银担合作关系和模式，发挥省农担办事处职能，完成“浙里担·新农贷”业务207笔1.79亿元，破解农业领域融资难、融资贵问题。

【保障民生支出】 2021年，全县财政民生支出41.77亿元，占一般公共预算支出的67.9%，比上年增长8.1%。全年教育支出6.93亿元，支持“优学常山”品牌打造，保障学前教育、义务教育和职业教育发展。投入1.20亿元，支持城南小学、职业中专和文昌小学新建及续建工程建设，改善办学条件。社会保障和就业支出7.67亿元，落实养老服务机构优惠扶持政策，深化养老服务体系建设。卫生健康支出6.18亿元，支持公共卫生及传染病防治中心、基层医疗机构标准化及防疫体系建设。投入疫情防控经费4683万元，支持做好疫情防控常态化工作。住房保障支出2.78亿元，比上年增长203.8%，支持保障性安居工程等民生项目建设。

城乡社区支出3.42亿元，比上年增长73.4%，保障危旧房改造工程等建设。

【深化财政改革】 2021年，县财政局建立预算一体化专班机制，推进预算一体化模块建设全覆盖，完成财政数字化管理从“碎片化”到“一体化”转变。完善资产管理机制，建立和完善县级单位资产调剂机制，构建“线下”实体公物仓和“线上”虚拟公物仓双载体，将部门闲置、超标、低效运转、可重复使用资产，统一纳入公物仓集中管理、集中调拨，实现资产的循环使用。强化乡镇内控建设，成立乡镇内部控制建设领导小组，建立工作机制，在白石镇和芳村镇开展内部控制指引建设试点工作，组织编写《常山县乡镇内部控制指引》，建立全范围、全过程的内部控制体系。使用政采云公款竞争性存放网上招标平台，优化流程设置，实现公款竞争性存放的阳光化、数字化，招标资金规模达16.70亿元，综合收益2816万元，增加财政存量资金收益867万元。

【强化财政监管】 2021年，县财政局加强政府债务管理，依托财政部债务监测平台、地方政府债务管理系统、专项债项目信息系统等，动态监测全县预算单位、国有企业债务数据，披露专项债项目信息，为政府决策提供支持。强化预算约束，全年压减机关事业单位一般性支出712万元。深化评审管理，提高评审质量及效率，实现评审过程透明化，完成项目评审279个，送审金额33.79亿元，审定金额31.74亿元，核减率达9.4%。开展财政扶贫资金、公务用车运行维护经费、行政事业单位财务岗位等方面的财政专项检查30次，完善监督成果利用机制、第三方参与财政监督及预算绩效管理机制，确保财政资金安全运行和规范使用。

(潘金金)

2021年常山县一般公共预算收入执行情况一览表

表13

单位：万元

科目名称	调整预算数	执行数	完成调整预算数(%)	比上年执行数(%)
一、本级收入合计	144358	150007	103.9	23.1
(一) 税收收入小计	127200	132730	104.3	25.2
1. 增值税	50500	53450	105.8	19.1
2. 企业所得税	26000	26151	100.6	38.7
3. 个人所得税	3800	3415	89.9	29.7
4. 资源税	2200	2198	99.9	61.1
5. 城市维护建设税	5500	5947	108.1	8.8
6. 房产税	3500	3760	107.4	10.0
7. 印花税	2200	2417	109.9	54.3
8. 城镇土地使用税	2700	2862	106.0	-30.9
9. 土地增值税	10500	11621	110.7	44.8

续表 13

单位：万元

科目名称	调整预算数	执行数	完成调整预算数(%)	比上年执行数(%)
10. 车船税	1000	1058	105.8	17.7
11. 环境保护税	500	288	57.6	-30.3
12. 耕地占用税	800	795	99.4	5578.6
13. 契税	18000	18768	104.3	31.1
（二）非税收入	17158	17277	100.7	8.6
1. 专项收入	7238	7971	110.1	38.0
2. 行政事业性收费收入	2200	2508	114.0	15.0
3. 罚没收入	4631	2312	49.9	-50.2
4. 政府住房基金收入	200	150	75.0	-82.2
5. 国有资源（资产）有偿使用收入	2250	3697	164.3	50.0
6. 捐赠收入	639	639	100.0	—
二、上划中央收入合计	94700	97820	103	26.8
1. 消费税	—	20	—	66.7
2. 增值税中央部分	50000	53450	107	19.1
3. 个人所得税（60%）	5700	5123	90	29.7
4. 企业所得税（60%）	39000	39227	101	38.7
三、财政总收入合计	239058	247827	104	24.5
附列：出口退税情况（含免抵调）	—	-12436	—	—

2021 年常山县一般公共预算支出执行情况一览表

表 14

单位：万元

科目名称	调整预算数	执行数	完成调整预算数(%)	比上年执行数(%)
本级支出合计	612606	615529	100.5	12.4
一、一般公共服务支出	53768	52681	98.0	-8.0
二、国防支出	249	245	98.4	7.5
三、公共安全支出	23998	25394	105.8	-9.1

续表 14

单位：万元

科目名称	调整预算数	执行数	完成调整预算数(%)	比上年执行数(%)
四、教育支出	68065	69254	101.7	3.6
五、科学技术支出	12518	12781	102.1	17.4
六、文化旅游体育与传媒支出	12117	12237	101.0	0.5
七、社会保障和就业支出	79269	76689	96.7	-15.7
八、卫生健康支出	62641	61763	98.6	-1.1
九、节能环保支出	18754	19532	104.1	57.8
十、城乡社区支出	35103	34186	97.4	73.4
十一、农林水支出	78000	78087	100.1	5.6
十二、交通运输支出	89885	91477	101.8	94.0
十三、资源勘探信息等支出	4300	4128	96.0	-37.8
十四、商业服务业等支出	3583	3582	100.0	-1.6
十五、金融支出	850	786	92.5	20.7
十六、自然资源海洋气象等支出	20480	26182	127.8	-5.0
十七、住房保障支出	30700	27818	90.6	203.8
十八、粮油物资储备支出	1994	1809	90.7	-41.2
十九、灾害防治及应急管理支出	2285	2854	124.9	-5.7
二十、债务付息支出	13966	13966	100.0	14.7
二十一、债务发行费用支出	81	78	96.3	69.6

2021 年常山县政府性基金预算收入执行情况一览表

表 15

单位：万元

科目名称	调整预算数	执行数	完成调整预算数(%)	比上年执行数(%)
本级收入合计	438710	440465	100.4	23.2
一、国有土地使用权出让收入	291600	293912	100.8	26.1
二、国有土地收益基金收入	8300	7445	89.7	35.8
三、农业土地开发资金收入	300	228	76.0	-6.6
四、彩票公益金收入	225	169	75.1	-16.3

续表 15

单位：万元

科目名称	调整预算数	执行数	完成调整预算数(%)	比上年执行数(%)
五、彩票发行机构和彩票销售机构的业务费	—	—	—	-100.0
六、城市基础设施配套费收入	2085	1785	85.6	-13.2
七、污水处理费收入	1200	1666	138.8	34.4
八、其他政府性基金收入	135000	135260	100.2	17.5

2021 年常山县政府性基金预算支出执行情况一览表

表 16

单位：万元

科目名称	调整预算数	执行数	完成调整预算数(%)	比上年执行数(%)
本级支出合计	353012	334392	94.7	-15.7
一、文化体育与传媒支出	—	—	—	-100.0
旅游发展基金支出	—	—	—	-100.0
二、社会保障和就业支出	2001	1522	76.1	-21.3
大中型水库移民后期扶持基金支出	2001	1522	76.1	-21.3
三、城乡社区支出	260768	233405	89.5	24.9
国有土地使用权出让收入安排的支出	258758	231814	89.6	37.1
国有土地收益基金支出	430	430	100.0	8.9
农业土地开发资金支出	50	50	100.0	25.0
城市基础设施配套费安排的支出	330	—	—	-100.0
污水处理费安排的支出	1200	1111	92.6	-1.9
污水处理费对应专项债务收入安排的支出	—	—	—	-100.0
四、农林水支出	37	26	70.3	-35.0
大中型水库库区基金支出	37	26	70.3	-35.0
五、其他支出	80666	89900	111.4	-49.8
其他政府性基金及对应专项债务收入安排的支出	78466	87541	111.6	-50.7
彩票公益金安排的支出	2200	2359	107.2	53.1
彩票发行销售机构业务费安排的支出	—	—	—	-100.0
六、债务付息支出	9529	9529	100.0	103.0
地方政府专项债务付息支出	9529	9529	100.0	103.0

续表 16

单位：万元

科目名称	调整预算数	执行数	完成调整预算数(%)	比上年执行数(%)
七、债务发行费用支出	11	10	90.9	-92.8
地方政府专项债务发行费用支出	11	10	90.9	-92.8
八、抗疫特别国债安排的支出	—	—	—	-100.0
其他基础设施建设	—	—	—	-100.0
其他抗疫相关支出	—	—	—	-100.0

2021 年常山县地方国有资本经营预算收入执行情况一览表

表 17

单位：万元

科目名称	调整预算数	执行数	完成调整预算数(%)	比上年执行数(%)
本级收入合计	2000	1950	97.5	62.5
一、利润收入	2000	1600	80.0	33.3
二、股利、股息收入	—	—	—	—
三、产权转让收入	—	—	—	—
四、清算收入	—	—	—	—
五、其他国有资本经营预算收入	—	350	—	—

2021 年常山县地方国有资本经营预算支出执行情况一览表

表 18

单位：万元

科目名称	调整预算数	执行数	完成调整预算数(%)	比上年执行数(%)
本级支出合计	1406	1260	89.6	—
一、解决历史遗留问题及改革成本支出	6	—	—	—
二、国有企业资本金注入	—	—	—	—
三、国有企业政策性补贴	—	—	—	—
四、金融国有资本经营预算支出	—	—	—	—
五、其他国有资本经营预算支出	1400	1260	90.0	—

（朱清颖）

2021 年常山县社会保险基金预算收入执行情况一览表

表 19　　单位：万元

科目名称	调整预算数	执行数	完成调整预算数(%)	比上年执行数(%)
收入合计	121749	129023	106.0	10.5
其中：保险费收入	62816	63888	101.7	8.5
财政补贴收入	54381	54324	99.9	6.4
其他社会保险基金收入/利息收入	4552	10811	237.5	56.7
一、机关事业单位基本养老保险基金收入	34556	33739	97.6	6.0
其中：保险费收入	14621	14663	100.3	2.7
财政补贴收入	18224	18224	100.0	7.0
其他基本养老保险基金收入/利息收入	1711	852	49.8	65.8
二、失业保险基金收入	2511	2597	103.4	-23.4
其中：保险费收入	1940	2057	106.0	73.6
其他失业保险基金收入/利息收入	571	540	94.6	-75.5
三、基本医疗保险基金收入	32216	40041	124.3	62.1
其中：保险费收入	30915	31554	102.1	32.1
其他基本医疗保险基金收入/利息收入	1301	8487	652.3	950.4
四、工伤保险基金收入	3534	3637	102.9	48.3
其中：保险费收入	3200	3298	103.1	179.3
财政补贴收入	320	320	100.0	-69.8
其他工伤保险基金收入/利息收入	14	19	135.7	-91.1
五、居民社会养老保险基金收入	17346	18284	105.4	-25.4
其中：保险费收入	2200	3107	141.2	-62.1
财政补贴收入	14891	14834	99.6	8.9
其他居民社会保险基金收入/利息收入	255	343	134.5	-87.2
六、居民基本医疗保险基金收入	31586	30725	97.3	2.6
其中：保险费收入	9940	9209	92.7	-4.1
财政补贴收入	20946	20946	100.0	5.4
其他居民医疗保险基金收入/利息收入	700	570	81.4	20.8

2021年常山县社会保险基金预算支出执行情况一览表

表20

单位：万元

科目名称	调整预算数	执行数	完成调整预算数(%)	比上年执行数(%)
支出合计	106176	120033	113.1	23.2
其中：社会保险待遇支出	96935	105190	108.5	14.4
一、机关事业单位基本养老保险基金支出	32323	32515	100.6	9.0
其中：机关事业单位基本养老保险待遇支出	31323	31386	100.2	6.4
二、失业保险基金支出	2686	2338	87.0	-31.3
其中：失业保险待遇支出	1447	1510	104.4	32.6
三、基本医疗保险基金支出	25304	35622	140.8	61.9
其中：基本医疗保险待遇支出	20800	24379	117.2	15.9
四、工伤保险基金支出	2708	2836	104.7	14.9
其中：工伤保险待遇支出	2670	2784	104.3	14.0
五、居民社会养老保险基金支出	16707	18176	108.8	23.5
其中：居民社会养老保险待遇支出	15947	18163	113.9	23.4
六、居民基本医疗保险基金支出	26448	28546	107.9	14.0
其中：基本医疗保险待遇支出	24748	26968	109.0	16.6

2021年常山县社会保险基金预算结余一览表

表21

单位：万元

科目名称	调整预算数	执行数
本年收支结余	15573	8990
一、机关事业单位基本养老保险基金结余	2233	1224
二、失业保险基金本年收支结余	-175	259
三、基本医疗保险基金本年收支结余	6912	4419
四、工伤保险基金本年收支结余	826	801
五、居民社会养老保险基金本年收支结余	639	108
六、居民基本医疗保险基金本年收支结余	5138	2179

（郑小英）

税务工作

【概况】 2021年，国家税务总局常山县税务局（以下简称县税务局）组织各项税费收入41.21亿元，比上年增长38.43%。完成税收收入24.11亿元，比上年增长23.58%，增幅列衢州市第一位。非税收入4.28亿元，比上年增长558.3%；社保基金收入12.82亿元，比上年增长33.24%。其中，增值税入库10.79亿元，比上年增收17340万元，增长19.14%；消费税入库20万元，比上年增收8万元，增长66.67%；企业所得税入库6.36亿元，比上年增收18003万元，增长39.47%；车辆购置税入库1.1亿元，比上年减收1330万元，下降10.65%；个人所得税入库8592万元，比上年增收1967万元，增长29.69%；契税入库18768万元，比上年增收4455万元，增长31.13%；耕地占用税入库795万元，比上年增收781万元，增长5578.57%；资源税入库2198万元，比上年增收835万元，增长61.26%；城市维护建设税入库5947万元，比上年增收479万元，增长8.76%；房产税入库3760万元，比上年增收341万元，增长9.97%；印花税入库2417万元，比上年增收851万元，增长54.34%；城镇土地使用税入库2863万元，比上年减收1277万元，下降30.85%；土地增值税入库1.2亿元，比上年增收3597万元，增长44.83%；车船税入库1058万元，比上年增收159万元，增长17.69%；环境保护税入库360万元，比上年减收157万元，下降30.37%。全年减免税金8.14亿元；为企业办理延期缴纳税款237户次，缓缴税款9.9亿元；办理各类退税4.09亿元，其中出口退税12436万元，福利企业以及资源综合利用企业退税8751万元。

【优化税收营商环境】 2021年，县税务局扩大“非接触式”办税服务事项清单范围，实现依申请办理事项100%纳入“网上办”“掌上办”。开展“便民办税春风行动”，推出10类31项112条办税缴费便利措施，为特殊群体提供暖心帮助并开辟“办税绿色通道”，全年办税时长缩短至80小时，纳税次数缩减至6次，办理容缺服务84笔。以开展第30个全国税收宣传月为契机，联合县工商联召开“亲清直通车·政企恳谈会”。开展“春雨润苗”专项行动，利用征纳沟通平台向小微企业推送最新政策，定向推送消息225条，惠及纳税人13338户（次）。升级纳税信用管理，全年向社会公告A级纳税人名单550户，纳税信用复评企业2户，修复企业1户。

【税费征管】 2021年，县税务局深化税收征管改革，建立税源网格化数字管理地图，全年排查疑点数据1.24万条。实施发票电子化改革，增值税普票、通用发票的电子化率分别达到96.85%、

2021年4月2日，县税务局、县工商联举办“亲清直通车·政企恳谈会”（江芙蓉 摄）

99.87%。做好社保费和非税收入征管工作，完成水土保持补偿费、地方水库移民扶持基金、防空地下室易地建设费、排污权出让收入 4 项非税收入和国有土地使用权出让收入、矿产资源专项收入、海域使用金、无居民海岛使用金、土地闲置费、按行政事业性收费管理的城镇垃圾处理费 6 项非税收入的征收职责划转工作。开展现金税费征缴专项整治，堵塞征缴漏洞。建立实施欠税欠费管理常态化督查机制，依法履行欠税欠费管理措施。全年欠税费户数减少 291 户，比上年下降 32.3%，欠税欠费压缩 2179.14 万元。完成土地增值税清算项目 11 个，为省税务局下发任务的 220%。联合县检察院、县自然资源和规划局，首次开展临时占用耕地占用税清理，累计清理 36 户（次），入库税款 586 万元。全县 14198 人参与个税汇算申报，申报率为 118.42%；4665 户参与企业所得税汇算申报，申报率为 100%。全年通过金税三期系统接收各类风险任务 195 户次，发票协查 108 户次，合计入库 641 万元。

【依法治税】 2021 年，县税务局推出“首违不罚”涉税事项清单，全年通过执法公示平台公示准予行政许可 1240 条，行政处罚 81 条，新建税务约谈室 1 个，新增执法记录仪 8 台，办理发票协查 108 户（次），追补税款 443 万元、滞纳金 122 万元。与县法院构建税费征缴协作机制，完善定期会商、信息共享、联合通报等制度，在社会保险费非诉程序案件、执行程序案件和破产程序案件中，明确合作事项 23 项，全年召开联席会议 2 次，商讨涉税、涉法问题及解决方案 20 多个，清偿税费 2173.09 万元。开展普法宣传，与县司法局联合开展“宪法宣传周”活动。

（施祺瑞）

2021 年 4 月 2 日，县税务局举行第 30 个税收宣传月启动仪式暨税收政策宣讲会

（江芙蓉　摄）

国有资产管理

【概况】 2021 年，常山县国有资产管理服务中心（以下简称县国资中心）深入实施“八大行动”，应对复杂的经济形势，以“转型强体、创新强企”为重点，全力抓好国资国企改革。截至年底，纳入监管的国有企业共 55 家，其中一级企业 1 家、二级企业 15 家、三级及以下企业 39 家。县属国企资产总额 297 亿元，比上年增长 40.28%；所有者权益 151 亿元，比上年增长 39.45%；实现营业收入 16 亿元，比上年增长 35.71%。

【国资国企监管】 2021 年，县国资中心新制定《常山县县属国有企业投资监督管理办法（试行）》等 5 个文件，修订《常山县市场化改革国有企业工资决定机制实施办法（试行）》等 3 个文件，完成国资文件汇编工作，构建权责对等、运行规范、信息对称、风险控制有力的国资监管体系。向县人大常委会作《关于 2020 年度全县国有资产管理情况的综合报告》和《关于2020年度全县企业国有资产管理情况的专项报告》。印发《2021年常山县国有企业党建工作要点》，指导县属国企按照《常山县“清廉国企”示范点创建工作方案》要求，分解落实领导班子重视、工作机制健全等8个方面24个指标具体任务。对清廉国企创建示范点创建情况和党委前置研究讨论事项等工作开展检查，加强对清廉国企建设谋划、部署、推进、落实的全过程监督指导。

【国有资产管理】 2021年，县国资中心在全县范围内开展国有资产清查、统筹工作，推进国有资产集中统一监管。年底，全县行政事业单位出资并符合移交条件的6家国有企业均纳入国资统一监管；完成19处经营性资产注入国有企业，国企资产规模快速壮大。统一国有企业资产管理软件，实现对国有资产从“入口”到“出口”的全过程监管和资产配置、使用、处置各环节的网上动态审批，逐步实现资产信息化管理。

【推进国有企业融资】 2021年，县国资中心推进县属国企强化融资能力、拓宽融资渠道、提高融资水平。县国投公司成功获批18亿元公司债；县城投集团成功发行第二期公司债5亿元，2020—2021年共成功发行15亿元公司债，获批8亿元新型城镇化企业债。至年底，县属国企新增银行融资33.37亿元，其中政策性银行融资18.08亿元。

【国有企业服务】 2021年，县属国企累计上交国有资本经营收益1800万元，服务县域经济发展和民生事业。城投集团投入资金1600多万元，购置65辆小学生专用智慧校车，常山县成为衢州市第一个全面普及专用校车的县(市、区)。农投集团打造“柚见80+”胡柚品牌，实现胡柚由10元/袋向10元/个“蜕变”，助力乡村产业二次振兴，全面推动特色产业高质量发展。

【完善业绩考核与薪酬管理】 2021年，县国资中心下达《常山县2020年度县属国企负责人经营业绩考核与薪酬核定办法实施细则》的通知，外聘浙江广泽联合会计师事务所对县属国企2020年经营指标、重点工作任务、内部管控等工作开展专项审计工作。由县国资中心牵头的国有企业经营业绩考核小组对企业主要负责人经营业绩完成情况进行考核，根据考核结果核定企业主要负责人年薪并下达考核结果。

【编制国资国企发展规划】 2021年4月，县国资中心结合常山县实际出台《关于进一步深化常山县国有企业改革实施方案》，明确改革主要任务，实施国资国企发展能力提升工程等三大工程。12月，完成《常山县国资国企“十四五”规划》编制，为推进国资国企改革发展，进一步做强做优做大国有资本和国有企业，为全县经济社会发展提供战略支撑。

（雷文艺）

金　融

Finance

综述

【概况】 2021年，全县金融机构本外币各项存款余额300.78亿元，比上年增长10.35%；贷款余额304.26亿元，比上年增长28.8%，增速居衢州市四县（市）第一位。全县金融机构贷款连续3年增速居全市四县（市）第一位。推进碳账户金融应用，全年推出“碳易贷”等金融产品14个，发放碳账户贷款5.04亿元；主动对接项目主体，争取碳减排支持工具在常山落地；加强碳账户金融场景应用推广，加大绿色贷款投放，做到绿色贷款应统尽统。年末，全县绿色贷款余额41.69亿元，绿色贷款余额占比15.49%，居全市四县（市）第一位。全县银行机构加大不良贷款处置力度，截至年底，全县不良贷款率达0.79%，比上年度下降0.11个百分点。全县保险业总保费收入4.54亿元，赔款支出1.65亿元。全县证券交易量22.2亿元，托管市值39.58亿元。

【金融服务优化】 2021年，两家金融机构向1520户普惠小微企业实施阶段性延期还本付息政策，延期本金15.29亿元，平均延期率达98.83%；向1099户普惠小微企业发放符合央行资金支持的信用贷款3.16亿元。开展“百地千名行长进企业送服务”活动，推广“贷款码”，全年向684家企业发放贷款14.31亿元，企业支持率达67.92%。深化首贷户三年专项行动，全年发放小微企业及个体工商户首贷户679户、贷款金额8.45亿元。与县市场监督管理局等17家单位合作，在全省率先推出全县域金融机构的“工商先锋普惠贷”产品，由线下手工运作提升至线上一键对接，帮扶工商户纾困，7月上线运行以来，向42户经营主体发放贷款1.52亿元。

【电信防诈】 2021年，全县金融机构通过宣讲培训、完善监测机制等方式，扎实推进电信诈骗防范工作。全年，有效制止异常开户15起，堵截电信网络诈骗6起；移送涉嫌网络赌博可疑线索8条，涉嫌电信诈骗可疑线索4条；配合侦破跨境赌博案件2起，涉案金额5000万元。

2021年常山县金融机构本外币存贷款余额表

表22

项目、名称 / 机构名称		存款		贷款	
		年末余额（万元）	比上年增长（%）	年末余额（万元）	比上年增长（%）
全县金融机构		3007792	10.35	3042643	28.8
其中	农发行	85727	106.62	343011	65.19
	工商银行	417969	6.01	342114	19.83
	农业银行	254235	8.24	445034	50.16
	中国银行	138702	24.57	182470	23.13
	建设银行	201365	-24.58	274265	26.85
	农商银行	1285018	14.82	972571	18.93
	邮储银行	201021	17.02	98085	39.34

续表 22

机构名称 \ 项目、名称		存款		贷款	
		年末余额（万元）	比上年增长（%）	年末余额（万元）	比上年增长（%）
其中	村镇银行	99551	18.97	116029	7.29
	泰隆银行	106993	14.92	116465	20.14
	温州银行	55534	-32.65	26740	65.12
	金华银行	31559	77.20	22144	-6.13
	民泰银行	28352	1.23	28906	13.05
	台州银行	28695	19.44	44669	8.30
	稠州银行	18304	190.08	18868	121.46
	宁波银行	1015		11274	

（樊小雄）

人行常山支行

【概况】 2021年，中国人民银行常山县支行（以下简称人行常山支行）坚持稳中求进的工作总基调，紧紧围绕“六稳”“六保”工作部署，深耕“普惠金融、绿色金融、智慧金融”三大战略，推进“服务实体经济、防范金融风险、深化金融改革”三大任务，提升金融管理与服务水平，助推全县经济跨越式发展，守牢不发生系统性金融风险的底线。

【金融服务企业】 2021年，人行常山支行开展“金融五送”“送金融大走访”“首贷户”拓展活动等，满足全县小微企业阶段性资金需求。全年走访企业600多次，为民营和小微企业解决融资金额15.12亿元。创新推出“工商先锋普惠贷”，支持小微企业及个体工商户融资，“信用换信贷”系统自2021年7月上线以来，向42户经营主体发放贷款1.52亿元。此外，建立辖内小微企业“三张清单”金融服务机制，拓展“首贷户”业务，不断增加贷款受众面及资金可获得性。

【绿色金融改革】 2021年，人行常山支行指导全县14家银行机构创新推出碳账户贷款产品14个，如“双碳贷”“碳优贷”“绿色减碳贷”“工业减碳助力贷”等，将碳账户贴标运用切入贷款审批、授信、贷后管理等全信贷流程，通过对企业配套差别化的金融政策和绿色金融服务方式，激励传统企业绿色改造转型，助力实现“碳达峰”“碳中和”。年末，全县银行机构碳账户贷款余额5.04亿元。

【征信管理服务】 2021年，人行常山支行通过举办动产和权利担保统一登记系统培训等方式推进动产权利担保融资工作。全年，全县动产权利担保融资10笔、金额2534万元。推广应收账款融资服务平台，全年完成16.36亿元应收账款融资成交量，超额完成上级行下达任务的204.5%，获上级行肯定。推广“政采贷”融资，指导常山农商银行向广茂建设公司发放2笔、金额515万元“政采贷”。完成对浙江永盛轴承有限公司等2家破产重整企业的信用修复工作。

【移动支付便民工程建设】 2021年，在人行常山支行指导和推动下，全县移动支付笔数311.62万笔，完成上级行下达任务数的136.08%，列全市四县（市）第一位；云闪付App活跃用户39205户，比上年增长10.27%。推进通过移动支付方式办理银行卡助农业务，全县191个助农服务点可受理移动支付业务，占比达98%。

（樊小雄）

银保监常山监管组

【概况】 2021年，中国银行保险监督管理委员会衢州监管分局常山监管组（以下简称银保监常山监管组）认真贯彻落实上级银保监局以及县委、县政府决策部署，围绕优服务、强监管、控风险、深消保等重点工作，不断提升监管效能，为全县社会经济发展提供强有力的金融保障。是年，银保监常山监管组引导加大信贷投放力度，做好金融要素保障。鼓励辖内银行向上争取政策倾斜，加强对县域重大项目、重点领域、重点企业和制造业、小微企业等的金融配套服务工作，做大县域信贷总量。年末，辖内银行贷款余额304.26亿元，比年初新增67.87亿元，比上年增长28.71%，增幅全市排名第一。其中普惠型小微企业贷款新增21.91亿元，比上年增长27.82%；信用贷款比年初增7.71亿元，占总贷款的9.82%，比上年提升3.1个百分点；首贷户912户6.36亿元；办理无还本续贷2095户25.78亿元，比上年增加548户10.9亿元。开展“一二三五”服务实体专项行动，督促辖内各银行机构加强小微企业贷款利率定价管理，使普惠型小微企业贷款利率维持在合理水平，为辖内小微企业节约融资成本约7800万元，实现稳中有降。优化保险金融服务。指导推进“两柚一茶”（即胡柚、香柚、油茶）低温气象指数保险增量扩面，油茶低温气象指数保险承保11444亩，新开办胡柚（香柚）低温气象指数保险，承保1000亩（含香柚200亩）；推进安环险在全县规模以上企业增量扩面；推动“惠衢保”、大病医保等可持续发展，优化扶贫健康保险，提高风险保障水平。

【风险防控处置】 2021年，银保监常山监管组关注重点机构信用风险，对潜在风险较高的常山联合村镇银行、泰隆银行常山支行和台州银行常山支行的信用风险化解情况进行重点走访和监测，督促双逾期60天以上的贷款均纳入不良并加快处置。关注并跟踪重点企业、重点板块不良处置。参加府院联席会议，参与协调天子公司、瑞宝亚克力公司债务风险处置，督促银行积极与开发区对接，做好“腾笼换鸟”企业（涉92家企业2亿贷款）贷款处置工作。年末，全县不良贷款余额23896万元，不良贷款率达0.79%，全年处置不良贷款4.6亿元，超过上年0.1亿元。

【金融消保工作】 2021年，银保监常山监管组推进落实常山银行保险业“无投诉网点”创建工作，保护金融消费者合法权益。各机构制定“无投诉网点”创建活动方案，建立健全消保、非诉考核机制，对外公布“常山县金融消费者保护维权全流程展示板”，发布《2021年常山县金融消费者权益保护十大典型案例》，全县“8090金融消费者权益保护青年宣讲团”开展宣讲活动，对存量投诉进行排查整改等，推进诉前调解。督促机构建立非诉考核制度，宣传银保调解渠道，提高非诉调解参与积极性，对债权、信用卡类案件做到诉前应提交尽提交。截至年底，县银调委工作室累计受理可调解案件640件，调解成功622件，成功率达97.19%，涉及金额6478.01万元，其中涉信用卡调解案件296件计1846.67万元。

【强化机构监管】 2021年，银保监常山监管组加强法人金融机构日常监管，实施“一行一策”推进法人金融机构风险化解，制定法人机构公司治理“强基计划”，加强排查，督促股东股权、关联交易、个贷及经营贷入房市问题整改。指导常山联合村镇银行完善综合性发展化险方案并按月推进落实。配合银保监衢州监管分局约谈主发起行，督促主发起行出具对常山联合村镇银行风险化解承担牵头处置责任的承诺函，推动提升常山联合村镇银行发展、管理、化险、非现场监管数据质量工作。

（冯程程）

工行常山支行

【概况】 2021 年，中国工商银行股份有限公司常山支行（以下简称工行常山支行）各项本外币存款余额 41.80 亿元，在常山县四大国商行中占 41.29%，比年初新增 2.37 亿元；各项本外币贷款余额 34.21 亿元，在常山县四大国商行中占 27.49%，比年初新增 5.66 亿元。全年实现拨备前利润 1.11 亿元。全年开展党史学习教育主题活动 12 次，落实“我为群众办实事”项目 8 个，参与群众近百人。投放项目贷款 2 个，合计 2.48 亿元，项目提款率在衢州市工行系统内位列第一，普惠客户新拓 213 户，普惠贷款新增 2.72 亿元。存款持续增长，其中，对公存款日均新增 9.04 亿元，储蓄存款日均新增 2.37 亿元，在常山县四大国商行中均列第一位。清收转化不良贷款 716.17 万元，不良率降至 0.24%，比年初下降 0.03%。推出 e 抵快贷、e 企快贷业务，客户从申请贷款、抵押物评估、完成审批到提款成功的全过程仅需在手机网银界面进行操作。

是年，工行常山支行被评为 2020 年中国工商银行浙江省分行先进单位、省分行先进基层党组织、2020 年中国工商银行衢州分行先进单位。

【发放全市首笔“村社 e 贷”】 2021 年，工行常山支行落实金融支持乡村振兴战略，组建工作小组，根据融资方案文件要求，走访了解各村经济合作社的经营情况，对接辉埠镇东乡村，收集整理资料，通过上下联动协调沟通、集体审议审查，一周内发放全市首笔信用贷款“村社 e 贷”150 万元，用于东乡村村集体建设。

【“兴农贷”推广】 2021 年，工行常山支行通过“农户 e 贷”“农企 e 贷”等链式系列产品，为农户、家庭农场、农家乐、村集体、涉农企业等群体提供纯信用资金支持。截至年底，为县域范围内 2 家村集体提供信用贷款计 350 万元，为 55 家农户提供近 1000 万元信贷资金，解决农业生产经营主体融资难、融资贵、融资慢等难题。

【推进减费降息让利】 2021 年，工行常山支行降低小微企业融资成本，对普惠贷款执行优惠利率，为 500 户小微企业及企业主进行普惠性降息（年利率最低至 3.8%），全年降息 300 多万元；减免多项费用，根据监管部门及上级行要求，减免押品评估费、同城转账手续费等，为企业及居民减费让利，精准服务。

（张诗萌）

农行常山支行

【概况】 2021 年，中国农业银行股份有限公司常山县支行（以下简称农行常山支行）助推国资国企改革，累计获批国资项目 5 个 31.06 亿元，实现投放 7.51 亿元，项目个数、获批金额、投放量均在常山四大国商行中居第一位。助推城市有机更新，对接常山县渡口未来社区项目，项目贷款获批 15 亿元。支持实体贷款投放“高发展”县重大项目、重点工程和招商引资项目，累计授信 48.8 亿元。支持小微企业“大发展”，推出“纳税 e 贷”“抵押 e 贷”“微捷贷”等小微企业金融服务创新产品。公司有贷户 216 户，比年初增 47 户。普惠贷款增量 1.85 亿元。重点支持乡村产业发展、乡村建设等重点领域，累计发放涉农贷款 4.15 亿元，为农户减负 800 多万元。赋能民生金融服务，参加网点平台建设。建立“物理网

2021年7月7日，农行常山芳村支行在芳村镇举行乡村振兴金融服务大讲堂活动（农行常山支行 供图）

点+智能柜台+掌银+惠农通服务点”全渠道24小时服务体系，将金融服务延伸至千家万户。2021年6月，联合召开乡村振兴大会，预授信1200万元，支持乡村产业、文化旅游发展。通过惠农服务和“惠农e贷”加强与联系村、乡镇和村级集体经济合作组织对接，深入参与美丽乡村和社区文明建设。年末，各项存款余额25.42亿元，比年初上升1.94亿元。各项贷款余额44.50亿元，比年初上升14.87亿元；实现净利润5544万元。各项贷款比年初增加14.87亿元，增量为常山县四大国商行最多，占比49%。

【乡村振兴金融服务大讲堂活动】 2021年7月7日，农行常山支行在芳村镇举办乡村振兴金融服务大讲堂活动。农行衢州市分行党委委员、纪委书记瞿海平，芳村镇领导，人民银行常山支行行长周伟斌，县银监办副主任张世献及镇20个行政村书记和驻村干部等60多人参加活动。为芳村镇20个行政村合计意向授信2亿元，为各村建档立户携手搭建“连心桥”。

（柳 雯）

建行常山支行

【概况】 2021年，中国建设银行股份有限公司常山支行（以下简称建行常山支行）着力提升发展能力和企业形象，支持地方重点项目建设、农业农村经济发展，深入推进普惠战略等各项工作。截至年底，建行常山支行普惠金融“人行8项”贷款余额6.22亿元，比年初新增2.12亿元，计划完成达121.04%。其中，新增对公普惠客户139户（绝对量仅低于江山的143户）；新增普惠“8+1”贷款21183万元，计划完成达121.04%；完成“惠懂你”授信户136户，计划完成达130.77%；一般性存款时点余额20.14亿元，比年初下降6.6亿元，余额占比19.89%，比上年下降6.9%；存款日均余额22.95亿元，比年初降低0.7亿元，余额占比22.15%，比上年下降4.9%，日均新增占比-4.29%，位居常山县四大国商行第四；各项贷款余额27.51亿元，比年初新增5.89亿元，余额占比22.17%，位居常山县四大国商行第三，新增占比19.26%，位居常山县四大国商行第二；实现中间业务毛收入1009万元，稳居常山县四大国商行第三；不良贷款余额567万元，比年初减少468万元，不良贷款率0.21%，比年初下降0.27%，实现“额率双降”；主营业务收入7904万元，实现账面利润6170万元，人均创利152万元，比上年增长7.8%。

【科技赋能生态圈打造】 2021年，建行常山支行完成常山第一中学、常山中专智慧校园建设项目，通过智慧校园一卡通绑定约4000名学生在校期间的日常消费，带来约1000名新增家长新客；中标

2021年11月19日，大桥头乡“金融服务助推乡村振兴、政银携手建设共同富裕”整乡授信仪式举行　　（建行常山支行　供图）

常山县妇女保健院专户开户项目，实现县医院合作破零。

【乡村振兴金融服务】 2021年，建行常山支行开展“裕农通+善融商务”合作模式，联合常山利卿果业公司在招贤镇通过“善融商务”线上销售常山胡柚、常山贡面等农副产品，为农户带来更多看得见的、实实在在的收益，获得基层政府和农户的认可。对接“两山银行”搭建生态资源交易平台，实现底层数据的收集、认证，创新“共富贷”叠加升级，累计发放84户，贷款3199万元；创新绿色金融产品和服务体系，搭建绿色金融服务平台，分别与招贤镇及大桥头乡签订4亿元、3亿元的整镇授信，为26个村给予整村授信。

【项目贷款推进】 截至年底，建行常山支行累计通过省分行项目6.8亿元，项目贷款累计投放4.4334亿元，其中绿色贷款2.49亿元，为衢州沿江公路常山段PPP项目投放2.079亿元，常山县城乡公共交通有限公司政府采购贷0.21亿元；江常盛建材有限公司项目授信1亿元，已投放1990万元；衢州州中电建交通发展有限公司的351国道PPP项目累计投放2.22亿元；浙江常鸿建筑工程有限公司新增2000万元流贷，常山心安公司赵家坪安置房项目授信5.8亿元。

（余梦佳）

中行常山支行

【概况】 2021年，中国银行股份有限公司常山县支行（以下简称中行常山支行）助力县域重大项目建设，推动普惠金融业务，促进跨境人民币业务发展，丰富推广线上产品服务客户。全年实现营业收入4220万元，比上年增长18.75%。其中，净利息收入3470万元，比上年增长11.63%；非息收入770万元，比上年增长57.82%。实现拨备前利润3238万元，实现净利润1722万元。

【助力县域重大项目建设】 2021年，中行常山支行重点支持基础设施项目建设工作，为常山县乡村振兴赵家坪四期农民集聚工程项目、哲丰新材料公司年产22万吨高档纸基新材料项目、吉云集团技工院校项目审批贷款11.58亿元。

【推动普惠金融发展】 2021年，中行常山支行涉农贷款余额达152025万元，当年新增34628万元，增幅为29.49%，涉农贷款占比83.31%。普惠贷款余额达43990万元，新增14334万元，增幅为48.33%。普惠客户数达62户，新增14户，增幅为29.16%，其中新增首贷户8户，贷款金额3954万元。推出“绿色金融贷”“绿色低碳贷”“科技金融贷”“亩均贷”“三衢共富贷”等具有县域特色的金融服务方案及场景，助推乡村振兴。全年为76户企业获批金额234000万元授信总量。其中，绿色金融贷4户，金额59700万元；绿色低碳贷20户，金额71620万元。

【跨境人民币业务】 2021年，中行常山支行办理全口径跨境人民币收付业务2146万元人民币，市场份额27.64%，比上年上升19.86%，市场排名第二；国际结算量6924万美元，在常山四大国商行中占比达45.29%，比上年上升5.73%，在常山四大国商行中排第一位。

【丰富推广线上产品】 2021年，中行常山支行改善金融服务，推出“银税贷”“抵押贷”“中银E贷”“外贸贷”等各类线上融资产品，让企业享受足不出户、线上提款、随借随还的便捷服务。向客户推介手机银行App，帮助客户实现跨境汇款、转账、缴费、出行、购物、医疗等生活场景服务，同时为方便老年客户，手机银行还推出“岁月长情版”，以友好的功能布局、简洁明亮的画面颜色满足广大老年客户的需求。

（邱建春）

邮储常山支行

【概况】 2021年，中国邮政储蓄银行股份有限公司常山县支行(以下简称邮储常山支行）立足服务“三农”、城乡居民和中小企业战略定位，发挥自身网点优势、资金优势和协同优势，提升服务实体经济质效。截至年底，邮储常山支行各类存款余额20.09亿元；代理销售保险5704.66万元；销售理财产品57955.95万元；各项贷款余额98085万元，其中个人贷款84886万元，小企业贷款13199万元。积极与中小担保公司开展省农担业务合作，推进“双保”（保市场、保就业）业务发展。累计发放省农担贷款业务127笔，贷款金额7516万元。其中，种养殖业占比40%，休闲农业观光等新业态经营占比10%，其他涉及农林牧渔业服务销售行业占比50%。加强农村大数据平台建设，全面推进“强村惠民”行动。发展农村建设信用村66个，支用资金1947万元。

是年，邮储常山支行被中国邮政储蓄银行浙江省分行授予2020—2021跨年度旺季营销活动金融总资产贡献奖，被常山县消防救援大队评为2021年度常山县消防工作先进单位，被中国银保监会衢州监管分局常山监管组评为“无投诉网点”创建优胜单位。

【加大信贷支持】 2021年，邮储常山支行依托各类平台，加大对中小微企业信用贷款支持力度，打造智慧金融服务体系。通过“衢融通”授信平台提供各类贷款21笔，授信金额10046万元；通过中征应收账款服务平台中小微企业贷款成交金额5400万元；通过“贷款码”推广122笔，授信6525万元。加强绿色信贷支持，创新碳金融贷款品种。支行绿色信贷新增7084万元，年末结余10704万元，增速达195.68%，绿色信贷占比提升5.77%，碳金融贷款新增5051.4万元。

（史　景）

常山农商银行

【概况】 2021年，浙江常山农村商业银行股份有限公司（以下简称常山农商银行）坚定服务“三农”、服务民营小微企业、服务地方经济社会发展，开展党史学习教育，谋划“业务提升年”活动，创新推进数字化改革与大零售转型，全面深化以人为核心的全方位普惠金融，努力创造高质量发展的新局面。截至年底，全行各项存款余额达128.5亿元，比年初增加16.58亿元，增幅为14.82%。存款市场份额达44.24%，比年初上升2.28个百分点。各项贷款余额达97.26亿元，比年初增加15.48亿元，增幅为18.93%；贷款日均余额达91.06亿元，比年初上升16.84亿元，增幅为22.68%。其中，涉农贷款余额达88.36亿元，比年初新增14.03亿元，增幅为18.87%；小微企业贷款余额达48.81亿元，比年初新增9.78亿元，增幅为25.07%。贷款覆盖面达26.88%，比年初增加1.59%。

是年，常山农商银行被评为浙江农信系统考核一级单位、浙江省省级示范数字档案室、浙江省第七轮银行业金融机构安全评估工作成效突出集体、浙江省省级基层农信担保服务先进金融机构、2021年度市级平安单位，获浙江省首届绿色金融改革创新大赛体制机制类二等奖、常山县县长特别奖（绿色金融之星）。

【城南分理处开业】 2021年，常山农商银行原金淇分理处（常山县天马街道朝阳路3号）搬迁至常山县天马街道定阳南路169号一楼，更名为城南分理处。迁址后，城南分理处在兼顾原先管辖片区的同时，可辐射东明湖花园、浙西世贸城、西阳山片区等地，弥补金融服务的空白，推进普惠金融纵深发展。11月18日正式开业，与天马街道北屏山村、南前坊村、常年青村、西峰村、东方红村签订村银共建合作协议，授信2.7亿元。

【网点智能化转型】 截至2021年年底，常山农商银行在全辖网点布设21台智能柜员机，智柜覆盖率达66.66%，智柜机累计办理业务13.92万笔。全行智柜机分流率达18.19%，分流率最高的网点达51.72%。推广移动展业，推进网点智能化转型，新增移动展业平板109台，展业背夹26台，提升客户业务办理便捷度。

【城区业务提升】 2021年，常山农商银行建立三大客群营销俱乐部（即柚见青春、成长快乐、靓丽人生）、搭建四大合作平台（即政银合作、社银合作、银商合作、银企合作）、构建五大管理机制（即精准的营销机制、差异化的考核机制、良性的用人机制、互动的工作机制与严格的督导机制），并配套开展专项活动，全面激活城区业务活力。截至年底，城区存款余额达46.61亿元，新增5.49亿元，年增幅为13.35%。贷款余额达45.19亿元，新增8.87亿元，年增幅为24.40%，比全行高5.47%，比农村高9.84%。

【"1+N"碳金融模式打造】 2021年，常山农商银行推出"碳易贷"，并在该产品基础上创新打造"1+N"碳金融模式，实现绿色金融与共同富裕相融合，助力打造常山共同富裕绿色新样板。"碳易贷"是指通过市人民银行牵头开发衢州市智慧碳排放管理服务平台对于生产型企业进行评定，根据减碳量进行额度测算，根据绿色等级进行差异化利率定价的绿色信贷产品。而"1+N"碳金融模式，则是以碳易贷发放的生产型企业为核心企业，对其上下游企业拓展绿色金融服务，从而实现全产业链的向绿共富发展。截至年底，发放"碳易贷"37笔、1.97亿元。

2021年11月18日，常山农商银行定阳支行城南分理处开业
（常山农商银行 供图）

【发布"碳汇贷"】 2021年，常山农商银行与常山县林水局签订

战略合作协议，发布“好邻居·碳汇贷”，是以公益林权利人合法、可持续的具备碳汇效应的公益林补偿性收益为质押担保的创新型贷款，贷款额度最高可达年度公益林收益的 15 倍。截至年底，对辖内 8 个行政村股份经济合作社授信 1200 万元。

【“三资”管理系统落地】 “三资”管理系统是农村集体经济管理服务运行平台，“三资”指农村集体资金、农村集体资产和农村集体资源。2021 年，常山农商银行成为衢州市“三资”管理系统的首家试点单位，于 4 月底实现“三资”管理系统在全县行政村全面上线。“三资”管理系统的上线，将“三资”管理从“层层跑”变为“直达车”，真正实现让数据多跑路、群众少跑腿。

【“公务一卡通”2.0 版推出】 2021 年，常山农商银行将“公务一卡通”1.0 获客版升级至 2.0 留客版，在获客的基础上主动挖掘客户资源、带动产品精准营销，获全市农信数字化改革项目二等奖。截至年底，开通公职人员餐费账户 6080 户，接入部门单位 166 个、食堂 66 家、县域大型超市 4 家、定点饭店 58 家，沉淀公职人员存款 2.19 亿元，吸收城区单位存款 1808.2 万元。

（吕 鹏）

常山联合村镇银行

【概况】 2021 年，浙江常山联合村镇银行股份有限公司（以下简称常山联合村镇银行）以支农支小、保障复工复产为主要目标，以内控与合规深化为主要要求，开展金融服务工作。截至年底，常山联合村镇银行各项存款余额 9.96 亿元，其中储蓄存款余额为 9.04 亿元；贷款户数 5710 户，贷款余额 11.6 亿元，涉农贷款 10.01 亿元；不良贷款率达 2.15%，拨备覆盖率达 167.05%；资本净额 1.7 亿元；流动性比例达 45.99%，资本充足率达 16.66%，核心资本充足率达 16.66%。

是年，常山联合村镇银行被评为 2020 年度个人征信系统数据质量工作优秀机构。

【乡村振兴贷款】 2021 年，常山联合村镇银行落实绿色金融行动实施方案，促进各项业务稳健发展，制定并实施《浙江常山联合村镇银行关于 2021 年乡村振兴“3+1”专项行动方案》《关于优化〈浙江常山联合村镇银行“柚乡贷”系列贷款管理办法〉的通知》，贷款投向均为县域内中小企业及农户，涉农比例达 98.8%。普惠涉农贷款 10.01 亿元，普惠小微企业贷款达 9.26 亿元。

【简化信贷流程】 2021 年，常山联合村镇银行优化信贷业务授用信流程、PAD 放款流程，缩短业务处理环节和服务时效。精简信贷资料收集、内部信贷资料，取消 5 项证明材料，并鼓励各经营单位通过全国企业信用信息公示系统、“浙里办”、“天眼查”、公积金查询系统、风险信息查询系统等具有公信力的信息查询平台查询和收集各类客户信息，减少不必要的证明。2021 年 8 月推行“0123”工作法，即：存量客户无缝对接当天放款；新增贷款属于支行权限的，在受理后 1 个工作日内放款；属于总行分管行长或独立审批人权限的，在 2 个工作日内放款；属于总行审贷会权限的，在 3 个工作日内完成授信，有效提高存量贷款周转的时效性。截至年底，存量 0 天周转贷款占比达到 77%，尤其是 2021 年 9 月末，0 天周转贷款占比提高到 89.8%，1 天以内周转贷款占比达 96.94%。

（汪 瀛）

泰隆银行常山支行

【概况】 2021 年，浙江泰隆商业银行股份有限公司衢州常山支行（以下简称泰隆银行常山支行）服务小微企业，深化绿色金融创新，优先扶持绿色企业，践行普惠金融。以“融 e 贷”等随借随还的无抵押贷款产品和可上门开户开卡的“移动金融服务站”，为百姓提供快捷方便的普惠金融服务。推广“接力贷”“智融通”“长青贷”等绿色信贷产品，让金融产品和服务惠及全县更多企业。加强PAD金融移动服务站建设，为客户提供便捷的移动开户、电子银行签约服务。截至年底，泰隆银行常山支行各项存款余额106993万元，比年初增加13892万元；贷款余额116465万元，比年初增加19520万元。

【拓展小微企业“首贷户”】 2021年，泰隆银行常山支行创新“锦鲤贷”金融产品，用于支持人行征信系统查询无征信记录的中小微企业、个体工商户的日常生产经营，根据客户经营活动、个人信用、还款能力、担保方式等综合评估，实行“一户一价”“一笔一价”“一期一价”，真正为客户量身定制“首笔贷款”。年内，支持“锦鲤贷”客户47户，发放金额3256.04万元。

【农村信贷推广】 2021年，泰隆银行常山支行新设芳村小微专营支行，农村网点数量达2家，占网点总数的66.6%。实施“人人可贷”项目，实质降低农村贷款门槛，推广“一次授信、随借随还、循环使用”的小额信贷模式，扩大农村区域的信贷覆盖面。全年农村个人客户授信余额54371.78万元，授信户数2188户，“人人可贷”单笔贷款平均授信时长15分钟，基本实现“立等可贷”。

【线上融资平台运转】 2021年，泰隆银行常山支行运用浙江省企业信用信息服务平台、衢融通平台等各类线上融资平台，上架“长业贷”“长青贷”“速e贷”“电商贷”“智融通”“碳运通”等信贷产品，贷款类型涵盖信用、担保、质押、抵押和组合，支持多种还款方式，引导客户通过线上发起融资需求，逐步实现线上申请、线上受理、简化资料、优化流程，最终实现“一次都不用跑”。全年通过平台发起总订单3笔，总授信金额8100万元。贷款码需求65笔，金额25370万元，支持授信总额8685万元，累计发放7540万元。

（黄志军）

温州银行常山支行

【概况】 2021年，温州银行股份有限公司衢州常山小微企业专营支行（以下简称温州银行常山支行）以深化市场化改革为目标，全面构建发展新格局。截至年底，温州银行常山支行本外币各项存款余额55533.57万元，各项贷款余额26740.02万元，不良贷款余额清零，累计实现净利润1500.82万元。

【金融业务合作】 2021年，温州银行常山支行与常山农商银行进行业务对接，就同业合作、理财产品合作、信贷业务、国际业务、票据业务以及客户资源共享等多个领域开展合作并进行可行性研究，截至年底，与常山农商银行开展联合信贷模式，落地10笔贷款业务，余额3025万元，实现与农商银行共同打造金融服务的新模式。

【减负降费】 2021年，温州银行常山支行多举措为客户实现减负降费，落地各项小微企业贷款延期还本付息政策，以续贷为主要手段，加大对小微企业的资金支持。截至年底，办理8笔无还本续贷业务，金额近3000万元，为客户实现“无缝”续贷，提前解决企业的后顾之忧。

【线上信贷产品推出】 2021年，温州银行常山支行推出“温宅贷”“温余贷”“温享贷”等线上化申请产品，让客户体验到“最多跑一次”的便捷化服务。信贷产品也从单一的抵押贷款发展到信用贷款，进一步拓宽业务渠道，其中“温信贷”产品从2021年7月正式上线推广，截至年底，办理349笔，放款金额4507万元。

【服务小微企业】 2021年，温州银行常山支行做大小微贷款客户量，提高小微贷款总额。坚持小微民营企业贷款投放方向，对万洋小微园、麦迪森数字产业园、大学生创业园等园区企业进行逐户走访营销，提高获客。截至年底，为万洋小微园区50多户企业解决融资需求，融资金额10684万元。

【助力国企改革】 2021年，温州银行常山支行继续与县三大国企平台对接交流，及时掌握各公司融资需求，向县农投集团、常鸿建筑公司、常盛建材公司、县旅投公司投放流动资金贷款各1000万元，后续又为常山国投公司授信4亿元，为国投公司即将发债做好前期准备。

【不良资产清收】 2021年，温州银行常山支行加大不良资产清收力度，为不良客户提供可执行的融资方案，协助企业化解风险。对实际不良客户做好沟通工作，向上级行争取减免息，分期还款等措施。全年清收存量不良贷款290万元，不良率实现清零。

（刘 琦）

金华银行常山支行

【概况】 2021年，金华银行常山小微支行（以下简称金华银行常山支行）坚持依法合规、稳健经营，以“立足地方、服务小微”为市场定位，推进业务转型，改善服务环境，提高服务水平。配合县民生实事涉残项目改造要求，对无障碍环境进行升级改造，参加创文、爱心献血等公益活动。年末，各项存款余额31558万元，各项贷款余额22144万元，其中存款余额比上年增长13749万元。是年，金华银行常山支行被评为衢州市“平安单位”。

【助力实体经济】 2021年，金华银行常山支行坚守市场定位，加快信贷业务创新，满足客户融资需求。配合地方政府及单位主要工作，针对地方新建项目支持符合准入的项目贷款和流动资金贷款，争取总分行信贷利率政策，为国企子公司投放贷款共计4000万元。帮扶企业破产重整，化解不良，加快不良出清，争取政策支持不良企业破产重整，化解企业难题，配合分行完成县域某企业发放重组贷款4650万元协助工作。服务“三农”，完成整村授信3个村，发放1217万元惠农贷款。

【创新信贷产品】 2021年，金华银行常山支行创新推出“减碳贷”“碳汇贷”产品，支持工业企业低碳经济发展、节能减排技术革新，推动企业绿色低碳转型发展。与县中小担保公司深化合作，进一步满足小微企业融资需求。推进“小固贷”等在建工作抵押业务，减轻小微企业购建厂房的还款压力。与法院合作开展“拍卖通”业务，创业前期即介入信贷支持，解决企业难题，在常山银行系统内首家实现法拍房产按揭。

【降低企业融资成本】 2021年，金华银行常山支行推广年审制贷款、“转贷宝”、“续贷宝”等无还本续贷创新产品，为22户企业提供无还本续贷，金额3955万元，为客户节约财务成本35.1万元。为23家贷款企业申请利率优惠，为客户节约财务成本154.44万元。

（宋 岚）

民泰银行常山支行

【概况】 2021年，浙江民泰商业银行股份有限公司衢州常山小微企业专营支行（以下简称民泰银行常山支行）贯彻落实县委县政府、人民银行及监管部门工作要求，结合民泰银行总、分行下达的各项经营管理指标，注重内部管控，强化市场营销，提升业务效率，推进各项业务持续、健康发展。服务实体经济，支持供给侧结构性改革，推进普惠金融。拓展农村市场，全年涉农贷款余额2.12亿元，占总贷款的73.32%；普惠型涉农贷款余额1.80亿元。年末，各项存款余额2.84亿元，贷款余额2.89亿元。

是年，民泰银行常山支行被银保监常山监管组评为 2021 年“无投诉网点”创建达标单位。

【支持实体经济】 2021 年，民泰银行常山支行增强对小微企业的金融支持，降低小微企业融资成本，将政策性贷款的相关红利政策传导至众多小微企业，用好用活政策助力企业复工复产。对接人民银行，申请支小再贷款专项资金。并单列信贷规模，开通绿色通道，提高审批效率，加大投放力度。全年无还本续贷企业 15 户 3876 万元，个人 205 户 8184.28 万元；普惠小微企业贷款余额 23290 万元，比年初增加 3350 万元，增长 18.60%；普惠小微企业信用贷款余额 1066.10 万元，比年初增加 387.74 万元，增长 57.16%。

【绿色金融服务】 2021 年，民泰银行常山支行助力传统产业实现绿色转型升级，深化绿色金融服务。全年绿色金融贷款余额 1598 万元，贷款户 6 户。绿色信贷余额占各项贷款的 6.07%。制造业贷款余额 10465 万元。

（张　蓉）

台州银行常山支行

【概况】 2021 年，台州银行股份有限公司衢州常山小微企业专营支行（以下简称台州银行常山支行）坚持社区银行商业模式，坚守小微客户目标市场定位，继续以深扎县域乡村为本，研究提高小微金融服务的能力，提升发展空间和可持续性，践行小微金融、普惠金融，信贷资源集中投放民营企业和小微企业，支持实体经济、民营经济。年末，存款余额 28695.4 万元，贷款余额 44668.66 万元。

【疫情防控金融服务】 2021 年，台州银行常山支行落实监管部门和市委、市政府关于疫情期间金融支持的要求，做好疫情防控金融服务，降低疫情防控物资企业和受疫情影响企业的融资成本，减轻企业复产复工财务压力。上线“战疫接力贷”业务，缓解小微客户还款续贷难题，降低小微客户融资成本。对于无法按时还款的客户实现无缝对接。持续推进的“复工低息专享贷”业务，重点支持农业、渔业、制造业、批发和零售业、住宿和餐饮业、文化旅游业等生产经营性行业小微民营企业、个体工商户的复工复产，切实降低融资成本。

（彭　倩）

保险业

【概况】 2021 年，常山县保险业做好疫情防控，支持企业复工复产；持续开展保险业合规文化建设主题教育活动，推动行业乱象整治。至年末，全县保险机构 15 家，其中，财产险 8 家，人身险 7 家；支公司 8 家，营销服务部 7 家。保险从业人员 710 人，其中财险营销员 91 人、寿险营销员 509 人。全县保险业实现保费收入 4.54 亿元，比上年增长 4.08%。其中，产险保费收入 1.6 亿元，比上年增长 7.08%；寿险保费收入 2.94 亿元，比上年增长 2.52%。全县保险业赔款与给付 1.65 亿元，比上年增长 14.41%。其中，产险赔款支出 1.07 亿元，比上年增长 13.01%，简单赔付率 66.8%；人身险赔（给）付支出 0.58 亿元，比上年增长 17.08%。（以上为县保险协会统计口径）

（冯程程）

【中国人民财产保险股份有限公司常山支公司】 2021 年，中国人民财产保险股份有限公司常山支公司（以下简称人保财险常山支公司）在开发油茶低温气象指数保险的基础上开发油茶干旱气象指数保险品种，新办胡柚、香柚低温气象指数保险，支持常山“两柚一茶”特色产业发展。参与社会治理，开办校园系列保险，包含学生平安保险、校方责任保险、监护人保险等，筑牢安全校园网；承保并扩面安全生产和环境污染综合责任保险，强化企业安全生产和环境污染管控；承保农村公路综合保险，构筑公路风险保障体系。发挥保险代替保证金作用，上线线上投保保证保险，缓解建筑施工企业资金不足问题。配合县公安局开展电动车专项整治工作，并结合常山实际情况，新建1个文明劝导站点，持续保障文明劝导站点正常运行。截至年底，人保财险常山支公司实现签单保费8595.53万元，比上年增长8.88%，市场份额达53.71%，支付各类赔款4842.73万元。

（曾六兰）

【中国人寿保险股份有限公司常山支公司】 2021年，中国人寿保险股份有限公司常山支公司（以下简称人寿保险常山支公司）持续开展保险保障服务，实现保费收入18674.27万元，比上年增长0.99%，市场份额占63.51%。其中首年期交3306.54万元、续期12985.68万元、短期险2382.05万元。赔付支出3921.10万元，其中赔款支出1927.12万元、满期给付1065.86万元、年金给付460.24万元、医疗给付322.30万元、死亡给付145.58万元。全年提供保单借款服务4463笔，合计金额10032.25万元。是年，人寿保险常山支公司被浙江省分公司授予“争霸赛优胜奖”。

（郑彦）

【中国人寿财产保险股份有限公司常山支公司】 中国人寿财产保险股份有限公司常山支公司（以下简称国寿财险常山支公司）经营险种包括财产损失保险、责任保险、保证保险和信用保险、短期健康保险和意外伤害保险等经中国保监会批准的其他业务。2021年，国寿财险常山支公司实现全险种保费收入3039.53万元，比上年增长0.89%。保费规模位列常山财险第二，市场份额占18.99%。其中，车险2267.61万元，非车险771.92万元。赔款总支出2242.02万元。

（徐芳芳）

【中国太平洋财产保险股份有限公司常山支公司】 中国太平洋财产保险股份有限公司常山支公司（以下简称太保财险常山支公司）经营范围涵盖财产损失保险、责任保险、信用保险、保证保险、短期健康保险、意外伤害保险和上级机构在银行保险监督管理机构批准业务范围内授权的其他业务。2021年，太保财险常山支公司开展政保合作项目，拓展校园系列保险，包含学生平安保险、监护人责任保险等；承保政府部门主导的安全生产责任保险等。全年实现全险种保费收入1567.53万元，比上年增长12.13%。保费规模在县行业市场中排名第三，市场份额占9.79%。赔款总支出1306.65万元。

（曾骏）

教　育

Education

综述

【概况】2021年，常山县教育局（以下简称县教育局）深入实施教育赋能工程，深化改革创新出实招、强引领，奋力谱写常山教育高质量发展新篇章，各方面工作取得长足发展。教育工作获县委书记潘晓辉批示1次，时任县长张少华批示2次，获县集体三等功1次、集体嘉奖1次。

【教育党建统领】2021年，县教育局组织开展"比学赶超三实干"擂台赛，探索"优学常山"新思路。持续擦亮"护旗手"党建金字招牌，组建23个学前段党建共同体。完善党建带团建、育队建机制，招贤小学"保护母亲河环保社团"获时任省长郑栅洁批示肯定。党建案例入选全省50强，党建工作经验浙江组稿获中央教育工作领导小组刊发。启动第一批"两专"后备干部培训计划，14位名优校长与62名后备干部开展师徒结对。阁底小学教师凌佳入选2021年教育部乡村优秀青年教师培养人选，为全省仅5位之一，全市唯一。

【教育改革创新】2021年，县教育局引进特色课程试点，提升育人体验，典型经验做法被国家、省、市级媒体报道62篇，常山一小《创"时间银行"，提幸福指数》入选浙江省首批十项"双减"优秀实践案例，推进校外减负，实现非法校外培训机构全面"清零"。常山一中与学军中学正式签约开展紧密型合作办学，加速突破师生培养瓶颈。全面启动初中段集团化办学，成立3个教育集团，在城东中学增挂常山县教师进修学校附属中学牌子，力促初中提质增效。创新教育领域数字化改革，统筹推进数字技术与教育管理、教学实践的深度融合，"留守儿童关爱一件事"等4项数字化改革项目入选全省改革试点。专用智慧校车全覆盖，获副省长成岳冲和副市长王良春批示肯定。

【教育质量提升】2021年，县教育局启动第四轮发展学前教育三年行动计划和学前教育普及普惠县创建工作，全县等级幼儿园比例占94.5%，优质园占56.3%，覆盖面达73.9%，比上年增长12%，位居全市第一。谋划城区3所小学有机更新和城东中学转型升级。推进教育高质量发展，高考实现"六连增"，"双一流"大学录取143人，C9联盟高校录取28人，录取率居全市第一；中考实现"五提升"，文化课平均分首次超过市均分。探索校企"双元"育人机制，全面推行"现代学徒制""双师双徒"等校企合作教学模式，获得省职业教育改革优秀典型案例、衢州市教育教学成果第一名。推进衢州数字工业学校迁建项目，全力打造四省边际职业教育新高地。教育业绩考核位列全省第15名，比上年提升18个名次；教育综合考核进入全市第一方阵，获一等奖。

（张俊国）

教育行政

【概况】2021年，常山县教育局推进人事改革，加强后备队伍培养，打造良好教育生态，推动教育优质均衡发展，创设学前教育普及普惠县，深入推进"两创"工作。是年，狮子口片区集体土地房屋征收工作圆满收官，县教育局获县"十条军规"通报表扬一次；县教育局、常山一中、育才中学中高考成绩创历史新高，县教育局获县政府"集体三等功"。

【浙江省现代化学校创建工作】2021年1月28日，浙江省人民政府教育督导委员会办公室公布2020年省现代化学校（幼儿园）名单，常山县第一小学入选，成为全县第一所"浙江省现代化学校"。11月10日，省现代化学校评估组专家施建祥等一行到常山一中开展实地评估验收，副县长傅淑梅出席并讲话，市教育督导处负责人饶碧云，县教育局党委书记、局长李岳飞等陪同。

【教育数字化改革入选全省优秀项目】 2021年4月12日，“校外培训机构治理一件事”入选全省数字化改革首批“揭榜挂帅”榜单。6月2日，“留守儿童关爱一件事”入选全省教育系统数字化改革试点项目。10月19日，渡口未来社区入选全省教育系统数字社会未来教育重点场景先行建设单位。

【常山县委教育工作领导小组会议】 2021年6月11日，中共常山县委教育工作领导小组2021年第一次全体会议召开，深入学习贯彻习近平总书记关于教育工作的重要指示精神以及中央有关文件精神，总结回顾2020年县委教育工作领导小组教育工作，研究部署2021年教育工作事项。9月6日，中共常山县委教育工作领导小组2021年第二次全体（扩大）会议召开，县委副书记、政法委书记、教育工作领导小组组长翁旭东出席会议并讲话。

【第37个教师节庆祝活动】 2021年9月10日，常山县庆祝第37个教师节表彰大会在育才中学举行，县委书记潘晓辉在会上作题为《高标准高要求抓好思政教育 以赶考奋进姿态谱写“优学常山”新篇章》的思政教育主题报告。县委副书记翁旭东宣读表彰文件，县各级领导为各级各类先进教师、先进集体颁奖。本次表彰大会设有中层奉献奖、“老黄牛”奖、二十五年班主任、教育世家等。

【全国义务教育优质均衡发展县和学前教育普及普惠县创建】 2021年10月26日，市政府教育督导室“两创”调研组一级调研员吕汶一行到常山县检查指导“两创”工作进展情况。副县长傅淑梅，县府办、县教育局、县发改局、县财政局、县人社局、县委编办等相关部门负责人参加。

【“两专”后备干部培训班开班仪式】 2021年11月5日，常山县教育系统第一批“两专”后备干部培训班开班仪式在常山教师进修学校启动。省教坛新秀作学员代表发言，县名校长作为导师代表和所结对后备干部签订“师徒结对协议”。县教育局党委书记、局长李岳飞出席会议并讲话，县教育局党委副书记、副局长王文卿主持开班仪式，县教育局党委委员、副局长唐金木作专题报告，县教育局党委委员、副局长、常山一中党总支书记、校长琚哲明，县教育局党委委员、衢州数字工业学校党总支书记季志辉参加会议。

【全县小学教育工作会议召开】 2021年11月11日，为促进学生德智体美劳全面发展，强化绿色质量意识，推动全县小学全面加强教育教学管理，提高教育水平，特在教师进修学校召开全县小学教育工作会议。县教育局班子成员、全体机关干部、督学中心干部、县教研室教研员、各小学书记、校长等200多人参会，会议由县教育局总督学徐峰主持，县教育局党委书记、局长李岳飞出席并讲话，市教研室副主任施燕红到会指导并作专题讲座。

【城乡义务教育共同体建设】 2021年，全县34所义务教育段学校组建教育共同体，小学实施“1+4”模式，初中实施“1+1”模式，占比100%。2021年4月根据省市工作要求，城南中学和常山二中从“协作型”教共体升级为“共建型”教共体，作为2021年“新增城乡教育共同体结对学校（校区）1500家”省政府民生实事项目。2021年12月6日，省政府民生实事项目“城乡义务教育共同体”评估专家组到常山二中对常山县2021年教共体专项工作开展现场评估与指导。市教育局基教处副处长朱慧如陪同，县教育局总督学徐峰作工作汇报。

（张俊国）

学前教育

【概况】 2021年，全县有幼儿园57所，班级285个，在园幼儿

8071人；新入幼儿园2286人，离园幼儿2817人。城南、赵家坪、科创3所新建公办幼儿园投入使用，育才幼儿园2021年9月起回收转公，公办幼儿园达19所，公办幼儿园占比逐年提升。学前教育办学水平进一步提高，新增1所一级幼儿园（常山县实验幼儿园），5所二级园（常山县赵家坪幼儿园、城南幼儿园、科创幼儿园、东案乡第二中心幼儿园、闻礼幼儿园），优质园覆盖面达71%。

【幼儿园党建实现全覆盖】 2021年，县教育局出台《常山县教育局关于开展“护旗手”党建引领提升工程的通知》，根据“条抓块统”理念，在全县83所小学、幼儿园探索“1+1+N”党建模式，组建23个学前段党建共同体，实现幼儿园党建全覆盖。

【幼儿园建设项目】 2021年，县教育局完成城南、赵家坪、科创幼儿园建设项目，9月如期开园。白石镇第一中心幼儿园、青石镇第一中心幼儿园、何家乡第一中心幼儿园建设项目按计划推进，启动球川镇第一中心幼儿园、何家乡第一中心幼儿园琚家分园扩容改薄工程，幼儿园硬件建设进一步提升。

【城乡公办幼儿园抱团发展】 2021年10月起，县教育局实施城乡公办幼儿园抱团发展工作，由城区3所优质公办园牵头，和11所乡镇公办中心幼儿园组建抱团发展联盟，以城区优质园带动辐射乡镇公办园。

（胡建明）

义务教育

【概况】 2021年，全县有义务教育段学校34所，其中初中7所、小学27所（含完小2所）。在校学生24684人，班级数647个；招生数5426人，其中小学2714人、初中2712人；毕业生数5767人，其中小学2817人、初中2950人。全县中考优生量质齐升，560以上高分人数达121人，其中蓝诗雨以603分的成绩位列全县第一名。育才中学在完成重点高中分配指标数录取基础上，统招人数高达319人，并被衢州二中创新班录取5人；常山书生中学城关校区、衢州二中创新班录取5人；常山书生中学城南校区在完成重点高中分配指标数录取基础上，统招45人，并被衢州二中创新班录取1人。城南小学、文昌小学抓紧施工、何家小学相继投入使用，钳口小学、辉埠小学、紫港中学等学校实施提升改造工程，薄弱学校办学条件持续改善。以学军学农课程、“武术进校园”等为载体，开发学生德育“第二课堂”，32所学校2.4万余名中小学生参加学军课程。

是年，县教育局被教育部评选为2020年度国家义务教育监测县级优秀组织单位。

【初中大型考试】 2021年4月24日，市初中英语听说能力人机对话测试举行，常山县有2707名中考生报名参加本次测试，设7个考点。6月16—17日，衢州市初中学业水平考试开考，常山县设育才中学、城关中学、城南中学、城东中学4个考点，2707名考生报名参加。9月4—7日，常山县举行2022届中考体育游泳选测工作。1968名初三考生参加考试，全县共设两个考点。

【暑期公益托管服务】 2021年7月15日，常山县暑期公益托管试点学校正式开班。常山县有6所学校启动公益托管服务，包括5所城区小学（实验小学、天马一小、天马二小、常山一小、育才小学）和1所城郊工业园区小学（二都桥小学），160多名教师志愿参加，为200多名“看护有困难”的孩子提供暑期托管。

【常山县初中教育高质量发展大会召开】 2021年10月23日，常山县2021年初中教育工作会议在县城南中学召开。县教育局党委对教育先进学校和个人进行表彰，市教研员进行教育质量分析并开展讲座，校长、教师代表作交流发言。县教育局班子成员、全体机关干部、督学中心干部、教研室教研员、各中小学书记、校长（园长）及全体初中教师共 700 多人参会。

【常山县第 54 届中小学田径运动会】 2021 年 10 月 30—31 日，常山县第 54 届中小学田径运动会在育才中学举办，各中小学书记、校长，各中小学代表队运动员、教练员共 1000 多人参加。此届田径运动会共刷新 13 项比赛纪录，产生 96 块金牌、96 块银牌、91 块铜牌。

【常山县教师进修学校附属中学揭牌仪式】 2021 年 11 月 23 日，常山县教师进修学校附属中学揭牌仪式在县城东中学报告厅举行。副县长傅淑梅，县教育局党委书记、局长李岳飞，县教育局党委委员季志辉，县教育局总督学徐峰，县教师进修学校校长符水禄及专班成员、城东中学全体教师参加仪式。

【衢州市小学小班化教学改革交流推进会暨小班化专题培训活动在常山举行】 2021 年 11 月 25—26 日，2021 年衢州市小学小班化教学改革交流推进会暨小班化专题培训活动在常山举行，各县（市、区）教育局教研室分管领导、教研员及全市小班化试点学校分管领导、教师代表等 150 多人参加，市教育局基教处处长张未华，市教研室副主任施燕红出席并指导，县教育局总督学徐峰陪同。

（陈文军）

普通高中教育

【概况】 2021 年，全县有高级中学 3 所（常山一中、紫港中学、三衢中学），完全中学 1 所（天马中学）。普通高中毕业生 1411 人，招收新生 1547 人；全县普通高中班级 113 个，在校生 4617 人。县教育部门持续深化常山一中教育综合改革，做强紫港中学体育、美术、日语三大办学特色，全县高考文化类一段上线人数达 325 人，实现“六连增”。

【教育教学调研】 2021 年 11 月 10 日，县委书记潘晓辉到常山一中调研指导，就校舍利用、学校转型、优质高中建设等重大事项开展实地调研。11 月 16—17 日，市教研室领导、专家一行到常山一中开展教学调研活动。11 月 30 日，副县长方育娟到常山一中调研指导工作，对该校近几年在教育教学方面取得的成绩给予肯定，对今后的工作提出建设性的指导意见和具体要求。

【高中大型考试】 2021 年 3 月 20 日，2021 年上半年全国英语等级考试在浙江省衢州数字工业学校举行，全县有 521 名考生报名参加考试。7 月 3—5 日，2021 年浙江省普通高中学业水平考试举行，常山县考点设在常山一中，全县有 3045 名考生参加。

【常山一中完成省现代化学校实地评估】 2021 年 11 月 10 日，常山一中通过省现代化学校实地评估工作。评估组专家听取校长工作汇报，查看校容校貌，查验台账资料，召开师生座谈会，随机访谈师生，开展教师学生家长满意度调查，了解学校办学思想、课程建设、课堂教学和学生发展等工作。

【黄荷凤奖学金 2021 年颁奖仪式】 2021 年 9 月 7 日，中环教育慈善基金·黄荷凤奖学金 2021 年颁奖仪式在常山一中举行，共有 80 名学生获奖，中环教育慈善基金经理谢飞权、县教育局纪检组组长洪小峰参会。

（陈文军）

职业高中教育

【概况】 2021 年，全县有职业高中 1 所（衢州数字工业学校）。职业高中毕业生 524 人，招收新生 685 人；全校班级 50 个，在校生 1987 人。新校园迁建项目持续推进，2 个教学案例入选省改革优秀典型，汽修实训基地被认定为省级实训基地，高考上线率达100%，14 人上本科，其中 6 人被省重点大学录取，旅游专业本科上线率进入全省前十名行列，其中张猛琪位列全省第三名。教学案例《校企共育：中职学校“4+1”课程设置与实践探索——以汽车运用与维修为例》和《零距离·三融合·六攀登——岗课融合，培养复合型融创匠才》被评为2021 年浙江省职业教育改革发展优秀典型案例。职业教育教师先进典型和教师队伍建设工作案例《团队协作、人人出彩——国际合作下的“双师型”教师创新团队》被报送到教育部教育司。衢州数字工业学校的中意汽车运用与维修实习实训基地被省教育厅认定为2021 年度职业院校实习省级实训基地。衢州数字工业学校汽修专业被推荐为中德先进职业教育合作项目，创建浙江省中德先进职业教育合作项目学校。“护旗手·匠心”党建品牌被评为浙江省中职 100 个优秀党建品牌。

【常山非遗学院成立】 2021 年 4 月 13 日，由县文化和广电旅游体育局、县教育局牵头，县非遗保护中心和衢州数字工业学校共同创办的衢州地区首个非遗学院——常山非遗学院，在衢州数字工业学校成立。学院成立以后，由常山县非遗保护中心安排国家级非遗项目常山喝彩歌谣、省级非遗项目武当太乙拳、市级非遗项目常山竹编技艺、常山蛋雕艺术、常山民间剪纸等一批非遗项目列入学校课程。

【衢州市暨常山县职业教育活动周启动仪式】 2021 年 5 月 26 日，2021 年衢州市暨常山县职业教育活动周启动仪式在衢州数字工业学校举行。市政协副主席徐旭卿宣布 2021 年衢州市职业教育活动周启动，市职业教育改革发展工作领导小组办公室主任、市教育局党委书记、局长季根寿致辞，常山县副县长蒋招达致欢迎词，市教育局党委委员、副局长曾金松主持启动仪式，衢州职业技术学院党委副书记、校长吕延文，常山县政协副主席郑建华等与会领导共同为活动周揭幕。

【浙江开放大学与常山社区学院签订战略发展协议】 2021 年 9 月，浙江开放大学与常山县人民政府签署社区教育发展战略合作协议，其中“常山未来社区儿童美育空间”被纳入浙江省未来社区教育场景构建试点培育单位。

（胡建明）

表 23

2021 年常山县教育概况一览表

类别	学校数（个）	班级数（个）	招生数（人）	毕业生生数（人）	在校学生数（人）	教职工数（人）						
						专任教师	行政人员	教辅人员	工勤人员	其他	合计	编制数
一、基础教育	102	1061	9397	9824	36946	2795	44	365	47	1	3252	2093
（一）普通中学	11	306	4354	4134	12712	1060	4	46	42	1	1153	936
1. 普通高中	4	113	1621	1441	4617	414	3	24	18	0	459	376
2. 普通初中	7	193	2733	2693	8095	646	1	22	24	1	694	560

续表 23

类别	学校数（个）	班级数（个）	招生数（人）	毕业生生数（人）	在校学生数（人）	教职工数(人)						
						专任教师	行政人员	教辅人员	工勤人员	其他	合计	编制数
（二）小学	33	464	2745	2859	16112	1141	0	9	0	0	1150	1032
（三）幼儿园	57	285	2286	2817	8071	577	40	310	5	0	932	108
（四）特殊教育	1	6	12	14	51	17	0	0	0	0	17	17
二、中职教育	1	50	685	524	1987	142	1	2	1	0	146	137
合计	103	1111	10082	10348	38933	2937	45	367	48	1	3398	2230

2021年常山县各高中本科、高校录取情况一览表

表 24

学校名称	本科录取情况(人)			高校录取情况(人)		
	录取	参考	比率(%)	录取	参考	比率(%)
常山一中	610	662	92.15	651	662	98.34
三衢中学	55	103	53.40	100	103	97.09
紫港中学	257	641	40.09	620	641	96.72
天马中学	6	127	4.72	122	127	96.06
衢州数字工业学校	13	162	8.02	159	162	98.15
合计	941	1695	55.52	1652	1695	97.46

2021年常山县民办中学情况一览表

表 25

项目		班级（个）	招生数（人）	在校生数（人）	毕业生数（人）	教职工数（人）	专任教师数（人）
天马中学	初中	4	50	150	105	40	9
	高中	11	230	500	131		14
育才中学(初中)		32	490	1511	518	121	100
三衢中学(高中)		10	102	368	129	15	15
合计		57	872	2529	883	176	138

（胡建明）

浙江广播电视大学常山学院

【概况】 2021年，浙江广播电视大学常山学院（以下简称电大常山学院）开放教育招生503人，在全省电大招生工作万人比中排第五名。全年培养开放教育本科、专科毕业生410人，其中本科182人、专科170人、“一村一名大学生计划”58人。6名学员获国家开放大学奖学金，13名学员获浙江开放大学奖学金，4名毕业生被评为浙江开放大学优秀毕业生，1名毕业生被评为国家开放大学杰出校友。把党史学习教育与高校思政教育相融合，依托“学生网上党组织”平台，推进“e路红”机关党建品牌建设，以主题党日活动推动思政教育出成效，强化学院思政教育建设，创新思政理论课堂。推动浙江开放大学与常山县人民政府，就常山县乡村振兴、社区教育发展、未来社区教育场景构建、高技能人才培育、“五社联动”课题研究等方面开展合作，于9月24日签署战略合作协议。

是年，电大常山学院被浙江开放大学评为招生工作先进单位和教材发行管理先进单位；被衢州广播电视大学评为教学教务工作先进单位、社区教育工作先进单位、思政教育工作先进单位。

【社区教育新格局】 2021年，由电大常山学院牵头，联合县委组织部、县委宣传部、县教育局等37家部门、乡镇（街道）成立常山县社区教育工作领导小组，出台《关于加强社区教育工作的意见（试行）》，在衢州市率先组建社区教育专干队伍，召开全县社区教育工作推进会。强化顶层制度建设，架起部门、乡镇（街道）沟通桥梁，推进社区教育工作。社区儿童美育课堂在白石镇、天马街道渡口未来社区、金川街道徐村村、芳村未来社区、同弓未来社区开展试点，招募学员107人，举办夏令营活动1期。

2021年8月5日，社区儿童美育课堂夏令营活动举行

（电大常山学院 供图）

【“常山儿童画”品牌建设】 2021年3月，电大常山学院与衢州传媒集团签订合作协议，对“常山儿童画”进行全面系列报道，亮出品牌，并联合多家部门、乡镇（街道）召开打造“常山儿童画”品牌论证研讨会；10月，与浙江大学黄华新教授专家团队签订协议，启动制订“常山·中国儿童画之都”三年建设规划。

【全民终身学习型社会建设】 2021年9月24日，为贯彻落实省委山区26县跨越式高质量发展暨山海协作工程推进会精神，促进高质量发展建设共同富裕示范区，由常山、磐安、云和、景宁、龙游、江山、开化7地电大共同发布山区26县电大助力全民终身学习型社会建设“常山倡议”。

【入选全省未来社区教育场景构建试点培育单位】 2021年，电大常山学院聚焦终身教育体系建设，与浙江开放大学、浙江省终身教育研究与评价中心对接争取，常山社区学院被列入全省未来社区教育场景构建试点培育单位，试点项目为“常山未来社区儿童美育学习空间”，成为全市唯一，全省仅4家单位入选。

（琚旦炜 李志军）

科学技术·气象

Science and Technology, Weather

科学技术

【概况】 2021年，常山县科学技术局（以下简称县科技局）围绕研发投入、产学研合作、创新平台等方面开展科技工作。推进产业创新服务综合体、农业科技园区和高校产业技术研究院建设，打造“一站式”产业服务平台，推进产学研究基地建设。年内，成功创建省级高新园区。重视主体培育工作，年内省科技型中小企业、国家高新技术企业“双倍增”超额完成，自主创新能力逐步增强。研发投入增加，常山县规模以上工业企业研发经费5.51亿元，占营业收入的3.1%，列全市第三位；高新技术产业增加值增速23.3%，列全市第一位；高新技术产业投资增速24.1%，列全市第三位。编制完成《常山县科技创新“十四五”规划》。

是年，县科技局连续第十年被评为浙江省市县防震减灾工作考核优秀单位。

【产业创新平台建设】 2021年，县科技局有序推进油茶、精密基础件2个省级产业创新服务综合体建设、运营和服务。编制出台《常山油茶产业创新服务综合体工作实施方案》《常山精密基础件产业创新服务综合体工作实施方案》，集聚一批大院名校、服务机构入驻综合体，打造集科技创新、检验检测、创业孵化等为一体的“一站式”服务平台，为油茶、精密基础件产业提供创新保障。省级现代农业科技园区建设稳步推进，“一核五园”（“一核”是中国常山胡柚科技研究中心；“五园”即胡柚品种园、胡柚高新技术栽培示范园、胡柚文化旅游展示园、胡柚科技研发创新园、大学生创业园）建设进展顺利。12月28日，经省政府同意，省科技厅、省发改委联合发文同意创建常山信息材料高新技术产业园区（全省申报创建高新区13家，获批5家）。

【产学研究基地建设】 2021年，浙江理工大学常山研究院重点组织材料成型及热处理等3支专家团队，走访轴承、纺织企业100次，摸排梳理热锻模具淬火工艺不过关等共性和个性关键技术难题10多项，针对延长轴承套圈模具寿命的技术攻关取得阶段性成效。5名博士进驻5家轴承企业开展科技服务。开展中国浙江网上技术市场3.0平台应用，征集发布企业各类技术需求50多项，榜单金额4000多万元，其中16项技术需求成功签约。

【科技企业成果培育】 2021年，县科技局出台科技型企业培育行动方案，实施科技型企业“双倍增”计划，健全“微成长、小升高、高壮大”梯次培育机制。全年新认定省科技型中小企业37家，新增国家高新技术企业12家，新增省级高企研发中心1家，市工程技术研发中心5家。省领军型培育企业实现零的突破（浙江天子股份有限公司）。县级科技成果转化项目立项63项，财政260万元资金重点支持19项；市级竞争性项目立项3项，市级指导性项目立项1项，省级新产品立项68项；浙江艾佳食品有限公司的《胡柚全果高值化利用加工技术研究和应用》获省“尖兵”研发攻关计划项目立项。

【科技指导服务】 2021年，县科技局开展规模以上工业企业研发投入清零行动，开展“一对一”专业指导，特别是对亿元以上企业、研发为零等重点企业实行月月跟踪。全年走访企业700多人次，组织召开县规模工业企业研发投入年报会，完成2020年度全县规模以上工业企业研发经费2379万元奖补资金兑现。完成省级科技特派员项目验收及轮换工作，全年开展服务160多次，引进柑橘新品种2个、建立油茶种植示范基地40多亩。

（吴　超）

气象工作

【概况】 2021年，常山县总体气候形势严峻复杂，极端灾害天气事件多发。全县梅汛期降雨量582.7毫米，较常年偏多41%，位列全省第二，最大站点辉埠镇高峰村达743.6毫米，位居全省单站首位。2021年，常山县气象局（以下简称县气象局）发布决策服务材料177期，各类预警信息321次，点对点叫应285次，启动应急响应10次，预警信息接收达53万余人次，人工增雨作业5轮次，发射20枚火箭弹，增水量约200万吨。

是年，常山县被评为中国气候宜居城市。梅树底景区入选全省首批“浙江省气候康养乡村”。

【气象工程项目推进】 2021年，县气象局推进气象防灾减灾综合工程（一期）项目建设，该工程于5月底竣工、通过验收并正式投入使用。加快实施常山气象防灾减灾综合业务平台建设，该平台于12月底建成并投入使用，提升全县气象防灾减灾能力。加快实施常山监测预警能力提升工程，新建8个乡镇气象自动站，优化监测站网布局，提高气象灾害预警及防灾减灾工作能力。围绕常山胡柚、香柚、油茶、食用菌等农业主导产业，以农业气象观测基地、基本信息账、农业气象指标体系、服务产品、数字化农业气象服务平台、服务终端、标准规范、气象指数保险理赔为重点，初步构建常山农业气象管家服务体系。

【基层气象灾害防御】 2021年，县气象局健全基层气象防灾减灾体系。联合县发改局出台《常山气象事业“十四五”发展规划》，县政府出台关于《推进防灾减灾“第一道防线”建设和气象事业高质量发展的意见》。专题召开全县气象防灾减灾培训会议，入汛前完成部门联络员、协理员、网格员和信息员全员培训。深化“网格+气象”工作机制，推进气象防灾减灾体系与基层治理体系深度融合，实现190名气象信息员与基层网格员“二合一”。年内创建省级气象防灾减灾标准化村（社区）20个。

【公共安全气象管理】 2021年，县气象局加强雷电灾害的监测预警，加强防雷安全监管，对51家重点单位开展气象安全检查，联合县文广旅体局、县经信局等部门对全县AAA级以上景区、化工企业、自建成品油罐等企业开展防雷安全专项监督检查。开展“安全生产月”“安全生产专题行”活动，开展危化企业、易燃易爆场所和旅游景区的专项督查检查，现场检查单位10家，排查安全隐患2项。建立“一企一档”工作机制，推动全县46家易燃易爆场所、危化企业完成衢州市企业自治平台的注册申报，实现安全监督管理的线上智慧监督管理。完成“互联网+监管”实施清单100%认领，检查实施清单100%编制，事项主项覆盖率达标。

【气象科普宣传】 2021年，县气象局开展气象科普进社区、气象课堂进校园、广场气象咨询等气象科普宣传工作。联合县文广旅体局、县旅投公司，围绕防灾减灾标准化、气象科普、气象景观挖掘、旅游气象服务、气象研学等，开展梅树底“旅游+气象”融合发展建设。联合人保常山分公司、县财政局、县农业农村局、县林水局、县发改局等部门，以常山油茶、常山胡柚低温气象指数保险理赔一件事为切口，打造“气象指数保险智能速办”应用场景，开展一站赔付的线上农业气象指数保险业务，该项目被列入浙江省气象局数字化改革项目试点，列为衢州市“关键小事智能速办”重点谋划清单。联合县农业农村局开展重大气象灾害现场调查，开展灾情调查15次，其中实地服务与调查12次。开展面向种植大户的气象防灾减灾培训讲座1次。

（周婷洁）

文化·旅游·体育·卫生

Culture, Tourism, Sports and Hygiene

文化 旅游

【概况】 2021年，常山县文化和广电旅游体育局（以下简称县文广旅体局）围绕争创国家全域旅游示范县目标，聚焦“一切为了U”城市品牌塑造，深化文旅体融合，发展文旅体产业，激发大市场活力，打响“画里乡村、研学走廊、康养胜地”文旅品牌。全年接待游客180.3万人次，实现旅游总收入22.4亿元，旅游经济发展指标位居全市前列。是年，常山县成功创建浙江省全域旅游示范县，上榜2021浙江文旅助力探索共同富裕新路径十佳县（市、区），获“十三五”浙江省体育场地设施建设突出贡献奖，入选2021中国健康旅游名县、浙江省大数据旅游统计应用试点县、浙江省旅游业“微改造、精提升”试点单位。

【公共文化服务】 2021年，常山县在浙江省公共文化服务数据评估中，排名衢州市第二位、浙江省第五十三位。县图书馆被评为第一批省级“满意图书馆”；县文化馆成功创建国家一级馆；招贤镇被评为浙江省民间文化艺术之乡；何家乡樊家村被省政府评为2021年度浙江省文化示范村，全县历年创建的12个“省级文化示范村”全部通过省级复评；辉埠镇文化站、东乡村文化礼堂、徐村村文化礼堂3家文化场馆被列入浙江省公共文化服务功能拓展先行先试单位。常山西源革命纪念馆入选浙江省红色旅游教育基地（全省仅10家）。在全省第七次乡镇（街道）综合文化站评估中，常山县达标率为100%，其中评为一级站5个、二级站3个、三级站6个。培育发展省级文化示范户7户、省级乡村文化能人16人。持续推进“黄鹂振翅飞 文化进万家”品牌文化惠民活动，全年完成送戏下乡300多场，送电影下乡2900多场，送书下乡1.5万余册，送展览、讲座、辅导等300多场，县外文化走亲10多场。

【文艺精品创作】 2021年，县文广旅体局组织“黄鹂鸟”文艺团队创作歌曲《我不是英雄》《过招贤渡》《一切为了U》和舞蹈《胡柚娃》等作品10多部。其中，舞蹈《阿婆的精糕》获首届浙江省乡村舞蹈大赛金穗奖一等奖；组织“魅力绽放合唱团”参加浙江省群众乡村合唱大赛获银奖；歌曲《魔数师》获衢州市文艺精品“南孔奖”；8090新时代理论宣讲《奋斗，是青春最亮丽的底色》在浙江省群文系统微宣讲大赛中获得三等奖；文学作品《在摇椅上》获“美丽浙江”网络文学大赛三等奖和人气奖；《常山江辞》《胡柚娃》获衢州市文艺会演双金奖；《千年宋诗河》《过招贤渡》《我不是英雄》等入选衢州市文艺精品项目。

【文化遗产保护】 2021年，县文广旅体局构建县、乡、村三级文物安全管理网络和责任体系。启动兴贤塔修缮工程，完成省保泰安古建筑群之王氏宗祠等抢险加固工程。开展全县重大文物安全隐患排查工作，上报的《常山县文物安全隐患及问题情况的调查报告》获衢州市市长高屹批示肯定。通过全县第二次革命文物专项调查，上报不可移动革命文物16处，可移动革命文物11件。《常山文物藏品荟萃》正式出版。成立衢州首个非遗学院。代表性传承人县级增加至87人、市级增加至31人。成功申报常山贡面为浙江省第三批优秀非遗旅游商品，并代表衢州地区在中国·浙江第十三届非物质文化遗产博览会上展出。

【文化基因解码】 2021年，县文广旅体局完成203个文化元素调研，开展17个重点文化基因解码及报告汇编，“宋诗之河文化带”项目被列入首批100个“浙江文化标识”培育项目，“宋诗之河”“常山胡柚”“喝彩歌谣”3个项目被评为浙江省“优秀解码项目”。完成《常山文化标识建设计划任务书（2022—2025年）》文本编撰，并经县政府审批上报至浙江省文旅厅。完成以“一门九进士”为素材的1部短剧创编和演出工作。完成《诗中有味——常山宋诗文化宴》烹饪专著编撰编制，拍摄制作《常山宋诗文化宴》宣传专题片，举办“常山宋诗文化宴”宣传推广现场会。

【全域旅游发展】 2021年，常山县获评省级全域旅游示范县。成功创建AAA景区城1个、AAAA景区镇5个、AAA景区镇6个、AAA景区村38个、A级景区村180个，在衢州市率先实现城镇村景区化全覆盖。推进“微改造精提升”工作，出台《常山县旅游业“微改造 精提升”五年行动实施方案》，建立“微改造 精提升”行动“一月一推进”工作机制，全县累计完成224个项目的梳理和填报工作，完成总投资7.47亿元，发现问题和解决问题数1461个。是年，常山县被列入省级试点县，10处场所被列入市级试点名单。该经验做法获得省、市、县领导批示3篇，被《浙江日报》、浙江之声、新蓝网、衢州文旅、《今日常山》等媒体关注和报道55次。

【文旅项目建设】 2021年，县文广旅体局推动全民健身中心、浙江泓影戏曲与影视文创园项目、文化旅游博览中心等一批文旅项目落地开工建设。其中，全民健身中心及配套项目完成总工程量的75%，浙江泓影戏曲与影视文创园项目于2021年12月25日竣工验收。截至年底，全县游览景区项目实际在库28个，总投资约42亿元，累计完成约16亿元。全年开展52项文旅拓展工作，其中49项工作完成目标计划，完成率达94.2%。

【文旅业态提升】 2021年，县文广旅体局出台《关于加快“常山漫居”民宿发展实施意见》，培育“常山漫居”精品民宿，推动村上酒舍获评“国家首批甲级民宿”（全省仅2家），彤弓山居入围“浙江省白金宿”，东案乡自在梅林民宿、新昌乡老油坊民宿、芳村镇宋邸民宿被评为“浙江省银宿”。发展乡村旅游，金源村腾云项目累计接待游客7.6万人次，实现餐饮住宿、土特产销售等营收超500万元，带动村集体增收50多万元，打造乡村旅游富民新模式。该项目入选浙江省首批“文旅助力共富最佳实践案例”。推进“诗画浙江·百县千碗”工程，柏丽大酒店、良友宴会中心被评为第三批“诗画浙江·百县千碗”浙江省美食体验店，新增华府等10家常山鲜辣美食体验店。开发研学游产业，推出常山十大中小学生研学游精品线路。

【文旅数字化改革】 2021年，县文广旅体局整合全县A级景区、文体场馆等公共文化服务资源，建立“云游常山”智慧文旅系统，实现在线预约、智能导游导览等功能，三衢石林景区在衢州市率先实现一卡通入园，梅树底景区被评为浙江省智慧景区。启动“三馆”数字化提升，引入智慧图书墙、有声图书角、智能导览机器人、瀑布流等数字化设备，增设精品慕课、电子化古籍等数字资源，并实现“浙里办”进馆预约、图书一键借阅，扩大公共服务覆盖面。通过融合票务、闸机、信令、视频、手机端应用等数据，构建景区、场馆、酒店、民宿以及文保单位、网吧等分级分类监管体系，提高行政监管、主体服务和行业扶持效能。

【文旅市场监管】 2021年，县文广旅体局开展疫情防控专项检查251次，检查文旅体企业1587家次，出动检查2640人次，遏制疫情在文旅体行业的传播。通过“日常巡查+联合检查+第三方检查”的形式，对全县文广旅体企业开展安全监管，在春节、“五一”、国庆节、建党100周年等重要时段，牵头组织多部门开展协同检查，查处非法地卫设施6台，检查安全隐患45处，督促整改45处，完成市挂牌督办事项3处，县挂牌督办事项8处，有效防范安全事故发生。

【举办“YOUYOU”音乐节】 2021年5月4—5日，常山县首届“YOUYOU”音乐节举办，吸引游客1.2万人左右，活动场内售卖常山农特产品、鲜辣美食40多万元，村内农家乐营业额较平时增长5倍，村集体经济收入40万元，拉动全县住宿、餐饮、农特产品销售等消费500多万元，并吸引《人民日报》、新华社、抖音等30多家媒体聚焦常山，相关阅读量突破2000万次，达到宣传推广常山、推动农特产品销售、促进文旅消费。

2021年常山县AAA级及以上景区一览表

表26

景区(村)名称	地 址	等 级
三衢石林景区	常山县辉埠镇路里坑村	AAAA
梅树底景区	常山县东案乡梅树底村	AAAA
东方巨石阵景区	常山县青石镇水南村	AAA
奇石馆景区	常山县紫港街道北滨江路88号	AAA
黄冈山景区	常山县何家乡黄冈村	AAA
黄塘景区	常山县新昌乡黄塘村	AAA
桃花源景区	常山县芳村镇新桥村	AAA
不老泉景区	常山县白石镇新塘岭村	AAA
彤弓山景区	常山县同弓乡彤弓山村	AAA
七彩飞龙洞景区	常山县东案乡梅树底村	AAA
赛得健康城	常山县招贤镇泉目山村	AAA

2021年常山县AAA级及以上景区村一览表

表27

景区(村)名称	地 址	等 级
黄塘村	常山县新昌乡黄塘村	AAA
郭塘村	常山县新昌乡郭塘村	AAA
黄冈村	常山县何家乡黄冈村	AAA
高峰村	常山县东案乡高峰村	AAA

续表 27

景区(村)名称	地址	等级
西源村	常山县新昌乡西源村	AAA
渣濑湾村	常山县紫港街道渣濑湾村	AAA
孔家弄村	常山县紫港街道孔家弄村	AAA
砚瓦山村	常山县青石镇砚瓦山村	AAA
田蓬村	常山县东案乡田蓬村	AAA
聚宝村	常山县白石镇聚宝村	AAA
弄坞村	常山县东案乡弄坞村	AAA
樊家村	常山县何家乡樊家村	AAA
高埂村	常山县招贤镇高埂村	AAA
新桥村	常山县芳村镇新桥村	AAA
徐村	常山县金川街道徐村	AAA
下猷阁村	常山县芳村镇下猷阁村	AAA
路里坑村	常山县辉埠镇路里坑村	AAA
东坑村	常山县球川镇东坑村	AAA
长风村	常山县何家乡长风村	AAA
金源村	常山县东案乡金源村	AAA
达塘村	常山县新昌乡达塘村	AAA
新塘岭村	常山县白石镇新塘岭村	AAA
水南村	常山县青石镇水南村	AAA
新昌村	常山县新昌乡新昌村	AAA
草坪村	常山县白石镇草坪村	AAA
濛桥村	常山县大桥头乡濛桥村	AAA
江源村	常山县何家乡江源村	AAA
中和村	常山县同弓乡中和村	AAA

2021 年常山县旅游星级酒店一览表

表 28

名称	地址	星级
东方大酒店	常山县天马街道金石东路 1 号	★★★★
东方广场酒店	常山县紫港街道春江路 38 号	★★★★
华府大酒店	常山县定阳南路 171 号	★★★

2021 年常山县旅行社一览表

表 29

名称	地址	星级
衢州天马旅游有限公司	常山县紫港街道北滨江路 88 号	★★★★
常山县华夏旅行社有限责任公司	常山县定阳北路 68—75 号	★★★
常山县山水旅游有限公司	常山县人民路 55 号	★★★
常山县新视界旅行社有限公司	常山县健康弄 34 号	★★★
常山县春秋旅行社有限公司	常山县人民路 86 号	★★★
常山县友好旅行社有限公司	常山县人民路 43 幢 29 号	
常山县心悦旅行社有限公司	常山县人民路 59 号	
常山县文峰旅行社有限公司	常山县定阳北路 42 号二层、51 号二层	
常山县心愉健康科技有限公司	常山县文峰西路 9 号中商广场 1 幢 1 单元 4 楼	
常山县心安旅行社有限公司	常山县青石镇水南底铺村 188 号 42 栋	
常山县慢城旅游营销有限公司	常山县紫港街道文坊路 1 号	
浙江锦澜文化旅游发展有限公司	常山县人民路 57 号	
衢州市都市假日旅游有限公司常山分公司	常山县人民路 62—64 号	
山西小二游吧旅行社衢州分公司	常山县定阳北路 383 号	

（凌 昊）

体 育

【概况】 2021 年，县文广旅体局贯彻落实全民健身国家战略，牢固树立大体育的发展理念，做好“体育+”文章，承办市级以上体育赛事 17 个，扩大常山的知名度和美誉度。

【体育赛事活动】 2021 年，常山县举办浙江省青少年皮划艇赛艇锦标赛、浙江省青少年山地自行车冠军赛、浙江省青少年国际跳棋锦标赛及浙江省第四届体育大会柔力球、木球、山地自行车、跳绳、气排球 8 场省级比赛。举办衢州市第六届运动会 8 场比赛和衢州市武术散打比赛。是年，浙江省第四届体育大会常山赛区被大会组委会评为优秀赛区。

【基础设施建设】 2021 年，县文广旅体局实施省政府为民办实事体育类项目，2021 年 6 月底全部完成体育场地设施建设的基础工作，7 月全部完成围网、灯光等建设，同时体育设施完成进场布置。常山县成为衢州市第一个、浙江省第四个全部完成省政府为民办实事体育类项目建设任务的县（市、区）。截至年底，常山县体育场地总面积达 68.80 万平方米，人均体育场地面积达到 2.65 平方米，处于全省中上水平。

【竞技体育发展】 2021 年，县文广旅体局组织参加市级以上体育比赛，获省级金牌 9 枚、银牌 5 枚、铜牌 7 枚；获市级金牌 32 枚、银牌 15 枚、铜牌 16 枚。

（凌 昊）

县新华书店

【概况】 2021 年，浙江常山县新华书店有限公司（以下简称县新华书店）完成营收约 3980 万元，比上年增长 872 万元，增幅为 28%；利润 397 万元，比上年增长 19.2%。全年完成教材教辅销售码洋 3088 万元，比上年增长 11.6%；文教实现销售码洋约 1844 万元，比上年增长 11%。县新华书店与省新华书店合作中标常山县赵家坪等幼儿园教学设施设备采购项目，中标实洋 394 万元。开拓县总工会的图书销售渠道，以询价采购的方式为县总工会采购图书共计实洋 14 万元。是年，县新华书店总经理虞立正被评为浙江省新华书店集团有限公司 2020 年度“年度人物”。

【政治读物征订】 2021 年，县新华书店组织全员开展各类政治读物的团购征订工作，2021 年重点发行的党史学习教育相关学习资料征订计 174 万元，发行 1500 多套，全县党员覆盖率近 80%，完成征订任务。

【组织图书活动】 2021 年，全县“名家进校园”作家签售活动共举办 3 场，销售图书 8 万余元。与全县多家中小学多次开展店校合作，助力中高考和课外阅读等活动。新华书店联合其他单位在门市举办 2 场 8090 新时代理论宣讲会，宣传党史教育及学习心得，用讲故事的方式宣讲党的方针、政策、法规等。7 月 15 日，县新华书店与常山县妇联共建“儿童之家”，在中心门市三楼给孩子们营造一个温馨的儿童乐园。联合县教育局爱生党小组在常山县二都桥中心小学开展送温暖活动。11 月 19 日，以“数智起航·悦享书衢”为主题的 2021 年“全民读书周”暨衢州书展分会场设立在县新华书店，会场设置多个展区展示图书，突出常山特色，扩大群众参与，提升阅读体验。读书周期间，还举办优秀图书推荐等活动。与县委宣传部、县教育局等多部门联合开展“衢州有礼·知书达礼”中小学生主题读书活动，举办名家进校园、演讲比赛、亲子阅读、征文比赛等系列活动。

（楼倩倩）

卫生健康

【概况】 2021 年，常山县卫生健康局（以下简称县卫健局）坚持以人民健康为中心，筑牢疫情防控底线，围绕“让小病在基层看好”，推进综合医改，提高服务质量，提升诊疗能力，夯实基层医疗网底，做好卫生健康服务。截至年底，全县有各级各类医疗机构 271 家，其中，常山县人民医院、常山县中医医院、常山县妇幼保健计划生育服务中心各 1 家，乡镇（中心）卫生院 15 家，民营医院 6 家（常山贞元医院、民康医院、常山第三医院、常山安康医院、常山眼科医院、常山第二医院），其他医疗机构4家（常山县监管场所卫生所、县疾控中心、浙江省第三监狱医院、新都工业园区医务所），村卫生室（包括社区卫生服务站、卫生院分院）188家，门诊部2家，个体诊所42家（含中医诊所11家）、医务室11家。全县卫健系统有2142人，其中，在编职工1321人（公务员编制14人、参公编制12人、事业编制1295人），离休干部6人，退休职工457人，编外协议人员358人。乡村医生173人（不包括在村卫生室执业的执业助理及以上人员），其中2019年再注册的166人。全年，常山县人民医院（含医共体）、常山县中医医院（含医共体）、常山县妇幼保健院急诊788226人次，比上年增加13.7%；住院31035人次，比上年减少0.63%；开展中医适宜技术1365例。

【重点项目建设】 2021年，县卫健局开展基本建设项目15项，其中县级重点项目含县人民医院二期工程、县中医医院异地搬迁改造及新建住院楼项目、常山县公共卫生基层医疗机构标准化及防疫体系建设项目（含7个子项）、常山县公共卫生及传染病防治中心项目（含2个子项）等，招商引资项目1项即常山县城东新区专科医院建设项目，非重点项目3项即青石镇阁底卫生服务站拆建工程、县卫健局“拆墙透绿”改造提升工程、常山县核酸检测应急中心（PCR）建设工程。其中，县人民医院二期工程完成主体结构，装修、弱电等专项工程完成80%，累计完成投资8400万元；县中医医院异地搬迁改造及新建住院楼项目完工并投入使用，累计完成总投资10000万元；常山县公共卫生基层医疗机构标准化及防疫体系建设项目东案分院完工，宋畈分院完成主体结构，芳村分院进行综合楼基础工程施工，白石、球川、辉埠等分院进行前期报建审批，累计完成总投资14000万元；常山县公共卫生及传染病防治中心项目完成卫生应急指挥中心综合楼、预防接种楼主体结构，完成感染病区扩建项目主体结构，累计投资8600万元。

【家庭医生签约服务】 2021年，县卫健局继续深化家庭医生签约服务工作，持续推进“10+2”（即基本服务包、生殖健康服务包、儿童服务包、孕产妇服务包、老年人服务包、高血压患者服务包、糖尿病患者服务包、严重精神障碍患者服务包、肺结核患者服务包、计生特殊家庭服务包、困难人群服务包、残疾人服务包）服务包及慢性病长处方等服务，推进基本公共卫生服务项目。截至年底，电子健康档案建档率达92.37%，管理高血压患者27708人，管理糖尿病患者7735人，与15.68万名居民签订家庭医生服务协议，规范签约率达45.6%。

【合作办医】 2021年，县卫健局加强与浙大一院、省中医院、省妇保院等城市医院的对口帮扶，近20名专家驻常山指导。年内，县人民医院CMI（医院综合能力指标）和RW（疑难病例诊治能力指标）居全市前列，卒中中心通过省级评审，肿瘤内科、肿瘤外科、口腔科、骨科重点专科能力明显提升；县妇保院CMI指标位居全省二级妇保院前十，先后设立产科诊疗中心、宫颈疾病诊治中心、乳腺病专家工作站和生殖内分泌专家工作站，手术1669人次，比上年提升12%，开展乳腺疾病手术47例；县中医医院被省中医医院纳入医联体成员单位，定期安排2名副高及以上职称专家到常山坐诊。

【县域医共体建设】 2021年，县卫健局深化县域医共体建设，推进医疗卫生资源下沉和城乡基本公共服务均等化。县级医院持续做好等级医院创建工作，医共体分院开展“优质服务基层行”活动，14家基层分院均达到基本标准，芳村、招贤分院达到推荐标准。县域就诊率达85.20%，比上年提高1.8个百分点。基层就诊率达66.70%，比上年提高1.5个百分点。

【医疗卫生“最多跑一次”改革】 2021年，县卫健局依托医共体钉钉未来医院平台，建设省级医院远程会诊系统，实现“上联省级、下通乡镇”，让群众不出县域就能享受到优质的医疗服务；推进“健康大脑·浙医互认”检验检查互认共享工作，完成3家县属医疗机构及14家乡镇卫生院HIS（医院管理信息系统）、LIS（实验室信息管理系统）、PACS（影像归档和通信系统）等系统升级改造，实现市、县检验检查结果互通共享互认，减轻群众就医负担。

【卫健人才培养】 2021年，县卫健局招录各类卫技人才57人。全系统3人入选2021衢州市新“115人才工程”，6人入选衢州市首批医疗卫生“258重点学科人才培养工程”，居全市各县（市、区）第一。卫健系统医疗机构选派33人至省级医院进修学习；到上级医院进修培训42人；邀请省级专家、团队培训医护人员2145人次，提升卫生健康服务技术水平。

【计生家庭奖特扶】 2021年，全县有奖扶对象4402人，发放补助422.592万元；特扶对象443人，其中失独184人、伤残235人、并发症24人，共发放特扶补助金362.88万元。

（郑慧敏）

疫情防控

【概况】 2021年，县卫健局完成制定全县大规模核酸检测工作方案及应急预案，组织开展疫情防控应急演练2次、大规模核酸检测演练1次；完成对省级边界2个乡镇6个行政村共7262人全员核酸检测，有效排查边界重点地区防控风险，筑牢预警防线。严格落实预检分诊和新冠疑似症状患者闭环管理，守好医疗机构“大中小”门，加强病人、陪护人员和医务人员管理，强化院感防控，实现医疗机构“零感染”目标，筑牢监管防线；建立疫情防控网格化排查制度，组织100多名干部职工常态化开展疫情防控网格化排查，全面强化对基层医疗机构的监管，筑牢疫情防控底线。

【新冠疫苗接种】 2021年，全县设置15个新冠疫苗接种点（14家乡镇卫生院，1家方舱式集中接种点），医务人员推进新冠疫苗接种工作。8月2日，全县提前一周完成18岁以上人群首针接种任务，累计接种新冠病毒疫苗518185剂次，脱漏率达1.39%。

【疫情防控队伍建设】 2021年，全县卫健系统抽调190名系统骨干与乡镇（街道）干部、社区民警和网格员等组成村（社）网格化管理专班，完善监测预警网络；抽调1105名医务工作者，组建25支流调队伍、18支核酸检测队伍、243支核酸采样队伍，加强核酸采样、核酸检验、流调能力建设；加强和规范传染病诊疗门诊建设，实现全县14家基层分院规范化发热诊室全覆盖。

（郑慧敏）

疾病预防控制与监测

【概况】 2021年，全县未发生突发公共卫生事件，常山县通过省级慢性病示范县复评。全县卫健系统超额完成民生实事项目，老年人免费筛查任务完成率达124.18%，结直肠癌筛查项目任务完成率103.84%，70岁以上老年人免费接种流感疫苗任务完成率达98%，享受“两慢病”（高血压、糖尿病）免费服药政策就诊19万余人次，建设慢性病一体化门诊2家。开展国家基本公共卫生服务项目工作，在省级基卫绩效评估中排名全省前四，市级绩效评估保持全市前三。免疫规划疫苗接种率95%以上，推进艾滋病、结核病、地方病等重点传染病防治工作。

【人感染H7N9禽流感防控】 2021年，全县组织开展外环境人感染H7N9禽流感检测4次，采集外环境标本55份，H7N9职业暴露人群血清10份。均未检出阳性结果。

【霍乱等肠道传染病防控】 2021年，全县医疗机构检测腹泻病人1274例，粪便标本采集1274人份，采便率100%；“三线”（即霍乱弧菌、沙门志贺菌、副溶血弧菌）培养1274例，培养率100%；检测到沙门氏菌阳性104例。开展伤寒、副伤寒监测及环境危险因素监测，均未检测出阳性菌株。

【手足口病监测与防控】 2021年，全县报告手足口病216例，报告发病率为84.57/10万，无重症和死亡病例报告。对65例临床诊断病例采集标本进行实验室诊断，其中，COXA16型肠道病毒阳性25例，A6型肠道病毒阳性17例，其他肠道病毒阳性7例、阴性16例。全年报告手足口病聚集性疫情3例。

【麻风病防控】 2021年，全县有麻风病现症病人1例。各医疗机构转诊可疑麻风病症状患者35例。

【艾滋病防治】 2021年，全县检测43101人次，新发现HIV感染者20例。在管HIV感染者及病人154例。

【肺结核防治】 2021年，全县报告结核病病人337例，其中肺结核290例（病原学阳性162例，病原学阴性126例），结核性胸膜炎47例，报告发病率122.17/10万，290例肺结核病例中发现1例耐多药，发现的病例全部纳入常规管理。学校发生散发肺结核疫情5例，其中，紫港中学2例，常山一中、二都桥小学和天马二小各1例；发现学生结核病病例3例，教师结核病病例1例，学校食堂工作人员病例1例。疫情发生后，县疾控中心立即组织开展应急处置工作，共对432名密切接触者开展筛查，发现疑似肺结核病患者3例，PPD强阳性学生5例（疑似肺结核病患者及PPD强阳性学生均在紫港中学），均开展诊断性治疗或预防性服药。

【规划免疫】 2021年，全县免疫规划疫苗接种3.86万余剂次，接种率95%以上，建卡建证率100%。

【狂犬病防控】 2021年，全县狂犬病暴露总数2852人次，按要求完成免疫接种2852人次，其中来源不明的犬类有24只，未发生一犬伤多人事件。

【消除麻疹工作】 2021年，全县报告疑似麻疹或风疹病例8例，均已全部排除，麻疹风疹排除病例报告发病率3.14/10万。

【血吸虫病防治】 2021年，全县灭螺投工3549工，实期灭螺面积2.268万平方米，反复扩大灭螺面积220.217万平方米，其中土埋灭螺投工368工，土埋灭螺面积12680平方米。全县血吸虫病血清学查病20497人，未发现血吸虫病病人。晚期血吸虫病病人内科救助24人。随访24人，其中好转22人、自然死亡2人。

【疟疾监测】 2021年，全县“三热”（指发热在38.5℃以上的临床诊断为疟疾、疑似疟疾、不明发热原因者）病人监测血检248人，未发现可疑病人。

【病媒生物监测】 2021年，监测数据显示全县室内鼠密度为2.83%，室外鼠密度为2.12%，蝇密度为2.68只/笼，成蚊密度为3.24只/灯·夜，蟑螂密度为0.19只/张，蟑螂白纹伊蚊BI为14.06。

【适龄儿童窝沟封闭】 2021年，全县完成26所小学的窝沟封闭项目，学校覆盖率达100%；2020—2021学年，二年级学生总数2834人，同意服务学生总数2599人，服务率达91.7%，口腔检查学生数2599人，检查覆盖率达91.7%；窝沟封闭应封2442人，实际封闭2440人，封闭率达99.9%；口腔复查学生人数2584人，复查率达99.4%。

【职业卫生监测】 2021年，全县报告农药中毒病例28例，其中男性19例、女性9例，未报告农药中毒死亡病例。全年报告职业病19例，其中尘肺病16例、噪声聋2例、职业性化学中毒1例，均为男性。报告尘肺病包括复诊病例2例、首次晋期病例4例、新病例9例、其他1例。新发现尘肺病包括一期6例、二期1例、三期2例;首次晋期病例包括二期1例、三期3例。全年无接尘工龄小于5年的新发尘肺病报告。

【慢性病社区综合防治】 2021年，全县累计登记高血压患者 28410人，发现率达 8.29%，在册管理27321人,其中规范管理19961人，规范管理率达73.06%，血压控制19188人，血压控制率达70.23%;累计登记糖尿病患者8010人，发现率达2.33%,在册管理7613人，其中规范管理5544人，规范管理率达72.82%；血糖控制5002人，血糖控制率达65.70%。

（郑慧敏）

卫生监督

【概况】 2021年，常山县卫生监督所（以下简称县卫监所）将经常性卫生监督与开展专项整治相结合，不断加大卫生监督执法力度，各项工作取得一定的成效。是年，县卫监所在全省卫生行政执法效能监测中获满分，监测结果为A档次;在2021年度全市卫生健康执法工作中，被市卫生监督所综合评价为优秀单位；成功创建2021年度省卫生健康行政执法监督工作规范化建设单位。

【卫生行政许可】 2021年，县卫监所受理卫生行政许可 1237 件，其中新发公共场所卫生许可证或备案表87件，延续15件，变更6件，补发5件，注销34件；新发麻醉印鉴卡3件，延续3件，变更1件；限制临床应用相关医疗技术项目备案新发3件(仅发证)；新发医疗机构执业许可证6件,变更30件，注销5件，校验8件，遗失补证4件，到期换证20件；母婴校验1件;放射预评4件，控评 7 件，新发放射诊疗许可证 3件，变更9件，校验27件；新发医师执业许可证81件（其中驳回39件)，多点执业13件（其中驳回8件)，变更210件（其中驳回85件)，多机构备案62件（其中驳回24件),美容主诊医师驳回1件，备案23件（其中驳回3件)；乡村医师变更1件，乡村医师考核164件（仅发证)；新发护士执业许可证158件(其中驳回58件)，延续82件（其中驳回7件)，变更158件（其中驳回25件)，注销1件，遗失补证2件。

【卫生行政处罚】 2021年，县卫监所办结案件327起，其中一般程序226起，简易（备案）101起，包括医疗卫生41起、传染病防治134起、公共场所109起、职业卫生40起、放射卫生3起。申请法院强制执行4起，经调解后缴款3起，还有1起强制执行中。行政复议案件3起，均维持原处罚决定。行政诉讼案件1起，在审理中。

【卫生执法检查】 2021年，县卫监所对245家单位开展“双随机”执法任务，完成241家、完结4家（完成：即为“双随机”任务完成；完结：2021年“双随机”任务从2020年年底的资料库抽取，但2021年前往执法现场时，被监督单位已关闭，所以只能完结该任务)。其中，国家“双随机”任务99家，包括公共场所50家、学校9家、医疗机构15家、传染病防治15家、放射诊疗4家、计划生育5家、职业健康检查机构1家。省级“双随机”抽查任务数39件,本部门抽查任务数13件，跨部门抽查任务数26件。双随机抽查事项认领20项，覆盖20项。应抽查任务146家，均全部完成。开展2021年职业病危害企业工作场所职业卫生管理专项整治行动、放射诊疗机构执法专项、非法应用人类辅助生殖技术等违法犯罪专项、抗（抑）菌制剂专项、民营医疗机构乱象专项、消毒产品生产企业分类监督综合评价专项、医疗美容检查专项、医疗器械专项督查、打击无证行医专项、校园卫生健康行动、夏季游泳场所卫生执法监督等专项行动。推进非现场执法检查，全年查办非现场执法案件24件。

【卫生监督检测】 2021年，县卫监所对餐具消毒企业进行监督抽检，共采样100份，合格率达100%；对辖区内的药品零售店、母婴店、商场超市等经营抗（抑）菌制剂的单位开展重点检查，抽取母婴店内的2个抗（抑）菌制剂膏，经浙江省疾病预防控制中心检测，未发现有非法添加禁用物质氯倍他索丙酸酯等；开展学校直饮水检测工作，采集样品35份，合格19份、不合格16份；开展饮用水卫生质量抽检，采集水源水6份，全部合格；出厂水12份，全部合格；管网末梢水40份，全部合格。

【非法行医打击】 2021年，县卫监所查处非医师行医案8件，查处聘用未取得处方权的医师开具处方的医疗机构1家。

（郑慧敏）

妇幼保健

【概况】 2021年，常山县妇幼保健院（以下简称县妇保院）接收门诊86309人次；免费婚前医学检查1865人，婚检率达96.13%。全县活产数1692人，产妇数1668人，孕产妇系统管理1621人，管理率达95.8%，剖宫产率为43.79%，县级高危筛查率为99%，高危产妇住院分娩率为100%，产前筛查率为95.2%，抢救重症高危孕产妇39例。发放叶酸665人。3岁以下儿童系统管理率为96.76%，7岁以下儿童保健覆盖率为97.69%，0～6岁儿童眼保健和视力检查覆盖率为97.12%，0～3岁儿童发育检测与筛查率为87.66%；新生儿先天性心脏病双指标筛查率为93.56%，新生儿疾病筛查听力筛查率为99.88%，5岁以下儿童死亡率为2.96‰，婴儿死亡率为2.36‰，新生儿死亡率为1.184‰。全年无孕产妇死亡。

【母婴安全】 2021年，县卫健局实施母婴安全行动计划，管理孕产妇1668人，高危发生1338人，高危管理1338人，高危管理率达100%，高危孕产妇住院分娩率达100%。全年开展县级孕产妇围产儿和五岁以下儿童死亡评审2次，危重孕产妇、新生儿急救演练1次。

【“两癌”筛查】 2021年，县妇保院完成乳腺癌筛查8245例，查出乳腺可疑对象41例，确诊4例；宫颈癌筛查8276例，查出异常人数102例，确诊7例。

【婴幼儿照护服务】 2021年，常山制定下发《常山县卫生健康局等十二部门关于做好3岁以下婴幼儿照护服务工作的通知》（常卫健字〔2021〕30号），建立联席会议制度，定期商议解决全县婴幼儿照护服务机构管理中的重要事项和重大问题，形成政府统筹领导、部门协同推进、社会积极参与的工作格局。加大托育机构规范管理力度，全年新增备案托育机构2家，备案托位134个。截至年底，全县婴幼儿照护机构托位数854个，31家幼儿园备案2～3岁托位720个，每千人拥有婴幼儿照护机构托位数为3.29个。加强照护实训基地建设，成立常山县婴幼儿照护服务中心，年度投入5万余元购置硬件设施，全年举办活动50多次，受益人群400余人。

（郑慧敏）

健康建设

【概况】 2021年，常山县按照“健康浙江”建设要求，累计建设健康乡镇3个（当年新建1个）、健康村47个（当年新建33个）、健康家庭3000户（当年新创1000户）；推进无烟党政机关建设，覆盖率达100%；实现11个乡镇国家级卫生乡镇全覆盖；成功创建浙江省健康促进金牌学校6所（2021年创成1所）、银牌学校7所（2021年创成4所）、铜牌学校全覆盖，创建全民健康生活方式行动健康示范单位2家、健康食堂2家、健康餐厅2家、健康步道3条、健康街3条、健康主题公园1个、健康小屋3个。持续推进健康教育，发挥健康教育讲师团职能，落实全县健康宣教和健康素养进农村文化礼堂（180个）工作。

【生活饮用水保障】 2021年，全县监测水样96份，91份水样所有监测指标均合格，水质综合指标合格率为94.79%，比2020年上升11.46%。其中市政供水出厂水2份、二次供水2份、市政供水管网水8份，12份水样均合格，合格率达100%；农村集中式供水84份，79份水样合格，水质综合指标合格率达94.05%。

【农村户厕改造】 2021年，全县农村卫生厕所普及率和无害化卫生厕所普及率分别为100%、99.86%。

（郑慧敏）

医疗保障

【概况】 2021年，全县基本医疗保险参保人数为281459人，城乡居民医疗保险参保203600人，户籍人口参保率（含常山县外参保）为99.96%。困难群众资助参保率达100%，医疗救助待遇支付率达100%，“网上办”“掌上办”的办件比例为90%，“3+N”（即基本医疗、大病保险、医疗救助+商业保险、工会补助、残联补助、公务员补助、退役军人优抚对象补助等）“一站式”结算救助率为100%。全县医保基金收入6.34亿元，基金支出5.68亿元，其中职工基本医保支出2.85亿元（含新冠疫苗及接种费用2962万元）、城乡居民医保支出2.83亿元。医疗救助支出3002万元，其中医疗费用救助2350万元，资助参保652万元。

常山县医疗保障局（以下简称县医保局）深化“清廉医保”建设，加强医保基层治理，强化医保基金监管，取得良好成效，得到省医保局领导批示肯定。推进清廉机关、模范机关“双建”工作，在全省医保系统党风廉政建设和反腐败工作会议上作《常山县聚焦“四个维度”构建全方位“清廉医保”》典型发言，获年度全国医疗保障系统行风建设专项评价工作全省第一。优化医保经办服务，推进长三角医保一体化，实现异地就医全面即时刷卡结算。完善医疗救助扶贫地图，聚焦困难人群、精准靶向施策，实现医保精准扶贫。创新数字化改革，上线“意外伤害‘医’触即办”应用，得到上级领导批示肯定。配合衢州市医保局完成市级统筹、城乡居民医保集中参保和商业补充医疗保险“惠衢保”的参保征缴等中心工作，2022年“惠衢保”投保率居全市第一。

是年，县医保局被评为浙江省医保系统先进县（市、区）医疗保障局、县级优秀清廉示范点和常山县机关（行业）党建示范点。“清廉医保”建设项目获得2020年度全县机关党组织“书记领办党建项目”三等奖。

【“意外伤害‘医’触即办”项目上线】 2021年9月，县医保局“意外伤害‘医’触即办”应用上线，解决群众发生意外伤害后垫资成本高、报销流程烦琐、医疗资源浪费等问题，实现意外伤害就医群众报销“一站式”“零跑腿”。11月该应用进入浙江省数字社会系统场景应用视频路演，并被纳入全省数字化改革重大应用“一本账S1”的大场景应用中“浙里医保应用在线”的“一地创新、全省共享”应用项目。12月10日，该项目被省发改委纳入省数字社会最佳案例。《衢州政务信息（每周要情）》第14期、《衢州政研与改革》第47期和省改革办刊发的《数字化改革工作动态》第107期上刊登常山经验。

【定点医疗机构监管】 2021年，县医保局与医共体签订总额预算协议，将所有医保基金打包给医共体，与医共体实行互派管理，共同做好基金使用绩效和管理。制定《常山县医保促进会会员医保行为“十不准”》，通过自治、法治、德治、智治“四治”融合，推进促进会会员医保行为规范。4月，开展定点医疗机构自查自纠工作，并联合县公安局、县市场监管局、县卫健局等部门打击欺诈骗保行为，全年检查“两定”机构（即定点医疗机构和定点零售药店）85 家，处理 57 家次，追回医保基金 294.35 万元，减少医保基金损失 1400 多万元。

【医保经办服务】 2021 年，县医保局优化经办服务，推进长三角医保一体化，异地就医实现即时刷卡结算。推进“未来社区 医保到家”项目建设，打造“浙里办”医保自助服务区，在医保办事大厅、未来社区和乡镇（街道）设置医保自助查询机和功能一体机，医保可申请事项全部实现网上经办，网办率为 72.9%，全县医保电子凭证激活率达 80%以上，排名全市前列。

【医保精准扶贫】 2021 年，县医保局聚焦困难人群、精准靶向施策，继续完善医保精准扶贫动态地图，通过大数据精细化管理，实现应保尽保精准扶贫。提高慢性病和大病人员保障待遇，完善医疗救助制度。全县困难群众资助参保率和医疗救助待遇支付率均为 100%。资助参保对象 13110 人，资助个人保费达 655.5 万元。医疗救助 114801 人次，救助金额 1966.15 万元。

（周　颖）

2021 年 4 月 13 日，2021 年医保基金监管集中宣传月活动启动大会暨定点医药机构自查自纠工作动员会召开

（周　颖　摄）

人力资源和社会保障

Human Resources and Social Security

综 述

【概况】 2021年，常山县人力资源和社会保障局（以下简称县人社局）紧扣“强发展、求突破、勇争先”工作总要求，聚焦主责主业，抓重点、补短板、促发展、惠民生，助力常山县获评全国第三批农村创业创新典型县；常山县人社服务大厅被列为“全国人社系统优质服务窗口”；获评2021年度全省劳动人事争议案件处理工作成绩突出单位；常山县就业创业工作获省政府督查激励；县人社局获县委、县政府2次嘉奖表彰；县人社局“百业窗”党建品牌被评为常山县直机关优秀党建品牌。

【数字化改革】 2021年，县人社局数字化改革纵深推进，在衢州市率先打造退休“一件事”迭代升级版，整合多部门数据资源，实现12项信息一次性审核，平均节省市民办事时间10.6小时。推进“百姓秘书”项目建设，将71个事项纳入“百姓秘书”应用，推送数据服务次数2万余条。实施公共服务领域“民生一卡通”项目，完成“民生一卡通”项目交通、文旅等便民功能的开发运行。

【推进就业创业】 2021年，县人社局依托线上招聘平台“云招聘”，精准匹配供需，智能推送岗位，累计登记注册企业321家，发布岗位937个，拟招聘人数3256人，个人注册用户4235人，简历投递1659人次，入职535人。分批次组织63家企业赴外招聘，达成就业意向200多人，吸引到常山实习的学生53人。精准帮扶重点群体，吸纳524人就业，累计发放低收入农户公益性岗位补贴215.9万元，就业困难人员社会保险补贴968万元。妥善办理失业补助，累计发放失业金1079万元，失业补助金407万元。2021年创新培训鼓励创业，累计开展市、县级创业培训班23期，覆盖学员1067人次，为各类初创人员发放一次性创业补贴12.5万元，累计创业贷款贴息备案企业52家，贷款额度1468万元，20家企业享受创业贷款贴息，贴息38.2万元。

【加强社会保障】 2021年，县人社局依托“全民参保库”数据，实现基本养老保险精准扩面，参保率提升至99.63%。被征地农民参保扩面规范确认工作完成，100%完成面签任务。完成基本养老金调整工作，累计为30257名企业退休人员调整基本养老金并补发2050.62万元，为3766名机关事业退休人员调整基本养老金并补发528.2万元。

【人才引进与培育】 2021年，县人社局组织“英才荟”人才引进工作，招录各类紧缺急需人才28人，其中博士研究生1人、硕士研究生21人。环宇轴承、捷姆轴承分别进站博士后1人并完成开题工作。全年新增省级博士后工作站1家、新增市级技能大师工作室、企业高技能人才培训示范基地和高技能人才公共实训基地共4家。用时100天完成常山技工学校项目筹建和学校设立，19天完成评审和办学许可证办理等工作。

（叶怡静）

人才队伍建设

【概况】 2021年，县人社局进一步优化“英才荟”共享共育机制。创新推进全县教育、卫健系统岗位设置改革工作。以教育系统为试点，进行大岗位设置，初步建立起以全面统筹、竞聘上岗、聘期管理为核心的改革框架，破解教育系统“论资排辈”影响职级晋升等问题。首次实行网报和校招并行模式，招录28名紧缺急需人才，其中博士1人、硕士研究生21人、本科生6人。通过系列评审，全县取得各专业技术职务任职资格489人，其中高级108人、中级160人、初级221人。开展职业技能培训7044人次，核发专项证书203本、培训合格证书3643本、国家职业资格证书（职业技能等级证书）2466本，其中技师证书360本、高级工证书

1145 本、中级工证书 455 本、初级工证书 248 本。建成博士后科研工作站 1 家、县级专家工作站 6 家、本土专家工作站 4 家、市级技能大师工作室 1 家、市级高技能人才公共实训基地 2 家、市级企业高技能人才培训示范基地 1 家。谋划开展鲜辣厨师培训，通过统一师资、统一教材、统一形式、统一标准，助力打造“中国好味·鲜辣常山”品牌，4 月 27 日开展首期鲜辣厨师培训班，全年开展鲜辣厨师培训班 74 次，培训人数 3563 人。助力常山技工学校用时 100 天高效完成基建工程和技工学校设立审批，获取办学资格。赛得前进技工学校新增烹调工艺与营养、医疗器械制造与维修 2 个专业，累计招生 359 人，社会培训 209 人。

【博士后科研工作站建设】 2021 年，县人社局紧贴企业需求，沟通高校和科研院所，牵头浙江环宇轴承有限公司与东北石油大学达成合作意向。5 月 10 日，获浙江省博士后工作办公室批准建站；5 月 26 日，衢州学院方兴博士顺利进站。9 月，捷姆轴承集团有限公司博士后工作站首位进站博士刘敏完成开题报告。截至年底，全县有科润新材料有限公司、县人民医院、捷姆轴承集团有限公司、常山纺织有限公司、浙江环宇轴承有限公司 5 家企业建成博士后科研工作站，在站博士后研究人员 3 人。

【承办乡村振兴职业技能大赛】 2021 年 5 月 8 日，2021 衢州市乡村振兴职业技能大赛（常山场）暨四省边际乡村讲解员大赛在常山县东案乡金源村举行，常山县选手郎云霞获比赛成绩第一名。此次大赛以“诗画乡村 人才振兴”为主题，通过技能人才的职业技能比赛，进一步深化浙闽赣皖四省边际职业人才的交流，助力乡村振兴。

【发放职业培训券】 2021 年 3 月 29 日，常山县在全市率先发放职业培训券，由各培训学校组织学员通过金保信系统，将职业培训券精准推送至学员电子社保卡内，学员领取后免垫付即可参加培训课程。截至年底，发券 6259 张，使用 5512 张，使用率达 88.07%，发券量、使用量和使用率均居全市前列。

（叶怡静）

2021 年 5 月 8 日，2021 衢州市乡村振兴职业技能大赛在常山县东案乡金源村举办（县人社局 供图）

2021 年 10 月 12 日，2021 年衢州“奇思妙想”暨首届“乡村振兴”创新创业大赛“家乡代言人”创业赛道决赛在东方酒店举行

（县人社局　供图）

就业创业

【概况】 2021 年，常山县人才和就业管理中心（以下简称县就业中心）贯彻落实再就业各项优惠政策，稳步推进全县再就业工作。全县城镇新增就业人数 9329 人，城镇失业人员实现再就业 3975 人，帮扶重点人群就业 3415 人，全县城镇登记失业率达 1.50%，低于全省平均水平。

【企业用工服务】 2021 年，县就业中心线下举办春秋季招聘会 6 场，参会企业 80 多家，提供岗位 2700 多个。分批次组织 63 家企业赴外招聘，达成就业意向 200 多人，到常山县实习 53 人；线上依托“云招聘”平台，不间断提供岗位，累计登记注册企业 321 家，发布岗位 937 个，拟招聘人数 3256 人，个人注册用户 4235 人，简历投递 1659 人次，入职 535 人。

【创业创新平台搭建】 2021 年，县就业中心举办各类创业培训班 23 期，涉及 1067 人，其中针对重点人群开展 10 期培训，共培训 133 人。发放一次性创业补贴 12.5 万元；创业贷款贴息备案企业 52 家，累计贷款 1468 万元；享受创业贷款贴息企业 20 家，贴息 38.2 万元。承办首届“乡村振兴”创新创业大赛“家乡代言人”创业赛道决赛，引进大学生创业项目 5 个，推动创业带动就业的发展。

【兑现惠企减负红利政策】 2021 年，县就业中心有序推进、落实各项惠企减负红利政策，减轻企业负担。全年发放高校毕业生到中小微企业就业补贴 10.2 万元，涉及 34 人；发放小微企业招用高校毕业生社保补贴 11.84 万元，共计 63 人次；发放稳岗补贴 307 万元，涉及 1115 家企业。

（叶怡静）

社会保障

【概况】 2021 年，常山县职工基本养老保险和城乡居民社会养老保险参保人数 212028 人，其中企业参保 95013 人、居保参保 117015 人。企业养老退休 29400 人，其中年内新增 1014 人；城乡养老退休 50174 人，其中年内新增 4963 人。工伤保险参保人数 65251 人，其中年内增加 23075 人。实体社保卡持有人员 335725 人，电子社保卡持有人员 329776 人。

【建设优质人社窗口】 2021 年，县人社局围绕“业务精、效率高、服务优、口碑好”的重点工作方向，打造“服务受理零推诿、服务方式零距离、服务质量零差错、服务结果零投诉”高质量闭环的“四零”人社服务大厅。社会保险、就业和再就业、人事人才、高技能人才培育和引进人力社保 40 个主项、138 个子项 100%进驻县行政服务中心，100%实现无差别受理。常山县行政服务中心人力社保窗口被人社部评为“全国人力资源保障系统优质服务窗口”。

【公共服务领域“民生一卡通”项目】 2021年，县人社局以数字化改革为牵引，拓展完善第三代社保卡在民生领域的公共服务及政务服务功能。推动实现人社领域89项待遇补贴“一卡”发放，让数据“跑路”代替群众“跑腿”。做好“社保卡”民生领域场景应用提前准备，结合本部门职能，开通电子社保卡职业技能培训券发放功能。同时，与县交通运输局、县文广旅体局合力完成涵盖交通、文旅等便民功能的开发运行。截至年底，累计申领三代社保卡89127张。

【退休“一件事”升级】 2021年，县人社局在企业退休“最多跑一次”基础上提速增效，打破部门数据壁垒，通过县退役军人事务管理局、县档案馆、县公安局、县法院、县检察院、县大数据中心等部门联动，实时共享军龄、个人档案、有无服刑等信息，提前完善待退休人员社保信息，开展企业职工养老保险退休资格预审，实现12项信息提前一次性审核。再以短信、邮寄挂号信等形式向临退休人员确认相关信息，办理退休业务、计发养老待遇，实现企业退休“零”跑次，平均节约群众办事时间约10.6个小时。

【“百姓秘书”项目建设】 2021年，县人社局依托社保省集中业务系统，整合比对税务等部门的服务资源，了解掌握群众日常社保全生命周期动态，精准定位待服务对象。通过电话、短信、EMS信件等方式进行贴心提醒，解读社保政策，明确业务经办细则，推动退休业务“不见面”办理，变被动服务为主动推送。全年发送社保缴费短信12万余条。

【养老保险精准扩面】 2021年，县人社局狠抓组织落实，细化分解工作责任，按时下发乡镇（街道）扩面名单，最大限度形成扩面合力。通过微信公众号、8090新时代理论宣讲等宣传造势，提高群众对全民参保的知晓率。优化参保移动终端设备，丰富群众自主参保途径，提高登记质效，为参保提供有力技术保障。截至年底，县域内法定户籍人口养老保险参保率达99.63%。

（叶怡静）

劳动监管

【概况】 2021年，县人社局按照县委要求推进“大综合一体化”行政执法改革，将61项执法事项移交下沉至部分乡镇（街道）执法队，实现监管与执法相剥离。通过欠薪处置“一件事”平台加强与各部门的协作力度，年内流转上报事项121件，涉及373人，涉及金额156.113万元。持续开展建党百年护航行动、女职工权益专项行动、根治欠薪冬季专项行动、教育培训机构专项行动等各项专项检查活动，对全县的用工情况进行全覆盖检查。

【劳动保障监察】 2021年，县人社局受理劳动保障咨询投诉举报案件753件，涉及1445人。其中，欠薪案件620件，涉及农民工1048人，涉及金额1097万元，移送公安案件1起，移送乡镇执法队10起。

【劳动纠纷调解】 2021年，县人社局受理各类劳动人事争议案件166件，涉及劳动者206人，结案金额575.1万元。按期结案率达100%，调解成功率达95.1%，仲裁调解率达91.7%，仲裁终结率达97.6%，网络办案率达35.9%。

（叶怡静）

社会生活

Social Life

人民生活

【概况】 2021年，全县居民人均可支配收入36135元，比上年增长12.8%。按常住地分，城镇居民人均可支配收入为46653元，比上年增长11.4%；农村居民人均可支配收入为26901元，比上年增长11.9%。全年居民人均消费支出19446元，比上年增长19.8%。按常住地分，城镇居民人均消费支出27289元，比上年增长17.9%；农村居民人均消费支出12561元，比上年增长18.3%。

【社会保险参保】 2021年，全县基本养老保险参保率为99.6%。全县职工基本养老保险和城乡居民社会养老保险参保人数共216775人。其中，企业参保92442人，比上年增加1660人；居民参保124333人；企业养老退休30749人；城乡养老退休50402人。工伤保险参保人数共54727人，比上年增加12551人。机关养老保险参保11199人，比上年增加275人。实体社会保障卡持卡人数达315224人，电子社会保障卡持卡人数达298840人。

【低保救助】 2021年，全县有7774户9830人纳入城乡最低生活保障，低保占比2.8%。其中城镇低保372户455人、农村低保7402户9375人，全年支出低保金8304万元。7月1日开始实施最低生活保障标准提标，最低生活保障标准统一调整为910元/月·人。全年临时救助困难群众76人，救助金额25万元。特困人员供养标准7月1日起实施提标，统一调整为1183元/月·人，支出特困供养资金1236万元。

【婚姻登记】 2021年，全县办理结婚登记1301对，离婚登记502对，补领结婚证527件，补领离婚登记证54件，收养登记10件，实施婚姻家庭辅导663对。

（陈 蓉）

2021年单位从业人员和劳动报酬情况一览表(全部规模以上单位)

表30

指标名称	单位从业人员期末人数(人)	单位从业人员平均人数(人)	单位从业人员工资总额(千元)	在岗职工平均工资(含劳务派遣)(元)
总计(含私营企业)	46234	43677	263227	61955
1. 采矿业	8	8	581	72625
2. 制造业	17812	17246	1185772	68712
3. 电力、热力、燃气及水生产和供应业	371	369	54469	147612
4. 建筑业	15680	15654	735136	46768
5. 批发和零售业	1176	1188	82456	71037
6. 交通运输、仓储和邮政业	597	544	49811	91625
7. 住宿和餐饮业	773	766	38588	50141
8. 信息传输、软件和信息技术服务业	117	117	10683	100612
9. 房地产业	396	359	45319	128085
10. 租赁和商务服务业	8979	7110	399733	41233

续表 30

指标名称	单位从业人员期末人数(人)	单位从业人员平均人数(人)	单位从业人员工资总额(千元)	在岗职工平均工资(含劳务派遣)(元)
11. 科学研究和技术服务业	90	89	6706	75348
12. 水利、环境和公共设施管理业	51	57	9050	158772
13. 卫生和社会工作	184	170	13923	81900

2021 年单位从业人员和劳动报酬情况一览表(规模以上非私营单位)

表 31

指标名称	单位从业人员期末人数(人)	单位从业人员平均人数(人)	单位从业人员工资总额(千元)	在岗职工平均工资(含劳务派遣)(元)
总计	3949	3810	364959	96196
其中：国有控股	1368	1368	153106	113142
其中：集体控股	2	2	142	71000
1. 中央	436	448	37904	84607
2. 地方	563	569	72023	128291
3. 其他	2950	2793	255032	91588
4. 企业	3949	3810	364955	96196
其中：地方	563	569	72023	128291
5. 采矿业	0	0	0	0
6. 制造业	2925	2787	230444	82719
7. 电力、热力、燃气及水生产和供应业	339	337	52008	154326
8. 建筑业	229	229	29175	128857
9. 批发和零售业	103	110	11552	105615
10. 交通运输、仓储和邮政业	88	95	14525	152895
11. 信息传输、软件和信息技术服务业	117	117	10683	100612
12. 房地产业	67	50	9246	188490
13. 科学研究和技术服务业	6	5	517	103400
14. 卫生和社会工作	75	80	6809	85113

2021 年单位从业人员和劳动报酬情况一览表（规模以上私营单位）

表 32

指标名称	单位从业人员期末人数（人）	单位从业人员平均人数（人）	单位从业人员工资总额（千元）	在岗职工平均工资（含劳务派遣）（元）
总计（含私营企业）	42285	39867	2267268	57646
1. 采矿业	8	8	581	72625
2. 制造业	14887	14459	955328	66030
3. 电力、热力、燃气及水生产和供应业	32	32	2461	76906
4. 建筑业	15451	15425	705961	45203
5. 批发和零售业	1073	1078	70904	67230
6. 交通运输、仓储和邮政业	509	449	35286	78088
7. 住宿和餐饮业	773	766	38588	50141
8. 房地产业	329	309	36073	118285
9. 租赁和商务服务业	8979	7110	399733	41233
10. 科学研究和技术服务业	84	84	6189	73679
11. 水利、环境和公共设施管理业	51	57	9050	158772
12. 卫生和社会工作	109	90	7114	79044

常山县就业人口情况表

表 33

指标名称	单位	2021 年	2020 年
就业人数总计	万人	14.57	14.56
其中：第一产业	万人	2.08	2.14
第二产业	万人	6.14	6.02
第三产业	万人	6.35	6.4

2021 年常山县农村住户、城镇住户调查基本情况一览表

表 34

指标名称	单位	城镇住户	农村住户
调查样本户数	户	100	150
期内常住人员数	人	285	446
人均现住房建筑面积	平方米	45.9	77.10
人均可支配收入	元	46653	26901
1. 工资性收入	元	28540	14070
2. 经营净收入	元	5260	6936
3. 财产净收入	元	4118	520
4. 转移净收入	元	8735	5375
人均生活消费支出	元	27289	12561
1. 食品烟酒	元	8785	4130
2. 衣着	元	2573	758
3. 居住	元	5771	2827
4. 生活用品及服务	元	1600	850
5. 交通通信	元	2911	1085
6. 教育文化娱乐	元	3300	1317
7. 医疗保健	元	1701	1369
8. 其他用品和服务	元	648	225
耐用消费品拥有情况（每百户）	—		
1. 家用汽车	辆	45.2	26.9
2. 摩托车	辆	2.0	12.0
3. 助力车	辆	103.0	110.7
4. 洗衣机	台	97.0	96.0
5. 电冰箱（柜）	台	100.0	105.3
6. 微波炉	台	51.0	44.7
7. 彩色电视机	台	174.0	168.0
8. 空调	台	208.0	162.0
9. 热水器	台	108.0	104.7
10. 洗碗机	台	4.0	0.0
11. 排油烟机	台	90.0	82.7
12. 固定电话	部	17.0	10.7
13. 移动电话	部	255.0	277.3
其中：接入互联网	部	240.0	169.3
14. 计算机	台	83.0	35.3
其中：接入互联网	台	79.0	28.7

续表 34

指　标	单 位	城镇住户	农村住户
15. 照相机	台	14.0	1.3
16. 中高档乐器	架	6.0	2.0
17. 健身器材	台	4.0	4.0
18. 空气净化器（含新风系统）	台	1.0	0.7
19. 吸尘器	台	9.0	2.0

（陈　蓉）

民政事业

【概况】 2021年，常山县民政局（以下简称县民政局）打造温暖之城、孝老之城、志愿之城，推进民政事业高质量发展。创新数字化居家养老协同应用，打造“五心”（医得省心、吃得舒心、住得安心、行得称心、活得开心）服务场景，精准服务居家老人，入选全省数字化改革多跨场景重大应用“一本账”。在衢州市率先建立县、乡、村三级助联体，构建“政策内救助+政策外帮扶”的联合救助模式，建立“早上好”共同富裕慈善基金，被浙江省民政厅推荐为首批全国未成年人保护示范县创建对象。建成4个乡镇级居家养老服务中心，完成300户困难老年人家庭适老化改造，开展养老机构服务能力提升行动。做好养老机构疫情防控工作，将养老机构线下督查与“常山孝眼”线上巡查相结合，实现养老机构精密智控，消除疫情隐患。是年，县民政局在民政系统评估考核中取得全省优秀、全市第一的成绩。

【养老数字化改革】 2021年，县民政局以“常山孝眼”智慧养老服务系统为基础，创新数字化居家养老协同应用，整合政府、家庭、社区、社会力量合力，以数字化手段精准解决老人“医食住行乐”五大需求，保障老人共享共同富裕成果。7月8日，在全市数字化改革推进会上作典型发言。9月22日被“学习强国”平台报道，12月1日被《衢州政研与改革（数字化改革）》专刊刊发推广，同时还被省民政厅信息简报及网站刊发。完成养老服务人才培育（养老护理员职业生涯“一件事”）试点任务，在全省养老服务应用场景路演中得到省民政厅肯定。5月26日，常山县获批成为浙江省养老服务数字化改革试点单位。9月15日，养老服务人才培育工作被列为全省民政共同富裕示范区（幸福颐养标杆区）建设重大专项改革创新试点，并在“浙里办”平台上线。

【“温暖之城”建设】 2021年，县民政局在衢州市率先建立县、乡、村三级助联体（共44家，其中县级1家、镇街级4家、村社级39家）。7月1日实施低保提标，全额低保从每人每月770元提高至910元，特困人员供养标准从每人每月1001元提高至1183元。截至年底，县内共有低保户7774户（9830人），全年发放低保救助金8303.71万元；特困供养对象673人，发放特困救助金1236.24万元；临时救助困难群众76人，救助金额24.64万元。在全市率先创建“统衢助·融慈善·惠民办”机制，帮扶困难群众800多人次，被《衢州日报》头版点赞。救助流浪乞讨人员187人次，保障其生存权利。争创首批全国未成年人保护示范县，被省民政厅列入创建名单（全省10个，全市唯一）。

2021 年 10 月 13 日，新时代第三届“寿星”健康长寿经验交流会在北京举行，常山县作典型发言　　（张志林　摄）

【“孝老之城”建设】 2021 年，县民政局开展“5·20”常山敬老日活动，14 个乡镇（街道）、35 家企事业单位参加敬老活动，服务老人近万人。开展助老项目，建成 1 个康养联合体，改造 1 个中心食堂，建成 3 个社区共享食堂、4 个乡镇级居家养老服务中心，完成 300 户困难老年人家庭适老化改造，保障 14 个夕阳红食堂有序运营，抓好 2 家福利机构建设（第二社会福利中心和第三社会福利中心）。实施管理能力提升、硬件设施升级、服务保障增效、数字养老赋能四大行动，提升养老服务能力。10 月 13 日，在全国新时代第三届“寿星”健康长寿经验交流会上作典型发言，5 位百岁老人入选全国“寿星”。

【“志愿之城”建设】 2021 年，县民政局推进社区、社会组织、社会工作者、社区志愿者、社会慈善资源“五社联动”的社会协同机制，构建县、乡、村三级协同架构。11 月底，《浙江民政信息（增刊）》刊发推广常山县社会协同治理经验做法。12 月 17 日，社会协同治理工作被省《竞跑者》刊发。9 月 29 日，常山县入选国家智能社会治理实验（社区治理）特色基地（全国 10 个，浙江省唯一）。新增省级引领型农村社区 4 个、市级示范型农村社区 5 个。建成乡镇级社会工作站 7 个和社区邻礼汇综合体 1 家。新增持证社工 38 人，其中社会工作师 13 人、助理社会工作师 25 人。截至年底，全县有社会工作专业人才 399 人，其中初级 322 人、中级 84 人。公开招聘专职社区工作者 15 人。

2021 年 10 月 11 日，县委书记潘晓辉（左一）慰问百岁老人　　（张志林　摄）

【社会福利】 截至2021年年底，全县有百岁老人23人，县民政局向百岁老人发放长寿津贴31.58万元；90～99岁老人1016人，对其发放长寿津贴120万元。将5113名困难老人纳入常态探访关爱对象，开展专业居家养老服务28240小时。全县有社会孤儿和困境儿童361人，对其发放生活补助264.72万元。实施“添翼计划”，遴选7～18岁困难家庭残疾儿童6人送至市社会福利院进行集中养育康复服务，并为1名幼年孤儿办理收养手续。

【社会组织管理】 2021年，全县新增社会组织27家、退出63家，共有社会组织总数2129家，其中正式登记504家、备案1625家。县民政局完成2020年度社会组织年度检查工作，对2家未按规定年检的社会组织予以行政撤销。激发社会组织活力，县内涌现出阳光志愿者协会、红十字应急救援队等一批优质社会组织，在应急处置、矛盾化解、助学帮困等方面发挥重要作用。

【婚姻登记】 2021年，县民政局办理结婚登记1301对，比上年减少357对，下降21.53%；离婚登记502对，比上年减少221对，下降30.57%；补领结婚证527件，比上年增加26.99%；补领离婚登记证54件，比上年增加74.19%。办理收养登记10件，对663对夫妇实施婚姻家庭辅导。实施“婚姻生育户口”一件事联办584件，群众满意度达100%。

【殡葬管理】 2021年，县民政局完成2039具遗体火化任务，减免群众殡葬基本服务费108.64万元，为345人（低保户、“五保”户、重度残疾人）赠送骨灰盒总计10.35万元。配合外港、枧头片区迁坟104穴，安排墓穴69穴。配合同弓乡、招贤镇全流域土地整治迁坟工作任务，协调组织就近火化，同步配送骨灰盒300只。按存放时间3个月以上界定，化解“陈尸”6具。倡导文明祭奠活动，重要祭祀日每日安排工作人员34人次，迎接祭扫人员7万多人次，赠送鲜花2000枝，确保群众祭扫活动安全、文明、有序进行，全年有2978人次在“常山县先人缅怀网”建馆祭祀。实施“身后一件事”联办，全年办理2039件。对2010年1月至2016年6月的火化数据档案及时进行完善和归集，共录入浙江省殡葬信息管理系统10874条。开展西山陵园相关土地无偿划转事项及委托管理等，向上争取“十四五”时期县级经营性公墓指标1个（2021—2035年）。建成省级树葬示范点1个和县级树葬示范点7个，实施节地生态安葬48例，发放奖励金35.8万元。

【水库移民】 2021年，县民政局核减全县直补对象159人，恢复直补对象3人，复核后共有直补对象17733人，发放直补资金1064.3万元。全年安排水库移民扶持项目44个，补助资金2650万元，资金重点用于生产开发类及美丽家园类项目建设，验收18个，报结23个。县水库移民食用菌基地等项目收益300多万元，助推参与联建的45个移民村完成“消薄”工作。开展困难水库移民家庭子女非义务教育助学工作，发放助学金5.35万元。

【地名管理】 2021年，县民政局开展不规范地名清理整治工作，完成整治32处。全年安装门牌4245块，发放门牌证4221本，审批各类地名设置证明52份，注销门牌号4750块，出具相关地名标志证明2315份。完成“常山数字城管”系统和常山县地名地址管理系统相关工作，入库数据21.3万条。完成新版《常山县地名志》编写工作。

【法治民政】 2021年，县民政局开展“双随机、一公开”执法检查，独立检查37家单位，联合检查3家单位，检查参与80人次，查出问题率达6%，问题处置率达100%。12月20日，根据“大综合一体化”行政执法体制改革安排，县民政行政执法大队编制撤销，所属人员转隶至县社会救助服务中心（救助管理站）。

【慈善工作】 2021年，常山县慈善总会募集善款1098.55万元，其中通过设立“早上好”共同富裕慈善基金募集善款685.90万元，向上向外争取到援助款242.74万元。做好日常服务，争取到社会各界爱心人士各项捐款102.11万元，开展东西部协作募捐定向援助平武县67.8万元。拨付救助款953.65万元，开展助困、助学、助医、助残、公益项目、东西部协作、“早上好”共同富裕慈善基金专项援助等活动。其中，助困项目拨付援助金15.81万元，177人受益；助学项目拨付援助金55.77万元，援助困难学生333人；助医项目拨付救助金40.64万元，受助患者107人；助残项目拨付残疾人危旧房改造项目款204.24万元，援助99户贫困残疾人完成危旧房改造；公益项目拨付47.52万元，援助街道、村、社区开展村级公益事业建设；东西部协作项目拨付四川省平武县援助款48.67万元；“早上好”共同富裕慈善基金拨付专项援助金541万元，开展校园环境提升工程、困难学生救助、乡村产业发展等援助项目。

常山县百岁老人名单一览表(截至2021年年底)

表35

序号	姓名	性别	年龄	家庭地址
1	杨水兰	女	104	金川街道金川弄村
2	徐娜你	女	104	青石镇湖头村
3	徐根花	女	104	天马街道定阳社区
4	王兰香	女	104	天马街道和平村
5	郑舍玉	女	104	天马街道东明社区
6	廖荣风	女	104	招贤镇游林村
7	胡十五那	女	103	东案乡田蓬村
8	严娜你	女	103	天马街道下东淤
9	王林香	女	102	大桥头乡濛桥村
10	郑金花	女	102	大桥头乡濛桥村
11	曾莲香	女	102	青石镇湖头村
12	李金水	男	102	招贤镇古县村
13	叶蓉花	女	101	辉埠镇达坞村
14	杨金珠	女	101	天马街道五联村
15	占秋香	女	101	天马街道东明社区
16	姜莲锭	女	101	天马街道渡口小区

续表 35

序号	姓名	性别	年龄	家庭地址
17	杨秋莲	女	101	同弓乡山边村
18	徐花花	女	101	球川镇吴家村
19	张凤兰	女	100	青石镇江家村
20	边永照	男	100	球川镇红旗岗村
21	杨仙英	女	100	天马街道天马路
22	王春梅	女	100	天马街道江滨小区
23	方八女	女	100	同弓乡新虹村

（张志林）

乡镇（街道）

Villages and Towns （Streets)

天马街道

【概况】 天马街道位于常山县境内中南部，是常山县政府驻地，辖区东连青石镇，南接江山市西，西北交白石镇、金川街道，北界常山港和紫港街道，总面积81.60平方千米。境内有“金钉子”国家地质公园、燕山暴动遗址、“父亲的水稻田”、云湖仙境高端民宿等旅游景点。2021年，天马街道下辖12个行政村、6个社区，总户数18814户，户籍总人口46391人，其中农村人口15281人；党工委1个、党委6个、党总支1个、党支部73个，党员2281人。财政总收入3645.89万元，固定资产投资8923万元。

2021年，天马街道加强基层组织建设，发挥战斗堡垒作用。优化完善村干部、村文书管理考核办法，以制度管人管事。选派12名优秀年轻干部加入党建指导员队伍，每月开展党建基础性工作督查，并以交办单形式限时整改，开展督查23次，交办整改问题214个。夯实红色物业联盟基础，新成立业主委员会23个，16个物业失管小区进驻物业。在6个社区搭建新业态综合服务站并且成立先锋驿站临时党支部，让城市的穿行者“快递小哥”“外卖小哥”转变成先锋骑手，延伸党的基层治理，探索治理新模式。聚焦干部作风，营造良好生态。

2021年5月20日，渡口“未来社区”房屋征收工作签约动员会召开
（江　夏　摄）

坚持动真碰硬、有案必查，查办违反廉洁纪律、赌博、酒驾等各类案件14起。其中，自办案件立案3起，办结5起（包括上年立案3起）；开除党籍2人，党内严重警告5人，党内警告4人，问责7人次，2起案件正在审理阶段。下发纪检监察建议书4人次。受理各类信访件5件，办结5件。推广信访代办制度，为基层群众代办各类信访事项17件，让群众不出家门就可以解决问题。完成“12345”信访举报平台及各类来信来访事件的调查、答复工作，受理信访件236件次。其中，来信4件，比上年下降20%；来访9件，比上年下降55%；网上投诉122件，比上年上升134.6%；来电101件，比上年下降40.9%。聚焦城市赋能，推进城市有机更新。完成渡口未来社区和西门江滨片区征收，征收面积达252556.24平方米。完成危旧房选房、交房工作，2113户危旧房改造户喜提新居。对6个社区的19个老旧小区进行智能化改造，引进缘分物业公司对16个物业失管小区实施科学化管理和日常卫生保洁。安装“有礼”晾衣架137个，覆盖6个社区23个小区，共计116处点位，其中单排1348.5米、双排145.5米。注重文体事业发展，举办体育赛事3场、“双减”活动10次、文化活动33场。

是年，天马街道被评为常山县十大攻坚红旗单位、常山县扶贫开发工作先进集体等；金川社区、文峰社区被评为浙江省文化示范社区；渡口社区被评为浙江省文明单位；天安村被评为衢州市先进基层党组织、浙江省AAA级景区村庄。

【旧城改造房屋征收】 2021年4月6日，常山县“奋战一百天决战东淤片”暨渡口未来社区房屋征收攻坚动员大会召开。经过一个半月的前期调查、确权评估后，5月26日，渡口未来社区房屋征收签约工作正式启动，至6月5日，用时11天，全面完成征收片区内572户房屋征收签约工作，其中国有土地上房屋379户，集体土地上房屋193户，并于6月14日完成全部征收户的房屋腾空工作。西门、江滨片区红线范围内1130户被征收户累积签约1120户，签约率达99.11%。

【危旧房治理改造完工】 2021年7月10日，危旧房选房工作正式启动，历时12天，涉及2113户的选房工作基本完成。9月6日，危旧房交房工作从江滨安置区开始分片区分时段进行，历时1个月，完成交房2052户，交房率达97.11%。针对未交房户梳理原因，制定对策。为资金紧缺的危旧房治理改造户提供3万元的2年免息贷款政策。截至年底，完成交房2095户。危旧房治理改造工程自2017年启动，历经4年时间完工。

【村集体经济发展】 2021年，天马街道12个行政村实现年度村集体经营性收入20万元以上全覆盖，其中村集体经营性收入300万元以上的村1个，100万元～200万元的村4个。3个城中村成立南青屏股份公司，盘活流动资金中标“常山县天马街道石城路的房地产及附属物”。该地块店铺、仓库以及酒店式公寓年租金预计可达680万元，村集体能获得分红420万元。天安、五联、和平、天马4个外围村与常山米道生态农业科技有限公司合伙成立浙江天安酒业，主营生产销售葛根酒和粮食酒。发布“父亲的水稻田”乡村振兴计划，打造以农耕文化为主题的研学路线。依托“两山银行”，推进香柚基地建设，完成1227亩的香柚种植和基地二期1250亩的土地流转工作。

2021年6月7日，常山县城区危旧房治理改造安置区选房工作部署会召开
（江　夏　摄）

【项目工程建设】 2021年，天马街道推进土地开发整理，立项完成“三调”（全国第三次国土调查）建设用地复垦158亩并通过县级验收。完成35亩“三调”建设用地挖潜项目和30亩农整项目立项。完成东港村525亩的高标农田建设。快速推进土地非粮化整治，粮食生产功能区“非粮化”土地完成整治160亩，整治抛荒地98.27亩与抛荒地沿线土地27.9亩。推进水利工程项目建设，完成56家公建单位、397家“六小”（即小水泥、小玻璃、小焦化、火力小、小炼铁、小煤矿）企业以及菜蓬、西阳山、凤栖3个自建小区的污水零直排工程。

2021年天马街道各社区基本情况一览表

表36

社区名称	社区主任	楼（幢）	户数（户）	人口（人）	党员（人）	外来人口（人）	外出人口（人）
文峰社区	王　燕	223	2146	5089	212	115	492
金川社区	谭美琴	112	1759	4129	166	956	647
定阳社区	厉向军	81	1999	4751	228	813	466
渡口社区	胡立宏	80	1637	3930	248	412	523
东明社区	李　栋	157	3366	8471	376	350	545
屏山社区	洪　虹	143	1950	4740	180	1303	554
合　计		796	12857	31110	1410	3949	3227

2021年天马街道各行政村基本情况一览表

表37

村　名	支书主任	村民小组（个）	党员（人）	农户（户）	人口（人）	劳力（人）	面积（亩）		产量（吨）		村集体经济收入（万元）
							耕地	柑橘胡柚	柑橘	胡柚	
东方红村	祝平平	5	35	362	981	842	5	50	0	85	124.6
南前坊村	袁小军	6	40	415	1006	437	56	4	4	0	301.64
西峰村	吴慈祥	5	31	295	541	251	165	70	0	120	45.86
北屏山村	马土标	4	27	323	681	371	0	0	0	0	101.09
常年青村	徐晓俊	5	43	346	779	437	45	25	15	20	16.5
蒲塘村	吴建军	4	33	294	745	456	98	153	9	250	169.34
周塘村	刘国华	6	39	356	906	600	453	230	0	395	32.33
五联村	刘芳军	10	59	618	1682	1015	730	230	0	390	57.47
东港村	谢晓华	8	65	525	1532	1008	627	490	120	680	136.65
天马村	毛云华	16	65	946	2207	1319	1069	230	112	223	63.77
天安村	李涌泉	16	89	745	2151	1204	1050	365	170	363	106.25
和平村	吴立冬	17	88	732	2070	1075	1497	505	90	754	26.13
合　计		102	614	5957	15281	9015	5795	2352	520	3280	1181.63

（刘　婉）

紫港街道

【概况】 紫港街道位于常山港以北，东与青石镇接壤，南邻天马街道，西接金川街道，北连辉埠镇、大桥头乡，区域面积41.3平方千米。下辖10个行政村、2个社区、1个渔业大队。截至2021年年底，紫港街道户籍人口16238人；党组织29个，党员801人，其中农村党员506人；耕地总面积5980亩。

2021年，紫港街道完成狮子口片区征收、常山港治理一期征收、G60高速、320国道拓宽项目红线外房屋征收拆除、048省道遗留房屋征收、“污水零直排区”建设等一批重点项目。织密疫情防控安全网，做好重点人员摸排工作。压实网格责任，多方衔接资源，优化接种流程，确保新冠疫苗接种全程高效有序、扩面推进。实践“村村抱团联合发展”的集体经济发展路径，由7个村联合成立的常山众联保洁公司正式投入运营。全面挖掘村级可利用资源，拓宽增收途径，10个村经营性收入均实现20万元以上，其中3个村超50万元，1个村达百万元以上，总体经营性收入比上年增长64.94%。

【狮子口片区征收】 2021年，紫港街道建立“指挥部统筹协调+部门网格包干+街道主战主责”的作战体系，60多名街道干部下沉到征收网格，为被征收群众讲政策、算明账、解难题。历时89天，完成国有土地房屋187户、集体土地房屋207户的征收补偿协议签订工作，整个过程平稳有序，获集体三等功、集体嘉奖，受县委、县政府“十条军规”正面典型通报表扬。

【常山港治理一期项目征收】 2021年，紫港街道启动常山港治理一期项目征收工作。由紫港街道、县林水局、县市场监管局、县资规局组成的四大网格，高效有序推进征收工作，历时10天完成48户签约工作，15天实现房屋腾空率100%，顺利解决6年来未完成的历史遗留难题。启动常山港治理一期项目房屋征收现房选房工作，30户被征收户积极参加现房选房公开摇号，成功选房32套，圆满完成现房选房工作。

【社区智慧治理品牌建设】 2021年，紫港街道抓实“社区党委+社区居委会+小区物业+小区业委会”四方联动治理机制，形成“红色物业”工作合力。探索利用“邻礼通”党员线上报到、线上亮身份、线上联户等功能，整合党员干部、物业、社会组织等力量，扩大红色物业联盟“朋友圈”。构建柚苑社区

2021年4月14日，常山县旧城改造狮子口片区集体土地房屋征收最后一户完成签约 （紫港街道 供图）

“红色物业联盟+邻礼汇线上点单、线下接单”的智慧养老服务体系，将老年人的生活、娱乐、医养融为一体。紫港社区党委被评为浙江省先进基层党组织、衢州市先进基层党组织。

2021 年紫港街道各社区基本情况一览表

表 38

社区名称	社区主任	专职工作人员（人）	楼（幢）	户数（户）	非农业人口（人）	农业人口（人）	外来人口（人）	外出人口（人）
紫港社区	江　敏	8	255	4222	2308	0	235	103
柚苑社区	徐玉宏	7	41	1350	332	0	29	35
合　计		15	296	5572	2640	0	264	138

2021 年紫港街道各行政村基本情况一览表

表 39

村　名	支书主任	村民小组（个）	党员（人）	农户（户）	人口（人）	劳力（人）	面积（亩）		村集体经济收入（万元）
							耕地	柑橘胡柚	
枧头村	朱利俊	11	43	483	1272	760	190	15	20.10
后坊村	方伟国	4	29	323	831	570	180	15	20.02
外港村	李鹏庆	9	63	596	1465	870	310	98	76.52
富足山村	李志国	14	49	660	1709	1025	290	230	57.16
大弄口村	张国新	8	68	728	1878	1146	460	12	20.25
狮子口村	王根有	6	67	524	1306	739	728	420	23.91
狮东村	张建利	12	76	603	1583	1020	1260	780	53.80
孔家弄村	李明良	5	31	352	1099	868	650	450	20.17
姜家堡村	郑　栋	10	47	467	1220	820	950	520	20.19
渣濑湾村	包拯剑	5	33	465	1235	862	872	187	146.38
合　计		84	506	5201	13598	8680	5980	2727	458.5

（曾艳婷）

金川街道

【概况】 金川街道位于县城西北、常山港南岸，东接天马街道和紫港街道，南连天马街道，西与白石镇、同弓乡、何家乡接壤，北邻辉埠镇、何家乡，境内有“一港二溪”（即常山港、南门溪、龙绕溪）。2021 年，金川街道下辖 14 个行政村、2 个社区，常住人口 28344 人，总面积 57.51 平方千米。金川街道耕地面积 9614 亩、林地面积 15507 亩、园地面积 9378 亩，蔬菜种植面积 5448 亩，产量 9548 吨，果园种植面积 641 亩，产量 1181.5 吨，果用瓜种植面积 457 亩，产量 988 吨。全年生猪出栏量 25981 头，家禽出栏 183910 只。辖内有中小学校 5 所，教师 206 人；幼儿园 7 所，教学点 1 处，其中省一级幼儿园 1 所（常山县教工幼儿园星月湾分园）、省二级幼儿园 1 所（金川中心双语幼儿园）。

2021 年，金川街道推进便民服务中心标准化建设，完成办件量 5379 件，其中社保医保事项 268 件、民政残联事项 608 件、公安业务 2370 件、计划生育 346 件、政务服务 2.0 收件 1787 件。依托“诗画风光带”“绣溪徐村”等文旅品牌，改建完成 1 家民宿，全街道农家乐、民宿年接待人次超 10 万，年营收达 900 多万元。常山县首届“YOUYOU”音乐节在徐村举办，拉动劳动节期间徐村接待旅游人数 3.31 万人次，创历年新高，带动全县整体消费 500 多万元。金川街道文化站创成省一级文化站，五里亭村文化礼堂创成五星级文化礼堂，朱家坞村文化礼堂创成四星级文化礼堂，同时，徐村文化礼堂被评为省级“先试先行”单位，并完成赵家坪社区的省级文化社区复评工作。被省、市、县各级评为文化能人的有 8 人，评为文化示范户的有 4 户，并推进文化能人进入志愿服务队伍。举办“情暖重阳”“情暖冬日”“光荣在党 50 年”“520 孝老敬老”等活动，建设十五里村的夕阳红食堂，十五里村的李忠仙当选“2021 年 4 月中国好人”。

是年，金川街道被评为浙江省依法治理活动成绩突出单位、衢州市扶贫开发工作成绩突出集体、衢州市体育工作先进集体等。赵家坪社区被评为浙江省最美志愿服务社区。

【征迁工作】 2021 年，金川街道先后完成渡口未来社区金川街道东淤 A4 网格 22 户房屋征收拆迁签约工作，实现签约率 100%；主动认领江滨片区 48 户房屋征迁工作。完成新都片区 945 亩土地丈量征迁工作，摸排坟墓 70 多穴，涉及农户 183 户；历时 20 天解决阳光名都北侧地块十年历史遗留问题。推进慈姑弄自然村 7 户房屋征迁工作，推进交警队地块征迁项目昊驰制衣厂和 6 户拆迁户房屋调查摸底和初步评估工作。

【农业转型升级】 2021 年，金川街道成立新都村欣都梅红家庭农场、徐村园林绿化有限公司，发展杨梅酒、景观苗木等特色产业。实现“旱改水”、耕地改造 420.7 亩，对胡家淤、金川弄 81.5 亩建设用地进行复垦，全域抛荒地整治 1115 亩，非农非粮化整治 112 亩。争取到十五里村省级绿色农田项目，涉及面积 2000 多亩。5 个帮促重点村抱团投资“光伏项目”，每年获得发电收益 15 万元。1 个村实现经营性收入突破 100 万元，6 个村经营性收入突破 50 万元，平均收入比上年增长 46.3%。

【招商引资】 2021 年，金川街道坚持以商招商、精准招商，拓宽渠道，不断优化经济发展软环境。招引浙江常山恒寿堂柚果股份有限公司，续建年加工香柚 1.5 万吨、常山胡柚 2 万吨柚果加工项目，落地投资 2060 万元。新引进浙江新汇特动物保健品有限公司，实施“动物保健营养全自动智能化生产”项目，到账资金 625 万元。

【基础设施更新】 2021 年，金川街道完成上红线、十钳线等道路“白改黑”工程 10 千米。完成灾毁项目 9 个，修缮渠道 5000 多米，徐村 1 号机埠改造提升后被省水利厅评为全省水价综合改革“五个一百”在全省创建 100 座农业灌溉更新升级泵站机埠、100 座农业灌溉更新升级堰坝水闸、100 个改革灌区灌片、100 个农民用水管理主体、100 个改革基层水利站所）优秀典型。农民饮用水实现百分百签约移交，达标提标推进速度为全县第一。

【基层治理体系改革】 2021 年，金川街道作为县“县乡一体、条抓块统”集成展示点，率先迭代升级“两模块四平台”（党建统领模块、生态经济模块、综治工作平台、监管执法平台、应急管理平台、公共服务平台），完善综合指挥体系。建立“网格+服务”“网格+应急”“网格+矛调”“网格+执法”组织架构，将“141”体系与基层网格队伍深度衔接，破解基层干部人少、事多，网格队伍人多、专业性不强等痛点，实现网格专业化、街村协同化。2021 年，通过网格上报各类信息 5398 条，摸排矛盾纠纷线索 797 条。县级以上矛盾纠纷及信访件数量比上年下降 35%，街、村两级矛盾纠纷及信访件数量比上年上升 28%，金川街道被县委、县政府评为“十大攻坚”红旗单位。

【社区建设】 2021 年，金川街道建设“楼栋邻里会”等创新载体，组建“党群活力圈、网格治理圈、邻里朋友圈、生活服务圈”4 个功能服务圈，打造楼栋党小组联席会、小云议事会、“红色物业联盟”会商会 3 个会商议事平台，建立“信用＋荣誉”“信用＋会员”“信用＋信贷”的积分评价及应用体系，赵家坪社区被评为全国民主法治社区、浙江省最美志愿服务社区。

2021 年金川街道各社区基本情况一览表

表 40

社区名称	社区主任	专职工作人员（人）	楼（幢）	户数（户）	非农业人口（人）	农业人口（人）	外来人口（人）	外出人口（人）
赵家坪社区	郑小云	10	303	4130	4920	7387	121	435
二都桥社区	徐卫英	6	427	469	1254	0	206	233
合 计		16	730	4599	6174	4823	327	668

2021 年金川街道各行政村基本情况一览表

表 41

村 名	支书主任	村民小组（个）	党员（人）	农户（户）	人口（人）	劳力（人）	面积（亩）		村集体经济收入（万元）
							耕地	山林	
胡家淤村	胡水金	32	92	1115	2455	2659	2009	200	39
朱家坞村	何文仙	4	41	345	804	540	250	0	95
湖 东 村	凌国华	10	68	680	1248	960	734	1200	75.7
徐 村 村	叶继强	8	50	462	1034	692	453	281	84
上 埠 村	胡红连	17	83	900	1709	1064	945	3550	422.9
上 蒋 村	蒋智华	4	30	245	423	365	115	145	117.7

续表 41

村 名	支书主任	村民小组（个）	党员（人）	农户（户）	人口（人）	劳力（人）	面积（亩）		村集体经济收入（万元）
							耕地	山林	
五里亭村	陈松贵	9	47	619	1445	845	506	1400	91.33
金川弄村	林　刚	19	73	823	1450	1600	1029	634	57
常 桥 村	徐小忠	7	42	165	705	504	198	720	85.47
新 建 村	徐新华	12	48	351	1187	587	500	838	101.7
蒋 家 村	蒋文斌	4	32	246	698	389	157	700	72.53
十五里村	叶向阳	18	94	807	1765	1245	2000	2000	279.9
十里山村	陈明富	10	44	474	1116	725	254	1000	41.6
新 都 村	缪进水	13	91	628	1308	915	464	2839	241.5
合　计		167	835	7860	17347	13090	9614	15507	1805.33

（余　斌）

辉埠镇

【概况】 辉埠镇地处常山县城北郊，东与大桥头乡、紫港街道接壤，南邻紫港街道、金川街道，西界何家乡、开化县，北连芳村镇、新昌乡，镇域面积 127.1 平方千米，为全国文明镇、浙江省中心镇、省级教育强镇、省级体育强镇、衢州市首批经济强镇。镇内九景衢铁路、杭金衢高速公路、320 国道纵横交错，修建中的 351 国道穿境而过，高效便捷的路网已基本成型。国家 AAAA 级旅游景区三衢石林坐落境内，严谷甘泉、龙山寺、赵公岩、大埂新石器时代遗址等景点星罗棋布，川越旅游、画里桐村休闲旅游项目建设持续推进，省级书法村东乡村翰墨飘香，省 AAA 级旅游景区村路里坑村宋诗雅韵，三衢美景各具特色。

截至 2021 年年底，辉埠镇辖 17 个行政村，252 个村民小组，常住农户 11161 户，户籍人口 3.48 万人；党组织 23 个，农村党员 1268 人；耕地面积 20984.5 亩，柑橘胡柚面积 3495.5 亩。农民人均纯收入 5.2 万元。有工业企业近 200 家，其中规模以上企业 53 家，比上年新增 3 家，规模以上工业全年实现总产值 100.64 亿元，是衢州市第一个实现规模以上企业工业总产值突破 100 亿元的乡镇。全镇财政总收入 1.7 亿元，比上年增长 41.67%；固定资产投资 12.6 亿元，比上年增长 24.8%。17 个行政村中，集体经济总收入超过 100 万元的有 4 个，其中石姆岭村集体经济总收入达 410 万元。获衢州市先进基层党组织、常山县消薄攻坚工作先进集体、常山县安全生产先进集体、常山县“十大攻坚”红旗单位等 16 项市、县级荣誉。“一支队伍管执法”改革走在全县前列，2021 年举办省、市级现场会 4 次，县级以上领导调研 13 次，省、市级媒体报道 9 次。

【工业产业发展】 2021 年，辉埠镇引进柯瑞新材料、永宸水泥、远盈铝型材、泽虹机械、京宸塑业、格劳威、建红金属、哲丰能源供热二期等10个项目，其中亿元以上项目3个。引导南方水泥、雄狮工贸、双明轴承、雪村制冷等15家企业实施18个技改项目。全年“新上规”企业4家，“小升规”企业5家，规模以上工业产值在衢州市6个经济强镇中率先突破百亿，达到100.64亿元，比上年增长47.6%。启动4500亩特色生态产业平台征迁工作。全年完成固定资产投资12.6亿元，比上年增长24.8%。完成二号路徐家塘段、三号路东延段、紫亭路、恒泰路共3.6千米的改造提升和东路口景观工程，持续推进巨鑫路改造提升工程。推进“污水零直排”和高压线杆迁移工作，修复污水管网2000多米，保障园区供电、用水。组建辉埠片区企业服务工作组，建立服务企业“组团挂联”工作机制，93名干部联系全镇160多家企业，开展“我为企业解难题”行动，帮助企业做好疫情防控、发展指导等服务。

【区域环境美化】 2021年，辉埠镇完成后社片区、钙产业园区及石姆岭矿山周边部分区块生态修复工程，实施土地复垦600多亩。承办全省全域土地整治现场会。后社、鸭坞2个碱性水处理站建成并投入使用。完成坪山废弃矿山治理扫尾工作和祥和矿业评估工作。完成佳能钙业资产处置，推进山背村党群服务中心地块页岩矿处置，完成盛长塔山地块石灰渣问题整治销号。推进政策处理工作，保障杭金衢高速公路拓宽、辉何公路、辉埠特大桥等项目顺利进行，镇域路网不断完善。新建彭川十八坞等林区道路6条15.2千米。开展美丽城镇创建，完成安防小区建设，启动智慧城镇、污水处理站和垃圾中转站迁建等项目建设，完善邱家蓬安置区建设及管理。开展美丽乡村建设，投入1000多万元用于拆后利用，辉埠村通过拆后利用示范村县级评估验收。投入1400多万元完成常芳线美丽乡村风景线建设，完成辉埠村美丽乡村建设和大埂村历史文化（传统）保护利用重点村项目设计。新增“百万亩绿化造林”650亩。对双溪口村江背头和辉埠村延寿寺2处山塘进行综合整治。

【民生事业发展】 2021年，辉埠镇在黄坞岭、宋畈、路里坑、双溪口、彭川5个行政村实施农村饮用水供水保障提升工程。完成1处地质灾害隐患点避让搬迁。开展“贫困白内障患者复明工程”、“阳光看护”家庭病床服务、残疾人家庭无障碍改造等多项残疾人服务，完成辉埠镇居家养老服务中心、“残疾人之家”和社会工作站的改造并投入运行，“残疾人之家”通过三星级评定验收。完成53户低收入农户家庭适老化改造工程。完成村级军人“枫桥式”示范型服务站提升建设。

【共同富裕建设】 2021年，辉埠镇推广羊肚菌种植105亩，全年产量21吨，实现产值150多万元，同时新种植270亩。支持、引导民宿产业发展，“画里桐村”“川越旅游”项目持续推进，“川越旅游”项目主体基本竣工，新开业三衢诗集、康和居、慢贤园3家民宿。全镇民宿接待游客约4万人，实现营业收入500多万元，分别比上年增长264%和138%。全年新增低保、低边户53户77人，救助群众4人。发放残疾人护理补贴和困难生活补贴264.9万元。壮大村集体经济收入，金辉、新辉标准厂房分别实现租金收入180万元、55万元，通过入股县慈溪飞地“消薄”项目及光伏小康二期项目分别获得收益72.75万元及70万元。全镇村集体经济收入达2818.5万元，比上年增长40.5%，其中村级经营性收入达1421.6万元，比上年增长55.6%。实现经营性收入100万元以上村4个，50万～100万元村5个，20万元以上村全覆盖。

2021年辉埠镇规模以上工业企业部分经济指标一览表

表42

行业	公司名称	工业产值（千元）	上年工业产值（千元）	工业销售产值（千元）	工业产值比上年增长(%)	备注
轴承	浙江四通轴承集团有限公司	78909	76199	78303	3.56	
	浙江双明轴承股份有限公司	183287	130688	177708	40.25	
	常山县康乐轴承有限公司	50425	38111	52305	32.31	
	捷姆轴承集团有限公司	159723	98199	169104	62.65	
	浙江中精轴承有限公司	101634.65	71770.55	91316.96	41.61	
	常山成鑫轴承有限公司	61930	46066	63925	34.44	
	常山县星球滚动体有限公司	24463.82	20382	25820.72	20.03	
	衢州鑫盛轴承有限公司	23099	21188	22839	9.02	
制冷	常山县雪亮厨房用品有限公司	88084	65699	71894	34.07	
	浙江欧恒制冷设备有限公司	107806	107461	102246	0.32	
	浙江雪村制冷设备有限公司	150608	124203	150608	21.26	
	浙江新淇尔电器科技有限公司	93180.67	72760.35	90333.94	28.07	
纺织	浙江省常山纺织有限责任公司	108981	91028	107334	19.72	
	浙江常山百邦花式纱线有限责任公司	50848.77	27055.77	51267.53	87.94	
	浙江卡罗莱纳纺织有限公司	58343	65178	57262	-10.49	
	常山县隆盛线业有限公司	1604	24814	1212	-93.54	
	浙江灿宇纺织有限公司	98544	138429	102603	-28.81	
	浙江帛尚纺织有限公司	50709.51	—	43955.54	—	新上规
造纸	浙江哲丰新材料有限公司	2391006	1381987	2122247	73.01	
水泥建材	常山南方水泥有限公司	1857700	1362617	1837686	36.33	
	常山江山虎水泥有限公司	795938	657095	758959	21.13	
	浙江常山虎跃水泥有限责任公司	225245.89	212740.94	207162.06	5.88	
	常山县诺辉金属制品有限公司生产线自动化改造项目	106475	81522	106475	30.61	
	常山永建混凝土有限公司	169323	116070	169323	45.88	
	浙江省常山县神龙建材有限公司	132105.55	134238	127365.54	-1.59	
	浙江英鸿新型建材有限公司	62136	57257	63300	8.52	
	浙江常盛建材有限公司	138558.28	—	138558.28	—	新上规

续表 42

行业	公司名称	工业产值（千元）	上年工业产值（千元）	工业销售产值（千元）	工业产值比上年增长(%)	备注
金属加工制造	浙江创建厨具有限公司	60588	57451	56281	5.46	
	浙江雄狮工贸有限公司	88525	87961	86408	0.64	
	浙江玛莉莎工贸有限公司	94335	69015	93286	36.69	
	浙江亿智达新材料科技有限公司	133527.27	79115.22	131459.11	68.78	
	浙江涌鑫装备制造有限公司	43895	50406	42191	-12.92	
	常山富瑞森工贸有限公司	83316	50548	83316	64.83	
	浙江亨达铝业有限公司	445825.57	339479	445530.49	31.33	
	浙江程超精密科技有限公司	32294.14	35242.18	32294.14	-8.37	
	浙江凯康金属制品有限公司	536002	330489	546106	62.18	
	常山向前新材料有限公司	90403.7	47587.64	92444.05	89.97	
	常山县诺辉金属制品有限公司	35920.57	21140.41	33067.29	69.91	
	浙江百利盛金属制品有限公司	111384	98261	111022	13.36	
	浙江玮宏金属制品有限公司	101977.25	12854.16	102327.3	693.34	
其他	浙江迈尔泰木业有限公司	137686	81128	140259	69.71	
	衢州润达涂料有限公司	26236.42	26094.27	23990.19	0.54	
	常山县泰安矿产经营有限责任公司	0	8405	0	-100.00	
	常山县中兴矿业有限公司	98925	64457	98925	53.47	
	浙江瑞隆家居科技有限公司	41468	50771	41348	-18.32	
	科米诺新材料科技(浙江)有限公司	33398	31725	30896	5.27	
	浙江森智源乳胶科技有限公司	50424	23396	50118.8	115.52	
	常山江山虎电力有限公司	30551	32294	30551	-5.40	
	浙江锦丰新材料科技有限公司	70414.54	20602.57	70414.54	241.78	
	衢州格劳威服装有限公司	51797.22	46586.3	51694.43	11.19	
	浙江哲丰能源发展有限公司	12888	—	12888	—	新上规
	浙江乐太新材料有限公司	21956	20036	22043	9.58	
	昊润医疗用品(常山)有限公司	31142.97	—	29872.71	—	新上规
总　计		10064348.86	6907803.36	9449846.62	42.38	

2021年辉埠镇各行政村基本情况一览表

表43

村名	支书主任	村民小组（个）	党员（人）	农户（户）	人口（人）	劳力（人）	面积（亩）		村集体经济收入（万元）
							耕地	柑橘胡柚	
大埂村	陈金林	20	78	1010	3008	1995	1579	380	76.1
山背村	江善标	11	52	564	1694	1012	782	143.5	38.7
鸭坞村	夏小芳	8	66	507	1680	856	1076	200	234.2
石姆岭村	苏　成	13	67	554	1575	869	502.5	45	410
辉埠村	章忠文	14	84	659	1780	1112	1114	20	95.9
东乡村	曾峰斌	16	66	1020	3011	2325	2630	399	30
童家村	谢美珍	10	39	426	1136	780	420	35	50
久泰弄村	陈金明	23	79	577	2123	1341	2525	560	150
宋畈村	汪土福	10	77	474	1418	840	820	144	35
达坞村	琚利民	15	87	653	1914	1056	1078	300	25
路里坑村	刘志亮	13	93	581	1835	1260	1415	506	126.59
彭川村	王太其	20	83	1040	3280	1765	1840	200	30
双溪口村	杨土喜	20	111	780	2283	1576	1366	233	39.2
桐村村	陈文林	11	42	321	1092	426	363	150	60
黄坞岭村	黄永平	15	76	541	1825	1054	755	150	26
才里村	汪浩浩	27	91	544	2092	1165	1056	30	25
东鲁村	魏土良	6	77	910	3035	1709	1663	0	20
合计		252	1268	11161	34781	21141	20984.5	3495.5	1471.69

（刘雪标）

何家乡

【概况】 何家乡位于常山县城西北部，东连金川街道和辉埠镇，南接同弓乡，西邻球川镇和开化县华埠镇，北与华埠镇接壤，号称常山“北大门”。2021年，全乡面积54平方千米，下辖8个行政村，有村民小组146个，人口11944人。全乡有23个党小组，党员611人，其中农村党员516人。耕地面积9149亩，有山林50054亩，森林覆盖率达75%。

2021年，何家乡依托独特的山水资源、人文禀赋，聚焦“宰相故里，圣境何家”品牌定位，以美丽城镇创建、诗画风光带示范段建设、黄冈山生态修复、赵鼎文化遗址公园等重点工作为抓手，围绕“一山一湾一带一园一街”重点项目、“一竹一渔一礼一线一宴”特色产业，打造“一区一园一带”宋韵文化示范乡、“山水寺渔”生态富民先行乡、“高效协同”整体智治样板乡。全乡社会固定资产投资4512万元，财政税收295.79万元。投资300万元，在食用竹基地内沿河打造江万里文化广场，建成高27米的6层竹海景观塔和1000平方米露天灯光球场。实施渔家乐一条街转型提升行动，长风老鱼馆、望江鱼庄等5家渔家乐被列入常山县鲜辣美食店名录。做足产业、生态、土地文章，樊家村发展光伏产业，每年村集体增收13万元。以樊莹廉政故事、新村风貌、特色产业为原型制作大型墙绘10多处1000平方米。推进诗画风光带示范段建设，江万里广场、渔家乐一条街文图段污水处理庭院整治、店招制作及亮化项目等8个项目基本完工。投资300多万元实施农民安全饮用水改造提升工程，对老205国道沿线1万余米的管道进行扩容，双安村新建便民服务中心，持续跟进公交一体化规范化建设、高塘水库流域田间水系修复、江湾村绕村道路建设等民生项目，不断提升人民群众幸福指数。

是年，何家乡被评为浙江省森林城镇、浙江省美丽城镇达标乡镇、浙江省美丽乡村风景线、浙江省“五水共治”先进集体等。

【“渔家乐一条街”转型提升行动】 2021年，何家乡继续开展“渔家乐一条街”转型提升行动，以文图段为核心，对连片139幢房屋实施外立面改造工程，统一风格、统一设计、统一施工，完成46户经营户店招牌制作及亮化，连片3000平方米的特色渔文化墙绘吸引客流效果显著。结合95号联盟大道和诗画风光带示范段建设，对长风文图至江樊何沿线6个村开展全面环境整治，截至年底，共拆除杂屋48处，整治“脏、乱、差”点160处，清理杂草3千米，形成具有美食特色的渔家乐风情街。

【诗画风光带建设】 2021年，何家乡投资1.345亿元，打造精品诗画风光带。高标准建设1500多米赏花景观大道；流转500亩土地种植彩色油菜花，打造网红打卡地。打造8.45千米诗画风光带示范段和樊家村、长风村2个诗画风光带标杆村。结合95号联盟大道建设，在3000亩食用竹基地中投资300万元打造江万里文化广场，建成高27米的6层竹海景观塔和1000平方米露天灯光球场。

【美丽城镇省级样板创建】 2021年，何家乡紧紧围绕“五美”目标，聚焦“宰相故里 圣境何家”品牌定位，依托原生态资源、历史文化、鲜辣渔文化等优势，大力发展“文化+旅游”产业，实施樊莹廉政展馆、绣溪古街提升、祠堂景观提升、停车场建设项目，以樊莹廉政故事、新村风貌、特色产业为原型制作大型墙绘10多处，面积1000平方米，着力提升生活品质。投资2400万元，存量改造提升居家养老服务中心、灯光球场等基础配套设施8个，存量改造面积49100平方米。

【基层治理创新】 2021年，何家乡依托数字化改革，不断推进“101”模式，借力“县乡一体、条抓块统”改革，发挥“一支队伍管执法”联动功能，深化“一件事”场景实践，其中非法成品油整治、固废整治“一件事”成为县级典型，创新制定《何家乡高效协同整体智治工作方案》，逐步完善基层治理体系。以网格为切入点，以乡、村两级矛调队伍为主力军，深化矛盾纠纷排查化解，实现“微事不出格，小事不出村，大事不出乡”，防范化解涉稳突出问题，全年矛盾化解率为98.33%。

（徐梦婷）

2021年何家乡各行政村基本情况一览表

表44

村名	支书主任	村民小组（个）	党员（人）	农户（户）	人口（人）	劳力（人）	面积（亩）		村集体经济收入（万元）
							耕地	柑橘胡柚	
何家村	何林锋	24	76	690	1949	1145	1684	558	52.97
樊家村	樊嘉云	16	53	529	1330	806	918	24	56.82
江源村	江 峰	23	81	765	2044	1211	1178	29	77.63
江湾村	何香英	17	48	541	1337	828	871	281	27.80
钱塘村	琚正堂	22	66	913	2325	1397	2007	189	71.54
长风村	裴军荣	16	70	614	177	1083	422	192	75.86
双安村	鲍承文	7	46	341	933	569	1244	86	55.99
黄冈村	王水清	21	76	712	1849	1100	825	392	49.97
合计		146	516	5105	11944	8139	9149	1751	468.58

（姜雪童　廖晖　吴盛）

招贤镇

【概况】 招贤镇位于常山县境东部，东交衢州市柯城区航埠镇、沟溪乡，南界江山市大陈镇，西连青石镇，北接大桥头乡和东案乡。金衢盆地西缘，属低山区和丘陵平原交错分布区，地势南、北两翼高，中部低，南部为低山丘陵山区，北部为丘陵岗地，中部为沿江冲积平原区。最高点湖山，位于境南；最低点大溪沿村东侧河滩地，位于境东。常山港自西向东流贯境中，境内流程8千米；芳村溪西北从大桥头乡入境，向东南流至境中注入常山港。另有官塘溪、大坑溪、大弄溪3条季节性河流。矿藏资源有石灰石、石煤、石英砂等。320国道、杭金衢高速公路、黄衢南高速公路、衢常铁路、九景衢铁路穿境而过，素有常山“东大门”之称。境内名胜古迹主要有招贤古渡、樊氏大宗祠、古县遗址、箬溪泉水。2021年，招贤镇行政区域面积6980公顷，耕地面积910.53公顷，林地面积5443.33公顷，共

2021年7月23日，招贤镇高埂村为民服务先锋队上门走访孤寡老人
（招贤镇　供图）

有18个行政村，全镇财政收入3630.34万元，规模以上企业有13家。打造“扶贫车间”“扶贫果园”“扶贫产业”，纱帽山村百亩枇杷园助力集体，累计增设公益性岗位108个，新建纱帽山村、高埂村等多家“夕阳红”食堂，居家养老服务中心实现全覆盖，投入31.2万元为52户居家老人完成居住环境适老化改造等特色亮点工作。

【党建统领】 2021年，招贤镇深入开展“我为群众办实事”“组团敲门”等实践活动，引导党员干部将学习成果转化为政治领悟力、判断力和执行力，党员干部助力全域土地综合整治项目推进、退休老党员联村讲课、联户党员敲门送服务等先进事迹多次获省、市、县主流媒体报道。统筹县法院、县环保局、县公安局等10个部门18名县派组团联村干部、11名联村民警、27名机关干部做优“周二帮帮团”，压实网格长责任发动村民代表、优秀乡贤、党员做实“网格议事团”，探索党员联户新机制做深“敲门服务团”。镇党委借助“三团”机制破解镇域治理“专精尖”难题60多个，获《衢州日报》头版头条报道。

【安全生产排查整治】 2021年，招贤镇强化安全生产责任领导体系，建立12个重点领域专业委员会并制定安全生产风险普查工作方案，相继开展专项工作，不断压实网格责任，巡查凉亭22座、牌楼2栋、长廊10条、危旧房8栋，排查整治安全隐患16处。围绕工业、农业、交通3个高风险点累计开展督查36次，摸排问题93个，制定整改措施83条，全面筛查16家工贸企业，对15处安全生产隐患彻底整改，通过督察、整改、反馈、复查形成安全闭环，坚守安全红线，确保经济平稳发展。

【防诈宣传】 2021年，招贤镇开展以“防诈骗·护万家”为主题的法治宣传活动，通过微信公众号、“村村通”广播、乡村振兴讲堂等平台织密防范诈骗“云课堂”，开展网络宣传、讲课100多场次，通过走村入户、摆摊设点、悬挂横幅等方式开展防诈骗法治宣传60多次，发放宣传资料1.2万多份，增强群众防诈骗意识。

【项目攻坚】 2021年，招贤镇推进集镇新区“两岸融合发展、衢常一体发展”规划，完成新开发区块125亩土地丈量到户工作，办理被征农户失土保险相关事项。聚焦“两山”转化全力推进“香柚湾”全域土地综合整治项目，展示中心和菌菇文化产业园建设前期土地征收工作基本完成。截至年底，项目区共丈量土地1970亩，签订流转协议1390亩，交付施工1300亩，可施工1300亩，无障碍施工1100亩，迁移坟墓395穴。完成638亩土地征用，16幢房屋征迁、23穴坟墓迁移的政策处理任务。截至年底，镇内全长约7千米的杭金衢高速公路拓宽工程，累计征用土地402亩，征迁房屋21幢，迁移坟墓200穴；镇内全长约3千米的“95联盟大道”项目累计征用土地180亩，征迁房屋2幢；镇内全长约2千米的衢常快速通道项目，累计征用土地110亩，迁移坟墓60穴，镇域各类重点项目有序推进，招贤“融衢”大交通枢纽基本成型，“融衢”发展区位优势进一步突显。

【乡村振兴】 2021年，招贤镇聚力聚焦抓民生、促增收，全力巩固脱贫攻坚决胜成果。用好用活政策、积极向上争取资金，以项目推动村集体经济发展。全镇18个村通过“抱团取暖”入股“山海协作有限公司”实现保底“消薄”收入10万元，古县畈村“微创园”通过整体出租为村集体增收20多万元，官庄村通过厂房租赁创收17万元，象湖、招贤、纱帽山等村坚持“腾笼换鸟”盘活资源增收数万元，象湖、山底等村紧抓全域土地综合整治项目，以资源入股形式抓项目、促发展。全镇围绕1096名脱贫农户因人施策、因地制宜，统筹县镇力量逐一结对，安排公益性岗位56个。全速推进实施一批产业致富项目，重点完成古县畈、官庄等扶贫车间及6个村的村集体光伏项目，激活“村强民富”示范效应，带动农户增收。依托产业扶贫、就业扶贫、教育扶贫、健康扶贫等平台，对30名符合“雨露计划”的低收入农户子女进行就学补助，让他们幼有所学；为1096名低收入农户缴纳基本医疗保险、大病保险费用，让他们病有所医。

2021年招贤镇各行政村基本情况一览表

表45

村名	支书主任	村民小组(个)	党员（人）	农户（户）	人口（人）	劳力（人）	耕地面积（亩）	村集体经济收入（万元）
泉目山村	涂国红	9	79	975	2574	1330	805	74.8
大弄村	黄国新	8	48	628	1695	1205	554	43.1
五里村	刘春国	15	72	1030	2670	1600	920	44
樊村村	樊国飞	8	60	542	1768	1035	922	31.9
鲁士村	徐利海	8	59	444	1274	514	525	54.6
山底村	徐先锋	14	65	785	2198	1300	767	76.2
象湖村	郑美珍	24	126	1797	4573	2421	2062	46.5
官庄村	蓝丽丽	5	42	351	829	456	368	88.7
高梗村	兰佳伟	10	61	740	1965	1358	896	59.5
大溪沿村	季晨曦	10	41	518	1438	1001	592	42.8
游林村	张光亮	10	28	347	1153	665	385	28.2
古县畈村	韩佳驹	10	80	523	1318	830	797	91.2
古县村	李小林	12	83	562	2048	1248	851	29.9
招贤村	周建平	14	60	541	1500	996	496	42.2
汪家淤村	赵良兵	7	45	340	1096	550	530	29.6
溪上村	徐贞满	12	81	864	2250	1470	849	52.8
纱帽山村	徐朝斌	16	64	538	1536	846	661	39.5
渔溪口村	毛方成	9	55	622	1604	982	678	37.8
合计		201	1149	12147	33489	19807	13658	913.3

（贵嘉雯）

青石镇

【概况】 青石镇位于常山县城东郊，距离衢州市区29千米，距离常山县城5千米，东连招贤镇，西接天马街道、紫港街道，南交江山市大陈乡，北邻大桥头乡；是中国观赏石之乡、全国“一村一品”示范村镇、浙江省级特色农业强镇、小城镇环境综合整治省级样板镇、省级AAAA级旅游景区镇、浙江省“衢枳壳”之乡。

杭金衢高速公路、320国道、221省道及九景衢铁路穿境而过，境内设有高速公路出入口。2021年，青石镇总面积78.7平方千米，辖18个行政村、1个渔业大队，总人口约3.57万人。全镇地方一般公共预算收入2075万元，完成固定投资3745万元。18个村集体收入全部实现20万元以上，3个村超百万元，其中湖头村村集体收入达188.4万元。

2021年，青石镇以高质量发展为主线，推进18个项目建设，保障石博园一期、二期、三期项目重整，全速推进全域土地综合整治政策处理。探索共富模式，谋划石产业振兴，推进共富果园建设。民生事业扎实推进，建成马车村、飞碓村百姓健身房。完成全镇低收入农户905户1136人建档立卡。深化“县乡一体、条抓块统”改革，信访总量下降明显，社会稳定和谐。

是年，青石镇被评为浙江省先进基层党组织、全省反邪教工作成绩突出集体、浙江省文明镇、浙江省数字生活新服务特色镇、衢州市“污水零直排”标杆镇和衢州市道路交通安全综合治理先进集体。

【全域土地综合整治】 2021年10月31日，青石镇召开美丽青石建设暨全域土地综合整治攻坚大会，成立临时党委、攻坚指挥部，全域发布招募令，确定“党建统领+兵团作战+网格包干”的攻坚方法，正式启动美丽青石全域土地综合整治攻坚行动。用时两周完成土地丈量、签约600多亩，坟墓迁移100多穴。截至年底，青石镇全域土地综合整治项目完成土地丈量2400亩，签订流转协议2100亩，交付土地960多亩，迁移坟墓390穴。高速公路以北地块完成土地丈量1150多亩，交付235亩。

【项目建设】 2021年，青石镇推进18个项目建设。石博园三期项目征迁工作用时一周完成丈量土地240多亩，涉及地块808个，总面积235.52亩，完成房屋评估9幢，公示坟墓编号计185穴，完成水南村安置区设计。诗画风光带项目建设完成阁底、江家两村206幢房屋外立面粉刷和墙绘1048平方米；虹桥溪流域综合整治工程完成523个地块、96.7亩土地丈量，完成进度达95%；集镇新区完成青石幼儿园主体建设和新区桥梁设计。常山胡柚集散中心、320国道“大小三改”、G60高速连接线环境整治提升、美丽乡村建设项目、独流入海防洪堤、生态园区政策处理扫尾等其他项目进展顺利。

【打造共富果园】 2021年，青石镇以“我有一棵树，种在飞碓村”活动为抓手，标准化建设数字远程可视化认领基地，打造飞碓村共富果园，助力富民强村。制定“胡柚销售一件事”协同机制，联合县级多部门，合力拓宽常山胡柚销售渠道。通过“网红”+乡土直播员等方式，开展助农直播。截至5月底，为大塘后村村民售出常山胡柚150吨，人均增收2000多元，村集体创收6万余元。

【考察阁底堤标段项目】 2021年8月25日，青石镇召开钱塘江源头区域山水林田湖草生态保护修复工程试点现场会。省自然资源厅党组成员、副厅长盛乐山，省市相关部门负责人，浙江大学、浙江农林大学及建德、淳安、开化等地的相关领导参加，考察常山港治理二期工程——阁底堤标段项目，详细了解青石镇防洪体系建设。

【浙江省数字生活新服务特色镇】 2021年，青石镇以产业导入、治理创新为抓手，深化“互联网＋”，丰富观赏石博览园数字体验，推动村播基地特色产品销售，运用数字平台远程管理共富果园、智能设备检测优化乡村治理，以数字生活新服务，不断提升青石镇村民的获得感、幸福感。

【社会治理】 2021年，青石镇继续推进社会治理稳定工作。镇村级两难群共发布事件223件，镇级两难群32件，全部办结，平均反应处置时间0.5小时。云河工作室接待群众3780多人次，调解各类案件458起，被评为浙江省婚姻家庭纠纷化解品牌工作室。对疑难信访问题协调处理，限时办结。全镇信访总量221件，化解历史积案5件。

2021年青石镇各行政村基本情况一览表

表46

村名	支书主任	村民小组（个）	党员（人）	农户（户）	人口（人）	劳力（人）	面积（亩）		村集体经济收入（万元）
							耕地	柑橘胡柚	
山溪边村	郑英春	12	56	585	2063	1080	1277	363	38.03
阁底村	汪忠勇	15	67	834	2498	1600	1153	1843	44.41
江家村	王志建	21	110	1123	3166	1900	2106	1337	76.38
澄潭村	徐立伟	17	66	745	2784	1680	884	1543	62.03
桥亭村	王国军	28	98	955	2743	1625	923	1767	61.52
砚瓦山村	徐卫国	17	87	650	2142	1450	598	335	68.09
湖头村	毛科见	21	96	941	3265	1920	1735	536	148.42
水南村	黄小飞	22	107	975	3197	2100	682	932	117.49
塘边村	陈雪飞	8	37	337	1181	698	393	923	43.9
山头村	胡亮亮	8	57	473	1798	1080	554	483	36.46
虹桥村	胡卫群	12	66	526	1922	1200	840	712	50.97
新站村	江军良	6	40	282	1219	645	560	1208	96.69
马车村	张财有	8	43	370	1193	894	731	521	69.45
溪口村	徐　雄	8	52	391	1051	603	336	403	49.48
大塘后村	秦定福	12	61	548	1856	1300	846	1187	73.99
九龙山村	官小华	7	41	285	1238	610	491	1376	36.8
飞碓村	范书荣	8	46	480	1446	780	521	781	127.9
和尚弄村	蔡永军	7	35	279	962	680	435	417	42.19
合计		237	1165	10779	35724	21845	15065	16667	1244.2

（余婧晖）

东案乡

【概况】 东案乡东邻衢州市，南与大桥头乡、招贤镇接壤，西、北界芳村镇，距常山县城、衢州市区各20千米，黄衢南高速公路在境内设有出口，常东衢公路、351国道穿境而过，交通便利。东案乡地域面积68.81平方千米，辖10个行政村，84个自然村，2021年总人口15603人。森林覆盖率达78.5%，系“省级生态示范乡”。常山第一峰白菊花尖，海拔1395米，坐落于境内梅树底风景区。境内最大河流为金源溪，发源于白菊花尖，自北而南蜿蜒穿流境中。

2021年9月28日，远山云间旅游度假区项目开工仪式举行

（傅凯宁 摄）

2021年，东案乡打造“古韵山川、文旅东案”地域品牌，各项工作均取得明显成效。召开东案乡第十五次党代会，选举产生新一届乡党委班子。成立由东案乡万安村和芳村镇大处村、石塘村、前进村组成的“寿源红”临时党总支，以“一带四村”的形式，建立寿源溪上下游“联勤联动”机制，构建“1+X”（即党建为核，囊括学习、项目、攻坚等多方面多维度）联盟服务体系，推动四村理论共学、事情共商、项目共建、难题共解。“三联工程”数字升级，线上“浙里党群心连心”平台投入使用以来，完成“组团联村”任务569件，两委联格“微事快办”976件，难事协办59件，党员走访8376次。盘活各类资源，丰富党史学习活动形式，深挖乡域红色资源，打造具有浓浓“东案味”的党史学习教育课堂，深度融合“我为群众办实事”实践活动。助力攻坚县级征迁，先后派出2批次12名乡干部职工助力县东淤片、西门片房屋征迁工作，完成东淤片A11网格17户（国有11户，集体6户）签约工作，提前签约率达100%，获县政府集体嘉奖。疫情防控从严从细，严格落实疫情防

2021年5月8日，2021年衢州市乡村振兴职业技能大赛（常山场）暨四省边际乡村讲解员大赛在金源村举办 （徐露霞 摄）

控各项要求，建立网格化管理机制，推进疫苗接种，发挥网格力量，精准掌握本辖区重点人员动态，筑牢基层防疫阵地。

是年，东案乡被评为浙江省森林城镇、浙江省“新时代枫桥式退役军人服务站”、衢州市统一战线工作先进单位。

【基层治理】 2021年，东案乡落实“县乡一体、条抓块统”改革对乡镇要求，健全完善条块结合、上下联动、左右协同、齐抓共管的责任体系，全年依托“大综合一体化”行政执法模式开展安全生产、集镇管理等联动执法11次。以“网格+”引领基层治理多元化，提升治理效能，实现全年电信网络诈骗零案发。

【金源模式开发】 2021年，东案乡推动金源·腾云现代旅游根据地“村企合作、客源兜底、整村接待、管家服务”全新模式以及公司（股东资本）+村集体（外围配套）+农户（闲置房源）利益联结共享机制。主要是通过租赁形式，将村集体所有的16幢古民居和村民闲置空房出租给腾云公司，村民成为民宿主，腾云公司旗下15家旅游公司为民宿客源兜底，村集体和农户可选择出租获取租金或合作经营参与分红。全源模式经过市场检验取得初步成功，获浙江省文旅促消费创新优秀案例奖、市业态模式创新奖，成为2021年长三角乡村文旅创客大会浙江唯一入选交流案例。2021年衢州市乡村振兴职业技能大赛（常山场）暨四省边际乡村讲解员大赛在金源村举行。

【文旅产业发展】 2021年，由上市公司国邦集团投资50亿元的远山云间旅游度假区正式开工，并被列入常山县十大文化工程。高端民宿“村上酒舍·望梅山房”二期如期建成并投入运营。七彩飞龙涧景区被列入国家AAA级景区创建名单。梅树底村被列入省委组织部百个红色美丽村庄建设名单。金源村被列入全县唯一省级“微改造、精提升”试点、市级美丽庭院示范村创建名单。田蓬村被列入2021年度省级美丽宜居示范村创建名单。梅树底景区入选“浙江省气候康养村”。

【民生工程建设】 2021年，东案乡完成800多平方米的示范型居家照料服务中心建设并投入运营，东案乡医共体、金源幼儿园、东案敬老院等民生工程相继完工。全年通过低收低边政策性保障、卫生健康公益金、特别扶助等帮扶救助449户567人。安康保险参保率排名全县第二，降低群众因病返贫风险。

2021年东案乡各行政村基本情况一览表

表47

村名	支书主任	村民小组（个）	党员（人）	农户（户）	人口（人）	劳力（人）	面积（亩）		村集体经济收入（万元）
							耕地	柑橘胡柚	
梅树底村	王为平	8	58	437	1290	377	1035	620	161.45
金源村	周芝英	4	141	846	2347	932	1205	450	78.89
呈东村	谢志飞	13	92	732	2172	820	930	520	94.92
弄坞村	程建华	9	43	443	1284	472	450	300	36.70
田蓬村	郑雨章	8	59	444	1274	514	525	130	54.60
前库村	徐军星	13	50	468	1386	553	682	560	85.46

续表 47

村名	支书主任	村民小组（个）	党员（人）	农户（户）	人口（人）	劳力（人）	面积（亩）		村集体经济收入（万元）
							耕地	柑橘胡柚	
朝阳村	邹京军	13	76	652	1900	735	946	650	20.04
东案村	戴小平	9	42	436	1400	588	500	400	81.51
白马村	李林财	13	56	443	1245	489	740	550	68.09
万安村	占国军	6	60	514	1305	475	524	600	60.01
合计		96	677	5415	15603	5955	7537	4780	741.67

（郑凯敏）

大桥头乡

【概况】 大桥头乡位于常山县城东约16千米，东邻东案乡，南与招贤镇、青石镇接壤，西交紫港街道、辉埠镇，北界芳村镇。地处黄土丘陵区，地势西北高，东南低，向东倾斜。东、西、北三面以丘陵为主，南部属河谷平原。最高点皇子山，海拔517.4米，位于境西北；最低点大桥村田基南侧河滩地，海拔84米，位于境东南。总面积50.3平方千米，辖8个行政村。交通便利，距离沪昆（杭金衢）高速公路常山出口和320国道均约10千米，距黄衢南高速公路东案出口仅三四分钟车程，距常山县城及衢州城区均不足20分钟车程；苦狮线、鲁芳线两条县道和351国道穿境而过。山水资源丰富。境内拥有3条县级河道，其中芳村溪、虹桥溪是常山港的主要支流。芳村溪纵穿集镇而过，与金源溪在集镇下游处汇聚，形成独特的水岸风光。

2021年，大桥头乡常住农户5186户，户籍人口15092人，其中男性7490人、女性7602人。乡党委、政府做好疫情防控、各类项目建设、环境保护、“扩中提低”改革试点工作，完成新一届县乡人大代表换届工作。以数字化改革为驱动力，实现全乡浙政钉平台全覆盖。以“一件事”集成为突破口，农民建房、社会救助、社会保险关系转移接续等11件“一件事”在乡便民服务中心实现线上、线下办理。通过权责重构、资源重配和体系重整，完善“四个平台”建设，推进“县乡一体、条抓块统”改革，推行“1+4+N”（即综合信息指挥室+党建统领、平安法治、经济生态、公共服务4条跑道+N个个性化机构）模块化体系，提升工作效率。围绕“乡镇看得到管不到、部门管得到看不到”的突出问题，梳理A类可直接执法清单82项，B类需部门专业执法、县乡协同清单17项，将乡治理执法办公室、下派综合执法队伍以及其他基层专业执法力量统一管理，实现“一支队伍”管执法。落实“三重一大”制度，严格执行公众参与、集体讨论决定等重大行政决策法定程序，接受乡人大监督，听取社会各界的意见和建议。政务公开能力提升，累计通过常山政府网公开重点项目、劳动保障、行政处罚等10多类政务信息110多条，根据县政府工作安排动态调整权责清单200多项，累计成功庭外调解行政诉讼案件7起，基层执法人员持证率达90%以上。

【“扩中提低”改革】 2021年，大桥头乡被确定为“扩中提低”改革试点，构建改革试点“1+N”工作体系，在县试点方案的总纲基础上，谋划制定《重点群体个性化增收方案》《未来乡村建设方案》《“乡贤回归、共建大桥”行动方案》等N个子方案，统筹规划、集成创新、重点推进。出台《领导小组和运行机制的实施意见》《农光一体项目攻坚推进方案》《共富果园标准化建设方案》等7个方案。根据专项工作任务，组建由乡党委书记任组长的工作专班，并建立5个攻坚小组，实现“1+5+X”人员力量配备。完成居民数据库、“三资”资源库、乡贤人才库的摸排工作。推进构树农光一体项目，探索“龙头企业+合作社+村民入股”的发展路径，全面启动土地流转丈量工作。注册成立大桥头乡“桥头堡”共富公司，通过“乡贤+结对单位+村集体”的形式，探索村集体公司化运营新路子。

【防地质灾害、水利项目建设】 2021年，大桥头乡争取资金4000多万元，完成牛塘水库、茶坞水库除险加固工程、饮用水达标提标工程，完成客弄畈小流域治理工程、芳村溪流域综合治理工程（4标）浮河和（5标）濛桥护岸项目，完成农业综合开发大畈项目区水利及道路建设1至5标等水利建设工程。整治地质灾害隐患点15处，全面消除涉及38户黄泥弄山体滑坡隐患，向上争取300万元的濛桥村基础设施项目有序推进中。为项目落地提供用地保障，总投资达4亿元的构树农光互补项目一期土地丈量已完成90%以上。整理建设用地复垦、“旱改水”、垦造耕地等土地综合开发项目11个，共计1050亩，保障完成220千伏柚香变建设，全面完成电网升级改造26.5千米。

【疫情防控】 2021年，大桥头乡实施三级“网格化”管理，建立健全疫情防控体系、信息共享机制，开展“拉网式”大排查3万余人次，开展疫情防控应急演练3次。动员全乡常住人口8500多人完成疫苗接种，第二针整体脱漏率低于1.8%，第三针加强针已铺开全面接种。配合县疫情防控指挥部，完成涉疫重点人员集中隔离80多人次，未发生重点人员脱管漏管现象。

【美丽乡村建设】 2021年，大桥头乡累计投资1000多万元，以濛桥村、浮河村、新村村等村为样板推动全乡美丽乡村建设。濛桥村打造村庄节点、村内庭院、竹制品展馆、老艄公古民居，创成三星级旅游景区村；浮河村疏浚河道1.43千米，新建和改造生态防洪堤4.3千米，新建沿溪游步道1.3千米，新建景观式堰坝100米；新村村新建小微停车场、美丽牧场等项目，乡村振兴综合体基本完工，开启全域景区化打造。

【集镇建设】 2021年，大桥头乡开展小城镇环境综合整治，累计投资3000万元，拆除违章建筑8幢，拆除“一户多宅”、附房等183处1.58万平方米，新建公厕2座，新增停车位150个，建设垃圾资源化处理站1座，新增特色垃圾集中收集点20处，整治低小散作坊16家，粉刷建筑外立面2.3万平方米，统一更换门头店招，主要街道杆线全部完成“上改下”整治，配套建成集镇口袋公园、党建广场、“一米菜园”等，老集镇面貌焕然一新。高品位规划建设集镇新区，初步形成“一溪两岸、两翼齐飞”的集镇风貌新格局，《常山县大桥头乡集镇建设设计方案》被评为2020年省级样板创建城镇优秀方案。聚焦猪脚湾区块，实施坡地村镇、大桥派出所办公场所搬迁等项目。其中，坡地村镇项目完成2幢5层楼公寓建筑、16幢双联户、14幢单体别墅，共计32幢房屋建设，新大桥派出所办公场所主体工程完工。猪脚湾地块留熟地75亩，招引商贸、文旅、创客综合体，进一步丰富新集镇业态。

【环境保护】 2021年，大桥头乡全域实施无垃圾专项治理行动，全乡生活垃圾收集转运设施100%全覆盖，创建“国家卫生乡镇”。坚持常态化保洁和专项整治，建立健全“市场化+村自治”的垃圾处理模式，设定每月10日为乡“全民保洁日”开展“大清扫大清运”行动。完成全乡农村污水管网铺设扫尾及“厕所革命”整村推进任务，新建星级公厕17座，常住户卫生改厕率达98%以上。增强水环境质量监测能力，全年芳村溪出境水水质均在Ⅱ类水以上，其中出境水达Ⅰ类水质天数超150天。落实河长制，实行干部包段，全乡所有河道卫生保洁均责任到人。农房整治风貌提升工作成效显著，累计整治点位1095处，计71175平方米。完成苦狮线、鲁芳线沿线庭院整治54处，打造沿线标志性景观节点6处，粉刷全乡赤膊墙农房327幢。

【民生项目建设】 2021年，大桥头乡投入资金近8000万元，立项动工大小民生项目86个。全乡农民饮用水工程基本实现管网供水全覆盖，彻底解决614户贫困人口的饮用水安全问题。全乡农村污水治理工程基本实现全覆盖，杜绝生活污水乱排放现象。莲塘村、友好村安置区建设有序推进。完成浮河村幸福快乐园建设，5户特殊群众入住。完成全乡8个村万家灯火工程，路灯覆盖延伸至每个网格。

2021年大桥头乡各行政村基本情况一览表

表48

村名	支书主任	村民小组（个）	党员（人）	农户（户）	人口（人）	劳力（人）	面积（亩）		村集体经济收入（万元）
							耕地	柑橘胡柚	
浮河村	郑建华	22	134	1173	3200	1612	1927	3560	85.78
大桥村	韩国强	14	52	700	2060	998	800	306	50.16
友好村	谢名红	22	81	311	1967	892	1080	260	144.86
樟山村	符龙德	12	82	742	1957	952	1091	1836	85.82
濛桥村	姜小平	27	81	1198	3100	1558	888	3770	146.64
莲塘村	郑良峰	6	39	472	1245	675	821	1175	32.79
客弄村	陈国良	7	28	279	680	442	761	75	52.03
新村村	曾明良	6	32	311	883	395	399	1780	79.37
合计		116	529	5186	15092	7524	7767	12762	677.45

（毛昌飞）

芳村镇

【概况】 芳村镇位于常山县北部，是县域发展次中心，与杭州市淳安县、衢州市柯城区、开化县接壤。芳村镇是常山县北部重要的交通要塞和枢纽，黄衢南高速公路和杭新景高速公路穿境而过，在镇域内均有出口。国家重点生态公益林面积12.7万亩，森林覆盖率达80%，负离子含量2000个/立方厘米。芳村古街有900多年历史，全长800米，街上有明清建筑60多幢，古街基本保留着明清时期的街区风貌、商铺业态、生活习俗、传统手工技艺。2021年，镇域面积154.2平方千米，辖 20 个行政村和 1 个居委会，全镇总人口 2.8 万余人，基层党支部 27 个，党员 1151 人（其中行政村党员 1021 人）。

2021 年，芳村镇完成危旧房改造 14 户；推进农民集聚工程，受理集聚申请 709 户，初审 709 户，其中芳村集镇安置 24 户。全年发放各类救助资金 1161.5 万余元。居民最低生活保障 731 户 827 人，死亡和注销不符合最低生活保障政策农户 148 户 248 人，年发放救助金 801.7 万余元；特困人员 65 人，注销 2 人，年发放救助金 92.2 万余元；向 928 名残疾人发放各类补贴 267.6 万余元。创建健康促进机关，上猷阁村、横山路村、河边山村、园区新村被评为健康促进村。

【疫情防控】 2021 年，芳村镇聚焦疫情防控主线，推动各项防疫工作落实落细。通过“线上+线下”，拓展重点人员摸排广度，借助组团联村服务团、网格等力量，走村入户，摸排底数，推行“五包一”联系机制。联合镇纪委、防疫专班以及“一支队伍执法”力量，实行“一日三巡”机制，通过早中晚巡查，建立清单交办、跟踪督查、销号督办等，形成闭环管理，并借助曝光台、惩处机制等，形成震慑，确保问题整改落实见效。借助最美领跑志愿服务队力量，走街串巷发放宣传单，用通俗易懂的方言开展防疫宣传，营造“疫情防控、人人有责”的浓厚氛围。

【特色产业】 2021 年，芳村镇发展现代特色产业，油茶、香椿、蓝莓、猕猴桃生态发展良好。发展油茶产业，建立油茶产品“互联网+”销售模式及土地流转承包模式，带动群众增收致富。发展香椿产业，以下猷阁村为试点，培育特色品种“椿秋红”，并顺势建立“椿秋红”党建联盟，带动特色产业进步发展。开展“蓝莓香飘话振兴”活动，吸引省内外游客上万人前往打卡观光，实现特色产业收入上万元。

【乡村项目建设】 2021 年，芳村镇推进未来乡村建设，谋划实施会客厅“五朵金花”（芳创、芳油、芳展、芳馨、芳邻）、8.7 千米乡村慢道、沿线风貌提升、古

2021 年 5 月 22 日，芳村镇上猷阁村首届蓝莓采摘节暨未来乡村采风季活动举行　（芳村镇 供图）

街水阁亭修缮、智能健身广场等民生项目 41 个，并于 9 月底正式对外开放。国庆期间举办的千年宋镇文化市集活动，吸引 3.5 万名游客前来参观体验，活动当天通过网络直播获得点击量 112 万人次。芳村镇园区新村片区入选浙江省第一批未来乡村建设试点村。推进美丽城镇建设，芳村镇被评为新时代美丽城镇省级样板。

2021 年 10 月 14 日，芳村镇“未来里遇重阳”趣味文艺暨“薪火相传”主题活动在未来乡村举行 （芳村镇 供图）

【文化品牌建设】 2021 年，芳村镇围绕建设“文化地标”，打造“精神家园”这一核心，从本土元素、内涵培育、共富指数 3 个维度，持续擦亮文化礼堂的显色度，成功举办第一届志愿者文化节、“未来里遇重阳”和“我们的村晚”等文化活动。开展多元化的文化活动，不断发挥文化礼堂阵地作用，整合资源优势，对文化礼堂进行提升改造，提升文化礼堂的整体品位。新增五星级文化礼堂 1 家。芳村镇被评为浙江省农村文化礼堂示范乡镇。

【基层治理】 2021 年，芳村镇落实“一支队伍管执法”1+X 模式，坚持以智慧治理为抓手，以有礼执法为目标，持续擦亮“智慧执法、有礼高效”执法品牌，制作“执法云联卡”，公开联系干部信息，方便群众反映诉求、投诉举报等，提升执法效率，执法范围辐射至东案乡、新昌乡，全年开展执法 198 次，其中有礼劝导 196 次，行政处罚 2 次，罚没金 4.08 万元。擦亮“最美领跑”志愿服务队品牌，实施孝老服务、有礼宣教、最美代办等志愿服务活动，全年开展志愿服务 60 多场次，服务群众 2000 多人次，代办事项 120 多件，认领并完成微心愿 47 个。周桔风被评为衢州市首批“衢州有礼 文明使者”，徐时鉴被评为“最美常山人”。

2021 年芳村镇各行政村基本情况一览表

表 49

村 名	支书主任	村民小组（个）	党员（人）	农户（户）	人口（人）	劳力（人）	面积（亩）		村集体经济收入（万元）
							耕地	柑橘胡柚	
东 源 村	徐碧明	11	49	243	594	280	90	0	20
横山路村	王贤祥	6	39	334	904	608	180	0	20.5
新 桥 村	詹国全	28	100	856	2287	1457	776	0	21
前 姜 村	严利峰	23	79	569	1597	932	305	0	50

续表 49

村名	支书主任	村民小组（个）	党员（人）	农户（户）	人口（人）	劳力（人）	面积（亩）		村集体经济收入（万元）
							耕地	柑橘胡柚	
东岗村	段良生	12	28	173	499	275	201	0	40.2
前塘村	徐立斌	4	48	345	954	537	335	0	50
修书村	徐春文	22	39	402	1184	430	333	150	22.3
井河村	徐月亮	6	28	332	865	437	321	55	21
芙蓉湖村	张海红	21	80	656	2016	750	625	2000	50
上猷阁村	何龙生 徐安平	10	28	339	1120	380	394	500	18
下猷阁村	何志祥	14	21	294	854	530	285	18	20
猷阁口村	李　峰	7	32	265	807	365	246	15	21
芳村村	邵　峰	52	159	1375	4298	3013	1367	28	52
园区新村	童土有	14	79	645	2044	1220	793	51	55
泮坑村	黄有祥	8	63	623	2074	1238	7.47	105	21
洁湖村	徐美建	36	51	777	2252	1482	870	0	24
河边山村	甘礼荣	5	29	321	875	350	313	60	20
前进村	郑忠成	10	23	360	1060	675	308	60	20.56
大处村	郑尚红	12	26	290	841	500	282	45	20.3
石塘村	姜南明	10	20	352	1048	635	310	210	23.8
合计		311	1021	9551	28173	16094	8341.47	3297	600.66

（汪志鹏）

新昌乡

【概况】 新昌乡位于常山县境北部，是中国油茶之乡、省级民间文化艺术之乡、浙江省生态文化基地。辖区东连芳村镇，南接辉埠镇，西临开化县，北邻杭州市淳安县。乡政府驻地距县城 22.5 千米。属山地丘陵地区，山地总面积 82.7 平方千米。最高点八面山，海拔 1012 米，为常山县第二高峰。植被以油茶为主，兼有松杉林，落叶、阔叶和常绿叶树混交林。新昌乡气候温和湿润，四季分明，雨量充沛，年平均气温 16.5 ～ 17.1℃。主要矿产资源包括煤、钨、锰、锡、铜、萤石、白石英、花岗岩、白岗岩、铅、锌、石灰石等。萤石矿储量 1700 万吨，氟化钙储量 745 万吨。全乡总面积 111.6 平方千米，耕地面积 6207 亩，其中水田 4964 亩、旱地 1243 亩，主种水稻、小麦、玉米、大豆、番薯等。山林面积 60908 亩，其中油茶林 53761 亩，年产山茶油 500 吨左右。毛竹面积 7147 亩，毛竹深加工业起步发展。新昌乡文化底蕴深厚，木油榨传统技艺、洗马舞、钢叉舞、輴輅拳四个项目被列入省级“非遗”保护名录。

2021 年，新昌乡下辖 10 个行政村，总户数 6062 户，16995 人。基层党支部 12 个，党员 664 人；其中，10 个行政村党支部党员数 623 人，1 个机关党支部党员数 34 人，教育整转党支部党员 7 人，全乡实现全社会固定资产投资 3687 万元，乡财政收入 2480.95 万元，农民人均纯收入 18767 元。新昌乡深化实施“党建联盟导师帮带”制度，成立党建联盟，实现资源共享、产业共建、发展共促，实现党建品牌向党建经济转变。黄塘元坳中医药康养项目、黄塘国家油茶公园二期项目、麦迪森车联网数字经济产业园项目等重点项目在抓紧推进中。助推完成总投资 500 万元的新昌中心小学提升改造工程。实施“万家灯火”项目，安装路灯 2000 多盏。开展“安全生产十大专项整治行动”和“安全生产月”活动，持续深化扫黑除恶、树正打歪等专项工作和防范网络电信诈骗等常态工作。

2021 年，新昌乡成为全县唯一一个入围衢州市第二批美丽城镇建设行动方案优秀名单的乡镇，被评为衢州市小城镇环境综合整治样板乡镇。

【项目保障】 2021 年，新昌乡聚力项目保障，总投资 3.8 亿元涉及 1200 亩土地流转的黄塘元坳中医药康养项目，政策处理用时 1 个月内完成；涉及 67 户农户、建设用地 67.8 亩的征地补偿安置协议签订工作用时 2 周完成。强化项目招引，组建专班，全程服务，推动麦迪森数字经济产业园项目落地投产。

【特色产业壮大】 2021 年，新昌乡紧抓“千企结千村、消灭薄弱村”行动，郭塘村、对坑村、茶源村、輴輅村与浙能集团结对，发展光伏产业，4 个村累计发电 876 万千瓦时，增收 420 万元。省属企业结对消薄现场会 2 次在郭塘村举行。达塘、黄塘、西源、泰安、新昌、岩前等村盘活资源，做大做强油茶、茭白、民宿、旅游、培训、番薯干、高粱酒、物业等“一村一品”产业，实现全域“消薄”。常山“早上好”共同富裕示范先行活动启动，常山“两山银行”新昌乡支行、“早上好”共富公司、“早上好”共同富裕慈善基金正式成立。全乡 10 个行政村实现 20 万元以上经营性收入全覆盖，其中村集体经营性收入 50 万元以上村达 5 个，其中达百万元以上村 1 个。

【全域旅游发展】 2021 年，新昌乡以景区创建为抓手，不断做实村庄基础，完善功能配套，推动

2021 年 9 月 3 日，常山“早上好”共同富裕示范先行活动启动仪式举行
（新昌乡 供图）

2021 年 3 月 21 日，常山县新昌乡旅游推介会举办（新昌乡 供图）

全乡域品质提升。精心抓景区村创建，泰安村成功创建 AAA 景区村，新昌乡成为全县 AAA 景区村最多的乡镇。黄塘景区创建省级中小学生研学实践教育基地。西源革命纪念馆被评为浙江省国防教育基地、浙江省爱国主义教育基地和浙江省红色旅游教育基地。村上酒舍获全国首批最高等级（甲级）民宿称号。

【社会治理】 2021 年，新昌乡推进“县乡一体、条抓块统”改革，构建“五联”矛调模式，新昌乡矛调中心成为全市唯一将法庭、警务室等机构融合在内的乡镇矛调中心，村级矛调站实现全覆盖。全年调处矛盾纠纷 69 件，调解成功率达 99.5%，信访案件化解率达 100%，平安效能指数位居全县前列。推进“四治融合”（即自治、法治、德治、智治），全域推行村规治村，推广达塘“家文化治村”品牌，黄塘村被评为全国文明村。争取司法力量下沉，达塘村成为全县首批“共享法庭”服务点。

2021 年新昌乡各行政村基本情况一览表

表 50

村名	支书主任	村民小组（个）	党员（人）	农户（户）	人口（人）	劳力（人）	面积（亩）		村集体经济收入（万元）
							耕地	柑橘胡柚	
新昌村	刘水林	27	128	961	2641	1585	1172	578	65.7
对坑村	甘志光	8	43	407	1111	657	455	287	25
黄塘村	廖红俊	8	32	342	924	546	299	362	55

续表 50

村名	支书主任	村民小组（个）	党员（人）	农户（户）	人口（人）	劳力（人）	面积（亩）		村集体经济收入（万元）
							耕地	柑橘胡柚	
岩前村	程献光	13	55	496	1400	827	515	1350	11
鳙畧村	严樟良	11	82	974	2614	1575	960	623	48
郭塘村	张　荣	3	68	770	2319	1384	864	641	144
达塘村	陈重良	14	61	547	1505	937	699	405	55.6
茶源村	余国军	7	57	652	1819	1072	571	239	55
泰安村	余樟生	10	27	342	966	582	296	426	18
西源村	汪祖庆	30	70	571	1696	1039	376	0	18
合　计		131	623	6062	16995	10204	6207	4911	495.3

（徐珊怡）

白石镇

【概况】 白石镇位于县境西南，地处浙赣两省三县市交界处，素有“两浙首站”“八省通衢”之称，是浙江省的西大门。镇政府驻地白石街，距县城13.5千米。辖区东交天马街道、金川街道，南界江山市大桥镇，西邻江西省玉山县岩瑞镇，西北接壤球川镇。320国道自东向西贯穿镇域5个村。镇域内有中坊至球川、白石至江山市大桥2条县级公路。7个行政村均通水泥路，总里程18千米。2021年，全镇有学校1所，专职教师27人，义务教育普及率达100%；文化站、图书室8个（其中村文化站、图书室7个），藏书8000册；镇中心卫生院1所，卫生技术人员17人，其中医生10人；体育健身场所16处；邮政储蓄所、信用社各1个；集贸市场1个。

2021年，白石镇区域总面积46.2平方千米，辖7个行政村97个村民小组，有90个自然村。总人口10338人，常住人口5112人。全年实现地方财政收入380万元，规模以上工业总产值37530万元，完成固定资产投资1.97亿元，工业制造投资865万元；实现旅游收入4371.67万元，比上年增长26.2%；村集体经济收入达到260.70万元，平均每个村集体经济收入37.2万元，比上年增长21.26%。

2021年，白石镇把党史学习教育与乡村振兴讲堂、8090新时代理论宣讲相结合，通过组织开展专题讲学、党员自学、云端教学等方式，创新理论学习形式载体，推动党史教育与党员教育走深走实。以草坪村古驿站、炮台山古军营为基础，建立党史教育加油站，树立起干事创业的红辣椒精神、坚守岗位的螺丝钉精神、清白做人的莲子心精神；开展“党建治理大花园·月月擂台赛”、“党员联户、微事快办”、网格党小组“红辣”指数大比拼等活动，检验党史学习教育成效。全年开展“月月擂台赛”6次，网格“红辣”指数排名2次，各行政村共梳理微事217件，解决204件。落实疫情防控各项措施，推动党员干部群众参与疫情防控，主动捐款捐物近15万元，志愿参与卡点值班值守超2000人次，主动服务企业，向企业捐赠口罩、帐篷、消毒液等应急物资，帮助企业快速复产复工。推进草坪辣椒产业、聚宝荷产业等“一村一产业”，实现村集体经济收入20万元全覆盖，其中草坪村实现集体经营性收入 100 万元以上，村集体经济“消薄”省定三年任务一年完成。推动不老泉景区新建成医养大楼、康养大楼、游客接待中心等，新建圆房 58 个，引进飞跃丛林、穿越火线等配套项目，先后被评为全国生态文化基地、衢州市十佳乡村精品民宿，创建 AAA 级景区。柚香谷景区清朝老宅、庭院民宿投入试运行，推进火车餐厅项目，借势打造浙西地区农文旅融合的高端旅游目的地。微改造精提升 12 个景观节点，聚宝荷花、草坪驿站、曹会关城墙等一批“一村一景”节点串珠成线，聚宝村、曹会关村、草坪村先后创成 AAA 级景区村。举办马拉松亲子跑、不老养生文化节等节庆活动，全年旅游收入 4371.67 万元。完成森林城镇 7 个重点工程，新增造林面积 1120 亩，7 个行政村全部完成“一村万树”建设任务。整治非法盗采石点 7 个。光伏发电工作走在全县前列，全年并网发电 2158 千瓦时。

是年，白石镇被评为浙江省美丽城镇建设省级样板、浙江省“森林浙江”建设工作突出贡献集体、“惠衢保”工作推进突出乡镇、衢州市美丽城镇、衢州市扶贫开发工作成绩突出集体、县“十大攻坚”红旗单位。

【浙赣平台实体运行】 2021 年，白石镇谋划实施 1.25 平方千米的浙赣合作示范区白石“新高地”，浙赣合作示范区管委会临时办公点落户宣丰大楼。启动实施总投资 2.5 亿元的未来驿站项目，新建集旅游驿站、物流驿站、能源驿站和展示中心，截至 11 月底，主体工程顺利结顶。

【双招双引】 2021 年，白石镇引进招商项目 17 个，引进社会资本 5.6 亿元。未来驿站、柚香谷三产融合产业示范园、不老泉二期投资落地见效，海宁上通优必胜与鑫龙轴承强强联合，成为常山县轴承产业二次崛起的第一个落地项目。培育税源经济，引进税源型企业 6 家。开展人才招引，为产业振兴集聚智慧，常山鑫龙轴承与衢州学院成立博士专家工作站，柚香谷基地与浙江大学合作建立“科技小院”。

【民生保障】 2021 年，白石镇加强社会保障体系建设。“惠衢保”参保率达 99.99%。保障农民收入实现五连增，2021 年农民人均可支配收入达 22737 元，同 2016 年的 14364 元相比增长 58.3%，白石镇被评为浙江省“低收入农户收入倍增计划”先进集体。整治地质灾害点 5 处，完成危旧房改造 46 处。新建星级居家养老服务中心和“残疾人之家”，开展“收集一个微心愿”“拍好一张全家福”“建立一个服务站”等系列孝老活动，提升老年人幸福指数。

2021 年白石镇各行政村基本情况一览表

表 51

村名	支书主任	村民小组（个）	党员（人）	农户（户）	人口（人）	常住人口（人）	面积（亩）		村集体经济收入（万元）
							耕地	柑橘胡柚	
十八里村	吴国明	12	75	496	1259	645	1201	530	23.95
曹会关村	廖海富	6	46	305	856	334	780	105	21.30
白石村	洪金松	24	120	888	2283	1370	1885	525	20.43
小白石村	黄志勇	8	44	402	1154	570	1115	215	50.01
草坪村	林芳良	19	99	674	2133	968	1970	460	102.60

续表 51

村 名	支书主任	村民小组（个）	党员（人）	农户（户）	人口（人）	常住人口（人）	面积（亩）		村集体经济收入（万元）
							耕地	柑橘胡柚	
新塘岭村	李理福	16	71	525	1483	705	1496	202	20.28
聚宝村	黄杰伟	12	65	414	1170	520	1127	52	22.13
合 计		97	520	3704	10338	5112	9874	2089	260.70

（陈 瑜）

球川镇

【概况】 2021年，球川镇位于衢州市最西部，距离县城22千米，距离G60高速公路出口500米，镇域面积129.5平方千米，下辖20个行政村，户籍总人口39396人。球川镇实现地区生产总值9.3亿元，比上年增长37.8%；财政总收入14458.07万元，一般公共预算收入3608.73万元；工业总产值7.8亿元，比上年增长8.3%。农民人均可支配收入22167元，比上年增长1.9%。

2021年，球川镇各项经济社会发展指标总体正常，万家灯火等民生实事项目建设全面完成。是年，球川镇被列入浙江省“五水共治”工作考核优秀乡镇推荐名单，被评为省级园林城镇。

【常态化疫情防控】 2021年，球川镇继续抓好新冠疫情常态化防控工作。针对2021年10月下旬出现的疫情复杂严峻形势，球川镇重点对5个边界村集中开展全员核酸检测实战演练，设立8个边界卡口，抽调专人、组建专班集中攻坚核查“漫出人员”数据信息，阻断上饶疫情输入风险。加强“墟日”市场秩序管理，暂停传统“墟日”活动，抓好客车、饭店、农贸市场、宾馆、商超等重点场所管控，严控人员集聚，堵住风险敞口。抓好3周岁以上人群全员、新冠疫苗全程接种工作。对重点公共场所和经营性服务场所防疫措施落实情况进行不定期督导，强化防疫督查，落实疫情防控措施。

【平安建设】 2021年，球川镇开展“平安护航建党百年”安全生产大排查、大整治行动，完成农村公共设施及危旧房安全隐患排查整治。开展交通安全大宣传、大整治、大提升专项行动，对中球线、上红线交通安全隐患全力排查、全面整改。做好防汛Ⅱ级、防台Ⅰ级应急响应，全员投身防汛防台一线，守牢群众生命财产安全底线。护航建党100周年、全国两会、中共十九届六中全会等重大活动，483件信访矛盾纠纷问题实现100%掌控，15件信访积案100%化解。

【产业建设】 2021年，球川镇经济运行总体平稳，主要经济指标符合预期。全年全镇规模以上产业总产值5.6亿元，比上年增长24.2%，其中轴承产业产值达3.9亿元，贡献率达70%。规模以上工业增加值1.5亿元，比上年增长21.4%。固定资产投资完成12237万元，其中制造业投资9170万元。全年新增入库项目13个。轴承小微产业园二期4栋厂房、1栋综合楼、1栋辅房年内完工。争取500万元省级专项资金用于轴承小微产业园建设。完成300亩建设用地复垦整改和320亩补充耕地核查整改并通过验收。完成镇域土地“非农化、非粮化”调查，西村村800亩旱改水抛荒地实现流转种植。做好粮食增产保供工作，被省政府评为全省粮食增产保供成绩突出集体。赛赛轴承、恒嘉轴承、亚瑞轴承公司设立博士工作站，赛赛、恒嘉、宏毅、亚瑞4家轴承企业投入4820万元进行技术改革，实现企业技术创新、生产降本、效益提升、转型升级。金边金鑫、博益缝纫等一批企业落地球川镇。

【民生实事建设】 2021年，球川镇村级经济实现增收增效。吴家、后弄等9个村合建的聚力厂房出租，实现年收益40万元。球川、杨家等7个村合建的厂房屋顶光伏项目完成建设。通过盘活闲置山水资源、收回历史拖欠租金和联村合建项目收益等方式，20个行政村经营性收入均达20万元以上。农民集聚工程安置推进，完成红旗岗村下山脱贫安置13户35人、球川村地质灾害点安置4户16人。帮扶低收入农户养殖中蜂，带动低收入农户户均增收近万元。镇域小学段、初中段办学质量明显提升，2021学年龙绕初中中考成绩取得阶段性历史突破，重点高中上线人数位列乡镇初中第一，增名率位列全县初中第一。球川镇中心卫生院迁建工程破土动工。成功创建市级健康乡镇。向上级争取资金120万元，修缮兴贤塔。球川雪片糕包装实现转型升级。

【基层改革试点】 2021年，球川镇开展“县乡一体，条抓块统”改革试点，首创“融治理”模式，并在全县推广，其中，“融警务”工作于4月被市委书记徐文光批示肯定；“一支队伍管执法”成为全市重要样板地；市“一支队伍管执法”互看互学活动、市公安信访“最多跑一地”工作现场会等在球川镇举办；县委、县政府于9月在球川镇召开现场会，全镇信访积案化解工作成为全县先进标杆。实施“1+X”（即球川+白石、同弓，共用一支执法队）融执法，厘清“A+B”（A即适合下沉乡镇的执法事项，B即专业执法事项）执法事项，明确“1+2”（即球川+白石、同弓）执法区域，推进“一支队伍管执法”，将3个乡镇的27名大执法模块工作人员、74名执法证持有人员全员登记，纳入执法“一张网”，球川“1+X”区域内有389路监控探头及全部“天眼”接入中心执法指挥平台。建立“县乡村格”四级联动，警调、检调、诉调、访调、专调“五调联动”，全覆盖建立镇村“两难”钉钉群，推广“3373”工作机制（即上报后3分钟内交办，“一般难事”3日内处理完毕，“特别难事”7日内处理完毕，3日内开展回访），加强信访矛盾排查网络建设。全年化解矛盾纠纷问题626件，化解率达99.2%，10起信访旧案化解9起。推行“村级办理事项马上办、县乡办理事项帮代办、特殊困难人群上门办”模式，探索特殊事项靠前服务、高频事项提醒服务、重点人群绿色服务等新服务模式，梳理衢饶示范区、“新球川人”等“专享套餐”。全年镇、村两级办理量达21513件，比上年增长6%。

2021年球川镇各行政村基本情况一览表

表52

村名	支书主任	村民小组（个）	党员（人）	农户（户）	人口（人）	劳力（人）	面积（亩）		村集体经济收入（万元）
							耕地	柑橘胡柚	
后弄村	林学忠	15	47	503	1518	961	26	0.01	82.90
芙蓉村	王金法	41	150	1220	4328	2613	72	0.08	89.77
红旗岗村	张孟强	40	121	1100	3448	2120	51	0.02	62.16

续表 52

村名	支书主任	村民小组（个）	党员（人）	农户（户）	人口（人）	劳力（人）	面积（亩）		村集体经济收入（万元）
							耕地	柑橘胡柚	
杨家村	唐余金	8	20	356	1252	736	56	0.23	53.10
西村村	方高生	20	51	653	2234	1230	90	0.11	69
东山村	华盛平	26	116	880	2926	1683	128	0.15	118
球川村	韩小土	43	208	1553	4990	3020	136	0.14	50.90
东坑村	廖端泉	18	43	455	1350	753	43	0.05	181.71
王家村	王守林	10	31	350	1096	707	61	0.00	40.32
三溪村	李爱明	17	66	653	2140	1299	99	0.02	68.91
吴家村	林国华	7	42	275	863	509	53	0.05	37.98
上安村	占志建	7	36	372	1226	700	78	0.30	83.49
馒头山村	许木田	14	59	601	1876	1045	116	0.54	35.12
沙安村	应军鸿	9	34	387	1194	722	58	0.36	27.90
黄泥畈村	周燕清	7	49	403	1209	702	59	0.00	237.61
九都村	秦碧琴	9	39	343	1095	671	56	0.01	50.78
棋盘山村	汪志文	8	45	432	1426	782	108	0.01	30.89
常周村	廖跃明	4	32	303	961	575	59	0.15	103
龙绕村	刘升凤	14	99	821	2551	1471	130	0.01	112
新店村	徐家国	17	55	582	1713	1020	132	0.18	62.50
合计		334	1343	12242	39396	23319	1611	2.4	1598.04

（徐卫燕）

同弓乡

【概况】 同弓乡位于常山县西郊，距离常山县城10千米，东连金川街道和县工业园区，南接白石镇，西临球川镇，北倚何家乡。全乡总面积37.28平方千米。2021年，同弓乡辖8个行政村，61个自然村，78个村民小组。全乡参加城乡居民基本医疗保险7686人。固定资产投资完成1.39亿元；乡财政总收入5959.7万元；全乡耕地面积10300亩；粮食作物种植面积11000亩，总产量6137吨。

2021年，同弓乡紧紧围绕“金色田园、美好同弓”目标愿景，先后获得全国环境优美乡、国家卫生乡镇、国家级全域土地综合整治试点项目、省级“金色同弓”田园综合体示范点、省级森林城镇等荣誉。省委书记袁家军、时任省长郑栅洁、省政协主席葛慧君等6位省领导先后到常山考察调研，并对同弓乡工作给予高度肯定。全域土地整治、美丽乡村建设、“两山银行”等项目持续推进。探索基层治理“三联”新模式，举办了以“金色同弓乡野风情节”为系列的未来乡村活动。

2021年，同弓乡农民人均年收入为29316元，全乡实现公共财政预算收入5959.7万元。

【乡村振兴】 2021 年，同弓乡全域土地整治项目一期基本完成，净地交付土地 7000 多亩，整治土地 5000 多亩。二期完成土地放样 4380 亩，完成率达 100%；土地签约流转 452 户，签约率达 85.77%；各地块累计迁移坟墓 190 穴。整合出 2250 亩土地，规划“休闲农业片区、综合服务片区、生态康养片区、古村风貌片区”四大片区，通过农民参与、企业投入、政府调控机制，融合“旅游+”“+旅游”理念，围绕场景设计、人文涵养、素质提升、技能培训等，着力打造莲荷产业、稻米产业以及农业主题灯光秀、户外运动休闲、田园游艺、创意餐饮、常山土特产市集的新型园区。

【美丽乡村建设】 2021 年，同弓乡以彤弓山村、同心村、中和村 3 个村为核心区，加强规划设计，提升乡村品质。截至年底，完成同心村“莲心湾”创意农业园荷虾混养基地、同心村居家养老服务中心、创意农林牧渔体验馆、龟类特种养殖基地等场景建设。彤弓山景区被评为国家级 AAA 景区，培育白金宿 1 家（彤弓山居）、“慢村生活”民宿 28 家，建设金色田园综合体康养民宿及乡野特色民宿。举办“金色同弓乡野风情节”等同心未来乡村系列活动，被中央和省市权威媒体报道。

2021 年 10 月 9 日，同弓乡创建“共同富裕示范单元”启动仪式在同心村“莲心湾”举行

（同弓乡 供图）

【扶贫“消薄”】 2021 年，同弓乡加强精准扶贫，全乡 281 户低收入农户均由干部结对帮扶，实行“一户一策”。开展农民技能培训，联合企业推出 30 多个公益性岗位，帮助解决低收入农户就业。常山“两山银行”在同弓乡挂牌成立首家乡镇支行，依托土地、水库等资源优势，盘活闲置资源，做足产业“消薄”文章，同心村“莲心湾”村企合作成为示范项目。全乡 8 个行政村集体经营性收入均实现 30 万元以上，其中 3 个行政村突破 80 万元。

【民生治理服务】 2021 年，同弓乡成为全县首批通过“五水共治”剿劣销号验收的乡镇。推进“厕所革命”和“美丽庭院”建设，拆除农村旱厕、简易厕所 108 处，改造（新建）A 级及以上卫生公厕 5 座，评选“美丽庭院示范户”50 户、“美丽庭院示范村”1 个（同心村）。做好“拆后利用+美丽乡村建设”文章，高效利用拆后土地，开展签约一批、开工一批、投产一批“三个一批”行动和绿化提升工作，建设小微停车场 19 个，修建创意小花园、小菜园、小景观等 100 多处，拓宽村道 1.1 千米。

【基层治理新模式探索】 2021 年，同弓乡依托党建模块、经济生态模块、公共服务平台、综治工作平台和监督执法平台、应急管理平台“4+N”平台架构，建立一体化基层治理服务中心。创新打造“联村+模块”“联格+协商”“联户+服务”的“三联+”模式，通过组团联村查村情、两委联络办事情、党员联户访民情，整合条块工作力量，以制度推动责任压实。持续推行自治、法治、德治、智治“四治融合”治理模式，通过搭建民主议事会平台，推进分类分层处置，做到涉及项目重大问题“一事一议”。坚持党建引领在推动数字化乡村、未来乡村治理中的核心作用，做亮中和村坡地民宿网格试点，稳步实现“同心码”联户系统，扫码可及时传达各类生活难题，做到群众“一户一码”，打造未来乡村治理新窗口。开展公共服务平台、综治工作平台、监督执法平台、应急管理平台“四个平台”建设。培植网格代办、“微小二”“骑行青差”三支生力军，打造“群众平台张嘴、干部线下跑腿”的“梭子型”基层社会治理体系，经验做法多次获得市县领导批示肯定。

【“共同富裕示范单元”启动仪式】 2021年10月9日，同弓乡创建“共同富裕示范单元”启动仪式在同心村“莲心湾”举行。该单元将依托金色田园综合体项目，融合“旅游+”“+旅游”理念，为全县提供共同富裕的“同弓解法”“同弓经验”“同弓模式”。

2021年同弓乡各行政村基本情况一览表

表53

村名	支书主任	村民小组（个）	党员（人）	农户（户）	人口（人）	劳力（人）	面积（亩）		村集体经济收入（万元）
							耕地	柑橘胡柚	
彤弓山村	章贵生	4	35	215	576	275	573	10	50.05
同心村	邹清华	10	68	510	1501	789	1593	320	70.47
关庄桥村	洪振胜	14	72	890	2352	1258	1800	250	52.38
金川源村	刘小兵	11	63	602	1648	968	2300	410	30.84
中和村	潘广云	5	58	525	1566	978	1535	680	53.36
湖石头村	洪仙荣	11	35	377	1019	642	928	15	30.48
山边村	洪永录	14	42	372	1514	915	1400	130	40.1
胡村村	胡平	9	35	508	1366	748	1400	260	32.24
合计		78	408	3999	11542	6579	11529	2075	359.92

（林涵琦）

附　　录

Appendices

组织机构及负责人名录

新增副处级以上领导干部简介

王永明 男，汉族，1979年3月生，浙江温州人，2000年1月加入中国共产党，2000年11月参加工作，大学学历。2021年11月任中共常山县委副书记，常山县人民政府代县长、党组书记、一级调研员，常山—慈溪山海协作产业园党工委书记。

何相涯 男，汉族，1976年8月生，浙江绍兴人，1994年10月加入中国共产党，1997年8月参加工作，研究生学历。2021年11月任中共常山县委副书记（正县处长级）、一级调研员，县委政法委书记，兼县矛调中心党组书记。

陈 翊 男，汉族，1978年9月生，浙江衢州人，2004年7月加入中国共产党，2000年8月参加工作，大学学历。2021年7月任中共常山县委常委、组织部部长、部务会议成员，兼县委党校校长、校务委员，县委直属机关工作委员会书记。

周利建 男，汉族，1976年8月生，浙江江山人，1995年6月加入中国共产党，1993年12月参加工作，在职大学学历。2021年11月任中共常山县委常委，县人民武装部政委。

许露华 男，汉族，1979年8月生，浙江开化人，1999年11月加入中国共产党，2001年8月参加工作，大学学历。2021年11月任中共常山县委常委，常山县人民政府党组副书记、副县长，兼县营商环境建设办公室党组书记。

邱雪萍 女，汉族，1979年2月生，浙江衢州人，1999年6月加入中国共产党，2000年10月参加工作，大学学历。2021年11月任中共常山县委常委，常山县人民政府副县长、党组成员。

陈水清 男，汉族，1974年10月生，浙江衢州人，2002年6月加入中国共产党，1993年8月参加工作，在职大学学历。2021年11月任中共常山县委常委、纪律检查委员会书记，县监察委员会代主任。

杨力军 男，汉族，1977年10月生，浙江常山人，2003年5月加入中国共产党，1995年8月参加工作，中央党校大学学历。2021年8月任辉埠镇党委书记、一级主任科员，2021年12月当选中共常山县委常委。

李湘虹 女，汉族，1973年1月生，江苏太仓人，民建会员，1991年8月参加工作，在职大学学历。2021年1月任常山县人民政府副县长（挂职），常山—慈溪山海协作产业园管委会主任。

姜光明 男，汉族，1972年5月生，浙江常山人，1993年12月加入中国共产党，1994年8月参加工作，在职大学学历。2021年1月任常山县人民政府副县长，2021年2月任党组成员。

黄晓彬 男，汉族，1985年8月生，浙江青田人，2006年11月加入中国共产党，2008年11月参加工作，省委党校研究生学历。2021年10月任常山县人民政府副县长、党组成员。

方育娟 女，汉族，1977年4月生，浙江衢州人，2000年9月加入中国共产党，1996年8月参加工作，中央党校大学学历。2021年11月任常山县人民政府副县长、党组成员。

许茂华 男，汉族，1972年10月生，浙江龙游人，1997年5月加入中国共产党，1991年8月参加工作，在职大学学历。2021年11月任常山县政协党组书记。

朱聪颖 女，汉族，1983年1月生，浙江江山人，2007年7月加入中国共产党，2006年10月参加工作，大学学历。2021年11月任常山县人民检察院代检察长、党组书记、检察委员会委员、四级高级检察官。

王建坤 男，汉族，1982年11月生，浙江衢州人，2004年12月加入中国共产党，2006年10月参加工作，大学学历。2021年11月任常山县副县级干部。

县级领导机构及负责人名录（2021年1月—2021年12月）

中共常山县委员会

书　记：潘晓辉

副书记：张少华（—2021.11）

王永明（2021.11—）

翁旭东（—2021.11）

何相涯（2021.11—）

常　委：潘晓辉

张少华（—2021.11）

王永明（2021.11—）

翁旭东（—2021.11）

何相涯（2021.11—）

郑建华（—2021.1）

姜苏州（—2021.11）

桂美林（—2021.11）

姚金环（女，挂职）

何　健（女）

朱永平（—2021.7）

王荣国（—2021.11）

徐　彪（—2021.11）

戴根林（—2021.11）

姜　敏

姜雪峰（2021.1—）

陈　翊（2021.7—）

周利建（2021.11—）

许露华（2021.11—）

邱雪萍（女）（2021.11—）

陈水清（2021.11—）

杨力军（2021.12—）

常山县人大常委会

主　　任：刘石平（—2021.6）

副 主 任：苏新祥

徐　柯

王生智

李德勇

樊金国

党组书记：刘石平（—2021.6）

翁旭东（2021.11—）

常山县人民政府

县　　长：张少华（—2021.11）

代 县 长：王永明（2021.11—）

副 县 长：何　健（女）（—2021.11）

许露华（2021.11—）

邱雪萍（女）（2021.11—）

胡伟民

姚金环（女，挂职）（—2021.1）

姜雪峰（—2021.1）

李德生

朱建忠

傅淑梅（女）（—2021.11）

蒋招达（挂职）

李湘虹（女，挂职）（2021.1—）

姜光明（2021.1—）

黄晓彬（2021.10—）

方育娟（女）（2021.11—）

党组书记：张少华（—2021.11）

王永明（2021.11—）

中国人民政治协商会议常山县委员会

主　席：林红汉

副主席：黄法云（—2021.1）

郑建华（2021.1—）

谢雨生（兼）

罗诚剑（兼）（—2021.11）

范东英（女）

汪卫东（兼）

党组书记：林红汉（—2021.11）

许茂华（2021.11—）

中共常山县纪律检查委员会

书　记：王荣国（—2021.11）

陈水清（2021.11—）

副书记：严良京

熊慧芬（女）

常山县监察委员会

主　任：王荣国（—2021.11）

代主任：陈水清（2021.11—）
副主任：严良京
　　　　熊慧芬（女）

常山县人民法院

院　　长：王小红（—2021.1）
代 院 长：舒燕华
　　　　（2021.1—2021.2）
院　　长：舒燕华（2021.2—）
党组书记：王小红（—2021.1）
　　　　舒燕华（2021.1—）

常山县人民检察院

检 察 长：姚俊宏（—2021.11）
代检察长：朱聪颖（女）
　　　　（2021.11—）
党组书记：姚俊宏（—2021.11）
　　　　朱聪颖（女）
　　　　（2021.11—）

县级机关部门及负责人名录（2021年1月—2021年12月）

一、县委工作机构

县委办公室

主　任：姜光明（—2021.1）
　　　　黄国华（2021.3—）

县委县政府信访局

局　长：陈桂强（—2021.3）
　　　　胡剑明（2021.3—2021.8）
　　　　楼　华（2021.8—）

县委县政府政策研究室

主　任：姜光明（—2021.1）
　　　　黄国华（2021.3—）

县委保密委员会办公室

主　任：刘　华

县委机要局（县密码管理局）

局　长：刘　华

县委台湾工作办公室（县政府台湾事务办公室）

主　任：姜光明（—2021.1）
　　　　黄国华（2021.3—）

县档案局

局　长：姜光明（—2021.1）
　　　　黄国华（2021.3—）

县档案馆（县委党史研究室）

馆长（主任）：徐良其（—2021.1）
　　　　吴永兴（2021.1—）

县委组织部

部　长：朱永平（—2021.7）
　　　　陈　翊（2021.7—）

县委宣传部

部　长：姜　敏

县委统战部

部　长：郑建华（—2021.1）
　　　　姜雪峰（2021.1—）

县委政法委员会

书　记：翁旭东（—2021.11）
　　　　何相涯（2021.11—）

县社会矛盾纠纷调处化解中心

党组书记：翁旭东（兼）
　　　　（—2021.11）
　　　　何相涯（兼）
　　　　（2021.11—）
主　任：陈桂强（—2021.3）
　　　　胡剑明（2021.3—2021.8）
　　　　楼　华（2021.8—）

县委机构编制委员会办公室

主　任：陈黎晖

县委直属机关工作委员会

书　记：朱永平（—2021.7）
　　　　陈　翊（2021.7—）

县委党校

校　长：朱永平（兼）（—2021.7）
　　　　陈　翊（兼）（2021.7—）
常务副校长：郭永平

县社会主义学院

院　长：郑建华（兼）（—2021.1）
　　　　姜雪峰（兼）（2021.1—）

县委巡察办

主　任：黄建新

二、县人大常委会工作机构

县人大常委会机关

党 组 书 记：苏新祥（兼）
办公室主任：缪春祥（—2021.1）
　　　　杨春柳（2021.1—）

县人大常委会教育科技文化民族华侨工作委员会

主　任：周元良（2021.8—）

县人大常委会研究室

主　任：汪启红（—2021.1）
　　　　廖小兵（2021.1—）

县人大常委会财政金融工作委员会

主　任：蒋淑萍

县人大常委会农业与农村工作委员会

主　任：王木星（2021.1—）

县人大常委会代表与选举任免工作委员会

主　任：胡真钢

县人大常委会经济工作委员会

主　任：沈文兵（2021.1—）

县人大常委会监察和司法工作委员会

主　任：何小平（—2021.3）

县人大常委会建设与资源环境保护工作委员会

主　任：叶剑明（—2021.8）

县人大常委会社会建设工作委员会

主　任：郑建炳（2021.1—）

三、县人民政府工作机构

（一）县政府工作部门

县政府办公室

主　　任：陈　岗

党组书记：陈　岗

县政府外事办公室

主　　任：叶玉佳（女）

县大数据中心

主　　任：占利华

党组书记：占利华

县发展和改革局

局　　长：琚东风

党委书记：琚东风

县服务业发展中心

主　　任：龚志昌（2021.1—）

县医疗保障局

局　　长：姚肖忆（女）

党组书记：姚肖忆（女）

县统计局

局　　长：黄爱珍（女）

党组书记：周幸富（2021.1—）

县经济和信息化局

局　　长：郑忠东

党委书记：郑忠东

县教育局

局　　长：洪永海（—2021.8）

李岳飞（2021.8—）

党委书记：洪永海（—2021.8）

李岳飞（2021.8—）

县科学技术局

局　　长：李岳飞（—2021.8）

刘利忠（2021.8—）

党组书记：李岳飞（—2021.8）

刘利忠（2021.8—）

县民族宗教事务管理局

局　　长：刘裕良

县公安局

局　　长：胡伟民

党委书记：胡伟民

政　　委：龚进升

县民政局

局　　长：廖小兵（—2021.1）

金雪白（2021.1—）

党组书记：廖小兵（—2021.1）

金雪白（2021.1—）

县司法局

局　　长：汪卫东

党组书记：周建军

县财政局

局　　长：朱开明

党委书记：朱开明

县人力资源和社会保障局

局　　长：周元良（—2021.8）

洪永海（2021.8—）

党组书记：周元良（—2021.8）

洪永海（2021.8—）

县住房和城乡建设局

局　　长：郑建炳（—2021.1）

陈贤民（2021.1—）

党委书记：郑建炳（—2021.1）

陈贤民（2021.1—）

县人民防空办公室

主　　任：郑建炳（—2021.1）

陈贤民（2021.1—）

县综合行政执法局

局　　长：潘广贵

党组书记：潘广贵

政　　委：郑　刚

县交通运输局

局　　长：黄国华（—2021.3）

魏　斌（2021.3—）

党委书记：黄国华（—2021.3）

魏　斌（2021.3—）

县农业农村局

局　　长：姜利成

党委书记：姜利成

县林业水利局

局　　长：胡乾平（—2021.1）

汪启红（2021.1—）

党委书记：胡乾平（—2021.1）

汪启红（2021.1—）

县文化和广电旅游体育局

局　　长：邹伟良（—2021.1）

何　菊（女）（2021.1—）

党委书记：邹伟良（—2021.1）

何　菊（女）（2021.1—）

县卫生健康局

局　　长：朱　璋

党委书记：朱　璋

县审计局

局　　长：李　珍（女）

党组书记：李　珍（女）

县应急管理局

局　　长：朱万洪

党委书记：朱万洪

县退役军人事务局

局　　长：汪正满

党组书记：汪正满

县市场监督管理局

局　　长：陈金龙

党委书记：陈金龙

（二）县政府直属单位

县机关事务保障中心

主　　任：陈贤民（—2021.1）

　　　　　许　赟（2021.1—）

党组书记：陈贤民（—2021.1）

　　　　　许　赟（2021.1—）

常山传媒集团（县广播电视总台）

总裁（台长）：魏　斌（—2021.3）

　　　　　　　樊敏剑（2021.8—）

党委书记：魏　斌（—2021.3）

　　　　　樊敏剑（2021.8—）

总 编 辑：程　斌

县政府经济技术协作中心

主　　任：涂晓明

党组书记：涂晓明

市公共资源交易常山县分中心

主　　任：刘国军

县公共资源交易监督管理办公室

主　　任：王木星（—2021.1）

　　　　　邹伟良（2021.1—）

党组书记：王木星（—2021.1）

　　　　　邹伟良（2021.1—）

浙江广播电视大学常山学院

院　　长：琚旦炜（女）

党总支书记：琚旦炜（女）

县供销合作社联合社

主　　任：徐安平（—2021.8）

　　　　　王贤龙（2021.8—）

党委书记：徐安平（—2021.8）

　　　　　王贤龙（2021.8—）

县营商环境建设办公室

党组书记：何　健（女，兼）（—2021.11）

　　　　　许露华（兼）（2021.11—）

主　　任：刘利忠（—2021.8）

　　　　　王金红（2021.8—）

县经济技术开发区管理委员会

党工委书记：何　健（女，兼）（—2021.11）

主　　任：周丽兵

县征迁事务中心

主　　任：金　宏

党组书记：金　宏

（三）垂直管理单位

市生态环境局常山分局

局　　长：陈　芳（女）

党组书记：陈　芳（女）

县自然资源和规划局

局　　长：黄晓东

党委书记：黄晓东

县城乡规划中心

主　　任：黄晓东（兼）

县税务局

局　　长：郑旭炎

党组书记：郑旭炎

县烟草专卖局

局　　长：郑　重

党组书记：郑　重

中国电信股份有限公司常山分公司

总 经 理：田　文

党委书记：田　文

中国邮政集团公司常山县分公司

总 经 理：吕志峰

党委书记：吕志峰

国网浙江常山县供电公司

总 经 理：琚　军

党委书记：杨　威

县气象局

局　　长：吴利强

党组书记：吴利强

县农商银行

董 事 长：胡锦华

主任（行长）：张德建（—2021.10）

　　　　　　　饶勇飞（2021.10—）

党委书记：胡锦华

中国人民银行常山县支行

行　　长：周伟斌

党组书记：周伟斌

衢州银监分局常山办事处

主　　任：李　骏

中国工商银行常山县支行

行　　长：柴小燕

中国建设银行常山县支行

行　　长：汪　政

党总支书记：汪　政

中国银行常山县支行

行　长：姚　芹

中国农业银行常山县支行

行　长：胡　鹏

中国人民财产保险股份有限公司常山支公司

经　理：肖生涛

中国人寿保险股份有限公司常山支公司

经　理：周　强

四、政协常山县委员会工作机构

县政协机关

党组书记：徐士平

秘 书 长：洪顺根（—2021.2）

徐士平（2021.2—）

县政协办公室

主　任：徐士平（—2021.1）

杨春柳（2021.1—）

县政协委员工作委员会

主　任：徐爱荣

县政协社会和法制委员会

主　任：郑　汉

县政协农业农村和人口资源环境委员会

主　任：胡乾平（2021.1—）

县政协提案委员会

主　任：徐志标

县政协经济委员会

主　任：樊有卫

县政协文化文史和学习委员会

主　任：徐良其（2021.1—）

县政协港澳台侨和民族宗教委员会

主　任：黄廉科（2021.1—）

县政协教科卫体委员会

主　任：张国富（—2021.3）

洪　涛（2021.9—）

县政协研究室

主　任：王毓飞（2021.1—）

县级群众团体及负责人名录（2021年1月—2021年12月）

县总工会

主　　席：罗诚剑（—2021.11）

常务副主席：饶明耀（2021.3—）

党组书记：饶明耀（2021.1—）

共青团常山县委员会

书　　记：金　童（—2021.1）

陈　颖（女）（2021.1—）

党组书记：金　童（—2021.1）

陈　颖（女）（2021.1—）

县妇女联合会

主　　席：郑　丽（女）

党组书记：郑　丽（女）

县科学技术协会

主　　席：章金平

党组书记：郑忠于（—2021.8）

朱万华（2021.8—）

县文学艺术界联合会

主　　席：王有军

县残疾人联合会

理 事 长：傅昌华

党组书记：傅昌华

县工商业联合会

主　　席：涂国红

党组书记：王贤龙（—2021.8）

徐军建（2021.8—）

县红十字会

会　　长：傅淑梅（女，兼）（—2021.11）

常务副会长：程良寿（—2021.1）

党组书记：程良寿（—2021.1）

刘国平（2021.1—）

国有企业及负责人名录（2021年1月—2021年12月）

县国有资产投资运营有限责任公司

董 事 长：鄢仙丽

总 经 理：鄢仙丽

县城市投资集团有限公司

董 事 长：方丽强

总 经 理：方丽强

党委书记：方丽强

县农村投资集团有限公司

董 事 长：朱建红

总 经 理：朱建红

党委书记：朱建红

乡镇领导机构及负责人名录（2021年1月—2021年12月）

天马街道

党工委书记：宁玮亮

人大工委主任：曾素平（—2021.1）

毛月华（2021.1—）

办事处主任：徐灵敏

紫港街道

党工委书记：樊敏剑（—2021.8）

樊厚军（2021.8—）

人大工委主任：徐　升

办事处主任：樊厚军（—2021.8）

胡建平（2021.8—）

金川街道

党工委书记：郑 兵

人大工委主任：孔德壮

办事处主任：李 斌（—2021.8）

苏恒俊（2021.8—）

辉埠镇

党委书记：徐 彪（—2021.8）

杨力军（2021.8—）

人大主席：李永忠

镇 长：邹 斌

何家乡

党委书记：程敏芳

人大主席：黄 建

乡 长：楼 华（—2021.8）

王七琴（女）

（2021.8—）

招贤镇

党委书记：曾智盛

人大主席：王伟荣（—2021.8）

徐家有（2021.12—）

镇 长：饶明耀（—2021.1）

金 鑫（2021.1—）

青石镇

党委书记：杨力军（—2021.8）

徐安平（2021.8—）

人大主席：郑 罡

镇 长：饶 群（—2021.3）

周 燚（2021.3—）

东案乡

党委书记：汪慧建（—2021.8）

张汪洋（2021.8—）

人大主席：胡启新

乡 长：宋 斌

大桥头乡

党委书记：徐军建（—2021.8）

李 斌（2021.8—）

人大主席：刘晓刚

乡 长：张翼忠

芳村镇

党委书记：金雪白（—2021.1）

徐小灵（2021.1—）

人大主席：尚林军

镇 长：徐小灵（—2021.1）

郑俊毅（2021.1—）

新昌乡

党委书记：林永周

人大主席：汪建新（—2021.8）

付小丽（女）

（2021.12—）

乡 长：邹 赛（女）

白石镇

党委书记：刘 忻（女）

（—2021.1）

王志渊

（2021.1—2021.8）

黄泽文（2021.8—）

人大主席：樊育旗

镇 长：王志渊（—2021.1）

金 童（2021.1—）

球川镇

党委书记：邱雪芳（女）

人大主席：谢晓报

镇 长：邱雪芳（女）

（—2021.1）

鲍晓晖（2021.1—）

同弓乡

党委书记：黄小兵

人大主席：方金海（—2021.1）

蒋飞英（2021.2—）

乡 长：黄泽文（—2021.8）

刘元峰（2021.12—）

荣誉录

〔各级别均按颁奖表彰时间顺序排列；先进个人姓名后“( )”加注所属单位简称〕

国家级(含部门)表彰或命名的集体荣誉一览表

表 54

荣誉称号	获奖单位	颁发单位/文号	颁发时间
第三批全国农村创业创新典型县	常山县	农业农村部办公厅/农办产〔2021〕2 号	2021-01-14
2020 年全国青少年校园足球特色学校	常山一小	教育部办公厅/教体艺厅函〔2021〕1 号	2021-01-15
2020 年全国足球特色幼儿园	育才幼儿园		
创建全国无障碍环境示范县	常山县	住房和城乡建设部、工业和信息化部、民政部、中国残联、全国老龄办/建城〔2021〕15 号	2021-02-01
第八批全国民主法治示范村（社区）	金川街道赵家坪社区	司法部、民政部/司发通〔2021〕15 号	2021-02-07
全国脱贫攻坚先进集体	浙江艾佳果蔬开发有限责任公司	中共中央、国务院	2021-02-25
全国巾帼文明岗	国网浙江省电力有限公司常山县供电公司供电营业厅	全国妇联/妇字〔2021〕9 号	2021-03-01
全国巾帼建功先进集体	县妇联		
行政备案规范管理改革试点	常山县	国务院办公厅/国办函〔2021〕68 号	2021-06-28
2021 年农产品产地冷藏保鲜整县推进试点	常山县	农业农村部办公厅、财政部办公厅/农办市〔2021〕9 号	2021-07-23
全国农业科技现代化先行县共建名单	常山县（与浙江大学共建）	农业农村部科技教育司/农科（推广）函〔2021〕10 号	2021-07-30
国家智能社会治理实验基地——特色基地（社区治理）	常山县	中央网信办秘书局、国家发展改革委办公厅、教育部办公厅、民政部办公厅、生态环境部办公厅、国家卫生健康委办公厅、市场监管总局办公厅、国家体育总局办公厅/中网办秘字〔2021〕1488 号	2021-09-29

续表 54

荣誉称号	获奖单位	颁发单位/文号	颁发时间
第一批全国农作物病虫害绿色防控示范县	常山县	农业农村部种植业管理司/农农（植保）〔2021〕35 号	2021-10-25
中国最具幸福感城市——宜业宜居之城	常山县	瞭望东方周刊瞭望智库/奖牌	2021-11
中国鲜辣美食之乡	常山县	中国调味品协会/复函	2021-11-05
中国气候宜居县	常山县	国家气候中心/气候函〔2021〕115 号	2021-11-29
2021 年度全国“返家乡”社会实践重点开展县	常山县	团中央青年发展部	2021-12-07

省部级（含部门）表彰或命名的集体荣誉一览表

表 55

荣誉称号	获奖单位	颁发单位/文号	颁发时间
2020 年度浙江省白蚁防治先进单位	县房地产事务中心	浙江省房地产业协会/浙房协〔2021〕1 号	2021-01-06
2020 年度美丽城镇建设优秀县	常山县	浙江省城乡环境整治工作领导小组/浙城乡环治〔2021〕1 号	2021-01-11
浙江省数字生活新服务标杆县创建名单	常山县	浙江省数字生活新服务工作联席会议办公室/浙数新办〔2021〕1 号	2021-01-11
浙江省首批“全国示范型退役军人服务中心（站）”	常山县退役军人服务中心 天马街道退役军人服务站 紫港街道退役军人服务站 金川街道退役军人服务站 芳村镇退役军人服务站 辉埠镇退役军人服务站 球川镇退役军人服务站 青石镇退役军人服务站 招贤镇退役军人服务站 东案乡退役军人服务站	浙江省退役军人事务厅	2021-01-11
浙江省文明镇	青石镇	中共浙江省委、浙江省人民政府	2021-01-15
浙江省文明村	金川街道徐村村、辉埠镇东乡村、新昌乡达塘村	中共浙江省委、浙江省人民政府	2021-01-15
浙江省文明单位	县实验小学、农业银行常山县支行、天马街道渡口社区	中共浙江省委、浙江省人民政府	2021-01-15
浙江省扶贫开发工作成绩突出集体	县农业农村局	中共浙江省委、浙江省人民政府	2021-01-18
浙江省消除集体经济薄弱村工作成绩突出集体	中共常山县委组织部 天马街道办事处	中共浙江省委、浙江省人民政府	2021-01-18

续表 55

荣誉称号	获奖单位	颁发单位/文号	颁发时间
继续保留浙江省文明村镇称号的村镇	金川街道新都村 招贤镇古县村 辉埠镇路里坑村 何家乡黄冈村 大桥头乡新村村 天马街道常年青村 芳村镇新桥村	浙江省文明委/浙文明〔2021〕2 号	2021-01-18
继续保留浙江省文明单位称号的单位	常山一中 工商银行常山支行 县公路管理局 人民银行常山支行 中国移动常山分公司 建设银行常山支行 中国电信常山分公司 中国银行常山支行 县气象局 县青少年活动中心 县档案馆 中国人民财产保险公司常山支公司 县消防救援大队 县税务局 省商业集团有限公司常山服务区 国网常山供电公司 县林业水利局 常山农商银行 天马街道：屏山社区、金川社区、文峰社区 紫港街道：紫港社区		
“森林浙江”建设工作突出贡献集体	县林业水利局、白石镇政府	中共浙江省委、浙江省人民政府	2021-01-19
2020 年度浙江省新时代美丽乡村示范县	常山县	中共浙江省委办公厅、浙江省人民政府办公厅	
2020 年度浙江省改革创新优秀实践案例	常山县推进城乡“厕所革命”	中共浙江省委全面深化改革委员会办公室	
2020 年浙江省现代化学校	常山县第一小学	浙江省人民政府教育督导委员会办公室/浙政教督办函〔2021〕5 号	2021-01-26
2020 年度全省人民防空工作先进单位	县人民防空指挥部办公室（县人民防空办公室）	浙江省人民防空指挥部办公室、浙江省人民防空办公室/浙人指办〔2021〕1 号	2021-01-28
省级“大综合一体化”行政执法县域集成改革试点县	常山县	中共浙江省委全面依法治省委员会办公室/浙委法办发〔2021〕1 号	2021-02-01

续表 55

荣誉称号	获奖单位	颁发单位/文号	颁发时间
2020 年度浙江在线新闻网站优秀支站	浙江在线新闻网站常山支站（常山传媒集团）	浙江在线新闻网站/浙江在线发〔2021〕2 号	2021-02-04
2020 年省级绿化美化精品道路	常山县 221 省道江溪线	浙江省“三改一拆”（违建别墅清查整治）行动领导小组办公室、浙江省交通运输厅/浙整改拆办〔2021〕2 号	2021-02-09
2020 年度“无信访积案县”	常山县	浙江省信访工作领导小组/浙信领〔2021〕2 号	2021-02-18
第三批清新空气示范区	常山县	浙江省美丽浙江建设领导小组大气污染防治办公室/浙大气办函〔2021〕2 号	2021-03-03
2020 年度全省实施乡村振兴战略实绩考核优秀县	常山县	浙江省乡村振兴领导小组/浙乡振组〔2021〕1 号	2021-03-18
首批“浙江省婚姻家庭纠纷化解品牌工作室”	云河工作室、“能大姐”工作室	浙江省妇联/浙妇〔2021〕6 号	2021-03-22
“十三五”省体育场地设施建设突出贡献奖	县文化和广电旅游体育局	浙江省体育局	2021-04-02
2020 年度五星级农村文化礼堂验收合格名单	青石镇大塘后村文化礼堂 何家乡樊家村文化礼堂 芳村镇洁湖村文化礼堂 紫港街道孔家弄村文化礼堂	中共浙江省委宣传部、浙江省农村文化礼堂建设工作领导小组办公室/浙文礼办〔2021〕号	2021-04-22
浙江省妇女干部教育培训现场教学基地	紫港街道渣濑湾村	浙江省妇女干部学校/浙妇校〔2021〕9 号	2021-04-27
2020 年全省万里美丽经济交通走廊示范县	常山县	浙江省交通强省建设领导小组办公室/浙交强省办〔2021〕7 号	2021-05-08
浙江省公共文化场馆服务功能拓展先行先试单位	辉埠镇综合文化站 金川街道徐村文化礼堂 辉埠镇东乡村文化礼堂	浙江省文化和旅游厅/浙文旅公共〔2021〕12 号	2021-05-10
第一批“满意图书馆”	县图书馆	浙江省文化和旅游厅/浙文旅公共〔2021〕13 号	2021-05-11
旅游业“微改造、精提升”行动试点县	常山县	浙江省旅游专班/浙旅游专班〔2021〕6 号	2021-05-25
旅游业“微改造、精提升”行动单项试点景区村	东案乡金源村		
厅多跨应用场景第一批“先行先试”应用县（市、区）——低收入农户帮促、农村集体“三资”管理服务	常山县	浙江省农业农村厅/浙农字函〔2021〕358 号	2021-06-09

续表 55

荣誉称号	获奖单位	颁发单位/文号	颁发时间
第三批浙江省优秀非遗旅游商品名单	常山三衢山牌水英索面（常山县水英索面专业合作社）	浙江省文化和旅游厅/浙文旅非遗〔2021〕17 号	2021-06-16
“肥药两制”改革综合试点创建单位——综合试点县	常山县	浙江省农业农村厅	2021-07-05
第五届“最美浙江文物守望者”——红色根脉守护团队	常山县西源革命纪念馆	浙江省文物局/浙文物发（2021）118 号	2021-07-08
浙江省乡村旅游重点村	东案乡：金源村 何家乡：长风村、江源村	浙江省文旅厅、浙江省发改委/浙文旅函〔2021〕125 号	2021-07-14
浙江省乡村旅游重点镇	何家乡、新昌乡（旅游风情小镇） 芳村镇、青石镇、东案乡（AAAA 级景区镇）		
第三批省级农村产业融合发展示范园	常山县金色同弓农村产业融合发展示范园	浙江省发改委、浙江省经信厅、浙江省财政厅、浙江省自然资源厅、浙江省农业农村厅、浙江省商务厅、浙江省文化和旅游厅/浙发改农经〔2021〕290 号	2021-07-19
第五批省级生态文明建设示范县	常山县	浙江省人民政府/浙政发〔2021〕21 号	2021-07-21
浙江省数字赋能、集成服务示范党群服务中心	常山县经济技术开发区“红锤”党群服务中心	中共浙江省委组织部办公室/浙组办〔2021〕4 号	2021-07-26
第二批浙江省青少年红色基因传承基地	闽浙赣皖土地革命战争浙西纪念馆常山西源革命纪念馆	共青团浙江省委、浙江省退役军人事务厅、浙江省革命老区开发建设促进会	2021-07-28
2021 年度“浙江省民间文化艺术之乡”	招贤镇	浙江省文化与旅游厅/浙文旅公共〔2021〕27 号	2021-08-23
浙江省 AAA 级“守合同重信用”企业	国网浙江省电力有限公司常山县供电公司	浙江省市场监督管理局/浙市监市〔2021〕8 号	2021-08-25
2018—2020 年浙江省市场环境建设成绩突出集体	县税务局	浙江省“小微企业三年成长计划”工作领导小组/浙微组发〔2021〕3 号	2021-08-31
浙江省气候康养乡村	东案乡梅树底景区	浙江省气候中心/浙气候发〔2021〕13 号	2021-09-30
由安吉县、淳安县、常山县共同承担建设工作的“两山银行”应用项目被列入第一批数字政府系统“一地创新、全省共享”应用项目建设主体名单	常山县	浙江省数字政府建设专班（浙江省政府办公厅）	2021-10-23

续表 55

荣誉称号	获奖单位	颁发单位/文号	颁发时间
全省农业水价综合改革“五个一百”优秀典型案例——农业灌溉优秀典型泵站	徐村 1 号机埠、常周村机埠	浙江省水利厅/浙水农电〔2021〕22 号	2021-10-27
全省农业水价综合改革“五个一百”优秀典型案例——农业灌溉优秀典型堰坝水闸	上安村堰坝		
全省农业水价综合改革“五个一百”优秀典型案例——优秀典型改革灌区灌片	长风灌区		
全省农业水价综合改革“五个一百”优秀典型案例——优秀典型农民用水管理主体	徐村用水管理小组		
全省农业水价综合改革“五个一百”优秀典型案例——优秀典型基层水利站所	金川街道农业技术推广服务中心 球川镇农业技术推广服务中心		
浙江省粮食增产保供成绩突出集体	球川镇政府	浙江省人民政府办公厅	2021-11-10
浙江省数字生活新服务特色镇	青石镇、球川镇	浙江省数字生活新服务工作联席会议办公室（浙江省商务厅）/浙数新办〔2021〕10 号	2021-11-19
浙江省红十字救援工作成绩突出集体	县红十字应急救援队	浙江省红十字会/浙红函〔2021〕34 号	2021-11-23
浙江省生态文化建设突出贡献集体	新昌乡黄塘村	浙江省林业局/浙林办〔2021〕69 号	
2021 年浙江省三星级乡镇（街道）食安办	招贤镇食安办、青石镇食安办、大桥头乡食安办、东案乡食安办、芳村镇食安办	浙江省食品药品安全委员会办公室/浙食药安办〔2021〕12 号	
2021 年度“浙江省森林城镇”	何家乡、东案乡	浙江省关注森林组织委员会/浙森组〔2021〕3 号	2021-12-06
2021 年度浙江省美丽乡村示范乡镇	同弓乡	浙江省“千村示范、万村整治”工作协调小组办公室/浙村整建办〔2021〕12 号	2021-12-15
2021 年度浙江省美丽乡村风景线	十里长风风景线		
2021 年度浙江省美丽乡村特色精品村	紫港街道狮东村、球川镇东坑村、同弓乡同心村、何家乡江源村		
2021 年度浙江省历史文化（传统）村落保护利用示范村	球川镇球川村		

续表 55

荣誉称号	获奖单位	颁发单位/文号	颁发时间
2021 年度省级高标准农村生活垃圾分类示范村	白石镇草坪村、紫港街道渣濑湾村、何家乡长风村	浙江省“千村示范、万村整治”工作协调小组办公室/浙村整建办〔2021〕11 号	2021-12-16
2021 年度“浙江省精品年鉴”	《常山年鉴（2020）》	浙江省地方志办公室/浙地办〔2021〕34 号	
2021 年度新时代美丽城镇建设省级样板	芳村镇、白石镇	浙江省城乡环境整治工作领导小组/浙城乡环治〔2021〕3 号	2021-12-17
2021 年度新时代美丽城镇建设基本达标	何家乡、辉埠镇、东案乡、新昌乡		
县（市、区）城乡风貌整治提升行动优秀方案	常山县城乡风貌整治提升行动方案	浙江省城乡风貌整治提升（未来社区未来乡村建设）工作专班办公室/浙风貌办〔2021〕6 号	
2021 年通过首次评估的浙江省健康促进学校	常山县第一小学	浙江省爱国卫生运动委员会办公室、浙江省教育厅、浙江省卫生健康委员会/浙爱卫办〔2021〕20 号	2021-12-20
第二批浙江省近视防控特色学校	球川镇中心小学		
公益诉讼志愿观察员制度全省优秀试点地区	常山县	浙江省人民检察院/浙检发办字〔2021〕196 号	2021-12-21
2016—2020 年全省依法治理创建活动成绩突出单位	金川街道办事处	中共浙江省委全面依法治省委员会守法普法协调小组	
第八批审核认定小微企业园名单	浙江（常山）万洋众创城	浙江省小微企业园工作联席会议办公室/浙小微园办〔2021〕6 号	
全省松材线虫病防治工作和全面禁止非法交易、滥食野生动物工作突出贡献集体	县林业水利局	浙江省政府办公厅	2021-12-22
2021 年浙江省“新时代枫桥式退役军人服务中心（站）”	辉埠镇久泰弄村退役军人服务站 青石镇砚瓦山村退役军人服务站 芳村镇园区新村退役军人服务站 天马街道渡口社区退役军人服务站 紫港街道柚苑社区退役军人服务站 招贤镇象湖村退役军人服务站 何家乡长风村退役军人服务站 金川街道朱家坞村退役军人服务站 球川镇龙绕村退役军人服务站 东案乡金源村退役军人服务站 新昌乡西源村退役军人服务站 大桥头乡浮河村退役军人服务站 白石镇曹会关村退役军人服务站	中共浙江省委退役军人事务工作领导小组办公室/浙委退役军人办〔2021〕9 号	

续表 55

荣誉称号	获奖单位	颁发单位/文号	颁发时间
2021 年浙江省“新时代枫桥式退役军人服务中心（站）”	同弓乡关庄桥村退役军人服务站 辉埠镇辉埠村退役军人服务站 紫港街道外港村退役军人服务站 青石镇马车村退役军人服务站 招贤镇鲁士村退役军人服务站 芳村镇猷阁口村退役军人服务站	中共浙江省委退役军人事务工作领导小组办公室/浙委退役军人办〔2021〕9 号	2021-12-22
省级金牌人民调解工作室	辉埠镇人民调解委员会河流调解工作室	浙江省人民调解协会/浙调协字〔2021〕10 号	2021-12-23
2021 年浙江省省级示范性青创农场	常山利卿果业青创农场、常山县大学生创业园	共青团浙江省委/团浙〔2021〕49 号	2021-12-24
2021 年度浙江省文化示范村	何家乡樊家村	浙江省文化和旅游厅/浙文旅公共〔2021〕43 号	2021-12-27
浙江省文化示范村（社区）复核通过名单	球川镇：芙蓉村、后弄村 天马街道：屏山社区、金川社区、文峰社区 何家乡：何家村、江源村 金川街道：赵家坪社区 白石镇：草坪村 招贤镇：樊村村、古县村 紫港街道：紫港社区		
2020—2021 年度闽浙赣毗连地区护林联防委员会第三联防区先进单位	县应急管理局	闽浙赣毗连地区护林联防委员会第三联防区/护联字〔2021〕4 号	
省级高新技术产业园区创建名单	常山信息材料高新技术产业园区	浙江省科技厅、浙江省发改委/浙科函成〔2021〕226 号	2021-12-28
二级公安派出所	县公安局球川派出所 县公安局招贤派出所 县公安局芳村派出所	浙江省公安厅/浙公发〔2021〕12 号	
《常山县搭建“两山银行”助力实现共同富裕》获第二批全省大花园示范县建设优秀典型案例	常山县	浙江省发展改革委/浙发改环资函〔2021〕897 号	2021-12-29
2021 年浙江省电商专业村	大桥头乡：客弄村 辉埠镇：黄坞岭村、宋畈村 招贤镇：古县村、汪家淤村、溪上村、渔溪口村	浙江省商务厅	
2021 年浙江省电商镇	招贤镇		
2021 年度浙江省园林式居住区(单位)	南悦名城小区	浙江省住房和城乡建设厅/浙建城发〔2021〕74 号	
2021 年度浙江省街容示范街	人民路（胜利街—朝阳路）		
全省“示范数字档案室”	常山县城投集团、常山农商银行	浙江省档案局/浙档发〔2021〕27 号	2021-12-31

地市级(含部门)表彰或命名的荣誉一览表

表 56

荣誉称号	获奖单位	颁发单位/文号	颁发时间
2020 年市级“文明规范公正”司法所	县司法局青石司法所、县司法局招贤司法所	衢州市司法局	2021-01-06
2020 年度全市建筑行业“红色工地”建设先进项目	心舟公园东侧 2#地块（文澜苑）	衢州市住房和城乡建设局/衢住建办〔2021〕5 号	2021-01-08
2020 年度全市建筑行业“红色工地”建设先进企业	启天建设集团有限公司		
2020 年度市级“平安单位”	县机关事务保障中心 县教育局 县财政局 县人民医院 县水务发展投资有限公司 常山一中 人民银行常山分行 工商银行常山支行 农业银行常山支行 中国银行常山支行 建设银行常山支行 金华银行衢州常山小微企业专营支行 温州银行衢州常山小微企业专营支行 中国移动常山分公司 邮政储蓄银行常山支行 常山农商银行 浙江泰隆银行常山支行 浙江民泰商业银行衢州常山小微企业专营支行 国网常山县供电公司	衢州市公安局	2021-01-12
浙江省 AAAA 级景区镇	芳村镇	衢州市文化广电旅游局/衢市文旅通〔2021〕3 号	2021-01-20
浙江省 AAA 级景区镇	何家乡、白石镇、同弓乡、辉埠镇、球川镇、新昌乡		
AAA 级景区村	青石镇水南村、新昌乡新昌村、白石镇草坪村、大桥头乡濛桥村、何家乡江源村、同弓乡中和村		
2020 年度衢州市“清廉学校”示范点	紫港中学、常山一小、育才小学、招贤小学	中共衢州市教育局党委/衢市教党〔2021〕2 号	2021-01-25
2020 年衢州市 8090 新时代理论宣讲工作成绩突出集体	县教育局、辉埠镇政府、紫港街道办事处	全市域体系化推进 8090 新时代理论宣讲工作领导小组办公室/衢新宣办〔2021〕2 号	2021-01-29

续表 56

荣誉称号	获奖单位	颁发单位/文号	颁发时间
2020 年度市级美丽城镇	球川镇、芳村镇、青石镇、白石镇	衢州市乡村振兴领导小组美丽城镇建设办公室/衢美镇办〔2021〕1 号	2021-02-02
全市扶贫开发工作成绩突出集体	白石镇政府、金川街道办事处、辉埠镇政府	衢州市扶贫开发领导小组/衢市扶贫组〔2021〕1 号	2021-02-05
2020 年度全市平安建设突出贡献集体	县委组织部、县委政法委、县信访局、县住建局、县林水局、金川街道	中共衢州市委、衢州市人民政府/衢委发〔2021〕4 号	2021-02-07
2020 年度全市信访工作突出贡献集体	县纪委监委、县公安局、辉埠镇、白石镇		
2020 年度去京越级访治理优秀乡镇（街道）	招贤镇	衢州市信访工作领导小组/衢信领〔2021〕1 号	2021-02-08
2020 年度信访积案化解优秀乡镇（街道）	招贤镇		
2020 年度无信访积案乡镇（街道）	白石镇、大桥头乡、何家乡		
2020 年度全市统一战线工作先进单位——二等奖	县委统战部	中共衢州市委统战部/衢市统〔2021〕7 号	2021-03-04
2020 年度全市统一战线工作单项奖——新乡贤工作先进单位	县委统战部		
2020 年度全市乡镇（街道）统一战线工作先进集体	新昌乡党委、东案乡党委、何家乡党委		
《引乡贤回归，筑牢基层党组织根基》获 2020 年度全市统一战线工作实践创新优秀案例	县委统战部		
“十三五”衢州市《科学素质纲要》实施工作先进集体	县科协、县委党校、县林业水利局、县教育局、县人力资源和社会保障局	衢州市全民科学素质工作领导小组/衢全科组发〔2021〕3 号	2021-03-10
“十三五”衢州市《科学素质纲要》实施工作优秀案例	“创客教育”助力中小学科学素质提升（县教育局）、常山阿姨科学素质提升行动（县人力资源和社会保障局）、“走进慢城、聆听童声——我给大家讲故事”活动（县图书馆）、《校园农耕乐》农业科普实践教育（县第一小学）		
2020 年度全市党委信息报送工作成绩突出单位——一等奖	县委办公室	中共衢州市委办公室/办字〔2021〕5 号	2021-03-16

续表 56

荣誉称号	获奖单位	颁发单位/文号	颁发时间
2020 年度衢州市政府特别奖：杰出贡献奖——二等奖	常山南方水泥有限公司	衢州市人民政府/衢政发〔2021〕5 号	2021-03-24
2020 年度衢州市政府特别奖：杰出贡献奖——三等奖	常山江山虎水泥有限公司	衢州市人民政府/衢政发〔2021〕5 号	2021-03-24
2020 年度衢州市政府特别奖：产业投资贡献奖	常山众誉运力供应链管理有限公司 浙江哲丰新材料有限公司 浙江赛得健康产业投资管理集团有限公司	衢州市人民政府/衢政发〔2021〕5 号	2021-03-24
2020 年度衢州市政府特别奖：企业成长之星奖——一等奖	浙江先导精密机械有限公司	衢州市人民政府/衢政发〔2021〕5 号	2021-03-24
2020 年度衢州市政府特别奖：亩均效益之星奖——一等奖	浙江先导热电科技股份有限公司	衢州市人民政府/衢政发〔2021〕5 号	2021-03-24
2020 年度衢州市政府特别奖：建筑产业之星奖——二等奖	浙江广茂建设有限公司	衢州市人民政府/衢政发〔2021〕5 号	2021-03-24
2020 年度衢州市政府特别奖：业态模式创新奖	常山县生态资源经营管理有限公司 腾云（常山）旅游管理有限公司	衢州市人民政府/衢政发〔2021〕5 号	2021-03-24
2020 年度衢州市政府特别奖：政府质量奖	启天建设集团有限公司	衢州市人民政府/衢政发〔2021〕5 号	2021-03-24
2020 年度衢州市巾帼文明岗	县综合行政执法局政治处	衢州市人民政府妇女儿童工作委员会办公室/衢妇儿工委办〔2021〕2 号	2021-03-24
2020 年度衢州市五四红旗团委	青石镇团委 常山一中团委 常山农商银行团委	共青团衢州市委/团衢发〔2021〕5 号	2021-03-30
2020 年度衢州市五四红旗团支部	紫港街道紫港社区团支部 县阳光志愿者协会团支部 县春泥公益协会团支部	共青团衢州市委/团衢发〔2021〕5 号	2021-03-30
2020 年度衢州市无偿献血促进奖单位	县委组织部 新昌乡政府 雄狮工贸有限公司 城关中学 招贤镇政府 白石镇政府 县消防大队 县市场监管局 雪村制冷有限公司 县烟草专卖局 青石镇湖头村 县住建局	衢州市献血工作领导小组/衢献血字〔2021〕4 号	2021-06-03

续表 56

荣誉称号	获奖单位	颁发单位/文号	颁发时间
2020 年度全市安全生产工作先进集体	县应急局 县教育局 县经济技术开发区管委会 招贤镇政府	衢州市人民政府/衢政发〔2021〕9 号	2021-06-07
2020 年度粮食安全县（市、区）长责任制考核优秀单位	常山县	衢州市政府办公室	2021-06-29
衢州市先进基层党组织	天马街道天安村党支部 新昌乡达塘村党支部 青石镇大塘后村党支部 天马街道金川社区党委 辉埠镇党委 县阳光志愿者协会党支部 县公安局芳村派出所党支部 县妇幼保健院党支部 县营商环境建设办公室机关党支部 紫港街道紫港社区党委	中共衢州市委/衢委发〔2021〕14 号	2021-06-30
衢州市第三批示范性资源教室学校	白石镇白石小学、龙绕中心小学	衢州市教育局办公室/衢教办基〔2021〕40 号	2021-07-05
2021 年第二季度市政府系统执行“十条军规”正面典型事项通报表扬	县政府	衢州市政府办公室/室字〔2021〕3 号	2021-07-27
衢州市政法队伍教育整顿工作突出集体	县人民法院红旗岗法庭	衢州市委政法队伍教育整顿领导小组办公室/衢教育整顿办〔2021〕8 号	2021-08-10
“五水共治”（河长制）工作表现突出集体嘉奖	县政府	衢州市人民政府/衢政发〔2021〕14 号	2021-08-20
衢州市 2021 年以灭蚊灭蝇为重点的除四害示范村	何家乡长风村溪东自然村	衢州市爱国卫生运动委员会办公室/衢市爱卫办发〔2021〕10 号	2021-09-30
衢州市 2021 年以灭蚊灭蝇为重点的除四害达标村	金川街道徐村村徐村自然村 球川镇黄泥畈村黄泥畈自然村		
AAA 级景区城	常山县	衢州市文化广电旅游局	2021-10-08
2021 年度“惠衢保”工作推进突出县（市、区）	县政府	衢州市人民政府办公室	2021-10-22
2021 年度“惠衢保”工作推进突出乡镇（街道）	白石镇、同弓乡、何家乡、大桥头乡		
衢州市第七次人口普查市级成绩突出集体	县统计局	衢州市人民政府第七次人口普查领导小组/衢人普组〔2021〕1 号	2021-10-26

续表 56

荣誉称号	获奖单位	颁发单位/文号	颁发时间
衢州市 2021 年度数字家长学校——2021 年新增数字家长学校名单	育才小学、青石镇中心小学、城关中学、天马第二中心小学、芳村镇中心小学、何家乡中心小学、大桥头乡中心小学、同弓乡中心小学、宋畈中心小学、湖东中心小学、招贤镇中心小学、二都桥中心小学、球川镇中心小学、天马第一中心小学、实验小学	衢州市教育局办公室/衢教办〔2021〕74 号	2021-11-10
衢州市 2021 年度数字家长学校——2020 年度数字家长学校复核通过名单	阁底中心小学、城南中学、县第一小学		
衢州市 2021 年度深化“千万工程”建设新时代美丽乡村（提升农村人居环境）工作良好县、农村生活垃圾分类处理年度工作良好县、农村厕所革命年度工作优秀县、历史文化（传统）村落保护利用年度工作优秀县	常山县	衢州市农业农村局	2021-11-15
2021 年衢州市“百县千碗”美食体验店（示范店）	常山良友喜缘宴会中心有限公司 常山天地金佰汇柏丽酒店管理有限公司	衢州市“百县千碗”工程推进指导小组（衢州市文化广电旅游局）	2021-11-30
首批衢州市乡村工匠大师工作室	毛春良工作室（竹编） 曾令兵工作室（喝彩歌谣）	衢州市农业农村局/衢农专〔2021〕90 号	2021-12-10
示范乡村振兴综合体	新昌乡“早上好”乡村振兴综合体 青石镇“柚石兴”乡村振兴综合体	中共衢州市委组织部/衢市组通〔2021〕38 号	
AAA 乡村振兴讲堂	东案乡田蓬村“幸福西瓜”讲堂 东案乡梅树底村“红峰”讲堂 招贤镇纱帽山村“金枇杷”讲堂 白石镇曹会关村“心连心”讲堂 同弓乡同心村“同心”讲堂 新昌乡西源村“西源红”讲堂 紫港街道渣濑湾村“邻礼”讲堂 何家乡樊家村“廉礼”讲堂 球川镇黄泥畈村“诚信”讲堂 大桥头乡濛桥村“书香”讲堂		
乡村振兴讲堂市级实训基地	芳村镇油茶研学实训基地 同弓乡金色同弓田园综合体研学基地 新昌乡“早上好”支部书记研学基地 芳村镇蓝莓种植基地 青石镇观赏石研学基地		

续表 56

荣誉称号	获奖单位	颁发单位/文号	颁发时间
第一、二批市级文明校园通过复评名单	育才小学、实验小学、天马二小、天马一小、二都桥小学、城南中学、紫港中学、常山一中、职业中专、城关中学、东案小学、常山一小、湖东小学	衢州市教育局、衢州市精神文明建设委员会办公室/衢教〔2021〕47 号	2021-12-10
全市“建设清廉机关、创建模范机关”工作先进集体	县林业水利局 县教育局	中共衢州市委直属机关工作委员会/市委机关工委〔2021〕27 号	2021-12-13
2021 年度衢州市健康乡镇	同弓乡、球川镇、东案乡	衢州市爱国卫生运动委员会办公室/衢市爱卫办发〔2021〕15 号	2021-12-14
2021 年度衢州市健康村	天马街道：常年青村、东港村、天马村 紫港街道：渣濑湾村 金川街道：五里亭村、徐村村 辉埠镇：石姆岭村、辉埠村、路里坑村 招贤镇：官庄村、纱帽山村、象湖村 青石镇：砚瓦山村、大塘后村、溪口村 芳村镇：上猷阁村、河边山村、横山路村 白石镇：草坪村、新塘岭村 球川镇：黄泥畈村、后弄村、东坑村 何家乡：长风村、樊家村 东案乡：梅树底村、田蓬村、浮河村 大桥头乡：大桥村 新昌乡：新昌村、黄塘村、达塘村 同弓乡：彤弓山村、中和村、关庄桥村		
2021 年“五好”学校关工委	县第一小学、二都桥中心小学、东案乡中心小学、教工幼儿园、实验幼儿园	衢州市教育局关心下一代工作委员会/衢教关工委〔2021〕6 号	2021-12-20
2021 年衢州市第二批通过验收的“无废乡村”名单	紫港街道渣濑湾村、新昌乡郭塘村、何家乡长风村	衢州市全域“无废城市”建设工作专班办公室	2021-12-28
2021 年衢州市第二批通过验收的“无废学校”名单	天马一小、县第一小学、天马二小、招贤镇中心小学、城南中学、实验小学		
2021 年衢州市第二批通过验收的“无废医院”名单	县中医医院、县妇幼保健院、县人民医院		

续表 56

荣誉称号	获奖单位	颁发单位/文号	颁发时间
2021 年衢州市第二批通过验收的“无废工地”名单	浙江哲丰新材料有限公司配套职工宿舍（哲丰苑）项目二期工程、常山县慢城文化旅游博览中心（EPC）项目、常山县赵家坪四期地块农民集聚 EPC 总承包工程	衢州市全域“无废城市”建设工作专班办公室	2021-12-28
2021 年衢州市第二批通过验收的“无废景区”名单	常山县奇石馆		
2021 年度市级美丽城镇	何家乡、新昌乡、辉埠镇、东案乡	衢州市乡村振兴领导小组美丽城镇建设办公室/衢美镇办〔2021〕8 号	2021-12-31

县委、县政府表彰或命名的集体荣誉一览表

表 57

荣誉称号	获奖单位	颁发单位/文号	颁发时间
2020 年度常山县“五比亮剑”暨三大活动表现突出正面典型——争先创优先进集体	县财政局、县林水局、县住建局	中共常山县委、常山县人民政府/常委发〔2021〕5 号	2021-02-16
2020 年度常山县“五比亮剑”暨三大活动表现突出正面典型——攻坚实绩突出集体	县市场监管局、县征迁事务中心、同弓乡		
2020 年度常山县“五比亮剑”暨三大活动表现突出正面典型——服务发展示范集体	县营商办、县供电公司、县税务局、县机关事务保障中心		
2020 年度记功嘉奖的集体——集体三等功	县委组织部、县国资国企系统（国资中心、国投公司、城投集团、农投集团、金融中心）、县自然资源与规划局、县发展和改革局、县交通运输局、县教育局、辉埠镇	常山县人民政府/常政发〔2021〕5 号	2021-02-18
2020 年度记功嘉奖的集体——集体嘉奖	县科技局、县农业农村局、县经信局、经济技术开发区、县人力社保局、县卫生健康局、市生态环境局常山分局、县公安局、紫港街道、青石镇、天马街道		
消薄攻坚工作先进集体	县农业农村局、金川街道、辉埠镇、青石镇、新昌乡郭塘村、天马街道东港村	中共常山县委、常山县人民政府	2021-03-10
扶贫开发工作先进集体	县纪委监委、县财政局、县统计局、天马街道、紫港街道		

续表 57

荣誉称号	获奖单位	颁发单位/文号	颁发时间
乡村产业振兴优秀企业	常山县农投集团 浙江艾佳果蔬开发有限责任公司 浙江柚香谷投资管理股份有限公司 浙江伟盛牧业有限公司 浙江天泉生物科技有限公司 浙江常发粮油食品有限公司 常山县游胜家庭农场 常山县邓小华家庭农场 常山县椿秋红农业开发有限公司 常山县豪锋农业发展有限公司	中共常山县委、常山县人民政府	2021-03-10
乡村振兴改革创新及亮点工作优秀单位	县委组织部、县委宣传部、县农业农村局、县自然资源和规划局、县公安局、县发改局、县住建局、县民政局、县卫健局、县医保局、县经济协作中心、县妇联、同弓乡		
第五批美丽乡村精品村	紫港街道狮子口村、金川街道五里亭村、青石镇溪口村、招贤镇象湖村、新昌乡西源村、白石镇新塘岭村、何家乡黄冈村、球川镇棋盘山村、东案乡朝阳村、芳村镇上猷阁村		
平安建设突出贡献集体	县委政法委、县应急管理局、县开发区管委会、县财政局、县市场监管局、县教育局、县公安局、县妇联、城投集团、金川街道、何家乡、招贤镇、青石镇、新昌乡、球川镇		
扫黑除恶专项斗争工作突出贡献集体	天马街道、辉埠镇、县委组织部、县自然资源和规划局、县交通运输局、县农业农村局		
信访工作突出贡献集体	县委政法委、县住建局、县农业农村局、何家乡、招贤镇、东案乡		
安全生产先进集体	县公安局(交警大队)、县经信局、县交通运输局、县应急管理局、县市场监管局、县文广旅体局、县教育局、天马街道、辉埠镇、青石镇、农投集团		
常山县先进基层党组织	天马街道东方红村党支部 紫港街道党工委 金川街道徐村村党支部	中共常山县委/常委发〔2021〕16 号	2021-07-01

续表 57

荣誉称号	获奖单位	颁发单位/文号	颁发时间
常山县先进基层党组织	何家乡长风村党支部 新昌乡郭塘村党支部 白石镇党委 同弓乡同心村党支部 县发展和改革局党委 县经济和信息化局党委 常山县第一中学党总支 县公安局城关派出所党支部 县财政局党委 县人力资源和社会保障局党总支 县自然资源和规划局党委 县市容环卫中心党支部 县文化和广电旅游体育局党委 县审计局机关党支部 县综合行政执法局机关党支部 常山皮尔轴承有限公司党总支 浙江先导精密机械有限公司党支部	中共常山县委/常委发〔2021〕16 号	2021-07-01
旧城改造（主城区、狮子口片区）嘉奖——集体三等功	紫港街道、天马街道、县征迁中心	常山县人民政府/常政发〔2021〕39 号	2021-08-10
旧城改造（主城区、狮子口片区）嘉奖——集体嘉奖	县市场监管局、县教育局、县林水局、县综合执法局、县经信局、县资规局、县应急管理局、县农业农村局、县税务局、县财政局、县住建局、县卫健局、县民政局、县交通运输局、县科技局、县审计局、县人力社保局、辉埠镇、球川镇、招贤镇、白石镇、金川街道、大桥头乡、东案乡、何家乡	常山县人民政府/常政发〔2021〕39 号	2021-08-10

国家级(含部门)表彰或命名的个人荣誉一览表

表 58

荣誉称号	获奖个人	颁发单位/文号	颁发时间
农业农村系统抗击新冠肺炎疫情突出贡献农民	张孝成（青石镇大塘后村）	农业农村部/农人发〔2021〕1 号	2021-01-28
全国木本油料“一线工匠人才”第二批入库名单	俞春莲、张冬勇、黄广远（县油茶产业发展中心） 廖红俊（绿玲珑茶业专业合作社） 蒋志林（富而康山茶油有限公司） 郑华龙（社坞塘家庭农场） 黄志旺（旺浩农业发展有限公司）	中国林业产业联合会木本油料分会/中产联木本油料〔2021〕5 号	2021-11-05

省部级(含部门)表彰或命名的个人荣誉一览表

表 59

荣誉称号	获奖个人	颁发单位/文号	颁发时间
2020 年度浙江省“放心消费在浙江”成绩突出个人	鲁明（县市场监管局）	浙江省市场监督管理局/浙市监消〔2021〕1 号	2021-01-11
浙江省农产品质量安全卫士个人	黄浩霞（县检验检测研究院）	浙江省人民政府	2021-01-13
浙江省生猪增产保供成绩突出个人	江有明（辉埠镇政府）		
浙江省文明家庭	熊素娟家庭（天马街道定阳社区） 徐金妹家庭（紫港街道紫港社区）	中共浙江省委、浙江省人民政府	2021-01-15
2020 年药品科学监管与发展创新奖——药品科学监管突出贡献个人奖	李红（县市场监管局）	浙江省药品监督管理局/浙药监人〔2021〕2 号	
浙江省消除集体经济薄弱村工作成绩突出个人	丁开有（县农业农村局） 陈伟俊（白石镇政府） 吴晟昊（新昌乡政府）	中共浙江省委、浙江省人民政府	2021-01-18
“森林浙江”建设工作突出贡献个人	刘冬杰（县林业水利局） 邱雪芳（球川镇政府）	中共浙江省委、浙江省人民政府	2021-01-19
2020 年度全省人民防空工作先进个人	周蕾（县人民防空办公室）	浙江省人民防空指挥部办公室、浙江省人民防空办公室/浙人指办〔2021〕1 号	2021-01-28
2020年纳税服务工作表现突出个人	鲍倩钰、夏昕澜（县税务局）	国家税务总局浙江省税务局纳税服务处/浙税纳便函〔2021〕7 号	2021-02-04
2020 年度全省公安机关打击整治“全能神”邪教组织三年攻坚专项行动成绩突出个人	黄发林（县公安局政治安全保卫大队）	浙江省公安厅/浙公办〔2021〕18 号	2021-02-10
全省“法雨春风进万家”爱民实践活动表现突出个人	谢晓燕（县司法局）	浙江省司法厅/浙司〔2021〕44 号	2021-04-26
在 2020 年度改革创新工作中成绩突出个人	王金红（县营商办）	中共浙江省委、浙江省人民政府	2021-05-12
浙江省实施妇女儿童发展规划成绩突出个人	郑丽（县妇联）	浙江省人民政府妇女儿童工作委员会/浙政妇儿工委〔2021〕2 号	2021-05-29
第五届“最美浙江文物守望者”——基层文物治理模范	王荣华（东案乡金源村）	浙江省文物局/浙文物发〔2021〕118 号	2021-07-08
2021 年省级文化示范户	郑少奇（大桥头乡） 徐民（金川街道） 曾令兵（招贤镇） 左琦（天马街道）	浙江省文化和旅游厅/浙文旅公共〔2021〕30 号	2021-08-04

续表 59

荣誉称号	获奖个人	颁发单位/文号	颁发时间
2021 年省级文化示范户	毛春良（青石镇） 黄君平（白石镇） 王月爱（东案乡）	浙江省文化和旅游厅/浙文旅公共〔2021〕30 号	2021-08-04
2021 年省级乡村文化能人	王怡（紫港街道） 戴理平（东案乡） 樊松军（辉埠镇） 郑利梅（东案乡） 张金花（芳村镇） 何小英、琚心祥（何家乡） 李金英（天马街道） 章嘉水、王庆芳（青石镇） 徐高翔（金川街道） 朱爱良（球川镇） 谢章华（新昌乡） 应丽、官小连（白石镇） 章玉君（同弓乡）		
2018—2020 年浙江省市场环境建设成绩突出个人	江益镇（县市场监管局）	浙江省“小微企业三年成长计划”工作领导小组/浙微组发〔2021〕3 号	2021-08-31
浙江省第七次人口普查省级成绩突出个人	占慧臻（县统计局）	浙江省人民政府第七次人口普查领导小组/浙人普组〔2021〕1 号	2021-10-11
2021 年度浙江省城市市容环境卫生工作成绩突出个人	徐文明（县市容环卫中心）	浙江省建设厅、浙江省总工会	2021-10-12
浙江省打赢蓝天保卫战成绩突出个人	张玉成（衢州市常山生态环境监测站）	浙江省人民政府办公厅	2021-10-15
浙江省粮食增产保供成绩突出个人	季卫东（县种植业发展中心）	浙江省人民政府办公厅	2021-11-10
浙江省生猪增产保供成绩突出个人	赖建新（县农业农村局）		
浙江省“十三五”实行最严格水资源管理制度成绩突出个人	刘冬杰（县林业水利局）	浙江省政府办公厅	2021-11-22
第六批浙江省非物质文化遗产代表性传承人	曾令兵（招贤镇） 左琦（天马街道）	浙江省文化和旅游厅/浙文旅非遗〔2021〕22 号	
浙江省生态文化建设突出贡献个人	汪舍平（县林业技术推广中心） 徐石建(常青泉旅游开发有限公司)	浙江省林业局/浙林办〔2021〕69 号	2021-11-23
2021 年度水旱灾害防御工作成绩突出个人	汪鉴忠（县林业水利局）	浙江省水利厅/浙水灾防〔2021〕23 号	2021-12-09
2021 年度“省绿化奖章”	何照斌（县林业水利局）	浙江省绿化与自然保护地委员会/浙绿委〔2021〕3 号	2021-12-15

续表 59

荣誉称号	获奖个人	颁发单位/文号	颁发时间
2021 年度浙江省水利建设工程质量监督先进个人	林峰（县水利工程质量安全管理中心）	浙江省水利水电工程质量与安全管理中心/浙水质管〔2021〕128 号	2021-12-17
2016—2020 年全省普法工作成绩突出个人	张彩燕（辉埠镇政府）	中共浙江省委全面依法治省委员会守法普法协调小组	2021-12-21
全省松材线虫病防治工作和全面禁止非法交易、滥食野生动物工作突出贡献个人	徐剑飞（县林业水利局） 郑霞霞（县森林病虫害防治检疫站） 谢雨生（紫港街道办事处）	浙江省政府办公厅	2021-12-22
2020—2021 年度闽浙赣毗连地区护林联防委员会第三联防区先进个人	蒋小勇（县林业水利局森林防火科干部） 郑贤平（天河森林消防救援队负责人）	闽浙赣毗连地区护林联防委员会第三联防区/护联字〔2021〕4 号	2021-12-27

地市级（含部门）表彰或命名的个人荣誉一览表

表 60

荣誉称号	获奖个人	颁发单位/文号	颁发时间
2020 年度“平安单位”建设先进个人	徐峰（县教育局） 江啸（县公安局） 陈伟明（县人民医院） 叶奔建（浙江泰隆商业银行常山支行） 胡威民（常山农商银行） 邓骏里（国网常山县供电公司）	衢州市公安局	2021-01-12
2020 年衢州市 8090 新时代理论宣讲工作成绩突出导师顾问	赵豪清（县民政局）	全市域体系化推进 8090 新时代理论宣讲工作领导小组办公室/衢新宣办〔2021〕2 号	2021-01-29
2020 年衢州市 8090 新时代理论宣讲工作成绩突出宣讲员	王臻（县综合行政执法局天马中队副中队长） 彭亚捷（同弓乡政府集镇建设办公室主任） 郭芳（芳村小学教师）		
全市扶贫开发工作成绩突出个人	周瑞（招贤镇政府） 徐科龙（县农业农村局） 张徐琴（县民政局） 毕春发（天马街道办事处）	衢州市扶贫开发领导小组/衢市扶贫组〔2021〕1 号	2021-02-05
2020 年度全市平安建设突出贡献个人	沈文兵（县人大常委会机关） 程其光（县纪委监委） 甘全明（县委政法委）	中共衢州市委、衢州市人民政府/衢委发〔2021〕4 号	2021-02-07

续表 60

荣誉称号	获奖个人	颁发单位/文号	颁发时间
2020 年度全市平安建设突出贡献个人	樊乐心（县扫黑办） 杨光龙（县基层治理专班） 罗立新（县教育局） 徐江伟（县公安局） 王盛盛（县综合执法局） 江莉贞（县应急管理局） 余欣雅（县法院） 饶立飞（县检察院） 周晨昊（县消防救援大队） 汪小明（天马街道） 杨力军、郑罡（青石镇） 金鑫（招贤镇） 程敏芳（何家乡）	中共衢州市委、衢州市人民政府/衢委发〔2021〕4 号	2021-02-07
2020 年度全市信访工作突出贡献个人	詹汉（县经信局） 胡长锋（县卫健局） 廖伟成（球川镇） 徐成水（何家乡） 钱小平（招贤镇）		
2020 年度全市统战信息工作先进个人	樊鑫磊（县委统战部）	中共衢州市委统战部/衢市统〔2021〕7 号	2021-03-04
“十三五”衢州市《科学素质纲要》实施工作先进个人	王润梅（县教育局） 杨波（县林业水利局） 叶和明（招贤镇中心小学） 范孝燕（县第一小学） 陈诚（县图书馆） 龚琪（县妇联） 王琳（县人力资源和社会保障局） 郑丽（县市场监管局）	衢州市全民科学素质工作领导小组/衢全科组发〔2021〕3 号	2021-03-10
2020 年度全市党委信息报送工作成绩突出个人	徐高飞、彭俊（县委办公室） 徐梦婷（何家乡）	中共衢州市委办公室/办字〔2021〕5 号	2021-03-16
2020 年度衢州市巾帼建功标兵	陈美美（县妇联） 王芳（县老油坊山庄） 徐卫燕（球川镇） 徐丹文（县教育局）	衢州市人民政府妇女儿童工作委员会办公室/衢妇儿工委办〔2021〕2 号	2021-03-24
2020 年度衢州市优秀共青团员	张程辰（同弓乡大学生） 吴亚东（常山一中） 叶超（五里小学大队） 严翔（国网常山县供电公司）	共青团衢州市委/团衢发〔2021〕5 号	2021-03-30

续表 60

荣誉称号	获奖个人	颁发单位/文号	颁发时间
2020 年度衢州市优秀共青团干部	徐洋（团县委副书记） 何冠琦（芳村镇团委书记） 季媛媛（县公安局团委书记） 黎炜（县人民医院团委书记） 周晴（紫港中学团委书记）	共青团衢州市委/团衢发〔2021〕5 号	2021-03-30
2020 年度全市安全生产工作先进个人	毕旭红（县市场监管局） 陈芳（市生态环境局常山县分局） 毛海涛（县消防救援大队） 王昊虬（天马街道办事处） 郑俊毅（芳村镇政府）	衢州市人民政府/衢政发〔2021〕9 号	2021-06-07
2021 年衢州市新“115 人才工程”培养人员	罗庆（浙江环宇轴承有限公司） 祝洪刚、章敏（浙江常发粮油食品有限公司） 江共英、江飞保、胡芝仙（县人民医院） 饶春雅（常山一中） 汪丽霞、计明月、张志慧（县农业特色产业发展中心） 易卫（县省际动物防疫检查总站） 方虹（县交通运输局） 张军华［利安隆科润（浙江）新材料有限公司］ 丁威（浙江哲丰新材料有限公司） 祝伟生（浙江先导精密机械有限公司） 严晓丽（县检验检测研究院）	中共衢州市委组织部、衢州市人力资源和社会保障局/衢市人社专〔2021〕62 号	2021-06-22
衢州市优秀共产党员	郑小云（金川街道赵家坪社区） 周燕清（球川镇黄泥畈村） 应丽（白石镇草坪村） 苏恒俊（紫港街道） 张根良（县公安局看守所） 刘文峰（县疾病预防控制中心） 洪涛（县教育局） 王伊钧（浙江先导精密机械有限公司） 姚长征(县经济技术开发区管委会)	中共衢州市委/衢委发〔2021〕14 号	2021-06-30
衢州市优秀党务工作者	洪虹（天马街道屏山社区） 王为平（东案乡梅树底村） 张荣（新昌乡郭塘村） 邹清华（同弓乡同心村） 涂小红（浙江德源养老产业投资管理股份有限公司）		

续表 60

荣誉称号	获奖个人	颁发单位/文号	颁发时间
衢州市优秀党务工作者	姜毅（县市场监督管理局） 吴水良（紫港中学） 王新帅（县新时代党员教育中心） 李珍（县审计局） 程斌（常山传媒集团）	中共衢州市委/衢委发〔2021〕14 号	2021-06-30
第四批衢州市市级非物质文化遗产代表性项目代表性传承人——民间文学	常山喝彩歌谣：曾令华、刘伟金	衢州市文化广电旅游局/衢市文旅通〔2021〕39 号	2021-07-08
第四批衢州市市级非物质文化遗产代表性项目代表性传承人——传统舞蹈	琚家青龙：琚心祥		
第四批衢州市市级非物质文化遗产代表性项目代表性传承人——传统美术	常山巧石技艺：刘锋 常山民间剪纸：徐美文		
第四批衢州市市级非物质文化遗产代表性项目代表性传承人——传统技艺	常山黄师傅捏糖人技艺：黄兴伟 手工弹棉花技艺：汪松水 常山万寿十六道素食制作技艺：龚爱文 鸬鹚捕鱼技艺：徐小祥		
第四批衢州市市级非物质文化遗产代表性项目代表性传承人——传统医药	常山中药合香技艺：余笑来		
衢州市政法队伍教育整顿工作突出个人	林慧颖（县委政法委办公室副主任、县法学会秘书处秘书长） 汪浩（县公安局出入境管理大队大队长） 曾榴榴(县检察院第三检察部主任) 姚靓雯（县司法局办公室副主任）	衢州市委政法队伍教育整顿领导小组办公室/衢教育整顿办〔2021〕8 号	2021-08-10
“南孔圣地·衢州有礼”城市品牌注册工作表现突出个人嘉奖	李振华（常山传媒集团）	衢州市人民政府/衢政发〔2021〕14 号	2021-08-20
“五水共治”（河长制）工作表现突出个人嘉奖	翁旭东（县委） 吴林锋（招贤镇）		
衢州市第七次人口普查市级成绩突出个人	徐银燕（天马街道办事处） 徐丽娟（白石镇政府） 徐建军（辉埠镇政府）	衢州市人民政府第七次人口普查领导小组/衢人普组〔2021〕1 号	2021-10-26
衢州市文艺精品扶持工程第九批入选项目——文学类作品	周华诚散文集《陪花再坐一会儿》 马朝虎纪实文学《墓碑·丰碑》	中共衢州市委宣传部/衢市宣〔2021〕29 号	2021-11-22

县委、县政府表彰或命名的个人荣誉一览表

表 61

荣誉称号	获奖个人	颁发单位/文号	颁发时间
2020 年度常山县“五比亮剑”暨三大活动表现突出正面典型——攻坚有为先进个人	李珍（县审计局） 涂晓明（县协作中心） 王伟荣（招贤镇） 吴月良（县残联） 江晓俊（县经信局） 姚长征（县开发区） 陈志荣（县交通局）	中共常山县委、常山县人民政府/常委发〔2021〕5 号	2021-02-16
2020 年度常山县“五比亮剑”暨三大活动表现突出正面典型——创业创新先进个人	姚肖忆（县医保局） 王金红（县营商办） 饶祖华（县人民医院） 陈贤忠（县林水局） 王伟（县发改局）		
2020 年度常山县“五比亮剑”暨三大活动表现突出正面典型——服务发展先进个人	陈用雅（县民政局） 杨芝冬（县农业农村局） 方慧玉（县资规局） 郑龙龙（县应急管理局） 徐建军（辉埠镇） 陈重良（新昌乡）		
消薄攻坚工作先进个人	柯望飞（县委组织部） 赵晶（县农业农村局） 梁盈（大桥头乡） 王伟君（招贤镇） 郑胜（球川镇） 裴军荣（何家乡长风村）	中共常山县委、常山县人民政府	2021-03-10
扶贫开发工作先进个人	胡兰（县财政局） 章俊（县住建局） 郑美建（白石镇） 占思璇（同弓乡） 王为平（东案乡） 徐琦（芳村镇）		
诗画风光带建设先进个人	杨波（县农业农村局） 余浩（紫港街道） 揭徐帅（金川街道） 蒋建常（何家乡） 徐家有（招贤镇） 徐美星（青石镇） 刘秋萍（辉埠镇辉埠村） 樊嘉云（何家乡樊村村）		

续表 61

荣誉称号	获奖个人	颁发单位/文号	颁发时间
平安建设突出贡献个人	徐高飞（县委办） 官正（县府办） 段寿平（县人大机关） 顾哲洁（县政协机关） 黄油柑（县委组织部） 王小兵（县委宣传部） 袁浩（县委统战部） 程栋（县委政法委） 陈新阳（县基层治理专班） 徐树良（县矛调中心） 郑小琴（县营商办） 周莹（县委编办） 冯佳佳（团县委） 官建国（县发改局） 张莉丽（县统计局） 郑燕（县经信局） 官威京（县开发区管委会） 郑昕（县人社局） 黄琪（县住建局） 吴刚（县自然资源和规划局） 王路遥(市生态环境局常山县分局) 黄国华（县交通运输局） 宁玮锋（县农业农村局） 陈用雅（县民政局） 毛立明（县气象局） 郑秀平（县财政局） 江芙蓉（县税务局） 胡润顺（县市场监管局） 李珍（县审计局） 曾红祥（县卫健局） 马俊（县传媒集团） 付小明（县科技局） 杨利剑（县文广旅体局） 徐昕（县公安局） 叶凯旻（县人武部） 胡小新（县退役军人事务局） 朱永平（县大数据局） 占赐卉、杨丽莉（紫港街道） 方帅（金川街道） 蒋宝（辉埠镇） 周震（东案乡） 樊剑波（大桥头乡） 张斌（芳村镇） 林永周（新昌乡）	中共常山县委、常山县人民政府	2021-03-10

续表 61

荣誉称号	获奖个人	颁发单位/文号	颁发时间
平安建设突出贡献个人	万赛辉（白石镇） 徐秀娟（球川镇） 唐莹（同弓乡） 陈星（天马街道屏山社区） 刘水林（新昌乡新昌村） 曾小伟(浙江傲克密管件有限公司) 毛荣军(常山县星都笔业有限公司)	中共常山县委、常山县人民政府	2021-03-10
扫黑除恶专项斗争工作突出贡献个人	黄琴琴（县纪委监委） 刘宁（县委政法委） 郑德龙（县扫黑除恶工作专班） 徐倩倩（县应急管理局） 董益宁（县综合行政执法局） 江羊你（县林水局） 徐广显（县法院） 樊佳惠（县检察院） 曾剑冰（县公安局） 姚靓雯（县司法局） 郑国建（天马街道） 徐超（白石镇）		
信访工作突出贡献个人	严康威（县委政法委） 黄海波（县矛调中心） 林小路（县信访局） 严建华（县开发区管委会） 戴勇明（县人社局） 范冬冬（县综合执法局） 张志林（县民政局） 徐松（县法院） 柴真见（县公安局） 鲍晓明（县司法局） 魏飞（紫港街道） 夏小仙（金川街道） 陈霞（青石镇） 谢夏芳（芳村镇） 占锋（新昌乡） 汪华军（白石镇）		
安全生产先进个人	朱建楠（县府办） 刘冬良（县住建局） 王新华（市生态环境局常山分局） 邵柏铭（县消防救援大队） 胡长锋（县卫健局）		

续表 61

荣誉称号	获奖个人	颁发单位/文号	颁发时间
安全生产先进个人	曾晓燕（县妇联） 官威京（县开发区管委会） 童海霞（球川镇） 洪瑾（何家乡） 黄土福（芳村镇） 郑黎星（大桥头乡） 洪路（东案乡）	中共常山县委、常山县人民政府	2021-03-10
常山县优秀共产党员	袁小军（天马街道南前坊村） 毛云华（天马街道天马村） 刘芳仙（天马街道蒲塘村） 宋家福（天马街道金川社区） 陈星（天马街道屏山社区） 张莺（天马街道） 李鹏庆、徐剑（紫港街道外港村） 金丽军、占群、徐亮（紫港街道） 叶向阳（金川街道十五里村） 徐卫英（金川街道二都桥社区） 徐东红、徐志进（金川街道） 曾峰斌（辉埠镇东乡村） 刘志亮（辉埠镇路里坑村） 苏成（辉埠镇石姆岭村） 朱奕楠、黄莉（辉埠镇） 王水清（何家乡黄冈村） 余慧华（何家乡） 徐贞满（招贤镇溪上村） 曾智盛、毛理清（招贤镇） 张美华（青石镇澄潭村） 黄小飞（青石镇水南村） 傅小峰、张小清（青石镇） 戴小平（东案乡东案村） 占国军（东案乡万安村） 周芝英（东案乡金源村） 曾明良（大桥头乡新村村） 吴丽娟（大桥头乡） 徐美建（芳村镇洁湖村） 张斌（芳村镇） 汪祖庆（新昌乡西源村） 刘水林（新昌乡新昌村） 揭超（新昌乡） 吴国明（白石镇十八里村） 李理福（白石镇新塘岭村） 郑美建（白石镇） 林学忠（球川镇后弄村）	中共常山县委/常委发〔2021〕16 号	2021-07-01

续表 61

荣誉称号	获奖个人	颁发单位/文号	颁发时间
常山县优秀共产党员	秦碧琴（球川镇九都村） 徐家国（球川镇新店村） 谢晓报、王季、姚江（球川镇） 洪振胜（同弓乡关庄桥村） 何俊姣（同弓乡湖石头村） 何利民（县委县政府政策研究室） 饶贤福（县档案馆） 方彪（县监委） 李晓聪（县委编办） 方剑芸（县委党校） 周恒均（县法院） 郑勤（县检察院） 王伟、李忠兴（县发改局） 占慧臻（县统计局） 郑燕（县经信局） 范剑锋（衢州数字工业学校） 郑秀枫（球川镇中心小学） 李燕君（教工幼儿园） 郑小武（龙绕初中） 王金良（宋畈小学） 占念七（城南中学） 楼邦伟（县公安局外港派出所） 吴兵（县公安局招贤派出所） 吴艳（县财政局） 郑昕（县技能人才评价管理服务中心） 刘雅东（县交通运输局综合行政执法队） 王培霞（县水文站） 黄建设（县农业农村局） 张立羊（县文物保护管理所） 郑知音、洪芳（县人民医院） 江旭锋（县中医医院） 郑龙龙（县应急管理局） 马俊（常山传媒集团） 郑小琴（县营商办） 程高峰（县开发区管委会） 刘相飞（县经济技术协作中心） 洪旭杰、蒋万青（县征迁事务中心） 朱建红（县农投集团） 方丽强（县城投集团） 吴佳丽（县烟草专卖局） 樊玲芸（中国电信常山分公司） 石赟（捷姆轴承集团有限公司）	中共常山县委/常委发〔2021〕16号	2021-07-01

续表 61

荣誉称号	获奖个人	颁发单位/文号	颁发时间
常山县优秀共产党员	张军华［利安隆科润（浙江）新材料有限公司］ 苏小青（启天建设集团有限公司） 周文娟（浙江双明轴承股份有限公司） 钟卫平(浙江富丽新材料有限公司) 姜裕旺（常山正丽机电有限公司） 樊耿俊（常山南方水泥有限公司） 徐春平（常山县防水材料总汇） 樊厚成（浙江三衢律师事务所） 琚江美(常山县红十字应急救援队) 廖慧忠（常山县阳光志愿者协会）	中共常山县委/常委发〔2021〕16 号	2021-07-01
常山县优秀党务工作者	谭美琴（天马街道金川社区） 郑爽（紫港街道） 单劲峰（金川街道） 黄芬（辉埠镇） 秦定福（青石镇大塘后村） 赵飞（青石镇） 林永周（新昌乡） 林芳良（白石镇草坪村） 柯望飞（县委组织部） 党小娟（县法院） 占雨（县检察院） 王文卿（县教育局） 洪永海（常山县第一小学） 冯健（县公安局） 王冰（县住建局） 邓炜（县交通运输局） 奉琼（县卫健局） 陈红飞（县人民医院） 陈金龙（县市场监管局） 徐红权（县退役军人事务局）		
旧城改造（主城区、狮子口片区）嘉奖——个人三等功	徐升（紫港街道）、徐峰（县征迁中心）、郑荣华（天马街道）	常山县人民政府/常政发〔2021〕39 号	2021-08-10

重要文件目录

中共常山县委、常山县人民政府联发文件一览表

表 62

序号	文号	文件标题
1	常委发〔2021〕2 号	关于印发《常山县强发展求突破勇争先“八大行动”实施方案》的通知
2	常委发〔2021〕8 号	关于进一步深化“智汇常山工程”的若干意见
3	常委发〔2021〕11 号	关于进一步加强人民法院工作的实施意见
4	常委发〔2021〕19 号	关于实施工业强县战略推动工业高质量发展的若干意见
5	常委发〔2021〕20 号	关于印发《常山县高质量发展建设共同富裕示范区行动计划》的通知
6	常委发〔2021〕21 号	关于印发《常山县贯彻落实第二轮中央生态环境保护督察报告整改方案》的通知

（县委办公室）

中共常山县委文件一览表

表 63

序号	文号	文件标题
1	常委发〔2021〕1 号	关于制定常山县国民经济和社会发展第十四个五年规划和二〇三五年远景目标的建议
2	常委发〔2021〕13 号	关于纵深推进清廉常山建设的实施意见
3	常委发〔2021〕25 号	关于加快推进“宋诗之河”文化带建设的意见
4	常委发〔2021〕29 号	关于印发《潘晓辉同志在中国共产党常山县第十四次代表大会上的报告》的通知
5	常委发〔2021〕30 号	关于进一步加强自身建设的决定
6	常委发〔2021〕31 号	关于印发《中国共产党常山县委员会工作规则》的通知
7	常委发〔2021〕32 号	关于大力锻造“两专”干部队伍加快建设“浙西第一门户”的意见（试行）

（县委办公室）

常山县人民政府文件一览表

表 64

序号	文 号	文 件 标 题
1	常政发〔2021〕2 号	关于禁止林区一切野外用火的通告
2	常政发〔2021〕5 号	关于授予县委组织部等 7 家单位集体三等功和县科技局等 11 家单位集体嘉奖的决定
3	常政发〔2021〕8 号	关于县政府领导分工的通知
4	常政发〔2021〕9 号	关于印发《常山县国民经济和社会发展第十四个五年规划和 2035 年远景目标纲要》的通知
5	常政发〔2021〕11 号	关于下达常山县 2021 年重点建设、重大前期、非重点政府投资项目计划的通知
6	常政发〔2021〕12 号	关于明确征收集体土地地上附着物和青苗补偿政策的通知
7	常政发〔2021〕14 号	关于常山县渡口未来社区项目国有土地上房屋拟征收范围的公告
8	常政发〔2021〕15 号	关于做好 2021 年深化民兵调整改革工作的通知
9	常政发〔2021〕17 号	关于对常山县渡口未来社区项目国有土地上房屋实施征收的决定
10	常政发〔2021〕18 号	关于对常山县渡口未来社区项目国有土地上房屋实施征收决定的公告
11	常政发〔2021〕19 号	常山县渡口未来社区项目集体土地征收房屋补偿安置方案
12	常政发〔2021〕21 号	关于优化高考选考、中考和普高学考等教育招生考试环境维护考试秩序的通告
13	常政发〔2021〕22 号	关于常山县辉埠至何家公路项目国有土地上房屋拟征收范围的公告
14	常政发〔2021〕23 号	关于对浙江天子置业白龙洞地块商住用地实施征收的决定
15	常政发〔2021〕24 号	关于对浙江天子置业白龙洞地块商住用地实施征收决定的公告
16	常政发〔2021〕25 号	关于印发《浙江常山经济开发区（园区）整合提升方案》的通知
17	常政发〔2021〕32 号	关于对常山县辉埠至何家公路项目国有土地上房屋实施征收的决定
18	常政发〔2021〕33 号	关于对常山县辉埠至何家公路项目国有土地上房屋实施征收决定的公告
19	常政发〔2021〕34 号	关于青石镇等 8 个乡镇实行城市化（城市市容和环境卫生）管理区域范围的公告
20	常政发〔2021〕35 号	关于印发《常山县 2021 年营商环境建设实施方案》的通知
21	常政发〔2021〕36 号	关于印发《常山县生态环境保护“十四五”规划》的通知
22	常政发〔2021〕38 号	关于同意衢州市常山县辉埠镇大埂村省历史文化（传统）村落保护利用重点村规划的批复
23	常政发〔2021〕39 号	关于授予紫港街道等 3 家单位集体三等功、徐升等 3 人个人三等功和县市场监管局等 29 家单位集体嘉奖的决定
24	常政发〔2021〕40 号	关于印发《钱塘江治理常山县常山港治理一期工程建设项目集体土地征收房屋补偿安置方案》的通知

续表 64

序号	文 号	文 件 标 题
25	常政发〔2021〕42 号	关于常山县江滨和西门片区城市有机更新项目国有土地上房屋拟征收范围的通告
26	常政发〔2021〕43 号	关于辉埠镇等 7 个乡镇（街道）行使相关行政处罚事项的公告
27	常政发〔2021〕48 号	关于下达“十四五”期间年森林采伐限额的通知
28	常政发〔2021〕50 号	关于对常山县江滨和西门片区城市有机更新项目国有土地上房屋实施征收的决定
29	常政发〔2021〕51 号	关于对常山县江滨和西门片区城市有机更新项目国有土地上房屋实施征收决定的公告
30	常政发〔2021〕52 号	关于调整常山县最低工资标准的通知
31	常政发〔2021〕53 号	常山县江滨和西门片区城市有机更新项目集体土地征收房屋补偿安置方案
32	常政发〔2021〕54 号	关于划定高排放非道路移动机械禁止使用区的通告
33	常政发〔2021〕55 号	关于修改部分规范性文件的通知
34	常政发〔2021〕56 号	关于优化普高选考、高考选考等教育招生考试环境维护考试秩序的通告
35	常政发〔2021〕57 号	关于常山县公安局交通警察大队业务用房及县行政服务中心交通分中心建设项目国有土地上房屋征收范围的公告

（县政府办公室）

县委办公室、县政府办公室联发文件一览表

表 65

序号	文 号	文 件 标 题
1	常委办发〔2021〕1 号	印发《关于科学规范乡镇（街道）“属地管理”的实施意见（试行）》的通知
2	常委办发〔2021〕5 号	关于印发《坚决打赢遏制重大生产安全事故攻坚战实施方案》的通知
3	常委办发〔2021〕7 号	关于印发《常山县油茶产业高质量发展三年（2021—2023）行动方案》的通知
4	常委办发〔2021〕10 号	印发《关于加快“常山漫居”民宿发展的实施意见》的通知
5	常委办发〔2021〕11 号	关于印发《常山县建设高水平交通强县实施方案》的通知
6	常委办发〔2021〕14 号	关于印发《常山县关于加快推进文化旅游产业发展政策意见（试行）》的通知
7	常委办发〔2021〕15 号	关于印发《常山县创建国家全域旅游示范县工作方案》的通知
8	常委办发〔2021〕17 号	关于印发《常山县服务企业“组团挂联”工作机制》的通知
9	常委办发〔2021〕18 号	关于建立县领导联系乡镇（街道）和部门包村包区包企疫情防控工作制度的通知
10	常委办发〔2021〕22 号	关于印发《常山县打造提升“十个一”工作推进方案》的通知

续表 65

序号	文　号	文 件 标 题
11	常委办发〔2021〕23 号	关于印发《常山县自然灾害防治能力提升行动实施方案》的通知
12	常委办发〔2021〕24 号	关于印发《常山县 2021 年招商引资考核办法》的通知
13	常委办发〔2021〕26 号	关于印发《常山县"两柚一茶"产业高质量发展（2021—2025 年）行动方案》的通知
14	常委办发〔2021〕28 号	关于印发《常山县经济开发区提质转型攻坚行动方案》的通知
15	常委办发〔2021〕29 号	关于印发《新时代美丽常山建设三年行动实施方案（2021—2023 年）》的通知
16	常委办发〔2021〕30 号	印发《关于清廉机关清廉村居清廉学校清廉医院清廉国企清廉民营企业清廉交通清廉文化建设清廉金融等实施方案》的通知
17	常委办发〔2021〕31 号	关于印发《常山县村级集体经济巩固提升行动方案》的通知
18	常委办发〔2021〕32 号	印发《关于全面推行林长制的实施方案》的通知

（县委办公室）

县委办公室文件一览表

表 66

序号	文　号	文 件 标 题
1	常委办发〔2021〕21 号	关于印发《县委十三届十一次全体（扩大）会议重点工作分工抓落实方案》的通知
2	常委办发〔2021〕33 号	关于印发《常山县防范遏制重大风险舆论监督常态化运行机制（试行）》的通知
3	常委办发〔2021〕39 号	关于印发《常山县直属机关党组织落实机关党建责任制实施办法（试行）》的通知

（县委办公室）

常山县人民政府办公室文件一览表

表 67

序号	文　号	文 件 标 题
1	常政办发〔2021〕2 号	关于印发《常山县胡柚、香柚低温气象指数保险试点工作实施方案》的通知
2	常政办发〔2021〕3 号	关于进一步调整完善常山县土地整治相关政策的通知
3	常政办发〔2021〕5 号	关于支持工业企业稳岗留工促生产的通知
4	常政办发〔2021〕6 号	关于组织开展外来员工"我在常山过大年"活动的通知
5	常政办发〔2021〕8 号	关于印发《常山县地质灾害"整体智治"三年行动方案（2020—2022 年）》的通知
6	常政办发〔2021〕10 号	关于印发《常山县建立和完善房地产市场平稳健康发展长效机制工作方案》的通知

续表 67

序号	文 号	文 件 标 题
7	常政办发〔2021〕13 号	关于印发《2021 年政府工作报告重点工作责任分解》的通知
8	常政办发〔2021〕17 号	关于印发《常山县农民集聚工程操作办法的若干补充规定》的通知
9	常政办发〔2021〕18 号	关于印发《常山县城区危旧房屋治理改造安置区车位选购租用方案》的通知
10	常政办发〔2021〕19 号	关于印发《常山县城区危旧房屋治理改革安置房选房方案》的通知
11	常政办发〔2021〕20 号	关于印发《常山县创建省数字生活新服务标杆县实施方案》的通知
12	常政办发〔2021〕21 号	关于开展耕地抛荒整治坚决制止耕地“非农化”防止耕地“非粮化”和稳定发展粮食生产专项行动的实施方案
13	常政办发〔2021〕22 号	关于印发《浙江省慢性病综合防控示范区建设实施方案》的通知
14	常政办发〔2021〕24 号	关于印发《常山县行政案件败诉责任追究办法（试行）》的通知
15	常政办发〔2021〕25 号	关于印发《常山县县属国有企业违规经营投资责任追究实施办法（试行）》的通知
16	常政办发〔2021〕26 号	关于印发《常山县市场化改革国有企业工资决定机制实施办法（试行）》的通知
17	常政办发〔2021〕27 号	关于印发《常山县数字化项目全生命周期管理实施意见（试行）》的通知
18	常政办发〔2021〕28 号	关于印发《常山县渡口未来社区市容市貌改造提升实施方案》的通知
19	常政办发〔2021〕29 号	关于公布县政府及县政府办公室行政规划性文件清理结果的通知
20	常政办发〔2021〕30 号	关于印发《常山县 2021 年诗画风光带“十里长风”示范段、美丽乡村标杆村、“一县一园”建设工作方案和重点项目清单》的通知
21	常政办发〔2021〕31 号	关于印发《常山县燃气安全“百日攻坚”行动暨瓶装液化石油气专项整治行动工作方案》的通知
22	常政办发〔2021〕33 号	关于印发《常山县 2021 年度国有建设用地供应计划》的通知
23	常政办发〔2021〕34 号	关于印发《常山县防治慢性病“十四五”规划》的通知
24	常政办发〔2021〕35 号	关于印发《关于加强社区教育工作的意见（试行）》的通知
25	常政办发〔2021〕36 号	关于印发《常山县农村公路管理办法》的通知
26	常政办发〔2021〕37 号	关于印发《常山县平安交通建设年活动方案》的通知
27	常政办发〔2021〕38 号	关于公布常山县人民政府 2021 年度重大行政决策事项目录的通知
28	常政办发〔2021〕39 号	关于加快推进轴承产业发展的若干政策（试行）的通知
29	常政办发〔2021〕40 号	关于进一步加快推进企业对接多层次资本市场的实施意见
30	常政办发〔2021〕41 号	关于印发《常山县域外固废乱倾倒专项整治行动实施方案》的通知

续表 67

序号	文 号	文 件 标 题
31	常政办发〔2021〕43 号	关于印发《中国（衢州）跨境电商综试区常山分区建设行动方案》的通知
32	常政办发〔2021〕44 号	关于印发《常山县旅游业“微改造、精提升”五年行动实施方案（2021—2025 年）》的通知
33	常政办发〔2021〕45 号	关于印发《常山港出境水乡镇（街道）考核奖惩办法（试行）》的通知
34	常政办发〔2021〕46 号	关于印发《常山工业园区循环化改造示范试点园区建设项目及专项资金管理办法（2021 年修订）》的通知
35	常政办发〔2021〕47 号	关于印发《进一步加强化解企业风险促进经济高质量发展实施意见》的通知
36	常政办发〔2021〕48 号	关于调整优化农民集聚工程相关政策的通知
37	常政办发〔2021〕49 号	关于印发《2021 年常山县重点项目“百日会战”暨深化“七比七赛”行动方案》的通知
38	常政办发〔2021〕50 号	关于印发《全面强化和规范乡镇（街道）财政管理实施办法》的通知
39	常政办发〔2021〕51 号	关于印发《常山县非法加油处置“一件事”工作方案》的通知
40	常政办发〔2021〕53 号	关于印发《常山县创建国家生态文明建设示范县实施方案》的通知
41	常政办发〔2021〕54 号	关于印发《推进防灾减灾“第一道防线”建设和气象事业高质量发展意见》的通知
42	常政办发〔2021〕55 号	关于印发《常山县建立健全环境污染问题发现、整改和评价奖惩机制实施方案》的通知
43	常政办发〔2021〕56 号	关于印发《常山县固体废物（非法倾倒）处置“一件事”5+X 工作机制》的通知
44	常政办发〔2021〕57 号	关于公布常山县诗画浙江大花园核心区国土绿化试点示范项目实施工作方案的通知
45	常政办发〔2021〕58 号	关于印发《常山县林业发展“十四五”规划（2021—2025 年）》的通知
46	常政办发〔2021〕59 号	关于印发《常山县水安全保障“十四五”规划》的通知
47	常政办发〔2021〕60 号	关于印发《常山县促进商贸经济高质量发展若干政策》的通知
48	常政办发〔2021〕61 号	关于印发《常山县促进电子商务产业高质量发展若干政策》的通知
49	常政办发〔2021〕62 号	关于印发《常山县营商环境“清障”行动全流程工作机制》的通知
50	常政办发〔2021〕63 号	关于印发《关于进一步加强普惠型儿童福利体系建设实施意见》的通知
51	常政办发〔2021〕65 号	关于印发《推行耕地保护“田长制”的实施意见》的通知
52	常政办发〔2021〕67 号	关于印发《常山县低碳试点县建设实施方案》的通知
53	常政办发〔2021〕68 号	关于印发《常山县 2021 年度部分垂直部门工作目标考核细则》的通知

国民经济若干统计资料

2021 年常山县经济与社会发展主要指标

表 68

指　　标	计量单位	2021 年
一、基本情况		
年末总人口（公安口径数据）	人	339690
其中：乡村人口(公安口径数据)	人	227838
年平均人口（公安口径数据）	人	340629
年出生人口（公安口径数据）	人	2183
年死亡人口（公安口径数据）	人	1909
人口出生率（公安口径数据）	‰	6.4
人口死亡率（公安口径数据）	‰	5.6
人口自然增长率（公安口径数据）	‰	0.3
年末总户数（公安口径数据）	户	124695
全社会从业人员数	万人	14.57
第一产业从业人员数	万人	2.08
第二产业从业人员数	万人	6.14
第三产业从业人员数	万人	6.35
城镇登记失业人数	人	611
城镇登记失业率	%	1.50
行政区域土地面积	平方千米	1097.3
其中：建成区面积	平方千米	18.3
街道	个	3
建制镇	个	6
乡	个	5
城市社区	个	11
行政村	个	180
居委会	个	4

指　　标	计量单位	2021 年
二、农业		
农林牧渔总产值（现价）	万元	132555
其中：农业	万元	82026
林业	万元	13933
牧业	万元	25328
渔业	万元	6626
农林牧渔服务业	万元	4642
主要农产品播种面积		
农作物总播种面积	公顷	284962
粮食播种面积	公顷	146150
棉花播种面积	公顷	540
油料作物播种面积	公顷	51510
柑橘面积	公顷	94339
茶园面积	公顷	5781
桑园面积	公顷	199
主要农产品产量		
粮食	吨	60639
油料	吨	6633
其中：油菜籽	吨	6180
花生	吨	281
水果	吨	131316
其中：柑橘	吨	123385
胡柚	吨	102158
猪 肉	吨	7901

续表 68

指　　标	计量单位	2021 年
牛羊肉	吨	227
禽　肉	吨	7216
油茶籽	吨	7500
水产品	吨	6869
蔬　菜	吨	103510
茶　叶	吨	258
蚕　茧	吨	12
食用菌	吨	1724
其中：金针菇	吨	436
造林面积	公顷	485
果园面积	公顷	101324
三、工业		
2000 万元以上销售收入企业数	个	147
其中：内资企业	个	145
港、澳、台商投资企业	个	1
外商投资企业	个	1
企业总产值（当年价）	万元	1883454
其中：内资企业	万元	1793912
港、澳、台商投资企业	万元	76212
外商投资企业	万元	13330
销售费用	万元	29415
利税总额	万元	251529
其中：利润总额	万元	186789
资产总计	万元	2150710
负债总计	万元	1341812
应收账款	万元	326398
产成品存货	万元	134336
新产品产值	万元	670187
平均用工人数	人	18435
应付职工薪酬	万元	149765
四、交通、邮电		
境内公路里程	千米	1128
汽车拥有量	辆	59528
公路客运量（全社会）	万人	1087
公路货运量（全社会）	万吨	1372
年末邮电局（所）数	所	15
年末固定电话用户数	万户	2.0
年末移动电话用户数	万户	25.3
互联网宽带接入用户数	万户	10.0
全社会用电量	万千瓦时	204999
其中：工业用电	万千瓦时	156223
城乡居民生活用电	万千瓦时	25143
第一产业用电	万千瓦时	1274
第二产业用电	万千瓦时	158721
第三产业用电	万千瓦时	19862
五、贸易、外经、市场主体		
社会消费品零售总额	万元	844761
外贸进出口额	万元	261016
其中：出口额	万元	184845
六、固定资产投资		
固定资产投资	万元	929909
其中：国有投资	万元	432713
基础设施投资	万元	293885
第一产业投资	万元	5313
第二产业投资	万元	250561
其中：工业技改投资	万元	92513
第三产业投资	万元	674035
其中：房地产开发投资	万元	134368
全年新增固定资产	万元	111774
房屋施工面积	平方米	1628881
房屋竣工面积	平方米	0
商品房销售面积	平方米	314494

续表 68

指　　标	计量单位	2021 年
商品房销售额	万元	272180
七、财政、金融		
财政总收入	万元	247827
公共财政预算收入	万元	150007
其中：税收收入	万元	132730
公共财政预算支出	万元	615529
其中：一般公共服务	万元	52681
公共安全	万元	25394
教育	万元	69254
科学技术	万元	12781
社会保障和就业	万元	76689
医疗卫生	万元	61763
节能环保	万元	19532
城乡社区	万元	34186
年末金融机构人民币存款余额	万元	3004714
其中：住户存款余额	万元	1909087
年末金融机构人民币贷款余额	万元	3035018
其中：住户贷款	万元	1635125
八、人民生活		
养老服务机构数	个	24
养老服务机构床位数	张	2096
农村居民人均可支配收入	元	26901
城镇居民人均可支配收入	元	46653
城镇居民人均消费支出	元	27289
城镇居民人均住宅建筑面积	平方米	45.9
农村居民人均住宅建筑面积	平方米	77.1
九、教育、科技、文体、卫生		
学校数	所	103
其中：中等职业教育学校数	所	1
普通中学数	所	11
普通小学数	所	33

指　　标	计量单位	2021 年
特殊教育学校数	所	1
幼儿园数	所	57
专任教师数	人	2937
其中：中等职业教育学校专任教师数	人	142
普通中学专任教师数	人	1060
普通小学专任教师数	人	1141
特殊教育学校专任教师数	人	17
幼儿园专任教师数	人	577
在校学生数	人	38933
中等职业教育学校在校学生数	人	1987
普通中学在校学生数	人	12712
普通小学在校学生数	人	16112
特殊教育学校在校学生数	人	51
幼儿园在园幼儿数	人	8071
剧场、影剧院数	个	3
公共图书馆数	个	1
公共图书馆图书藏量	万册	40.10
体育场馆数	个	1
医疗卫生机构数	个	275
其中：医院数	个	9
医疗卫生机构床位数	张	1522
卫生技术人员数	人	2061
执业（助理医师）数	人	987
十、综合统计		
地区生产总值（当年价）快报	亿元	187.58
第一产业	亿元	8.30
第二产业	亿元	85.41
其中：工业	亿元	64.36
第三产业	亿元	93.87
人均地区生产总值（常住）	元/人	71998
地区生产总值（按 2015 年不变价）	亿元	176.15

续表 68

指　　标	计量单位	2021 年	指　　标	计量单位	2021 年
第一产业	亿元	8.60	其中：工业	亿元	56.42
第二产业	亿元	75.94	第三产业	亿元	91.61

2021 年常山县社会消费品零售总额一览表

表 69

统 计 指 标	计量单位	2020 年	2021 年
社会消费品零售总额	万元	712824	844761
一、按销售地区分组			
县	万元	536144	636274
县以下	万元	176680	208487
二、按行业分组			
1. 批发零售贸易业	万元	587863	705519
限额以上	万元	59141	111294
限额以下	万元	528722	594225
2. 住宿餐饮业	万元	124961	139242
星级（限额以上）企业	万元	9223	11268
星级以外（限额以下）企业和个体户	万元	115738	127974

（占慧臻）

2021 年常山县私营企业户数一览表

表 70

单位：户

指 标 名 称	2021 年	2020 年	比上年%
合　计	5247	5082	3
1.农、林、牧、渔业	520	521	0
2.采矿业	21	23	-9
3.制造业	764	811	-6
4.电力、燃气及水的生产和供应业	26	26	0
5.建筑业	294	274	7
6.交通运输、仓储业和邮政业	254	262	-3
7.信息传输、计算机服务和软件业	154	135	14
8.批发和零售业	1628	1568	4
9.住宿和餐饮业	37	33	12

续表 70

单位：户

指标名称	2021 年	2020 年	比上年%
10.房地产业	178	154	16
11.租赁和商务服务业	521	487	7
12.居民服务和其他服务业	128	124	3
13.卫生、社会保障和社会福利业	10	11	-9
14.文化、体育和娱乐业	119	116	3
15.其他行业	593	537	10

2021 年常山县个体工商业户数一览表

表 71

单位：户

指标名称	2021 年	2020 年	比上年%
合　计	23351	20986	11
1.农、林、牧、渔业	1793	1519	18
2.采矿业	8	9	-11
3.制造业	953	917	4
4.电力、燃气及水的生产和供应业	7	7	0
5.建筑业	48	41	17
6.交通运输、仓储业和邮政业	1073	1046	3
7.信息传输、计算机服务和软件业	135	73	85
8.批发和零售业	14174	12719	11
9.住宿和餐饮业	2224	2123	5
10.房地产业	11	14	-21
11.租赁和商务服务业	1298	1043	24
12.居民服务和其他服务业	1406	1310	7
13.卫生、社会保障和社会福利业	39	33	18
14.文化、体育和娱乐业	93	76	22
15.其他行业	89	56	59

（柳　慧）

索　引

Index

A

B

C

D

E

F

G

X

H

J

N

P

Q

R

S

T